Jörg Risse
Wirtschaftsmediation

Wirtschaftsmediation

von

Dr. Jörg Risse, LL.M.

Rechtsanwalt in Frankfurt/Main
Attorney At Law (New York)
Lehrbeauftragter an der Universität Mannheim

Verlag C. H. Beck München 2003

Verlag C. H. Beck im Internet:
beck.de

ISBN 3 406 47663 5

© 2003 Verlag C. H. Beck oHG
Wilhelmstraße 9, 80801 München
Druck und Bindung: fgb · Freiburger Graphische Betriebe
Bebelstraße 11, 79108 Freiburg i. Br.

Satz: Druckerei C. H. Beck Nördlingen
(Adresse wie Verlag)

Gedruckt auf säurefreiem, alterungsbeständigem Papier
(hergestellt aus chlorfrei gebleichtem Zellstoff)

Vorwort

Jedes Buch hat seine Geschichte. Die Geschichte dieses Buches beginnt 1996 in Berkeley, Kalifornien. An der dortigen Universität bin ich dem Konzept der Wirtschaftsmediation zum ersten Mal begegnet. Was ich zunächst für einen reichlich esoterischen Denkansatz hielt, hat mich schnell fasziniert: Konfliktparteien können ihre Streitigkeiten rascher und effizienter lösen als in einem Gerichtssaal, wenn sie nur besser verhandeln. Und genau dazu brauchen sie einen Dritten, der ihre Verhandlungen strukturiert. Wie das funktioniert, möchte ich mit diesem Buch zeigen. Zurückgekehrt nach Deutschland, fand ich eine Aufbruchstimmung vor. Eine regelrechte Mediationsszene war im Entstehen. Sie pries die Mediation als „die" Alternative zum Gerichtsprozess und bemühte sich mit viel Engagement um ihre Verbreitung. Bei allem Enthusiasmus schien damals eine nüchterne Schilderung des Verfahrens selbst zu fehlen. Immer wieder las man von den vermeintlichen Vorteilen der Mediation, etwa den „win-win"-Lösungen, doch eine praxistaugliche Handlungsanweisung für Mediatoren und Parteianwälte gab es nicht. Als mein Sohn Julius geboren wurde, dachte ich, ich könnte diese Lücke während einer dreimonatigen „Babypause" schließen helfen, was sich leider als grotesker Irrtum herausstellte (dem Verlag sei daher für seine anschließende langjährige Geduld gedankt).

Jetzt ist das Buch fertig. Es wäre nie fertig geworden ohne die vielen anregenden Gespräche, die ich in den letzten Jahren mit Kollegen, Mandanten und mediationsinteressierten Freunden geführt habe. Dafür vielen Dank.

Zum Glück ist die Mediation immer noch in aller Munde, vielleicht sogar mehr denn je, nachdem sie nun auch der Gesetzgeber entdeckt hat. Doch die Akzeptanz der Mediation ist im Bereich der Wirtschaft und bei wirtschaftsberatenden Anwälten noch relativ gering. Immer noch scheint in den Unternehmen der Eindruck zu bestehen, die Mediation sei ein diffuses, allein versöhnungsorientiertes Verfahren, das für die harten Realitäten des Wirtschaftslebens ungeeignet ist. Wenn dieses Buch einen Beitrag dazu leisten kann, mit diesen Vorurteilen aufzuräumen, hat es sein Ziel erreicht.

Julius wäre es bei alledem sicher lieber gewesen, ich hätte ein Buch über Feuerwehrautos geschrieben. Ihm und meiner Tochter Karoline widme ich dieses Buch – und natürlich ihrer immer kooperativen Mutter Nicola, meiner Lebensgefährtin, nach deren Ansicht ich am besten überhaupt kein Buch geschrieben hätte ...

Frankfurt/Main, im August 2003   Jörg Risse

V

Inhaltsübersicht

Inhaltsverzeichnis

Inhaltsverzeichnis

Inhaltsverzeichnis

XI

Inhaltsverzeichnis

Inhaltsverzeichnis

Inhaltsverzeichnis

Inhaltsverzeichnis

Inhaltsverzeichnis

Inhaltsverzeichnis

XVII

Inhaltsverzeichnis

Inhaltsverzeichnis

Inhaltsverzeichnis

Inhaltsverzeichnis

Inhaltsverzeichnis

Inhaltsverzeichnis

Literaturverzeichnis

Alexander, Nadja: Die Institutionalisierung der Mediation, in: ZKM 2001, S. 162 ff.

Berger, Klaus Peter: Integration mediativer Elemente in das Schiedsverfahren, in: RIW 2001, S. 881 ff.

Bernhardt, Hanspeter/ Winograd, Bianca: Die Zusammenarbeit von Rechtsanwälten und Psychologen, in: Haft/v. Schlieffen (Hrsg.), Handbuch Mediation, München 2002, § 23

Birner, Marietta: Das Multi-Door Courthouse, Köln 2003

Borris, Christian: Mini-Trial, in: DIS Mat. V/99 – ADR-Alternative Dispute Resolution, zu beziehen über die DIS – Deutsche Institution für Schiedsgerichtsgerichtsbarkeit

Breidenbach, Stephan: Mediation, Köln 1995

ders.: Mediation – Komplementäre Konfliktbehandlung durch Vermittlung, in: Breidenbach/Henssler (Hrsg.), Mediation für Juristen, Köln 1997

Brieske, Rembert: Haftungs- und Honorarfragen in der Mediation, in: Henssler/Koch (Hrsg.), Mediation in der Anwaltspraxis, Bonn 2000, S. 271 ff.

Bühring-Uhle, Christian: The IMB-Fujitsu-Arbitration: A Landmark in Innovative Dispute Resolution, in: American Review of International Arbitration 2 (1991), S. 113 ff.

Bush, Robert/Folger, Joseph: The Promise of Mediation, San Francisco 1994

Casper, Matthias/Risse, Jörg: Mediation von Beschlussmängelstreitigkeiten, in: ZIP 2000, S. 437 ff.

Cohen, Herb: You Can Negotiate Anything, New York 1980

Coulson, Robert: MEDALOA: A Practical Technique for Resolving International Business Disputes, in: Journal of International Arbitration 1994, S. 111 ff.

Craver, Charles: Effective Legal Negotiation and Settlement, 3. Aufl., Charlottesville 1997

Dawson, Roger: Secrets of Power Negotiating, 2. Aufl., Franklin Lakes 1999

Dendorfer, Renate: Wirtschaftsmediation: Die Abkehr von der Streithansel-Kultur, in: DB 2003, 135 ff.

dies.: Mediation: Eine Möglichkeit alternativer Streitschlichtung, in: Römermann/Paulus (Hrsg.), Schlüsselqualifikationen für Jurastudium, Examen und Beruf, München 2003, § 42 ff.

Dixit, Avinash/Nalebuff, Barry: Spieletheorie für Einsteiger, Stuttgart 1997

Duss-von-Werdt, Joseph: Mediation und Macht, ZKM 2000, S. 4 ff.

Literaturverzeichnis

Duve, Christian:	Alternative Dispute Resolution (ADR) – die außergerichtliche Streitbeilegung in den USA, in: BB 1998 (Beilage 10), S. 9
ders.:	Mediation und Vergleich im Prozess, Köln 1999
ders.:	Ausbildung zum Mediator, in: Henssler/Koch (Hrsg.), Mediation in der Anwaltspraxis, Bonn 2000, S. 153 ff.
ders.:	Das Gründbuch über alternative Verfahren der Streitbeilegung, BB 2002, Beilage 7 (IDR), S. 6 ff.
ders./Ponschab, Reiner:	Wann empfehlen sich Mediation, Schlichtung oder Schiedsverfahren in wirtschaftsrechtlichen Streitigkeiten, in: ZKM/Kon:sens 1999, S. 263 ff.
ders./Zürn, Andreas:	Gemeinsame Gespräche oder Einzelgespräche – Vom Nutzen des Beichtstuhlverfahrens in der Mediation, in: ZKM 2001, S. 108 ff.
ders./Tochtermann, Peter:	Nicht-anwaltliche Mediation, in: ZKM 2001, S. 284 ff.
Eidenmüller, Horst:	Ökonomische und spieletheoretische Grundlagen von Verhandlung/Mediation, in: Breidenbach/Henssler (Hrsg.), Mediation für Juristen, Köln 1997, S. 31 ff.
ders.:	Prozessrisikoanalyse, in: ZZP 2000, S. 5 ff.
ders.:	Verhandlungsmanagement durch Mediation, in: Henssler/Koch (Hrsg.), Mediation in der Anwaltspraxis, Bonn 2000, § 2
ders.:	Vertrags- und Verfahrensrecht der Wirtschaftsmediation, Köln 2001
ders.:	Hybride ADR-Verfahren bei internationalen Wirtschaftskonflikten, in: RIW 2002, S. 1 ff.
Ewig, Eugen:	Dem Psychologen der Mediator – den Rechtsanwälten nur der Schwerpunkt?, in: ZKM 2000, S. 85 f.
ders. (Hrsg.):	MediationsGuide 2002, 2. Auflage, Köln 2002
Fischer, Ulrike:	Mediation im Familienrecht, in: Henssler/Koch (Hrsg.), Mediation in der Anwaltspraxis, Bonn 2000
Fisher, Roger:	Beyond Machiavelli, Cambridge 1994
ders./Ury, William:	Getting to Yes, New York 1981
ders./Ertel, Danny:	Getting Ready to Negotiate, New York 1995
ders./Ury, William/Patton, Bruce:	Das Harvard-Konzept, Frankfurt/M; 21. Aufl. 2002
Fiss, Owen:	Against Settlement, in: 93 Yale Law Journal, S. 1073 ff. (1984)
Flucher, Thomas:	Vertrags- und Finanzierungsmodelle in Vielparteienmediationen, in: ZKM 2001, S. 188 ff.
Foerste, Ulrich:	Die Güteverhandlung im künftigen Zivilprozess, in: NJW 2001, S. 3103 ff.
Friedman, Gary J.:	Die Scheidungsmediation, Hamburg 1996
Friedrichsmeier, Hans:	Der Rechtsanwalt als Mediator, in: Haft/v. Schlieffen (Hrsg.), Handbuch Mediation, München 2002, § 21
Gerwens-Henke, Heidrun:	Zehn Jahre Familienmediation – Ein persönlicher Rückblick auf die Anfänge, in: ZKM/Kon:sens 1998, S. 15 ff.
Gifford, Donald:	Legal Negotiation, St. Paul 1989

Literaturverzeichnis

Greger, Reinhard:	Diversion statt Flaschenhals: Ein Alternativkonzept zur Etablierung des Gütegedankens im Zivilprozess, in: ZPR 1998, S. 183 ff.
Grziwotz, Herbert:	Mediationsvergleiche, in: ZKM 2000, S. 265 ff.
Goll, Ulrich:	Rechtsmittelreform – Umbau oder Abbau des Rechtsstaates, in: BRAK-Mitt. 2000, S. 4 ff.
Gottwald, Walther:	Modelle der freiwilligen Streitschlichtung unter besonderer Berücksichtigung der Mediation, in: WM 1998, S. 1257 ff.
ders.:	Mediation in den USA – Ein Wegweiser, in: Henssler/Koch (Hrsg.), Mediation in der Anwaltspraxis, Bonn 2000, § 6
ders.:	Verrechtlichung der Mediation, in: ZKM/Kon:sens 1999, S. 331 ff.
ders./Strempel, Dieter/Beckedorff, Rainer/Linke, Udo (Hrsg.):	Außergerichtliche Konfliktregelung für Rechtsanwälte und Notare, Loseblatt, Neuwied 1996
Günther, Klaus/ Hoffer, Heike:	Mediation im Zivilrecht, insbesondere im Wirtschaftsrecht, in: Henssler/Koch (Hrsg.), Mediation in der Anwaltspraxis, Bonn 2000, § 11
Hacke, Andreas:	Der ADR-Vertrag, Heidelberg 2001
Haft, Fritjof:	Intuitives und rationales Verhandeln, in: BB 1998 (Beilage 10), S. 15 ff.
ders.:	Verhandlung und Mediation, 2. Aufl. München 2000
ders.:	Intuitive und rationale Verhandlung, in: Haft/von Schlieffen (Hrsg.), Handbuch Mediation, München 2002, § 8
Harbst, Ragnar:	Adjudication – „Rough Justice" in 28 Tagen?, in: SchiedsVZ 2003, S. 68 ff.
Haynes, John M.:	Neue Anwendungsfelder der Mediation jenseits der Scheidungsmediation, in: ZKM/Kon:sens 1998, S. 3 ff.
Hehn, Marcus/Rüssel, Ulrike:	Ausbildungsinstitutionen, in: Haft/v. Schlieffen (Hrsg.), Handbuch Mediation, München 2002, § 59
Helm, Ulrich/Bechthold, Anke:	Der Mini-Trial, in: ZKM 2002, S. 159 ff.
Hartmann, Christopher:	Sicherung der Vertraulichkeit, in: Haft/v. Schlieffen (Hrsg.), Handbuch Mediation, München 2002, § 27
Henssler, Martin:	Anwaltliches Berufsrecht und Mediation, in: Breidenbach/Henssler (Hrsg.), Mediation für Juristen, Köln 1997, S. 75 ff.
ders.:	Mediation und Rechtsberatung, in: NJW 2003, S. 241 ff.
ders./Schwackenberg, Katja:	Der Rechtsanwalt als Mediator, in: MDR 1997, S. 409 ff.
ders./Kilian, Matthias:	Die interprofessionelle Zusammenarbeit in der Mediation, in: ZKM 2000, S. 55 ff.
Heß, Burkhard/Sharma, Daniel:	Rechtsgrundlagen der Mediation, in: Haft/v. Schlieffen (Hrsg.), Handbuch Mediation, München 2002, § 26

Literaturverzeichnis

Heussen, Benno:	Organisation von Mediationsverhandlungen, in: Haft/v. Schlieffen (Hrsg.), Handbuch Mediation, München 2002, § 13
Hilber, Marc:	Alternative Konfliktbeilegung: Early Neutral Evaluation und das selbstständige Beweisverfahren gemäß §§ 485 ff. ZPO, in: BB 2001 (Beilage 2), S. 22 ff.
Hobeck, Paul:	Wirtschaftsmediation – Quo Vadis, in: NJW 2003, Heft 7 (Editorial)
Höcherl, Ralf:	Mit Mind-Mapping gute Ideen finden, in: NJW-CoR 1998, S. 80 (81)
Holznagel, Bernd:	Mediation im Verwaltungsrecht, in: Breidenbach/Henssler (Hrsg.), Mediation für Juristen, Köln 1997, S. 147 ff.
ders./Ramsauer, Ulrich:	Mediation im Verwaltungsrecht, in: Haft/v. Schlieffen (Hrsg.), Handbuch Mediation, § 44
Junker, Abbo/Kamanabrou, Sudabeh:	Vertragsgestaltung, München 2002
Kapfer, Anja:	Kooperationsgewinne und ihre Quellen, in: MittBayNot 2001, S. 558 ff.
Karass, Chester:	The Negotiation Game, New York 1994
Kerner, Hans-Jürgen:	Mediation beim Täter-Opfer-Ausgleich, in: Haft/v. Schlieffen (Hrsg.), Handbuch Mediation, München 2002, § 49
Kessen, Stefan/Troja, Markus:	Die Phasen und Schritte der Mediation als Kommunikationsprozess, in: Haft/v. Schlieffen (Hrsg.), Handbuch Mediation, München 2002, S. 393 ff.
Klinger, Edgar/Bierbrauer, Günter:	Sozialpsychologie des Verhandelns, in: Haft/v. Schlieffen (Hrsg.), Handbuch Mediation, München 2002, § 10
Koch, Ludwig:	Vertragsgestaltung in der Mediation, in: Henssler/Koch (Hrsg.), Mediation in der Anwaltspraxis, Bonn 2000, § 8
ders.:	Aktuelle Fragen des anwaltlichen Berufsrechts, in: ZKM 2001, S. 89 ff.
Kovach, Kimberlee:	Mediation – Principles and Practice, St. Paul 1994
Kracht, Stefan:	Rolle und Aufgabe des Mediators – Prinzipien der Mediation, in: Haft/v. Schlieffen (Hrsg.), Handbuch Mediation, München 2002
Kretschmer, Reinhard:	Nichtanwaltliche Mediation und Rechtsberatungsgesetz, in: NJW 2003, 1500 ff.
Lachmann, Jens-Peter:	Klippen für die Schiedsvereinbarung, in: SchiedsVZ 2003, S. 28 ff.
Lambros, Thomas:	Summary Jury Trial – An Alternative Method of Dispute Resolution, in: 69 Judicature (1986), S. 286 ff.
Langenfeld, Gerrit:	Vertragsgestaltung: Methode – Verfahren – Vertragstypen, München 1991
Leonhard, Marc:	Internationaler Industrieanlagenvertrag: Konfliktvermeidung und Konflikterledigung, in: BB 1999 (Beilage 9), S. 13 ff.
Lindner, Nicola:	Der Begleitfund, Berlin 1998

Literaturverzeichnis

Lörcher, Gino:	Das neue Recht der Schiedsgerichtsbarkeit, in: DB 1998, S. 245 ff.
ders.:	Mediation: Rechtskraft über Schiedsspruch mit vereinbartem Wortlaut, in: DB 1999, S. 789
ders.:	Durchsetzbarkeit von Mediationsergebnissen, in: Haft/ von Schlieffen (Hrsg.), Handbuch Mediation, München 2002, § 28
Macioszek, H.-Georg:	Chruschtschows dritter Schuh, Hamburg 1995
Macke, Peter:	Aktuelles Forum „Obligatorische Streitschlichtung im Zivilverfahren", in: NJW 23/1998, Beilage, S. 28 f.
ders.:	Streitschlichtung – Anwaltssache, hier: Mediation, in: NJW 1997, S. 1262 ff.
ders.:	Missbrauch von in der Mediation erlangten Informationen, in: ZKM 2001, S. 4 ff.
McCormack, Mark:	Die Wahrheit über Anwälte, München 1988
McEwen, Craig/Rogers, Nancy:	Bring the Lawyers into Divorce Mediation, in: Dispute Resolution Magazine 1994, S. 8 ff.
Mnookin, Robert/Peppet, Scott/Tulumello, Andrew:	Beyond Winning, Cambridge 2000
Mnookin, Robert/Kornhauser, Lewis:	Bargaining in the Shadow of Law, in: 88 Yale Law Journal, S. 950 ff.
Monßen, Hans-Georg:	Zur Aufforderung des § 278 Abs. 5 S. 2 ZPO, in: Betrifft Justiz 2002, S. 410 ff.
ders.:	Bringt die ZPO-Reform den Durchbruch für die Mediation?, in: ZKM 2003, S. 116 ff.
Moore, Christopher:	The Mediation Process, 2. Auflage, San Francisco 1996
Motsch, Richard:	Nichtstaatliche und halbstaatliche Schlichtungsstellen in der Bundesrepublik Deutschland, in: Festschrift für Alfred Söllner, Gießen 1990, S. 403 ff.
Münchener Kommentar zum BGB:	3. Auflage; zitiert: Bearbeiter, in: MünchKomm zum BGB
Murray, John/Rau, Alan/Sherman, Edward:	Mediation and Other Non-Binding ADR-Processes, New York 1996
Nelle, Andreas/Hacke, Andreas:	Oligatorische Mediation – Selbstwiderspruch oder Reforminstrument?, in: ZKM 2001, S. 56 ff.
dies.:	Die Mediationsvereinbarung, in: ZKM 2002, S. 257 ff.
Nerlich, Jörg:	Außergerichtliche Streitbeilegung mittels Anwaltsvergleich, in: MDR 1997, S. 416 ff.
Neuenhahn, Hans-Uwe:	Streit um 400 Millionen beigelegt, in: ZKM 2000, S. 281 f.
ders.:	Erarbeitung der Prozessrisikoanalyse und deren Einsatz in der Mediation, in: ZKM 2002, S. 245 ff.
Newmark, Chris:	Agree to Mediate ... or Face the Consequences – A Review of the English Courts' Approach to Mediation, in: SchiedsVZ 2003, S. 23 ff.

Literaturverzeichnis

Nicklisch, Fritz:	BOT-Projekte: Vertragsstrukturen, Risikoverteilung und Streitbeilegung, in: BB 1998, S. 2 ff.
Niethammer, Frank:	Anmerkungen zum Mediationsverfahren Frankfurter Flughafen, in: ZKM 2000, S. 136 ff.
O'Connor, Joseph/Seymour, John:	Neurolinguistisches Programmieren: Gelungene Kommunikation und persönliche Entfaltung, 13. Aufl. 2003.
Olsen, Ronald:	An Alternative for Large Case Dispute Resolution, in: 6 Litigation (1980), S. 22 ff.
Orth, Verena/Brachou, Panajiota:	Das Konzept der Mediation, in: Mielke/Pietsch/Abeltshauser (Hrsg.), Mediation und interessengeleitetes Verhandeln, Köln 2003, S. 53 ff.
Ortloff, Karsten Michael:	Richterauftrag und Mediation, in: Breidenbach/Henssler (Hrsg.), Mediation für Juristen, Köln 1997, S. 111 ff.
Palandt:	BGB-Kommentar, 61. Aufl. 2002, mit Ergänzungsband zum neuen Schuldrecht, zitiert: Bearbeiter, in: Palandt
Peseschkian, Nossrat:	Geschichten und Lebensweisheiten als Mittel der Mediation, in: ZKM 2000, S. 152 ff.
Ponschab, Reiner:	Fördern statt fordern – Ein Paradigmenwechsel der anwaltlichen Konfliktbehandlung?, in: MDR 1997, S. 413 ff.
ders./Schweizer, Adrian:	Kooperation statt Konfrontation, Köln 1997
ders./Dendorfer, Renate:	KonfliktmanagementDesign im Unternehmen, in: Haft/v. Schlieffen, Handbuch Mediation, München 2002, § 39
Proksch, Roland:	Mediation in Deutschland – Stand und Perspektiven außergerichtlicher Konfliktregelung durch Mediation, in: ZKM/Kon:sens 1998, S. 7 ff.
Prütting, Hanns:	Verfahrensrecht und Mediation, in: Breidenbach/Henssler (Hrsg.), Mediation für Juristen, Köln 1997, S. 57 ff.
ders.:	Mediation und gerichtliches Verfahren – ein nur scheinbar überraschender Vergleich, in: BB 1999 (Beilage 9), S. 7 ff.
Raeschke-Kessler, Hilmar/Berger, Klaus Peter:	Recht und Praxis des Schiedsverfahrens, 3. Aufl., Köln 1999
Raiffa, Howard:	The Art and Science of Negotiation, Cambridge 1982
Renk, Heidemarie:	AKR aus Richtersicht, in: Gottwald/Strempel/Beckedorff/Linke (Hrsg.), Außergerichtliche Konfliktregelung – AKR-Handbuch, Loseblatt, Berlin 1997, Ziffer 2.3.1
Richter-Kaupp, Silvia/Sparmberg, Gisela:	Warum soll jede Mediation zwangsläufig Rechtsbesorgung sein?, in: ZKM 2001, S. 38 ff.
Ripke, Lis:	Die fünf Phasen der Mediation, in: ZKM/Kon:sens 1998, S. 85 ff.
dies.:	Mediationsvereinbarungen in der Familienmediation aus der Sicht einer juristischen Mediatorin, in: ZKM/Kon:sens 1999, S. 26 f.
dies.:	Charakteristika eines guten Abschlussvertrages, in: ZKM/Kon:sens 1999, S. 341 ff.

Literaturverzeichnis

dies.:	Recht und Gerechtigkeit in der Mediation, in: Haft/ v. Schlieffen (Hrsg.), Handbuch Mediation, München 2002, § 5
Riskin, Leonard:	Mediation and Lawyers, in: 43 Ohio State Law Journal (1982), S. 19 ff.
Riskin, Leonard:	A Grid for the Perplexed, in: 1 Harvard Negotiation Law Review (1996), S. 7 ff.
Risse, Jörg:	Die Rolle des Rechts in der Wirtschaftsmediation, in: BB 1999 (Beilage 9), S. 1 ff.
ders.:	Klassisches Verhandeln und Wirtschaftsmediation, in: ZKM/Kon:sens 1999, S. 131 ff.
ders.:	Beilegung von Erbstreitigkeiten durch Mediationsverfahren, in: ZEV 1999, S. 205 ff.
ders.:	Wirtschaftsmediation im nationalen und internationalen Handelsverkehr, in: WM 1999, S. 1864 ff.
ders.:	Wirtschaftsmediation, in: NJW 2000, S. 1615 ff.
ders.:	Neue Wege der Konfliktbewältigung, in: BB 2001 (Beilage 2), S. 16 ff.
ders.:	Undurchführbarkeit der Schiedsvereinbarung bei Mittellosigkeit des Klägers, in: BB 2001 (Beilage 6), S. 11 f.
ders.:	Mediation von Erbstreitigkeiten, in: Scherer (Hrsg.), Anwaltshandbuch Erbrecht, München 2002, § 64
ders.:	Die Zukunft der Mediation – Chancen des amerikanischen Modells in Deutschland, in: v. Schlieffen/Wegmann (Hrsg.), Mediation für die notariellen Praxis, München 2002, S. 77 ff.
ders./Lindner, Nicola:	Haftung der Banken nach dem neuen Überweisungsrecht, in BB 1999, 2201 ff.
ders./Wagner, Christof:	Mediation im Wirtschaftsrecht, in: Haft/v. Schlieffen (Hrsg.), Handbuch Mediation, München 2002, § 38
Riess, Steven:	Settlement Practice in California: The Good, the Bad and the Ugly, in: DAJV-Newsletter 2/2002, S. 37 ff.
Risto, Karl-Heinz:	„Du sollst Dir ein Bildnis machen", in: ZKM 2000, S. 7 ff.
Rosenbach, Arnim/Lenz, Christina:	Die neuen Ausbildungsstandards der BMWA – Qualitätssicherung in der Wirtschaftsmediation, in: ZKM 2002, S. 72 f.
Ruede-Wissmann, Wolf:	Satanische Verhandlungskunst, 3. Aufl. München 1993
Schiffer, Jan:	Mediative Elemente in modernen Schiedsverfahren, in: JurBüro 2000, S. 188 ff. (1. Teil) und S. 235 ff. (2. Teil)
Schlieffen, Katharina von:	Propädeutikum, in: Haft/v. Schlieffen (Hrsg.), Handbuch Mediation, München 2002, § 1
Schmidt, Frank:	Wirtschaftsmediation – die nicht gesehene Chance, in: BB 1998 (Beilage 10), S. 6 ff.
Schneider, Jochen:	Mediation im Wirtschaftsrecht, in: Breidenbach/Henssler (Hrsg.), Mediation für Juristen, Köln 1997, S. 171 ff.
Schneider, Egon:	Zurück ins archaische Recht?, in: ZIP 1998, S. 451
Schramke, Jürgen:	Neue Formen des Streitmanagements im Bau- und Anlagenbau, in: NZBau 2002, S. 409 ff.

Literaturverzeichnis

Schütze, Rolf A.: Schiedsgericht und Schiedsverfahren, 2. Aufl. 1998

Schwab, Karl Heinz/Walter, Gerhard: Schiedsgerichtsbarkeit, 6. Auflage 2000

Schweizer, Adrian: Kooperatives Verhalten – die Alternative zum (Rechts-) Streit, in: Haft/v. Schlieffen (Hrsg.), Handbuch Mediation, München 2002, § 9

Spangenberg, Ernst: Reframing im Rechtsalltag, in: MDR 1997, S. 425 ff.

Spörer, Thomas/Frese, Christian: Interdisziplinarität der Mediation, in: Haft/v. Schlieffen (Hrsg.), Handbuch Mediation, München 2002

Steinbrück, Ralph: Wirtschaftsmediation und außergerichtliche Konfliktlösung, in: AnwBl. 1999, S. 574

Stotz, Olaf/von Nitzsch, Rüdiger: Warum sich Analysten überschätzen – Einfluss des Kontrollgefühls auf die Selbstüberschätzung, in: ZBB 2003, S. 106 ff.

Strempel, Dieter: Anwaltliche Schlichtung – Privatisierung in der Justiz, Interessenwahrnehmung oder Parteiverrat, in: AnwBl. 1993, S. 434 ff.

Strohe, Dirk: Salvatorische Klauseln – Aufgabe der „Pronuptia II" – Rechtsprechung durch den BGH, in: NJW 2003, S. 1780 f.

Stubbe, Christian: Mediation und Claim-Management, in: BB 1998 (Beilage 10), S. 25 ff.

ders.: Wirtschaftsmediation und Claimmanagement, BB 2001, S. 685 ff.

ders.: Was ist eigentlich Wirtschaftsmediation?, in: ZKM 2003, S. 32 ff.

Trittmann, Rolf/Merz, Christian: Die Durchsetzbarkeit des Anwaltsvergleichs gemäß § 796 a ff. ZPO im Rahmen des EuGVÜ/LugÜ, IPRax 2001, S. 178 ff.

Tröndle/Fischer: StGB, 51. Aufl., München 2003

Ury, William: Getting Past No, Cambridge 1991

Victor, Marc: The Proper Use of Decision Tree Analysis to Assist Litigation Strategy; in: The Business Lawyer 1985, S. 617 ff.

Wagner, Volkmar: Mediationsklauseln in Allgemeinen Geschäftsbedingungen, in: BB 2001 (Beilage 2), S. 30 ff.

Walz, Robert: Zum Verhandlungstechnischen Leitbild der Notare, in: von Schlieffen/Wegmann (Hrsg.), Mediation für die notarielle Praxis, Köln 2002

ders.: Final-Offer-Arbitration – oder: Drittentscheidung anhand verbindlicher Angebote, in: SchiedsVZ 2003, 119 ff.

Wegmann, Bernd: Die vorsorgende Verabredung außergerichtlicher Streitbeilegung im Zivilrecht, in: ZKM/Kon:sens 1999, S. 80 (81)

ders.: Der Vertrag über die außergerichtliche Streitbeilegung im Konfliktfall, in: ZKM/Kon:sens 1999, S. 146 ff.

Weigand, Frank-Bernd: Alternative Streiterledigung – „Alternative Dispute Resolution" auch in Deutschland?, in: BB 1996, S. 2106 ff.

Literaturverzeichnis

Wesel, Uwe:	Geschichte des Rechts, München 1997
ders.:	Im Schatten des Rechts, in: Die ZEIT v. 26. 2. 1998, S. 51 ff.
Westphalen, Friedrich von:	Das Harvard-Verhandlungskonzept für erfolgreiche Juristen, in: MDR 1993, S. 946 ff.
Wichard, Johannes Christian:	Domain-Streitbeilegung durch das WIPO Arbitration and Mediation Center, in: BB 2002 (Beilage 7/IDR), S. 13 f.
Wiegand, Christian:	„Adjudication" – beschleunigte außergerichtliche Streitbeilegungsverfahren im englischen Baurecht und im internationalen FIDIC-Standardvertragsrecht, in: RIW 2000, S. 197 ff.
Wilke, Axel:	Schlichten statt Prozessieren – Der Beitrag des Notars, in: MittBayNot 1998, S. 1 ff.
Wolf, Christian/Weber, Matthias/Knauer, Christoph:	Gefährdung der Privatautonomie durch therapeutische Mediation?, in: NJW 2003, S. 1488 ff.
Wolfsteiner, Hans:	Die vollstreckbare Urkunde nach der 2. Zwangsvollstreckungsnovelle, in: DNotZ 1999, S. 306 ff.
Wörner, Johann-Heinrich (Hrsg.):	Das Beispiel Frankfurt Flughafen – Mediation und Dialog als institutionelle Chance, Dettelbach 2003
Zillessen, Horst:	Umweltmediation, in: Haft/v. Schlieffen (Hrsg.), Handbuch Mediation, München 2002, § 46
Zimmermann, M.:	Der vollstreckbare Anwaltsvergleich in der notariellen Praxis, in: NotBZ 2000, S. 175 ff.
Zöller:	ZPO-Kommentar, 23. Aufl., Köln 2002, zitiert: Bearbeiter, in: Zöller

Abkürzungsverzeichnis

Abkürzungsverzeichnis

XXXVI

Abkürzungsverzeichnis

KG	Kammergericht
KJHG	Kinder- und Jugendhilfegesetz
KON:SENS	KON:SENS – Mediation Vertragsmanagement Konfliktgestaltung (Zeitschrift Jahrgänge 1999–2000)
KostO	Kostenordnung
KritV	Kritische Vierteljahresschrift für Gesetzgebung und Rechtswissenschaft

LG	Landgericht
LL.M.	Master of Laws
lt.	laut
LT-Drucks.	Landtagsdrucksache

m.w.N.	mit weiteren Nachweisen
MDR	Monatsschrift für Deutsches Recht
MittBayNot	Mitteilungen der Bayerischen Notarkammer

NJW	Neue Juristische Wochenschrift
NVwZ	Neue Zeitschrift für Verwaltungsrecht
NZBau	Neue Zeitschrift für Baurecht

OGH	Oberster Gerichtshof
OLG	Oberlandesgericht

passim	überall, im gesamten Buch

RAK	Rechtsanwaltskammer
RBerG	Rechtsberatungsgesetz
Rdn.	Randnote / Randnummer(n)
RegE	Regierungsentwurf
RIW	Recht der Internationalen Wirtschaft (Zeitschrift)
RVG	Rechtsanwaltsvergütungsgesetz

S.	Seite
SchiedsVZ	Zeitschrift für Schiedsverfahren
SGB	Sozialgesetzbuch
StGB	Strafgesetzbuch
StPO	Strafprozessordnung

TOA	Täter-Opfer-Ausgleich

u.a.	unter anderem, und andere
u.U.	unter Umständen

Verf.	Verfasser(in)
vgl.	vergleiche
Vol.	Volume
vs.	versus
VwGO	Verwaltungsgerichtsordnung
VwVfG	Verwaltungsverfahrensgesetz

Abkürzungsverzeichnis

§ 1 Einführung in die Wirtschaftsmediation

I. Mediation: Das Geschäftsfeld mit Zukunft

„Is Litigation dead?" fragte die englische Zeitschrift Legal Week am 1
7. Dezember 2000 ihre erstaunten Leser. Der Verfasser des Beitrags diagnostizierte ein neuartiges Streitbeilegungsverfahren als mögliche Todesursache für Gerichtsprozesse: Die Wirtschaftsmediation. Als Beleg für seine These zitierte er Zahlen der englischen Mediationsvereinigung CEDR, wonach 82% aller Wirtschaftskonflikte, die in die Mediation gelangen, dort auch gütlich beigelegt werden – und zwar für einen Bruchteil des Zeit- und Kostenaufwandes eines Prozesses.[1]

Dieses Buch führt in die Wirtschaftsmediation ein. Es erläutert, wie die- 2
ses Verfahren funktioniert und was die Wirtschaftsmediation tatsächlich leisten kann. Das Buch macht den Leser mit den Grundstrukturen der Mediation und der Alternativen Streitbeilegung vertraut. Konfliktparteien und deren Rechtsberater erhalten einen Überblick über den konkreten Ablauf des Verfahrens, damit sie an einer Mediation effektiv teilnehmen können und drohende Gefahren vermeiden. Praktizierende Wirtschaftsmediatoren finden eine Zusammenstellung und ausführliche Erläuterung aller gängigen Mediationstechniken und Problemfelder. Studenten der Rechtswissenschaften oder anderer wirtschaftsnaher Fachrichtungen werden dazu ermuntert, sich frühzeitig mit einer beruflich zukunftsträchtigen Thematik zu beschäftigen.

Konfliktbewältigung ist eine Wachstumsindustrie. Wer in dieser Indus- 3
trie tätig ist, etwa als Richter oder Anwalt, profitiert; die Kunden gehen diesen Berufsgruppen nicht aus. Und die Prognose ist „gut": Der technische Fortschritt kompliziert die Welt zunehmend und was kompliziert ist, führt schnell zum Streit. Vor hundert Jahren gab es weder Autounfälle noch Konflikte um Biopatente. Immer mehr Menschen und Unternehmen kämpfen heute um Märkte und Ressourcen, was schon rein mathematisch zu einer Zunahme potentieller Konfliktpartner führt. Die Globalisierung der Weltwirtschaft lässt die Interessen von Unternehmen aufeinander stoßen, die noch vor wenigen Jahrzehnten allein aufgrund räumlicher Entfernung „garantiert konfliktfrei" lebten. Zudem trägt die Reglementierungswut der Gesetzgeber dazu bei, dass die Regeln und damit auch die

---

[1] Legal Week vom 7. 12. 2000, S. 26.

1

Regelverstöße zunehmen. Ohne teure Rechtsberatung kann kaum ein Unternehmen mit Sicherheit beurteilen, was es mit dem Geschäftspartner kartellrechtlich oder in Allgemeinen Geschäftsbedingungen wirksam vereinbaren kann. Die Unkenntnis führt zu unfreiwilligen Rechtsverstößen und damit zu Konflikten. Und schließlich: Je mehr Rechtspositionen anerkannt und geschützt werden, desto mehr Rechtspositionen können verletzt werden. So gab es etwa vor Einführung des Kündigungsschutzes keine Kündigungsschutzprozesse. All diese Faktoren garantieren eine Zunahme von Streitigkeiten, die häufig genug mit Hilfe von Dritten gelöst werden müssen. Die Arbeit wird auf dem Gebiet der Konfliktbewältigung also nicht ausgehen.

4   Die Parteien legen Streitigkeiten meist rasch und unbürokratisch gütlich bei. Doch die Streithähne einigen sich nicht immer im Verhandlungsweg. Die zivilisierte Gesellschaft, die Gewalt als Mittel der Konfliktlösung ablehnt, bietet ihren Mitgliedern seit jeher nur eine Ersatzlösung an: Den Gang zum Gericht. Dort tritt die Konfliktindustrie mit Richtern und Anwälten auf den Plan. Aber der so initiierte Prozess des Streitentscheids durch einen Dritten ist nicht nur langwierig, mühselig und teurer. Das Gerichtsverfahren zerstört regelmäßig auch die persönlichen und wirtschaftlichen Beziehungen der beteiligten Parteien. Die Konfliktparteien erkennen und beklagen diese Defizite des Gerichtsprozesses wohl, sehen aber keinen Ausweg: Scheitern die Verhandlungen zur Beilegung des Streits, bleibt scheinbar nur der unbefriedigende Verzicht auf die eigene Forderung oder eben die Anrufung des Gerichts. Wer den Konfliktparteien überzeugend einen dritten Weg aufzeigten könnte, würde sicher auf Interesse an seiner Dienstleistung stoßen.

5   In das alte Paradigma der Konfliktaustragung – Forderungsverzicht oder Klageerhebung – ist, wie der eingangs zitierte Leitartikel zeigt, Bewegung gekommen. Seit einigen Jahren drängt aus den USA[2] ein neuartiger Ansatz zur Streitbewältigung auf den Rechtsberatungsmarkt, der Abhilfe gegen die Defizite des Gerichtsverfahrens verspricht: Die Mediation als strukturierte Verhandlungsführung und Vermittlung durch einen neutralen, nicht entscheidungsbefugten Dritten. Im Bereich des Wirtschaftsrechts[3] ist dieser Begriff für deutsche Juristen noch „terra incognita".[4] Das wird

---

[2] Zur Geschichte der Mediation vgl. *Risse*, in: Mediation in der notariellen Praxis, S. 78 (80 ff.); *Kovach*, Mediation, S. 18 ff.; *Weigand*, BB 1996, S. 2106 f.; *Gottwald*, BRAK-Mitt. 1998, S. 60 (62); *Moore*, The Mediation Process, S. 20 ff.

[3] Anders im Familienrecht, wo die Scheidungsmediation mehr und mehr Verbreitung findet; vgl. etwa *Mähler/Mähler*, in: Handbuch Mediation, § 34; *dies.*, in: Mediation für Juristen, S. 121 ff.; *Hölzenbein*, MDR 1997, S. 415.

[4] Aus dem (noch) überschaubaren Literaturangebot zur Mediation: *Haft/v. Schlieffen* (Hrsg.), Handbuch Mediation, München 2002; *v. Schlieffen/Wegmann* (Hrsg.), Mediation in der notariellen Praxis, Köln 2002; *Breidenbach/Henssler*

sich ändern, wenn die Wirtschaftsmediation hierzulande eine ähnliche Entwicklung wie in den USA nimmt. Dort hat sich die Mediation als eigenständiger Dienstleistungszweig etabliert. Nachdem die Wirtschaftsmediation in Deutschland zunächst nur in juristischen Fachzeitschriften thematisiert wurde, hat inzwischen die konkrete Umsetzung in die Praxis begonnen. Ähnlich wie in den Anfangsjahren der Schiedsgerichtsbarkeit wurden unabhängige Institutionen ins Leben gerufen, die Mediationsverfahren betreuen und verwalten.[5] Die Presse berichtet über erste große Mediationsverfahren wie etwa das Verfahren um den Ausbau des Frankfurter Flughafens.[6] Die Rechtsabteilungen von Weltunternehmen wie der Siemens AG nehmen die Wirtschaftsmediation inzwischen ernst und glauben an eine wachsende praktische Relevanz dieses Verfahrens.[7] Jüngst hat die Kommission der Europäischen Gemeinschaften ein erstes „Grünbuch" über alternative Verfahren der Streitbeilegung vorgelegt, wonach solche Verfahren EU-weit gefördert werden sollen.[8] Fachleute prophezeien der Mediation eine große Zukunft für die Austragung komplexer nationaler wie internationaler Wirtschaftsstreitigkeiten.[9]

Setzt sich diese Entwicklung fort, kommt kaum eine wirtschaftsnahe Berufsgruppe darum herum, sich mit den Grundstrukturen der Wirtschaftsmediation vertraut zu machen: Unternehmer und Unternehmen werden zwangsweise mit der Mediation konfrontiert werden, wenn ihre Geschäftspartner – etwa aus den mediationsgeneigten USA – dieses Verfahren zur Beilegung eines entstandenen Konflikts anregen. Um angemessen auf diesen Vorschlag reagieren zu können, müssen die Unternehmen dieses Verfahren sowie seine Vor- und Nachteile kennen. Nur wer die Wirtschaftsmediation inhaltlich einordnen kann, kann selbst das Verfahren als problemadäquaten Konfliktlösungsmechanismus anstelle des üblichen Gerichtsprozesses wählen und einleiten. Die Konfliktparteien müssen für eine informierte Entscheidung wissen, wann dieses Verfahren sinnvoll ist und welche Chancen und Risiken mit der Wirtschaftsmediation einhergehen. Auch unternehmensintern besteht Informationsbedarf: Personalabteilun-

6

(Hrsg.), Mediation für Juristen, Köln 1997, *Breidenbach,* Mediation, Köln 1995; jeweils mit weiteren Nachweisen.

[5] In Deutschland etwa die gwmk – Gesellschaft für Wirtschaftsmediation und Konfliktmanagement, Brienner Straße 9, 80333 München; www.gwmk.org.

[6] Aufürlich dazu: *Wörner* (Hrsg.), Das Beispiel Frankfurter Flughafen, mit zahlreichen Materialien und Beiträgen. *Niethammer,* ZKM 2000, S. 136 ff. fasst dieses Verfahren zusammen. Der Abschlussbericht kann über das IFOK-Institut, Berliner Ring 89, 64625 Bensheim, bezogen werden.

[7] Vgl. *Hobeck,* NJW 2003, Heft 7 (Editorial); Dr. Paul Hobeck ist Mitglied der Leitung der Rechtsabteilung (Legal Services) der Siemens AG.

[8] Ausführlich *Duve,* BB 2002, Beilage 7 (IDR), S. 6 ff.

[9] *Hobeck,* NJW 2003, Heft 7 (Editorial); *Sandrock,* BB 12/98 („Erste Seite").

gen großer Unternehmen werden nach den guten Erfahrungen in den USA
die Mediation als Instrument firmeninterner Konfliktbewältigung prüfen,
um so vor einer kostspieligen Eskalation vor dem Arbeitsgericht Streitigkeiten mit Arbeitnehmern oder zwischen Unternehmensführung und Betriebsrat frühzeitig zu klären.[10]

7   Parallel hierzu müssen sich die Angehörigen wirtschaftsberatender Be-
rufe mit der Mediation vertraut machen, um ihre Mandanten im Vorfeld
einer Mediation sachkundig zu beraten und diese dann im Mediationsverfahren effektiv betreuen zu können. Rechtsanwälten, die sich von Berufs
wegen mit der Beilegung von Streitigkeiten beschäftigen, eröffnet sich hier
ein neues Tätigkeitsfeld.[11] Unternehmensberater können zusammen mit
arbeitsrechtlich tätigen Kanzleien für einzelne Unternehmen maßgeschnei-
derte Verfahrensordnungen entwerfen, um diese firmeninterne Mediation
dann im Betriebsalltag zu implementieren. Langfristig mag sich sogar
– wie in den USA – der Mediator als eigenständiges Berufsbild herauskris-
tallisieren. Eine frühzeitige Beschäftigung mit der Thematik erschließt so
berufliche Perspektiven. Da die Mediation gerade in grenzüberschreitenden Konflikten immer beliebter wird, gilt es für dort tätige Rechtsanwälte
und Berater nicht erneut – wie seinerzeit bei der Schiedsgerichtsbarkeit –
einen zukunftsträchtigen Trend zu verschlafen.[12] Die Mediation ist ein
Geschäftsfeld mit Zukunft.

II. Begriffsklärung und Abgrenzung

8   In neuen, sich rasch entwickelnden Fachgebieten besteht die Gefahr,
durch einen undifferenzierten Sprachgebrauch die inhaltliche Diskussion zu vernebeln. Dieser Gefahr ist auch die Mediation ausgesetzt.
Dort kommt hinzu, dass die benutzten Begriffe der englischen Sprache

---

[10] *Ponschab/Dendorfer,* in: Handbuch Mediation, § 39. Die damit angesprochene innerbetriebliche Mediation weist allerdings so viele verfahrensimmanente
Unterschiede zur Wirtschaftsmediation auf, dass sie als eigenständige Mediationsform einzustufen ist; zu den Unterschieden vgl. *Stubbe,* ZKM 2003, S. 32 und
unter § 1, Rdn. 71 ff.

[11] Bereits heute definiert § 18 der anwaltlichen Berufsordnung (BORA) Mediation als anwaltliche Tätigkeit. Genau genommen ergibt sich daraus bereits die Berufspflicht des Anwalts, sich jedenfalls Grundkenntnisse des Verfahrens anzueig-
nen.

[12] Davor warnt *Sandrock,* BB 12/98 („Erste Seite"). In Deutschland wurde die
Schiedsgerichtsbarkeit – letztlich also die Ersetzung des staatlichen durch einen privaten Richter – lange belächelt. Das hat dazu geführt, dass heute Paris, London,
Zürich und Stockholm Zentren der Schiedsgerichtsbarkeit sind, nicht aber Berlin
oder Frankfurt am Main.

entlehnt sind, was zwar einen wissenschaftlichen Anspruch suggerieren mag, tatsächlich aber oft zu Verständnisproblemen und Fehldeutungen führt. Eine klare Definition der verwendeten Begriffe beugt diesen Gefahren vor.

1. Definitionen: „Mediation" und „ADR"

Der Begriff „Mediation" bezeichnet ein strukturiertes außergerichtliches 9 Verfahren, in dem ein besonders geschulter neutraler Dritter versucht, gemeinsam mit den Konfliktparteien eine Einigung zu erarbeiten.[13] Der Begriff geht auf das englische Verb „to mediate" = „vermitteln, aushandeln" zurück, das wiederum seine Wurzel im lateinischen „mediare" = „in der Mitte sein" hat. Der neutrale Dritte, den die Parteien mit der Verhandlungsmoderation beauftragen, heißt Mediator. Charakteristisch für jede Mediation ist, dass der Mediator den Konflikt nicht entscheiden kann. Er vermittelt nur und versucht, Verhandlungsabläufe zu optimieren. Zu diesem Zweck arbeitet er zusammen mit den Parteien zunächst die rechtlichen, wirtschaftlichen und persönlichen Aspekte des Konfliktes auf. Ein Zwischenziel der Mediation ist es dabei, die den Konflikt bestimmenden Parteiinteressen herauszuarbeiten und diese von den oft pauschalen Ausgangsforderungen abzugrenzen. Der Mediator sucht und erörtert gemeinsam mit den Parteien Vergleichsmodelle. Chancen und Risiken eines alternativen Gerichtsprozesses werden aufgezeigt. Der Mediator kann Verfahren zur Streitbewältigung, wie etwa die Beauftragung eines Gutachters, vorschlagen oder auch eigene Lösungsvorschläge in Form eines unverbindlichen Schlichtungsspruchs anbieten.[14] Nur eines kann der Mediator nie: Den Streit entscheiden. Die Streitentscheidung verbleibt in der ausschließlichen Verantwortung der Parteien. Gelingt am Ende eine Einigung, setzt der Mediator diese gemeinsam mit den Parteien in eine rechtlich verbindliche Form, also einen Vergleichsvertrag, um. Scheitert die Mediation, steht den Parteien der Weg zu den Gerichten offen.

Das Kürzel „ADR", das auch hierzulande gebräuchlicher wird, ist das 10 Akronym für „Alternative Dispute Resolution", zu deutsch also „Alternative Konfliktlösung". Häufig wird die ADR undifferenziert mit der Mediation gleichgesetzt. Das ist falsch. ADR ist vielmehr die Sammelbezeichnung für verschiedene außergerichtliche Verfahren, die als gemeinsames Merkmal auf einen autoritativen Streitentscheid durch einen Richter ver-

---

[13] Ähnliche Definitionen bei *Breidenbach*, Mediation, S. 4; *v. Hoyningen-Huene*, JuS 1997, 352.

[14] Ob der Mediator diese Befugnis hat, ist bereits umstritten; vgl. dazu unten § 9, Rdn. 139.

zichten, also eine Konsenslösung anstreben.[15] Als Oberbegriff umfasst ADR daher neben der Mediation auch die „Early Neutral Evaluation" (Frühzeitiges unverbindliches Rechtsgutachten), den „Mini Trial" (Simulation eines Gerichtsprozesses vor einem aus Führungskräften der Streitparteien bestehenden „Gericht") und die „Settlement Conference" (von einem Richter geleitete Vergleichsverhandlung).[16] Diese und ähnliche Verfahren, die alle zum Bereich der ADR gehören, werden im letzten Kapitel des Buches erläutert.[17]

11 Versuche, die Anglizismen Mediation und ADR durch deutsche Begriffe zu ersetzen, sind gescheitert. Bezeichnungen wie „Streitschlichtung"[18] oder „Außergerichtliche Konfliktregelung" (AKR)[19] konnten sich nicht durchsetzen. Tatsächlich trüge eine so geschaffene Begriffsvielfalt nur zur weiteren sprachlichen Verwirrung bei. Da der Großteil der einschlägigen Literatur nur in englischer Sprache vorliegt, kann man ohnehin die Beschäftigung mit der Originalterminologie nicht vermeiden.

2. Falsches Image und nüchterne Realität

12 Die Begriffe „Mediation" und „ADR" vermitteln dem unkundigen Adressaten leicht ein falsches Image von diesen Verfahren. Die sprachliche Nähe zur „Meditation", mit der die Mediation nun wirklich nichts zu tun hat,[20] erweckt schnell den Eindruck einer fernöstlichen Heilslehre. Oberflächlich informierte Beobachter meinen daher tatsächlich, mit der Mediation solle ein ideologisch inspirierter Versöhnungsgedanke auch im Wirtschaftsleben hoffähig gemacht werden. Von einem „Palaver"[21] ist gar die Rede. Die Herkunft der Mediation aus dem Familienrecht (Scheidungsmediation) sehen viele als Anzeichen dafür, auch[22] in der Wirtschaftsmedia-

---

[15] In den USA wird allerdings teilweise auch die Schiedsgerichtsbarkeit – also die Entscheidung durch ein nichtstaatliches Gericht – unter den Begriff der ADR subsumiert.

[16] *Duve,* BB 1998 (Beilage 10), S. 9 (12).

[17] Vgl. unten § 15.

[18] So *Schütze,* ZVerglR 1998, S. 117.

[19] So der Titel des AKR-Handbuchs – Außergerichtliche Konfliktregelung für Rechtsanwälte und Notare (Hrsg: Gottwald/Strempel/Beckedorff/Linke).

[20] Eine Anekdote aus den Anfangsjahren der Mediation in Deutschland berichtet, zur ersten Vortragsveranstaltung in München seien die meist langhaarigen Zuhörer in fehlgeleiteter Erwartung mit Kissen und Wolldecken gekommen. Darüber mag man schmunzeln, über das der Mediation immer noch anhaftende falsche Image kaum.

[21] *Schütze,* ZVerglR 1998, S. 117.

[22] Natürlich geht es auch in der Familienmediation um die Lösung eines Streits und mehr will das Verfahren auch dort nicht leisten. Allerdings spielen dort emotionale Aspekte der Parteien eine wesentlich größere Rolle beim Aufspüren einer akzeptablen Lösung als in der Wirtschaftsmediation.

tion gehe es mehr um die emotionale Bewältigung persönlicher Probleme und die Selbsterfahrung der Teilnehmer als um eine effiziente Konfliktbeilegung. Dieser Gesamteindruck wird durch die im Zusammenhang mit der Mediation genannte ADR oder Alternative Streitbeilegung noch verstärkt: Das „Alternative" suggeriert Ablehnung und Abkehr vom vermeintlichen Gegenmodell „Gerichtsprozess" und dem dort als Entscheidungsstandard dienenden Recht und Gesetz. Mediation soll sich folgerichtig auch nur „im Schatten des Rechts"[23] bewegen. Das Bild von einem unjuristischen, diffusen und somit jedenfalls risikobehafteten Verfahren wird so abgerundet und scheint gegenwärtig weithin zu dominieren.

Die Realität hat mit diesem Image wenig gemein: Die Mediator unter-   13
hält sich nicht konzeptlos mit den Streitparteien über die Möglichkeiten einer friedlichen Konfliktbeilegung. Die Mediation zielt auch nicht aus weltanschaulich-ideologischen Gründen auf eine Aussöhnung der Kontrahenten. Der Mediator ist kein weiser alter Mann, der salomonische Lösungen für jede Lebenslage bereit hält. Die Mediation knüpft vielmehr an Erkenntnisse der Verhandlungsforschung an, wonach Parteien in bilateralen Verhandlungen eine an sich mögliche Einigung verpassen, weil sie falsch verhandeln. Diesem Verhandlungsdilemma begegnet die Mediation, indem sie einen besonders geschulten Dritten einschaltet, der die Verhandlungen strukturiert und die Einhaltung sinnvoller Verhandlungsabläufe überwacht. So sollen bestehende, aber verdeckte Einigungsspielräume ausgelotet und neue Gestaltungsspielräume eröffnet werden. Die Wirtschaftsmediation ist dabei kein unjuristisches Verfahren. Recht und Gesetz haben eine facettenreiche Bedeutung, die über die Rolle des Rechts im Prozess als bloßem Entscheidungsmaßstab hinausgeht.[24] Die Teilnahme von Rechtsanwälten ist daher regelmäßig erforderlich. Richtig ist allerdings, dass die Wirtschaftsmediation bei der rechtlichen Einordnung des Konflikts nicht stehenbleibt, sondern ökonomische und persönliche Aspekte strukturiert in die Vergleichsüberlegungen einbezieht. Die Mediation stellt sich so insgesamt als ein nüchternes, rationales und rationelles Verfahren dar, in dem beide Seiten ohne Vergleichsdruck Einigungsmöglichkeiten eruieren. Am Ende des Verfahrens können die Parteien frei zwischen dem erzielbaren Konsens und dem – vielleicht aussichtsreicheren – Gang zum Gericht wählen. Insofern ist weder die Mediation noch die ADR insgesamt eine „Alternative" zum Gerichtsverfahren, da jede Partei ohne Rechtfertigung die Mediation abbrechen und Klage erheben kann. Die Mediation kann den Parteien in geeigneten Fällen ein Verfahren zur Klärung bieten, ob die gerichtliche Auseinandersetzung wirklich notwendig und sinnvoll ist.

---

[23] So der Titel des Beitrags von *Wesel*, „Die Zeit" v. 26. 2. 1998, S. 51.
[24] *Risse*, BB 1999 (Beil. 9), S. 1 ff.

14   In den USA hat die Diskussion um die begrifflichen Unschärfen zu interessanten Wortspielen rund um das Kürzel „ADR" geführt. So soll es sich
nicht um eine „Alternative Dispute Resolution", sondern um eine „Ade-
quate" oder „Appropriate Dispute Resolution" handeln, was zurecht das
fehlende Alternativverhältnis zum Gerichtsprozess aus der Begriffsdefini-
tion herausnimmt.[25] Gleichzeitig wird den außergerichtlichen Streitbeilegungsverfahren durch die Titulierung als „adäquat" und „angemessen"
aber eine erhöhte Wertschätzung im Vergleich zum (unadäquaten?) Prozess zugesprochen, was in dieser Absolutheit falsch ist. Die Wirtschaftsmediation nimmt nicht für sich in Anspruch, das „bessere" oder gar das
„einzig richtige" Streitbeilegungsverfahren zu sein. Sie versteht sich als
konfliktspezifisch zu wählendes Verfahrensangebot an die Streitparteien,
nicht als ein dem Gerichtsverfahren überlegenes Konkurrenzmodell. An-
hänger der ADR übersetzen das Kürzel liebevoll auch als „Avoiding De-
sastrous Results". Diese „Vermeidung katastrophaler Ergebnisse" spielt
auf einen unbefriedigenden Prozessausgang an, bei dem selbst ein obsiegendes Urteil oft durch endgültig zerrüttete Parteibeziehungen sowie den
investierten Kosten-, Zeit- und Nervenaufwand konterkariert wird. Die
Mediation hat in den genannten Punkten tatsächlich Vorteile gegenüber
dem herkömmlichen Gerichtsverfahren.[26] Besorgte Anwälte haben „ADR"
schließlich sarkastisch mit „Alarming Drop in Revenues" übersetzt, da sie
aufgrund des anhaltenden Erfolgs der ADR in den USA einen Rückgang
der Prozesse und damit auch einen eigenen Honorarverlust befürchten.
Richtig ist, dass eine erfolgreich abgeschlossene Mediation für die Parteien
oft kostengünstiger ist als ein Gerichtsverfahren.[27] Ob das für Rechtsanwälte Anlass zur Sorge sein sollte, sei an dieser Stelle dahingestellt.

3. Abgrenzung zu anderen Streitbeilegungsverfahren

15   Die Mediation verdient die Wertschätzung als eigenständiges Streitbeilegungsverfahren nur, wenn sie sich strukturell und inhaltlich von anderen
Wegen der Konfliktbehandlung unterscheidet. Die Abgrenzung von anderen Streitbeilegungsverfahren verdeutlicht gleichzeitig die charakteristi-
schen Merkmale der Mediation.

---

[25] Die Mediation ist deshalb keine Alternative zum Prozess, weil sie den Prozess
nicht endgültig vermeidet. Ein „Entweder/Oder"-Verhältnis besteht also nicht. Die
Mediation wird einem Prozess nur mit dem Ziel vorgeschaltet, diesen überflüssig
zu machen.
[26] Dazu unten § 14, Rdn. 2 ff. Die amerikanische Herkunft dieser „Übersetzung"
weist auf die Besonderheiten des US-amerikanischen Zivilprozesses hin, wo es tatsächlich oft zu den angesprochenen „Desastern" kommt; ausführlich dazu *Risse*,
Mediation in der notariellen Praxis, S. 83 f.
[27] Vgl. dazu § 14, Rdn. 2.

a) **Mediation und Gerichtsprozess.** Anders als die Mediation, die auf **16** eine einvernehmliche Einigung zielt, beruht der Gerichtsprozess auf der Entscheidungsmacht des Richters, die letztlich im staatlichen Gewaltmonopol gründet. Der Konflikt endet mit dem Urteil, also einem autoritativen Streitentscheid durch einen neutralen Dritten. Der Weg zu diesem Urteil ist durch eine strikt zu beachtende Verfahrensordnung, etwa die Zivilprozessordnung (ZPO), vorgegeben und stark formalisiert. Der Richter orientiert sich bei seiner Entscheidung ausschließlich an rechtlichen Gesichtspunkten. Diese streng formale Ausrichtung kontrolliert das Verfahren und macht das Ergebnis kontrollierbar. Der schematische Ablauf ermöglicht die effiziente und zügige Bewältigung der Prozessflut und sichert die Gleichbehandlung aller Streitparteien. Der Richter entscheidet den Konflikt auf jeden Fall endgültig. Die Teilnahme am Verfahren ist – anders als in der Mediation – faktisch erzwingbar, weil die nicht erscheinende Partei den Prozess durch ein Versäumnisurteil verliert.[28] Ein staatlicher Gerichtsvollzieher sorgt notfalls für die Vollstreckung des Urteils. Die starke Formalisierung beschränkt die Einflussnahme der Parteien auf den Verfahrensablauf und das Ergebnis.

Die Mediation setzt im Unterschied zu diesen Wesensmerkmalen des **17** Gerichtsprozesses ausschließlich auf die freiwillige Mitwirkung der Parteien bei der Konfliktbeilegung. Das Verfahren ist zwar strukturiert und wird vom Mediator gesteuert, enthält aber keine zwingenden Vorgaben. Die Entscheidung des Konflikts liegt in den Händen der Parteien: Entweder die Parteien einigen sich oder sie einigen sich nicht. Da die Streitentscheidung in der Autonomie der Parteien verbleibt, haben die Parteien auch die Wahl des – rechtlichen oder außerrechtlichen – Entscheidungsmaßstabes. Die Mediation bietet anders als der Prozess keine Garantie für die Beendigung des Konfliktes. Die Parteien können sanktionslos ihre Teilnahme verweigern oder jederzeit abbrechen.

b) **Mediation und Schiedsverfahren.** Im Schiedsgerichtsverfahren wird **18** – vereinfacht gesagt – der staatliche Richter durch einen privaten Richter ersetzt. Entsprechend lassen sich die Unterschiede zwischen Prozess und Mediation auch auf das Verhältnis zur Schiedsgerichtsbarkeit übertragen. Der Zugang zum Schiedsgerichtsverfahren setzt allerdings voraus, dass sich die Parteien auf die Durchführung dieses Verfahrens statt des staatlichen Gerichtsprozesses geeinigt haben; am Anfang des Verfahrens steht also wie bei der Mediation ein Konsens der Parteien. Auch im Schiedsverfahren entscheidet mit dem Schiedsrichter ein Dritter den Streit. Entscheidungsmaßstab ist ausschließlich das anwendbare Recht.[29] Das Schiedsver-

---

[28] §§ 330 ZPO ff.

[29] Die sogenannte „Friendly Arbitration", bei der das Schiedsgericht nach Billigkeit entscheidet (§ 1051 Abs. 3 ZPO), spielt in der Praxis eine geringe Rolle,

fahrensrecht lässt allerdings mehr Raum für ein einzelfallbezogenes, prozessuales Vorgehen als die starre gesetzliche Verfahrensordnung, die – teilweise geformt durch die Rechtsprechung – für jeden denkbaren Einzelfall eine verbindliche Handlungsanweisung an Anwälte und Gericht bereithält. Die Verfahrensherrschaft bleibt bei den Parteien, die etwa ein bestimmtes Beweisverfahren oder die Absetzung eines Schiedsrichters einvernehmlich beschließen können.[30] Die zwangsweise Durchsetzung des Schiedsurteils ist einfach, da die obsiegende Partei nach der unkomplizierten Anerkennung des Schiedsspruchs durch ein staatliches Gericht die Zwangsvollstreckung einleiten kann.

19 Mit diesen Abweichungen ist die Abgrenzung zwischen Schiedsverfahren und Mediation vergleichbar mit der zwischen Mediation und staatlichem Prozess. Interessant ist aber, dass die Schiedsgerichtsszene inzwischen die Mediation „entdeckt" hat und versucht, mediative Elemente in das Schiedsverfahren zu integrieren. Der Spielraum hierfür ist groß, weil in der Schiedsgerichtsbarkeit wie in der Mediation die Parteien über den Verfahrensablauf bestimmen.[31]

20 c) Mediation und Schiedsgutachten. Das Schiedsgutachten adressiert nicht den Konflikt insgesamt, sondern nur einen – allerdings oft wesentlichen – Teil desselben. Ein abgrenzbarer Streitpunkt, meist eine Sachverhalts- und keine Rechtsfrage, wird einer verbindlichen Entscheidung durch einen neutralen Dritten zugeführt. So mag ein Kfz-Sachverständiger verbindlich entscheiden, welchen Wert das bei einem Unfall zerstörte Auto hatte. Die Parteien müssen sich vertraglich auf die Entscheidung einer bestimmten Frage durch ein Schiedsgutachten einigen und auch festlegen, ob das Gutachten für einen möglichen Folgeprozess verbindlich sein soll oder nur eine Empfehlung darstellt. Einvernehmlich können die Parteien dem Gutachter Vorgaben für die Ermittlung des streitgegenständlichen Aspektes machen. Die Parteien hoffen meist, dass sie sich auf der Grundlage des Schiedsgutachtens über die verbleibenden strittigen Punkte rasch einigen können. Das Schiedsgutachten vermeidet die gerichtliche Auseinandersetzung also nicht unbedingt, erhöht aber die Einigungswahrscheinlichkeit in Verhandlungen.[32]

21 Die Mediation verzichtet demgegenüber auch bei Einzelaspekten darauf, diese durch den Mediator oder einen anderen Dritten entscheiden zu

---

vgl. hierzu *Raeschke-Kessler/Berger*, Recht und Praxis des Schiedsverfahrens, § 762.

[30] Zur Parteimaxime im Schiedsverfahren: *Raeschke-Kessler/Berger*, Recht und Praxis im Schiedsverfahren, Rdn. 128 f.

[31] *Berger*, RIW 2001, 801 ff.; *Eidenmüller* RIW 2002, S. 1 ff.; *Schiffer*, JurBüro 2000, S. 188 ff.; ausführlich dazu auch unten § 15, Rdn. 5 ff.

[32] Eingehend dazu: *Stubbe*, BB 2001, S. 685 ff. (690).

lassen. Der gesamte Streit soll beigelegt werden, nicht nur ein einzelner Streitpunkt. Es kommt allerdings vor, dass sich die Parteien in einem Mediationsverfahren darauf einigen, einen strittigen Punkt durch ein verbindliches oder unverbindliches Schiedsgutachten klären zu lassen.[33]

d) **Mediation und Schlichtung.** Die Abgrenzung von Schlichtung und   22
Mediation ist besonders schwierig. Beide Verfahren haben gemeinsam, dass die Parteien einen neutralen Dritten einschalten, der nur vermitteln und keine verbindliche Entscheidung treffen darf. Beide Verfahren beziehen rechtsfremde Aspekte bewusst in die Streitlösung ein. Anders als der Mediator fällt der Schlichter aber einen Schlichtungsspruch, der für die Parteien zwar formell unverbindlich ist, aber wegen der persönlichen Autorität des Schlichters oder der Veröffentlichung des Vorschlages Einigungsdruck erzeugt. Ein prägnantes Beispiel sind die Schlichtungsverhandlungen in Tarifkonflikten zwischen Gewerkschaften und Arbeitgeberverbänden, in denen meist ein erfahrener Politiker mit „Elder Statesman"-Charisma in die Schlichterrolle schlüpft. Charakteristisch für die Schlichtung ist zudem, dass sich der Schlichter wie ein Richter auf die Bewertung und Abwägung des ihm vorgetragenen Sachverhalts konzentriert. Erst auf dieser Ebene versucht er dann zu vermitteln, was meistens in einem Kompromiss zwischen den Ausgangsforderungen endet.

Der Mediator nimmt dagegen zum Inhalt des Konfliktstoffs keine Stel-   23
lung und bewertet diesen auch nicht anhand eines rechtlichen oder eines allgemeinen Fairnessmaßstabs. Er erarbeitet statt dessen gemeinsam mit den Kontrahenten den streitgegenständlichen Sachverhalt und die dahinterstehenden Parteiinteressen. Die Mediation zielt dabei auch auf innovative Konfliktlösungen, die nicht im schlichten Abrücken von Ausgangsforderungen und einer schließlich akzeptierten „Fifty-Fifty"-Einigung bestehen. Während der Schlichter tendenziell von Anfang an auf einen Schlichtungsspruch zusteuert, versucht der Mediator die Verhandlungen der Parteien zu optimieren. Dieser verhandlungstheoretische Hintergrund fehlt der Schlichtung. Allerdings ist es auch bei der Mediation nicht ausgeschlossen, dass der Mediator nach erfolglosen Verhandlungen auf Bitte der Parteien die typische Funktion eines Schlichters übernimmt und einen Schlichtungsvorschlag unterbreitet.[34]

e) **Mediation und anwaltliche Vermittlung.** Erfahrene Wirtschaftsan-   24
wälte äußern oft, sie würden bei einer Beratung des Mandanten stets über den juristischen Tellerrand hinausblicken, gegebenenfalls zur Vermeidung eines Prozesses raten und dann Vermittlungsgespräche führen. Mediation sei daher nur „neuer Wein in alten Schläuchen", das habe man schon im-

---

[33] *Stubbe*, BB 2001, S. 685 ff. (690).
[34] Vgl. dazu § 9, Rdn. 131.

mer so gemacht.[35] Wer so redet und dann auch so agiert, handelt sicher im Mandanteninteresse. Eine solche Herangehensweise weist zahlreiche mediative Elemente auf. Recht und Gesetz werden als Entscheidungsmaßstab nicht verabsolutiert, die Verhandlungen werden vom Korsett einer Prozessordnung befreit. Die Gegenseite wird nicht mit juristischen Mitteln bekämpft, sondern als notwendiger Partner auf dem Weg zu einer einvernehmlichen Regelung angesehen. Die eingeschalteten Anwälte geben den Verhandlungen der Parteien eine gewisse, oft allerdings nur an Rechtsnormen orientierte Struktur. Die Suche nach Lösungen profitiert vom Erfahrungswissen der Anwälte aus ähnlichen Konfliktlagen.

25   Gleichwohl bleiben die Unterschiede zur Mediation signifikant. Der Mediator ist zur Neutralität gegenüber den Parteien verpflichtet, was beiden Parteien auch bewusst ist. Der vermittelnd auftretende Anwalt bleibt dagegen immer Vertreter seiner Partei. Das hat Folgen für die Verfahrensgestaltung. So schildern die Parteien die Sach- und Interessenlage dem gegnerischen Anwalt nicht mit der Offenheit, die sie einem Mediator entgegenbringen. Wichtige Methoden der Mediation, etwa die vertraulich bleibenden Einzelgespräche des Mediators mit beiden Parteien (Caucus), stehen dem Parteianwalt nicht zur Verfügung. Die Kontrahenten vertrauen bei einer glaubwürdig praktizierten Neutralität des Mediators darauf, dass dieser die Rechtslage unparteiisch bewertet, wohingegen auch der konsensorientierte Parteianwalt einer unausräumbaren Skepsis begegnet, wenn er „faire" Einigungsvorschläge präsentiert. Konfliktparteien nehmen Verfahrens- und Vergleichsvorschläge des Mediators offener auf, als die eines noch so wohlmeinenden Parteianwalts, bei dem doch der eigene Mandant und dessen Interessen im Vordergrund stehen. Agiert der Anwalt wirklich als „ehrlicher Makler", kann ihn dies gefährlich nah an die Grenze des Parteiverrats bringen. Die typische Reaktion auf die Einschaltung eines Anwalts durch die Gegenseite ist daher nicht von ungefähr, selber einen Anwalt aufzusuchen. Beide Anwälte mögen sich dann weiter um eine Vermittlung bemühen, doch werden sie die Gespräche regelmäßig unmittelbar untereinander und nur unter teilweiser Hinzuziehung der Mandanten führen. Dem Berufsbild des Anwalts entsprechend thematisieren die Verhandlungspartner dann vorrangig die wechselseitigen Rechtspositionen. Im Mediationsverfahren sind dagegen die Parteien immer unmittelbar präsent und führen die vom Mediator moderierten Verhandlungen selbst. Anwesende Anwälte beschränken sich auf eine beratende Funktion im Hintergrund.

26   Wer Mediation und anwaltliche Vermittlungstätigkeit gleichsetzt, verkennt die Eigenständigkeit der Wirtschaftsmediation. Die Mediation er-

---

[35] Kritisch zum „Das machen wir doch jeden Tag" – Irrglauben auch *Dendorfer,* in: Schlüsselqualifikationen, § 52, Rdn. 122 f.

schöpft sich nicht in der isolierten Anwendung von Gesprächs- und Verhandlungstechniken. Einzelne Elemente der Mediation mag der Anwalt daher bei der außergerichtlichen Beratung und Vermittlung sinnvoll einsetzen, ein ganzes Mediationsverfahren ersetzen kann er nicht. Da es sich bei der Mediation um ein Verfahren, nicht um eine isolierte Technik oder Methode handelt, ist für die Anwendung der Mediation ein vertieftes Prozessverständnis unentbehrlich. Dieses Verständnis muss erlernt werden und ist auch nicht durch langjährige Verhandlungserfahrung als beratender Anwalt substituierbar. Anwälte, die sich wegen ihrer Streit- und Verhandlungserfahrung als „geborene Mediatoren" sehen, unterliegen einer Fehleinschätzung und auch einer Selbstüberschätzung.

f) **Mediation und bilaterale Verhandlungen.** Bilaterale Verhandlungen 27 zwischen den Streitparteien sind die am meisten genutzte und erfolgreichste Methode der Streitbewältigung. Fast jeder Konflikt geht zunächst durch eine Verhandlungsphase und die große Mehrzahl der Konflikte wird in dieser Phase gelöst. Nur wenn die Verhandlung scheitert, suchen die Parteien überhaupt nach anderen Wegen der Konfliktbeilegung. In bilateralen Verhandlungen verzichten die Parteien auf die Hilfe eines neutralen Dritten. Sie versuchen, sich unmittelbar und direkt zu einigen. Dadurch läßt sich die Verhandlung unbürokratisch und rasch führen; die Verfahrenskosten werden minimiert. Die Parteien behalten die volle Kontrolle über das Verfahren und dessen Ergebnis. Die unbegrenzte Flexibilität direkter Verhandlungen wird allerdings dann zum Nachteil, wenn daraus eine unstrukturierte Erörterung des Problems oder ein bloßer Austausch von Argumenten wird. Einigungschancen werden durch falsch geführte Verhandlungen verpasst. Darauf wird unten noch einzugehen sein.[36]

Im Unterschied zu bilateralen Verhandlungen werden die Verhand- 28 lungsprozesse in der Mediation professionell strukturiert und überwacht. Der Mediator meistert diese schwierige Aufgabe, weil er besondere Kenntnisse in der Verhandlungsführung erworben hat. Der Mediator ist zudem inhaltlich nicht in den Konflikt involviert und kann sich deshalb auf die Optimierung der Verhandlungsprozesse konzentrieren.

4. Abgrenzungskriterien: Prozesskontrolle, Ergebnisverantwortung und Ergebnissicherheit

Man kann die Unterschiede zwischen den einzelnen Verfahrensarten an- 29 hand der Kriterien Verfahrenskontrolle, Ergebnisverantwortung und Ergebnissicherheit veranschaulichen und in das untenstehende Diagramm umsetzen:

---

[36] Dazu unten § 2, Rdn. 12.

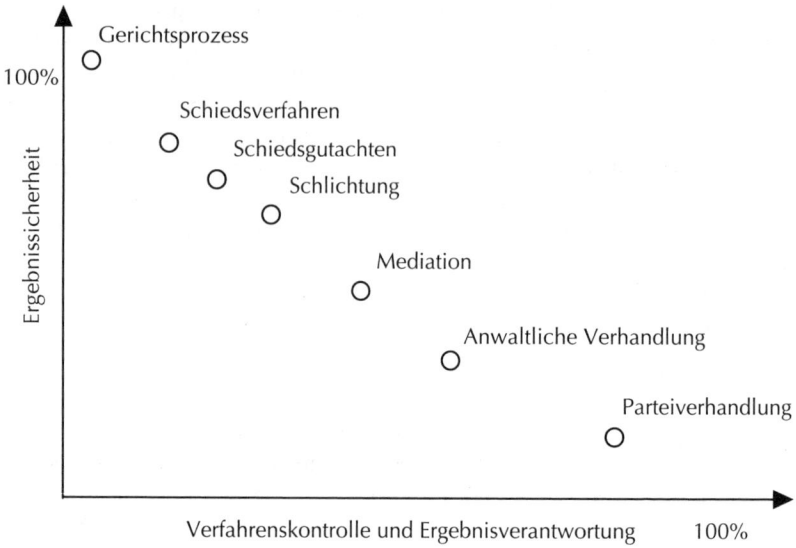

30   Der Begriff der Verfahrenskontrolle bezeichnet den Einfluss der Parteien, den sie selbst auf den Ablauf des Verfahrens haben. Der Gegenbegriff zur Verfahrenskontrolle ist die Delegation der Verfahrensherrschaft und Entscheidungsbefugnis auf Dritte, im Regelfall also auf einen Richter. Im Gerichtsprozess haben die Parteien insoweit den geringsten Einfluss. Sie sind in ihrer Prozessführung an die Vorschriften der ZPO gebunden. Der Richter steuert das Verfahren trotz des zivilprozessualen Dispositionsgrundsatzes durch seine Verfügungen. Die Streitparteien delegieren oft sogar die Teilnahme an den Verhandlungen vollständig auf ihre Anwälte. Der Richter fällt das Urteil ohne Zustimmung der Kontrahenten; der Inhalt des Urteils ist durch die Rechtsfolge der gesetzlichen Bestimmungen vorgegeben. Lediglich durch die Sach- und Verfahrensanträge können die Parteien Eckdaten des Verfahrens bestimmen. Vor dem Landgericht müssen Anwälte diese Anträge stellen, so dass den Parteien die Kontrolle des Verfahrens auch insoweit entzogen ist. Im Schiedsgerichtswesen nimmt die Verfahrenskontrolle der Parteien leicht zu, da die Verfahrensordnung flexibler ist und die Parteien wenigstens die Schiedsrichter (mit)bestimmen können. Die Einschaltung von Anwälten ist nicht zwingend. Beim Schiedsgutachten delegieren die Parteien nur noch die Entscheidung über einen einzelnen Aspekt an einen Dritten, im Schlichtungsverfahren ist der Schlichtungsspruch als Verfahrensergebnis bereits nicht mehr bindend. In der Mediation akzeptieren die Parteien lediglich die formale Verhandlungsleitung durch den Mediator und entscheiden ansonsten über den Verfahrensablauf und Vergleichsabschluss selbst. In der anwaltlichen Ver-

mittlung, die immerhin noch die Kommunikation über den Anwalt als Vorgabe enthält, und der bilateralen Verhandlung liegt die Prozesskontrolle dann vollständig bei den Parteien. Je größer diese Verfahrens- und Ergebniskontrolle der Parteien wird, desto flexibler können die Parteien das Ergebnis gestalten. Der Richter darf nur die von einer Rechtsnorm vorgegebene Rechtsfolge, meist eine isolierte Geldzahlung, zusprechen, während die Parteien in bilateralen Verhandlungen Einigungspakete schnüren können, die aus vielen Einzelkomponenten zusammengesetzt sind.

In der gleichen Reihenfolge lassen sich die einzelnen Streitbeilegungsver-   31
fahren ordnen, wenn man auf die Ergebnisverantwortung der Parteien abstellt. Während diese im Gerichtsprozess fast vollständig dem entscheidenden Richter zugewiesen ist, liegt sie im Fall der bilateralen Verhandlung allein bei den Verhandlungspartnern, die sich unmittelbar einigen müssen. Die anderen Verfahren nehmen jeweils eine Zwischenstellung ein, da den Parteien die Entscheidungsverantwortung für einzelne Streitaspekte (Schiedsgutachten), für einen vernünftigen Kompromissvorschlag (Schlichtung) oder jedenfalls für Verfahrensfragen (Mediation) abgenommen wird. In der anwaltlichen Vermittlung delegieren die Parteien zumindest einen Teil der Ergebnisverantwortung an den Anwalt, dessen Ratschlag sie befolgen. Es ist wichtig zu erkennen, dass eine große Ergebnisverantwortung nicht nur positiv ist. Die Parteien bezahlen den größeren Einfluss auf den Konfliktausgang mit einer gesteigerten Verantwortungslast. Konfliktscheue Parteien fürchten die Involvierung in das stressbehaftete Verfahren oft mehr als ein nachteiliges Ergebnis und sind froh, die Verfahrensführung so weit wie möglich auf Gericht und Anwälte delegieren zu können. Geht der Prozess verloren, kann man trefflich auf Richter und Anwälte schimpfen. In Unternehmen oder Behörden fällt es Entscheidungsträgern oft leichter, einen verlorenen Prozess an die Unternehmens-/Behördenspitze zu verkaufen („Mehr konnten wir nicht tun!"), als die eigenverantwortlich getroffene Entscheidung für einen Kompromiss gegen aufkommende Kritik zu verteidigen („Hätte man nicht anders, etwa durch eine Klage, mehr erreichen können?").

Das auf der y-Achse dargestellte Kriterium der Ergebnissicherheit zeigt 32
an, wie sicher die Parteien am Schluss des gewählten Verfahrens den Konflikt endgültig beenden. Gemessen an diesem Kriterium, ergibt sich eine umgekehrte Reihenfolge der Streitbeilegungsverfahren. Nur beim Gerichtsverfahren steht am Schluss mit Sicherheit ein vollstreckbares Urteil, dessen Rechtskraft den Streit ein für allemal beendet. Das Schiedsgerichtsverfahren führt ebenfalls zur sicheren Konfliktentscheidung, doch kann die unterliegende Partei den Schiedsspruch in seltenen Ausnahmefällen vor einem staatlichen Gericht anfechten.[37] Das Schiedsgutachten entscheidet

---

[37] Vgl. § 1060 ZPO.

nur einen Aspekt des Streits. Die Schlichtung übt über die Autorität des Schlichters wenigstens einen Entscheidungsdruck aus, bietet aber schon keine partielle Entscheidungssicherheit mehr. Die restlichen Verfahren können ohne eine Entscheidung des Konflikts enden. Eine professionell durchgeführte Mediation führt immerhin dazu, dass bestehende Einigungsspielräume aufgedeckt und in einen Vergleich umgesetzt werden können. Bei der bilateralen Verhandlung ist der Verfahrensausgang am offensten. Eine geringe Ergebnissicherheit birgt für die Parteien die Gefahr, dass sie nach einem abgeschlossenen, aber gescheiterten Verfahren noch einmal Geld, Mühe und Nerven investieren müssen, um den Konflikt endgültig beizulegen. Scheitert die Mediation, müssen die Parteien neben dem Mediatorhonorar jetzt auch noch Gerichtsgebühren zahlen. Dieses Risiko ist der Preis für die höhere Verfahrens- und Ergebniskontrolle.

33   Das obenstehende Diagramm veranschaulicht diese Zusammenhänge noch einmal. Es zeigt anhand der genannten Kriterien die Stellung der Wirtschaftsmediation im Kanon der Streitbeilegungsverfahren auf. Die Mediation nimmt danach einen Platz zwischen anwaltlicher Vermittlung und formalisierter Schlichtung ein. Die Mediation überlässt den Parteien einen großen Einfluß auf den Verfahrensablauf und völlige Freiheit bei der Ergebnisgestaltung. Dafür haben die Kontrahenten die Verantwortung für ein erreichtes Ergebnis zu tragen und müssen dieses vor sich selbst und gegebenenfalls vor ihren Vorgesetzten verantworten. Die Parteien müssen das Risiko akzeptieren, den Konflikt im Mediationsverfahren trotz erheblichen Zeit- und Kostenaufwandes überhaupt nicht beenden zu können.

III. Ablauf von Konflikten

34   Kein Konflikt ist wie der andere. Konflikte weisen aber hinsichtlich ihrer Entstehung und Bewältigung durch die Streitparteien gemeinsame Grundstrukturen auf. Wer sich als Mediator, Partei oder Rechtsanwalt mit den verschiedenen Möglichkeiten der Konfliktbehandlung beschäftigt, muss die innere Dynamik und den typischen Ablauf von Konflikten kennen. Nur dann kann er im Streitfall gezielt eingreifen.

1. Das Vier-Phasen-Modell der Konfliktbewältigung

35   Eine Partei hat verschiedene Möglichkeiten, einen Konflikt mit der Gegenseite auszutragen. Die Handlungsalternativen reichen von abwartender Passivität über die bilaterale Verhandlung oder das Anrufen eines neutralen Gerichts bis hin zu offener Aggressivität, also der gewaltsamen Durchsetzung der erhobenen Forderung. Vier Konfliktphasen[38] lassen sich unterscheiden:

---

[38] Ähnlich dem Folgenden: *Moore,* The Mediation Process, S. 6 ff.

Ein Konflikt entsteht, wenn eine Partei einen Zustand als ungerecht 36
wahrnimmt und benennt, sodann nach einem Verantwortlichen sucht und
aus einer Verknüpfung von ungerechtem Zustand und verantwortlichem
Dritten eine Forderung ableitet. Dieser typische Dreischritt wird griffig
mit dem Akronym „NBC" für „naming-blaiming-claiming" bezeichnet.[39]
Ein Konflikt liegt bereits dann vor, wenn sich eine Partei subjektiv ins Unrecht gesetzt fühlt. Der Begriff des Konflikts setzt nicht voraus, dass die
Forderung der Gegenseite mitgeteilt wird. Wer eine entsprechende Forderung erhebt, beginnt bereits mit der Konfliktaustragung.

Wenn eine Partei einen Konflikt erkannt hat, kann sie wählen, ob sie ih- 37
ren vermeintlichen Anspruch überhaupt durchsetzen will. Die finanziellen
und emotionalen Kosten einer Konfliktaustragung sind in Relation zum
Streitwert und zu den Erfolgsaussichten oft so hoch, dass die Partei die Situation zähneknirschend akzeptiert, ohne die Forderung gegenüber der
Gegenseite überhaupt zu artikulieren. Ein einfaches Beispiel: Wer nach
dem Einkauf im Supermarkt ein verdorbenes Joghurt entdeckt, sieht von
einer Reklamation ab, weil der mit der Rückkehr zum Supermarkt verbundene Zeit- und Kostenaufwand schlicht zu hoch ist. Der Käufer verzichtet deshalb auf die Durchsetzung seiner Forderung. Konfliktscheu
führt oft zum gleichen Ergebnis. Anstelle des sofortigen Verzichts kann die
Partei auch zunächst eine abwartende Haltung einnehmen und das Erheben der Forderung nur einstweilen zurückstellen. Motiv für ein solches
Vorgehen ist die häufig berechtigte Hoffnung, das Problem werde sich allein durch Zeitablauf lösen, etwa indem die Gegenseite ihre Einstandspflicht ohne ausdrücklichen Hinweis von selbst anerkennt. Man hofft
darauf, dass sich der Freund beim nächsten Kinobesuch daran erinnert,
wer beim letzten Mal die Karten bezahlt hat, was ein peinliches Anmah-
nen der Rückzahlung entbehrlich macht. Oft wird nur ein günstigerer
Zeitpunkt für den Beginn einer Verhandlung abgewartet. In der Bauindus-
trie werden Streitigkeiten regelmäßig erst nach Abschluss der Bauarbeiten
ausgetragen, weil sich alle Beteiligten während der Bauphase auf eine har-
monische Kooperation angewiesen fühlen. In diesen Fällen tritt der Konflikt nicht offen zu Tage, die Auseinandersetzung wird zunächst vermieden. Diese Phase, die vom Auftauchen und Erkennen des Konfliktes bis
zur Entscheidung über seine Austragung reicht, lässt sich als „Orientie-
rungsphase" bezeichnen.

Wenn die Konfliktvermeidung nicht länger möglich ist, beginnt die 38
zweite Phase der Konfliktbehandlung, die durch eine bilaterale Verhandlung zwischen den beteiligten Parteien geprägt ist. Nahezu jeder Konflikt
durchläuft dieses Verhandlungsstadium. Einleitend spricht eine Partei das
Problem schlicht an. Mehr ist häufig zur Beseitigung des Konfliktes nicht

---

[39] *Breidenbach,* Mediation, S. 42.

erforderlich, weil die Gegenseite ihre Verantwortung für das zuvor verdeckte Problem sofort akzeptiert. Der Freund hatte schlicht vergessen, die beim letzten Kinobesuch geliehen 10 Euro zurück zu geben. Verweigert die Gegenseite die Forderungserfüllung, geht der Konflikt in die eigentliche Verhandlungsphase über. Die Parteien versuchen nun, sich wechselseitig von der Werthaltigkeit der eigenen Positionen zu überzeugen. Die Gegenseite soll zum Nachgeben veranlasst werden. Die Skala der Verhandlungsphasen reicht dabei vom freundlichem Austausch von Argumenten („Den Kinofilm, von dem Du sprichst, kenne ich gar nicht.") und der Suche nach einem Kompromiss („Vorschlag zur Güte: Ich bezahle das nächste Bier.") bis hin zu Emotionsausbrüchen und offenen Drohungen: „Wenn Du nicht einlenkst, gehen wir wieder zum „Sie" über." Erreichen die Parteien so keine Einigung, suchen sie Unterstützung bei externen Beratern, meist Rechtsanwälten. Die Verhandlung wird so um juristische Argumente angereichert, die bereits den Ausgang eines möglichen Prozesses mit dem Ziel prognostizieren, den Gang zum Gericht so überflüssig zu machen. Die Einschaltung von Anwälten signalisiert die Entschlossenheit zur eigenen Anspruchsdurchsetzung, was die Hoffnung der Gegenseite auf schlichte Abstandnahme von der erhobenen Forderung zerstreut. Die Fronten verhärten sich. Weitaus die meisten Streitigkeiten enden mit einer gütlichen Einigung irgendwo im Verlauf dieser zweiten Phase der Konfliktbehandlung, der „Verhandlungsphase".

39   Die dritte Phase der Konfliktbehandlung beginnt, wenn die Verhandlungen ohne Ergebnis bleiben, die anspruchsstellende Partei ihre Forderung aber weiter durchsetzen möchte. Sie wird nun überlegen, die Entscheidung des Streits durch die Einschaltung einer neutralen Partei voranzutreiben. Dies ist ein echter Einschnitt, da die private, bilaterale Bewältigung des Konflikts nunmehr offen als gescheitert eingestuft wird. Das klassische Beispiel für diese Phase ist der Gerichtsprozess, wo der Richter den Konflikt für die Parteien entscheidet. Die Auseinandersetzung ist dort endgültig zum Rechtsstreit eskaliert, der Konflikt wird öffentlich ausgetragen. Die Parteien kommunizieren nicht mehr direkt, sondern über einen angerufenen Richter, der von der Richtigkeit des eigenen Standpunkts überzeugt werden soll. Als Sprachrohr der Parteien treten Anwälte auf. Da die Anrufung eines privaten Schiedsrichters die Einschaltung des Staatsapparates und auch einen Großteil der Öffentlichkeit vermeidet, ist sie in den Augen vieler Bürger weniger aggressiv als der Gang zum staatlichen Gericht, ohne dass ein prinzipieller Unterschied zum Prozess besteht. Im Schlichtungsverfahren und beim Schiedsgutachten setzen die Parteien ebenfalls auf die Hilfe neutraler Personen bei der Streitentscheidung, geben aber die unmittelbare bilaterale Verhandlung (noch) nicht vollständig auf. Auch hier wird jedoch der Konflikt in einem geordneten Verfahren ausgetragen. Die für diese dritte Phase der Konfliktbewältigung kennzeichnende

Einschaltung eines Dritten und die Überleitung der Konfliktaustragung in ein geordnetes, vorgegebenes Verfahren legt es nahe, sie als „Prozessuale Phase" zu betiteln.

Die Beschreitung des Rechtsweges ist nicht immer die „ultima ratio", 40 um einen entstandenen Konflikt auszutragen. Oft hat eine Partei zur Durchsetzung ihrer Forderung Alternativen, die sie nach der prozessualen Phase oder auch parallel hierzu einsetzen kann. Damit ist die vierte Phase der Konfliktbehandlung angesprochen. Sie ist negativ dadurch gekennzeichnet, dass die Konfliktlösung weder durch unmittelbare Kommunikation mit der Gegenseite noch durch die Einschaltung einer dritten Partei gesucht wird. Statt dessen versucht die Partei, durch außerprozessuale Manöver den Konflikt erfolgreich zu beenden. Solche „gewaltsamen" Maßnahmen sind nicht notwendig illegal oder auch nur illegitim. Die Ausübung faktischen Drucks auf die Gegenseite kann der einfachste Weg sein, um eine Forderung ohne gerichtliche Hilfe durchzusetzen. In Wirtschaftsstreitigkeiten genügt dazu häufig das Ausspielen von Marktmacht. Eine zurückgehaltene Lieferung, auf welche die Gegenseite angewiesen ist, veranlasst diese zum schnellen Einlenken. Bisweilen wird auch die Öffentlichkeit mobilisiert und als Druckmittel eingesetzt. Vor einigen Jahren initiierten verschiedenen Umweltschutzorganisationen einen Boykott von Shell-Tankstellen, woraufhin die Versenkung der Bohrplattform Brent Spa unterblieb – trotz gültiger behördlicher Genehmigung und weit übertriebener Umweltfolgen einer Versenkung. Möglich ist auch der Versuch, durch Einflussnahme auf eine dritte Partei seine Interessen durchzusetzen. Hierzu gehört die Einwirkung auf die Gesetzgebung, um den Entscheidungsstandard eines später zu führenden Rechtsstreits günstig zu gestalten: Anstelle eines langwierigen Streits um eine Baugenehmigung mit der zuständigen Behörde ist die Initiierung eines Bebauungsplanes über den Gemeinderat der schnellere und billigere Weg. Schließlich kann sich eine Partei auch unter Missachtung des staatlichen Gewaltmonopols zu einem offenen Rechtsbruch entschließen und zur Forderungsdurchsetzung auf das archaische Mittel physischer Gewalt zurückgreifen. Zusammenfassend lässt sich die durch eine breite Palette von Alternativen gekennzeichnete vierte Phase der Konfliktbehandlung als „Außerprozessuale Phase" titulieren.

2. Einordnung der Mediation

Die Wirtschaftsmediation ist in dem geschilderten Phasenmodell im 41 Schnittpunktbereich von Verhandlungsphase und prozessualer Phase angesiedelt. Denn auf der einen Seite knüpft auch die Mediation daran an, dass die Eigenbewältigung des Konflikts durch die Parteien gescheitert ist und nicht mehr auf der Verhandlungsebene erfolgen kann. Die Streitlösung kann nur noch durch die Einschaltung einer neutralen dritten Partei gelingen. Insofern ist die reine Verhandlungsphase bei Beginn der Mediation bereits verlassen. Mit der Mediation wird der Konflikt in ein geordnetes Verfahren der Streitbeilegung, also in ein anderes Stadium, übergeleitet. Im Unterschied zu den anderen Verfahren der „prozessualen" Konfliktphase baut die Mediation zum Erreichen der Konfliktlösung aber dann doch wieder allein auf unmittelbare Verhandlungen der Parteien, die der Mediator sachkundig moderiert. Die Mediation ist – verkürzt gesagt – eine Verhandlung unter Anleitung. Insofern fehlt der Mediation das für die prozessuale Phase typische Element des Drittentscheids. Ziel des Mediators ist es, die Parteien in die zweite, zunächst gescheiterte Phase zurückzubringen, um dort doch noch eine Verhandlungslösung zu erreichen. Die Mediation nimmt im Konfliktablauf so eine eigentümliche Mittelstellung zwischen der Verhandlungsphase und der prozessualen Phase ein.

3. Erkenntniswert des Vier-Phasen-Modells

42   Der skizzierte Konfliktablauf ist weder eine Einbahnstraße, noch in seinen einzelnen Schritten vorgeben. Die Parteien haben jederzeit die Möglichkeit, eine Ebene wieder zu verlassen und zur vorherigen Stufe der Auseinandersetzung zurückzukehren. Oft verzichtet eine Partei am Ende einer erfolglosen Verhandlung zähneknirschend auf die Fortführung des Konflikts im Gerichtsaal, weil sie Kosten und Risiko des Prozesses scheut. Viele Gerichtsverfahren werden nicht durch Urteil entschieden, da sich die Kontrahenten doch noch auf eine Verhandlungslösung besinnen und einen Vergleich abschließen: Sie kehren also im Gerichtssaal zur Verhandlungslösung zurück. Eine Partei verzichtet bisweilen ganz auf die Verhandlungsphase, wenn sie an einen schnellen und sicheren Prozesserfolg glaubt und gerade den Triumph öffentlicher Bestätigung ihrer Forderung durch ein Urteil sucht. In wettbewerbsrechtlichen Streitigkeiten wird wegen besonderer Eilbedürftigkeit oft ebenfalls auf die Verhandlungsphase verzichtet und sofort eine einstweilige Verfügung beim Gericht beantragt. Eine als ungünstig eingestufte Rechtslage mag einen Kontrahenten veranlassen, gleich zu außerprozessualen Druckmitteln zu greifen.

43   Trotz dieser Einschränkungen veranschaulicht das geschilderte Phasenmodell den typischen Verlauf eines Konflikts und illustriert die Eskalationstendenz, die einem Konflikt innewohnt. Sobald eine neue Phase der Auseinandersetzung erreicht ist, gestalten sich die weiteren Beziehungen der Parteien schwieriger. Mit jeder Phase steigen die Kosten der Konfliktbehandlung, die endgültige Rückkehr zu einem konfliktfreien Zustand wird erschwert. Verlässt ein Streit die Ebene der Verhandlung und wird zu einem offenen Rechtsstreit, ist es praktisch unausweichlich, dass eine Partei durch das spätere Urteil des Gerichts zum Verlierer gestempelt wird. Noch schlimmer ist der Gesichtsverlust für denjenigen, den direkter Druck

der Gegenseite zum einseitigen Nachgeben zwingt. Solche Erfahrungen
verbittern und erschweren eine weitere Zusammenarbeit auch dort, wo
diese für beide Seiten wirtschaftlich gewinnbringend wäre. Ökonomisch
ist daher der Versuch sinnvoll, den Konflikt in einer möglichst frühen
Phase des Streits mit einer beiderseits akzeptablen Einigung beizulegen.
Genau das versucht die Mediation.

IV. Herkunft und Geschichte der Mediation

Die Mediation entstand in ihrer heutigen, wissenschaftlich durchdach- **44**
ten Grundstruktur Mitte der 60er Jahre in den USA. Anlass war dabei
weniger das Erkennen der ihr innewohnenden Vorteile, sondern die bewusste Abkehr vom jedenfalls als nachteilig empfundenen US-amerikanischen Gerichtsprozess. Die Studentenbewegung in dieser Zeit hat die Abwendung vom staatlichen Gericht sicher begünstigt. Wirklich populär und
erfolgreich wurde die Mediation aber erst, als die Universitäten die Mediation als Forschungsgegenstand entdeckten und den Verfahrensablauf
unter Einbezug von Erkenntnissen der Verhandlungsforschung nach und
nach strukturierten und optimierten.[40]

Vor diesem Hintergrund ist die Geschichte der Mediation in Deutsch- **45**
land schnell erzählt. Die Idee, Konflikte außerhalb des Gerichtssaals von
den Parteien selbst unter Anleitung eines Mediators lösen zu lassen, drang
Ende der 70er Jahre aus den USA nach Deutschland vor und wurde hier
zunächst von einer Gruppe von Soziologen unter dem Stichwort „Recht
und Konflikt" diskutiert.[41] Die Justiz griff die Thematik rasch auf. Im Jahr
1981 machte das Bundesjustizministerium durch das von ihm veranstaltete
Forum „Alternativen in der Ziviljustiz" auf die Möglichkeiten einer nicht-
richterlichen Streitbeilegung aufmerksam, auch um der langsam anschwel-
lenden Prozessflut zu begegnen. Einen nachhaltigen Effekt hatten diese
Initiativen nicht. Mediation wurde in kleinen Fachkreisen zwar erörtert,
setzte sich aber zunächst nicht als eigenständiges Streitbeilegungsverfahren
durch.

Angesichts der von der Soziologie angestoßenen Diskussion und des **46**
entsprechenden Vorbildes in den USA verwundert es nicht, dass die Mediation hierzulande zunächst im Bereich des Familienrechts in Form der
Scheidungsmediation Fuß fasste. Da in Konflikten aus diesem Rechtsbe-
reich eine besonders enge Verbindung zwischen sozial-emotionalen und
rechtlichen Aspekten besteht, schien die Mediation für solche Streitigkei-

---

[40] Ausführlich zur Geschichte der Mediation: *Risse,* in: Mediation in der notariellen Praxis, S. 77 ff.
[41] *Proksch,* ZKM/KON:SENS 1998, S. 7 ff. (9).

ten prädestiniert zu sein. In der ersten Hälfte der 80er Jahre fanden in diesem Bereich einige Seminare und Tagungen statt.[42] Größere Beachtung fand die Thematik aber erst, als die in den USA bekannten Mediatoren *Friedman* und *Himmelstein* begannen, auch in Deutschland ihr Ausbildungskonzept anzubieten.[43] Anfang 1992 schlossen sich die bestehenden örtlichen Arbeitsgruppen in der betont interdisziplinär orientierten „Bundes-Arbeitsgemeinschaft für Familien-Mediation" (BAFM)[44] zusammen. Diese Organisation bemüht sich seitdem mit wachsendem Erfolg, über formalisierte Ausbildungen und stetigen Erfahrungsaustausch Qualitätsstandards in diesem Anwendungsbereich zu setzen. Die Familienmediation hat sich inzwischen in Deutschland als Dienstleistungsangebot an zerstrittene Eheleute etabliert.

47 In den Brennpunkt rechtswissenschaftlichen Interesses gelangte die Mediation erst durch die Habilitationsschrift von *Breidenbach* aus dem Jahr 1995.[45] Die Mediation begann, ihren auch in Fachkreisen verbreiteten Ruf als „sozio-psychologisches Harmoniemodell" abzulegen und als ernstzunehmendes Streitbeilegungsverfahren anerkannt zu werden. Zu dieser Trendwende trug bei, dass sich die Mediation in den USA inzwischen im Wirtschaftsleben verbreitet hatte und dort auf positive Resonanz stieß.[46] In den letzten Jahren ist die Mediation gerade in juristischen Kreisen zu einem Modethema mutiert und scheint sich gegenwärtig fächerartig auf alle Rechtsgebiete und Konfliktbereiche auszuweiten. Als potentielles Anwendungsfeld der Mediation werden nun genannt: Nachbarstreitigkeiten, Mietkonflikte, Erb- und Testamentsfragen, Wirtschaftsstreitigkeiten aller Art, der strafrechtliche Täter-Opfer-Ausgleich, Schulmediation und der öffentlich-rechtliche Interessenausgleich bei Umweltkonflikten.[47] Inzwischen hat auch der Gesetzgeber das Potential der Mediation erkannt – wohl, weil er im Justizhaushalt Geld einsparen möchte – und fügt entsprechende Bestimmungen in bestehende und neue Gesetze ein.[48]

48 Die Wirtschaftsmediation hat sich im Zuge dieser allgemeinen Entwicklung erst in den letzten Jahren als eigenständiges Anwendungsfeld der Alternativen Streitbeilegung herauskristallisiert. Hier sind es vor allem Anwälte, die sich in der Hoffnung auf eine parallele Entwicklung zu den USA bemühen, das potentiell lukrative Geschäftsfeld zu erschließen. Durch die Gründung von einschlägigen Vereinen und überregionalen Arbeitsgemein-

---

[42] *Proksch*, ZKM/Kon:sens 1998, S. 7 (9).
[43] *Gerwens-Henke*, ZKM/Konsens 1998, S. 15 ff.
[44] Informationen sind zu beziehen über BAFM, Eisenacher Str. 1, 10777 Berlin, Internet: www.bafm-mediation.de.
[45] *Breidenbach*, Mediation, Köln 1995.
[46] *Risse*, in: Mediation für die notarielle Praxis, S. 92 ff.
[47] Vgl. nur die Aufzählung bei *Haynes*, ZKM/Kon:sens 1998, S. 3 ff.
[48] Vgl. dazu sogleich § 1, Rdn. 49 ff.

schaften[49] wird langsam auch eine Organisationsstruktur geschaffen, die Qualitätsstandards setzen kann und eine aktive Vermarktung dieser neuen Dienstleistung ermöglicht. Gegenwärtig kämpft die Wirtschaftsmediation, ebenso wie alle anderen Anwendungsbereiche außerhalb der Familienmediation, noch mit einem Akzeptanzproblem in der Praxis. Die Zahl der angebotenen Seminare und Kongresse dürfte die der tatsächlich durchgeführten Mediationsverfahren (noch) übersteigen. Offenbar reicht das durchweg positive Echo in der wissenschaftlichen Literatur noch nicht aus, um die Streitparteien zu erreichen und in geeigneten Fällen zum Beschreiten dieses neuen Wegs der Konfliktaustragung zu veranlassen. Inwieweit sich die Mediation im Wirtschaftsleben oder in den anderen genannten Bereichen dauerhaft als eigenständiges Streitbeilegungsverfahren etablieren wird, werden daher erst die nächsten Jahre zeigen.[50]

V. Mediative Strukturen im deutschen Recht

Wer nach dem Begriff der Mediation in einer juristischen Datenbank **49** sucht, die alle deutschen Gesetze erfasst, wird gegenwärtig (noch) nicht fündig. Doch der so entstehende Eindruck, der Gesetzgeber habe die Mediation als Streitbeilegungsverfahren bislang ignoriert, täuscht. Es gibt schon heute im deutschen Recht mehr mediative Strukturen als man zunächst denkt.

1. Mediationsähnliche Verfahren im gegenwärtigen Recht

Der Gesetzgeber dachte bereits in der Weimarer Republik darüber nach, **50** in der deutschen Zivilprozessordnung ein obligatorisches Güteverfahren zu verankern.[51] Übrig geblieben ist von diesen Bemühungen nur § 278 ZPO, der das Gericht verpflichtet, auf eine gütliche Beilegung des Streits hinzuwirken. Der Gesetzgeber hat der Einigung so formal Vorrang vor einer richterlichen Entscheidung zugemessen. Diesen Akzent hat der Gesetzgeber durch die Neufassung von § 278 ZPO per 1. Januar 2002 weiter verstärkt. Die Anordnung eines gesonderten Gütetermins ist jetzt der gesetzliche Regelfall, zu dem das Gericht die Parteien nach § 278 Abs. 3 ZPO persönlich laden soll. Das Gericht ist nach § 278 Abs. 4 ZPO auch befugt, die Güteverhandlung vor einem beauftragten Richter stattfinden zu lassen, wodurch die richterliche Entscheidungsgewalt von moderierten

---

[49] Einen Überblick über derartige Initiativen geben *Hehn/Rüssel,* in: Handbuch Mediation, § 59.

[50] Aus rechtsvergleichender Sicht ist die Prognose positiv: *Risse,* in: Mediation in der notariellen Praxis, S. 99 f.

[51] Vgl. *Breidenbach,* Mediation, S. 9 f.

Vergleichsgesprächen entkoppelt wird. Damit wird ein Kerngedanke der Mediation in der ZPO umgesetzt, im Ergebnis aber noch kaum praktiziert. Das Gericht kann nach § 278 Abs. 5 ZPO sogar noch einen Schritt weiter gehen, und den Parteien eine außergerichtliche Schlichtung empfehlen.[52] Obwohl eine solche Empfehlung sicher eine hohe Überzeugungskraft hätte, wird sie selten ausgesprochen. Im Arbeitsrecht schreibt § 54 ArbGG zwingend ein Güteverfahren vor, belässt es bei einem Scheitern dieses Verfahrens aber bei der Entscheidungsgewalt des die Güteverhandlung leitenden Richters.[53]

51   In neueren Gesetzen finden sich verstärkt Elemente einer außergerichtlichen Streitbeilegung: Im Bereich der Kinder- und Jugendhilfe fordert § 17 Abs. 2 SGB VIII vom Jugendamt, im Falle einer Trennung der Eltern gemeinsam mit allen Beteiligten ein Konzept für die elterliche Sorge zu entwickeln, das dann auch als Grundlage für die richterliche Entscheidung dient. Im wiedervereinigungsbedingten Sonderrecht verlangen die §§ 87 ff. SachRBerG von den Beteiligten im Streit um Eigentum und Nutzungsrechte, vor der Anrufung des Gerichts ein notarielles Vermittlungsverfahren durchzuführen. Das Verfahren des Täter-Opfer-Ausgleiches ist in § 46 a StGB rechtlich anerkannt.[54] Und in § 4 b BauGB sieht der Gesetzgeber bei der Aufstellung eines Bebauungsplanes nun ausdrücklich die Möglichkeit einer Vermittlung zwischen den unterschiedlichen Interessen der beteiligten Bürger und öffentlichen Stellen vor. Diese Beispiele zeigen, wie das Grundkonzept der Mediation in unterschiedlichen Rechtsgebieten Fuß zu fassen beginnt.

Der Gesetzgeber fügt auch in klassische Bereiche des Wirtschaftsrechts mediative Elemente ein. So verlangt § 305 Abs. 1 Nr. 1 InsO für die Verbraucherinsolvenz, dass der Schuldner über eine Beratungsstelle den Versuch einer außergerichtlichen Einigung mit seinen Gläubigern unternimmt. Seit vielen Jahren sieht § 27 a UWG die Anrufung von Einigungsstellen vor, um Wettbewerbsstreitigkeiten außergerichtlich beizulegen. Hinzu kommen freiwillige Einrichtungen von Interessenverbänden, die im Interesse einer Vermeidung von Gerichtsprozessen Einigungsstellen als ständige Einrichtungen etabliert haben. Zu nennen ist hier insbesondere das Ombudsmann-System der deutschen Banken, mit dem in Streitigkeiten zwischen Bank und Kunde vermittelt werden soll. Die Versicherungswirtschaft ist mit ihrem Ombudsmann auf diesen Zug aufgesprungen, um so ihre Kundenfreundlichkeit zu demonstrieren und imageschädliche Prozesse zu vermeiden. Als Mitgliedsland der World Intellectual

---

[52] Eingehend dazu: *Monßen*, Betrifft Justiz 2002, S. 410 ff.

[53] Zum Spannungsfeld von richterlichem Entscheidungsauftrag und Mediation vgl. *Ortloff*, in: Mediation für Juristen, S. 111 ff.

[54] Ausführlich: *Kerner*, in: Handbuch Mediation, § 49.

Property Organization (WIPO) ist für Deutschland schließlich auch die Mediationsordnung dieser Organisation für grenzüberschreitende Verfahren zum Schutz von Marken- und Urheberrechten von wachsender Bedeutung.[55]

Kein gesetzlicher Denkansatz ist so mediationsfreundlich wie der neue 52 § 15 a EGZPO, der es den Landesgesetzgebern erlaubt, allen Zivilprozessen mit einem Streitwert von bis zu 750 Euro ein obligatorisches Schlichtungsverfahren vorzuschalten.[56] Rechtsgebietsübergreifend wird so ein alternatives Streitbeilegungsverfahren in Deutschland ermöglicht und bei einer landesrechtlichen Umsetzung auch erzwungen. Der Deutsche Juristentag hatte sich bereits 1998 mit diesem Konzept ausführlich beschäftigt.[57] Man tut dem Gesetzgeber sicher nicht Unrecht, wenn man als Hintergrund dieser Gesetzesnovelle ein vermeintliches Einsparpotential im Justizhaushalt vermutet. Unabhängig von der inhaltlichen Bewertung dieser Gesetzesinitiative zeigt das Vorhaben, dass die alternative Streitbeilegung sich in der deutschen Rechtslandschaft ausbreitet.

2. Noch fehlende Praxisrelevanz – Die Gründe

Die skizzierte Präsenz der Mediation in der deutschen Rechtslandschaft 53 zeigt, dass die Alternative Streitbeilegung heute schon mehr ist als eine akademische Modetheorie, die von wenigen Interessierten als Glasperlenspiel betrieben wird. Gleichzeitig dürfen die genannten Bestimmungen aber nicht den Blick darauf verstellen, dass die Alternative Streitbeilegung in der täglichen Streitpraxis eine untergeordnete Rolle spielt und auch von der Öffentlichkeit wenig wahrgenommen wird. Der Anspruch der Mediation, als eigenständiges Streitbeilegungsverfahren anerkannt zu werden, ist weit von seiner Realisierung entfernt.

Es gibt viele Gründe für diese Diskrepanz: Am wichtigsten ist sicher, 54 dass die Mediation bisher nicht als eigenständiges Verfahren begriffen wird, dessen Durchführung vom Mediator ebenbürtige Kenntnisse und einen gleichen Einsatz erfordert wie die alternative Prozessleitung und -entscheidung durch einen Richter. Eine professionell durchgeführte Mediation verlangt nach einem professionell geschulten Mediator, nicht aber nach einem Richter, Notar, Anwalt oder Ombudsmann, der gutwillig, aber ohne besonderes Verfahrensverständnis, versucht, mit den Parteien eine Einigung zu finden. In der Praxis bestehen diese Güteverfahren dann meist in einem Parteivortrag und einem abschließenden Einigungsvorschlag, der sich allein an der Rechtslage orientiert. Der stereotypen, nur vermeintlich salomonischen Empfehlung eines „Fifty-Fifty"-Kompromisses fehlt jede

---

[55] Vgl. auch: *Wichard*, BB 2002 (Beilage 7/IDR), S. 13 f.
[56] Vgl. dazu: *Greger*, ZRP 1998, S. 183 ff.
[57] *Macke*, NJW 23/1998 (Beilage), S. 28 f.

innere Überzeugungskraft.[58] Wenn die Parteien vom Leiter der Güteverhandlung nur einen solchen Entscheidungsvorschlag bekommen, verwundert es kaum, dass sie in dem Verfahren keinen besonderen Wert erkennen und mit dem Gerichtsprozess gleich das „Original" wählen.

55   Es ist bisher nicht gelungen, die Mediation als ein Verfahren herauszustellen, das anders abläuft und andere Chancen und Risiken birgt als das klassische Gerichtsverfahren oder die herkömmliche Schlichtung. Dies ist offenbar auch dem Gesetzgeber nicht ausreichend bewusst. Denn gerade der gesetzgeberische Gedanke, bei Bagatellebeträgen eine Schlichtung „vorzuschalten", verstärkt in der Öffentlichkeit den Eindruck, bei der Mediation handele es sich um ein im Vergleich zum Prozess minderwertiges Verfahren. Der Gesetzgeber scheint der Ansicht zu sein, die Mediation sei ein strukturell einfacher Weg der Streiterledigung, setze beim Mediator keine besonderen Qualifikationen voraus und sei daher mit geringen Kosten – Stichwort: Entlastung des Gerichtsetats – durchzuführen. Anders ist nicht zu erklären, warum die obligatorische Schlichtung gerade in der Verbraucherinsolvenz mit dem sicher nicht zahlungskräftigen Schuldner und im Vorschaltverfahren des § 15 a EGZPO bei geringen Streitwerten vorgeschrieben wird. Ohne eine gesicherte und angemessene Vergütung wird sich kein qualifizierter Mediator zur Durchführung des Verfahrens finden. Eine unprofessionell geleitete Mediation gefährdet dann aber das Image dieses Streitbeilegungsverfahrens und steht einer weiteren Verbreitung entgegen. So positiv das Aufgreifen des Mediationsgedankens durch den Gesetzgeber grundsätzlich ist, so gefährlich ist es auch, wenn nicht flankierend zu den entsprechenden Gesetzesnovellen die qualifizierte Durchführung des Mediationsverfahrens gewährleistet wird.

56   Außerdem gestaltet es sich schwierig, Streitparteien im Einzelfall von dem Potential der Mediation zu überzeugen. Mediation ist letztlich „nur" eine professionell geleitete Verhandlung. Die Parteien nehmen regelmäßig für sich in Anspruch, selbst „fair", „sachgerecht" und „effizient" verhandeln zu können. Noch ausgeprägter ist das entsprechende Selbstbewusstsein bei Anwälten. Wenn die Verhandlung gleichwohl scheitert, liegt dies in den Augen dieser Personen daher entweder an der Uneinsichtigkeit der Gegenseite oder aber daran, dass es tatsächlich keine Verhandlungslösung gibt. In dieser Situation lässt sich der Mehrwert der Mediation schwer vermitteln. Stellt man die Mediation als verbesserte Verhandlung vor, be-

---

[58] Der Gerechtigkeitsgehalt einer „Fifty-Fifty"-Teilung hängt von den Ausgangsforderungen beider Seiten ab. In Erwartung einer solchen Teilung ist es für die Parteien sinnvoll, extreme Forderungen zu stellen. Wo um einen „gerechten" Schadensersatz von € 10.000 gestritten wird, aber vom Kläger € 50.000 gefordert werden, kann über eine hälftige Teilung kein faires Ergebnis erreicht werden, da der Beklagte nicht mehr als eine Klageabweisung, also € 0, fordern kann. Das Beispiel zeigt, dass die salomonische Teilung zu willkürlichen Resultaten führt.

greifen die Parteien dies als Angriff auf die eigene Verhandlungskompetenz. Das Konzept der Mediation lässt sich kaum in wenigen Worten überzeugend zusammenfassen. Die Parteien begreifen daher nicht, was das wirklich Neue an der Mediation ist und warum sie in dieses Verfahren Geld investieren sollen. Konsequent wählen sie dann den vertrauten Übergang von der gescheiterten Verhandlung in das Gerichtsverfahren. So unterbleiben in Deutschland die Mediationsverfahren, die das Bild der Mediation auch in der Öffentlichkeit nachhaltig verbessern könnten. Und die Wirtschaftsmediationen, die erfolgreich durchgeführt werden, wirken nicht imageprägend, weil die Vertraulichkeit des Verfahrens eine Publikation des Mediationsergebnisses und die „Werbung" mit einem solchen „Leitverfahren" verhindert.

Schließlich hinkt auch der Vergleich mit der Konfliktlandschaft in den **57** USA und die daraus schnell abgeleitete Konsequenz, dass alles, was in den USA Erfolg hat, früher oder später auch in Deutschland reüssiert. In den USA bewirken prozessuale Besonderheiten, die überwiegend historisch bedingt sind, dass konflikterfahrene Parteien die Streitaustragung vor Gericht um fast jeden Preis vermeiden: So trägt dort jede Partei die eigenen Verfahrenskosten auch dann, wenn der Prozess gewonnen wird. Der Beklagte weiß also im Moment der Klageerhebung, dass er sicher Geld verliert, weil er seinen Anwalt selbst zahlen muss.[59] Das Kostenproblem ist deshalb so virulent, weil durch den ausufernden Gebrauch der vorprozessualen Informationsphase (Discovery) horrende Anwaltskosten anfallen. Hinzu kommen die Unwägbarkeiten des Jury-Systems.[60] Diese prozessualen Elemente erzeugen in den USA einen Leidensdruck, der die Parteien förmlich in alternative Streitbeilegungsverfahren treibt. Die deutschen Gerichte bieten bei aller Einzelkritik dagegen eine effiziente, planbare Streiterledigung an, die im internationalen Vergleich auch kostengünstig und rasch erfolgt. Die Suche nach alternativen Formen der Konfliktaustragung ist für deutsche Parteien daher weniger drängend als in den USA.

VI. Wirtschaftsmediation und andere Mediationsformen

Die Wirtschaftsmediation beansprucht nicht nur im Vergleich zum Ge- **58** richtsprozess oder zu Anwaltsverhandlungen einen eigenständigen Stellenwert,[61] sondern grenzt sich auch zu anderen Mediationsformen ab. Die

---

[59] Der Supreme Court hat die Verfassungsmäßigkeit dieser Kostentragungsregel immer wieder bestätigt, vgl. nur Aleyska Pipeline Service Co. v. Wilderness Society, 421 U.S. 240, 247 (1975).

[60] *Risse,* in: Mediation in der notariellen Praxis, S. 77 (83).

[61] Vgl. dazu oben § 1, Rdn. 15 ff.

nachfolgend erläuterten inhaltlichen Unterschiede zwischen den Mediationsformen ermöglichen abschließend auch eine begriffliche Definition, was Wirtschaftsmediation eigentlich ist.

1. Verhandlungsmediation vs. Therapeutische Mediation

59 Etwas vereinfacht ausgedrückt, stehen sich heute zwei grundsätzliche Mediationskonzepte gegenüber: Die Verhandlungsmediation und die Therapeutische Mediation.[62] Die Verhandlungsmediation basiert auf der Grundannahme, dass Menschen effektiver verhandeln können, als sie dies in der Praxis tun. Um diesen Problem zu lösen, wird den Konfliktparteien mit dem Mediator ein neutraler Verhandlungsmanager zur Seite gestellt, der den Verhandlungsverlauf optimiert. Die Grundlagenwissenschaft für die Verhandlungsmediation ist daher die Verhandlungswissenschaft, deren Erkenntnisse in das Verfahrensmodell der Mediation umgesetzt werden. Der Konflikt wird so in seine Einzelteile zerlegt und strukturiert abgearbeitet. Die Verhandlungsmediation adressiert also unmittelbar den Konflikt; ihr einziges Ziel ist die Beilegung der konkreten Auseinandersetzung. Diesem theoretischen Konzept folgt die Wirtschaftsmediation. Und allein diesem Konzept folgt auch das vorliegende Buch.

60 Die Therapeutische Mediation[63] basiert auf einer anderen Grundidee: Sie geht davon aus, dass die Konfliktparteien aus internen psychologischen Gründen unfähig sind, ihren Konflikt einvernehmlich zu lösen. Zwischenmenschliche Konflikte aktivieren danach oft emotionale Schemata, die zu einer verzerrten Wahrnehmung und damit zu einer stark verminderten Konfliktlösungskompetenz führen.[64] Die verminderte Konfliktlösungskompetenz zumindest einer Partei ist die Ursache dafür, dass die Kontrahenten den Konflikt nicht ohne externe Hilfe lösen können. Deshalb kommt dem Mediator die Aufgabe zu, die Konfliktlösungskompetenz der Teilnehmer zu verbessern. Dazu setzt der Mediator auch Gesprächstechniken aus der Psychotherapie ein. Adressat der Mediation ist danach primär der einzelne Mensch, erst sekundär der Konflikt, der sich über die zuvor verbesserte Konfliktlösungskompetenz praktisch von selbst lösen sollte. Diesem Konzept entsprechend ist die Grundlagenwissenschaft der Therapeutischen Mediation vor allem die Psychologie.

61 Es verwundert nicht, dass die Therapeutische Mediation auf psychotherapeutische Techniken setzt, um die Konfliktlösungskompetenz wie ange-

---

[62] Anschaulich dazu: *Wolf/Weber/Knauer*, NJW 2003, S. 1488 (1489 f.).

[63] Der Begriff „Therapeutische Mediation" ist sicher ein wenig irreführend; die Mediation wird auch bei diesem Ansatz nicht zur „mediativen Therapie", sondern bleibt ein Konfliktlösungsverfahren.

[64] *Wolf/Weber/Knauer*, NJW 2003, S. 1488 (1489).

strebt zu erhöhen. Eine dieser Techniken ist die Systemische Aufstellung, eine von dem Psychotherapeuten Hellinger erfundene Methode.[65] Ein Therapeut (Mediator?) unterstützt eine Konfliktpartei dabei, ihr konfliktbeladenes Beziehungsgeflecht zu anderen Personen (etwa Familienmitgliedern, Arbeitskollegen oder Mitgesellschaftern) besser zu begreifen. Dazu positioniert die Konfliktpartei andere Teilnehmer, die als Stellvertreter die Rolle der Beziehungspersonen mimen, in einem Besprechungsraum. Aus dem räumlichen Verhältnis der Stellvertreter und deren Empfindungen sollen sich dann Rückschlüsse auf die Konfliktwahrnehmung der Streitpartei ergeben, was dann wiederum eine gezielte Steigerung der Konfliktlösungskompetenz ermöglichen soll.[66] Das klingt gefährlich nach Scharlatanerie, doch der 54. Deutsche Anwaltstag in Freiburg (2003) hat diesem Thema immerhin ein Seminar gewidmet. Unter Psychologen ist diese Methode allerdings umstritten; manche sehen für die Mediation die Selbstbestimmung der Streitparteien gefährdet und bezweifeln darüber hinaus auch den therapeutischen Wert der Methode insgesamt.[67]

Eine zweite, ursprünglich ebenfalls der Psychotherapie entlehnte Tech- 62 nik ist das Neurolinguistische Programmieren, kurz „NLP" genannt.[68] Dieser Forschungsansatz untersucht, wie Menschen ihre durch Sinnesorgane („Neuro") wahrgenommenen Eindrücke in Form von Sprache („linguistisch") abspeichern, später wieder hervorholen und verwenden („Programmieren"). So gehen etwa beim Abspeichern und Abrufen der Informationen viele Details verloren, die der entsprechend geschulte Mediator aber durch gezielte Fragen reaktivieren kann. Diese Reaktivierung von Informationen kann die Konfliktlösungskompetenz der Teilnehmer in einer Mediation steigern. Eine andere NLP-Technik ist das „pacing",[69] wonach man das Kommunikationsverhalten des Gesprächspartners analysiert und dann für das Gespräch übernimmt: Spricht der Gesprächspartner langsam, reduziert man auch das eigene Sprachtempo. Der Gesprächspartner fühlt sich wohler, die Kommunikation verbessert sich und kann sich jetzt ganz auf die Sachebene konzentrieren. NLP ist ein inzwischen allgemein anerkanntes Konzept mit einer Vielzahl von Einzeltechniken,[70] deren Beherrschung aber ein intensives Training voraussetzt.

---

[65] Erste, allerdings unkritische Informationen findet man unter www.hellinger-com.

[66] *Wolf/Weber/Knauer*, NJW 2003, S. 1488 (1490).

[67] *Wolf/Weber/Knauer*, NJW 2003, S. 1488 ff. (Fn. 6, 39 m. w. N).

[68] Einführend etwa: *O'Connor/Seymour*, Neurolinguistisches Programmieren, passim.

[69] Ausführlich dazu: *O'Connor/Seymour*, Neurolinguistisches Programmieren, S. 51 ff.

[70] Vgl. etwa die Beispiele bei *Schweizer*, in: Handbuch Mediation, § 9, Rdn. 90 ff.

63   Man mag zur Therapeutischen Mediation stehen wie man will,[71] für die Wirtschaftsmediation ist dieses Konzept grundsätzlich ungeeignet. Das hat mehrere Gründe: Wirtschaftsparteien geht es in aller Regel ausschließlich um die Beilegung des konkreten Konflikts, nicht um die Bewältigung von Persönlichkeits- oder Beziehungsproblemen. Wer die Parteiautonomie ernst nimmt, muss als Mediator diesem Erwartungshorizont gerecht werden. In den meisten Wirtschaftsmediationen sind die Konfliktparteien zudem juristische Personen (GmbH, AG), die nicht mit einem „therapeutischen Ansatz" konfrontiert werden können. Da es um das Geld der involvierten Unternehmen geht, kann es auch nicht darum gehen, die Konfliktlösungskompetenz des Prokuristen zu verbessern, der für das Unternehmen an der Mediation teilnimmt.[72] So hart es klingt: Verbesserte Gefühle des Prokuristen sind kein Verfahrensziel, da der Prokurist nicht Verfahrenspartei ist. Der therapeutische Ansatz stellt zudem grundsätzlich in Frage, ob die (zunächst konfliktunfähige?) Konfliktpartei am Ende überhaupt privatautonom über den Streit entscheidet oder ob sie nicht fremdbestimmt einen Vergleich aufgrund fortdauernder Problemlösungsschwäche schließt, dessen Wirksamkeit dann rechtlich zweifelhaft erscheint.[73] Die meisten Wirtschaftsmediatoren verfügen schließlich auch nicht ansatzweise über die fundierte psychotherapeutische Ausbildung, die für den Einsatz psychotherapeutischer Techniken in der Mediation selbstverständlich sein sollte. Die übliche Mediationsausbildung leistet das jedenfalls nicht. Vor dem Hintergrund all dieser Punkte verwundert es nicht, das die Wirtschaftsmediation in den USA oder in England eindeutig dem Konzept der Verhandlungsmediation folgt. In Deutschland wird die Wirtschaftsmediation ihre Akzeptanzprobleme bei ihrer wichtigsten Kundengruppe, den Unternehmen, nicht überwinden, wenn sie die Klarstellung versäumt, dass es keine Therapie in der Wirtschaftsmediation gibt.

2. Abgrenzung zur Familienmediation

64   Die Abgrenzung zwischen Wirtschaftsmediation und Familienmediation ist deshalb wichtig, weil die Familienmediation von allen Mediationsformen die größte wirtschaftliche Bedeutung hat. Dabei weisen Wirtschafts-

---

[71] Dort, wo das originäre Ziel der Mediation die Lösung von Beziehungsproblemen ist, hat eine seriöse Therapeutische Mediation fraglos einen berechtigten Anwendungsbereich; man denke etwa an die Schulmediation oder den strafrechtlichen Täter-Opfer-Ausgleich.

[72] Die unzureichenden Konfliktlösungskompetenz eines Unternehmensrepräsentanten ist in der Wirtschaftsmediation auch selten, da dieser von dem Konflikt meist nicht persönlich betroffen ist und sich deshalb keine psychologisch-emotional bedingten Wahrnehmungsstörungen einstellen.

[73] Eingehend: *Wolf/Weber/Knauer*, NJW 2003, S. 1488 (1489).

und Familienmediation viele Parallelen auf, die schon daher rühren, dass sich die Wirtschaftsmediation inhaltlich und zeitlich aus der Familienmediation entwickelt hat. Das Grundkonzept, wonach ein neutraler Dritter die Verhandlungen der Parteien unter Umsetzung von Erkenntnissen der Verhandlungstheorie möglichst effektiv steuern soll, ist identisch. Dementsprechend ähneln sich Aufbau und Struktur des durchzuführenden Verfahrens. Viele der in diesem Buch erörterten Aspekte der Wirtschaftsmediation lassen sich bruchlos auf die Familienmediation übertragen. Gleichwohl gibt es zwischen beiden Arten der Mediation doch so große Unterschiede, dass eine differenzierte Betrachtung gerechtfertigt ist.

Die Familienmediation ist davon geprägt, dass das zu lösende Problem **65** – etwa die finanziellen und privaten Beziehungen nach einer Scheidung – von einem persönlichen Verhältnis der Streitparteien überschattet wird. Die Streitparteien müssen den Konflikt in einer als existentiell empfundenen Lebensphase bewältigen. Neben monetären Interessen (Unterhalt, Zugewinnausgleich) ringen die Parteien auch um betragsmäßig nicht erfassbare Punkte (Umgangsrecht mit Kindern). Entsprechend groß sind die in das Verfahren eingebrachten Emotionen. Nicht selten stellen diese Beziehungsprobleme den eigentlichen Konflikt dar. Deshalb müssen diese Emotionen und die persönliche Gefühlswelt der Parteien in der Mediation zumindest angesprochen und oft auch aufgearbeitet werden, um eine Gesprächsatmosspähre und Bereitschaft zu sachlicher Kommunikation herzustellen. Insofern weist die Familienmediation in einzelnen Verfahrensabschnitten psychologische Komponenten auf, die dazu führen, dass auf diesem Gebiet neben Rechtsanwälten verstärkt auch Angehörige sozialberatender Berufsgruppen erfolgreich als Mediatoren tätig sind. Diese starke emotionale Einbindung der Teilnehmer tritt in der Wirtschaftsmediation in den Hintergrund. Deutlich wird die emotionale Distanz dort, wo der Mediationsteilnehmer mit der eigentlichen Partei personell nicht identisch ist, wie dies etwa beim Vorstand einer Aktiengesellschaft der Fall ist. Es geht dort nicht um die Bewältigung persönlicher Probleme des Teilnehmers, sondern um die – meist ausschließlich wirtschaftlichen – Interessen des von ihm vertretenen Unternehmens. Diese Ausgangslage führt in der Mediationsverhandlung zu einem nüchternen Gesprächston. Dazu trägt auch bei, dass der zu lösende Konflikt anders als in der Scheidungsmediation selten existentielle Bedeutung für die Parteien hat. Die in der Wirtschaftsmediation behandelte Streitigkeit ist eine unter vielen, mit der das betroffene Unternehmen in einem Geschäftsjahr konfrontiert und die von der Rechtsabteilung „verwaltet" wird. Natürlich gibt es auch in der Wirtschaftsmediation Fälle, in denen die wechselseitigen Emotionen den eigentlichen Konflikt darstellen oder diesen zumindest prägen. Doch das ist selten. Im Regelfall findet die Wirtschaftsmediation in einer unaufgeregteren Atmosphäre statt als die Familienmediation.

66   Gleichzeitig führt es aber zu zusätzlichen Problemen, wenn der Mediationsteilnehmer (Geschäftsführer) nicht mit der von ihm vertretenen Partei identisch ist. Die Differenzierung zwischen persönlichen Interessen und den Belangen des Unternehmens fällt nämlich oft schwer, was die Wirtschaftsmediation dann vielschichtig werden lässt. So mag der Konflikt aus einer unternehmerischen Fehlentscheidung des Geschäftsführers resultieren. Dieser möchte den Streit durch die Mediation rasch und unauffällig beilegen, um den eigenen Fehler nicht durch ein Gerichtsverfahren publik zu machen. Oder der Prokurist einer AG möchte eine schnelle Einigung erreichen, um vor seinen Vorgesetzten durch Steigerung seiner „Erledigungsziffer" einen Erfolg zu verbuchen. Diese subjektiven Interessen der Teilnehmer müssen sich mit denen der Partei aber nicht decken, die eine rasche Einigung vielleicht mit einem überhöhten Vergleichsbetrag bezahlt. So können auf jeder Seite zwei unterschiedliche Ebenen von Interessen entstehen, nämlich die Interessenebene des Teilnehmers und die Interessenebene der vertretenen Partei. Interne Interessenskollisionen sind vorgezeichnet, ein Ausgleich durch das Mediationsverfahren ist schwierig. Diese problematische Konstellation taucht in der Familienmediation nicht auf, da dort immer die unmittelbar betroffenen Parteien selbst am Verhandlungstisch sitzen.

67   In der Scheidungsmediation sind die Parteien über das Ende des Mediationsverfahrens hinaus aufeinander angewiesen. Am augenfälligsten ist dies, wenn gemeinsame minderjährige Kinder vorhanden sind. Das Sorge- und Umgangsrecht muss dann für die kommenden Jahre auf eine praktikable Grundlage gestellt werden. Die nacheheliche Unterhaltspflicht bindet die Partner auch nach Auflösung der Ehe für lange Zeit finanziell aneinander. Deshalb reicht es in der Familienmediation nicht aus, dass die Parteien am Ende einen Vergleich unterschreiben. Die Einigung muss vielmehr zukunftsorientiert und zukunftssicher sein, damit Anschlussstreitigkeiten vermieden werden. Die unvermeidbare zukünftige Zusammenarbeit verlangt, dass mit der Einigung der Parteien ein Mindestmaß an Kommunikationsfähigkeit wieder hergestellt wird. Was nützt eine Verständigung über das Umgangsrecht mit den Kindern, wenn es den geschiedenen Partnern später nicht gelingt, eine Einigung darüber zu erzielen, wer mit welchem Kind wann in den Sommerurlaub fährt? Dieser ausgeprägte Zukunftsbezug tritt in der Wirtschaftsmediation seltener auf. In aller Regel geht es den Parteien einfach darum, den Streit rasch und kostengünstig beizulegen und einen Gerichtsprozess zu vermeiden. Sie suchen die effektivste Möglichkeit, den Konflikt zu beenden. Zerstrittene Unternehmen sind auf eine zukünftige Zusammenarbeit nicht angewiesen. Oder aber sie akzeptieren den Konflikt schlicht als eine unterschiedliche Sichtweise der Dinge, ohne dies der Gegenseite zu verübeln und eine weitere Zusammenarbeit vom Ausgang des Konflikts abhängig zu machen. Diese Konstella-

tion führt dazu, dass die Wirtschaftsmediation lösungs- und sachorientierter ablaufen kann als die stärker beziehungsorientierte Familienmediation. Dies zeigt sich auch an der Dauer der Mediationsverfahren. Für eine Scheidungsmediation werden meist über einen Zeitraum von ein bis zwei Monaten hinweg sieben bis zehn zweistündige Sitzungen angesetzt, um den Gesamtkonflikt nach und nach aufzuarbeiten. Diese zeitliche Streckung wirkt einer emotionalen Überlastung der Parteien entgegen. Ein Wirtschaftsmediationsverfahren wird dagegen regelmäßig in ein oder zwei ganztägigen Verhandlungsrunden abgewickelt.

Die Familienmediation führt zu einem Ergebnis, wenn die gefundene **68** Lösung die Teilnehmer subjektiv zufriedenstellt. In der Wirtschaftsmediation muss das erreichte Ergebnis – insofern weitergehend – von den Teilnehmern gegenüber Dritten gerechtfertigt werden, etwa gegenüber der Gesellschafterversammlung, dem Vorgesetzten oder der Innenrevision. Dieser Rechtfertigungsdruck führt dazu, dass objektive Standards, an denen die Einigung gemessen werden kann, eine größere Rolle spielen. Im Vordergrund steht hier die Rechtslage und das Prozessrisiko, das die Parteien durch einen Vergleich vermeiden können. Deshalb nimmt die Erörterung der Rechtslage in der Wirtschaftsmediation einen breiten Raum ein. Anders als in der Familienmediation nehmen dabei fast immer Rechtsanwälte an den einzelnen Verhandlungsterminen teil, um die Parteien juristisch zu beraten. Diese werden durch ihre Anwälte auch vor Übervorteilung geschützt, so dass dem Mediator der in der Scheidungsmediation oft auftretende Balanceakt zwischen Neutralitätspflicht und Mindestschutz der durchsetzungsschwachen Partei erspart bleibt.

3. Unterschiede zur Umweltmediation

Die Umweltmediation ist in Deutschland durch das Mediationsverfah- **69** ren um den Ausbau des Frankfurter Flughafens bekannt geworden.[74] Zielrichtung dieser Mediationsform ist es, die Bürgerbeteiligung bei der Planung und Umsetzung von umweltpolitisch bedeutsamen Vorhaben zu stärken. Das Mediationsverfahren bietet den unterschiedlichen Interessengruppen ein koordiniertes Forum, um ihre Wünsche und Argumente in den planerischen Entscheidungsprozess einzubringen. Im Idealfall steht am Ende des Verfahrens ein Konsenspapier, das von allen Interessengruppen (Anwohnern, Wirtschaftsunternehmen, Umweltschutzverbänden usw.) getragen wird. Das Konsenspapier bindet die planungsverantwortliche staatliche Stelle zwar rechtlich nicht, da es dafür an einer rechtlichen Grundlage fehlt. Doch der durch den Bürgerkonsens erzeugte politische Druck kann faktisch zu einer Bindung und anschließenden Umsetzung führen: Kaum ein Politiker würde es wagen, sich gegen einen formal festgestellten

---

[74] Vgl. den Bericht von *Niethammer*, ZKM 2000, S. 136 ff.

Bürgerkonsens zu stellen.[75] Umweltmediation ist dabei eine denkbare Antwort auf das Problem der politischen Steuerung in einer Massendemokratie mit einer heterogen zusammengesetzten Gesellschaft.[76] Die Massendemokratie kämpft ständig mit der Gefahr, dass ihre Bürger die Identifikation mit dem Staat verlieren, wenn ihre Teilnahmerechte auf seltene Wahlen beschränkt sind („Ich kann doch sowieso nichts machen, denn die da oben …"). Die Umweltmediation eröffnet dem Bürger insofern neue Partizipationsmöglichkeiten an öffentlichen, ihn unmittelbar betreffenden Vorgängen. Er kann aktiv mitwirken statt auf eine bloße Zuschauerrolle beschränkt zu bleiben. Staatliche Gestaltungsmöglichkeit wird an die Bürger zurückgegeben, die im Gegenzug aber diese Verantwortung auch annehmen und sich im Mediationsverfahren engagieren müssen.

70 Von der Wirtschaftsmediation unterscheidet sich die Umweltmediation nicht nur wegen ihrer politischen Prägung. Am Anfang der Wirtschaftsmediation steht ein Konflikt, der so oder so gelöst werden muss. Die Teilnehmer der Mediation können den Konflikt durch einen Vergleich lösen. Wird er in der meist eintägigen Mediation nicht gelöst, entscheidet ein Gericht, indem es einen rechtlichen Prüfungsmaßstab auf den Konflikt anwendet. Anders ist die Ausgangssituation in der Umweltmediation: Dort geht es um ein Planungsvorhaben, das im Regelfall nicht klar konturiert ist, sondern erst noch gestaltet werden soll. Das gesamte Verfahren ist also zwingend auf eine Zukunftsgestaltung, nicht auf eine Vergangenheitsbewältigung, ausgerichtet. Insofern spielt das Recht, das immer nur vergangene Vorgänge beurteilen kann, eine im Vergleich zur Wirtschaftsmediation untergeordnete Rolle. Charakteristisch für die Umweltmediation sind eine Vielzahl von Mediationsteilnehmern und zahlreiche, sich über Monate hinziehende Mediationstermine. Am Ende steht kein verbindlicher Vergleich, sondern ein Empfehlungspapier an ausführende staatliche Stellen. Scheitert die Umweltmediation, entscheidet kein Gericht über die Ausgestaltung des Planungsvorhaben, sondern die dafür ohnehin allein entscheidungsbefugte Behörde. Wirtschaftsmediation und Umweltmediation sind wegen dieser doch fundamentalen Unterschiede nicht vergleichbar, es handelt sich um jeweils eigenständige Konfliktverfahren.

4. Abgrenzung zur innerbetrieblichen Mediation

71 Während kaum jemand die Wirtschaftsmediation mit der Familien- oder Umweltmediation gleichsetzt, ist die Verwechselungsgefahr zwischen Wirtschaftsmediation und innerbetrieblicher Mediation ausgesprochen groß. Im landläufigen Sprachgebrauch gehört auch ein Konflikt zwischen

---

[75] Deutlich kritischer zum Implementierungsproblem: *Zillessen,* in: Handbuch Mediation, § 46, Rdn. 72.

[76] *Zillessen,* in: Handbuch Mediation, § 46, Rdn. 6.

Arbeitnehmer und Arbeitgeber oder zwischen Betriebsrat und Unternehmensleitung zu den „Wirtschaftsstreitigkeiten". Entsprechend undifferenziert ist auch der Sprachgebrauch in der Literatur.[77] Warum soll man auch nicht den Begriff der Wirtschaftsmediation großzügig verwenden und die Mediation von innerbetrieblichen Konflikten zur erstgenannten Mediationsform zählen? Eine derartige sprachliche Vereinfachung vernachlässigt nicht nur die Unterschiede zwischen beiden Mediationsformen; sie gefährdet auch die Akzeptanz der Mediation in Unternehmen, den wichtigsten Kunden der Wirtschaftsmediatoren.[78]

Innerbetriebliche Konflikte haben ihre Grundlage fast immer in einer **72** gestörten Kommunikations- oder Arbeitsbeziehung der Streitparteien. Derartige Konflikte sind typisch für jedwedes Zusammenleben von Menschen: Man kann sind nicht leiden, nicht riechen und nicht vernünftig miteinander reden. Derartige Probleme kommen zwar in Wirtschaftsunternehmen vor, aber eben auch an zahllosen anderen Orten. Typisch für Wirtschaftsunternehmen sind diese Konflikte daher nicht.[79] Der innerbetriebliche Konflikt ist somit vor allem beziehungsbetont; rechtliche Gesichtspunkte spielen keine oder allenfalls eine untergeordnete Rolle.[80] Wenn der Konflikt auf der Beziehungsebene entstanden ist, muss er regelmäßig auch auf der Beziehungsebene gelöst werden. Insofern hat die innerbetriebliche Mediation mehr Gemeinsamkeiten mit der Scheidungsmediation, bei der auch Beziehungsprobleme im Mittelpunkt stehen. Die innerbetriebliche Mediation ist von ihrem Grundansatz darauf ausgerichtet, die zukünftige Parteibeziehung zu gestalten, damit diese konfliktfrei abläuft. Insofern ist die innerbetriebliche Mediation sicher auch ein Feld, wo Psychologen und Soziologen sehr erfolgreich als Mediator tätig sein können. Und Unternehmen, die ein entsprechendes Konfliktmanagementsystem einrichten, realisieren über die Verbesserung des Betriebsklimas und die Steigerung der Arbeitsproduktivität ein hohes Wertschöpfungspotential.[81]

Die Wirtschaftsmediation im hier verstandenen engeren Sinn – als Verfahren **73** zur Konfliktbeilegung zwischen Unternehmen oder zwischen Unternehmen und wirtschaftlich selbständig agierenden Einzelpersonen – hat selten mit Beziehungskonflikten zu tun. In aller Regel streiten die Parteien „nur" um einen unterschiedlich wahrgenommen Sachverhalt oder um Rechtsfragen; persönliche Beziehungen, Animositäten oder Emotionen spielen eine untergeordnete Rolle.[82] Stehen sich zwei Gesellschaften als

---

[77] *Stubbe*, ZKM 2003, S. 32, gibt einen Überblick über den Begriffwirrwarr.
[78] *Stubbe*, ZKM 2003, S. 32 (33).
[79] *Stubbe*, ZKM 2003, S. 32 (33).
[80] Zutreffend *Ponschab/Dendorfer*, in: Handbuch Mediation, § 39, Rdn. 3.
[81] Vgl. nur *Dendorfer*, DB 2003, S. 135 (139).
[82] *Ponschab/Dendorfer*, in: Handbuch Mediation, § 39, Rdn. 2.

Parteien gegenüber, kann es diese Beziehungsprobleme auch höchstens auf der Ebene der handelnden Personen geben; eine AG kann einer GmbH weder misstrauen noch von ihr enttäuscht sein. In der Wirtschaftsmediation erwarten die Parteien daher regelmäßig auch nur die Beilegung des in der Vergangenheit entstandenen Konflikts, nicht die Gestaltung zukünftiger Parteibeziehungen. Ob man sich im Geschäftsleben wiedersieht, ist – anders als bei den Arbeitskollegen! – unklar. Und selbst wenn, sind erledigte rechtliche Auseinandersetzungen Schnee von gestern. Natürlich gibt es auch in der Wirtschaftmeditation die anderen Fälle, wo Beziehungsprobleme ganz im Vordergrund stehen; man denke etwa an die zerstrittenen Gesellschafter eines Familienunternehmens. Doch der Regelfall sind solche Konflikte eben nicht und insofern ist die begriffliche Abgrenzung zwischen Wirtschaftsmediation und innerbetrieblicher Mediation sinnvoll.

74   Die begriffliche Grenzlinie zwischen Wirtschaftsmediation und innerbetrieblicher Mediation verläuft dort, wo sie auch im Gerichtswesen verläuft: Wo es um Konflikte geht, die im Streitfall ein Zivilrichter entscheiden würde, sollte man von Wirtschaftsmediation sprechen.[83] Wo die Arbeitsgerichte tätig würden, sollte man ein durchgeführtes Mediationsverfahren als innerbetriebliche Mediation bezeichnen.[84] *Stubbe* weist aus der Sicht eines Unternehmensjuristen darauf hin, dass ein entsprechend klar konturierter Sprachgebrauch die Verbreitung der Mediation fördern würde: Die Kunden wollen schlicht wissen, welche Art von Verfahren sie für ihren Konflikt einkaufen.[85]

5. Ergebnis: Definition der Wirtschaftsmediation

75   Der Begriff Wirtschaftsmediation bezeichnet ein Mediationsverfahren, in dem die Parteien über einen Konflikt verhandeln, den ansonsten ein Zivilrichter entscheiden müsste. Im Regelfall handelt es sich um Auseinandersetzungen zwischen Unternehmen oder einem Unternehmen und einer wirtschaftlich selbständig agierenden Einzelperson. Wichtiger als diese begriffliche Abgrenzung sind die inhaltlichen Unterschiede zu anderen Mediationsformen: Die Wirtschaftsmediation basiert auf Erkenntnissen der Verhandlungsforschung und gehört von daher zur Kategorie der Verhandlungsmediation. Der Mediator optimiert den Verhandlungsvorgang zwischen den Parteien. Die Wirtschaftsmediation verzichtet daher auf den

---

[83] Einzige Ergänzung: Wo zwei Konzernbereiche oder Profit Center in einer Mediation um eine Vergleichslösung ringen, handelt es sich auch um eine Wirtschaftsmediation, obwohl ein Zivilgericht diesen internen Streit nicht entscheiden könnte. Tatsächlich stehen sich die Kontrahenten aber wie fremde Unternehmen gegenüber. Gerade die Zahl dieser Konflikte nimmt in letzter Zeit stark zu.

[84] So der Vorschlag von *Stubbe*, ZKM 2003, S. 32 (33).

[85] *Stubbe*, ZKM 2003, S. 32 (33 f.).

Ansatz der Therapeutischen Mediation, die stärker auf Mediationstechniken aus dem Bereich der Psychotherapie setzt. Die Wirtschaftsmediation lässt sich auch von anderen anwendungsfeldbezogenen Mediationsformen wie der Familienmediation, der Umweltmediation und der innerbetrieblichen Mediation klar abgrenzen. Die Unterschiede liegen insbesondere darin, dass die Wirtschaftsmediation stärker sachverhaltsbezogen und rechtlich ausgerichtet ist als andere Mediationsformen. Augenfällig wird dies etwa an der beratenden Teilnahme von Anwälten. Das Verfahren verläuft nüchterner; Beziehungsprobleme und Emotionen spielen eine relativ geringe Rolle. Die klare begriffliche Definition und inhaltliche Abgrenzung der Wirtschaftsmediation ist notwendig, um die Nachfrager des Dienstleistungsangebots Mediation zu informieren. Mediation ist nicht gleich Mediation. Wer ein Auto kauft, möchte entsprechend des beabsichtigen Verwendungszweck auch wissen, ob er einen Geländewagen, einen Rennwagen oder eine Familienkutsche erwirbt. Bei der Mediation liegen die Dinge nicht anders.

VII. Zusammenfassung

Mediation ist ein Verfahren, in dem ein besonders geschulter neutraler **76** Dritter, der Mediator, gemeinsam mit den Streitparteien eine vergleichsweise Einigung des Konflikts erarbeitet. Der Begriff der ADR, der Alternative Dispute Resolution, ist eine Sammelbezeichnung für Streitbeilegungsverfahren, die auf die verbindliche Streitentscheidung durch einen Dritten verzichten. Eines dieser ADR-Verfahren ist auch die Mediation. Die Mediation ist entgegen ihrem verbreiteten Image kein harmoniesüchtiges, rechtsfeindliches Palaver über eine mögliche Streitbeilegung. Tatsächlich handelt es sich um ein nüchternes, klar strukturiertes Verfahren, das Erkenntnisse der Verhandlungsforschung für die Streitbeilegung nutzbar macht. Grenzt man die Mediation von (Schieds-)Gerichtsverfahren einerseits und bilateralen Verhandlungen andererseits ab, nimmt die Mediation eine Zwischenstellung ein. Anders als der Zivilprozess kennt die Mediation weder eine starre Verfahrensordnung noch einen vorgegebenen Entscheidungsmaßstab. Der Preis für die so gewonnene Flexibilität liegt in der Unsicherheit, ob der Streit überhaupt im Wege einer Mediation erledigt werden kann, und in der Verantwortung, die die Parteien für die Konfliktentscheidung übernehmen müssen. Der staatliche Richter entscheidet den Konflikt dagegen so oder so und befreit die Parteien von der Bürde einer eigenen Entscheidung. Im Vergleich zu bilateralen Verhandlungen gibt die Mediation den Gesprächen eine Struktur, indem der Mediator als Verhandlungscoach eingeschaltet wird. Die Mediation in ihrer heute verbreiteten und wissenschaftlich unterlegten Form kommt aus den USA und fasst seit Ende der 80er Jahre in Deutschland verstärkt Fuß. Der deutsche Gesetzgeber hat gerade in letzter Zeit verstärkt mediative Elemente in der deutschen Rechtslandschaft verankert. Gleichwohl ist die praktische Verbreitung der Wirtschaftsmediation in Deutschland noch relativ gering. Die Wirtschaftsmediation muss begrifflich von anderen Mediationsformen, insbesondere von der Familienmediation und der innerbetrieblichen Mediation, abgrenzt werden. Um Wirtschaftsmediation handelt es sich dabei immer dann, wenn ein Zivilrichter für die Entscheidung des Konflikts zuständig wäre. Es bleibt abzuwarten, ob dauerhaft auch deutsche Unternehmen dem Vorbild ihrer amerikanischen Counterparts folgen, und die Wirtschaftsmediation verstärkt in ihre Überlegung zur Streitaustragung einbeziehen. Der Trend scheint in dieser Richtung zu gehen.

§ 2 Verhandlungstheoretische Grundlagen

I. Verhandlungsforschung als Grundlage der Mediation

Wirtschaftsmediation ist Verhandeln unter Anleitung. Der Mediator 1 führt mit den Teilnehmern die Verhandlung fort, die als bilaterale Verhandlung zwischen den Parteien zunächst gescheitert war. Da dem Mediator jede Entscheidungsbefugnis fehlt, kann er nur mit seiner Expertise in der Verhandlungsführung eine Einigung herbeiführen, die die Parteien zuvor selbst nicht erzielen konnten. Verhandlungskompetenz und Verhandlungsgeschick des Mediators sind das Erfolgsgeheimnis der Mediation. Für den Mediator stellen sich dabei zwei zentrale Fragen: Warum sind die vorangegangenen Verhandlungen der Parteien gescheitert? Und wie lässt sich die Verhandlungsführung in der Mediation so optimieren, dass die Parteien ihre Einigungsgespräche doch erfolgreich beenden?

Inhaltlich baut die Mediation auf Erkenntnissen der Verhandlungsfor- 2 schung auf und setzt sie in ein Verfahrensmodell um. Die Verhandlungsforschung[1] ist das theoretische Fundament der Mediation; Verhandlung und Mediation sind nahe Verwandte.[2] Ausgangspunkt der Verhandlungsforschung war zunächst die ökonomische Spieletheorie, die optimales Verhalten in Entscheidungssituationen untersucht.[3] Von diesem Ausgangspunkt, der vom Menschen immer ein rein rationales Vorgehen erwartet, hat sich die Verhandlungsforschung inzwischen jedoch entfernt und die theorielastigen Gedankengebäude der Spieletheorie durch Feldstudien relativiert. Verhandlungsforscher simulieren heute Verhandlungen mit Hunderten von Teilnehmerpaaren; die Verhandlungsergebnisse werden dann empirisch ausgewertet.[4] So haben sie herausgefunden, dass viele Verhand-

---

[1] Einführend: *Raiffa,* Art and Science of Negotiation, passim.; *Karass,* The Negotiation Game, passim.

[2] So *Klinger/Bierbrauer,* in: Handbuch Mediation, § 10, Rdn. 2.

[3] Einführend *Eidenmüller,* in: Mediation für Juristen, S. 31 ff.

[4] **Beispiel:** In einem Rollenspiel geht es um den Kauf eines Gebrauchtwagens. Der Verkäufer wird in den Instruktionen angewiesen, die Verhandlung mit € 10.000 zu beginnen. In einer Vergleichsgruppe wird der Verkäufer bei sonst identischen Anweisungen aufgefordert, die Verhandlungen mit einer Forderung von € 15.000 zu starten. Die Auswertung der daraufhin ausgehandelten Kaufpreise er-

lungen strukturell falsch geführt werden. Die Verhandlungspartner verpassen Einigungschancen, die bisweilen sogar als „win-win"– Lösungen beide Parteien hätten profitieren lassen. Dieser Idealfall ist selten. Regelmäßig kommt es dagegen vor, dass Streitparteien eine akzeptable Kompromissmöglichkeit nicht aufdecken und deshalb einen an sich unnötigen Gerichtsprozess beginnen. Dieser Befund lässt sich leicht belegen: Etwa die Hälfte aller größeren Prozesse endet mit einem Vergleich vor dem Oberlandesgericht oder dem Schiedsgericht. Da sich die Eckdaten des Konflikts seit seinem Ausbruch nicht geändert haben, hätten die Parteien den jetzt geschlossenen Vergleich viel früher und mit einem Bruchteil der aufgewandten Streitaustragungskosten vereinbaren können. Ursächlich für die teure Verzögerung kann nur die falsche Verhandlungsführung mindestens einer Seite gewesen sein. Die Mediation bemüht sich, solche Verhandlungsdefizite frühzeitig aufzudecken und Verhandlungsengpässe zu überwinden. Der Mediator muss dazu die regelmäßig auftretenden Verhandlungsprobleme genau kennen. Er muss wissen, wie Streitparteien typischerweise verhandeln, wie sie besser verhandeln sollten und warum Verhandlungen scheitern, obwohl eine Einigung objektiv möglich ist. Diese verhandlungstheoretischen Grundlagen der Mediation werden nachfolgend dargestellt.

II. Kompetitives Verhandeln

3   Das kompetitive Verhandeln ist die älteste und am weitesten verbreitete Form des Verhandelns. Diese Form der Verhandlungsführung ist die häufigste Ursache dafür, dass Verhandlungen trotz objektiv bestehender Einigungsmöglichkeit scheitern. Die Teilnehmer fast jeder Wirtschaftsmediation beginnen die Verhandlung mit kompetitiven Verhandlungsmustern. Der Mediator muss diese Verhandlungsmuster daher kennen.

1. Grundschema kompetitiver Verhandlungen

4   Charakteristisch für kompetitive Verhandlungen ist, dass beide Seiten die Verhandlung mit Maximalforderungen beginnen und anschließend nur noch um gegenseitige Konzessionen ringen. Angebot und Gegenangebot wechseln einander ab. Diese spöttisch als „Basarstil" oder „Verhandlungstanz" bezeichnete Strategie[5] dominiert im Wirtschaftsleben. Sie ist in ih-

---

laubt bei genügend großen Vergleichsgruppen einen Rückschluss darauf, ob es aus Verkäufersicht besser ist, mit einer sehr hohen oder mit einer moderaten Ausgangsforderung zu beginnen.
[5] *Haft*, Verhandeln und Mediation, S. 9 ff.

rem Ablauf seit biblischen Zeiten unverändert. Im alten Babylon feilschten Kaufleute um den Preis eines Ochsen nicht anders als wir heute um einen Gebrauchtwagen. Das kompetitive Verhandlungsmodell geht auf die zunächst plausibel scheinende Grundannahme eines Verteilungskampfes zurück, in dem die Verhandlungspartner um die Aufteilung eines knappen Gutes streiten: Der Verkäufer will für seine Ware möglichst viel Geld erhalten, der Käufer möglichst wenig dafür bezahlen. Was der eine gewinnt, büßt der andere ein. Der schließlich ausgehandelte Preis ist gleichermaßen Profit auf der einen und – diametral dazu – Verlust auf der anderen Seite. Ein Kompromiss ist immer ein Mittelwert zwischen den ursprünglichen Ausgangsforderungen, nie aber eine dritte, davon völlig unabhängige Lösung.[6]

In kompetitiv geführten Verhandlungen verbergen die Kontrahenten 5 ihre tatsächliche Einschätzung der Situation. Jede Partei versucht, den Eindruck einer unverrückbaren eigenen Position zu vermitteln und gleichzeitig den Glauben der Gegenseite an die Durchsetzbarkeit ihrer Ausgangsvorstellung zu erschüttern. Daher ist es wichtig, den Verhandlungspartner über die eigene Position – etwa hinsichtlich der maximalen Konzessionsbereitschaft – zu täuschen und gleichzeitig ein möglichst realistisches Bild von den Vorstellungen der Gegenseite zu gewinnen. Wer weiß, wie viel eine Partei wirklich zu zahlen bereit ist, ist im Vorteil. Auf diesem Wissen aufbauend können die Verhandlungsspielräume optimal ausgereizt werden. Im günstigen Fall gelingt es, die Ausgangsvorstellungen der Gegenseite zu verschieben und neue, noch günstigere Verhandlungsspielräume zu eröffnen. Ziel ist es, die Gegenpartei zu möglichst großen Konzessionen zu bewegen. Dazu führen die kompetitiven Verhandler tatsächliche oder vorgebliche Sachargumente an. Sie diskutieren darüber, warum die Ausgangsforderung einer Seite, wie etwa der verlangte Schadensersatz, gerechtfertigt ist oder eine Mondforderung darstellt. Hinzu kommen die üblichen Drohungen, wie etwa die, die Verhandlungen abzubrechen oder den Rechtsweg zu beschreiten. Haben sich die Positionen erst einmal angenähert, wird die verbleibende Differenz nicht selten durch die salomonische hälftige Teilung überbrückt.

2. Kompetitives Verhandeln im Modell

Die Struktur einer kompetitiven Verhandlung illustriert ein einfaches 6 Fallbeispiel mit einer daraus abgeleiteten Grafik. Die Darstellung macht die Verhandlungsabläufe transparent. Folgender Sportunfall mag als Ausgangspunkt dienen:

---

[6] *Risse*, ZKM/KON:SENS 1999, S. 131 ff.

7   a) Beispiel: „Sportunfall in den Alpen". Auf einer Steilpiste in den Schweizer Alpen stößt der Snowboardfahrer A mit dem Skifahrer B bei nebeligem Wetter zusammen. Während B, ein Skilehrer, keine nennenswerten Verletzungen erleidet, hat A nicht so viel Glück. Seine Kreuzbänder im Knie sind gerissen und er muss mit der Bergrettung ins Tal gebracht werden, was Kosten in Höhe von € 2.000 verursacht. A, ein freiberuflich tätiger Handelsvertreter, kann seine Tätigkeit krankheitsbedingt drei Monate nicht ausüben. Die Knieverletzung verheilt schlecht, eine dauerhafte leichte Gehbehinderung bleibt zurück. Das fast neue, für € 1.000 erworbene Snowboard des B hat bei dem Unfall einen Haarriss erlitten. Die Verantwortung für den Unfall ist nicht ganz geklärt: Da Skifahrer B von oben kam, hätte er nach den gängigen Verkehrsregeln der FIS (Internationale Skivereinigung) die Vorfahrt des A an sich beachten müssen. Zudem war B leicht alkoholisiert, was A weiß. Auf der anderen Seite hatte A seine Fahrkünste offenkundig überschätzt, als er sich als Snowboard-Neuling trotz schlechter Sichtverhältnisse auf die Steilpiste, schwarze Kategorie, wagte. A verlangt von B Schadensersatz für die erlittenen Schäden einschließlich seines Verdienstausfalls sowie Schmerzensgeld. B lehnt zunächst jede Einstandspflicht ab, willigt dann aber doch in gemeinsame Verhandlungen ein, um die Angelegenheit außergerichtlich aus der Welt zu schaffen.

8   A und B bereiten sich intern auf die Vergleichsgespräche vor, indem sie ihre Verhandlungsziele definieren. A weiß, dass er an dem Unfall eine Mitschuld trägt. Außerdem hatte ihm sein Arzt wegen einer Vorerkrankung an den Kreuzbändern strikt verboten, Wintersport zu betreiben. Der Verdienstausfall ist gering, weil die Winterzeit traditionell umsatzschwach ist. Wenn A alles zusammenrechnet und abwägt, wäre er mit einem Vergleichsbetrag von € 20.000 einschließlich des Schmerzensgeldes optimal zufrieden, da er nach Rücksprache mit seinem Anwalt auch vor Gericht keinesfalls mehr erhalten würde. Aber auch bei einem Betrag von € 8.000, seiner Mindestvorstellung, würde A den Vergleich einem Gerichtsverfahren mit ungewissem Ausgang gerade noch vorziehen. Skifahrer B kalkuliert anders. Er sieht gute Chancen, dass ihm in einem Prozess ein Verschulden nicht nachgewiesen werden kann. Als Skilehrer kann es sich B aber nicht leisten, in einen imageschädigenden Prozess verwickelt zu werden, zumal er ohnehin im Ruf eines Pistenrowdys steht. Da B von seiner Haftpflichtversicherung mitgeteilt wurde, dass diese einen Vergleichsbetrag bis zu € 5.000 übernehmen würde, wäre B mit einem solchen Verhandlungsergebnis optimal zufrieden. B ist maximal bereit, den gleichen Betrag aus eigener Tasche drauf zu legen, auch weil gerichtlich zugesprochenes Schmerzensgeld von seiner Versicherung keinesfalls gedeckt wäre. Ansonsten zieht B die Auseinandersetzung im Gerichtssaal mit allen Chancen und Risiken vor.

b) Grafische Darstellung: die „ZOPA"

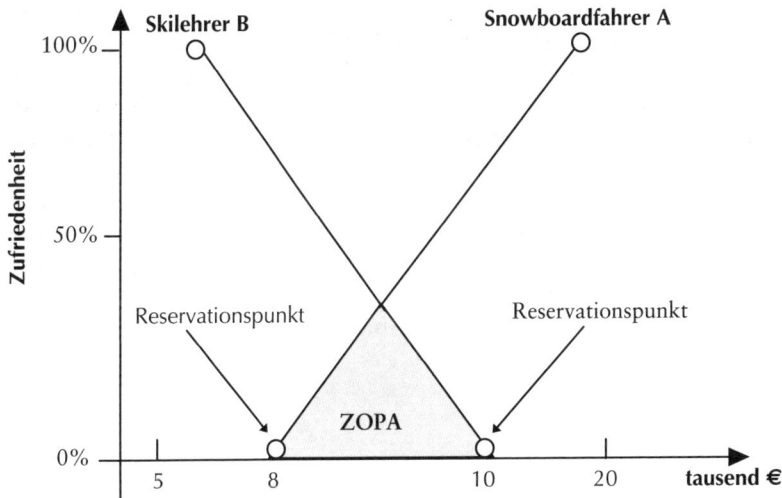

Die Grafik veranschaulicht die tatsächlichen Vergleichsvorstellungen der 9
Parteien. A ist mit einem Vergleichsbetrag von € 8.000 gerade noch zufrieden, sonst zieht er lieber vor Gericht. € 20.000 sind seine Idealvor-
stellung, gleichzusetzen mit 100% Zufriedenheit. B wäre bei einem Betrag
von 5.000 € völlig zufrieden, würde aber notfalls bis zu € 10.000 vergleichsweise zahlen. Im Bereich zwischen € 8.000 und € 10.000 wären
beide Parteien mit einem Vergleichsabschluss zufriedener als mit der Auseinandersetzung vor Gericht. Die Zone eines objektiv möglichen Vergleichs nennt man auch ZOPA („Zone Of Possible Agreement"). Wenn
beide Parteien ihre wirkliche Einschätzung des Konflikts freimütig darlegen würden, wären die Verhandlungen schnell erfolgreich beendet. Die
Parteien würden nur noch darum streiten, welcher Betrag zwischen
€ 8.000 und € 10.000 B am Ende zahlt.

c) Tatsächlicher Verhandlungsablauf. In der Realität denken die Streit- 10
parteien gar nicht daran, ihre wirklichen Vergleichsvorstellungen und deren Hintergründe zu verraten. Eine solche Offenheit wäre für denjenigen
Verhandlungspartner, der damit in Vorleistung geht, auch nachteilig. Ver-
rät A, dass er auch einen Vergleichsbetrag von € 8.000 noch akzeptieren
würde, wird er von B in keinem Fall mehr als diese € 8.000 erhalten. Da
also Offenheit und Ehrlichkeit schaden, scheint es vernünftiger zu sein,
eine andere, genau umgekehrte Verhandlungsstrategie zu wählen. Die Parteien verzichten daher darauf, ihre tatsächliche Vergleichsbereitschaft aufdecken. Vielmehr überzeichnen sie ihre wirklichen Forderungen erheblich

43

und versuchen, diese überzogenen Forderungen durch entsprechende Argumente zu verteidigen. Snowboardfahrer A beginnt die Verhandlungen mit einer Forderung von € 30.000, die er mit seinen immensen Verdienstausfällen und seiner bleibenden „schweren" Behinderung begründet. Über seine Vorerkrankung verliert er hingegen kein Wort. A hat sich vorgenommen, in den Verhandlungen zunächst nur bis maximal € 15.000 nachzugeben und die Unverrückbarkeit dieser „Schmerzgrenze" nachhaltig zu unterstreichen. Er kommuniziert also eine Vergleichskurve, die zwischen € 15.000 und € 30.000 verläuft. Eine ähnliche Strategie entwirft B. Er lehnt jede Einstandspflicht vehement ab. Erst nach und nach konzediert er eine maximale Zahlungsbereitschaft von € 7.000 als „reinen Lästigkeitswert". Fügt man diese Kurvenverläufe in die Grafik der tatsächlichen Vergleichspositionen ein, erhält man folgendes Bild:

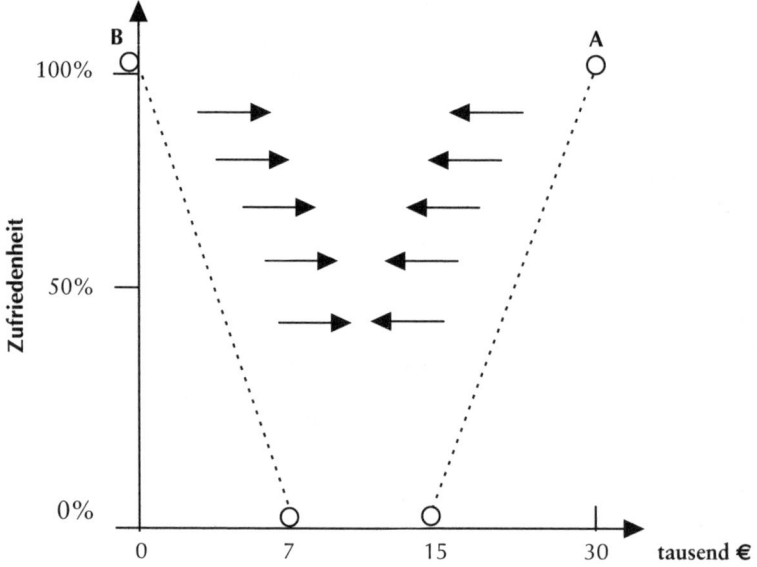

11   Die wechselseitig kommunizierten Positionen werden jetzt durch die gestrichelten Linien angezeigt. Da sich beide Geraden nicht schneiden, werden sich A und B bei diesem Verhandlungsverlauf zunächst nicht einigen. Nur wenn die von einer Seite präsentierten Argumente so überzeugend sind, dass die Gegenseite ihre kommunizierte Verhandlungskurve an ihre tatsächlichen Vergleichsvorstellungen annähert, kann die Einigung gelingen. Ansonsten scheitert die Suche nach der „ZOPA", obwohl objektiv ein Einigungsspielraum von Anfang an vorhanden war und nach wie vor besteht.

d) Analyse der Verhandlung. Die Analyse der kompetitiven Verhand-   12
lung offenbart ein Dilemma. Objektiv ist eine Einigung leicht möglich,
aber den Parteien gelingt es aufgrund ihrer gewählten Verhandlungsstrategie nicht, den Einigungsspielraum aufzudecken. Die Verhandlungen scheitern unnötig. Für einen Verhandlungserfolg wäre es erforderlich, dass die
Parteien im Verlauf der Verhandlungen ihre Strategie ändern. Sie müssten
ihre tatsächliche Verhandlungskurve annähernd offen vertreten, so dass
der vorhandene Einigungsbereich („ZOPA") erkennbar wird. Da die Korrektur einer Strategie mit einem Gesichtsverlust verbunden ist, geschieht
dies allerdings selten. Wer einmal € 15.000 als sein „wirklich allerletztes
Angebot" bezeichnet hat, rückt hiervon später ungern ab. Was ist die
Konsequenz? Entweder die Parteien beharren endgültig auf ihrer Haltung,
was eine Streitentscheidung durch einen Richter erzwingt. Oder die Parteien ändern ihre Haltung auf Druck eines Dritten, der sie zu einem Überdenken der eigenen Position veranlasst. Die zweite Konstellation liegt vielen gerichtlichen Vergleichen zugrunde. Dort teilt der Richter den Parteien
seine vorläufige Rechtseinschätzung mit, wodurch die Parteien erkennen,
wie risikobehaftet ein Festhalten an den bisherigen Positionen ist. Wenn
dann eine Einigung gelingt, haben Zeit- und Kostenaufwand den späten
Einigungserfolg allerdings häufig aufgezehrt.

Die wirklichen Vorstellungen der Parteien können so weit auseinander-   13
liegen, dass ein Einigungsspielraum objektiv zunächst nicht besteht, eine
„ZOPA" also anfangs nicht existiert. Die Verhandlungen scheitern dann
also nicht an den geschilderten Kommunikationsdefiziten, sondern an
wirklichen Differenzen. Viele dieser Fälle sind für Vergleichsverhandlungen ungeeignet und müssen richterlich entschieden werden. Als Beispiel
mag eine Forderung dienen, wo einzig die Verjährungsfrage zwischen den
Parteien umstritten ist. Der Kläger bekommt hier entweder alles oder
nichts, so dass die objektive Vergleichsbereitschaft häufig gering ist. In
anderen Fällen gibt es deshalb keinen Vergleichsspielraum, weil die Partei-
en einen Fehler bei der Bildung ihrer Vergleichskurve gemacht haben. Dieser Fehler beruht auf sachlichen oder rechtlichen Fehleinschätzungen. Im
Ausgangsfall mag A nicht wissen, dass die Steilpiste, auf der der Unfall
passierte, für Snowboardfahrer verboten war, so dass sein Mitverschulden
deutlich höher ist als zunächst angenommen. B hat dagegen übersehen,
dass einen Skilehrer erhöhte Sorgfaltspflichten treffen. Wenn A und B diese Fehleinschätzungen erkennen und ihre Verhandlungskurven entsprechend korrigieren, ergibt sich doch noch ein Einigungsspielraum. Ein
Grund für die erhöhte Vergleichsbereitschaft in Prozessen liegt darin, dass
dort durch die Beweisaufnahme Sachirrtümer und durch die vorläufige
Rechtsauffassung des Gerichts rechtliche Fehleinschätzungen aufgedeckt
werden. Die Parteien korrigieren ihre Verhandlungskurven und schaffen
so eine Einigungszone. Für die Parteien kommt dieser Vergleich reichlich

spät, haben sie doch unnötig Geld und Zeit in die Prozessführung investiert. Effektiver und billiger wäre es gewesen, die wechselseitigen Irrtümer in einer früheren Verhandlungsphase aufzudecken. Es passiert zudem häufig, dass die Parteien ihre tatsächliche Einigungskurve intuitiv falsch festgelegt haben, indem sie ihre Wunschvorstellung zur Mindestforderung erhoben haben. Eine Einigung kann auch hier nur gelingen, wenn die Parteien ihre Mindestforderung später zähneknirschend an die tatsächliche Sach- und Rechtslage anpassen.[7]

14   Der Konflikt um den Skiunfall zeigt ein drittes, typisches Defizit kompetitiver Verhandlungen. Die Parteien definieren ihren Verhandlungserfolg ausschließlich über die Höhe eines Geldbetrages. Die Verhandlungskurve ist eine Funktion von ausgehandeltem Betrag und Zufriedenheit mit der Vergleichssumme. Konflikte sind aber selten nur zweidimensional. Die Parteien übersehen, dass auch nichtmonetäre Faktoren für die Verhandlung wichtig sein können. So muss Skilehrer B bei Bekanntwerden des Unfalls einen weiteren Rufverlust oder sogar den Entzug seiner Skilehrerlizenz fürchten. In der von B gebildeten Verhandlungskurve kommt dieser Punkt nicht vor. Außerdem ignoriert die Grafik die Transaktionskosten, die durch das Führen der Verhandlungen entstehen. Wenn Snowboardfahrer B am Ende von zweitägigen Verhandlungen mit € 10.000 deutlich mehr als seine Mindestvorstellung erhält, sieht dies zunächst wie ein Verhandlungserfolg aus. Rechnet man aber die Kosten von € 4.000 ab, die B an Anwaltsgebühren und Verdienstausfall entstanden sind, ist das Ergebnis plötzlich suboptimal.

15   Das gebildete Beispiel lässt sich aber nahezu beliebig auf alle Bereiche des Wirtschaftslebens übertragen. Der Generalunternehmer, der mit seinem Subunternehmer um Mehrleistungen, Baumängel, Baubeschleunigungskosten und Verzugsstrafe streitet, verhandelt strukturell nicht anders als der Skilehrer im Ausgangsfall. Abfindungsverhandlungen zwischen einer GmbH und ihrem Geschäftsführer, dem aus „wichtigem Grund" gekündigt wurde, verlaufen regelmäßig ebenso. Auch jenseits von Konflikten wird so um einen Kompromiss gerungen. Der Autohändler preist seinen Gebrauchtwagen an und verlangt zunächst Mondpreise, während der interessierte Käufer ein Eröffnungsangebot macht, das auf eine gemischte Schenkung hinausläuft. In jedem Fall wird kompetitiv verhandelt, was oftmals die dargestellte Probleme mit sich bringt.

3. Schlüsselfaktoren des Verhandlungserfolgs

16   Kompetitiv geführte Verhandlungen verlaufen nicht willkürlich und enden auch nicht mit einem zufälligen Ausgang. Ein geübter Verhandler op-

---

[7] *Riess,* DAJV-NL 2002, S. 37 (40 f.)

timiert seinen Verhandlungserfolg, indem er den Vergleich am äußersten Ende der Einigungsspanne (ZOPA) abschließt. Im Idealfall gelingt es ihm sogar, die Einigungsspanne im Verlauf der Verhandlungen zu verändern, indem die Gegenseite unter dem Druck der Argumente ihre gesamte Verhandlungskurve neu definiert. Drei Faktoren bestimmen dabei den Verhandlungserfolg: Information, Zeit und Macht.[8]

a) **Information.** Informationen erlauben es, die tatsächliche Vergleichs- 17
bereitschaft der Gegenseite zutreffend einzuschätzen. Wer so das wirkliche Limit des Kontrahenten ermittelt, kann dessen Vergleichsbereitschaft vollständig ausreizen. Die zutreffende Information über die eigene Position in tatsächlicher und rechtlicher Hinsicht ermöglicht eine genaue Festlegung der eigenen Verhandlungskurve. Die Informationserhebung beginnt vor der Verhandlung. Ein professioneller Verhandler investiert einer Faustregel zufolge doppelt so viel Zeit in die Vorbereitung und Informationsbeschaffung wie in die eigentliche Verhandlung. Er informiert sich über die Gegenpartei, über seinen Verhandlungspartner sowie über die mutmaßliche Interessenlage des Kontrahenten.[9] Parallel dazu sucht er nach Informationen, die er als Argumente für die eigene und gegen die gegnerische Position anführen kann. Schließlich macht er sich über seine Handlungsalternativen für den Fall Gedanken, dass die Verhandlungen scheitern. Die Informationserhebung setzt sich dann in der Verhandlung fort. Es ist ein verbreiteter, wohl aus Hollywood-Filmen stammender Irrtum, dass der Verhandlungsprofi seinen Kontrahenten an die Wand redet. Wer redet, gibt Informationen preis, wer zuhört, erfährt Informationen. Ein geübter Verhandler nutzt zwei Drittel der Verhandlungsdauer, um Informationen von der Gegenseite zu erhalten, indem er zuhört.

b) **Zeit.** Der Verhandlungsfaktor „Zeit" taucht in den Facetten Zeitlimit 18
und Zeitinvestition auf. Verhandlungen finden in einem bestimmten Zeitrahmen statt. Meist gehen die Parteien davon aus, dass eine Einigung bis zu einem bestimmten Zeitpunkt erreicht sein muss oder aber die Verhandlung scheitert. Verhandlungsexperimente zeigen, dass die maximalen Konzessionen einer Seite unmittelbar vor Ablauf ihres Zeitlimits erfolgen. Es ist daher in kompetitiv geführten Verhandlungen strategisch sinnvoll, das Zeitlimit der Gegenseite in Erfahrung zu bringen (etwa: Zeit des Rückfluges) und selbst geduldig und ruhig auf dieses Zeitlimit hin zu verhandeln. Gleichzeitig begreifen Menschen den Zeitaufwand in einer Verhandlung als Investition, für die sie eine Rendite, nämlich die erfolgreiche Streitbeilegung, erwarteten. Zeit ist Geld. Je länger eine Verhandlung dau-

---

[8] Anschaulich zum Folgenden: *Cohen*, You Can Negotiate Anything, S. 51 ff.
[9] Eine gute Checkliste findet sich bei *Fisher/Ertel*, Getting Ready to Negotiate, S. 11 ff.

ert, desto wahrscheinlicher ist die Einigung, weil niemand die investierte Zeit als Fehlausgabe abschreiben möchte. Wer die Gegenseite dazu veranlasst, Zeit in die Verhandlung zu investieren, erhöht ihre Einigungsbereitschaft. Ein einfaches Mittel ist etwa die Bitte, die Verhandlung im eigenen Büro durchzuführen. Nach erfolgter Anreise wird die gegnerische Partei ungern unverrichteter Dinge wieder abreisen. Ein subtilerer Schachzug ist die Verhandlungsagenda, an deren Anfang vergleichsweise unwichtige Punkte stehen. Das Verhandeln dieser Punkte kostet Zeit. Ein geschickter Verhandler zieht die Verhandlungen auf diese Weise in die Länge und spekuliert darauf, dass die Gegenseite den in der erzielten Teileinigung liegenden Verhandlungserfolg später nicht gefährden will und deshalb bereit ist, Konzessionen bei den wirklich wichtigen Punkten zu machen.

19 **c) Macht.** Verhandlungsmacht ist die Fähigkeit, Dinge durch Gespräche in Richtung des eigenen Ziels zu bewegen. Das negative Image des Begriffs „Macht", den wir sogleich mit „Machtmissbrauch" assoziieren, kommt daher, dass wir immer nur an „Macht über Menschen" denken. Damit hat Verhandlungsmacht nichts zu tun. Wer Macht über seinen Kontrahenten hat, muss sich nicht um eine Konsenslösung bemühen.

20 Macht hat in Verhandlungen derjenige, der bei einem Scheitern der Verhandlungen weniger zu verlieren hat und deshalb das Risiko der Nichteinigung eingehen kann. Der Erfolgsfaktor „Macht" besteht in Verhandlungen deshalb nicht in der finanziellen Überlegenheit oder in einer rechtlich fundierten Position. Wenn eine Bank mit einem Unternehmer über die Rückzahlung eines gekündigten Kredits in Millionenhöhe verhandelt, kann der rechtliche Anspruch der Bank zweifelsfrei sein. Diese starke Rechtsposition nützt der Bank wenig, wenn der Unternehmer bereit ist, seine Firma notfalls in Konkurs gehen zu lassen. Geht es um die Rückzahlung oder um einen Forderungserlass, ist er in der stärkeren Position. Sein Angebot, aus dem „weiteren Familienvermögen" 20% des Darlehns zu tilgen, wenn die Bank auf den Restbetrag verzichtet, muss die vermeintlich so starke Bank ernsthaft erwägen. Wer also rein tatsächlich die bessere Verhandlungsalternative hat und dies der Gegenseite auch so vermittelt, kann die Gegenseite zu maximalen Konzessionen veranlassen. Für den Verhandlungserfolg ist es daher wichtig, vor und während der Verhandlungsrunden an Alternativlösungen zu arbeiten, um möglichst unabhängig vom Ausgang der konkreten Verhandlung zu werden.

4. Tricks in kompetitiven Verhandlungen

21 Die Verhandlungsforschung hat für das kompetitive Verhandlungsmodell zahlreiche, zum Teil sehr subtile Einzelmanöver herausgearbeitet, die in Verhandlungen ergänzend eingesetzt werden können. So haben Höhe und Zeitpunkt des Eröffnungsangebotes auf das spätere Verhandlungsergebnis einen nachweisbaren Einfluss. Es ist erfolgsversprechend, Verhandlungen mit maximalen, deutlich überhöhten Forderungen zu beginnen, solange die Forderung nur insoweit plausibilisiert werden kann, dass die Gegenseite die Verhandlung nicht entrüstet abbricht.[10] Dieses simple Vorgehen hat deshalb Erfolg, weil Menschen in Relationen und Beziehungen denken, nicht in objektiven Zahlen. Eine Partei bemisst daher ihren Verhandlungserfolg regelmäßig danach, wie weit sie die Gegenseite heruntergehandelt hat und weniger danach, was sie am Ende wirklich bekommen hat. Um die Gegenseite zufrieden zu machen und so zum abschließenden „Ja" zu bewegen, sollte man die eigene Eröffnungsposition daher mit reichlich Verhandlungsspielraum ausstatten. Empirisch ausgewertete Verhandlungssimulationen haben gezeigt: Wer mehr will, erreicht auch mehr.[11] Einen ähnlich positiven Einfluss auf das Verhandlungsergebnis hat ein strategisch gewähltes Muster von Zugeständnissen.[12] Der kontrollierte Einsatz von Emotionen kann einem Verhandlungspartner entscheidende Vorteile verschaffen, weil sein Gegenüber die so geschaffene Situation als unangenehm empfindet und die Verhandlung daher schnell beenden will, was wiederum am einfachsten durch eine rasche Einigung geschieht.

Die kompetitive Verhandlung ist oft das Anwendungsfeld windiger Methoden, die das ethisch zulässige Maß überschreiten.[13] Klassisch ist dabei die Situation, in der sich eine Partei abwechselnd mit zwei Unterhändlern der Gegenseite konfrontiert sieht, von denen der eine den knallharten Verhandler mimt, während der andere sich konziliant zeigt und sich für den „bösen" Kollegen gar entschuldigt. Um der anderweitig drohenden unerfreulichen Fortführung der Verhandlung zu entkommen, einigt sich der unerfahrene Verhandler in diesem „Good Guy/Bad Guy"-Szenario vorschnell mit seinem vermeintlich wohlmeinenden Kontrahenten, ohne das abgekartete Spiel zu durchschauen. Berühmt ist auch „Chrustschows Schuh". Der sowjetische Premier trommelte im Weltsicherheitsrat plötzlich mit einem Schuh auf den Tisch. Den übrigen Verhandlungsteilnehmern war die Situation unangenehm – schließlich verfügte der Trommler über Atomwaffen – und sie beendeten die Verhandlung rasch unter großen Konzessionen.[14] Der US-Geheimdienst fand durch Studium der Videoaufzeichnungen später heraus, dass Chrustschow während seines Ausbruchs noch zwei Schuhe an seinen Füßen trug. Das Grundkonzept dieser „Tricks" ist immer gleich: Man schafft eine unangenehme Verhandlungs-

22

---

[10] *Dawson*, Power Negotiating, S. 13 ff.
[11] *Karass*, The Negotiation Game, S. 18.
[12] *Karass*, The Negotiation Game, S. 19 f.; *Raiffa*, Art and Science of Negotiation, S. 44 ff.
[13] Einen Überblick geben *Craver*, Effective Legal Negotiation and Settlement, S. 178 ff.; *Dawson*, Power Negotiating, S. 80 ff.
[14] *Macioszek*, Chrustschows Dritter Schuh, S. 25.

situation und hofft, dass die Gegenseite dieser Situation durch eine vor-
schnelle Einigung zu entkommen sucht. Tatsächlich stellen viele Menschen
die momentane persönliche Gefühlswelt über den eigentlichen Verhandlungserfolg; in der Konsequenz einigen sie sich dann rasch zu ungünstigen
Konditionen. Solche und ähnliche Manöver gilt es zu kennen, um ihnen
nicht zum Opfer zu fallen.

5. Kompetitive Verhandlungen und Verhandlungsstil

23   Eine kompetitive Verhandlungsstrategie hat nichts mit dem persönlichen Verhandlungsstil eines Teilnehmers zu tun. Die Verhandlungsstrategie bezeichnet nur ein Vorgehen, in dem eine Partei zunächst eine hohe
Ausgangsforderung erhebt und dann über Zugeständnisse den Kompromiss sucht. Der Verhandlungsstil kann dabei freundlich und zuvorkom-
mend sein, ohne dass dies in irgendeiner Weise eine Maskerade ist. Auch
wer ein noch so großes Entgegenkommen signalisiert, verhandelt häufig
kompetitiv. Es ist daher wichtig, die Verhandlungsstrategie der Gegenseite
rasch zu identifizieren und von deren individuellem Verhandlungsstil zu
unterscheiden. Wer sich von seinem konzilianten Gesprächspartner einnehmen lässt, verliert die Verhandlung, wenn er allein wegen der Freund-
lichkeit Konzessionen macht. Umgekehrt kann man auch mit einem mür-
rischen oder emotional sehr engagierten Verhandlungspartner durchaus
kooperativ verhandeln und auf kompetitive Verhandlungsmuster verzichten. Verhandlungsstile werden vom Naturel der Teilnehmer geprägt. Der
„freundliche" Verhandler ist aber im Vorteil, da er glaubwürdiger die
kompetitive wie die kooperative Verhandlungsstrategie einsetzen kann.

6. Gründe für kompetitives Verhandeln

24   Warum dominieren kompetitive Verhandlungen das Wirtschaftsleben?
Der wichtigste Grund ist die einfache Handhabung. Der kompetitive
Verhandler legt die eigene Ausgangsposition fest und verteidigt diese anschließend mit Argumenten. Über Konzessionen nähert man sich dann einer Einigung. So zu verhandeln, verlangt keine großen intellektuellen Anstrengungen. Dazu kommt, dass wir dieses Verhandlungsmuster seit
Kindesbeinen kennen; mit den Eltern wurde so um die Zeit des Zubettge-
hens gerungen. Aufgrund dieser langjährigen Erfahrungen greifen wir in
einer Konfliktsituation intuitiv, also ohne bewusstes Nachdenken, auf das
vertraute kompetitive Verhandeln zurück. Haft bezeichnet das kompetitive Verhandlungsmodell daher zutreffend auch als intuitives Verhandeln,
dem er ein rational begründetes, planvolles Verhandeln gegenüberstellt.[15]

---

[15] *Haft,* in: Handbuch Mediation, § 8, Rdn. 1 ff.; *ders.* in: Verhandeln und Mediation, S. 20.

In vielen Fällen ist den verhandelnden Parteien eine andere als die gewohnte kompetitive Verhandlungsstrategie gar nicht bekannt, so dass sich die Frage nach einem alternativen Vorgehen nicht stellt.

Wer kompetitiv verhandelt, hat in der Tat die Chance, den aus einer   25
einzelnen Transaktion erzielbaren Gewinn zu maximieren. Damit ist allerdings die Gefahr verbunden, an einen „besseren" kompetitiven Verhandler zu geraten. Kompetitive Verhandler realisieren einen solchen Misserfolg regelmäßig nicht, sondern sehen sich subjektiv immer als Gewinner. Die Gegenseite räumt nach einem Vergleichsabschluss selten ein, dass sie zu noch größeren Konzessionen bereit gewesen wäre. Deshalb muss man den eigenen Verhandlungserfolg subjektiv unter Rückgriff auf eigene Mutmaßungen und auf selbst gesetzte Standards bewerten. Verhandlungsexperimente haben dabei gezeigt, dass weit über die Hälfte der Teilnehmer das Verhandlungsergebnis als Erfolg einstuft, obwohl die Verhandlungsergebnisse bei gleicher Ausgangskonstellation stark divergierten.[16] Die Verhandler redeten sich also das Verhandlungsergebnis schön. Dieser subjektiv empfundene „Erfolg" führt dazu, auch beim nächsten Mal wieder nach der „bewährten" kompetitiven Strategie zu greifen.

III. „Faires" Verhandeln als Alternative?

Viele Menschen mögen das kompetitive Verhandeln mit dem ihm eige-   26
nen „Bluffen" und dem Anführen von Scheinpositionen nicht. Sie wollen den Gegenüber nicht zum eigenen Nutzen übervorteilen, sondern streben einen fairen Kompromiss an, mit dem beide Seite leben können. Zwar sehen die Teilnehmer in der Verhandlung grundsätzlich einen Verteilungskampf um ein knappes Gut. Die kurzfristige Profitmaximierung wird jedoch mit dem Ziel einer ausgewogenen Einigung aufgegeben. Wer so verhandelt, möchte die bei der kompetitiven Strategie zu beobachtenden negativen Auswirkungen auf die Parteibeziehungen vermeiden. Gleichzeitig wird der Verhandlungsprozess selbst als angenehmer empfunden als das klassische Feilschen.[17]

1. Ablauf

Kennzeichnend für das so begründete Verhandlungskonzept sind mode-   27
rate und wohlbegründete Ausgangsforderungen. Konzessionen erfolgen nicht willkürlich oder als Gegenleistung für anderweitige Zugeständnisse, sondern nur nach einer inhaltlichen Rechtfertigung. Die Partei erläutert

---

[16] *Karass*, The Negotiation Game, S. 25.
[17] *Risse*, ZKM/KON:SENS 1999, S. 131 (133 f.).

die eigene Position umfangreich und ehrlich, was in Vertragsverhandlungen bis zu einer freimütigen Offenlegung der kaufmännischen Kalkulation gehen kann. Von der Gegenseite wird eine entsprechende Offenheit erwartet. Die Parteien diskutieren inhaltlich über die wechselseitigen Argumente, statt jene nur auszutauschen. Auf diese Weise versuchen sie, einen Kompromiss zu erreichen, von dessen Angemessenheit beide Seiten inhaltlich überzeugt sind. Die Verhandlung steht unter dem Motto „Leben und leben lassen." Auf trickreiche Verhandlungsmanöver wird verzichtet.

2. Vorteile

28   Die Vorteile dieser Verhandlungsmethode liegen auf der Hand: Die offene Kommunikation wirkt vertrauensbildend und erleichtert eine langfristige, beiderseits profitable Zusammenarbeit. Die Parteien verpassen ihre Chance auf eine Einigung nicht durch überzogene Ausgangsforderungen. Der Verzicht auf Scheinpositionen und die sachorientierte Verhandlungsführung ermöglichen die rasche Klärung, ob ein Einigungsspielraum überhaupt besteht. Das wiederum senkt die oft erheblichen, durch den Verhandlungsprozess selbst entstehenden Kosten. Die „fair" verhandelnde Partei fühlt sich zudem subjektiv besser, weil sie aus moralischen Gründen auf eine Maximierung des eigenen Verhandlungserfolgs zum Schaden der Gegenseite verzichtet.

3. Nachteile

29   Diesen Vorzügen des „fairen" Verhandlungskonzepts stehen zahlreiche Nachteile gegenüber. Es funktioniert nämlich nur dann, wenn beide Teilnehmer wirklich „fair" verhandeln wollen und auf eine entsprechende Grundeinstellung der Gegenpartei vertrauen. Wer die Ausgangsforderung einer Seite zu Unrecht als kompetitiv statt als „fair" einstuft, wird die systemimmanent zögerliche Konzessionsbereitschaft seines Verhandlungspartners schnell mit Unflexibilität gleichsetzen und die Verhandlung abbrechen.[18] Wir sind es gewohnt, unseren Verhandlungserfolg anhand der ausgehandelten Konzessionen der Gegenseite und nicht anhand der – meist unbekannten – Angemessenheit des Preises zu bewerten. Das lässt sich gut an einem Beispiel zeigen: Stellen Sie sich vor, Sie sehen auf einem Antikmarkt eine mechanische Uhr, die Sie schon immer haben wollten. Sie wissen, die Uhr ist € 10.000 wert. Als der Verkäufer Sie nach einem Angebot fragt, beginnen Sie mit einem lächerlichen Betrag von € 6.000. Zu

---

[18] In empirisch ausgewerteten Verhandlungssimulationen scheitern solche „fairen" Verhandlungen daher besonders oft; vgl. *Raiffa,* Art and Science of Negotiation, S. 48.

Ihrer Überraschung schlägt der Verkäufer sofort ein, weil es sich um einen „fairen" Verhandler handelt, der die Uhr selbst für € 5.000 gekauft hatte und mit einem Profit von € 1.000 zufrieden ist. Wie würden Sie sich fühlen? Die meisten Menschen zeigen eine der beiden Reaktionen: „Verdammt, die Uhr hätte ich billiger haben können" oder „Irgendwas stimmt mit der Uhr nicht." Der „fair" verhandelnde Verkäufer hat mit seiner Verhandlungsführung den Kunden also gerade nicht zufriedengestellt, obwohl das Verhandlungsergebnis objektiv ausgewogen ist. Solche Denkmuster gefährden den Erfolg von „fairen" Verhandlungen in hohem Maße. Zusätzlich besteht immer die Gefahr, dass ein unredlicher Verhandler ein kooperatives Verhalten nur vortäuscht und die offene Informationspolitik der Gegenseite zum eigenen Vorteil ausnutzt.

Ein weiteres Problem liegt im Begriff der „Fairness". Fairness ist immer **30** nur eine subjektive Beurteilung, die einer objektiven Nachprüfung unzugänglich ist. Was wir selbst für fair halten, muss nicht auch für die Gegenseite oder einen Dritten fair sein. Ein Beispiel: Sie finden auf Ihrem Dachboden eine alte Porzellanpuppe und beschließen, dieses „Gerümpel" auf dem Flohmarkt zu verkaufen. Ein Preis von € 100 scheint Ihnen „fair" zu sein. Ein Sammler entdeckt Ihr Angebot auf dem Flohmarkt. Ihm fehlt just diese Puppe zur Komplettierung seiner „Karl-Suse-Puppensammlung des Biedermeier". Seine Sammlung ist bisher € 6.000 wert, die komplette Sammlung dagegen € 10.000. Was ist hier ein „fairer" Preis? Wie sollen die „fairen" Verhandler den richtigen Preis finden?

Auch der „faire" Verhandler legt in der Praxis nicht alle verhandlungs- **31** relevanten Punkte offen. Er hält zumindest die eigene Minimalposition aus unmittelbar einsichtigen Gründen geheim. Nüchtern betrachtet unterscheidet sich das „faire" Verhandlungskonzept von seinem kompetitiven Gegenmodell also nur graduell hinsichtlich des Umfangs der verschwiegenen Informationen. Schließlich ist es auch diesem Konzept systemimmanent, dass die Einigung irgendwo auf einer Gerade zwischen den ursprünglichen Ausgangsforderungen liegt. Abseits dieses Weges liegende „dritte" Lösungen, die vielleicht für beide Seiten am profitabelsten sind, werden nicht erkannt.

Und schließlich ist die „faire" Verhandlung oft nur Ausfluss der verbor- **32** genen Konfliktscheu einer Partei. Sie hält die Beziehung zum Verhandlungspartner für wichtiger als den konkret zu verhandelnden Gegenstand und ist daher zu einem Verzicht bereit.[19] Am Ende verliert der „faire" Verhandler nicht nur die konkrete Verhandlung, sondern hat auch seinen Verhandlungspartner nicht als Freund gewonnen. Oder würden Sie nach der geschilderten Kaufverhandlung um die antike Uhr noch einmal mit dem Antiquar ein Geschäft abschließen?

---

[19] *Ponschab/Schweizer,* Kooperation statt Konfrontation, S. 90 ff.

4. Empfehlung: Nicht „fair" verhandeln

33   Es ist nicht ratsam, im beschriebenen Sinne „fair" zu verhandeln. Der „faire" Verhandler bringt die Gegenseite um ihr Erfolgserlebnis, das am Maßstab der ausgehandelten Konzessionen gemessen wird. Die Gegenseite misstraut der Aussage ihres Verhandlungspartners, er verhandele fair und sei deshalb zu einem Abrücken von seinem vernünftigen und fairen Eröffnungsangebot kaum bereit. Wer solche Aussagen hört, vermutet schnell eine besonders perfide Verhandlungsstrategie. Allein deshalb scheitern viele Verhandlungen unnötig. Die „faire" Verhandlung birgt das Risiko, dass die weiter kompetitiv verhandelnde Gegenseite einseitige Verhandlungserfolge erzielt. Man kann zudem immer nur beurteilen, was man selbst als „fair" empfindet, nicht aber, wie die Gegenseite aus ihrer gleichfalls subjektiven Sicht eine „faire" Lösung sieht. Und schließlich verharrt auch das „faire" Verhandlungsmodell im kompetitiven Grundmuster, das lediglich in abgeschwächter Form verfolgt wird. Wer nicht kompetitiv verhandeln will, sollte nicht aus Konfliktscheu auf die Miniaturausgabe der kompetitiven Verhandlungsstrategie zurückgreifen, sondern ein strukturell anderes Verhandlungsmodell verfolgen. Hier bietet sich das nachfolgend erläuterte „Harvard Konzept" an.

IV. Das „Harvard-Konzept"

34   Seit den 70er Jahren existiert an der renommierten Harvard Universität das der Juristischen Fakultät angegliederte „Harvard Negotiation Project".[20] Dort werden Verhandlungsabläufe und -strategien mit wissenschaftlicher Akribie untersucht und optimiert. Die Professoren Robert Fisher und William Ury veröffentlichten im Jahr 1981 ihre Forschungsergebnisse in dem populärwissenschaftlichen Buch „Getting to Yes"[21], das in Deutschland unter dem Titel „Das Harvard-Konzept"[22] erschienen ist. Dieser internationale Bestseller[23] hat die Verhandlungsforschung revolutioniert und die Verhandlungspraxis tiefgreifend verändert. Zusammen mit einigen nachfolgenden Ausarbeitungen[24] wurde so die Grundlage für ein ganz eigenständiges Verhandlungskonzept geschaffen, das heute in

---

[20] Internetadresse: www.pon.harvard.edu.

[21] *Fisher/Ury*, Getting to Yes, passim.

[22] *Fisher/Ury/Patton*, Das Harvard-Konzept, passim.

[23] Das Buch wurde in 18 Sprachen übersetzt und mehr als 2 Millionen Mal verkauft.

[24] *Ury*, Getting Past No, passim; *Fisher*, Beyond Machiavelli, passim; *Fisher/Ertel*, Getting Ready to Negotiate, passim; aus neuerer Zeit vgl. *Mnookin/Peppet/Tulumello*, Beyond Winning.

zahlreichen Seminaren als „Die Harvard Methode" unterrichtet wird.[25] Auch von deutschen Autoren wurde diese Verhandlungsmethode aufgegriffen und weiterentwickelt.[26] Die Harvard-Methode liegt als Verhandlungskonzept auch der Mediation zugrunde.

1. Positionen und Interessen

Das gesamte Harvard-Konzept, oft auch als „Kooperatives Verhan- 35 deln" bezeichnet, basiert auf der Unterscheidung von Positionen und Interessen. Fisher und Ury entdeckten, dass Parteien in Verhandlungen nicht primär um die Erfüllung der erhobenen Forderung (Position) streiten, sondern ihre hinter der Forderung stehenden Bedürfnisse (Interessen) befriedigen möchten.[27] Wenn die Parteien es schaffen, sich in der Verhandlung auf ihre Interessen anstelle der Forderungen zu konzentrieren, lässt sich häufig eine qualitativ bessere, jedenfalls aber eine schnellere Einigung erreichen.

a) Grundkonzept. Das Kleinkind schreit nach einer in seinem Blickfeld 36 liegenden Tafel Schokolade (Position) und will in Wahrheit doch nur seinen Hunger stillen (Interesse). Setzt die Mutter in der folgenden „Verhandlung" mit dem Kind im Interesse der Gesundheit des Sprösslings stereotyp auf die Gegenposition „Keine Schokolade", steht die Verhandlung vor dem Scheitern. Bestenfalls kommt es zu dem keine Seite wirklich zufriedenstellenden Kompromiss, bei dem das Kind nur ein kleines Stück des ungesunden Naschzeugs erhält. Gelingt es dagegen dem Kind, der Mutter sein eigentliches Interesse (Hunger) zu vermitteln, gibt diese dem Kind gerne eine gesunde Banane. Mutter und Kind sind zufrieden, da beide Interessen (Hunger und gesunde Ernährung) befriedigt werden konnten, ohne dass eine Seite nachgeben musste. Es ist auch möglich, dass das Kleinkind mit der Forderung nach Schokolade andere Interessen als Hunger zum Ausdruck bringt. Vielleicht will es nur die Aufmerksamkeit der Mutter gewinnen oder es verwechselt die Schokoladentafel mit einem Bauklotz, mit dem das Kind gerne spielen würde. Es liegt auf der Hand, dass solche unterschiedlichen Interessen unterschiedliche Reaktionen der Mutter nach sich ziehen, sobald die Mutter das hinter der Position liegende Interesse erkennt.

Dieses noch wirtschaftsferne Beispiel illustriert die Bedeutung der „Inte- 37 ressen" für einen effektiven Verhandlungsprozess. Erhobene Forderungen lassen sich oft anders, billiger und sinnvoller befriedigen, als der mit der Forderung konfrontierte Anspruchsgegner zunächst meint. Gleichwohl be-

---

[25] *Von Westphalen*, MDR 1993, S. 946 ff.
[26] Etwa: *Ponschab/Schweizer*, Kooperation statt Konfrontation, passim.
[27] *Fisher/Ury/Patton*, Das Harvard-Konzept, S. 68 ff.

ginnt die kompetitive Verhandlung mit der Ausgangsforderung, also einer Position, die nichts anderes ist als die von der Partei selbst erarbeitete Lösungsalternative für ihr eigenes, nicht mitgeteiltes Interesse: Das Kind glaubt, mit der Schokolade seinen Hunger sinnvoll stillen oder aber die Schokoladentafel als Bauklotz einsetzen zu können. Dadurch wird die Verhandlung sofort auf eine Lösungsalternative konzentriert, von der die Parteien in der Folgezeit nur noch graduell, nicht aber zugunsten eines anderen Mittels der Interessenbefriedigung abweichen: Die Schokolade wird geteilt, nicht aber durch die gesündere Banane ersetzt. Dieses Vorgehen gefährdet den Verhandlungserfolg, weil die Parteien tatsächlich oft bereit wären, andere Lösungsalternativen zu akzeptieren. So können neue Einigungsspielräume entstehen, weil die Parteien verschiedenen Lösungsalternativen unterschiedliche Wertigkeiten zumessen. Es ist dem Kind egal, wodurch der Hunger gestillt wird, der Mutter nicht. Während Forderung und Gegenforderung in einem schon begrifflichen Gegensatz zueinander stehen und daher nicht beide gleichzeitig erfüllt werden können, lassen sich unterschiedliche Interessen oft gleichzeitig durch eine einzige Lösung befriedigen. Deshalb ist es in Verhandlungen sinnvoll, dass die Parteien zu Beginn der Verhandlung auf Ausgangsforderungen verzichten und statt dessen ihre wechselseitigen Interessen offen legen. Vor diesem Ausgangspunkt aus können die Verhandlungspartner dann nach verschiedenen Lösungsalternativen (Positionen) suchen, die die wechselseitigen Interessen bestmöglich befriedigen. Dieses Vorgehen ist der Kern des Harvard Konzepts.

38   b) **Beispiele.** Die Unterscheidung von Positionen und Interessen ist für das Verständnis des Kooperativen Verhandlungsmodells und damit auch für die Wirtschaftsmediation von überragender Bedeutung. Einige Beispiele aus unterschiedlichen Lebensbereichen veranschaulichen diese Differenzierung und zeigen gleichzeitig das Potential des Harvard Konzepts auf.

39   Anschaulich, wenn auch inzwischen überstrapaziert, ist das Beispiel von zwei Kindern, die erbittert um eine Orange streiten. Die wechselseitige Forderung (= Position) nach dem Alleinbesitz der Orange wird schließlich vor die Mutter der beiden Streithähne getragen. Die so bestimmte Richterin wird die Orange typischerweise durchschneiden. Intelligenter – und aus erzieherischen Gründen vorzuziehen – ist eine Lösung, bei der das eine Kind teilt und das andere wählt: So penibel ist wahrscheinlich selten eine Orange geteilt worden. Doch im Ergebnis entpuppen sich beide salomonischen Lösungen als Fehlgriff. Hätte die Mutter die Kinder gefragt, warum sie die Orange haben wollen, hätte das eine Kind den Appetit auf das Fruchtfleisch (Interesse) und das andere den Wunsch nach der Schale zum Backen von Sandkuchen (Interesse) geäußert. Nachdem die Kinder diese Interessen offengelegt haben, liegt eine Lösung auf der Hand, an die zunächst niemand gedacht hatte. Die Mutter wird als Rich-

ter nicht mehr benötigt; alle sind restlos zufrieden. Mit dem interessenorientierten Verhandlungskonzept haben die Beteiligten die objektiv beste Lösung erreicht.

Was im Kleinen funktioniert, hat auch im großen Maßstab Erfolg: Israel hatte 1967 im Anschluss an den Sechs-Tage-Krieg die zuvor ägyptische Sinai-Halbinsel besetzt. In der Folgezeit beanspruchten beide Staaten dieses Gebiet. Die Positionen schienen ebenso unverrückbar wie unvereinbar. Nur eine Seite konnte den Sinai besitzen. Die USA wurden als Vermittler eingeschaltet. Erst als Israel in den Vermittlungsgesprächen seine Forderung mit seinem Sicherheitsbedarf begründete, kam Bewegung in die Verhandlungen. Israel wollte vermeiden, dass Ägypten erneut Panzer und Waffen unmittelbar an Israels Grenzen stationierte. Nach dem vorangegangenen Überraschungsangriff Ägyptens war dieses Sicherheitsbedürfnis verständlich (Interesse Israels). Gleichzeitig legte Ägypten dar, dass seine Forderung vornehmlich auf dem nominellen Erhalt des eigenen Staatsgebietes beruhte, und verwies in diesem Zusammenhang auf den mit einer Gebietseinbuße eingehenden Ansehensverlust in der arabischen Welt (Interesse Ägyptens). Plötzlich wurde das „Camp – David" – Abkommen möglich: Israel gab den Sinai an Ägypten zurück. Im Gegenzug versprach Ägypten, den Sinai dauerhaft als entmilitarisierte Zone zu betrachten. Über die Einhaltung dieser Verpflichtung sollten die USA wachen. So wurde das ägyptische Bedürfnis nach Vermeidung eines territorialen Verlustes mit dem israelischen Sicherheitsinteresse in Einklang gebracht. Erst als die Parteien hinter die Ebene der unversöhnlichen Positionen (Besitz des Sinai) zur Interessenebene vordrangen, gelang die Einigung. Das Nobelpreiskomitee ehrte die Verhandlungspartner Begin und Sadat für die friedliche Verhandlungslösung mit dem Friedensnobelpreis. Präsident Carter erhielt dieselbe Auszeichnung im Jahr 2002 auch für seine damalige Vermittlungstätigkeit.

Abschließend ein Beispiel aus dem Wirtschaftsleben: A drängt unter Klageandrohung auf Zahlung einer überfälligen Rechnung, B bestreitet wegen der vorgeblich mangelhaften Lieferung jede Zahlungspflicht (Positionen). Tatsächlich ist der vermögende A auf die sofortige Zahlung nicht angewiesen, will jedoch nicht übervorteilt werden. Außerdem möchte er den verdienten Ruf für die tadellose Qualität seiner Produkte schützen und keinen Präzedenzfall für säumige Schuldner schaffen (Interessen des A). Dagegen will B, der die Waren des A mängelfrei erhalten hatte, wegen seiner angespannten Liquiditätssituation eine sofortige Zahlung unbedingt vermeiden, gleichzeitig aber die bisher profitable Geschäftsbeziehung zu A nicht gefährden (Interessen des B). Die Offenlegung dieser Interessen ermöglicht mehrere Lösungen des Konfliktes: B erkennt die Forderung von A an und sichert sie durch eine Bankbürgschaft ab, was A eine Steuerstundung beschert und den sofortigen Geldabfluss bei B vermeidet. Oder: Zur

40

41

endgültigen Beseitigung der chronischen Liquiditätsprobleme des B übernimmt der reiche A eine stille Beteiligung an dessen Geschäft und begleicht seine Einlagepflicht teilweise mit dem Verzicht auf die offene Forderung. Oder: A nimmt gegen eine geringe Gebühr die gelieferten, von B aber derzeit nicht benötigten Produkte zurück. Oder: Zur Begleichung der Forderung überlässt B dem A und seiner Familie für eine Woche sein Ferienhaus in der Schweiz. Jede dieser Lösungen befriedigt sämtliche Interessen des A und des B. Keine dieser Lösungen wäre möglich gewesen, solange die Parteien ihre eigentlichen Interessen voreinander verheimlichen und auf ihren Positionen beharren.

42   c) Problemzentrierte Verhandlungsführung. Das Harvard-Konzept basiert auf der Erkenntnis, dass eine Einigung erleichtert wird, wenn die Verhandlungspartner auf die Parteiinteressen abstellen statt ihre Positionen zu verteidigen. Diese Erkenntnis wird in ein Verhandlungsmodell umgesetzt, das auf ein problemzentriertes Verhandeln abzielt. Dazu verzichten die Verhandlungspartner zu Beginn der Gespräche darauf, eine Ausgangsforderung zu erheben, die sie nachfolgend verteidigen. Statt dessen identifizieren sie zunächst das Problem, das die Verhandlung überhaupt erst erforderlich gemacht hat, beispielsweise also die Nichtbezahlung einer Lieferung. Die Parteien versuchen dann gemeinsam, die eigentlichen Gründe zu ermitteln, die zu der Auseinandersetzung geführt haben. Weil A, schon um keinen Präzedenzfall für säumige Schuldner zu schaffen, auf Zahlung besteht, B aber derzeit wegen Liquiditätsschwierigkeiten die Rechnung nicht begleichen kann, sitzt man sich nun am Verhandlungstisch gegenüber. Mit der Offenlegung dieser Punkte ist man auf der angestrebten Interessenebene angekommen.

43   Die Summe aller Parteiinteressen, die für das Erreichen einer Einigung befriedigt werden müssen, bildet nun das Problem, um dessen Lösung sich dann die gesamte weitere Verhandlung dreht. Die Parteien müssen erkennen, dass sich das aus Einzelinteressen zusammengesetzte Problem von dem Ausgangspunkt des Streits, etwa der Nichtbezahlung einer Lieferung oder dem Kampf um die Orange, strukturell unterscheidet. Das interessendefinierte Problem versteckt sich hinter dem positionsdefinierten Konflikt. Die Verhandlungspartner haben die Aufgabe, gemeinsam eine Lösung für das interessenbezogene Verhandlungsproblem zu suchen. Nur wenn ein Weg gefunden wird, die geäußerten Parteiinteressen für beide Seiten zufriedenstellend – nicht notwendig vollständig – zu befriedigen, werden die Parteien einem Einigungsmodell zustimmen. Bleiben Interessen teilweise unbefriedigt, wird jede Partei für sich bewerten, ob sie den Lösungsvorschlag gleichwohl als Kompromiss akzeptieren kann. Glaubt eine Partei dagegen, dass der mutmaßliche Ausgang eines Gerichtsprozesses ihre Interessen besser befriedigt, wird sie diesen Weg beschreiten.

Nachdem die Parteiinteressen offengelegt sind und das Verhandlungs- **44**
problem feststeht, ändert sich das Rollenverständnis der Verhandlungspartner. Saßen sie sich zunächst Auge in Auge gegenüber, um sich Konzessionen abzuringen, rücken sie nun – bildlich gesprochen – zusammen und
richten ihren Blick gemeinsam auf das zu lösende Problem, das nun das
eigentliche Angriffsobjekt darstellt. Die Kooperation mit der anderen Seite, vorher undenkbar und schädlich, macht nun einen ganz unmittelbaren
Sinn: „Nur wenn es mir selbst, meinem Gegenüber oder uns beiden gemeinsam gelingt, ein Lösungspaket zu schnüren, das die mitgeteilten
wechselseitigen Interessen ausreichend befriedigt, endet die Verhandlung
mit einer Einigung." Wer diese Lösung findet, ist gleichgültig. Beide Seiten
erhalten einen Anreiz, zum eigenen Vorteil mit dem Verhandlungspartner
zu kooperieren. Der Begriff des „Kooperativen Verhandeln", ein Synonym
zum „Harvard Konzept", hat in diesem Anreiz zur Kooperation seinen
Ursprung.

Der strukturelle Gegensatz zwischen dem kompetitiven Verhandlungs- **45**
ansatz und dem Harvard Konzept lässt sich auch durch das Begriffspaar
„deduktiv/induktiv" kennzeichnen. Die kompetitive Verhandlung beginnen die Parteien mit der Ausgangsforderung, aus der schließlich durch
partielles Nachgeben eine einvernehmliche Lösung abgeleitet, also deduk-
tiv gewonnen wird. Beim kooperativen Verhandeln verzichten die Parteien
dagegen auf Ausgangsforderungen, aus denen sich etwas ableiten lässt.
Statt dessen analysieren sie zunächst das Problem, das aus einer Mehrzahl
unbefriedigter Interessen besteht. Die Parteien erheben diese Interessen zur
Ausgangsbasis der folgenden Gespräche. Die verschiedenen Mittel und
Wege, diese problemverursachenden Interessen zu befriedigen, werden
miteinander abgewogen und schließlich zu einem Lösungspaket zusammengesetzt. Die Verhandlungspartner einigen sich, indem sie die einzelnen Elemente zu einem Paket zusammenfügen, also induktiv vom Baustein
zur Lösung gelangen. Der kompetitive Verhandler setzt das Ergebnis in
Form einer überzogenen Wunschvorstellung an den Anfang der Einigungsbemühungen. In kooperativen Verhandlungen steht das Ergebnis an
deren Ende.

2. Trennung von Verhandlungspartner und Verhandlungsgegenstand

Das Harvard Konzept ermuntert die Verhandlungteilnehmer, das zu **46**
verhandelnde Problem von ihrer persönlichen Einstellung gegenüber dem
Verhandlungspartner zu trennen. „Separate the people from the problem", lautet der von *Fisher/Ury* geprägte Leitgedanke.[28] Dahinter verbirgt
sich die Überlegung, dass es nutzlos ist, sich persönlich an seinem Gegen-

---

[28] *Fisher/Ury/Patton*, Das Harvard-Konzept, S. 39 ff.

über zu reiben. Wer eine Einigung erreichen will, braucht am Ende zwingend das „Jawort" des Kontrahenten, der so dem Vergleichsvertrag zustimmt. In Verhandlungen geht es nicht um das persönliche Ego der Beteiligten, sondern um ein inhaltlich überzeugendes Ergebnis. Die Einigung soll nicht an problemfremden persönlichen Dissonanzen scheitern. Da es in der Verhandlung um die Befriedigung von Interessen geht, ist es gleichgültig, ob diese Interessen durch einen sympathischen oder unsympathischen Verhandlungspartner erfüllt werden. Der Denkansatz ist also sehr pragmatisch. Die zur Verhandlung anstehenden Sachthemen sollen nicht mit Fragen der persönlichen Beziehung zum Gegenüber vermengt werden. Ein Harvard-Verhandler vermeidet deshalb Emotionen in der eigentlichen Verhandlung oder bringt diese jedenfalls nicht in die Verhandlung ein. Er reagiert auf einen Wutausbruch nicht reflexartig mit einer „angemessenen" Antwort, was nur zu einer weiteren Eskalation führt. Im Regelfall reagiert er auf emotionale Ausbrüche nicht.[29] Alternativ wird der gegnerische Wutausbruch thematisiert und hinterfragt: „Ich sehe, dass Sie wütend sind. Können Sie mir noch einmal den Grund hierfür erklären?". Das momentane Beziehungsproblem wird vom Sachproblem entkoppelt.

47   Wer sich über seinen Gegenüber aufregt, verliert die Distanz zum Verhandlungsgegenstand, die für eine effiziente und objektive Verhandlungsführung unentbehrlich ist. Unvermeidliche eigene Emotionen werden daher in einer anzuberaumenden Verhandlungspause abgekühlt, eine Technik, die *Ury* als „Going to the balcony" umschreibt.[30] Die relative Nachsichtigkeit gegenüber dem Verhandlungspartner kompensiert der kooperative Verhandler durch eine harte Haltung bei der Durchsetzung der eigenen Interessen, also bei der eigentlichen Problemlösung. Der Konfliktlösung hilft das mehr als das kurzfristig befriedigende Gefühl, es der anderen Seite so richtig gezeigt zu haben.

48   Das Prinzip der Trennung von Person und Problem behält seine Gültigkeit, wenn der Verhandlungspartner besonders sympathisch ist oder man diesen schon lange kennt. Auch dann besteht die Gefahr, dass man im Interesse der persönlichen Beziehung den konkret zu entscheidenden Konflikt zu nachgiebig behandelt und rasch einlenkt, um das gute Verhältnis nicht zugefährden. Richtig wäre das nur, wenn man vor der Verhandlung die Beziehung zur Gegenpartei bewusst zum eigenständigen Verhandlungsziel erklärt hat; in der Praxis ist das aber selten der Fall.

49   Das Prinzip der Trennung von Person und Problem ist leichter formuliert als in die Praxis umgesetzt. Niemand macht sich von persönlichen Antipathien und Sympathien frei. Spannungen zwischen den Kontrahen-

---

[29] *Fisher/Ury/Patton*, Das Harvard-Konzept, S. 58.
[30] *Ury*, Getting Past No, S. 31.

ten können das eigentliche Verhandlungsproblem überlagern, auch wenn man sich noch so sehr um eine nüchterne Gesprächsatmosphäre bemüht. Wenn die Gegenseite ihre emotionalen Regungen nicht kontrollieren kann, hat man darauf keinen Einfluss. Viele Verhandlungen scheitern wegen solcher Störfaktoren, obwohl die Einigung auf sachlicher Ebene an sich möglich wäre. Die richtige Reaktion kann in einer solchen Konstellation darin bestehen, sich selbst als Verhandlungspartner auszuwechseln und die Verhandlung von einem Arbeitskollegen oder einem Anwalt fortführen zu lassen.

3. Förderung der Kreativität

Das Harvard-Konzept betont und fördert die Kreativität bei der Suche   50 nach Lösungsalternativen. Ziel der Verhandlungsparteien ist es, mehrere Alternativlösungen zu entwickeln, aus denen sich dann die beste auswählen lässt.[31] Was als unmittelbar einleuchtendes Konzept erscheint, wird in der Praxis oftmals vernachlässigt. Dort steht die Grundstruktur der Lösung häufig von Anfang an fest und es wird nur noch um den – meist in Geldbeträgen ausgedrückten – Umfang ihrer Durchsetzung verhandelt.[32] Gerade wenn Juristen die Verhandlungen führen oder an ihnen beratend teilnehmen, sind sie auf die vom Gesetz vorgesehene Lösung fixiert, der a priori ein gewisser Fairness- und Gerechtigkeitsgehalt zugemessen wird. Die Art der Lösung ist mit der Art der vorgesehenen Rechtsfolge, meist einer Geldzahlung, identisch. Haben sich die Parteien prinzipiell auf einen Kompromiss verständigt, besteht wenig Neigung, Alternativlösungen auch nur noch zu erörtern. Bei zwei oder mehr möglichen Einigungsmodellen wird durch die Fixierung auf den erstbesten Kompromiss eine optimale Lösung verpasst. Das Harvard-Modell legt daher Wert darauf, immer mehrere Lösungskonzeptionen in die Verhandlung einzubeziehen, um echte Alternativentscheidungen statt nur graduell abweichender Kompromisse diskutieren zu können. Um alternative Lösungsmodelle zu erreichen, werden Kreativitätstechniken in die Verhandlung eingebracht, auf die noch ausführlich einzugehen sein wird.[33]

4. Das „BATNA"

Die meisten Menschen gehen in eine Verhandlung mit einer betragsmä- 51 ßig bezifferten Mindestvorstellung vom Verhandlungsergebnis. Sie nehmen sich vor, die Verhandlung abzubrechen, sobald diese „Schmerzgrenze" überschritten ist. Dieses Limit behält man für sich, um möglichst ein besseres Ergebnis aushandeln zu können. Der eigene Verhandlungserfolg

---

[31] *Fisher/Ury/Patton,* Das Harvard-Konzept, S. 89 ff.
[32] *Fisher/Ury/Patton,* Das Harvard-Konzept, S. 92.
[33] Vgl. hier nur *Ponschab/Schweizer,* Kooperation statt Konfrontation, S. 191 f.

wird später daran gemessen, wie weit man bei einer Einigung über dieser internen Mindestvorgabe geblieben ist. Dieses Vorgehen ist gefährlich. Die selbst gesetzte starre Grenze verhindert eine flexible Reaktion bei einem unerwarteten Verhandlungsverlauf. Wer für einen Gebrauchtwagen höchstens € 20.000 zahlen wollte, ist verwirrt, wenn der Verkäufer zwar weiter € 21.000 verlangt, aber überraschend zusätzlich eine dreijährige Gewährleistung anbietet. Ist die Schmerzgrenze jetzt überschritten? Bisweilen erkennt man während der Verhandlung, dass das eigene Limit unrealistisch war und daher ersetzt werden muss. Verhandlungen stehen oft unter zeitlichem und emotionalem Druck. Eigene Limits lassen sich daher nur schwer und mit hoher Fehleranfälligkeit anpassen. Es gibt auch keine Gewähr dafür, dass die ursprüngliche Vorstellung überhaupt angemessen, also nicht viel zu hoch oder zu niedrig war. Da man aber mit der Festlegung des Limits selbst den persönlichen Maßstab für einen Verhandlungserfolg gesetzt hat, ist man geneigt, rasch zu einer Einigung zu gelangen, wenn die Gegenseite ein deutlich über dem Limit liegendes Angebot unterbreitet. Bisweilen bleibt dabei viel Geld auf dem Verhandlungstisch liegen. Schließlich zielt die gesamte kompetitive Verhandlungsführung darauf, das Limit der Gegenseite zu erfahren, um es ausreizen zu können, und wenn möglich dieses Limit durch argumentativen Druck zu verschieben. Wer mit einem festen internen Limit in die Verhandlung geht, setzt sich entsprechenden Manipulationsgefahren aus.

52   Das Harvard-Konzept schlägt daher vor, anstelle eines internen Limits mit der klaren Vorstellung in die Verhandlung zu gehen, was man im Falle eines Scheiterns der Verhandlung tun will.[34] Gesucht ist also die beste Alternative zu einer ausgehandelten Einigung. Diese Alternative wird mit dem griffigen Akronym „BATNA" (Best Alternative To a Negotiated Agreement) bezeichnet. Vor Verhandlungsbeginn fragt der Verhandler sich also, was genau er mit welchen Erfolgsaussichten unternehmen wird, wenn die Einigung misslingt. In einer streitigen Auseinandersetzung liegt diese Alternative oft in der Anrufung eines Gerichts, bei der Verhandlung um eine Gehaltserhöhung bietet sich die Bewerbung bei anderen Unternehmen an. Das BATNA ist ein besserer Maßstab zur Beurteilung des eigenen Verhandlungserfolgs als ein internes Limit. Erfolgreich ist eine Verhandlung nicht dann, wenn das Resultat über der mehr oder weniger willkürlich festgelegten Schmerzgrenze liegt, sondern wenn ein Ergebnis erreicht wird, das besser ist als jede auf anderem Wege erreichbare Lösung, besser eben als das eigene BATNA. Das BATNA bleibt unabhängig vom Verhandlungsverlauf immer gleich. Der Kontrahent kann das eigene BATNA nicht beeinflussen. Entwickelt sich die Verhandlung in eine überraschende Richtung, muss das BATNA nicht angepasst werden. Egal wel-

---

[34] *Fisher/Ury/Patton*, Das Harvard-Konzept, S. 143 ff.

che Einigung sich abzeichnet, durch einen Vergleich mit dem BATNA lässt sich ermitteln, ob diese Einigung persönlich akzeptabel ist.

Ein Beispiel: Wer mit einer Untergrenze von € 10.000,– Gehaltserhö- **53** hung in eine Verhandlung geht, ist relativ ratlos, wenn der Chef jede Gehaltssteigerung ablehnt, dafür aber einen Firmenwagen bewilligt und eine Woche bezahlten Bildungsurlaub anbietet. Ist das interne Limit damit erreicht oder unterschritten? Wem der Firmenwagen besser erscheint als die Kündigung und eine risikobehaftete Bewerbung bei anderen Arbeitgebern (= BATNA), der sollte das Angebot annehmen. Anders als ein Limit ist das BATNA selten von der Gegenseite manipulierbar. Es ist sogar nützlich, dem Kontrahenten ein positives BATNA bewusst zu machen, da dies die Stärke der eigenen Verhandlungsposition unterstreicht.

Sein eigenes BATNA sollte man daher nicht nur genau kennen, sondern **54** vor oder während der Verhandlung zu verbessern suchen. Wer bereits eine andere konkrete Stellenzusage hat, wird in der Gehaltsverhandlung anders auftreten können als der, der sich erst noch anderweitig bewerben müsste. Verhandlungsmacht besteht nicht in der Verfügungsgewalt über Geld oder Druckmittel, sondern schlicht im besseren BATNA. Derjenige, der es sich aus welchen Gründen auch immer wegen anderweitiger Alternativen eher leisten kann, die Verhandlungen abzubrechen, hat in der Verhandlung die besseren Karten.

5. Suche nach neutralen Standards

Die vom Harvard Konzept anvisierte „win-win"-Lösung, bei der der **55** Verhandlungskuchen zunächst über verschiedene Lösungsoptionen vergrößert wird und die nachfolgende Aufteilung alle Seiten zufrieden stellt, ist nicht immer möglich. Es gibt viele Konflikte, die einen reinen Verteilungskampf darstellen, der nur mit einem Kompromiss irgendwo in der Mitte enden kann. Trotzdem ist diese Art von Konflikten seltener, als man auf den ersten Blick meint, wie die vorangegangenen Beispiele gezeigt haben.[35] Der Verteilungskampf besteht oft nur vordergründig, weil die dahinter stehenden Interessen verborgen bleiben. Doch wenn beide Seiten bei gleicher Interessenlage um ein knappes Gut ringen, bringt die Offenlegung der Interessen den Konflikt keinen Schritt weiter. Wenn zwei Kinder um die einzige vorhandene Orange kämpfen, weil sie beide Appetit auf das Fruchtfleisch verspüren, versagt das Harvard Konzept mit seiner Fixierung auf Parteiinteressen zunächst. Wo zwei Arbeitskollegen um das frei werdende Büro streiten, weil sie beide dessen ruhige Lage am Ende des Flurs schätzen, kann nur einer gewinnen. Verteilungskämpfe in der einen oder anderen Form sind unausweichlich. Das gilt im übrigen auch, wenn mit-

---

[35] Vgl. oben § 2, Rdn. 38 ff.

tels der Harvard Methode die Verhandlungsmasse vergrößert worden ist. Die Parteien müssen auch diesen vergrößerten Kuchen für eine Einigung teilen. Jede Seite wird in diesem Stadium versuchen, für sich das größere Stück des Kuchens auszuhandeln. Keine noch so brillante Konzeption von „win-win"-Möglichkeiten und kooperativen Verhandlungen schafft solche Konflikte aus der Welt.

56   Das Harvard-Konzept ist nicht so naiv, die Existenz von Verteilungskämpfen zu leugnen. Das Harvard Konzept glaubt auch nicht an das Ideal des altruistischen Mitbürgers, dem Eigennutz bei der Aufteilung knapper Ressourcen fremd ist. Die Lösung, die das Harvard Konzept in Verteilungskämpfen anbietet, ist die Suche nach und die Anwendung von neutralen Beurteilungskriterien bei der Aufteilung des umkämpften Guts.[36] Die Verhandlungspartner sollen sich im ersten Schritt auf einen neutralen Standard einigen, anhand dessen die Aufteilung vorgenommen werden soll. Im zweiten Schritt wenden sie das gefundene Beurteilungskriterium auf den Streitfall an. Folgt man diesem Vorschlag, verhandeln die Parteien nicht sofort darüber, wer was bekommt, sondern darüber, wie man ermitteln will, wer was bekommt. Es wird zwischen der Verhandlung um das Entscheidungsprinzip und dem eigentlichen Entscheidungsinhalt differenziert. Diese Entkopplung bringt die Rationalität in die Verhandlung zurück und ist zielführender als der Austausch von Argumenten. Die Arbeitskollegen, die sich um das ruhige Büro am Ende des Flurs streiten, könnten sich auf den Losentscheid oder auf die Entscheidung durch den Vorgesetzten verständigen. Sie können auch vereinbaren, dass derjenige das Büro bekommt, der in seinem derzeitigen Büro stärkeren Lärmbelastungen unterliegt. Eine Alternative mag darin bestehen, dass jeder seine Wertschätzung für das neue Büro in einer Spende für die Weihnachtskasse zum Ausdruck bringt und der großzügigere Kollege gewinnt. Der Phantasie der Streitparteien bei der Suche nach einem beiderseits akzeptablen Teilungsmaßstab sind keine Grenzen gesetzt. Steht das neutrale Entscheidungskriterium fest, wird es auf den Streitfall angewendet und das Ergebnis ist schnell gefunden. Weil ein Machtkampf und ein Gesichtsverlust der unterlegenen Seite vermieden wird, hinterlässt die Verhandlung beim Verlierer keine oder jedenfalls weniger Verbitterung.

6. Kooperatives Verhandeln = „weiches" Verhandeln?

57   Dem Harvard Modell wird häufig vorgeworfen, es sei eine zu weiche und nachgiebige Form der Verhandlungsführung und deshalb für die harsche Realität des Wirtschaftslebens ungeeignet. Knallharte Fakten und Profitmargen würden dort Verhandlungen dominieren. Zur Aufarbeitung

---

[36] *Fisher/Ury/Patton*, Das Harvard-Konzept, S. 121 ff.

von Problemen und der wechselseitigen Befriedigung von Interessen habe man weder Zeit noch Lust. Jenseits aller moralischen Wunschvorstellungen sei die kapitalistisch organisierte Marktwirtschaft nun einmal von einem egoistischen Gewinnstreben der Wirtschaftssubjekte geprägt. Insofern sei die kooperative Verhandlungsstrategie ein wirklichkeitsfremdes Harmoniemodell.[37]

Diese Argumentation ist zu einseitig. Das Harvard-Konzept propagiert **58** kein idealisiertes „Seid nett zueinander", sondern ersetzt das unproduktive Verteidigen von Positionen durch das nachdrückliche Vertreten von Interessen. Hinsichtlich der Härte, mit der die eigenen Interessen durchgesetzt werden, unterscheidet es sich nicht von dem herkömmlichen Eintreten für die eigene Position.[38] Der Satz, „Wenn Sie meiner Forderung nicht entsprechen, ist die Verhandlung beendet", wird gegen die Formulierung „Wenn meine dargelegten Interessen nicht befriedigt werden können, brauchen wir nicht weiter zu verhandeln!" ausgetauscht. Der Harvard-Verhandler beugt sich nie schlichtem Druck auf seine Verhandlungsposition, sondern besteht auf der Vereinbarung objektiver Entscheidungskriterien.[39] Das kooperative Verhandlungskonzept steht für eine strukturell andere Herangehensweise an Verhandlungen und nicht für ein Harmoniemodell. Ob eine Verhandlung hart oder weich geführt wird, hängt daher nicht von der Strategie, sondern von dem spezifischen Charakter des zu lösenden Konflikts und den persönlichen Verhandlungsstilen der Teilnehmer ab.

Es spricht sogar einiges dafür, das Harvard-Konzept als die „härtere" **59** Verhandlungsstrategie einzustufen: Der Ausgangsforderung der anderen Partei wird keine Gegenforderung gegenübergestellt. Damit entfällt ein leicht zu attackierendes Angriffsobjekt. Statt dessen werden Interessen dargelegt, gegen die kaum ein Argument zu finden ist. Es ist leicht, der Forderung des Kleinkindes nach Schokolade zu begegnen, aber was will man gegen das mitgeteilte Hungergefühl anführen? Interessen lassen sich leichter und damit effektiver verteidigen als Forderungen. Das Harvard-Konzept wird daher oft mit asiatischen Kampfsportarten verglichen, bei denen der Gegner einem Angriff zunächst ausweicht, um ihm die Wirkung zu nehmen und den Angreifer nutzlos Energie vergeuden zu lassen. Wer auf eine überzogene Ausgangsforderung mit der Bitte um Erläuterung reagiert, anstatt eine gleichfalls überzogene Gegenposition zu erheben, wird erleben, wie schnell die Gegenseite die Kontrolle über die Verhandlung verliert. Allerdings versucht das Harvard-Konzept nicht, den Kontrahenten durch einen nachfolgenden „Gegenangriff" zu übervorteilen, sondern

---

[37] *Riess*, DAJV-Newsletter. 2002, S. 37 (39).
[38] *Von Westphalen*, MDR 1993, S. 946.
[39] *Fisher/Ury/Patton*, Das Harvard-Konzept, S. 130.

will ihn zum problemzentrierten Verhandeln bewegen. Hier unterscheidet sich das Harvard Modell vom kompetitiven Verhandeln, das insofern „härter" sein mag, als es die Chance auf ein größeres Stück vom Verhandlungskuchen weiterverfolgt.

7. Anwendungsprobleme

60   Kooperatives Verhandeln stößt bei der Umsetzung in die tägliche Praxis auf Schwierigkeiten. Das Harvard-Konzept verspricht nur Erfolg, wenn beide Seiten diese Verhandlungsstrategie benutzen wollen und auch in der Lage sind, entsprechend zu verhandeln. Jedenfalls in Deutschland ist diese Verhandlungsform noch so unbekannt, dass kaum ein Verhandlungspartner sie bewusst einsetzt. Viele bezeichnen sich zwar selbst als „kooperative Verhandler", meinen damit aber lediglich einen „fairen" Verhandlungsansatz oder einen freundlichen Umgangston. Spezifische Verhandlungskenntnisse, die man erlernen muss, fehlen. Es genügt zudem nicht, dass nur eine Seite die kooperative Verhandlungsstrategie verfolgt. Wenn ein Kontrahent immer wieder seinen Forderungskatalog anführt, während sein Gegenüber die Offenlegung von Interessen anregt, tritt rasch Frustration statt Verhandlungsfortschritt auf. Der Satz, wonach das Harvard-Konzept die einzige Verhandlungsstrategie ist, bei der es vorteilhaft ist, wenn auch die Gegenseite sie beherrscht, hat auch eine Schattenseite. Das Harvard-Konzept funktioniert nur, wenn beide Seiten es praktizieren. Die meisten Verhandler sind aber mit den zahlreichen Verhandlungstechniken, die beim kooperativen Verhandeln zur Anwendung kommen, nicht vertraut. Ohne das beidseitige Vertrauen in die ehrliche Kooperations- und Konfliktlösungsbereitschaft fällt es zudem schwer, ein intuitiv forderungszentriertes Verhalten durch freimütiges Offenlegen der wahren Bedürfnisse zu ersetzen, wenn man subjektiv weiter von einem antagonistischen Interessengegensatz ausgeht. Zu einem unmotivierten „Interessen-Striptease" ist in Verhandlungen niemand bereit.

61   Auf dieses Dilemma gibt das Harvard-Konzept eine lehrbuchmäßige Antwort: Der Harvard-geschulte Verhandler soll die Gegenseite zu kooperativem Verhandeln veranlassen oder „erziehen".[40] Doch das ist leichter gesagt, als getan. Die Aufgabe, den Kontrahenten zu einem kooperativen Verhandlungspartner zu erziehen, ist so schwierig, dass sie selten gelingt. Wer selbst in die Verhandlung involviert ist und eigene Interessen verfolgt, wird von dieser Aufgabe schlicht überfordert. Die mit einer kurzen Erklärung verbundene schlichte Aufforderung, doch kooperativ zu verhandeln, wird die Gegenseite kaum überzeugen, sondern argwöhnisch einen Hinterhalt vermuten lassen. Überdies sind Inhalte und Funktionsweise des

---

[40] *Ury*, Getting Past No, S. 130.

oben nur ausschnittsweise erläuterten Harvard-Konzepts zu komplex, um diese Kenntnisse rasch zu vermitteln und dann gemeinsam mit der Verhandlung fortzufahren. Der Vorschlag, die Inhalte kooperativen Verhandelns durch Demonstration in der Verhandlung zu vermitteln, ist gut gemeint, lässt sich in der Praxis jedoch selbst von Experten kaum umsetzen.

Das Harvard-Konzept ermuntert die Parteien grundsätzlich, ihre wah- **62** ren Interessen offen zu legen. Dieses Vorgehen kann zu innovativen Einigungen führen, die als „win-win"– Lösungen beide Seiten zufrieden stellen. Doch dies ist nur die eine Seite der Medaille: Mit der Offenlegung eines bisher verschwiegenen Interesses geht die Gefahr einher, dass die Gegenseite diese neue Information einseitig zum eigenen Vorteil nutzt. Im Beispiel des illiquiden Käufers führt das Eingeständnis eines Zahlungsengpasses nicht unbedingt zur erhofften Gewährung von Ratenzahlungen. Statt dessen mag der Verkäufer nun erst recht den Klageweg beschreiten, um rasch einen vollstreckungsfähigen Titel zu erhalten, zumal er ja nun weiß, dass an den vordergründig angeführten Mängelrügen nichts dran und der Prozesserfolg gewiss ist. Dieses Risiko besteht und lässt sich nicht bagatellisieren. Wer eine solche Übervorteilung fürchtet, wird deshalb doch wieder zum kompetitiven Verhandlungsmuster greifen. Hinzu kommt, dass die freimütige Darlegung von eigenen Interessen, so man sich derer überhaupt selbst bewusst ist, oft als peinlich empfunden wird. Wer räumt schon gerne ein, dass er wegen Geldmangels derzeit nicht zahlen kann und daher allein an der Schonung der Liquidität interessiert ist? Vor diesem Hintergrund vermeidet der Verhandler das Risiko, seine Interessenlage zu schildern. Er übersieht bei seiner Entscheidung gegen die Offenlegung von Interessen nur, dass er mit der Vermeidung des skizzierten Missbrauchsrisikos gleichzeitig die Chance verpasst, eine beiderseits nutzbringende Einigung auf der Basis mitgeteilter Interessen zu erzielen. Die notwendige und ergebnisoffene Abwägung zwischen Chance und Risiko findet nicht statt. Anders ausgedrückt: Die – ihrerseits risikobehaftete – Chance kooperativen Verhandelns wird nicht erkannt und geprüft.

Entgegen einer verbreiteten Fehlvorstellung unter seinen Anhängern ist **63** das Harvard-Modell auch nicht einfach zu handhaben. Viele Menschen fühlen sich überfordert, wenn sie zunächst eine Vielzahl unterschiedlicher Interessen ermitteln und dann gemeinsam mit dem Kontrahenten nach einer Lösung suchen sollen. Diese Aufgabenstellung ist komplex und nur durch eine strukturierte Verhandlungsführung zu bewältigen. Dazu sind detaillierte Kenntnisse der Verhandlungsführung und eine große Verhandlungsdisziplin erforderlich. Die intellektuellen Anforderungen an die Verhandlungspartner sind hoch. Im Vergleich dazu ist das gewohnte kompetitive Verhandeln strukturell viel einfacher, muss doch nur die eine, eigene Forderung verteidigt und die gegnerische Position argumentativ bekämpft werden. Auch nach einem bewusst kooperativen Verhandlungsbeginn fallen viele Teilnehmer daher intuitiv in kompetitive Verhandlungsmuster zurück, sobald sie auf Schwierigkeiten stoßen. Der Weg zurück fällt dann schwer. Denn wenn die Verhandlung bereits in vollem Gange ist, konzentrieren sich die nun emotional involvierten Parteien allein auf den Streitgegenstand und die Sachfragen. Auf eine überzogene Forderung wird nun doch wieder intuitiv mit dem stereotypen „Nein" reagiert, statt mit einem „Warum" die erneute Überleitung zur kooperativen Verhandlung zu versuchen. Die Parteien versäumen es so, Fragen einer effektiven Fortführung der Verhandlung zu thematisieren, also kurzzeitig auf eine Metaebene der Verhandlungsführung zu wechseln. Statt dessen lassen sie der Verhandlung unkontrolliert ihren Lauf. Das kooperative Verhandeln stößt hier an seine Grenzen. Die Mediation setzt an diesem Punkt an, indem sie den Parteien mit dem Mediator einen Verhandlungsmanager zur Seite stellt, der sich ganz auf die sinnvolle Strukturierung der Verhandlungen nach dem Harvard-Modell konzentriert.

V. Das „Verhandlungsdilemma"

64   Das „Verhandlungsdilemma", oft auch als „Gefangenendilemma" tituliert, bezeichnet ein Grundproblem von Verhandlungen, das seit Jahrzehnten auch die ökonomische Spieletheorie beschäftigt.[41] Entdeckt wurde das Problem von dem amerikanischen Mathematiker Nash, der dafür Jahre später nicht nur den Nobelpreis für Ökonomie erhielt, sondern auch von Hollywood in dem Film „A beautiful mind" porträtiert wurde. Das Problem wird in der Spieletheorie mit wissenschaftlicher Akribie untersucht, ohne dass man bis heute eine Lösung gefunden hat.[42] Das Verhandlungsdilemma zeigt, dass auch Streitparteien, die sich völlig vernünftig verhalten, ein gutes Verhandlungsergebnis verfehlen können.

1. Ausgangskonstellation

65   Die Ausgangskonstellation des Verhandlungsdilemmas/Gefangenendilemmas sei an zwei einfachen Beispielsfällen illustriert und dann erläutert. Zunächst das klassische Gefangenendilemma:

A und B werden nach dem Überfall auf ein Juweliergeschäft als mögliche Täter verhaftet, als sie versuchen, den erbeuteten Schmuck auf dem Flohmarkt zu verkaufen. Beide werden getrennt voneinander polizeilich verhört. Die Polizei kann eine Beteiligung von A und B an dem Raub nur bei einem Geständnis von mindestens einem Täter nachweisen. Bei einer Überführung drohen 10 Jahre Haft. Schweigen beide, können sie nur der Heh-

---

[41] Vgl. etwa *Eidenmüller*, in: Mediation für Juristen, S. 49 ff.
[42] *Dixit/Nalebuff*, Spieletheorie, S. 89 ff.

lerei an dem geraubten Schmuck überführt werden und kommen mit einem Jahr Freiheitsstrafe davon. Packt dagegen einer der Täter aus und kann der andere gerade deswegen überführt werden, profitiert er von der Kronzeugenregelung und geht straffrei aus, während der Komplize verurteilt wird. Legen beide ein Geständnis ab, entfällt die Kronzeugenregelung, aber die Strafe wird wegen kooperativen Verhaltens auf jeweils 9 Jahre gemindert.

A und B ist diese Konstellation bewusst. Sie müssen sich sofort entscheiden. Wie sollen sie ihr Aussageverhalten aus ihrer jeweiligen Sicht ausrichten und zu welchem Ergebnis wird das führen?

Die beiden Gangster erreichen das optimale Gesamtergebnis, wenn sie beide die Aussage verweigern. Die aufaddierte Gesamtstrafe beträgt dann lediglich zwei Jahre (jeweils ein Jahr für Hehlerei). Jede andere Kombination von Nichtaussage/Aussage führt mindestens zu einer Freiheitsstrafe von 10 Jahren (nur einer sagt aus), im schlimmsten Fall (beide legen ein Geständnis ab) sogar zu 18 Jahren. Diese Bewertung ändert sich aber dramatisch, wenn man die Aussagealternativen aus der individuellen Sicht eines Häftlings untersucht. Dessen Überlegungen lassen sich in folgendes Entscheidungsschema umsetzen:

Wenn A aussagt (+) oder schweigt (–), ist es für mich als B besser auszu- 66
sagen (+) oder zu schweigen (–), also gilt

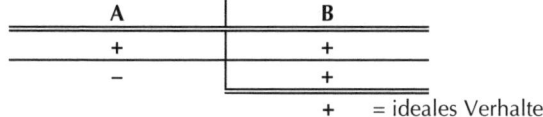

A	B
+	+
–	+

+ = ideales Verhalten

Der Grafik liegen folgende Überlegungen des Häftlings B zugrunde: „Es gibt zwei Möglichkeiten: Entweder mein Komplize A gesteht oder er schweigt. Im ersten Fall werde ich ohnehin überführt und zu 10 Jahren verurteilt, so dass ich mit meinem Geständnis wenigstens die Strafmilderung auf 9 Jahre erreiche. Im zweiten Fall, wo mein Komplize die Aussage verweigert, würde mir mein Geständnis über die Kronzeugenregelung völlige Straffreiheit bescheren. Egal wie sich mein Komplize verhält, ich fahre also immer besser mit einem Geständnis." Die logische Konsequenz dieses Gedankenganges ist also ein Geständnis. Spieletheoretisch bezeichnet man die logisch eindeutig vorgegebene Verhaltsweise als „dominante Strategie".[43] Wo liegt das Problem? In dem anderen Verhörzimmer denkt A ebenso, zieht die gleiche Schlussfolgerung und sagt ebenfalls aus. Im Ergebnis gestehen also beide, was insgesamt zum schlechtesten möglichen Ergebnis führt, nämlich einer addierten Gesamtstrafe von 18 Jahren, obwohl sich doch beide völlig vernünftig verhalten haben. Dieses paradoxe Ergebnis ist als das Gefangenendilemma bekannt.

---

[43] *Dixit/Nalebuff*, Spieletheorie, S. 60 f.

67   Das selbe Dilemma entsteht auch, wenn beide Seiten sich in Verhandlungen vorher ausdrücklich über ihr Verhalten verständigt haben. Ein Beispiel:

A braucht dringend ein Medikament für seinen reinrassigen Hund, der schon viele Preise gewonnen hat. Das Medikament besitzt nur der Apotheker B. Die Medizin ist lebensrettend und muss nur einmal verabreicht werden. Der Besitz und der Handel mit dem Medikament ist, da in Deutschland nicht zugelassen und kodeinhaltig, strafbar. Das Medikament wird so selten benötigt, dass B vor dem Verfallsdatum des Mittels vermutlich keinen anderen Käufer finden wird. Nach langen Verhandlungen einigen sich die Parteien: B ist zum Verkauf für einen Wucherpreis bereit, den er mit seinem strafrechtlichen Risiko rechtfertigt. Da der Handel mit dem Medikament verboten ist, soll der riskante Vertrag heimlich abgewickelt werden: Medikament und Geld werden jeweils in eine Plastiktüte gepackt, die dann von Mittelsmännern ohne die Möglichkeit einer sofortigen Kontrolle ausgetauscht werden. Danach sieht man sich nie wieder.
Welche theoretischen – nicht moralischen – Überlegungen stellen A und B hier hinsichtlich der Möglichkeit an, eine leere Plastiktüte von ihrem Verhandlungspartner zu erhalten? Wie beeinflusst das ihr eigenes Verhalten und das Gesamtergebnis?

68   A wird sich überlegen, dass er statt Bargeld besser nur altes Papier in seine Plastiktüte stopft. Denn sollte B ebenfalls eine leere Tüte überbringen, hat A wenigstens kein Geld verloren. Enthält die Tüte tatsächlich das Medikament, hat A es umsonst bekommen. Rational ist also die leere Tüte immer die beste Wahl. B denkt aus seiner Sicht ebenso: „Zahlt A, behalte ich das Medikament, kann nach einem weiteren Käufer suchen und habe trotzdem das Geld. Zahlt A nicht, habe ich mich wenigstens nicht betrügen lassen." Das Ergebnis ist der Tausch zweier leerer Plastiktüten, das an sich profitable Geschäft ist für beide gescheitert. Damit stirbt der Hund des A und das Medikament des B wird wahrscheinlich durch das Überschreiten des Verfallsdatums wertlos. Für beide ist das Resultat verheerend, obwohl sie sich doch rational verhalten hatten. Das Verhandlungsdilemma hat sich auch durch die vorausgegangenen Verhandlungen nicht verhindern lassen.

2. Die „Logikfalle"

69   Beide Fallbeispiele verdeutlichen die grundsätzliche Problematik: Subjektiv haben sich beide Seiten logisch richtig verhalten und doch ist gerade dadurch das Gesamtergebnis der Transaktion oder Verhandlung negativ ausgefallen, ein paradoxes Ergebnis. Die egoistische Verfolgung eigener Interessen, das Axiom freier Marktwirtschaft, verhindert also eine im beiderseitigen Interesse liegende Lösung. Gleichzeitig wird ein volkswirtschaftlicher Schaden angerichtet, da die sinnvolle Transaktion scheitert und Werte zerstört werden. Der vermeintlich direkte Weg, um die eigenen Interessen optimal zu befriedigen (geringe Strafhöhe, Medikament zum Nulltarif), führt schnurstracks ins Abseits. Gewinnbringende Resultate sind bisweilen nur über den Umweg einer Kooperation mit dem Gegner zu erreichen. Wie können die Kontrahenten dem geschilderten Dilemma entrinnen? Die Antwort liegt in den Begriffen Kommunikation und Vertrauen: Notwendig ist zunächst, dass sich die Parteien über ihr geplantes Verhalten verständigen, also in Verhandlungen darüber reden. Das war im „Gefangenendilemma" wegen der getrennt durchgeführten Verhöre unmöglich. Ohne Kommunikation gibt es keine Kooperation. Aber Kommunikation allein reicht nicht immer aus, selbst wenn die Verhandlung zu einer Absprache geführt hat. Das zeigt das zweite Beispiel: Für beide Seiten war es subjektiv sinnvoll, die Vereinbarung zu brechen und eine leere Tüte zu übergeben. Das optimale Ergebnis wird nur erreicht, wenn die Einhaltung der getroffenen Vereinbarung gewährleistet ist. In der Praxis geschieht dies oft durch die rechtliche Sanktion eines Vertragsbruches, also durch das Einklagen von Schadensersatz. Doch nicht immer lässt sich Verhalten durch die Drohung mit Sanktionen steuern – wie die Beispielsfälle zeigen. Die Verhaltenssteuerung kann dann nur durch das wechselseitige Vertrauen in die redliche Verhandlungsführung der Gegenseite erfolgen. Hätten sich die beiden Räuber und die beiden Tauschpartner jeweils geeinigt und auf die Einhaltung der getroffenen Absprache vertraut, wäre in beiden Beispielen ein optimales Ergebnis erzielt worden (jeweils nur ein Jahr Haft/Durchführung des Geschäfts gegen Zahlung). Dieses Ergebnis bleibt aus der subjektiven Sicht des einzelnen hinter dem optimalen Resultat (Straffreiheit/Medikament ohne Gegenleistung) zurück. Wie das Verhandlungsdilemma illustriert, ist dieses subjektiv optimale Ergebnis bei logischem Verhalten beider Seiten aber schlicht nicht erzielbar. Beide Seiten müssen sich mit der zweitbesten Lösung zufrieden geben, wenn sie ein Desaster vermeiden wollen. Damit wird die ehrliche Kooperation mit dem Gegenüber zur abschließenden, realistischen Verhandlungsempfehlung.

Bei der geforderten Kooperation verbleibt das Risiko, übervorteilt zu werden. Hält sich nur eine Seite nicht an die Absprache, erringt sie bei einer Einmaltransaktion Vorteile und fügt dem kooperationswilligen Gegenüber maximalen Schaden zu (Straffreiheit vs. 10 Jahre Haft). Das Risiko der Täuschung sinkt, wenn die Parteien – etwa aufgrund einer längerfristigen Lieferbeziehung – mehrere gleichartige Verhandlungen führen müssen, da sie nach einer Täuschungshandlung (Altpapier in der Plastiktüte) bei der nächsten Transaktion mit einer Vergeltungsmaßnahme der Gegenseite rechnen müssen (kein Medikament in der Tüte). Das Risiko konzentriert sich häufig auf den letzten Durchgang der Transaktionsreihe, da dort reziproke Maßnahmen nicht mehr befürchtet werden und das Denkmuster des Verhandlungsdilemmas (Maximierung des eigenen Vorteils durch verweigerte Kooperation) wieder aufbricht.[44] Das Risiko ist letztlich nicht auszuschalten. Es muss nur abgewogen werden gegen die Chance, bei einer Kooperation beider Seiten das insgesamt bestmögliche Ergebnis zu erzielen. Genau diese Abwägung unterbleibt aus psychologisch verständlicher Risikoscheu in vielen Fällen. Die Parteien können das Verhandlungsdilemma daher ohne Hilfe von außen kaum überwinden. Die Mediation versucht, diese Hilfestellung zu leisten. Sie ermöglicht Kommunikation dort, wo der Gesprächsfaden zwischen den Parteien zerrissen war. Und im Idealfall erzeugt die Mediation auch das Vertrauen, das für ein koordiniertes Herangehen an das Verhandlungsproblem erforderlich ist.

VI. Problem der Komplexität

72   Es ist einfach, kompetitiv zu verhandeln. Die Parteien verhandeln meist nur um einen einzigen Punkt. Dieser Punkt besteht regelmäßig in einer Geldforderung, also im Verlangen nach Schadensersatz oder einem vertraglichen Vergütungsanspruch. Soweit die Parteien neben der Geldforderung andere Punkte überhaupt diskutieren, spielen diese eine nachrangige Rolle. Es fällt verhältnismäßig leicht, eine Geldforderung mitzuteilen, sie mit zurechtgelegten Argumenten zu verteidigen um so schließlich über wechselseitige Konzessionen eine Einigung anzustreben. Dieser Verfahrensablauf stellt an den Intellekt, die Konzentrationsfähigkeit und die Entscheidungsstärke der Parteien keine großen Anforderungen. Die Parteien ignorieren durch dieses Verhandlungsmuster dabei aber die Komplexität des Verhandlungsgegenstandes und lassen Einigungschancen oftmals ungenutzt.

1. Beispiel

73   Kaum ein Konflikt ist so einfach strukturiert, wie er sich in dem geschilderten kompetitiven Verhandlungsablauf abbildet, in dem die Parteien nur um den Preis ringen. Ein einfaches Beispiel verdeutlicht das Problem: Die zu gleichen Teilen eingesetzten Erben eines Unternehmers mit einem großen Betrieb streiten bei der Teilung des Nachlasses vordergründig nur um ihr „gerechtes" Quorum. Tatsächlich aber geht es um deutlich mehr als um die gleichmäßige Aufteilung des Vermögens: Familienfrieden, Vermeidung betrieblicher Unruhe, die goldene Uhr des Vaters als Er-

---

[44] So beobachtet man bei Bauvorhaben immer wieder, dass die Streitigkeiten beim abschließenden Innenausbau entstehen. Bei den anfänglichen Bauleistungen (Aushub der Grube, Rohbau) wissen die Vertragspartner, dass sie während der gesamten Bauzeit miteinander auskommen müssen und riskieren deshalb kein unkooperatives Verhalten. Im letzten Bauabschnitt ändert sich diese Einschätzung häufig.

innerungsstück, Finanzierbarkeit von Erbauszahlungen, steueroptimierte Nachlassteilung, eigene Fortführung oder Verpachtung des Betriebes, die zukünftige Unternehmenspolitik, das mit einer ererbten Unternehmerstellung verbundene Sozialprestige, Begrenzung persönlicher Haftungsrisiken, das Ferienhaus in Davos, Angst vor Übervorteilung, finanzielle Alterssicherung der nicht erwerbstätigen Ehefrau des Erblassers, die weitere Nutzung des Wohnhauses.[45] Die Reihe denkbarer Einzelinteressen lässt sich beliebig fortführen. Die Erbauseinandersetzung erweist sich als ein höchst komplexer Verhandlungsgegenstand.

Diese Komplexität eines Verhandlungsgegenstandes erhöht an sich die **74** Chancen für eine Einigung. Im Beispielsfall mag der gerade mit dem Studium fertige Sohn A in der Betriebsfortführung die eigene berufliche Zukunft sehen, während die bereits wohlhabende ältere Schwester ohne jedes Interesse an dem Unternehmen mit dem einzigartigen Feriendomizil in den Alpen liebäugelt. Die Witwe/Mutter ist auf den ihr zukommenden Erbteil nicht angewiesen, solange nur sichergestellt ist, dass sie auf Lebenszeit in der gewohnten Umgebung bei finanzieller Absicherung leben kann. Sohn B schließlich benötigt sofort Geld für die Gründung eines Nobelrestaurants und kann mit „totem" Kapital nichts anfangen. Da die Erben die einzelnen Punkte, die in ihrer Gesamtheit die Komplexität des Erbfalles ausmachen, unterschiedlich bewerten und gewichten, können sie zum wechselseitigen Nutzen Tauschgeschäfte schließen.[46] Sohn A erhält das Unternehmen und übernimmt wegen des überproportionalen Erbteils den alleinigen Unterhalt für seine Mutter. Die Tochter erhält das Ferienhaus und eine stille Beteiligung am Unternehmen, während Sohn B das Festgeldguthaben für seine Existenzgründung ausgezahlt bekommt. Die Vielzahl der Verhandlungsthemen, die die Komplexität der Gesamtverhandlung begründet, ermöglicht Lösungen. Tatsächlich enden gerade komplexe Verhandlungen oft in einem Desaster: Im Bemühen um eine „faire" Teilung werden alle Erben gleichberechtigte Gesellschafter; das ausbrechende Hin und Her um die Unternehmensausrichtung führt zum Konkurs. Die anteilige Auszahlung des Barvermögens reicht nicht zur Gründung des Gourmettempels, der Familienfrieden zerbricht endgültig im Streit um die Nutzung des Ferienhauses während der Weihnachtsferien.

2. Komplexität organisieren statt reduzieren

Komplexe Verhandlungen scheitern, weil uns die Komplexität des Ver- **75** handlungsgegenstandes überfordert.[47] Wir wissen nicht, in welchem Verhältnis „Familienfrieden" gegen eine „Unternehmensbeteiligung" und die-

---

[45] Vgl. zu dieser Konfliktkonstellation auch unten § 5, Rdn. 10 ff.
[46] *Kapfer*, MittBayNot 2001, S. 558.
[47] *Haft*, Verhandeln und Mediation, S. 54 ff.

se wiederum gegen „Barauszahlung", „Sozialprestige" und „Haftungsrisiko" getauscht werden soll. Gleichzeitig sollen auch noch steuerliche Gesichtspunkte berücksichtigt werden. Komplexe Verhandlungen werden so schnell als unangenehm, risikobehaftet und als kaum zu bewältigen empfunden. Die Folge ist das Bemühen, Komplexität zu reduzieren. Dazu bündelt man viele Aspekte des Problems in einer einzelnen Position, die scheinbar die Fragestellung abstrahiert und so die gesamte Verhandlung vereinfacht. Jeder Erbe will – wie dies ja auch testamentarisch angeordnet war – die gleichberechtigte Aufteilung des Nachlasses. Als vertrauter Verteilungsmaßstab bietet sich eine am Geldwert orientierte Teilung an. Zu diesem Zweck werden die Nachlassgegenstände objektiv in Euro und Cent bewertet. Die betragsmäßige Erfassung ermöglicht dann die „faire", weil gleichmäßige Aufteilung. Die auf dieser Grundlage beginnende – kompetitive – Verhandlung ist leicht zu führen, von allen Parteien wird nur um numerische Werte gestritten und der Tauschmaßstab „Euro gegen Euro" schließt eine Übervorteilung aus. Die Verhandlungspartner bewegen sich auf vertrautem Terrain. Doch die Parteien erkaufen diese Vereinfachung der Verhandlung teuer, denn sie ignorieren im Bemühen um eine objektiv gerechte Teilung ihre subjektiv unterschiedliche Bewertung der einzelnen Punkte. Sohn B erhält durch seine Beteiligung am Unternehmen wertmäßig zwar mehr als bei einer Barauszahlung, kann sein Restaurant aber nicht gründen. Ihm entsteht so ein vermeidbarer Schaden. Spielräume für Wertschöpfung bleiben ungenutzt.

76 In Verhandlungen muss es daher darauf ankommen, Komplexität zu organisieren, statt sie zu reduzieren. Dazu müssen die Parteien die Komplexität der Problemstellung in einem ersten Schritt erkennen und akzeptieren. Nur so lässt sich die in der Komplexität liegende Chance realisieren, innovative und befriedigende Lösungen zu finden. Doch dieser Schritt fällt den Parteien schwer. Durch die Komplexität des Verhandlungsgegenstandes wird auch die Verhandlung selbst komplexer und schwieriger. Über den Kauf einer Luxusjacht lässt sich leichter verhandeln als über den Kauf eines ebenso teuren Unternehmens mit zahlreichen Tochtergesellschaften, Arbeitnehmern und Patenten. In komplexen Verhandlungen wächst die Gefahr, sich beim üblichen Austausch von Argumenten in unproduktive Einzeldiskussionen zu verlieren, was eine Einigung schließlich verhindern kann. Die Parteien können dieser Gefahr nur begegnen, wenn sie die Verhandlung vor Beginn der sachlichen Auseinandersetzung sinnvoll strukturieren und in einzelne Verhandlungsphasen unterteilen. Vor der Verhandlung um die Sache steht die Verhandlung über den Verhandlungsablauf.[48] In der Praxis geschieht dies selten, weil die Parteien auf eine

---

[48] *Haft*, Verhandeln und Mediation, S. 123 ff., spricht anschaulich davon, dass die Parteien Verhandlungsverträge schließen müssen.

rasche Lösung drängen und deshalb sofort Sachfragen erörtern wollen. Selbst in komplexen Verhandlungen vermisst man oft einfachste Struktur-vorgaben wie etwa eine Verhandlungsagenda. Es fehlt zudem an theoreti-schen Kenntnissen, wie man eine Verhandlung sinnvoll strukturiert. Also wird einfach drauf los verhandelt. Aus der Chance der Komplexität wird das Problem der Komplexität.

VII. Das Transparenzproblem

Verhandlungen scheitern oft deshalb, weil der Sachverhalt für die Par-   77
teien nicht transparent ist und der zur Klärung des Sachverhalts notwen-dige Wissenstransfer zwischen den Parteien unterbleibt.

1. Informationsvermittlung und Wissenstransfer

Verhandlungen finden immer mit dem Ziel statt, ein Problem zu lösen.   78
In einer streitigen Verhandlung besteht das Problem darin, einen ausge-brochenen Konflikt beizulegen. In anderen Verhandlungen ist das Problem durch eine zu treffende Entscheidung definiert, etwa die Ausrichtung der zukünftigen Geschäftspolitik oder den Abschluss eines Vertrags als Grundlage weiterer Zusammenarbeit. Verhandlungen, und damit der ver-handlungsimmanente Informationsaustausch, führen dabei potentiell zu einer besseren Problemlösung als die isolierte Entscheidung eines einzel-nen. Der Grund für die qualitativ bessere Entscheidung liegt darin, dass in einer Verhandlung Menschen zusammenkommen, die differenzierte Informationen über das Problem besitzen und ein unterschiedliches Erfah-rungswissen in die Lösungssuche einbringen können. Die Summe der vor-handenen Informationen ist größer als die individuelle Sachverhaltskennt-nis des Einzelnen. Zumindest bei konsensorientierten Verhandlungen, bei denen die Parteien ein gemeinsames Ziel verfolgen, wie etwa bei der Frage der Einschätzung der Marktlage des Unternehmens, ermöglicht die voll-ständige Offenlegung aller Informationen, eine informiertere und damit bessere Entscheidung der Teilnehmer. Die Problemlösung wird auch durch genutztes Erfahrungswissen der Teilnehmer verbessert, das den Sachver-halt aus verschiedenen Blickwinkeln beurteilt. Der Ingenieur weiß, was technisch realisierbar ist, der Jurist kennt den rechtlich zulässigen Rah-men, der Betriebswirt weiß um die Finanzierbarkeit und der Steuerbera-ter hat Ahnung von den steuerlichen Auswirkungen der angedachten Problemlösung. Das Verhandlungsergebnis verbessert sich, wenn das ver-sammelte Wissen für die Problemlösung nutzbar gemacht wird. Dazu muss es den Teilnehmern gelingen, ihr spezifisches Fachwissen den ande-ren Parteien zu vermitteln, damit diese es in ihre Entscheidung für die eine

oder andere Handlungsalternative einfließen lassen können. Informationsvermittlung und Wissenstransfer bestimmen so den Erfolg einer Verhandlung.

79   In der Praxis scheitern Verhandlungen oft daran, dass die Parteien nicht alle entscheidungsrelevanten Informationen offenlegen. Diese fehlende Transparenz des Sachverhalts führt dazu, dass die Verhandlungspartner ihrer abschließenden Entscheidung nur die Fakten zugrunde legen, die sie persönlich wahrgenommen haben. Wenn kein Transfer des Fachwissens stattfindet, können sie diesen Sachverhaltsausschnitt nur auf der Grundlage ihres begrenzten eigenen Know-hows beurteilen. So mag ein Unternehmer eine angebotene Brutto-Vergleichszahlung als unzureichend ablehnen, weil er nicht erkennt, dass der Nettoertrag bei einer geschickten steuerlichen Gestaltung oberhalb seiner Vergleichsvorstellung liegt. Derartige, vor einem begrenzten Beurteilungshorizont getroffene Einzelentscheidungen führen zu einer Gesamtlösung, die das beste Ergebnis verfehlt. Schlimmer noch: Die Einzelentscheidungen können zu einem Konflikt führen, den es bei vollständiger Transparenz gar nicht geben würde. Das folgende Beispiel verdeutlicht, wie eine fehlende Transparenz des Sachverhalts und ein ausbleibender Wissenstransfer zu fehlerhaften Entscheidungen führen können.

2. Beispiel: „Hat Allegro eine Zukunft?"

80   Die vier Unternehmer Dur, Moll, Bariton und Tenor haben in Frankreich den Musikverlag „Allegro" als Joint Venture gegründet, der sich mit dem Vertrieb deutscher Volksmusik in Frankreich und französischer Chansons in Deutschland befasst. Hintergrund für das Vorhaben war, dass jeder Gesellschafter ein spezifisches Know-how in das gemeinsame Unternehmen einbringen konnte: Moll und Dur kennen sich mit deutscher Volksmusik bzw. mit französischen Chansons aus und haben jeweils namhafte Künstler unter Vertrag. Bariton verfügt über ein Vertriebsnetz von Schallplattenläden in Frankreich, während Tenor in allen größeren deutschen Städten Musikgeschäfte betreibt. Die Unternehmer versprachen sich aufgrund der absehbaren Synergieeffekte viel von der Zusammenarbeit. Das Geschäft läuft aber überraschend schlecht. Nach zwei verlustreichen Jahren treffen sich die vier Gesellschafter zu einer Krisensitzung. Einziger Tagesordnungspunkt ist das Problem, ob Allegro fortgeführt werden soll. Dur, Moll, Bariton und Tenor haben sich auf dieses Treffen gewissenhaft vorbereitet. Jeder für sich hat die Zahlen ausgewertet und die Argumente zusammengetragen, die aus seiner Sicht und branchenspezifischen Erfahrung der Entscheidung zugrunde gelegt werden sollten. Für Lösung A, die Fortführung des Musikverlages, sprechen insgesamt drei einleuchtende Argumente (A1, A2 und A3). Für die Lösung B, die Auf-

gabe des Joint Ventures, lassen sich vier gute Gründe finden (B1, B2, B3 und B4). Alle Argumente haben das gleiche Gewicht. Da die Geschäftsaussichten somit insgesamt negativ zu beurteilen sind (A1, A2, A3 < B1, B2, B3, B4), wäre die Beendigung des Projekts die rational richtige Entscheidung. Wenn jeder Gesellschafter diese Punkte in ihrer Gesamtheit kennen würde, wäre die Lösung schnell gefunden, ohne dass ein Streit entstünde. Wegen der unterschiedlichen Branchenerfahrung ist es aber keinem der Gesellschafter gelungen, alle bestehenden Argumente zusammenzutragen. Vielmehr hat jeder nur einzelne Aspekte ermittelt, so dass sich zu Beginn der Gesellschafterversammlung folgende Informationsverteilung ergibt:

Dur	A1, A2, B1
Moll	A1, A2, A3, B2, B3
Bariton	A1, A3, B2
Tenor	A3, B2, B3, B4

In ihrer Gesamtheit kennen die Gesellschafter alle möglichen Argumen- **81** te. Bei einer optimalen Verhandlung müssten sie daher zur richtigen Entscheidung gelangen und das Projekt Allegro beenden. Tatsächlich diskutieren die Geschäftsführer nur kurz und stimmen dann ab: Bei Dur, Moll und Bariton überwiegen die positiven Argumente, so dass sie für eine Fortführung stimmen. Nur Tenor wendet sich dagegen, da er überwiegend negative Aspekte gefunden hat. Tenor wird überstimmt und verlässt daraufhin verärgert die Runde. Die objektiv falsche Entscheidung ist gefallen.[49] Zu allem Überfluss taucht jetzt noch das zusätzliche Problem der zerstrittenen Gesellschafter auf.

Auch wenn sich die vier Unternehmer mehr Mühe geben und in ei- **82** ner Verhandlung die von ihnen vertretene Position erläutern, ist das bessere Ergebnis nicht garantiert. Entscheidend ist das Argument B4, das nur Tenor herausgefunden hat. Tenor begründet seine ablehnende Haltung aber zunächst nur mit den Argumenten B2 und B3, die den in seinen Augen einzig positiven Aspekt A3 bereits überwiegen. Damit ist B4 vermeintlich irrelevant und bleibt daher ungenannt. Nur wenn Tenor dazu veranlasst wird, sich vollständig zu erklären, liegen alle relevanten Argumente auf dem Tisch und sind als Informationen jedem der Verhandlungsteilnehmer zugänglich (Informationsvermittlung). Das genügt aber noch nicht. Alle gefundenen Argumente müssen vielmehr so nachvollziehbar dargestellt werden, dass jeder der Teilnehmer jedes Argument trotz fehlender einschlägiger Branchenerfahrung inhaltlich versteht (Wissenstrans-

---

[49] Variiert man den Ausgangsfall dahingehend, dass Tenor über die Informationen A1, A2 und B 4 verfügt, führt die Abstimmung sogar zu einem einstimmigen und doch inhaltlich falschen Ergebnis.

fer). Wenn jeder der Gesprächspartner nun auch die nicht selbst entdeckten Punkte in seine Entscheidung einstellt, ist das Ergebnis eindeutig: Vier Contra-Argumente geben gegen nur drei Pro-Argumente den Ausschlag. Allegro wird eingestellt. Die Entscheidung ist inhaltlich richtig und die Liquidation von Allegro erfolgt in ungetrübter Übereinstimmung der Unternehmer, die daraufhin bald ein neues Projekt in Angriff nehmen.

3. Gründe für das Transparenzdefizit

83   Warum entsteht das Transparenzdefizit, das optimale Verhandlungsergebnisse verhindert und Verhandlungen scheitern lässt? In streitigen Verhandlungen taktieren die Parteien. Sie glauben, die Offenlegung einer Information würde der eigenen Verhandlungsposition schaden. Oft stimmt das auch. In einer Auseinandersetzung um einen Verkehrsunfall ist sicher das Eingeständnis, zu schnell gefahren zu sein, nachteilig und wird daher verschwiegen. Diese Sichtweise kann sich ändern, wenn auch die Gegenseite zur Offenheit bereit ist und im Gegenzug einräumt, der entstandene Schaden sei nur halb so hoch wie angegeben. Der Austausch dieser Informationen ermöglicht eine rasche Einigung, die vorher unmöglich schien. Während die einseitige Offenheit der eigenen Verhandlungsposition schadet, nützt die Kooperation der Parteien, um die vollständige Klärung des streitgegenständlichen Sachverhalts herbeizuführen. Oft irren die Parteien zudem, wenn sie einen Aspekt als nachteilig verschweigen, weil sie die Reaktion der Gegenseite falsch einschätzen. Wer Liquiditätsprobleme bei der Zahlung einer Rechnung einräumt, wird nicht unbedingt sofort verklagt, sondern kann auch auf Stundung hoffen, wenn die Gegenseite die Mühen eines Gerichtsprozesses mit anschließender Vollstreckung des Urteils scheut. Ein Transparenzdefizit entsteht oft auch deshalb, weil eine Partei fälschlich annimmt, der Verhandlungspartner verfüge bereits über eine bestimmte Information. Schlechtes Zuhören ist eine weitere Ursache des Transparenzdefizits. In streitigen Verhandlungen teilt ein Verhandlungspartner eine Information in der Einkleidung eines Arguments mit, doch wird die Information von der emotional aufgeladenen Gegenseite nicht zur Kenntnis genommen und in die eigene Abwägung eingestellt. Auch die fehlende sprachliche Ausdrucksfähigkeit der Verhandlungsteilnehmer ist ein Problem: Der Ingenieur kann seine Bedenken gegen die technische Realisierbarkeit des Projektes nicht anschaulich machen und das Juristenlatein des Anwalts bleibt unverständlich. Die Kommunikationsdefizite führen dazu, dass jeder nur seine eigenen Informationen und die eigene fachliche Kompetenz in die Abwägung über das Für und Wider einer Verhandlungslösung einstellt. Wenn das Verhandlungsproblem so intransparent bleibt, ist die Gefahr einer Fehlentscheidung groß.

VIII. Andere Einigungshindernisse

Neben der Struktur kompetitiver Verhandlungen, dem klassischen Ver- **84** handlungsdilemma, der unbewältigten Komplexität und dem Transparenzproblem gibt es weitere typische Einigungshindernisse, die Verhandlungen scheitern lassen.

1. Überoptimistische Einschätzung

Parteien, die sich streiten, sehen sich selbst im Recht und die Gegenseite **85** im Unrecht. Wenn man Kläger und Beklagten vor der Tür des Gerichtssaals fragt, wie sie ihre Erfolgschancen prozentual beurteilen, ergibt die Addition der genannten Prozentzahlen immer über 100 Prozent. Mindest eine Partei schätzt ihre Prozessaussichten also zu optimistisch ein. Diese überoptimistische Einschätzung stellt oft das entscheidende Einigungshindernis dar. Eigentlich, so möchte man meinen, dürfte es dieses Phänomen gar nicht geben. Wenn das Recht für jeden Streitfall tatsächlich nur eine richtige Lösung bereit hielte, müssten die kompetenten Anwälte der Parteien die Rechtslage an sich erkennen. Die Anwälte würden ihre Mandanten gleichlautend über die Erfolgsaussichten informieren und die Parteien könnten sich rasch unter Übernahme der Einschätzung ihrer Anwälte vergleichen. Doch das ist graue Theorie.

Warum sieht die Realität anders aus? Weil Menschen häufig glauben, **86** schlauer zu sein, als sie wirklich sind. Und weil sie glauben, mehr zu können, als sie tatsächlich tun. Legt man etwa einer Gruppe von Versuchspersonen einen Fragenkatalog mit mittleren bis schweren Fragen vor und fragt anschließend nach einer Selbsteinschätzung, zeigen die Antworten eine systematische Selbstüberschätzung: Von den Personen, die eine Frage zu 100% richtig beantwortet zu haben glaubten, lagen nur 80% richtig. Und von den Personen, die eine 90% Sicherheit angaben, liegen tatsächlich nur 60–70% wirklich richtig.[50] Die Beurteilung eigener Fähigkeiten ist leider nicht treffsicherer: Zwischen 60 – 90% der deutschen Autofahrer glauben, dass sie besser als der Durchschnitt fahren.[51] Der Durchschnitt liegt aber nun einmal bei 50%.

Die symptomatische Selbstüberschätzung hat psychologische Ursachen. **87** Menschen hassen das Gefühl, keine Kontrolle über eine Situation zu haben. Um die Kontrolle über eine komplexe Situation zu gewinnen, sprechen sie sich daher schnell die Kompetenzen zu, die sie für eine solche Kontrolle benötigen. Diese Selbstüberschätzung bewirkt eine Kontroll-

---

[50] *Stotz/von Nietsch,* ZBB 2003, S. 106 (107) mit zahlreichen Nachweisen.
[51] *Stotz/von Nitzsch,* ZBB 2003, S. 106 (107) m.w.N.

illusion, schon ist das unangenehme Gefühl der Unsicherheit verschwunden. Plastisch wird auch dieses psychologische Phänomen an einem Experiment: Eine Gruppe von Versuchspersonen zieht Lotterielose; die Mitglieder der Vergleichsgruppe bekommen die Lose ausgehändigt. Anschließend werden alle Teilnehmer gefragt, für welchen Preis sie ihr Los verkaufen würden. Diejenigen, die ihr Los selbst gezogen haben, verlangen durchschnittlich einen deutlich höheren Preis.[52] Diese Teilnehmer suggerieren sich also, durch den Vorgang des Ziehens ihre Gewinnchancen kontrolliert gesteigert zu haben, ein typisches Beispiel für Kontrollillusion.

88   In Konfliktsituationen führt die Selbstüberschätzung von Kenntnissen und Fertigkeiten dazu, dass jeder Kontrahent den Konflikt zunächst selbst aus seiner Sicht bewertet. Diese Bewertung hält er für richtig, hat er sich doch zuvor die notwendige Bewertungskompetenz selbst zugesprochen. Die Eigenanalyse führt regelmäßig zu einer positiven Gesamtbewertung des Konflikts, da sich niemand gerne Probleme eingesteht. Man redet sich die Situation schlicht schön. Bedauerlich ist nur, dass der Kontrahent ebenso eine Eigenanalyse des Konflikts vornimmt und – wen wundert es noch – zu einem entgegengesetzten Ergebnis gelangt. Die Diskrepanz in den Konfliktwahrnehmungen führt dazu, dass es einen Vergleichsspielraum nicht gibt. Wenn die Streitpartei dann tatsächlich Beurteilungskompetenz hinzugewinnt, etwa durch die Einschaltung von sachkundigen Anwälten, ist es für eine Korrektur der eingenommenen Position häufig zu spät. Die Ursache dafür liegt in dem nachfolgend geschilderten Phänomen der kognitiven Dissonanz.

2. Kognitive Dissonanz

89   Konfliktparteien bilden sich bei Beginn der Auseinandersetzung eine erste Einschätzung darüber, wie der Streit zu beurteilen ist und wie eine faire Lösung aussehen müsste. Psychologische Studien haben ergeben, dass der Mensch intuitiv dazu neigt, ein einmal gemachtes Bild von der Welt aufrechtzuerhalten und zu verteidigen.[53] In der Folgezeit fällt es ihm schwer, Informationen und Beurteilungen, die sich mit diesem Bild nicht decken, als richtig zu akzeptieren. Solche Daten werden unwillkürlich aus der Betrachtung ausgeblendet. Durch den eigenen Wahrnehmungsfilter werden nur noch die Informationen gelassen, die die eigene Auffassung bestätigen. Für Konfliktparteien bedeutet dies, dass sie den Konflikt selektiv wahrnehmen. Sie glauben deshalb fest daran, dass sich jeder neutrale Dritte – etwa ein Richter – ihrer Beurteilung anschließen wird. Konsequent vertrauen sie in die Durchsetzbarkeit der eigenen Position und ma-

---

[52] *Stotz/von Nitzsch*, ZBB 2003, S. 106 (107) m.w.N.
[53] *Duve*, Mediation und Vergleich im Prozess, S. 142 ff.

chen sich nicht die Mühe, ihren Blickwinkel zu verbreitern, indem sie den Konflikt aus den Augen der Gegenseite oder einer dritten Partei sehen. Psychologen haben dieses Phänomen, das nicht auf berechnende Absichten der Parteien, sondern auf intuitives Verhalten zurückgeht, „Kognitive Dissonanz" getauft.

Ein gutes Beispiel für Kognitive Dissonanz ist das Verhalten von Anle- **90** gern bei fallenden Börsenkursen. Der Anleger hat seine Kaufentscheidung nach einer eingehenden Analyse getroffen. Er ist zu dem Ergebnis gelangt, dass die Aktie unterbewertet ist. Wer einmal diese Kaufentscheidung getroffen hat, leidet unter einer schlechten Kursentwicklung nicht nur deshalb, weil er Geld verliert, sondern weil er sich offensichtlich falsch entschieden hat. Um diese psychologischen Kosten seines Engagements zu reduzieren, passt der Anleger die wahrgenommene Realität des Kursverfalls seiner Weltsicht an. Die Aktie ist danach weiterhin den Kaufpreis wert, der Kursfall ist nur vorübergehend. Der Markt irrt, nicht der Anleger. Der Anleger beseitigt so die Diskrepanz zwischen der Realität und der eigenen Entscheidung. Ganz ähnlich verhält sich eine Partei beim Ausbruch eines Konflikts. Sie misst dem Konflikt einen bestimmten „Kurswert" zu, indem sie den Ausgang des Konflikts prognostiziert. Auf diese Weise wird in Geldstreitigkeiten die Vergleichsbereitschaft in Form einer bestimmten Geldsumme definiert, die man mindestens erhalten oder höchstens bezahlen möchte. Den so errechneten „Kurswert" des Konfliktes verteidigt man dann wie der Aktienkäufer gegen alle rationalen Argumente von außen. Oft zeigt erst das richterliche Urteil auf, wie weit die subjektive Wahrnehmung von der Realität entfernt war.

3. Reaktive Abwertung

Hand in Hand mit der überoptimistischen Selbsteinschätzung geht eine **91** reaktive Abwertung der Vorschläge und Argumente einher, die vom Kontrahenten stammen. Der Begriff der reaktiven Abwertung signalisiert, dass die Abwertung nicht nach einer inhaltlichen Prüfung des Arguments oder Vorschlags erfolgt, sondern allein eine Reaktion darauf ist, dass der Vorschlag von der Gegenseite kommt. In Verhandlungen prägt also die Person des Vorschlagenden die Beurteilung des Vorschlags. Die verhandlungspsychologische Motivation dieses Verhaltens ist relativ einfach zu erklären. Die Partei denkt intuitiv etwa Folgendes: „Mit der Gegenseite liege ich im Streit. Da ich Recht habe, hat die Gegenseite notwendigerweise Unrecht. Mit ihren Argumenten und Vorschlägen will die Gegenseite ihre eigene Position durchsetzen. Was aber im Interesse meines Kontrahenten liegt, kann unmöglich in meinem Interesse liegen. Deshalb ist es richtig, wenn ich allem, was meine Kontrahenten sagen, mit größter Skepsis begegne oder es gar nicht erst zur Kenntnis nehme."

92   Rational ist dieses Verhalten nicht. Eine Partei kann nur gewinnen, wenn sie den Informationsgehalt einer Aussage ihres Kontrahenten nüchtern analysiert. Ablehnen kann sie den Vorschlag oder das Argument auch noch nach einer solchen Prüfung. Aber so funktioniert unser Denken nun einmal nicht. Die Folge dieser reaktiven Abwertung ist, dass die Parteien auch an sich konsensfähige Argumente und Vorschläge nicht diskutieren und für eine Einigung fruchtbar machen. Verhandlungssimulationen haben gezeigt, dass ein identischer Vorschlag von einer Partei angenommen oder abgelehnt wird, abhängig davon, wer diesen Vorschlag unterbreitet hat. Für Prozessanwälte ist dies eine alte Erfahrung, wie folgendes Beispiel illustriert: Der verklagte Mandant äußert im Beratungsgespräch die Hoffnung, den Rechtsstreit durch eine vergleichsweise Zahlung von € 10.000 beizulegen. Am Folgetag meldet sich ein Anwaltskollege, der die Gegenseite vertritt, und unterbreitet einen Vergleichsvorschlag über genau diese Summe. Statt sich über die gewünschte Einigung zu freuen, lehnt der Mandant ab, denn „wenn es für den Kläger ein guter Vergleich ist, kann er nicht auch gut für mich sein. Offenbar weiß der Kläger etwas, was ich nicht weiß." Gelingt es dem eigenen Anwalt dagegen, den Vergleichsbetrag von € 10.000 durchzusetzen, ist die Einigung auf dieser Grundlage ohne weiteres akzeptabel. Wenn der entsprechende Vergleichsvorschlag von einem Dritten, etwa dem Richter, kommt, wird die Einigung fast wie ein Prozesssieg gefeiert, hat sich doch der neutrale Dritte der eigenen Einschätzung von einer „fairen" Lösung angeschlossen. In Verhandlungen ist es daher sinnvoll, eigene Einigungsvorschläge so zu lancieren, dass die Gegenseite sie als eigene oder gemeinsam entwickelte Idee begreift. Reaktive Abwertungen sinnvoller Vorschläge werden dann vermieden.

4. Informationsdefizit und Interessendivergenz des Parteivertreters

93   Viele Verhandlungen werden nicht von den Streitparteien selbst, sondern von ihren Vertretern geführt. Werden juristische Personen, wie eine GmbH oder Aktiengesellschaft, in eine Auseinandersetzung verwickelt, ist eine Vertretung durch den Geschäftsführer oder den Vorstand unumgänglich. In größeren Rechtsstreitigkeiten ist es üblich, dass bereits die Vergleichsverhandlungen vor Klageerhebung von Rechtsanwälten geführt werden, die ihre Mandanten vertreten. Die fehlende Identität zwischen Partei und Verhandlungsführer ist für den Verhandlungserfolg gefährlich, wie die folgenden Ausführungen zeigen.

94   Der Repräsentant einer Partei kennt deren Interessenlage oft nicht gut genug, um sie in eine Verhandlung einzubringen. Diese Unkenntnis kann verschiedene Ursachen haben. Zum einen instruiert eine Partei ihren Vertreter oft nicht vollständig, weil sie eine bestimmte Information als unwichtig einstuft. Wird dieser Punkt in der Verhandlung überraschend doch relevant, ist die betroffene Partei nicht anwesend und kann die unterbliebene Instruktion nicht nachholen. Ähnliches gilt, wenn die Partei ihren Vertreter ungenau informiert oder dieser die Information falsch verstanden hat. Eine Korrektur der Fehlvorstellung ist in der Verhandlung zwischen den Parteivertretern fast immer unmöglich. Gar nicht selten kommt es schließlich vor, dass eine Partei ihrem Vertreter bewusst etwas verschweigt. Das verklagte Unternehmen sagt dem eigenen Anwalt ungern, dass es die geltend gemachte Forderung allein wegen Liquiditätsproblemen bestreitet. Das Unternehmen fürchtet, dass sich der Anwalt bei diesem Hintergrundwissen weniger engagiert und vor allem um die Sicherstellung des eigenen Honorars besorgt sein wird. Das so entstehende Informationsdefizit des Vertreters kann in den Verhandlungen eine Einigung vereiteln, die die Partei ohne weiteres akzeptiert hätte. So mag der Anwalt in unserem Beispiel den Einigungsvorschlag der Gegenseite ablehnen, die vollständige Zahlung ratenweise zu erbringen, weil er glaubt, für seine Mandantin sei so nichts gewonnen.

Ein zweites, praktisch noch ungleich größeres Problem liegt darin, dass **95** der Repräsentant einer Partei in den Verhandlungen regelmäßig auch eigene Interessen verfolgt. Diese Interessen können in einem Spannungsverhältnis zu den Interessen seiner Partei geraten.[54] Ein Anwalt, der nach Stundenaufwand abrechnet, könnte ein Interesse daran haben, die Verhandlungen in die Länge zu ziehen, während sein auf Basis der Rechtsanwaltsgebührenordnung entlohnter Kollege die Zusatzgebühr des § 23 BRAGO im Auge haben mag, die nur bei einem Vergleichsabschluss anfällt.[55] Ein Prokurist, der seinen Arbeitgeber in Schadensersatzverhandlungen vertritt, lehnt vielleicht einen günstigen Vergleichsvorschlag ab, weil er selbst für den Schaden verantwortlich ist und in der Einigung nicht ganz zu Unrecht einen Beweis für zurückliegendes eigenes Fehlverhalten sieht. Für den Prokuristen ist es subjektiv vorteilhafter, wenn ein Richter Jahre später ein Urteil fällt. Denn dann ist längst Gras über die Sache gewachsen und das „offenkundige Fehlurteil" ist eine bequeme Entschuldigung für den ungünstigen Prozessausgang. Die Beispiele zeigen, welchen Einfluss die subjektiven Interessen der Parteivertreter auf den Verhandlungsausgang haben können. Es ist irrelevant, ob diese Interessen bewusst verfolgt werden oder nur unterschwellig im Raum stehen. Die Divergenz zwischen den Parteiinteressen und den Interessen des Parteivertreters stellt ein typisches Einigungshindernis dar.

---

[54] Anschaulich dazu: *Mnookin/Peppet/Tulumello*, Beyond Winning, S. 69 ff.
[55] Derartig missbilligenswerte Motive sind natürlich selten, illustrieren hier aber, worum es geht. Es genügt im Übrigen, wenn die Motive eine unterschwellige Rolle spielen, dem Anwalt bei der Entscheidung für das eine oder andere Vorgehen also gar nicht so bewusst sind, immerhin aber im Raum stehen.

IX. Schlussfolgerungen: Mediation und Verhandeln

96   Was ist nun der zu Beginn dieses Kapitels angesprochene enge Zusammenhang zwischen der Verhandlungsforschung und der Wirtschaftsmediation? Nun, der Mediator hat die Aufgabe, die skizzierten Erkenntnisse der Verhandlungsforschung in das Mediationsverfahren umzusetzen. Der Mediator gewährleistet durch seine Verfahrensleitung, dass die Konfliktparteien effektiv miteinander verhandeln und die angesprochenen Verhandlungsfallen vermeiden. Die Bedeutung der Verhandlungsforschung für die Mediation wird sich in der anschließenden Erörterung von Mediationstechniken immer wieder zeigen und so deutlicher werden. Bereits ein kursorischer Überblick gibt jedoch Aufschluss darüber, wie sich der Mediator Erkenntnisse der Verhandlungsforschung zunutze macht, um den Parteien die Suche nach einer Einigung zu erleichtern.

97   Die Parteien kommen mit einem kompetitiven Verhandlungsansatz in die Wirtschaftsmediation. Der Mediator kennt die strukturellen Probleme dieser Verhandlungsstrategie. Unter Verwendung dieser Strategie sind die bilateralen Gespräche der Parteien gescheitert. Es ist unwahrscheinlich, dass allein die Anwesenheit des Mediators nun plötzlich eine Einigung ermöglicht, wenn es bei dem alten Verhandlungsmuster bleibt. Der Mediator versucht daher, die Parteien zu einer Verhandlung auf der Grundlage des Harvard Konzeptes zu bewegen. Dieses Konzept ist dem klassischen kompetitiven Verhandeln in vielen Fallkonstellationen überlegen. Der Mediator trägt dafür Sorge, dass die Parteien auf diese Weise problemzentriert verhandeln. Die Expertise des Mediators in der Verhandlungsführung ermöglicht es, die skizzierten Probleme in der praktischen Anwendung des Harvard Konzepts zu vermeiden. Der Mediator kennt die einzelnen Schritte des kooperativen Verhandelns und kann diese als Verhandlungskonzept vorschlagen und platzieren. Da der Mediator als neutraler Dritter keine eigenen Interessen verfolgt, werden die Parteien seiner Verhandlungsleitung eher vertrauen, als dem von einer Seite gemachten Vorschlag, doch kooperativ zu verhandeln.

98   Weil der Mediator keine Entscheidungsverantwortung hinsichtlich der Sachfragen hat, kann er sich auf Verfahrensfragen konzentrieren. Er wacht darüber, dass die Teilnehmer nicht wegen ihrer emotionalen Verwicklung in den Konflikt wieder ins kompetitive Verhandeln und einen unproduktiven Austausch von Anschuldigungen abgleiten. Der Mediator zeigt den Parteien, dass dem Risiko, brisante Informationen zu offenbaren, auch die Chance gegenübersteht, gerade wegen dieser Offenheit eine Einigung zu erreichen. Durch seine Verhandlungsleitung kann er jedenfalls in Grenzen gewährleisten, dass der Informationsaustausch zwischen den Teilnehmern ausgeglichen ist. Je größer das Vertrauen der Teilnehmer in die Kompetenz und Integrität des Mediators ist, desto eher wird es ihm gelingen, den Verhandlungsablauf im Sinne des Harvard Konzeptes zu gestalten und effektiv zu steuern.

Der Mediator nimmt Einfluss darauf, dass die anderen Kernelemente **99** des Harvard Konzeptes umgesetzt werden. In bilateralen Verhandlungen nehmen Emotionen und die persönlichen Beziehungen zwischen den Teilnehmern oft dermaßen überhand, dass darüber das Sachproblem vergessen wird. Die vom kooperativen Verhandlungsmodell geforderte Trennung von Person und Problem ist dann unmöglich. Der Mediator steuert hier schon durch seine Anwesenheit gegen, weil den Parteien jedenfalls ein aggressives Ausleben ihrer Emotionen in Anwesenheit eines unbeteiligten Dritten peinlich ist. Die Trennung von Person und Problem erleichtert der Mediator dadurch, dass er die Kommunikation jedenfalls in den ersten Mediationsphasen über sich steuert, also selbst Adressat der Parteiaussagen ist. Auf der anderen Seite thematisiert der Mediator Emotionen, um dahinter steckende Einigungshindernisse aufzudecken. Der Mediator nimmt damit eine Funktion als „Verhandlungscoach" wahr. Er kann den Parteien Vorschläge machen, wie sie ihre Verhandlung noch effektiver gestalten können. In Verteilungskämpfen rät er den Parteien, sich schrittweise einer Einigung zu nähern, indem sie zunächst einen neutralen Entscheidungsmaßstab suchen, bevor sie über die Aufteilung des Streitgegenstandes verhandeln. Wenn sich die Parteien vorschnell auf die „drittbeste" Lösung einigen, hilft oft schon die prüfende Frage, ob es nicht noch bessere Alternativen gibt, um die im Grundsatz feststehende Einigung qualitativ weiter aufzuwerten.

Das Mediationsverfahren kann auch das Verhandlungsdilemma ver- **100** meiden. Wie oben geschildert, besteht das Verhandlungsdilemma darin, dass die Parteien nur über eine Kooperation das insgesamt bestmögliche Ergebnis und die größte Wertschöpfung erzielen können. Allerdings geht eine kooperationswillige Partei das Risiko ein, bei einer nur vorgetäuschten Kooperation der Gegenseite übervorteilt zu werden. Weil jede Partei dieses Risiko vermeiden will, wird die Chance der Kooperation verpasst. Der Mediator kann den Parteien diese Chance/Risiko-Relation bewusst machen, was gegebenenfalls auch in Einzelgesprächen geschieht. Statt das Risiko der Kooperation ohne weitere Prüfung zu vermeiden, können die Parteien nun abwägen. Zudem übt schon die Anwesenheit eines Dritten einen gewissen Druck darauf auf, eine der Gegenseite gemachte Zusage zur Kooperation nicht ohne Grund aus eigennützigen Motiven wieder aufzuheben.

Der Mediator verhindert, dass die Parteien die Chancen verpassen, die **101** sich aus der Komplexität des Verhandlungsgegenstandes ergeben. Allein können die Parteien die Komplexität nicht bewältigen, weil ihre Aufnahmefähigkeit und persönliche Verarbeitungskapazität begrenzt ist und sie sich nicht gleichzeitig um die Organisation der Komplexität und die inhaltliche Erörterung der Streitpunkte kümmern können. Der Mediator wirkt der intuitiven Tendenz der Verhandlungsteilnehmer entgegen, Komplexität durch Bündelung aller Streitaspekte in eine Forderung zu reduzieren. Dazu strukturiert er die Verhandlung und teilt sie in Phasen ein. Erreichte Zwischenerkenntnisse oder -ergebnisse hält er für alle sichtbar schriftlich fest, so dass diese Aspekte nicht in der späteren Verhandlung untergehen. Weil der Mediator nicht in den Konflikt involviert ist und deshalb eine emotionale Distanz zum Streitgegenstand aufweist, kann er auch in noch so hitzigen Sachdebatten darauf achten, dass die nur scheinbar untergeordnete Verfahrensstruktur nicht verloren geht.

102   Der Mediator kann dem Einigungshindernis der überoptimistischen Einschätzung begegnen, indem er selbst als „agent of reality" auftritt oder die Parteien durch andere Techniken zu einem Perspektivenwechsel veranlasst. Der Mediator bringt die Beurteilungskompetenz an den Verhandlungstisch, die eine realistische Einschätzung der Prozessrisiken erlaubt. Dem Einigungshindernis der reaktiven Abwertung begegnet der Mediator, indem er die Parteien zu einer inhaltlichen Auseinandersetzung mit allen Argumenten führt. Er kann auch fremde Vorschläge aufgreifen und als eigene Vorschläge zur Diskussion stellen. Das Problem divergierender Interessen von Partei und Parteivertreter wird in der Mediation dadurch gelöst, dass grundsätzlich die Partei selbst am Verhandlungstisch sitzt. Ist dies nicht möglich, beobachtet der Mediator, ob eine Interessenverquickung stattfindet und thematisiert diesen Punkt gegebenenfalls.

Diese noch abstrakten Ausführen zeigen, dass die Wirtschaftsmediation angewandte Verhandlungsforschung ist. Fast alle Gesprächstechniken, die der Mediator in den Einigungsgesprächen einsetzt, lassen sich auf eines der vorgestellten Verhandlungsprobleme zurückführen. Ohne dieses verhandlungstheoretische Hintergrundwissen wird der Mediator nicht in der Lage sein, die Vergleichsverhandlungen zielgerichtet zu steuern. Es genügt nicht, Mediationstechniken zu beherrschen, ohne deren Verwurzelung in der Verhandlungspsychologie der Parteien zu kennen.

X. Exkurs: Verhandlungsgeschick als erlernbare Qualifikation

103   Die in diesem Kapitel behandelten Verhandlungsstrategien und typischen Verhandlungsprobleme stellen Grundlagenwissen für die Wirtschaftsmediation dar. Die Bedeutung dieser Kenntnisse geht über den engen Bezug zur Mediation hinaus. Das Aushandeln von Verträgen oder die außergerichtliche Beilegung von Konflikten prägt den Arbeitsalltag von Unternehmern, Managern und wirtschaftsberatenden Rechtsanwälten heute meist mehr als die Anwendung spezifischen Fachwissens. „Im Wirtschafts-

leben bekommt man nicht das, was man verdient, sondern was man aushandelt."[56] Dieser Aphorismus des amerikanischen Verhandlungstrainers *Chester Karrass* umschreibt zutreffend die Bedeutung der Fähigkeit, Verhandlungen erfolgreich zu führen. „Verhandlungsgeschick" gehört daher in nahezu jedem einschlägigen Stellenangebot zum erwarteten Bewerberprofil. Der konkrete Inhalt dieser offenbar allgemein als Schlüsselqualifikation empfundenen Fähigkeit bleibt dabei jedoch im Dunkeln. Tatsächlich wird Verhandlungsgeschick in Deutschland immer noch als angeborenes Talent oder als allein durch Erfahrung vermittelte Fertigkeit eingestuft.

In den Vereinigten Staaten bemüht man sich dagegen seit den frühen **104** 70er Jahren mit wissenschaftlicher Akribie und eigenen Forschungsprogrammen, dem Geheimnis erfolgreichen und effizienten Verhandelns auf die Spur zu kommen. Eine Vorreiterrolle nahm hierbei das bereits erwähnte „Negotiation Project" der renommierten Harvard Law School ein. Inzwischen gehören einschlägige Kurse, in denen die praktisch verwertbaren Erkenntnisse dieses Forschungsbereichs weitergegeben werden, zum Standardangebot an den rechts- und wirtschaftswissenschaftlichen Fakultäten der USA. Dort hat man nicht nur die Bedeutung von Verhandlungsgeschick für das gesamte Wirtschaftsleben erkannt, sondern auch realisiert, dass dieser Bereich wissenschaftlicher Untersuchung zugänglich ist und Verhandlungsgeschick erlernbar wird. Die hierzulande verbreitete Mär vom „geborenen" Verhandler wurde als falsch entlarvt. In dem Bemühen, die hohe Studiengebühren zahlenden Studenten auf die Anforderungen der Berufspraxis vorzubereiten, wird der „Negotiation Class" in den USA große Bedeutung beigemessen. Professoren und Praktiker unterrichten dort, wie man sich auf eine Verhandlung richtig vorbereitet, wie man problemspezifisch eine Verhandlungsstrategie auswählt und sie auch durchsetzt, welche „Tricks" und Manöver man kennen muss, um sie selber einzusetzen oder sich ihrer zu erwehren, mit welchen Techniken festgefahrene Verhandlungen fortgeführt werden können und welche Möglichkeiten es gibt, die eigene Verhandlungsstärke kontinuierlich zu verbessern. Die deutschen Hochschulen haben diese Entwicklung bisher verpasst. Mit wenigen Ausnahmen konzentriert man sich dort weiter auf die Vermittlung von Fachwissen, nicht auf die Vermittlung von Fähigkeiten. Verhandlungsgeschick und die damit eng zusammenhängende Konfliktlösungskompetenz, beides Schlüsselanforderungen für Führungskräfte in Wirtschaft und Verwaltung, bleiben auf der Strecke. Ob sich daran jetzt etwas ändern wird, nachdem die Unterrichtung von Schlüsselqualifikationen für die Lehrpläne der Juristischen Fakultäten verbindlich geworden ist, bleibt abzuwarten.

Wer sich mit der Verhandlungstheorie beschäftigt und sich so bemüht, **105** das eigene Verhandlungsgeschick zu steigern, tätigt eine lohnende Investi-

---

[56] *Karass,* The Negotiation Game, S. 3.

tion. In einer Zeit, in der die Halbwertszeit von Fachwissen stetig abnimmt und dieses Wissen zudem durch den Zugriff auf Datenbanken immer leichter und schneller verfügbar wird, wird die übergreifende Verhandlungs- und Konfliktlösungskompetenz im Wirtschaftsleben an Bedeutung gewinnen.

§ 3 Einleitung des Mediationsverfahrens

I. Vom Konflikt zur Mediation

Wie kommt ein Konflikt zur Mediation? Mit dieser Fragestellung beginnt jede Wirtschaftsmediation. Hat sich eine Partei zu dem Versuch entschlossen, einen Streit durch ein Mediationsverfahren beizulegen, muss sie sich überlegen, wie sie ein solches Verfahren einleitet. Der Weg vom Entschluss bis zur ersten gemeinsamen Sitzung mit dem Mediator ist von vielen Fallstricken gesäumt. Das Mediationsverfahren scheitert oft, bevor es wirklich begonnen hat, obwohl der Streitfall seiner inneren Struktur nach für eine Wirtschaftsmediation geeignet war. Gelingt es der Partei, den Kontrahenten zu einer ersten gemeinsamen Verhandlung mit dem Mediator zu bewegen, sind die Chancen auf eine spätere Einigung hoch.[1] Entsprechend große Sorgfalt und Mühe müssen die Parteien darauf verwenden, diese erste Klippe zu umschiffen. 1

An einem Mediationsverfahren müssen die Streitparteien grundsätzlich[2] freiwillig teilnehmen. Das Prinzip der freiwilligen Teilnahme macht die Verfahrenseinleitung schwierig, da sich die zerstrittenen Parteien über die Durchführung des Verfahren einigen müssen. Im Gerichtsverfahren zwingt der Kläger die beklagte Partei mit seiner Klageerhebung dazu, an dem Verfahren teilzunehmen. Der Beklagte kann sich dem Prozess nicht ohne Rechtsnachteil entziehen. Bleibt er dem Verfahren fern, kann das Gericht ein Versäumnisurteil aussprechen und der Beklagte verliert den Prozess. Im Schiedsgerichtsverfahren zwingt die vom Schiedskläger erhobene „Motion to Arbitrate" den Gegner ebenfalls zur Verfahrensteilnahme, wenn er Rechtsnachteile vermeiden will.[3] Im Gegensatz dazu bleibt auch die unbegründete Weigerung, an einer Mediation teilzunehmen, ohne Sanktion. Anders als im Gerichtsprozess müssen also beide Parteien für das Mediationsverfahren gewonnen werden. Dies kann vor Ausbruch der Streitigkeit geschehen, indem die Parteien eine Mediationsabrede treffen, 2

---

[1] In den USA enden etwa 2/3 aller Mediationsverfahren mit einer Einigung der Parteien.

[2] Keine Regel ohne Ausnahme: In manchen Bundesstaaten der USA kann ein Richter die Parteien zur Durchführung eines Mediationsverfahrens verpflichten. Nach § 278 Abs. 5 S. 2 ZPO ist der Vorschlag des Gerichts zur Mediation dagegen unverbindlich und kann von den Parteien sanktionslos abgelehnt werden.

[3] Zu den Folgen der Säumnis im Schiedsgerichtsverfahren vgl. § 1048 ZPO.

die vorsieht, dass alle zukünftigen Konflikte in einem Mediationsverfahren gelöst werden sollen. Besteht keine solche vertragliche Abrede, ist es für eine mediationswillige Partei deutlich schwieriger, die Gegenseite für eine Mediation zu gewinnen.

II. Die Mediationsvereinbarung

3   Eine Mediationsvereinbarung ist ein Vertrag, in dem sich die Konfliktparteien verpflichten, ein Mediationsverfahren mit dem Ziel der Streitbeilegung durchzuführen.[4] Diese Vereinbarung kann getroffen werden, nachdem es zu einer Auseinandersetzung gekommen ist.[5] Häufiger ist der Fall, dass die Parteien eine Mediationsklausel in ein größeres Vertragswerk, etwa in einen Unternehmenskaufvertrag oder einen langfristigen Liefervertrag, integrieren. In diesem Fall einigen sich die Parteien auf ein bestimmtes Streitbeilegungsverfahren, bevor ein konkreter Konflikt überhaupt entstanden ist. Vor allem im nachgenannten Sinn wird die Mediationsvereinbarung hier verstanden.

4   Nahezu alle komplexen Wirtschaftsverträge enthalten heute eine Bestimmung, in der die Parteien eine Regelung für den Konfliktfall treffen. Besonders phantasievoll gehen die Vertragsjuristen dabei in aller Regel nicht vor. Spötter sagen, dass im Nebenraum regelmäßig schon die Sektkorken knallen und der Vertragsschluss gefeiert wird, wenn die armen Anwälte die Streitbeilegungsklausel verhandeln. Meist findet sich irgendwo am Ende des Vertragswerkes eine einfache Gerichtsstandsklausel oder eine Schiedsabrede, nach der Streitigkeiten von einem privaten Schiedsgericht abschließend entschieden werden sollen. Im Vergleich zu der Akribie, um nicht zu sagen Detailversessenheit, mit der Vertragsparteien ansonsten jede nur mögliche Entwicklung vertraglich zu antizipieren und regeln versuchen, überrascht diese stiefmütterliche Behandlung. In Deutschland enthält kaum ein Vertrag eine Mediationsklausel. Die rechtlichen Rahmenvorgaben für eine solche Klausel sowie ihre praktische Ausgestaltung sind noch weitgehend unbekannt.

1. Rechtsnatur und Ziel

5   Das Bürgerliche Gesetzbuch kennt keinen eigenständigen Vertragstypus, der sich mit Streitbeilegungsverfahren befasst. Die Mediationsvereinba-

---

[4] Ähnlich: *Eidenmüller*, Vertrags- und Verfahrensrecht, S. 8; *Nelle/Hacke*, ZKM 2002, S. 257; ausführlich: *Hacke*, ADR-Vertrag, S. 31 ff.

[5] *Nelle/Hacke*, ZKM 2002, S. 257 (258) nennen solche Mediationsverfahren „Ad Hoc"-Mediationsverfahren. Diese Terminologie ist wenig glücklich, da der Begriff „ad hoc" im Schiedsverfahren solche Verfahren kennzeichnet, die nicht von einer Schiedsorganisation verwaltet werden.

rung ist daher wie die verwandte Schiedsvereinbarung ein Dauerschuldverhältnis mit atypischem Inhalt.[6] Für das Schiedsverfahren enthält immerhin das 10. Buch der ZPO[7] einige Regelungen, die das Verfahren konturieren. Für das Mediationsverfahren fehlen solche Vorgaben. Weist die Mediationsvereinbarung Lücken auf, lassen sich diese mithin nicht durch den Rückgriff auf dispositives Gesetzesrecht schließen. Die Parteien müssen deshalb detailliert vereinbaren, welche rechtlichen Vorgaben für das Verfahren gelten sollen.[8]

Die Parteien verfolgen mit der Mediationsvereinbarung das Ziel, sich **6** wechselseitig zur Durchführung eines Mediationsverfahrens zu verpflichten, wenn der unmittelbare Einigungsversuch gescheitert ist. Die Parteien können diese Verpflichtung bereits vor Ausbruch des Konfliktes übernehmen, indem sie sich ex ante für ein entsprechendes Verfahren zur Beilegung aller Streitigkeiten aus einem bestimmten Rechtsverhältnis entscheiden. Aber auch wenn der Konflikt bereits entstanden ist und die Parteien sich erst zu diesem Zeitpunkt für eine Wirtschaftsmediation entscheiden, müssen sie die Rahmendaten des Verfahrens festlegen.[9] Damit bestimmt eine Mediationsvereinbarung nicht nur das „ob", sondern auch das „wie" des Mediationsverfahrens.[10]

2. Wirksamkeit

Die Parteien wollen mit der Mediationsvereinbarung eine bindende Re **7** gelung treffen. Aus juristischer Sicht stellt sich die Frage, ob die Rechtsordnung solche Vereinbarungen grundsätzlich anerkennt, welche Anforderungen an ein wirksames Zustandekommen gestellt werden und wie sich eine Partei von einer solchen Vereinbarung wieder lösen kann. Der Gesetzgeber hat zu rechtlichen Aspekten von Mediationsklauseln bisher nicht Stellung genommen. In der Rechtsprechung finden sich nur vereinzelte Urteile zu Schlichtungs- oder Güteklauseln.[11] Der Jurist betritt bei der Prüfung und Gestaltung von Mediationsklauseln also oft Neuland.

a) Mediationsfähigkeit des Konflikts. Die Frage nach der Mediations- **8** fähigkeit von Konflikten zielt darauf, ob die Rechtsordnung eine Vereinbarung als bindend anerkennt, in der die Parteien einen Konflikt einem

---

[6] Die Frage der Rechtsnatur ist strittig: vgl. *Eidenmüller*, Vertrags- und Verfahrensrecht, S. 9; *Heß/Sharma*, Handbuch Mediation, § 26, Rdn. 16.

[7] §§ 1025 ff. ZPO.

[8] *Heß/Sharma*, in: Handbuch Mediation, § 26, Rdn. 8.

[9] Vgl. dazu *Hacke*, ADR-Vertrag, S. 113 ff.; *Heß/Sharma*, in: Handbuch Mediation, § 26, Rdn. 8.

[10] *Eidenmüller*, Vertrags- und Verfahrensrecht, S. 8.

[11] BGH DB 1999, 215 f.; BGH NJW 1984, 669.

Mediationsverfahren zuführen. Da die Mediation nur eine moderierte Verhandlung darstellt, scheint die grundsätzlich Bejahung dieser Frage selbstverständlich. Die Mediationsfähigkeit von Konflikten ist also gegeben,
wenn die Mediationsparteien über den Streitgegenstand einen Vergleich
schließen können. Es ist aber durchaus denkbar, dass der Gesetzgeber aus
übergeordneten Erwägungen – etwa aus Gründen der Rechtssicherheit
oder des Verbraucherschutzes – Konflikte der Parteidisposition entzieht
und zwingend einem staatlichen Gericht zur Entscheidung zuweist. Den
Streitparteien würde so die Möglichkeit entzogen, selbst zu entscheiden,
wie sie ihren Streit beilegen wollen. Nachdem der Gesetzgeber in § 15 a
EGZPO nun die Einführung eines staatlichen Schlichtungsverfahrens ermöglicht hat, kann man zudem fragen, ob damit eine Monopolstellung
dieser staatlich geförderten Schlichtung in Abgrenzung zur Mediation begründet werden soll.[12]

9   Für die Schiedsgerichtsbarkeit hat der Gesetzgeber die parallele Frage
der Schiedsfähigkeit in § 1030 Abs. 1 ZPO sehr großzügig beantwortet.
Danach kann jeder vermögensrechtliche und jeder einem Vergleich zu-
gängliche Streit auch von einem Schiedsgericht entschieden werden. In
diesem Fall wird den staatlichen Gerichten die Entscheidungsbefugnis
endgültig genommen. Die so zugelassene Ersetzung des staatlichen Richters durch ein privatautonom bestimmtes Gericht spricht erst recht für die
Zulässigkeit von Mediationsverfahren.[13] Durch die Mediationsabrede entziehen die Parteien den Konflikt der staatlichen Rechtsprechung nicht
endgültig, sondern führen ihn lediglich vorläufig zur Vermeidung eines
Prozesses der Moderation durch einen Mediator zu. Ebenso wie es den
Parteien freisteht, sich außergerichtlich zu einigen oder auf eine Entscheidung des Konflikts ganz zu verzichten, muss ihnen auch das Mediationsverfahren offen stehen.

10 Die Mediationsfähigkeit von Konflikten findet ihre Grenzen dort, wo
der Gesetzgeber den Parteien eine privatautonome Vereinbarung versagt,
indem er die angestrebte rechtsgestaltende Wirkung einem formellen richterlichen Urteil vorbehält. Dies gilt etwa für die Ehescheidung (§ 1564
BGB). Auch in gesellschaftsrechtlichen Beschlussmängelstreitigkeiten können sich hier Probleme ergeben, wie die vom BGH verneinte Schiedsfähig-

---

[12] Vgl. dazu *Wegmann*, ZKM/KON:SENS 1999, S. 80; *Eidenmüller*, Vertrags-
und Verfahrensrecht, S. 20 f. Das Konkurrenzproblem zwischen Zuständigkeiten
zur Streitbeilegung stellt sich auch bei der Frage, ob ein Betriebsrat bestimmte Konflikte, für deren Auseinandersetzung er an sich gesetzlich zuständig ist, auf eine
Mediation vor einer durch Betriebsvereinbarung errichteten Einigungsstelle verweisen kann; ablehnend LAG Hamburg, ZKM/KON:SENS 1999, 113, mit kritischer
Anmerkung von *Budde*.
[13] So auch *Hacke*, ADR-Vertrag, S. 121; kritisch zu diesem Begründungsansatz
aber *Prütting*, ZZP 99, S. 96, Urteilsanmerkung zu BGH ZZP 99 (1986), 90.

keit solcher Konflikte zeigt.[14] Abgesehen von diesen wenigen Ausnahmen ist der Anwendungsbereich von Mediationsklauseln denkbar groß.

Keine Beschränkung für die Mediationsfähigkeit von Konflikten ergibt sich aus einer analogen Anwendung von § 1030 Abs. 2 ZPO, der Mietstreitigkeiten über Wohnraum der Schiedsgerichtsbarkeit generell entzieht. Die hier vom Gesetzgeber erkannte Gefahr, dass der sozial schwache Mieter ohne die Fürsorge eines staatlichen Richters übervorteilt zu werden droht, besteht zwar auch in der Mediation. Doch wenn sich der Mieter ungeachtet von § 1030 Abs. 2 ZPO vertraglich, also ohne Einschaltung Dritter, mit dem Vermieter einigen darf, kann er dies auch im Rahmen einer Mediation. Insoweit erfasst § 1030 Abs. 2 ZPO nur die Schiedsgerichtsbarkeit. In der Mediation verlagert sich das Problem dann darauf, ob der am Ende der Mediation abgeschlossene Vergleichsvertrag wegen eines materiellen Ungleichgewichts oder der Art und Weise seines Zustandekommens sittenwidrig im Sinne von § 138 BGB ist. Es ist die Aufgabe des Mediators, solche Verträge zu verhindern.[15] Wenn sich im Laufe der Zeit ergeben sollte, dass die Mediation in bestimmten Konfliktkategorien häufiger dazu führt, dass die sozial schwächere Partei durch einen aufgebauten Einigungsdruck benachteiligt wird, wäre damit zu rechnen, dass der Gesetzgeber diese Konfliktkategorien prophylaktisch der Mediation entzieht. 11

Enge Grenzen sind der Mediation im Bereich des Wirtschaftsverwaltungsrechts und des sonstigen öffentlichen Rechts gesetzt.[16] Dort gilt der verfassungsrechtliche Grundsatz der Gesetzmäßigkeit der Verwaltung. Dieser verpflichtet die Verwaltung dazu, Konflikte ausschließlich am Maßstab des geltenden Rechts zu entscheiden. Es liegt aber gerade im Wesen der Mediation, neben der Rechtslage auch rechtsfremde Aspekte wie etwa die wirtschaftlichen und persönlichen Interessen der Parteien in eine Entscheidung einzubeziehen. Raum für Mediationsverfahren mit bindendem Endergebnis ist bei einer Parteistellung der Öffentlichen Hand nur dort, wo §§ 54 ff. VwVfG die Einigung durch einen öffentlich-rechtlichen Vertrag erlauben. Hinzu kommt, dass das öffentliche Recht bestimmte Entscheidungen bindend einer ausgewählten Stelle zuweist. So wird etwa ein Bebauungsplan vom Gemeinderat als Satzung erlassen, so dass der Bürgermeister als Gemeindevertreter sich insoweit nicht vertraglich binden kann. Im öffentlichen Planungsrecht sucht man daher derzeit nach Mög- 12

---

[14] BGH NJW 1996, 1753 ausführlich zur Mediationsfähigkeit solcher Konflikte: *Casper/Risse*, ZIP 2000, S. 441 ff.

[15] Der Mediator muss die Mediation in solchen Fällen von sich aus abbrechen.

[16] Vgl. dazu: *Holznagel/Ramsauer*, Handbuch Mediation, § 44, Rdn. 4 ff.; *Holznagel*, in: Mediation für Juristen, S. 147 ff.; allgemein zur Mediation im öffentlichen Recht vgl. oben § 1, Rdn. 69.

lichkeiten, wie das partizipative Verfahren der Mediation im Planungs-
prozess verankert werden kann. Das Mediationsverfahren um den Ausbau
des Frankfurter Flughafens war hier ein erster großer Prüfstein. Es endete
„nur" mit einvernehmlichen Empfehlungen. Ohne gesetzliche Regelung
gab es auch keine Grundlage dafür, den Ergebnissen des Mediationsverfahrens eine Bindungswirkung zuzuschreiben. De lege ferenda wäre es
möglicherweise eine Idee, die Ergebnisse des Verfahrens bei der Planauf-
stellung als zwingend abwägungsrelevante Punkte festzuschreiben. So entstünde zumindest ein Befassungszwang für die öffentlich-rechtlichen Entscheidungsträger, die ihre abweichende Entscheidung dann argumentativ
rechtfertigen müssten. Faktisch ist die Bindungswirkung von Mediationsergebnissen im Verwaltungsrecht allerdings hoch, da kaum ein Politiker
einen erzielten Konsens in der Bevölkerung ignorieren wird.

13   **b) Abschluss und Form der Vereinbarung.** Die Mediationsvereinbarung
kommt, wie jeder andere Vertrag auch, durch Angebot und Annahme zustande.[17] Die Parteien müssen sich also darauf einigen, dass sie ein Mediationsverfahren durchführen wollen. Da der Begriff der Mediation noch
nicht sehr verbreitet und zudem auch inhaltlich unscharf ist, sollten die
Parteien das Verfahren in der Vereinbarung selbst näher definieren.[18] Die
Parteien können dies leicht durch die Bezugnahme auf die Verfahrensordnung eines Mediationsinstituts erreichen. Ohne klare Definition des Verfahrens droht im Konfliktfall schnell ein Dissens über den Inhalt des
Streitbeilegungsverfahrens. Vertragslücken lassen sich nicht durch einen
Rückgriff auf dispositives Gesetzesrecht schließen, so dass die Konsequenz
einer unzureichenden Regelungstiefe oft die Undurchführbarkeit oder Unwirksamkeit der Vereinbarung ist.

14   Grundsätzlich können alle Verträge, für die das Gesetz keine bestimmte Form vorschreibt, mündlich geschlossen werden. Das soll auch
für Mediationsvereinbarungen gelten.[19] Naheliegend ist aber die Frage,
ob nicht die Schriftformerfordernisse, die § 1031 ZPO für die Schiedsvereinbarung vorschreibt, auch für die Mediation Anwendung finden.
Wie die Schiedsklausel versperrt die Mediationsabrede den Weg zu den
staatlichen Gerichten. Gegen eine Vergleichbarkeit und damit gegen eine
analoge Anwendung von § 1031 ZPO spricht allerdings, dass der Mediator den Konflikt nicht entscheiden kann, er also keine Richterfunktion
wie der Schiedsrichter innehat. Nur die Schiedsvereinbarung schließt
die ordentlichen Gerichte endgültig von der Streitentscheidung aus, während jede Partei die Mediation abbrechen und die Gerichte anrufen

---

[17] §§ 145 ff. BGB, für die Willensbildung gelten die §§ 104 ff. BGB, für Willens-
mängel die Anfechtungsregelungen der §§ 116 ff. BGB.
[18] *Heß/Sharma*, in: Handbuch Mediation, § 26, Rdn. 9.
[19] *Eidenmüller*, Vertrags- und Verfahrensrecht, S. 11.

kann.[20] Die Mediationsabrede hat damit eine geringere Bindungswirkung als die Schiedsklausel, was den Übereilungsschutz, den der Schriftformzwang des § 1031 ZPO bezweckt, weniger wichtig erscheinen lässt. Auf der anderen Seite entstehen durch die Mediation Kosten, die die Parteien im Falle ihres Scheiterns zusätzlich zu den anschließenden Gerichts- und Anwaltsgebühren tragen müssen. Die Vereinbarung, vor Anrufung eines Gerichts eine Mediation durchzuführen, erschwert die gerichtliche Geltendmachung von Ansprüchen in zeitlicher und finanzieller Hinsicht. In der Schiedsgerichtsbarkeit ist den Parteien hingegen eine Entscheidung und damit ein nur einmaliger Kostenaufwand garantiert. Dieses erhöhte Kostenrisiko kompensiert die geringere Bedingungswirkung der Mediationsklausel. Es erscheint daher sachgerecht, den von § 1031 ZPO angestrebten Übereilungsschutz auch auf die Mediationsklausel zu erstrecken.[21] Auch Mediationsvereinbarungen müssen daher in Analogie zu § 1031 ZPO schriftlich geschlossen werden, was aus Beweiszwecken ohnehin die Regel ist. Formmängel werden dann entsprechend § 1031 Abs. 6 ZPO durch die Einlassung auf das Mediationsverfahren geheilt.

Ist eine Streitpartei Verbraucher im Sinne von § 13 BGB, muss die **15** Mediationsvereinbarung bei der hier bejahten analogen Anwendung von § 1031 ZPO in einem gesonderten, eigenhändig unterschriebenen Dokument festgehalten werden. Die Regelung ist sachgerecht, da der Verbraucher davor geschützt werden muss, unter Berufung auf eine vorschnell unterzeichnete Klausel mit einem doppelten Kostenrisiko aus einer gescheiterten Mediation und einem anschließenden Gerichtsverfahren belastet zu werden. In Verbraucherstreitigkeiten geht es oft um relativ kleine Streitwerte, die die Durchführung eines Mediationsverfahrens mit der stundenweisen Vergütung des Mediators unverhältnismäßig teuer machen. Schließlich ist dort die Missbrauchsanfälligkeit besonders hoch, da Verbraucher wegen des mit der Mediation verbundenen Aufwands an Zeit und Geld leicht davon abhalten werden können, ihre berechtigten Ansprüche durchzusetzen. Aus Kostengründen verzichten sie jedenfalls darauf, einen Anwalt hinzuzuziehen, zumal eine Kostenübernahme durch Rechtsschutzversicherungen nicht garantiert ist. Der Übereilungsschutz des § 1031 Abs. 5 ZPO ist daher notwendig und sachgerecht.

c) **Vereinbarkeit mit AGB-Vorschriften.** Der BGH unterwirft Schieds- **16** klauseln in Allgemeinen Geschäftsbedingungen der Inhaltskontrolle des AGB-Gesetzes,[22] das seit dem 1. Januar 2002 durch das Schuldrechtsmo-

---

[20] Gegen eine analoge Anwendung daher *Eidenmüller,* Vertrags- und Verfahrensrecht, S. 11.

[21] Zum gleichen Ergebnis kommt *Wagner,* BB 2001 (Beil. 2), S. 30 (31), mit einer allerdings sehr umständlichen dogmatischen Begründung.

[22] BGHZ 115, 324.

dernisierungsgesetz fast inhaltsgleich in das BGB übernommen wurde.[23] Diese grundsätzliche Kontrolle muss für eine Mediationsklausel ebenfalls gelten, da der Geschäftspartner des Verwenders in ähnlicher Weise wie bei einer Schiedsklausel schutzwürdig ist.[24] Er wird durch eine verbindliche Mediationsklausel zunächst davon abgehalten, den Rechtsweg zu beschreiten, und nimmt das Risiko in Kauf, zusätzlich zu den Prozesskosten auch die Kosten einer gescheiterten Mediation zu tragen.

17   Vor der Inhaltskontrolle nach § 307 BGB liegt die Frage, ob die in vorformulierten Vertragsbedingungen enthaltene Mediationsklausel überhaupt Vertragsbestandteil wird. Das könnte an § 305 c BGB scheitern, der die Einbeziehung überraschender Klauseln in einen ansonsten wirksam geschlossenen Vertrag verhindert. Voraussetzung dafür ist, dass die Klausel sowohl generell ungewöhnlich wie auch im konkreten Einzelfall überraschend ist. Mediationsverfahren sind in Deutschland noch so selten, dass sie der nationale Geschäftsverkehr als ungewöhnlich empfindet, während in internationalen Verträgen Schlichtungs- und Mediationsklauseln inzwischen relativ verbreitet sind. Die Anwendung von § 305 c BGB bei Inlandsverträgen scheitert auch nicht daran, dass es sich um eine nachgelagerte Bestimmung handelt, die immer nur dann greift, wenn eine Partei den Vertrag bereits verletzt hat.[25] Mit der gleichen unzutreffenden Argumentation würden alle Rechtsfolgenbestimmungen zu Vertragsstörungen der Klauselkontrolle entzogen, obwohl ein Unterschied in der Schutzbedürftigkeit nicht erkennbar ist. Wenig überzeugend ist auch der Hinweis, der Vertragspartner könne sich ja rasch durch einseitige Kündigung von der Mediation lösen, so dass er keinen echten Nachteil erleide.[26] Immerhin muss er sich vor einer Lösung mit der Klausel auseinandersetzen, wozu er im Regelfall teuren anwaltlichen Rat benötigt und vielleicht auch schon eine erste Mediationssitzung bezahlen muss. Es spricht daher zunächst viel für eine verbotene Überraschungsklausel. Die Rechtsprechung tendiert aber dazu, ausgewogene Klauseln, die beide Vertragsparteien im gleichen Umfang berechtigen und verpflichten, nicht als ungewöhnlich anzusehen.[27] Überraschend ist eine Klausel, wenn der Verwendungsgegner mit ihr nicht zu rechnen braucht und der Klausel ein Überrumpelungs- und Übertölpelungseffekt innewohnt.[28] Auch mit dieser Formulierung bringt die Rechtsprechung inzidenter zum Ausdruck, dass mit der überraschenden Klausel im Regelfall eine einseitige Bevorzugung des Verwenders ver-

---

[23] Vgl. §§ 305–310 BGB.
[24] Vgl. dazu auch *Hacke*, ADR-Vertrag, S. 123 ff.
[25] So tendenziell *Hacke*, ADR-Vertrag, S. 124.
[26] *Wagner*, BB 2001 (Beil. 2), S. 30 f.
[27] Statt aller: *Heinrichs*, in: Palandt, § 3 AGBG, Rdn. 2 f.
[28] BGH NJW 1990, 577.

bunden ist. Eine ausgewogene Mediationsklausel sollte daher im Regelfall nicht am Überraschungsverbot des § 305c BGB scheitern.[29] Wer hier ganz sicher gehen will, wird seinen Vertragspartner ausdrücklich auf diese Klausel im Vertragstext hinweisen und sie zur Disposition stellen, damit die Klausel zu einer jedenfalls wirksamen Individualabrede wird.

Die Generalklausel des § 307 BGB versagt AGB-Abreden die Wirksam- **18** keit, wenn diese den Vertragspartner des Verwenders entgegen den Geboten von Treu und Glauben benachteiligen. Da Mediationsvereinbarungen im Gesetz weder positiv noch negativ geregelt sind, hilft die Vermutung des § 307 Abs. 2 Nr. 1 BGB nicht weiter, wonach Abweichungen vom gesetzlichen Regelfall im Zweifel eine verbotene Benachteiligung darstellen. Es ist daher notwendig, die vage Generalklausel des § 307 BGB ohne gesetzliche Richtschnur auszufüllen, was wegen fehlender einschlägiger Gerichtsentscheidungen mit großen Unsicherheiten behaftet ist. Immerhin hat der Gesetzgeber in § 15a EGZPO nun selbst anerkannt, dass geordnete Schlichtungsverfahren so sinnvoll sein können, dass sie zur Voraussetzung einer Klageerhebung gemacht werden. Im Regelfall fehlt es zudem an einer Benachteilung des Vertragspartners, da der Klauselverwender im gleichen Umfang an die Mediationsvereinbarung gebunden ist. Ungemessene Benachteiligungen sind daher auf seltene Einzelfälle beschränkt.[30] Wenn etwa bei Abschluss eines Kaufvertrages bereits feststeht, dass der Gegenstandswert möglicher Konflikte unterhalb der Minimalkosten eines Mediationsverfahrens liegen wird, dient die Mediationsklausel des Verkäufers offenkundig nur dazu, den Käufer von einer Anspruchsverfolgung abzuhalten. Im Regelfall wird eine Mediationsklausel aber der Inhaltskontrolle des § 307 BGB standhalten.[31]

Kautelarjuristisch ist es eine interessante Gestaltungsmöglichkeit, einsei- **19** tige Mediationsklauseln in Allgemeine Geschäftsbedingungen aufzunehmen, die nur dem Vertragspartner des Verwenders die Option eröffnen, ein Mediationsverfahren einzuleiten. Da die Rechtsposition des Vertragspartners durch seine Wahlmöglichkeit zwischen Mediation und Prozess verbessert wird, entfällt jeder Verstoß gegen die AGB-Kontrollbestimmungen. Für den Verwender ist die Aufnahme einer solchen Klausel fast risikolos, weil er bei der üblichen Verfahrensgestaltung die Mediation nach einer ersten Verhandlung ohne Rechtsnachteile beenden kann. Die Klausel weist den Vertragspartner aber auf die Möglichkeit der Mediation hin und

---

[29] Im Ergebnis ebenso: *Heß/Sharma*, in: Handbuch Mediation, § 26, Rdn. 21.

[30] Vgl. dazu *Eidenmüller*, Vertrags- und Verfahrensrecht, S. 17. Die von Eidenmüller genannten Fallbeispiele betreffen allerdings zum größten Teil Konstellationen, in denen die Mediationsklausel selbst wirksam ist, der Vertragspartner des Verwenders die Mediationsvereinbarung aber aufkündigen kann (Armut der einen Vertragspartei, Kräfteungleichgewicht im konkreten Verfahren).

[31] So auch *Hacke*, ADR-Vertrag, S. 125.

eröffnet so eine zusätzliche Chance, den Rechtsweg zu vermeiden. Bevorzugt der Verwender seinerseits die Wirtschaftsmediation zur Lösung eines Konflikts, kann er seinen Vertragspartner auf die uneigennützig eingeräumte Wahlmöglichkeit hinweisen und so dem nun selbst vorgetragenen Wunsch nach einem Mediationsverfahren Überzeugungskraft verleihen.

3. Regelungsbedarf in Mediationsvereinbarungen

20 Die Frage, welchen rechtlichen Anforderungen eine Mediationsklausel genügen muss, ist von der Frage zu trennen, welche Regelungen die Parteien in ihre Mediationsvereinbarung aufnehmen sollten. Da das Gesetz für solche Vereinbarungen keine Rahmenvorgaben enthält, die vertragliche Regelungslücken schließen könnten, besteht theoretisch ein großer Regelungsbedarf.[32] Vielfach wird gegen eine zu große Regelungsdichte eingewandt, dass die Parteien durch die vermeintliche Verrechtlichung sofort wieder von der Mediation abgeschreckt würden, von der sie doch eigentlich eine außerrechtliche Streitbeilegung erwarteten.[33] Diese Kritik überzeugt nicht. Streitparteien benötigen für die Einleitung eines Mediationsverfahrens Vorgaben, die sie nur in entsprechenden Klauseln finden können. Es wäre zu aufwendig, wenn sie sich im Konfliktfall über jede einzelne Verfahrensfrage einigen müssten. Die folgenden Punkte sind daher regelmäßig regelungsbedürftig:

21 **a) Durchsetzung der Mitwirkungspflicht.** Eine Mediationsvereinbarung ist nur verbindlich, wenn sie sanktionsbewehrt ist. Die Sanktion zwingt die Parteien dazu, die Streitbeilegung zunächst durch ein Mediationsverfahren zu versuchen. Wenn eine Partei ihren Anspruch dagegen sofort einklagen könnte, ohne dass sie wegen der Ignorierung der Mediationsvereinbarung Sanktionen zu befürchten hätte, wäre die Mediationsvereinbarung nur eine Goodwill-Erklärung.

22 *aa) Mediation als Klagevoraussetzung.* Der einfachste Weg, um die Einhaltung der Mediationsabrede zu gewährleisten, besteht darin, dass die Parteien die Durchführung der Mediation zur Klagevoraussetzung machen. Der anspruchsstellenden Partei wird also der Rechtsweg vorläufig versperrt. Die Streitparteien vereinbaren einen dilatorischen Klageverzicht für die Dauer des Mediationsverfahrens. Die gleichwohl verklagte Partei kann dann ähnlich der Schiedseinrede eine Mediations- oder Schlichtungseinrede erheben, wenn der Kläger das vorzuschaltende Mediationsverfahren unterlassen hat. Das Gericht müsste den Prozess dann auszusetzen oder – analog § 1032 ZPO – die Klage als derzeit unzulässig abweisen. Wenn die Parteien diese Rechtsfolge wollen, sollten sie dies in der Media-

---

[32] *Heß/Sharma,* in: Handbuch Mediation, § 26, Rdn. 9.
[33] *Kovach,* Mediation, S. 24.

tionsvereinbarung klarstellen, wodurch die Vereinbarung gleichzeitig zu einem Prozessvertrag wird. Einstweilige Rechtschutzmaßnahmen bleiben in Analogie zu § 1033 ZPO immer zulässig. Auch ohne eine explizite Vereinbarung ist eine verbindliche Mediationsabrede regelmäßig dahingehend auszulegen, dass die Beteiligten die Klagemöglichkeit bis zum Abschluss des Mediationsverfahrens zurückstellen wollen.[34]

Da die Mediationseinrede den Rechtsweg bis zum Scheitern der Mediation versperren kann, stellt sich die grundsätzliche Frage, ob eine solche Regelung vor dem Hintergrund des Rechtsstaatsprinzips in Art. 20 Abs. 3 GG und der Rechtswegegarantie des Art. 19 Abs. 4 GG zulässig ist. Anders als in der Schiedsgerichtsbarkeit wird der Partei, die zur Klärung ihrer Ansprüche das vereinbarte Mediationsverfahren ablehnt, ja jede Möglichkeit einer autoritativen Streitentscheidung durch einen Dritten vorläufig verweigert. Diese Argumentation übersieht zunächst, dass Art. 19 Abs. 4 GG nur den Rechtsweg gegen staatliche Hoheitsakte[35] garantiert. Verzichten die Parteien durch die Mediationsklausel vorläufig auf die Anrufung eines Zivilgerichts, machen sie von ihrer durch Art. 2 Abs. 1 GG geschützten Vertragsfreiheit Gebrauch. Wenn eine Partei auf den materiell-rechtlichen Anspruch vollständig verzichten kann, kann sie auch auf dessen prozessuale Durchsetzung von vornherein verzichten und den Anspruch so praktisch zu einer Naturalobligation machen.[36] Der nur dilatorische, also zeitlich begrenzte Klageverzicht ist daher unproblematisch. Eine beklagte Partei kann sich daher auf eine verbindliche Mediationsklausel berufen und die Schlichtungseinrede gegen das gleichwohl angestrengte Gerichtsverfahren erheben.[37]   23

bb) Materiell-rechtliche Sanktionen. Die dilatorische Wirkung der Mediationseinrede zwingt nur den Kläger dazu, die Mediationsvereinbarung zu beachten. Was aber passiert, wenn der Anspruchsgegner sich trotz einer entsprechenden Vertragsklausel weigert, an einer Mediation teilzunehmen, weil er sich lieber gleich verklagen lässt? Die Wirtschaftsmediation ist auf die Kooperation der Parteien zum Erreichen einer Einigung angewiesen. Die unbegründete Nichtteilnahme hat kein Versäumnisurteil zur Folge, weil der Mediator den Rechtsstreit nicht entscheiden darf. Deshalb müssen auch materiell-rechtliche Sanktionen angedacht werden, die den Anspruchsgegner zur Beachtung der Mediationsvereinbarung veranlassen.   24

---

[34] So zurecht *Eidenmüller*, Vertrags- und Verfahrensrecht, S. 13, m.w.N.

[35] Insofern ist allerdings fraglich, ob eine verbindliche Mediationsklausel in öffentlich-rechtliche Verträge eingefügt werden kann.

[36] Ähnlich *Hacke*, ADR-Vertrag, S. 121.

[37] So zutreffend – für die vergleichbare Schlichtungsklausel – BGH DB 1999, 215 f.; zuvor bereits BGH NJW 1984, 669.

25   *Eidenmüller* ist der Auffassung, einer Mediationsvereinbarung ließe sich
notfalls durch eine Erfüllungsklage durchsetzen.[38] Das dürfte eine theoretische Möglichkeit bleiben. Es erscheint kaum denkbar, dass sich eine Partei durch die Drohung mit Zwangsgeldern dazu veranlassen lässt, konstruktiv an einer Mediation teilzunehmen. Außerdem macht die Dauer
des Zivilprozesses eine solche Erfüllungsklage unattraktiv. Die Missachtung der Mediationsvereinbarung führt jedoch zivilrechtlich über die
Regeln des Verzugs[39] zu einer Schadensersatzpflicht. Es ist allerdings
schwierig, einen solchen Schaden zu beziffern. Da die Mediation eine Eini-
gungspflicht nicht kennt, lässt sich der Beweis nicht führen, dass in der
Mediation eine vorteilhafte Einigung erreicht worden wäre, deren Nichterreichen nun zum Ausgangspunkt für die Schadensberechnung wird. Ersatzfähig sind daher zunächst nur die vergeblichen Aufwendungen, die der
mediationswilligen Partei durch die versuchte Einleitung des Verfahrens
entstanden sind. Selbst insofern kann sich die mediationsunwillige Partei
aber erfolgversprechend auf rechtmäßiges Alternativverhalten oder „Sowieso"-Kosten berufen: Denn die jetzt als Schadensersatz begehrten Kosten wären ja auch entstanden, wenn die Partei pro forma an einer ersten
Mediationssitzung teilgenommen hätte, um dann von ihrem Kündigungsrecht Gebrauch zu machen. Der insgesamt drohende Schadensersatz wird
im Regelfall zu gering sein, um eine mediationsunwillige Partei zur Verfahrensteilnahme zu zwingen.

26   Denkbar ist, den Betrag des zu zahlenden Schadensersatzes bereits in
der Mediationsvereinbarung festzulegen. Wenn der Betrag hoch genug ist,
wird auch die mediationsunwillige Partei den Bruch der Mediationsvereinbarung vermeiden. Der so festgelegte Betrag stellt eine Vertragsstrafe
oder einen pauschalierten Schadensersatz dar, so dass die Parteien den Betrag unter Beachtung der Grenzen der §§ 339 ff. BGB festlegen müssen.
Zwingend erforderlich ist in solchen Klauseln die genaue Festlegung, was
den pauschalen Schadensersatz auslöst, etwa das Fernbleiben von der ersten Mediationssitzung. Aus der neuen englischen Zivilprozessordnung
stammt die interessante Idee, der Partei, die sich einer Mediation verweigert, zwingend einen Teil der anschließenden Prozesskosten aufzuerlegen,
selbst wenn die Partei den Prozess gewinnt.[40] Diese harsche Konsequenz
wird verständlich, wenn man bedenkt, dass in der Praxis etwa zwei Drittel
aller Wirtschaftsmediationsverfahren zum Erfolg führen, was dann die

---

[38] *Eidenmüller,* Vertrags- und Verfahrensrecht, S. 23, mit Beispielen für solche
Klagen aus dem angloamerikanischen Rechtsraum.
[39] Die Mediationsabrede begründet die Pflicht, zumindest zu Beginn konstruktiv
an dem Verfahren teilzunehmen. Wer dieser Pflicht trotz Aufforderung nicht nachkommt, befindet sich im Verzug des § 284 BGB.
[40] *Newmark,* SchiedsVZ 2003, S. 23 ff.

Prozesskosten insgesamt vermeidet. Eine Partei, die sich vorsätzlich zur Missachtung der Mediationsvereinbarung entschließt, wird sich nicht darauf berufen können, die so verwirkte Strafe sei unverhältnismäßig hoch und daher unwirksam oder nach § 343 BGB herabzusetzen. Zu beachten ist bei einer entsprechenden Klauselgestaltung aber, dass Vertragsstrafen in vorformulierten Klauseln nur gegenüber Unternehmen zulässig sind und auch dort einer strengen Inhaltskontrolle unterliegen.[41] Im Ergebnis darf man sich also nichts vormachen: Das Recht bietet nur geringe Handhabe gegen einen Beklagten, der trotz einer wirksamen Mediationsvereinbarung an dem Verfahren nicht teilnehmen möchte.

cc) Verbindlichkeit und Freiwilligkeit des Verfahrens – ein Wider- 27 *spruch?* Der durch die verbindliche Mediationsklausel erzeugte Druck, an der Mediationsverhandlung wenigstens zunächst teilzunehmen, steht im auffälligen Kontrast zum Prinzip der Freiwilligkeit und Kooperation, das die Mediation sonst prägt. Kann es sinnvoll sein, jemanden an den Verhandlungstisch zu zwingen, wenn die Beilegung des Konflikts doch von dessen Einigungsbereitschaft abhängt?[42] Wer die Frage so stellt, muss sie verneinen. Diese Kritik richtet sich vor allem gegen Mediationsklauseln in Allgemeinen Geschäftsbedingungen.[43] Trotzdem sind solche Klauseln sinnvoll, weil die meisten Parteien Klauseln ohne weitere Diskussion befolgen, wenn sie diese für verbindlich erachten. Die verbindliche Klausel führt also zur freiwilligen Befolgung. Wo eine Partei erreicht, dass eine Klage der Gegenseite wegen einer bestehenden Mediationsvereinbarung als „derzeit unzulässig" abgewiesen wird, wird es im Anschluss kaum zu einem kooperativen außergerichtlichen Streitbeilegungsverfahren kommen. Zu dieser angespannten Situation wird es aber regelmäßig nicht kommen, weil die anwaltlich beratene Klägerpartei diese Entwicklung voraussieht und daher statt des Zivilprozesses von sich aus das Mediationsverfahren einleitet. Der Streit um die Verbindlichkeit der Mediationsabrede bricht also gar nicht erst aus und kann das Verfahren dann auch nicht inhaltlich unterminieren. Die Verbindlichkeit der Mediationsabrede gefährdet das Mediationsverfahren also nicht. Hinzu kommt, dass viele Parteien die Mediation im Konfliktfall nicht vorschlagen möchten, weil sie in diesem Vorschlag einen Gesichtsverlust sehen. Die Berufung auf die „verbindliche" Mediationsklausel erleichtert den Parteien die tatsächlich auch subjektive gewollte Einleitung des Verfahrens.

b) Verjährungsfalle und Ausschlussfristen. Nach § 214 BGB darf der 28 Schuldner seine Leistung verweigern, wenn die Forderung verjährt ist.

---

[41] Vgl. nur *Heinrichs,* in: Palandt, § 11 ABGB, Rdn. 32.
[42] Ausführlich zu dieser Frage: *Nelle/Hacke,* ZKM 2001, S. 56 ff.
[43] *Hacke,* ADR-Vertrag, S. 112.

Die Parteien müssen für ein ungestörtes Mediationsverfahren daher sicherstellen, dass die streitgegenständlichen Forderungen nicht während der Mediation verjähren.[44] Die Frage, wie sich dieses Ziel erreichen ließ, wurde vor dem am 1. Januar 2002 in Kraft getretenen Schuldrechtsmodernisierungsgesetz heftig diskutiert. Sie hat ihre Brisanz durch die Neuregelung des Verjährungsrechts verloren. Nunmehr hemmt schon die Einleitung eines Güteverfahrens gemäß § 204 Abs. 1 Nr. 4 BGB die Verjährung. Bei einer einvernehmlichen Anrufung der Schlichtungsstelle gilt das auch dann, wenn diese Stelle nicht staatlich anerkannt ist. Interessant ist dabei die Frage, ob ein „einvernehmliches" Anrufen auch dann vorliegt, wenn eine Partei die Schlichtungsstelle unter Berufung auf eine entsprechende Mediationsvereinbarung anruft, ohne zuvor mit der Gegenpartei noch einmal gesprochen zu haben. Konsequent ist folgende Beurteilung: Das Einvernehmen in der Mediationsvereinbarung wirkt fort, solange letztere nicht wirksam gekündigt ist; die Verjährung ist daher zunächst gehemmt, selbst wenn sich die Gegenpartei nun energisch gegen jede Schlichtung oder Mediation wendet. Für Verjährungsfragen ist § 203 BGB noch klarer, der die Verjährung für die Dauer von Vergleichsverhandlungen hemmt und frühestens drei Monate nach Scheitern der Vergleichsverhandlungen eintreten lässt. Der früher gewählte Kunstgriff, über ein „pactum de non petendo" die Klagbarkeit auszuschließen und so gleichzeitig den Verjährungseinwand als treuwidrig auszuschalten,[45] ist daher heute entbehrlich. Während laufender Mediationsverfahren droht keine Verjährung mehr; die „Verjährungsfalle" ist entschärft.

29 Die Schlussfolgerung, dass die Parteien nach der Neuregelung des Verjährungsrechts entsprechende Absprachen nicht mehr treffen sollten,[46] ist jedoch übereilt. Was passiert etwa, wenn eine Partei ein Mediationsverfahren unter Berufung auf die Mediationsabrede einleitet, die Gegenpartei aber jede Mediation ablehnt oder gar nicht reagiert? Von „schwebenden Verhandlungen", wie sie § 203 BGB fordert, kann man dann begrifflich kaum sprechen. Über diese Hürde kommt man zunächst hinweg, denn die Gegenpartei bricht mit ihrem destruktiven Verhalten die Mediationsvereinbarung. Aus diesem Rechtsbruch darf sie keinen Vorteil ziehen, indem zwischenzeitlich die Verjährungsfrist ausläuft. Die Verjährungseinrede wäre rechtsmissbräuchlich. Offen bleibt aber auch dann die Frage, wie

---

[44] *Wagner,* ZKM/KON:SENS 1999, S. 80 (81), noch zur alten Rechtslage.
[45] BGH NJW 1999, 1022 (1023) m.w.N. In der Literatur wurde die Verjährungshemmung über den alten § 202 BGB konstruiert, was wegen des doch eindeutigen Wortlauts des alten § 225 BGB dogmatisch tatsächlich sauberer war; vgl. dazu *Eidenmüller,* Vertrags- und Verfahrensrecht, S. 30 m.w.N.
[46] *Hacke,* ADR-Vertrag, S. 137.

lange die Verjährung gehemmt sein soll, wenn nur eine Partei unter Berufung auf die Mediationsabrede eine Verhandlungslösung sucht. Wer hier in einer „angemessenen" Frist eine Lösung sucht, gefährdet die Rechtssicherheit, der die Verjährung doch gerade dienen will. Die Parteien sind vor diesem Hintergrund gut beraten, das Verjährungsproblem in der Mediationsvereinbarung zu regeln. Selbst wenn die Verjährungsregelung hinsichtlich des „obs" der Hemmung nur deklaratorisch wirkt, beseitigt sie doch die Angst der Parteien vor einem Rechtsverlust. Wichtiger ist die Klarstellung, für welche Zeitspanne die Verjährung gehemmt sein soll. Sonst droht später Streit darüber, wann die Vergleichsverhandlungen, und damit die Hemmung der Verjährung, begonnen haben und zu welchem Zeitpunkt die Verhandlungen ergebnislos endeten. Die Parteien sollten in der Klausel daher die genaue Zeitspanne der Verjährungshemmung definieren. Solche Absprachen sind nach der Aufhebung von § 225 BGB nun unproblematisch wirksam.

Das neue Verjährungsrecht gilt grundsätzlich nicht für gesetzliche Ausschlussfristen.[47] Gesetzliche Ausschlussfristen haben meist eine im öffentlichen Interesse liegende Rechtsfriedensfunktion, über die die Parteien nicht disponieren können. Der Bundesgerichtshof erkennt daher nur für vertragliche Ausschlussfristen den Einwand der unzulässigen Rechtsausübung an, wenn eine Partei sich auf eine Ausschlussfrist beruft, die während der Vergleichsverhandlungen abgelaufen ist. Für gesetzliche Ausschlussfristen verlangt der BGH eine Einzelfallbetrachtung.[48] Droht eine der seltenen gesetzlichen Ausschlussfristen relevant zu werden, müssen die Parteien in ihre Mediationsvereinbarung eine entsprechende Regelung aufnehmen und zusätzlich prüfen, ob flankierende Maßnahmen erforderlich sind, um einen Rechtsverlust zu vermeiden. **30**

Alternativ können die Parteien das Risiko einer Verfristung bewältigen, indem sie die Klageerhebung mit dem einzigen Zweck zulassen, eine Verjährungs- oder Ausschlussfrist zu unterbrechen.[49] Das Gerichtsverfahren wird für die Dauer der Mediation dann nicht betrieben. Dieser Weg ist mit Gerichts- und Anwaltskosten verbunden, die bei einem Erfolg der Mediation umsonst aufgewandt werden. Die Parteien sollten diese Variante wählen, wenn die gesetzliche Ausschlussfrist nicht zur Parteidisposition steht, von den Parteien also nicht durch vertragliche Vereinbarung unterbrochen oder gehemmt werden kann. Ein wichtiger Anwendungsfall ist insoweit § 246 Abs. 1 AktG, der die Beschlussanfechtung nur innerhalb eines Monats nach Beschlussfassung zulässt.[50] **31**

---

[47] *Hacke*, ADR-Vertrag, S. 140 f., mit eingehender Begründung.
[48] BGHZ 31, 77 (83).
[49] So auch *Wagner*, ZKM/KON:SENS 1999, S. 80 (81).
[50] Ausführlich hierzu: *Casper/Risse*, ZIP 2000, S. 437.

32   c) **Bestimmung des Mediators.** Die Parteien müssen sich für eine Mediation nicht nur über die Durchführung des Verfahrens an sich einigen, sondern Regelungen für die Benennung des Mediators treffen. Die Person des
Mediators können die Parteien regelmäßig erst im Konfliktfall bestimmen,
weil sich erst aus der konkreten Konfliktkonstellation das Anforderungsprofil des Mediators ergibt. Wenn die Parteien streiten und der Konflikt
eskaliert, fällt der Konsens über die Person des Mediators schwer. Hinzu
kommt, dass die Parteien häufig selbst keine geeigneten Mediatoren kennen. Für diesen Fall muss die Mediationsabrede Vorsorge treffen und einen Modus bestimmen, wie bei einem fehlenden Konsens der Mediator
bestimmt wird. Diese Regelung ist auch deshalb zwingend erforderlich,
weil es für Mediationsverfahren keine gesetzliche Auffangregel für die Bestimmung des Mediators gibt, wie sie §§ 1034 f. ZPO für Schiedsverfahren
enthält. Praktikabel ist die Regelung, dass ein Dritter – etwa der den Vertrag beurkundende Notar oder der Präsident der örtlichen IHK – den Mediator bestimmt, wenn die Parteien sich nicht innerhalb einer bestimmten
Frist auf eine Person einigen können. Möglich, aber relativ selten, ist auch
eine zusätzliche Vereinbarung über das Anforderungsprofil, dem der Mediator entsprechen muss.[51]

33   d) **Beendigung des Mediationsverfahrens.** Das Mediationsverfahren hat
Einfluss auf die Klagbarkeit des streitgegenständlichen Anspruchs und auf
laufende Verjährungsfristen. Die Verbindlichkeit der Vereinbarung verbietet es den Parteien, das Mediationsverfahren einfach zu ignorieren. Auf
der anderen Seite muss wegen der Rechtswirkungen des Mediationsverfahrens auch klar sein, wann die Mediation gescheitert ist, so dass die
Mediationseinrede entfällt und Klage erhoben werden kann.[52] Die Mediationsvereinbarung enthält hierzu klare Regelungen. Üblich ist die Vereinbarung, dass beide Parteien die Mediation nach einer ersten gemeinsamen
Sitzung mit dem Mediator schriftlich für gescheitert erklären können. Als
Auffangregelung können die Parteien festgelegen, dass die Mediation auch
dann als gescheitert gilt, wenn zwei Monate nach Eingang des Antrags auf
Durchführung der Mediation keine Sitzung mit dem Mediator stattgefunden hat. Die Parteien vermeiden durch enge zeitlichen Vorgaben, dass eine
Seite die Mediation zur Verschleppung der Auseinandersetzung miss-
braucht. Wenn die Zeitvorgabe sich später als zu knapp erweist, können
die Parteien problemlos eine Abänderungsvereinbarung schließen.

34   Es kann sinnvoll sein, in der Mediationsvereinbarung ausdrücklich eine
Ausstiegsklausel bei Vorliegen bestimmter Umstände festzulegen. So ist
eine professionell durchgeführte Mediation nicht billig. Die Verfahrens-

---

[51] Ausführlich dazu *Hacke,* ADR-Vertrag, S. 147 ff.
[52] *Heß/Sharma,* in: Handbuch Mediation, § 26, Rdn. 23.

kosten dürfen nicht außer Verhältnis zum Gegenstandswert stehen. Die Parteien können bei Unterzeichnung eines Vertrages über ein komplexes Bauvorhaben aber nicht absehen, ob später entstehende Konflikte im Millionenbereich liegen oder es nur um einen untergeordneten Baumangel geht, der für wenige tausend Euro behoben werden kann. Die Parteien können daher vereinbaren, dass bei Streitwerten unterhalb einer bestimmten Schwelle auch sofort Klage erhoben werden kann.[53]

4. Bezugnahme auf eine Verfahrensordnung

Für die Wirtschaftsmediation fehlen gesetzlich Vorgaben, Musterver-   35
fahren oder Rahmenordnungen, die den Ablauf vorgeben. Die Parteien müssen sich im Prinzip über jeden Punkt einigen. Das Aushandeln entsprechender Vereinbarungen ist in diesem Fall sehr aufwendig und für die Parteien, die sich eigentlich eine wenig rechtsförmliche Konfliktbehandlung wünschen, auch befremdlich. Es ist in der Mediation daher noch sinnvoller als im Schiedsverfahren, wenn sich die Parteien bereits in der Mediationsvereinbarung auf das Regelwerk einer Organisation einigen, die das Verfahren später organisiert. Die Parteien verweisen dazu in der Mediationsvereinbarung einfach pauschal auf dieses Regelwerk. Die Parteien können im Konfliktfall ihre Rechte und Pflichten der Verfahrensordnung genau entnehmen. Die Verfahrensordnungen sind das Ergebnis langjähriger Erfahrungen mit der Mediation. Die Parteien können recht sicher sein, dass alle regelungsbedürftigen Punkte dort auch angesprochen und geregelt sind. Während die Parteien bei einer „ad hoc"-Mediationsklausel im Konfliktfall oft nicht wissen, wie sie die Klausel nun mit Leben füllen sollen, unterstützt die in der Klausel genannte Mediationsvereinigung die Parteien als erster Ansprechpartner bei der Einleitung und Durchführung des Verfahrens. Die Vereinigung hilft auch bei der oft schwierigen Suche nach einem qualifizierten Mediator. Die für diese Dienstleistungen zu zahlende Gebühr ist gut investiert.

a) **Deutsche Mediationsinstitute und Verfahrensordnungen.** Angesichts   36
der noch jungen Geschichte der Wirtschaftsmediation in Deutschland hat sich noch kein allgemein akzeptierter Standard für Verfahrensordnungen durchgesetzt. Derzeit haben vor allem regional tätige Institutionen und Vereine Mediationsordnungen aufgestellt, die teilweise auch noch als Schlichtungsordnung bezeichnet werden. Beispiele sind die „Schlichtungsordnungen" der Industrie- und Handelskammern, die nach dem Vorbild der Industrie- und Handelskammer von München und Oberbayern unter Anlehnung an den Mediationsgedanken Schlichtungsstellen einrichten und

---

[53] Zu ähnlichen Klauseln in der Schiedsgerichtsbarkeit vgl. *Lachmann*, Schieds-VZ 2003, S. 28 (29).

entsprechende Verfahrensordnungen erlassen.[54] Bei vielen dieser Schlichtungsstellen besteht allerdings die Gefahr, dass dort nach bewährtem Muster lediglich ein Schlichtungsspruch vom eingesetzten Schlichter gefällt wird, statt die Parteien eine Lösung unter Anleitung des moderierenden Mediators selbst erarbeiten zu lassen.

37 Auf die Wirtschaftsmediation abgestimmt ist die Verfahrensordnung der Gesellschaft für Wirtschaftsmediation und Konfliktmanagement (gwmk) in München.[55] Auf die dort niedergelegten Regeln, die weitgehend amerikanischen und internationalen Standards nachgebildet sind, wird nachfolgend unter der Abkürzung gwmk-VO Bezug genommen. Die gwmk-VO ist im Anhang dieses Buches abgedruckt. Seit dem Jahr 2002 ist auch die Schlichtungsordnung der DIS – Deutsche Institution für Schiedsgerichtsbarkeit[56] in Kraft (DIS-VO), die ebenfalls als Rahmenordnung für Mediationsverfahren dienen kann. Nach § 11 Abs. 2 DIS-VO enthält die Einigung auf die Verfahrensordnung noch keine Einigung auf ein Mediationsverfahren, sondern nur allgemein auf ein Schlichtungsverfahren. Welche Art von Schlichtungsverfahren durchgeführt wird, müssen die Parteien gemeinsam mit dem bestellten Schlichter entscheiden. Auch die DIS-VO findet sich im Anhang dieses Buches.

38 **b) International ausgerichtete Verfahrensordnungen.** Im internationalen Wirtschaftsverkehr hat die Mediation eine größere Bedeutung als in Deutschland. Eine große Rolle bei der Verfahrensadministration spielt die in London ansässige CEDR – Center for Dispute Resolution.[57] Die CEDR-Verfahrensordnung wird auch für viele internationale Mediationsverfahren gewählt. Eine vergleichbar starke Stellung nimmt in New York das CPR – Institute for Dispute Resolution ein.[58]

39 Während die vorgenannten Institutionen sich ganz auf ADR-Verfahren konzentrieren, bieten weltumspannende Institutionen wie die Internationale Handelskammer (ICC)[59] in Paris oder die Weltorganisation zum Schutz geistigen Eigentums (WIPO)[60] in Genf ADR-Verfahrensordnungen eher als Ergänzung zum etablierten Verfahrensmodell der Schiedsgerichtsbarkeit an. Diese Schlichtungsordnungen stellen deshalb auch eine Rahmenordnung für alle möglichen ADR-Verfahren dar. Ob sie auf Dauer die

---

[54] F.A.Z. v. 9. 3. 1999, S. 20; ein aktuelles Beispiel ist Schlichtungsordnung, welch die IHK Frankfurt/M. zusammen mit der Rechtsanwaltskammer Frankfurt eingeführt hat; zu beziehen über die IHK, Börsenplatz 4, 60313 Frankfurt.
[55] Internet: www.gwmk.org.
[56] Internet: www.dis-arb.de.
[57] Internet: www.cedr.co.uk.
[58] Internet: www.cpradr.org.
[59] Internet: www.iccwbo.org.
[60] Internet: www.wipo.int.

Mediationsordnungen der spezialisierten Vereinigungen zurückdrängen können, bleibt abzuwarten. Nennenswerte inhaltliche Unterschiede, die für oder gegen einzelne Verfahrensordnungen sprechen, gibt es kaum.

5. Vorzeitige Kündigung der Mediationsvereinbarung

Es ist ein Grundprinzip der Mediation, dass jede Partei während eines **40** laufenden Verfahrens einseitig das Scheitern der Mediation erklären kann, ohne dass sie Sanktionen fürchten muss. Davon ist jedoch der Fall zu unterscheiden, dass sich eine Partei bereits vor der Verfahrenseinleitung von einer wirksamen Mediationsvereinbarung lösen und sofort den Rechtsweg beschreiten will. Das mag daran liegen, dass die Partei die Mediation für ungeeignet hält, den nun ausgebrochenen Konflikt beizulegen, oder der Partei schlicht die finanziellen Mittel fehlen, um den Gebührenvorschuss des Mediators zu zahlen. In solchen Fällen stellt sich die Frage, unter welchen Voraussetzungen die Mediationsvereinbarung ihre Bindungswirkung verliert.

Wie für jeden Vertrag gilt das römisch-rechtliche „pacta sunt servanda" **41** auch für Mediationsvereinbarungen. Die Parteien müssen die Vereinbarung einhalten und dürfen somit erst nach einem Mediationsversuch Zivilklage erheben. Die vertragliche Teilnahmepflicht hat dort ihre Grenzen, wo die Einhaltung der Mediationsklausel dazu führen würde, dass die rechtssuchende Partei dauerhaft ohne Rechtsschutz bliebe und ihre Ansprüche nicht durchsetzen könnte. Das wäre der Fall, wenn eine Partei zwar zur Mediation bereit ist, aber nicht über die finanziellen Mittel zur Einleitung des Verfahrens verfügt, weil sie weder den Honorarvorschuss für den Mediator noch den Gebührenvorschuss für den eigenen Rechtsanwalt aufbringen kann. Da die Mediation ein außergerichtliches Verfahren ist, erhält die verarmte Partei zur Deckung dieser Kosten keine Prozesskostenhilfe nach §§ 114 ff. ZPO. Wenn die Gegenseite eine Klage dann gleichwohl mit der Mediationseinrede zur Abweisung bringen könnte, könnte der verarmte Kläger auch eine berechtigte Forderung dauerhaft nicht durchsetzen.

Die skizzierte Problematik ist aus der Schiedsgerichtsbarkeit bekannt. **42** Der Bundesgerichtshof billigte der verarmten Partei dort ursprünglich das Recht zu, die Schiedsvereinbarung aus wichtigem Grund zu kündigen.[61] Heute lässt der BGH die Schiedsvereinbarung sogar ohne Kündigung von selbst entfallen und begründet das mit einer „Undurchführbarkeit" nach § 1032 Abs. 1 ZPO.[62] Diese Entscheidung überzeugt jedoch nicht. Sie führt zu Rechtsunsicherheit um den Wegfall der Bindungswirkung und

---

[61] BGHZ 41, 104; 51, 78; 77, 65. Einen Überblick über weitere Kündigungsgründe geben *Raeschke/Kessler*, Recht und Praxis des Schiedsverfahrens, S. 94 ff.
[62] BGH BB 2001 (Beil. 6), 17 f.

ermöglicht der verarmten Partei ein Taktieren.[63] Am Kündigungserfordernis ist daher festzuhalten. Mit dieser Modifikation ist das einseitige Lösungsrecht der verarmten Schiedspartei auch auf das Mediationsverfahren zu übertragen. Klagt die verarmte Partei ihren Anspruch unter gleichzeitiger Kündigung der Mediationsvereinbarung ein, kann die Gegenseite zunächst die Schlichtungseinrede erheben. Der Kläger muss seine Mittellosigkeit dann darlegen und beweisen. Diese Beweislastverteilung verhindert, dass sich eine Partei der bindenden Mediationsvereinbarung durch schlichte Behauptung der Mittellosigkeit entzieht. Der Gegenseite wird man dabei wie im Schiedsverfahren eine Abwendungsbefugnis zubilligen müssen, wonach sie das Mediationsverfahren retten kann, wenn sie die Verfahrenskosten der Mediation vollständig vorfinanziert.[64]

43   Was passiert, wenn ein Beteiligter eine Schlichtung oder Mediation entsprechend einer Mediationsklausel einleitet, die Gegenseite aber notwendige Teilnahmehandlungen wie die Zahlung des Gebührenvorschusses verweigert und sich dann gegen das eingeleitete Gerichtsverfahren gleichwohl mit der Schlichtungseinrede verteidigt? Unter diesen Umständen ist die Einrede wegen des Vorverhaltens der Partei unwirksam und die Klageerhebung ist zulässig. Dies gilt zunächst für die grundlos verweigerte Mitwirkung.[65] Aber auch wenn der Gegenseite schlicht die finanziellen Mittel für eine Verfahrensteilnahme fehlen, kann die andere Partei sofort klagen, da es eine Verpflichtung zur vollständigen Kostenübernahme nicht gibt.[66]

6. Musterklauseln

44   Die Mediation bietet den Parteien die Chance, durch eine überlegte Vereinbarung ein für ihren Zweck maßgeschneidertes Konfliktbeilegungsverfahren zu schaffen. Diese Chance sollten die Parteien nicht leichtfertig vertun, indem sie Mediationsklauseln blind in ihren Vertrag übernehmen. Allerdings scheint die bisweilen vorgeschlagene Alternative kaum praktikabel, in der Klausel lediglich eine Beratungspflicht festzulegen, nach der die Parteien im Streitfall zusammen mit einem Dritten eine Konfliktanalyse durchführen müssen, um auf dieser Basis dann das ideale ADR-Verfahren für den konkreten Konflikt auszuwählen.[67] Die Vielfalt möglicher Klauseln

---

[63] Ausführlich *Risse*, BB 2001 (Beil. 6), S. 11 f.

[64] So auch in der Parallelsituation im Schiedsverfahren, vgl. *Risse*, BB 2001 (Beil. 6), S. 11.

[65] Dazu BGH DB 1999, 215 f.

[66] BGH NJW 1984, 669; zur Parallelkonstellation im Schiedswesen vgl. BGHZ 102, 198.

[67] *Hacke*, ADR-Vertrag, S. 111, mit einem Formulierungsvorschlag für eine solche Klausel.

ist kaum überschaubar.[68] Mit diesem „Caveat" werden nachfolgend einige Musterklauseln vorgestellt, die bewusst die Anwendungsbreite und die Gestaltungsfähigkeit von Mediationsverfahren veranschaulichen sollen.

a) **Ad-hoc-Mediationsverfahren.** Die Mediationsklausel entspricht in ih- 45 rem Aufbau der klassischen Schiedsvereinbarung mit dem Unterschied, dass die Parteien anstelle der Entscheidung durch ein Schiedsgericht ein Mediationsverfahren angeordnet haben. Die Vertragsparteien müssen bei der Formulierung, ganz ähnlich der üblichen Schiedsgerichtsklausel, darauf achten, dass jeder aus dem Vertrag entstehende oder mit diesem zusammenhängende Konflikt von der Mediationsabrede erfasst wird, um spätere Abgrenzungsschwierigkeiten zu vermeiden. Es ist einfach ärgerlich und zeitraubend, wenn die Parteien wegen einer unklaren Abfassung der Mediationsklausel darum streiten müssen, ob die behauptete Nichtigkeit des Gesamtvertrages auch die Mediationsvereinbarung erfasst oder nicht. Eine einfache Mediationsklausel könnte lauten:

> „Zur Beiliegung aller Streitigkeiten aus oder in Zusammenhang mit diesem Vertrag werden die Parteien ein Mediationsverfahren (qualifizierte Schlichtung) durchführen. Das Mediationsverfahren beginnt mit dem Zugang der schriftlichen Aufforderung einer Partei an die andere Partei, gemeinsam ein solches Verfahren durchzuführen („Mediationsantrag").
>
> Können sich die Parteien nicht innerhalb von zwei Wochen nach Zugang des Mediationsantrags auf einen Mediator (Schlichter) einigen, wird dieser vom Präsidenten der IHK Frankfurt am Main nach Aufforderung durch eine Partei bestimmt.
>
> Eine Beschreitung des Rechtsweges ist erst zulässig, wenn eine Partei oder der Mediator die Mediation für gescheitert erklärt hat. Die Erklärung ist erst zulässig, wenn eine erste gemeinsame Verhandlung mit dem Mediator stattgefunden hat oder wenn seit dem Mediationsantrag zwei Monate verstrichen sind, ohne dass es zu einer ersten Mediationssitzung gekommen ist. Die Erklärung muss schriftlich gegenüber der anderen Partei erfolgen.
>
> Verjährungs- und Ausschlussfristen sind ab Zugang des Mediationsantrags gehemmt. Die Hemmung dauert bis zum letzten Kalendertag des Monats, in dem das Scheitern der Mediation erklärt wird.
>
> Ein gerichtliches Eilverfahren oder die Klageerhebung zur Unterbrechung einer Ausschlussfrist bleibt jederzeit zulässig."

---

[68] *Hacke,* ADR-Vertrag, S. 110 ff. formuliert gleich mehrere Dutzend verschiedener Vorschläge.

46   Der Begriff der Mediation ist noch nicht allgemein bekannt, so dass in obige Klausel erläuternd der Klammerzusatz „qualifizierte Schlichtung" aufgenommen wurde. Das ist gefährlich, da sich Schlichtung und Mediation deutlich unterscheiden[69] und ein qualifiziertes Mediationsverfahren im Unterschied zur Schlichtung nur von einem geschulten Mediator durchgeführt werden kann. Will man aber auf den Einbezug einer Mediationsordnung verzichten und es bei der dargestellten ad hoc-Mediationsklausel belassen, ist der erläuternde Zusatz zumindest derzeit noch ratsam. Andernfalls werden die Parteien, die den Vertrag im Glauben an eine konfliktfreie Vertragsdurchführung regelmäßig ohne besondere Beachtung der Mediationsklausel unterschrieben haben, beim Ausbruch der Streitigkeit von der ihnen kaum verständlichen Klausel überrascht. Die ad hoc-Klausel muss weiter eine Regelung für die Bestimmung des Mediators enthalten. Der übrige Regelungsbedarf ist einzelfallabhängig. Wer sichergehen will, keinen zentralen Aspekt zu vergessen, sollte besser eine anerkannte Verfahrensordnung in Bezug nehmen.

47   b) **Standardklausel bei Übernahme einer Verfahrensordnung.** Am einfachsten ist es für die Parteien, wenn sie eine Mediationsklausel übernehmen, die die Verfahrensordnung einer Mediationsvereinigung zum Vertragsbestandteil macht.

> „Zur Beilegung von Streitigkeiten, die aus oder im Zusammenhang mit diesem Vertrag entstehen, werden die Parteien ein Mediationsverfahren gemäß der Verfahrensordnung des X–Instituts, Adresse des Instituts, durchführen. Ein gerichtliches Eilverfahren bleibt zulässig."

48   Wer sicher gehen will, muss auch bei solchen Standardklauseln prüfen, ob die in Bezug genommene Verfahrensordnung tatsächlich die Regelungen enthält, die den Parteien wichtig sind. Die Verfahrensordnungen anerkannter Institutionen sind aber sehr umfassend und decken jedenfalls die wichtigen regelungsbedürftigen Fälle ab. Wer sich auf eine bestimmte Verfahrensordnung einigt, sollte die von der entsprechenden Mediationsvereinigung vorgeschlagene Klausel wörtlich übernehmen. Das vermeidet spätere Auslegungsprobleme.

49   c) **Eskalationsklauseln.** In komplexen Verträgen findet sich immer häufiger Eskalationsklauseln, die den Konflikt durch verschiedene Streitbeilegungsphasen laufen lassen. Dazu vereinbaren die Parteien, dass über den Konflikt zunächst auf Manangement-Ebene verhandelt wird. Scheitert die

---

[69] Zu den Unterschieden vgl. oben § 1, Rdn. 22 f.

Verhandlung, führen die Parteien eine Mediation durch. Scheitert auch die Mediation, soll ein Schiedsgericht den Konflikt abschließend entscheiden. Also:

„Kommt es im Zusammenhang mit diesem Vertrag zu Meinungsverschiedenheiten oder Streitigkeiten, werden sich die Parteien nach besten Kräften bemühen, diese Konflikte einvernehmlich zu lösen. Zu diesem Zweck werden sich die Parteien innerhalb von zwei Wochen nach schriftlicher Aufforderung durch eine Seite in Frankfurt am Main treffen, um über eine einvernehmliche Lösung zu verhandeln. Zu dieser Verhandlung wird jede Partei auch ein Mitglied ihrer Geschäftsführung entsenden.

Erklärt eine Seite diesen Einigungsversuch für gescheitert oder kommt es innerhalb von zwei Wochen nach Zugang der Aufforderung nicht zu einer Verhandlung, werden die Parteien zur Beilegung von Streitigkeiten, die aus oder im Zusammenhang mit diesem Vertrag entstanden sind, ein Mediationsverfahren gemäß der Verfahrensordnung des X–Instituts, Adresse des Instituts, durchführen. Der Verfahren beginnt mit dem Zugang eines schriftlichen Antrags einer Partei auf Durchführung des Mediationsverfahrens. Jede Partei hat das Recht, dem Mediator vor der ersten Mediationssitzung eine auf zehn Seiten begrenzte Darstellung des Konflikts zu übersenden. Die Gegenseite erhält eine Kopie dieser Darstellung.

Scheitert die Mediation oder kommt es innerhalb von sechs Wochen nach Antrag einer Partei auf Durchführung der Mediation nicht zu einer ersten Mediationssitzung der Parteien mit dem Mediator, kann jede Partei ein Schiedsverfahren einleiten. Das Schiedsgericht entscheidet dann alle Streitigkeiten in Zusammenhang mit dem Vertrag endgültig unter Ausschluss des ordentlichen Rechtswegs. Das Schiedsverfahren findet nach den Regeln der Deutschen Institution für Schiedsgerichtsbarkeit e.V. (DIS) statt. Das Schiedsgericht besteht aus drei Personen. Der Ort des schiedsgerichtlichen Verfahrens ist Frankfurt/M. Schiedssprache ist Deutsch.

Ein gerichtliches Eilverfahren bleibt jederzeit zulässig."

d) **Mediationsklauseln im Gesellschaftsrecht.** Mediationsklauseln im 50 Gesellschaftsrecht werfen besonders viele Fragen auf. Für einen Einigungsversuch müssen regelmäßig alle Gesellschafter an der Mediation teilnehmen, was zu einem Mehrparteienverfahren führt. Schwierig ist insbesondere der Umgang mit Beschlussmängelstreitigkeiten. Im Gesellschaftsrecht sollten Mediationsklauseln wegen dieser und ähnlicher

Schwierigkeiten nur nach einer eingehenden Prüfung der gesellschaftsrechtlichen Verhältnisse erfolgen. Das folgende Beispiel ist eine ausführliche Mediationsklausel, die Beschlussmängelstreitigkeiten in einer GmbH
erfasst:

„Die Gesellschafter verpflichten sich, zur gütlichen Beilegung von
Streitigkeiten im Zusammenhang mit Gesellschafterbeschlüssen ein
Mediationsverfahren durchführen. Das Verfahren richtet sich nach
der Verfahrensordnung der „X-Mediationsgesellschaft", Adresse, sofern in diesem Gesellschaftsvertrag keine abweichende Regelung
enthalten ist. Sämtliche Gesellschafter werden an den Mediationssitzungen teilnehmen oder einen bevollmächtigten Vertreter entsenden.

Für die Dauer des Mediationsverfahrens ist die Frist zur Erhebung der
Anfechtungsklage (§ X dieser Satzung, der bestimmt, dass Beschlüsse
binnen Monatsfrist angefochten werden müssen) gehemmt. Die
Hemmung beginnt mit Eingang des Antrags auf Durchführung einer
Mediation bei der „X-Mediationsgesellschaft". Die Hemmung endet
am letzten Tag des Monats, der auf die förmliche Beendigung der
Mediation folgt. Die Hemmung endet ferner dann, wenn seit Eingang
des Antrags zwei Monate verstrichen sind, ohne dass es zu einer gemeinsamen Mediationssitzung unter Teilnahme aller Gesellschafter
gekommen ist.

Die Erhebung der Anfechtungsklage ist erst zulässig, wenn ein Gesellschafter die Mediation nach einer ersten gemeinsamen Sitzung mit
dem Mediator schriftlich gegenüber der Gesellschaft und den Mitgesellschaftern für gescheitert erklärt hat oder wenn seit Eingang des
Antrags auf Durchführung der Mediation zwei Monate vergangen
sind, ohne dass es zu einer gemeinsamen Mediationssitzung gekommen ist.

Weigern sich einzelne Gesellschafter, an der ersten Mediationssitzung teilzunehmen, und führen sie so das Scheitern der Mediation
herbei, tragen sie die Kosten des folgenden Anfechtungsprozesses als
Gesamtschuldner unabhängig von dessen Ausgang.

Gerichtliche Eilverfahren bleiben zu jedem Zeitpunkt zulässig.

Die Kosten des Mediationsverfahrens trägt die Gesellschaft. Entstehende Anwaltskosten und Auslagen trägt jeder Gesellschafter
selbst."[70]

---

[70] Zitiert nach *Casper/Risse*, ZIP 2000, S. 437 (444 f.) mit ausführlichen Erläuterungen zur Mediation von Beschlussmängelstreitigkeiten.

Die Klausel enthält eine materiell-rechtliche Sanktion für unkooperative **51** Gesellschafter, die versuchen, das Verfahren durch ihre Nichtteilnahme zu torpedieren. Die Übernahme der Mediationskosten durch die Gesellschaft gibt den Gesellschaftern einen zusätzlichen Anreiz, das für sie kostenfreie Verfahren wahrzunehmen.

e) **Mediationsklausel im Erbrecht.** Ein Erblasser, der vermeiden möchte, **52** dass seine Erben im Streit über den Nachlass den Familienfrieden zerstören, kann eine Mediationsklausel auch in sein Testament oder einen Erbvertrag aufnehmen.

> „Zur Beilegung von Streitigkeiten aus oder im Zusammenhang mit diesem Testament werden die betroffenen Parteien ein Mediationsverfahren nach der Verfahrensordnung der X-Mediationsvereinigung, Adresse, durchführen. Mediator ist Herr Notar Dr. Y, Adresse. Im Verhinderungsfall wird der Mediator nach Aufforderung einer Partei durch den Präsidenten der IHK München bestimmt. Die Kosten des Mediators trägt der Nachlass. Anwaltskosten und Auslagen trägt jede Partei selbst. Weigert sich eine Partei, an der ersten Mediationssitzung mit dem Mediator teilzunehmen, trägt sie die Gerichtskosten eines anschließenden Prozesses unabhängig vom Verfahrensausgang."

Da § 1066 ZPO auch die testamentarische Anordnung eines Schiedsver- **53** fahrens mit Wirkung für die Erben erlaubt, darf der Erblasser auch ein Mediationsverfahren einseitig anordnen.[71]

f) **Mediationsklausel in internationalen Verträgen.** Für eine Mediations- **54** klausel, die in einen internationalen Vertrag aufgenommen werden soll, sind weitere Festlegungen, wie Ort und die Sprache des Mediationsverfahrens, wichtig. Häufig wird auch eine Rechtswahl getroffen, auch wenn die Mediation keine Rechtsentscheidung bezweckt. Sinnvoll kann es auch sein, bestimmte Qualifikationen des Mediators festzuschreiben.

> „All disputes arising in connection with this contract or its validity shall be settled in accordance with the Conciliation & Mediation Rules of the X–Institute.
> The place of the mediation is Berlin, Germany. The language of the proceedings shall be English. The substantive law of Germany is applicable to the dispute. The person appointed as mediator must be fluent in English and German. The mediator must be a member of the German bar."

---

[71] Ausführlich zur Mediation im Erbrecht: *Risse,* ZEV 1999, S. 204 ff.

7. Unverbindliche Mediationsklauseln und deren Wert

55   Die Parteien können statt einer Vereinbarung, wonach das Mediationsverfahren die Beschreitung des Rechtswegs vorläufig ausschließt, auch
eine rechtlich unverbindliche Klausel in das Vertragswerk aufnehmen.
Rechtlich ist eine solche Klausel unproblematisch, wenn ihr unverbindlicher Charakter deutlich zum Ausdruck gebracht wird.[72] Eine solche Klausel könnte lauten:

> „Die Parteien beabsichtigen, alle aus oder im Zusammenhang mit
> diesem Vertrag entstehenden Streitigkeiten, die sich nicht durch un-
> mittelbare Verhandlungen lösen lassen, einem Mediationsverfahren
> nach der Verfahrensordnung des X-Instituts, Adresse, zuzuführen, um
> die Auseinandersetzung so gütlich beizulegen. Eine Pflicht zur Teil-
> nahme an diesem Verfahren besteht jedoch nicht. Die Beschreitung
> des Rechtsweges bleibt jederzeit zulässig."

56   Entgegen einer verbreiteten Meinung sind unverbindliche Mediationsklauseln, die nur einen „good will" zum Ausdruck bringen, durchaus
sinnvoll. Viele Parteien zögern nach gescheiterten bilateralen Verhandlungen, der Gegenseite ein Mediationsverfahren vorzuschlagen. Sie sehen in
einer solchen Anregung ein Eingeständnis von Schwäche, das sie vermeiden wollen. Die Gegenseite soll nicht den Eindruck gewinnen, man fürchte
den Gerichtsprozess und votiere deshalb für eine Fortsetzung der Verhandlungen. Vor diesem psychologischen Hintergrund wird daher auf die
Wirtschaftsmediation verzichtet. Die Chance, den Kontrahenten für die
Teilnahme an einem aussichtsreichen Mediationsverfahren zu gewinnen,
wird so vertan. Die unverbindliche Mediationsklausel wirkt dieser Gefahr
entgegen. Die Klausel erlaubt der mediationswilligen Partei, die Einleitung
des Verfahrens mit einem Hinweis auf eine vertragliche Bestimmung zu
begründen, die bei Vertragsschluss Konsens der Parteien war. Die Partei
vermeidet mit dem erklärenden Hinweis den Eindruck, sie sei auf eine
gütliche Einigung wegen schlechter Prozessaussichten angewiesen. Spie-
gelbildlich dazu sieht die angesprochene Seite in der Zustimmung zur Mediation keine einseitige Konzession, sondern lediglich die Einhaltung einer
als „Gentleman Agreement" getroffenen Vereinbarung. Die Mediation
wird so durch die zunächst unverbindliche Klausel doch auf den Weg gebracht.

---

[72] Der BGH scheint dahin zu tendieren, Schlichtungsklauseln als verbindlich
auszulegen (BGH DB 1999, 215 f.), weshalb eine Klarstellung sinnvoll erscheint.

Ein zweiter Aspekt spricht für unverbindliche Mediationsklauseln in **57**
Verträgen: Konfliktparteien ist die Wirtschaftsmediation als Streitbeilegungsverfahren oft unbekannt. Ist der Konflikt erst einmal ausgebrochen,
stehen die nun auch emotional betroffenen Parteien einem Hinweis des
beratenden Rechtsanwalts auf alternative Streitbeilegungsverfahren skeptisch gegenüber. Sie wollen ihr „Recht" kompromisslos durchsetzen und
erwarten von ihrem Anwalt, dass er für sie kämpft und nicht, dass er die
gütliche Einigung oder den „faulen" Kompromiss mit der Gegenseite anstrebt. In dieser Phase lassen sich die Parteien über die Chancen und Risiken der Wirtschaftsmediation nicht mehr informieren, sie sind insoweit
beratungsresistent. Anders ist die Situation beim Abschluss eines Vertrages. Die Parteien sind sich hier einig, so dass grundsätzlich eine kooperative Gesprächsatmosphäre herrscht. Gleichzeitig sitzen mit dem beurkundenden Notar oder den beratenden Anwälten sachkundige Personen am
Verhandlungstisch, die die Parteien auf die Existenz der Wirtschaftsmediation hinweisen und über deren Inhalt informieren können. Einigen sich die
Parteien daraufhin auf die Aufnahme einer entsprechenden – auch unverbindlichen – Bestimmung in den Vertrag, dokumentieren sie damit ihr
Wissen über diese Alternative zum Prozess. Im Konfliktfall erfüllt diese
Klausel dann für die Parteien eine Hinweisfunktion, die von der übereilten
Klageerhebung abhalten kann: „Nun, immerhin haben wir seinerzeit gemeint, dass vor einem Prozess eventuell eine Mediation sinnvoll sein
könnte. Da muss ich meinen Anwalt doch noch einmal fragen, was es damit auf sich hat und ob dieses Verfahren auch hier Sinn machen würde."
So wird es dem beratenden Anwalt unter Hinweis auf die Klausel erleichtert, die Eignung des Konflikts für eine Wirtschaftsmediation und deren
konfliktspezifischen Chancen und Risiken mit dem Mandanten offen zu
erörtern, ohne in den Verdacht fehlender Einsatzbereitschaft zu geraten.
Auf diese Weise sorgt die unverbindliche Mediationsklausel dafür, dass
vor der Austragung des Konflikts eine ergebnisoffene Abwägung über den
besten Weg der Konfliktbeilegung stattfindet.

Ihre Funktion, die Parteien auf die Wirtschaftsmediation im Konflikt- **58**
fall hinzuweisen und die psychologische Scheu vor einer Verfahrenseinleitung abzubauen, wird die unverbindliche Klausel desto besser erfüllen, je
konkreter sie formuliert ist. Den Hinweis, „auf eine gütliche Einigung
bestmöglich hinzuarbeiten und eventuell ein Mediationsverfahren einzuleiten", werden die Parteien im Konfliktfall ignorieren, da ihnen schon der
mit der praktischen Umsetzung der Klausel verbundene Aufwand zu groß
erscheint. Die vage formulierte Klausel erweckt in der rückblickenden Betrachtung der Vertragsparteien den Eindruck einer unverbindlichen Floskel, während die detaillierte Bestimmung auf eine nachdenkenswerte Vorgehensweise hinweist, der man mit seiner Unterschriftsleistung seinerzeit
prinzipiell zugestimmt hat. Nur wenn die weiteren Verfahrensschritte

durch den Einbezug einer Mediationsordnung oder die einfache Bestimmbarkeit des Mediators klar konturiert sind, werden die Parteien ernsthaft erwägen, den so empfohlenen Weg der Streitbeilegung zu beschreiten.

III. Verfahrenseinleitung ohne Mediationsklausel

59 Die Wirtschaftsmediation ist in Deutschland relativ unbekannt. Deshalb finden sich (noch) in wenigen Verträgen Mediationsklauseln, die die Parteien zur Durchführung des Verfahrens veranlassen. Wo die Mediationsklausel fehlt, muss die mediationswillige Partei die Gegenseite davon überzeugen, dass die Mediation ein problemadäquates Verfahren zur Behandlung des aufgetretenen Konflikts ist. In der konkreten Konfliktsituation ist es sehr schwierig, die Gegenseite für dieses Verfahren zu gewinnen.

1. Schwierigkeiten und Chancen

60 Der Kontrahent, an den der Vorschlag zur Mediation gerichtet wird, weiß regelmäßig nicht einmal, worum es sich bei diesem Verfahren handelt. Er wird die Mediation deshalb schon aus Scheu vor dem Unbekannten ablehnen, wenn er keine wirklich überzeugende Begründung für dieses Verfahrensmodell hört. Das vorangegangene Scheitern bilateraler Verhandlungen hat die Kommunikation zwischen den Parteien so gestört, dass jedem Vorschlag mit Misstrauen begegnet wird. Was von der Gegenseite oder gar deren Anwalt kommt, wird grundsätzlich kritisch aufgenommen und reaktiv abgewertet.[73] Der einseitig geäußerte Wunsch nach Mediation signalisiert ein einseitiges Interesse an dieser Verfahrensweise, eine Annahme des Vorschlags wird subjektiv als unnötige Konzession empfunden. Liegt im Vorschlag der Gegenseite, die Verhandlungen in Form einer Mediation fortzusetzen, nicht ein erstes Eingeständnis von Schwäche, die es auszureizen gilt? Die auftauchenden Probleme stellen das Spiegelbild der Vorteile dar, die mit einer unverbindlichen Mediationsklausel einhergehen. Auf diese Ausführungen sei daher verwiesen.[74]

61 Es gibt durchaus Fallkonstellationen, wo die einfache Anregung zur Mediation Erfolg verspricht. Bisweilen ist den Parteien der Zwang zur weiteren Kooperation und der große Stellenwert zukünftiger Beziehungen derartig bewusst, dass ihnen jede Alternative zum konfrontationsbeladenen Gerichtsverfahren vorzugswürdig erscheint. Darin gründet der Erfolg der Scheidungsmediation, wo gemeinsame Kinder eine völlige Verfeindung der Ehegatten kaum zulassen. In der Wirtschaftsmediation können Erbschaftsauseinandersetzungen in Familiengesellschaften oder Konflikte in

---

[73] Zur reaktiven Abwertung vgl. oben § 2, Rdn. 91 f.
[74] Vgl. oben § 3, Rdn. 56 ff.

einem auf Jahrzehnte angelegten Betreibermodell für eine Großindustrieanlage eine ähnliche Struktur aufweisen.[75] In engen Märkten mit nur wenigen Anbietern und Nachfragern scheuen die Parteien den offen vor Gericht ausgetragenen Konflikt. Die Automobilindustrie mit einer Handvoll von Fahrzeugherstellern, die mit wenigen großen Zuliefern arbeiten, ist hierfür ein gutes Beispiel. In wieder anderen Fällen bildet die Mediation nach gescheiterten Verhandlungen überhaupt die einzige Möglichkeit, eine Konfliktlösung zu erreichen. Man denke etwa an den Abschluss eines für beide Seiten wichtigen Vertrags, über dessen Inhalt die Parteien gleichwohl keinen Konsens erzielen können.[76] Streitigkeiten zwischen Gesellschaften oder unselbständigen Geschäftseinheiten eines Konzerns lassen sich ebenfalls nicht gerichtlich lösen, so dass die Mediation die vorzugwürdige Alternative zum anderweitig drohenden Vorstandsentscheid ist.[77]

Bei allen Schwierigkeiten, die die unmittelbare Aufforderung zur Mediation beinhaltet, ist der erfolgreiche Abschluss des Verfahrens wahrscheinlich, wenn die Parteien sich so – also ohne Zwischenschaltung von Mediationsinstituten und ohne Berufung auf eine Schlichtungsklausel – auf diesen Weg der Konfliktbeilegung verständigen. Die nicht durch eine Vertragsklausel „erzwungene" Mediation signalisiert, dass beide Seiten einen Einigungsspielraum sehen. Offenbar liegen die tatsächlichen Vorstellungen über einen Kompromiss nicht so weit auseinander, dass die Parteien den Entscheid durch einen Richter wirklich brauchen. Der Gegenseite wird mit der Einwilligung in eine Mediation implizit der gute Wille zur vergleichsweisen Streitbeilegung attestiert, wenn diese sich auf eine Fortführung der Verhandlung unter Anleitung des Mediators einlässt. Die Einigung über das Streitbeilegungsverfahren belegt, dass beide Seiten weiter sachlich miteinander reden können. Insgesamt ist also das gesamte Umfeld auf eine außergerichtliche Konfliktbeilegung angelegt. Sprechen die Parteien in dieser Situation gemeinsam den Mediator an und bitten ihn, in der Auseinandersetzung zu vermitteln, lässt sich der entstandene Streit meist rasch und unkompliziert lösen. **62**

2. Praktische Durchführung

Entschließt sich eine Partei, die Gegenseite unmittelbar auf eine Mediation anzusprechen, muss sie den Konflikt zunächst analysieren. Sie muss **63**

[75] *Nicklisch*, BB 1998, S. 2 (6).

[76] Viele völkerrechtliche Verträge zur Beilegung eines militärisches Konflikts fallen in diese Kategorie. Der Camp David-Vertrag zwischen Israel und Ägypten ist hierfür ebenso ein Beispiel wie die Friedensverträge im Jugoslawien-Konflikt. Die hier tätigen „Vermittler", meist Diplomaten neutraler Staaten, führen tatsächlich mediationsähnliche Verfahren durch.

[77] Vgl. *Stubbe*, BB 2001, S. 685 (686).

der Gegenseite auf Nachfrage erklären können, warum die spezifische Natur des Konflikts für eine Mediation und damit für eine Zurückstellung des Gerichtsprozesses spricht. In einem zweiten Schritt muss die Partei den schriftlichen oder mündlichen Mediationsvorschlag mit großer Sensibilität formulieren. Im Bemühen, den Vorschlag zur Mediation nicht als Eingeständnis eigener Schwäche darzustellen, werden hier viele Fehler gemacht. Die Wiederholung der eigenen Verhandlungsposition und die Bezeichnung der Mediation als „letzte Alternative" für die Gegenseite, einen kostenträchtigen Prozess zu vermeiden, klingen eher nach einem anwaltlichen Mahnschreiben als nach einem vernünftigen Vorschlag. Eine Fristsetzung macht einen ähnlich schlechten Eindruck und ist kontraproduktiv. Richtig ist es, dem Kontrahenten den Hintergrund für den Vorschlag freimütig mitzuteilen. Die mediationswillige Partei sollte die Offenheit und Aufrichtigkeit des Informationsaustausches, die das Mediationsverfahren selbst kennzeichnet, schon in dieser Einleitungsphase praktizieren. Die Partei muss insoweit in Vorleistung gehen, was aber mit keinem wirtschaftlichen Risiko verbunden ist. Sinnvoll ist die Darlegung des eigenen, vielleicht aber auch schon des gemeinsamen Interesses an einer gütlichen Einigung. Die Gegenseite will auch wissen, woher nach den vorangegangen gescheiterten Verhandlungen über den Konflikt der plötzliche Wunsch zur Fortführung dieser nun als Mediation strukturierten Verhandlung kommt. Positive Erfahrungen mit der Mediation sind hier eine überzeugende Erklärung. Ein Verweis auf eine Anregung von Geschäftspartnern oder Freunden macht den Vorschlag ebenfalls nachvollziehbar. Daneben muss das Verfahren in groben Zügen erläutert werden.

64   Weiß eine Partei, dass ihr Kontrahent in der Vergangenheit bereits an Mediationsverfahren teilgenommen hat, ist zu erwarten, dass der Kontrahent dem Vorschlag zu einem solchen Verfahren ohne Misstrauen begegnet. In den USA haben viele große Unternehmen ihre grundsätzliche Mediationsbereitschaft durch publizierte Firmenstatements oder durch die Mitgliedschaft in einschlägigen Vereinigungen nach außen kundgetan. Auch in vielen asiatischen Ländern sind Schlichtungsverfahren so verbreitet, dass ein Vorschlag zur Mediation auf positive Resonanz stößt.[78]

65   Wer sich entschließt, der Gegenseite eine Mediation nach Ausbruch des Konflikts vorzuschlagen, ist gut beraten, bereits in diesem Stadium professionelle Hilfe in Anspruch zu nehmen. Ein konsultierter Anwalt sollte nicht nach außen auftreten, da die Einschaltung eines Anwaltes den Rückzug auf Rechtspositionen signalisiert und die Fronten verhärtet. Sinnvoll ist es, dass ein möglichst hochrangiger Vertreter des Unternehmens an seinen Pendant auf der Gegenseite herantritt. Der sogenannte „Höhenweg"

---

[78] Vgl. *Risse*, WM 1999, S. 1864 (1866).

signalisiert die Bedeutung und Ernsthaftigkeit des Vorschlags und stellt so sicher, dass sich die Gegenseite inhaltlich mit dem Vorschlag beschäftigt. Den Brief des Sachbearbeiters ignoriert man schnell, das Schreiben des Vorstandsvorsitzenden nicht. Mediationsinstitute können die Einleitung ebenfalls erleichtern. Sie verfügen über professionell aufbereitetes Informationsmaterial. Außerdem sind Mediationsinstitute neutral, was die Glaubwürdigkeit der übermittelten Informationen erhöht. Mediationsinstitute bieten diese Unterstützung meist kostenlos an.

3. Beispiel für einen Mediationsvorschlag

Unternehmen Alpha hat dem Unternehmen Beta Computerchips gelie- 66 fert, die Beta dann in Türschließanlagensysteme einbaute. Nach Kundenbeschwerden musste Beta 100 gelieferte Schließanlagen wieder ausbauen und hat die Probleme in den zugelieferten Computerchips lokalisiert. Beta beziffert den entstandenen finanziellen Schaden auf 10 Millionen Euro, dazu kommt der Reputationsverlust. Beta meint, Alpha hafte für diese Schäden unbeschränkt. Alpha sieht die Ursache für die Fehlfunktionen in ungenauen Produktspezifikationen von Beta, nach denen die Chips gefertigt wurden. Außerdem habe Beta offenbar eine Wareneingangskontrolle unterlassen, bei der die Fehlfunktionen der Chips leicht hätten entdeckt werden können. Schließlich sei die Schadensersatzpflicht von Beta vertraglich beschränkt; insbesondere der Ersatz von Mangelfolgeschäden sei ausgeschlossen. Die Produktmanager beider Seiten haben sich in einer eintägigen Verhandlung nicht auf eine Beilegung des Streits verständigen können. Der Vorstandsvorsitzende von Alpha versucht nun mit folgendem Schreiben, den Geschäftsführer von Beta für ein Mediationsverfahren zu gewinnen:

„Sehr geehrter Herr Dr. Müller,

zwischen Ihrem und meinem Unternehmen droht derzeit eine Auseinandersetzung um Computerchips, die wir Ihnen im September vergangenen Jahres geliefert haben. Sie haben diese Chips in Türschließanlagen eingebaut, die anschließend nicht richtig funktionierten. Dafür sollen die von uns gelieferten Chips verantwortlich sein. Herr Schmidt, der hier im Hause als Produktmanager für den Chipbereich verantwortlich ist, hat mich über den derzeitigen Stand der Auseinandersetzung informiert. Er berichtete mir insbesondere von den Gesprächen, die er mit Ihrem Einkaufsleiter Herrn Sonne am vergangenen Freitag in Frankfurt geführt hat. Herr Schmidt hat die Verhandlungen als im Ton sachlich und in der Sache konstruktiv empfunden. Leider gelang es beiden Herren am Ende aber nicht, eine vergleichsweise Einigung zu erzielen.

Unsere langjährige gute Geschäftsbeziehung und die wirtschaftliche Bedeutung dieser Angelegenheit veranlassen mich nun, mich unmittelbar an Sie zu wenden.

Eine gerichtliche Klärung der Sach- und Rechtslage würde viel Zeit in Anspruch nehmen und unsere Geschäftsbeziehung belasten. Zudem habe ich gerade einen Produkthaftungsprozess erlebt, in dem das Gericht von den komplizierten technischen Fragestellungen, die sicher auch in unserem Fall bestünden, schlicht überfordert war. Ich möchte Ihnen, sehr geehrter Herr Müller, daher vorschlagen, dass wir vor einer solchen Auseinandersetzung einen weiteren Versuch unternehmen, diese Sache einvernehmlich zu klären. Eine Fortführung der bilateralen Verhandlungen, wie sie zwischen Herrn Schmidt und Herrn Sonne stattgefunden haben, scheint allerdings wenig erfolgversprechend. Sinnvoller erscheint es mir, gemeinsam ein Mediationsverfahren durchzuführen, in dem ein neutraler Dritter ohne Entscheidungsbefugnis die Einigungsgespräche moderiert.

Ich selbst habe an einem solchen Verfahren noch nie teilgenommen. Unser amerikanisches Mutterhaus, die Delta Inc., berichtete auf dem letzten Treffen der Führungskräfte aber von positiven Erfahrungen. Ich habe mir deshalb von unserer Rechtsabteilung die Adresse einer in Deutschland anerkannten Mediationsvereinigung, der gwmk – Gesellschaft für Wirtschaftsmediation und Konfliktmanagement in München, heraussuchen lassen. Die gwmk hat mir auf meine Bitte Informationsmaterial übersandt, das ich diesem Schreiben als Anlage beifüge.

Dem Informationsmaterial habe ich entnommen, dass Mediationsverfahren in immerhin 70% aller Fälle mit einer Einigung abgeschlossen werden. Die gwmk berichtet in Ihrer Broschüre auch von Produktstreitigkeiten zwischen großen Unternehmen. Rechtsnachteile entstehen einer Partei durch die Teilnahme nicht. Jede Seite kann die Mediation jederzeit und ohne Grund abbrechen, um dann den Rechtsweg zu beschreiten. Die Kosten, die durch das Mediationsverfahren entstehen, scheinen mir angesichts der Bedeutung unserer Auseinandersetzung eher gering.

Ich möchte Ihnen daher vorschlagen, dass wir vor einer gerichtlichen Auseinandersetzung ein solches Mediationsverfahren durchführen. Vielleicht können wir so die Auseinandersetzung doch noch gütlich beilegen. Dieses Verfahren birgt nach meinem Eindruck die Chance, dass wir uns einen teuren, langen und mühevollen Prozess ersparen. Risiken sehe ich nur in den Mediationskosten, die bei einem Scheitern des Verfahrens vergeblich aufgewandt wären.

Ich würde mich freuen, wenn Sie meinen Vorschlag aufgreifen und ihn mit dem von Ihnen eingeschalteten Rechtsanwalt besprechen. Wenn Sie weitere Informationen zum Verfahren benötigen, ist es sicher am sinnvollsten, wenn Sie sich direkt an die gwmk wenden. Ansonsten stehe ich Ihnen für Rückfragen natürlich gerne zur Verfügung. Ihrer Antwort auf meinen Vorschlag sehe ich gerne entgegen. Mit freundlichen Grüßen Unterschrift"

4. Empfehlung von dritter Seite

Die Chancen, ein Mediationsverfahren nach Ausbruch eines Konflikts 67 einzuleiten, steigen, wenn eine dritte und damit neutrale Partei dieses Verfahren empfiehlt. Eine solche Empfehlung ist unverdächtig und keine Seite erweckt den Eindruck, sie favorisiere dieses Verfahren, weil sie rechtlich schlechte Karten hat. Richtet die dritte Seite den Mediationsvorschlag gleichzeitig an beide Kontrahenten, wird die Einwilligung in die Mediation auch nicht als Konzession an die Gegenseite begriffen. Die Rolle des Dritten können etwa Steuerberater oder Hausbanken übernehmen, die sehen, dass die von Ihnen betreute Gesellschaft aufgrund von Querelen zwischen den Gesellschaftern Probleme hat.

Einen ganz anderen Weg eröffnet § 278 Abs. 5 S. 2 ZPO.[79] Das Zivilge- 68 richt kann den Parteien im laufenden Gerichtsprozess empfehlen, ein außergerichtliches Streitbeilegungsverfahren wie die Mediation durchzuführen. Folgen die Parteien der Empfehlung, ordnet das Gericht das Ruhen des Verfahrens an.[80] Ein solcher Vorschlag des Gerichts würde bei den Parteien vermutlich auf große Akzeptanz stoßen, denn der Richter signalisiert, dass die Rechtslage offenbar unklar und der Ausgang des Rechtsstreits damit offen ist. Statt das damit offenbarte Risiko eines negativen Prozessausgangs einzugehen, sind viele Parteien dann doch noch einmal bereit, außergerichtliche Verhandlungen zu führen. Außerdem möchten die Parteien vermeiden, das Gericht zu verärgern, weil sie den wohlmeinenden richterlichen Ratschlag zurückweisen. Es bleibt abzuwarten, wie oft die Richter vom Vorschlagsrecht des § 278 Abs. 5 S. 2 ZPO Gebrauch machen statt selbst die Rolle des Schlichters oder gar Mediators zu übernehmen.[81]

---

[79] Ausführlich dazu: *Monßen*, Betrifft Justiz 2002, S. 410 ff.

[80] *Foerste*, NJW 2001, S. 3103 (3105).

[81] Diese Rollenvermischung von Richteramt und Mediatorfunktion ist sehr problematisch, weil der Richter letztlich die Entscheidungsmacht über den Konflikt hat, was mit der Tätigkeit als Mediator kaum in Einklang zu bringen ist.

IV. Zwangsweise Anordnung der Mediation

69 Die Wirtschaftsmediation wird vom Prinzip der Freiwilligkeit geprägt. Damit scheint eine Teilnahmeverpflichtung, die von dritter Seite ausgesprochen wird, unvereinbar. In der Praxis gibt es aber Mediationsverfahren, die so beginnen.

1. Gesetzlich angeordnete Vermittlung

70 Auf die Frage, ob es in Deutschland für bestimmte Konflikte einen gesetzlich begründeten Zwang zur Mediation gibt, reagieren die meisten Juristen mit Unverständnis. Der Begriff der Mediation taucht in keiner Bestimmung des deutschen Rechts auf. Es gibt aber in der deutschen Rechtslandschaft in steigendem Umfang mediative Verfahren.[82] Das Missverständnis ist dadurch bedingt, dass der Gesetzgeber diese Verfahren nicht als Mediation bezeichnet.

71 Ein Zivilgericht soll nach dem am 1. Januar 2002 in Kraft getretenen § 278 Abs. 2 ZPO in jedem Rechtsstreit eine Güteverhandlung anberaumen. Nach § 278 Abs. 5 ZPO kann es den Rechtsstreit für den Güteversuch – wie zuvor bereits nach dem alten § 279 Abs. 1 Satz 2 ZPO – an einen beauftragten oder ersuchten Richter verweisen und den Rechtsstreit einstweilen aussetzen. Die Bestimmung kam bisher in der Praxis recht selten zur Anwendung,[83] obwohl sie dem angerufenen Gericht in jedem Rechtsstreit die zwangsweise Durchführung eines mediationsähnlichen Verfahrens erlaubt. Dessen Einleitung ist denkbar einfach: Das Gericht bestimmt einen Richter, vor dem das Verfahren durchgeführt wird, und setzt einen Termin fest. Gemäß § 278 Abs. 3 ZPO kann das persönliche Erscheinen der Parteien angeordnet werden, die dazu dann gemäß § 142 Abs. 2 ZPO förmlich zu laden sind. Das Gericht kann nach der Neuregelung ein Ordnungsgeld verhängen, wenn eine persönlich geladene Partei zum Güteversuch nicht erscheint und nur ihren Anwalt zum Gütetermin schickt.[84] Mittelbar wird so ein Zwang geschaffen, zumindest zum ersten Gütetermin zu erscheinen. Diese „Pflicht zum ersten Termin" entspricht der vertraglich begründeten Pflicht zur Mediation, wo die Partei die Mediationsabrede ebenfalls erst nach dem ersten Termin kündigen und dann den Rechtsweg beschreiten kann. So kann ein Vermittlungsverfahren noch zu einem Zeitpunkt durchgeführt und erfolgreich beendet werden, wo die

---

[82] Vgl. auch den Überblick oben § 1, Rdn. 49 ff.

[83] Das gilt nicht für den vorangehenden Satz 1, der von vielen Richtern oft übermäßig strapaziert wird. Offenbar meinen viele Richter, dass sie den Güteversuch auch gleich selbst durchführen können, ohne die vom Gesetz gewollte und auch sinnvolle Auskopplung aus dem eigentlichen Gerichtsverfahren zu beachten.

[84] *Foerste*, NJW 2001, S. 3103 (3104).

Klageerhebung an sich bereits das Scheitern aller Einigungsversuche signalisiert hatte. Nachteilig ist aber, dass der mit der Vermittlung beauftragte Richter regelmäßig über keine Mediationskenntnisse verfügt. Mit der schlichten Bitte, die Parteien mögen sich doch einigen, und einem abschließenden Gütevorschlag ist es nicht getan. Nach Beginn des Gerichtsverfahrens sind die Fronten meist so verhärtet, dass eine konsensorientierte Kommunikation kaum möglich ist. Erst auf dieser Ebene in ein mediationsähnliches Vermittlungsverfahren einzuschwenken, ist daher wenig aussichtsreich. Die gerichtliche Praxis dürfte daher weiter so aussehen, dass der Richter im Gütetermin seine vorläufige Rechtsansicht preisgibt und darauf aufbauend einen Einigungsvorschlag unterbreitet, auf den die Parteien sich dann unter dem Druck der richterlichen Entscheidungsmacht vergleichen: „Wenn wir uns darauf nicht einigen, verärgern wir den Richter, der den Rechtsstreit dann ohnehin so oder gar noch schlechter für uns entscheidet."

Der Gesetzgeber führt auch sonst immer wieder mediative Strukturen in 72 das deutsche Recht ein, indem er das Durchlaufen eines Schlichtungsverfahrens als Voraussetzung für den Fortgang des Verfahrens ausgestaltet. Beispiele sind § 305 Abs. 1 Nr. 1 InsO oder auch der neue § 15a EGZPO: Faktisch wird der Anspruchssteller so in ein Schlichtungsverfahren hineingezwungen. Es bleibt abzuwarten, ob sich dieser Trend fortsetzt. In den USA gibt es seit langem die „court-annexed mediation",[85] bei der der Richter die Parteien bindend an einem Mediator verweist, bevor er sich selbst mit dem Prozessstoff beschäftigt.

2. Anordnung der Mediation durch Vorgesetzten

Die Unternehmensführung kann die Durchführung einer Mediation an- 73 ordnen, um unternehmensinterne Konflikte zwischen Abteilungen oder Einzelpersonen beizulegen. Faktisch entsteht bei den betroffenen Parteien so ein Zwang oder jedenfalls ein starker Druck, an diesem Streitbeilegungsverfahren teilzunehmen.

a) **Konflikte zwischen Profit-Centern.** Großunternehmen organisieren 74 ihre Abteilungen oft als Profit-Center, die selbständig wirtschaften und intern bilanzieren. Für Leistungen an andere Abteilungen werden unternehmensinterne Rechnungen geschrieben und auch bezahlt. Der wirtschaftliche Erfolg einer einzelnen Abteilung lässt sich so am Ende des Bilanzjahres exakt berechnen. Der erzielte Gewinn ist unter anderem der Ausgangspunkt für variable Gehaltsbestandteile der Mitarbeiter. Bei Großprojekten entsteht zwischen den Abteilungen oft Streit um die abgerechneten Leistungen. So mag die Planungsabteilung beim schlüsselfertigen Bau eines

---

[85] *Günther/Hoffer,* in: Mediation in der Anwaltspraxis, § 11, Rdn. 24 f.

Kraftwerks von der Projektleitung eine zusätzliche Vergütung von 5 Millionen Euro für abgeänderte und neu erstellte Pläne verlangen; die Projektleitung ist der Auffassung, die Planungsabteilung habe so nur ihre eigenen Fehler korrigiert und keinen Anspruch auf zusätzlichen Werklohn. Solche Konflikte können nicht vor Gericht ausgetragen werden, da ein Unternehmensteil den anderen Unternehmensteil nicht verklagen kann. Der Konflikt muss aber gelöst werden, um den Firmenfrieden wieder herzustellen und die variablen Gehaltsbestandteile ausrechnen zu können. Anstelle der üblichen Vorstandsentscheidung, die den Streitgegenstand kaum mit der nötigen Eindringtiefe bewertet, kann der Vorstand auch ein Mediationsverfahren zwischen den zerstrittenen Abteilungen vor einem neutralen Projektleiter oder einem externen Mediator anordnen. Aufgrund der Leitungsbefugnis des Vorstands werden die betroffenen Abteilungsleiter so an den Verhandlungstisch gezwungen. Im Ergebnis finden viele Abteilungsleiter diesen Weg über ein strukturiertes Verfahren am Ende aber auch befriedigender als die nicht oder nur fragmentarisch begründete Entscheidung des Vorstandsmitglieds.

75   **b) Streitigkeiten zwischen Mitarbeitern.** Der Vorgesetzte kann auch für Streitigkeiten zwischen Arbeitskollegen die Mediation anordnen und so faktisch durchsetzen.[86] An vielen unternehmensinternen Konflikten ist der Arbeitgeber nicht als Partei beteiligt, weil sich die Mitarbeiter untereinander streiten. Zwei Prokuristen können sich nicht einigen, wer in das frei werdende Büro einziehen darf. Arbeitskollegen werfen sich wechselseitig Mobbing vor. Die Mitarbeiter einer ganzen Abteilung streiten darum, wer wann welche Seminare aus einem begrenzten Fortbildungsetat buchen darf. Solche internen Querelen, die dem Unternehmen wegen nachlassender Arbeitsproduktivität großen Schaden zufügen können, sind nicht justitiabel. Der Vorgesetzte kann von seiner Leitungsbefugnis Gebrauch machen und den Konflikt inhaltlich entscheiden. Er kann seine Leitungsbefugnis aber auch zu einer prozessualen Weisung nutzen und die Parteien bitten, ihren Konflikt in einem Mediationsverfahren zu erörtern. Die Mitarbeiter werden sich dieser Anordnung kaum widersetzen, fürchten sie doch sonst Karrierenachteile wegen ihres unkooperativen Konfliktverhaltens. Auch in diesen Fällen steht also letztlich Zwang von dritter Seite am Anfang des Mediationsverfahrens.

3. Aufgezwungene Mediation – ein sinnloses Verfahren?

76   Die Frage, ob die Pflicht zur Teilnahme an einem Mediationsverfahren nicht in einem unlösbaren Widerspruch zum Mediationsprinzip der Frei-

---

[86] Nach der oben vorgenommenen begrifflichen Unterscheidung handelt es sich hier allerdings nicht um Wirtschaftsmediation, sondern um innerbetriebliche Mediation, vgl. oben § 1, Rdn. 71 ff.

willigkeit und Eigenverantwortlichkeit steht, wurde bereits im Zusammenhang mit verpflichtenden Mediationsklauseln diskutiert.[87] In diesen Fällen waren sich die Parteien aber wenigstens zum Zeitpunkt des Vertragsschlusses einig, im Konfliktfall ein Mediationsverfahren zu durchlaufen, auch wenn dieser Konsens dann beim Auftauchen des Konfliktes nicht mehr bestanden haben mag. Die vom Staat oder von einem Dritten aufgezwungene Mediation verzichtet dagegen ganz auf eine positive Entscheidung der Parteien für die Mediation. Das ist problematisch, weil die zur Mediation gezwungenen Parteien die Verhandlungen mit einer negativen Grundeinstellung zur Mediation beginnen werden. Kooperation lässt sich nicht erzwingen und jede Partei kann das Verfahren später durch ein trotziges „Nein" zu jedem noch so vernünftigen Einigungsmodell scheitern lassen.

Trotz dieser Problematik ist auch die aufgezwungene Mediation nicht   77 sinnlos. Die Anordnung des Staates oder des Vorgesetzten, ein Mediationsverfahren zu versuchen, weist die Streitparteien oft erst auf die Existenz dieses Verfahrensmodells hin. Dass die Parteien sich nicht aus eigenem Antrieb auf ein Mediationsverfahren geeinigt haben, liegt weniger an einer bewussten Ablehnung der Mediation, als an schlichter Unkenntnis über dieses Verfahren. Und auch eine prinzipiell mediationsbereite Partei lehnt das Verfahren vielleicht ab, weil sie einen entsprechenden Vorschlag an die Gegenseite mit einem eigenen Gesichtsverlust verbindet oder die Verantwortung für die Verfahrensentscheidung nicht gegenüber Dritten, etwa dem Aufsichtsrat, übernehmen will. Bei einer solchen Gemütslage ist die Partei dann innerlich froh, dass ein Dritter ihr die Entscheidung für die Mediation abnimmt. Die vom Richter angeordnete Mediation führt relativ oft zu einer Einigung, wie die Erfahrungen mit der „court-annexed"-mediation in den USA zeigen. Unternehmen haben ein legitimes Interesse daran, Streitigkeiten zwischen Abteilungen oder Mitarbeitern schnell beigelegt zu sehen, selbst wenn die Parteien von dem Mediationsverfahren zunächst nicht begeistert sind. Schließlich fragt sich, was die Parteien mit der Teilnahme an einem Mediationsverfahren verlieren können. Es steht ihnen schließlich frei, das einmal begonnene Verfahren wegen offensichtlicher Aussichtslosigkeit abzubrechen.

Das schwerwiegendste Problem mit der aufgezwungenen Mediation ist   78 daher ein anderes: Wenn der Staat oder der Vorgesetzte die Mediation anordnet, signalisiert er damit gleichzeitig, dass er eine Einigung der Parteien erwartet. Der Einigungsdruck kann die Parteien in einen Vergleich treiben, den sie sonst nicht geschlossen hätten. Dies kann eine Partei dazu veranlassen, auf einen berechtigten Anspruch in oder schon vor der Mediation zu verzichten. Die gesetzlich angeordnete Mediation stellt inhaltlich

---

[87] Vgl. dazu oben § 3, Rdn. 27.

ein befristetes Verbot dar, die Hilfe der Gerichte in Anspruch zu nehmen. Im Einzelfall kann so der verfassungsrechtlich gewährleistete Justizgewährungsanspruch des Bürgers in Gefahr geraten.

V. Der Mediationsantrag

79   Die meisten Mediationsvereinbarungen finden sich als Mediationsklausel in einem umfangreichen Vertragswerk. Kommt es später zum Konflikt, muss eine Partei das Mediationsverfahren unter Berufung auf die Mediationsklausel förmlich einleiten. Das geschieht in Form eines Mediationsantrags, den die Partei der Gegenseite zusendet. In institutionsgebundenen Mediationsverfahren sieht die Mediationsordnung vor, dass der Mediationsantrag (auch) an die verwaltende Institution gesandt wird, die den Antrag dann ihrerseits der Gegenseite zuleitet.[88]

1. Funktion und Inhalt

80   Der Mediationsantrag hat die gleiche Funktion wie der Schiedsantrag des § 1044 ZPO: Er setzt das Verfahren förmlich in Gang. Manche Mediationsordnungen, wie etwa die DIS-VO, sehen allerdings vor, dass die Mediation erst mit der schriftlichen Einverständniserklärung der Gegenseite beginnt.[89] Diese Regelung ist sicher angemessen, wo es keine vorangegangenen Einigung über das Mediationsverfahren gibt. In den anderen Fällen, wo sich die Partei auf eine Mediationsklausel berufen kann, ist die Nachverlagerung des Mediationsbeginns unzweckmäßig: Warum soll eine Partei, die in der Mediationsklausel bereits ihr Einverständnis mit dem Streitlösungsmechanismus Mediation erklärt hat, beim Auftreten des konkreten Konflikts noch einmal ihr Einverständnis erklären müssen oder – wichtiger – vielleicht auch verweigern dürfen?

81   Der Mediationsantrag leitet nicht nur das Verfahren ein. Der Zugang des Antrags definiert im Regelfall auch den Zeitpunkt, ab dem das Verfahren rechtlich läuft. Dieser Zeitpunkt setzt die Hemmung der Verjährungsfrist in Gang und ist für die Berechnung der Wartefrist wichtig, nach deren Ablauf Klage vor einem (Schieds-)Gericht erhoben werden kann. Diese Rechtswirkungen eines Mediationsantrags bringen es mit sich, dass die antragsstellende Partei im Notfall den Zugang des Antrags nachweisen muss. Deshalb ist die Schriftform ebenso selbstverständlich wie eine Versendungsart, die den Zugangsnachweis erlaubt, regelmäßig also eine Versendung per Einschreiben/Rückschein.

---

[88] Vgl. etwa: § 2 DIS-VO; § 2 gwmk-VO, abgedruckt im Anhang.
[89] § 3 Abs. 1 DIS-VO, ebenso § 3 Abs. 4 gwmk-VO, abgedruckt im Anhang.

Der Inhalt des Mediationsantrags ist gesetzlich nicht vorgegeben. Maß- **82** geblich ist zunächst, ob die Parteien in der Mediationsklausel die Geltung einer Mediationsordnung vereinbart haben. Ist das der Fall, muss der Antragsteller prüfen, welche Vorgaben diese Mediationsordnung für den Mediationsantrag enthält.[90] Ansonsten macht der Antragsteller sicher nichts falsch, wenn er aus der Schiedsgerichtsbarkeit die Vorgaben des § 1044 ZPO auch für die Mediation übernimmt. Die Partei muss in ihrem Antrag daher die Bezeichnung der Parteien, die Angabe des Streitgegenstandes und einen Hinweis auf die Mediationsvereinbarung aufnehmen. Der Streitgegenstand muss in der Mediation dabei nicht als förmlicher Antrag angegeben werden; es genügt die Umschreibung des streitigen Lebenssachverhalts. Es ist sinnvoll, wenn die mediationswillige Partei auch den konkreten Folgeschritt anspricht, der für die Durchführung des Mediationsverfahrens erforderlich ist. Im Regelfall ist das ein konkreter Vorschlag, wie ein geeigneter Mediator für das Verfahren gefunden werden soll.

2. Praktisches Beispiel

Bei der Formulierung von Mediationsanträgen kommt es häufig zu Feh- **83** lern. Nach den gescheiterten Verhandlungen laufen viele Parteien gleich zu ihrem Anwalt. Dieser ermittelt durch einen Blick in den Vertrag den vereinbarten Streitbeilegungsmechanismus und formuliert dann auch den Mediationsantrag. Wo liegt dabei das Problem? Viele Anwälte haben mit der Mediation keine Erfahrung und formulieren den Antrag daher wie eine Klage oder einen Schiedsantrag. Im besten Fall ist das Ergebnis ein sehr förmliches Schreiben, im – leider weit häufigeren – „worst case" gleicht der Mediationsantrag einem Drohbrief: „... lassen Sie meiner Mandantin keine andere Wahl. Ich setzte Sie daher hiermit förmlich von der Einleitung des Mediationsverfahrens in Kenntnis und fordere Sie auf, die von Ihnen geschuldeten Mitwirkungshandlungen unverzüglich zu erbringen." Die Reaktion der Gegenseite ist dann leicht absehbar. Der Anwalt als Absender signalisiert der anderen Seite schon, dass jetzt eine unfreundliche rechtliche Auseinandersetzung beginnt, für die man sich mit einem eigenen Anwalt wappnen muss. Der Streit wird so eskaliert, obwohl die Mediation doch eigentlich auf eine Deeskalation ausgerichtet ist.

Die kluge Partei erkennt diese Gefahr: Sie schreibt den Mediations- **84** antrag selbst, auch wenn sie sich im Hintergrund bereits von einem Anwalt beraten lassen mag. Und in der Formulierung des Schreibens achtet sie darauf, den Konsenscharakter der Mediation nicht über eine aggressive Wortwahl zu torpedieren. Während im gerichtlichen Verfahren fast immer

---

[90] Vgl. etwa § 2 Abs. 2 gwmk-VO, abgedruckt im Anhang.

der Gläubiger als Kläger auftritt und das Verfahren beginnt,[91] kann in der Mediation auch der mutmaßliche Schuldner das Heft in die Hand nehmen und das Mediationsverfahren einleiten. Die Partei dokumentiert dadurch eine proaktive Haltung zum Konflikt und macht deutlich, dass sie wirklich an einer Konfliktlösung interessiert ist, den Konflikt also nicht aussitzen möchte. In der Praxis ist es empfehlenswert, selbst den freundlich formulierten Mediationsantrag durch einen kurzen Anruf vorzubereiten. Die Gegenseite weiß dann, was Sie am kommenden Tag per Einschreiben erhält. Ein sorgfältig formulierter Mediationsantrag könnte für den oben geschilderten Streit um fehlerhafte Computerchips in Türschließanlagen[92] etwa lauten:

„Adresse der Gegenseite

Unser Konflikt über die schadhaften Computerchips

hier: Einleitung des Mediationsverfahrens

Sehr geehrter Herr Dr. Müller,

in dieser Sache nehme ich Bezug auf unser heute geführten Telefonat. Wir hatten besprochen, wie wir unseren Konflikt um die möglicherweise schadhaften Computerchips am besten beilegen können. Leider sind die zwischen Ihrem und unserem Haus geführten Verhandlungen um eine einvernehmliche Lösung zunächst gescheitert. Wir hatten für diesen Fall in unserem Liefervertrag vom 15. Juli 2003 (Ziffer 15) vereinbart, in einem Mediationsverfahren nach einer Lösung zu suchen. Mit diesem Schreiben möchte ich dieses Mediationsverfahren einleiten.

Lassen Sie mich den Konflikt, um den es im Mediationsverfahren gehen soll, noch einmal kurz zusammenfassen. Mein Unternehmen, die Alpha GmbH, hat mit Ihrem Unternehmen, der Beta AG, am 15. Juli 2003 einen Liefervertrag über Computerchips geschlossen. Danach sollte die Alpha GmbH insgesamt 1.000 Computerchips für Türschließanlagen liefern, die die Beta AG hergestellt. Die Lieferung ist erfolgt, die Türschließanlagen wurden gefertigt und bei dritten Parteien eingebaut. Die Beta AG hat dargelegt, dass sie die Türschließanlagen wieder ausbauen musste, weil sie nicht richtig funktionierten. Für diese Fehlfunktion macht die Beta AG die gelieferten Computerchips verantwortlich und verlangt Schadensersatz. Die Alpha GmbH meint dagegen, ihre Computerchips seien einwandfrei gewesen. Ich

---

[91] Die negative Feststellungsklage, mit der der Kläger das Nichtbestehen einer Forderung festgestellt wissen möchte, ist in der Praxis selten.
[92] Vgl. oben § 3, Rdn. 66.

hoffe, ich habe den streitigen Sachverhalt so richtig zusammengefasst.

Aus meiner Sicht müssen wir jetzt einen Mediator finden, der unser
beider Vertrauen genießt und die notwendige Erfahrung hat. Da ich
eine solche Person nicht kenne, schlage ich Ihnen vor, dass wir uns
an die X-Mediationsvereinigung wenden und um Übersendung von
fünf namentlichen Vorschlägen bitten. Ich bin sicher, dass wir uns
dann rasch auf einen geeigneten Mediator verständigen können. Bitte
teilen Sie mir doch kurz mit, ob Sie mit diesem Vorschlag einverstanden sind. Ich würde die X-Mediationsvereinigung dann entsprechend
mit einem Durchschlag an Sie anschreiben. Wenn Sie möchten, können Sie diese Aufgabe auch gerne übernehmen.

Ich würde mich freuen, wenn es uns auf diesem Weg gelänge,
eine einvernehmliche Lösung dieses Konflikts zu finden. Rufen Sie
mich doch bitte an, wenn es aus Ihrer Sicht offene Punkte hinsichtlich des weiteren Vorgehens gibt oder Sie einen Gegenvorschlag
haben.

Mit freundlichen Grüßen
Unterschrift"

VI. Zusammenfassung

Parteien können in ihre Verträge eine Klausel aufnehmen, die sie bei 85
allen Streitigkeiten aus dem Vertrag verpflichtet, ein Mediationsverfahren durchzuführen. Erst nachdem das Mediationsverfahren gescheitert ist,
dürfen sie ein Gericht zur Streitentscheidung anrufen. Verbindliche Mediationsklauseln sind rechtlich zulässig, müssen zur Vermeidung von Problemen aber sorgfältig formuliert werden. Sinnvoller und weniger fehler-
anfällig ist es, die Praxis der Schiedsgerichtsbarkeit zu übernehmen und
statt einer ausdifferenzierten Klausel einfach auf eine anerkannte Mediationsordnung zu verweisen, nach der das Verfahren ablaufen soll. Im Konfliktfall stellt die Berufung auf eine vertragliche Mediationsklausel den
einfachsten Weg dar, um das Verfahren einzuleiten.

Andere Wege der Verfahrenseinleitung sind komplizierter. Wenn ein 86
Konflikt erst einmal ausgebrochen ist, sind die Parteien meist auch persönlich zerstritten. In dieser Situation lässt sich ein Konsens, ein Mediationsverfahren durchzuführen, selten erzielen. Will eine Seite diesen Vorschlag unterbreiten, muss sie mit viel Fingerspitzengefühl vorgehen.
Erfolgversprechender ist eine Empfehlung von dritter Seite, etwa der
Hausbank oder des gemeinsamen Steuerberaters. Nach der Novellierung
der ZPO kann dieser Vorschlag zur Mediation auch von einem Gericht

gemacht werden, vor dem Klage erhoben worden ist. Dazu liegen noch keine Praxiserfahrungen vor.

87 Eine dritte Möglichkeit, ein Mediationsverfahren einzuleiten, ist die zwangsweise Anordnung von außen. Das Gesetz sieht ein zwangsweises, mediationsähnliches Verfahren etwa in § 15 a EGZPO i. V. m. den landesrechtlichen Durchführungsvorschriften für kleine Streitigkeiten und nachbarliche Konflikte vor. Auch der neue § 278 ZPO mit der dort angeordneten zwingenden Güteverhandlung erzeugt einen gewissen Druck, sich auf ein Schlichtungsverfahren einzulassen. Schließlich kann es bei unternehmensinternen Konflikten die Anordnung des Vorgesetzten geben, an einem Mediationsverfahren teilzunehmen. Diese Konstellation betrifft sowohl persönlich geprägte Streitigkeiten zwischen einzelnen Mitarbeitern als auch Auseinandersetzungen zwischen ganzen Abteilungen oder Profit-Centern von Unternehmen. Obwohl die Pflicht zur Mediation dem Mediationsprinzip der Freiwilligkeit widerspricht, können auch so eingeleitete Verfahren erfolgreich beendet werden.

88 Geht die Mediation auf eine Mediationsklausel in einem komplexen Vertragswerk zurück, beginnt die Mediation damit, dass eine Partei einen Mediationsantrag stellt. Wenn eine anwendbare Mediationsordnung nichts anderes vorschreibt, sollte der Antragssteller in seinem Mediationsantrag die Parteien und den Streitgegenstand bezeichnen und auf die Mediationsklausel hinweisen. Aus dem Mediationsantrag muss klar hervorgehen, dass die Partei das Mediationsverfahren einleitet. Der Mediationsantrag wird schriftlich abgefasst; die Versendung sollte einen Zugangsnachweis ermöglichen. Es ist kontraproduktiv, wenn der Mediationsantrag sehr förmlich oder gar wie eine Klage formuliert wird. Ein freundlich abgefassten Schreiben erfüllt den gleichen Zweck und unterstreicht den konsensorientierten Charakter des so eingeleiteten Verfahrens.

§ 4 Der Weg zur ersten Mediationssitzung

Wenn die Konfliktparteien sich auf die Durchführung eines Media- 1
tionsverfahrens geeinigt haben, müssen sie im nächsten Schritt den Mediator bestimmen, der das Verfahren leiten soll. Der Mediator schließt mit den Parteien einen Vertrag, in dem die Parteien und der Mediator die Grundzüge ihrer Zusammenarbeit festlegen. Bevor sich die Teilnehmer und der Mediator zur ersten Mediationssitzung treffen, muss der Mediator noch einige Vorbereitungen treffen. Diese Verfahrenschritte werfen verschiedene Probleme auf.

I. Bestimmung des Mediators

Anders als der Zivilprozess beginnt die Mediation nicht mit einem Aus- 2
tausch von Schriftsätzen. Dazu fehlt es schon an einem Adressaten, dem die Parteien ihren Fall schildern können. Die mediationswilligen Parteien müssen daher in einem ersten Schritt einen Mediator finden, der ihren Fall betreut. Das ist gar nicht so einfach. In Deutschland gibt es noch nicht allzu viele Wirtschaftsmediatoren, die ein solches Verfahren qualifiziert durchführen können.[1] Da in der Mediation nur ein Mediator tätig wird, steht den Parteien auch das salomonische Verfahren der Schiedsrichterauswahl nicht zur Verfügung, wo beide Parteien jeweils einen Schiedsrichter benennen, die sich anschließend auf einen Obmann einigen.[2] Die Parteien sehen sich daher mit den folgenden Problemen konfrontiert.

1. Suche nach einem geeigneten Wirtschaftsmediator

Die Berufsbezeichnung des Mediators ist in Deutschland nicht ge- 3
schützt. Jedermann kann sich selbst zum Mediator ernennen und seine Vermittlungsdienste anbieten. Für die Tätigkeit als Wirtschaftsmediator gibt es keinen einheitlichen und allgemein akzeptierten Qualitätsstandard[3]

---

[1] Eine Liste von Mediatoren aus allen Fachgebieten findet sich in *Ewig*, MediationsGuide 2002, S. 3 ff.; die gwmk führt eine Liste von Wirtschaftsmediatoren und sendet auf Wunsch der Parteien kurze Profile dieser Mediatoren zu.

[2] Vgl. dazu § 1035 Abs. 3 ZPO.

[3] Der Ausbildungsstandard der BMWA hat sich noch nicht durchgesetzt, vgl. dazu: *Rosenbach/Lenz*, ZKM 2002, S. 72 f. In der Familienmediation hat die Bundesarbeitsgemeinschaft für Familienmediation e. V. (BAFM) dagegen einen Standard geschaffen, der sich für dieses Tätigkeitsfeld durchzusetzen beginnt. Die BAFM-Richtlinien sind abgedruckt in *Ewig*, MediationsGuide 2002, S. 321 ff.

und es wird heftig darüber diskutiert, welcher Ausbildungsstandard verlangt werden soll. Die Mediationsszene streitet nur darum, ob die Tätigkeit als Mediator Rechtsberatung im Sinne des Rechtsberatungsgesetzes darstellt und daher Anwälten vorbehalten bleibt.[4]

4   Eine seriöse Tätigkeit als Mediatior setzt eine solide Ausbildung voraus.[5] Es genügt nicht, dass der Mediator über viel Lebenserfahrung verfügt oder auf Erfahrungen mit ähnlich gelagerten Konflikten aus anwaltlicher Tätigkeit verweisen kann. Die notwendigen Kenntnisse in der Konflikttheorie, der Verhandlungspsychologie und der typischen Verhandlungsstruktur der Mediation muss man aktiv durch den Besuch von Kursen erwerben.[6] Den geborenen Mediator gibt es nicht. Ohne diese Kenntnisse endet die Mediation leicht in der klassischen Schlichtung, wo der „Mediator" auf Basis der Rechtslage einen unverbindlichen, meist an der Rechtslage orientierten Einigungsvorschlag unterbreitet. Ein solches Verfahren kann durchaus sinnvoll sein, hat aber mit Wirtschaftsmediation nichts zu tun. Wie umfangreich die erforderliche Ausbildung zum Wirtschaftsmediator sein soll, ist heftig umstritten. Während viele für eine Ausbildung mit 200 Trainingsstunden votieren, halten dies andere für überzogen. Die Parteien tun gut daran, sich nach der Ausbildung des Mediators zu erkundigen, bevor sie diesen mit der Mediation ihres Konflikts beauftragen.

5   Die Parteien legen das Anforderungsprofil für den gesuchten Mediator selbst fest. Im Interesse einer effizienten Verfahrensführung ist es oft sinnvoll, dass der Mediator über Branchenkenntnisse verfügt.[7] Der Mediator in einem Konflikt aus dem Bereich des E-Commerce kann die Verhandlungen kaum sachkundig moderieren, wenn er nicht weiß, was ein „E-Mail" ist. Wenn die Parteien auf die Hinzuziehung eigener Rechtsanwälte verzichten wollen, kann nur ein juristischer Mediator den gewünschten Überblick über die Rechtslage geben oder die Parteien bei der Abfassung eines Vergleichsvertrages beraten. In kleinen Konflikten wird den Parteien die Ortsnähe des Mediators und dessen Gebührenforderung wichtig sein. In internationalen Fällen sind häufig Sprachkenntnisse und eine Vertrautheit mit den Kulturen der Konfliktparteien wichtig.

6   Im Streitfall kennt kaum eine Partei einen geeigneten Mediator. Die Suche verläuft daher über Empfehlungen von Dritten. Wenn auch eine Erkundigung bei Freunden oder Hausanwälten die Suche nicht weiterbringt,

---

[4] Ausführlich dazu unten § 11, Rdn. 11 ff., vgl. zu dieser heftig umstrittenen Frage auch den Schlussbericht des BRAK-Ausschusses Mediation, BRAK-Mitt. 1996, 186 (187).

[5] Umfassend zur Ausbildungsfrage: *Duve*, in: Henssler/Koch, Mediation in der Anwaltspraxis, S. 153 ff.

[6] Einen Überblick über die Ausbildungsinstitute gibt *Duve*, in: Henssler/Koch; Mediation in der Anwaltspraxis, S. 174 ff.

[7] Vgl. auch *Hacke*, ADR-Vertrag, S. 150.

können sich die Parteien an Mediationsinstitute wenden, die Listen von qualifizierten Mediatoren führen. Die Centrale für Mediation in Köln[8] ist für allgemeine Mediationsverfahren hier ein erster Ansprechpartner und hat auch ein Mediatorenverzeichnis veröffentlicht.[9] Im Bereich der Wirtschaftsmediation hilft die Gesellschaft für Wirtschaftsmediation und Konfliktmanagement e. V. (gwmk) in München.[10]

2. Auswahlmechanismen

Die Parteien müssen einen geeigneten Mediator nicht nur finden, sondern sich auf diese Person auch einigen. Im einfachsten Fall haben die Parteien in der Mediationsvereinbarung eine Person benannt, die entweder selbst als Mediator agieren oder den Mediator verbindlich bestimmen soll. Wo eine solche Regelung fehlt, müssen sich die Parteien nachträglich einigen. Das ist für Parteien, die sich gerade streiten, nicht einfach, vermutet man doch im Personalvorschlag der Gegenseite ein taktisches Manöver oder eine Übervorteilung. Mit ein wenig Phantasie lässt sich jedoch ein akzeptables Einigungsverfahren finden. So kann eine Partei eine Liste von fünf möglichen Mediatoren aufstellen, von der die Gegenseite dann einen auswählen darf. Eine andere Möglichkeit besteht darin, dass die Parteien sich an die Auswahl des Obmanns in einem Schiedsverfahren anlehnen: Beide Seiten benennen eine neutrale Person und beauftragen diese Person damit, zusammen mit dem von der Gegenseite bestimmten Pendant den Mediator ohne weitere Rücksprache mit den Parteien zu bestimmen. 7

Wenn sich die Parteien nicht auf einen Mediator einigen können, muss ein Dritter diese Bestimmung treffen. Die Verfahrensordnungen der Mediationsinstitute sehen entsprechende Regelungen vor. So bestimmt § 3 gmwk-VO, dass die gwmk den Parteien eine Liste mit drei ihr geeignet erscheinenden Mediatoren zusendet. Können sich die Parteien innerhalb von zwei Wochen nicht auf eine dieser Personen verständigen, ernennt die gwmk auf Antrag einer Partei einen Mediator, der nicht auf der übersandten Liste stehen darf. Noch raffinierter ist die Regelung der New Yorker CPR: Den Parteien wird eine Liste mit möglichen Mediatoren übersandt. Jede Seite kann eine bestimmte Anzahl von Personen ohne Begründung streichen. Die verbleibenden Personen müssen nun je nach Präferenz der Parteien durchnummeriert werden, wobei die Zahl 1 die höchste Präferenz ausdrückt. Das Mediationsinstitut vergleicht beide Listen und addiert für jede nicht gestrichene Person die Präferenzkennzahlen. Der Mediator mit der niedrigsten aufaddierten Präferenzkennzahl ist derjenige, auf den die 8

---

[8] Adresse: Centrale für Mediation GmbH & Co KG, Unter den Ulmen 96–98, 50968 Köln.
[9] MediationsGuide 2002 (Hrsg.: *Eugen Ewig*), Köln 2002.
[10] Adresse: Brienner Straße 9, 80333 München, www.gwmk.de.

Parteien sich am ehesten einigen konnten. Er wird zum Mediator des Konflikts ernannt.[11] Dieses Verfahren eignet sich auch für einen Konflikt, an dem mehr als zwei Parteien beteiligt sind oder der wegen seiner Größe von mehreren Mediatoren betreut werden soll.

9   Solche Regelungen zeigen, wie sinnvoll es ist, dass Verfahren von einem Mediationsinstitut organisieren zu lassen. Die Mediation scheitert sonst schnell an der fehlenden Einigung auf einen Mediator. Für die Mediation gibt es nämlich keine gesetzliche Auffangregel wie für die Schiedsgerichtsbarkeit, wo notfalls das Oberlandesgericht gemäß § 1035 Abs. 3 ZPO den Einzelschiedsrichter bestimmt. Interessant ist die Frage, ob diese Bestimmung notfalls im Wege der Analogie auch für Mediationsverfahren gilt. Gegen eine analoge Anwendung spricht zunächst die fehlende Vergleichbarkeit von Schiedsverfahren und Mediation: Ohne Schiedsrichter blieben die Parteien ohne Rechtsschutz, da sie auf Grund der Schiedsklausel die staatlichen Zivilgerichte nicht anrufen dürfen; ohne Mediator könnten sich die Partien dagegen an die staatlichen Gerichte wenden, nachdem die in der Mediationsvereinbarung definierte Wartefrist[12] abgelaufen ist. Nur wenn eine schlecht formulierte Mediationsvereinbarung die Anrufung von staatlichen Gerichten unbegrenzt sperrt, solange es nicht zu einer ersten Mediationssitzung gekommen ist, muss die Pattsituation aus Rechtschutzgründen aufgelöst werden. Eine Bestimmung des Mediators durch das Oberlandesgericht in Analogie zu § 1035 Abs. 3 ZPO ist dann sachgerecht. Ob es nach einem solchen Hickhack im Vorfeld des Mediationsverfahrens aber noch zu konstruktiven Verhandlungen kommen kann, erscheint mehr als zweifelhaft.

II. Der Mediatorvertrag

10   Wenn die Person des Mediators bestimmt ist und sich der Mediator zur Übernahme des Amts bereit erklärt hat, schließen die Parteien mit dem Mediator einen Vertrag, der die wechselseitigen Rechte und Pflichten festlegt. Dieser Vertrag wird hier als Mediatorvertrag[13] bezeichnet.

1. Rechtliche Einordnung und Abgrenzungen

11   Der Mediatorvertrag ist ein Dienstvertrag mit Geschäftsbesorgungscharakter.[14] Vertragspartner sind die Konfliktparteien auf der einen und der

---

[11] *Hacke,* Der ADR-Vertrag, S. 153.

[12] Vgl. oben § 3, Rdn. 33.

[13] Die Terminologie ist sehr uneinheitlich. Wie hier: *Eidenmüller,* Vertrags- und Verfahrensrecht, S. 32 ff. Koch nennt solche Verträge dagegen Mediationsvereinbarung, vgl. *Koch,* in: Hensler/Koch; Mediation für die Anwaltspraxis, S. 245, 267.

[14] *Eidenmüller,* Vertrags- und Verfahrensrecht, S. 32.

Mediator auf der anderen Seite. Der Mediatorvertrag übernimmt die gleiche Aufgabe, die der Schiedsrichtervertrag im Schiedswesen erfüllt.[15] Der Mediatorvertrag ist im BGB nicht als eigenständiger Vertragstypus anerkannt; die Regelungen des Dienst- oder Geschäftsbesorgungsvertrags passen häufig nicht. Bei Lücken im Vertrag können die Vertragspartner nicht auf ein gesetzliches Regelungsmodell zurückgreifen. Die Vertragspartner sollten daher eine entsprechend detaillierte Regelung treffen, um Auslegungsschwierigkeiten zu vermeiden. Für den Abschluss des Vertrages gelten ebenso die allgemeinen zivilrechtlichen Vorschriften wie für die inhaltliche Kontrolle einzelner Klauseln nach §§ 138, 305 ff. BGB.

Die Parteien sind im Verlauf der Mediation an mindestens drei Verträ- **12** gen beteiligt: An der Mediationsvereinbarung, am Mediatorvertrag und am Verhandlungsvertrag. Einigen sich die Parteien, kommt die Vergleichsvereinbarung als vierter Vertrag hinzu. Zwischen den drei erstgenannten Verträgen muss unterschieden werden, auch wenn die Parteien diese Vereinbarungen bisweilen in nur einer oder zwei Vertragsurkunden zusammenfassen. Die eigentliche Mediationsvereinbarung wird nur zwischen den Konfliktparteien ohne Beteiligung des Mediators geschlossen. Sie legt die Wahl der Mediation als Streitbeilegungsverfahren und einige Eckdaten des Verfahrens fest. Der Verhandlungsvertrag ist regelmäßig ein dreiseitiger Vertrag, den die Parteien sowohl untereinander als auch mit dem Mediatior schließen. Er legt im Einzelnen fest, wie die Parteien die konkrete Mediation für den konkreten Konfliktfall durchführen wollen.[16] Eine solche detaillierte Regelung konnten die Parteien in der Mediationsvereinbarung noch nicht treffen, weil ihnen seinerzeit der konkrete Konflikt noch unbekannt war. Es ist sinnlos, bereits in der Mediationsvereinbarung festzulegen, ob der Mediator seine rechtliche Einschätzung des Konflikts mitteilen soll, weil zu diesem Zeitpunkt noch gar nicht fest steht, ob und für welchen konkreten Konflikt sich Rechtsfragen stellen werden. Diese Punkte werden deshalb im Verhandlungsvertrag geregelt. Der hier diskutierte Mediatorvertrag regelt dagegen nur die Rechtsbeziehungen zwischen den Parteien einerseits und dem Mediator andererseits. Die wechselseitigen Leistungspflichten, die Leistungsverantwortung und der Leistungspreis werden festgelegt. Der Mediator nimmt in diesen Vertrag die Bedingungen auf, unter denen er bereit ist, für die Konfliktparteien tätig zu werden.

Die Abgrenzung zwischen den drei Vertragstypen ist aus zwei Gründen **13** schwierig. Zum einen werden die Begriffe in der Literatur nicht einheitlich verwendet. Zum anderen werden häufig zwei oder sogar alle drei Verträge

---

[15] Vgl. dazu nur: *Raeschke-Kessler/Berger,* Recht und Praxis des Schiedsverfahrens, Rdn. 516 ff.
[16] Ausführlich dazu § 6, Rdn. 16 ff.

in eine Vertragsurkunde aufgenommen, ohne dass zwischen den Vertrags-typen unterschieden wird. In einem Gesellschaftsvertrag kann etwa stehen, dass Streitigkeiten aus dem Vertrag durch eine Mediation beigelegt wer-den sollen, die vom Aufsichtsratmitglied Müller geleitet wird, der sich in der Vertragsurkunde zur Übernahme des Amtes bereit erklärt. In vie-len Mediationsvereinbarungen steht bereits, dass sich die Streitparteien zur Vertraulichkeit verpflichten, obwohl der Verhandlungsvertrag hierfür häufig der bessere Ort ist, weil die Parteien dann den infragestehenden Konflikt kennen und die Auswirkungen einer Vertraulichkeitspflicht bes-ser beurteilen können. Die Abgrenzungen sind insofern fließend.

2. Herbeiführen des Abschlusses

14   Der Mediator schließt den Mediatorvertrag mit den Parteien zu Beginn seiner Tätigkeit. In größeren Verfahren schickt er den Parteien dazu eine vorbereitete Vereinbarung mit der Bitte zu, diese unterzeichnet zurückzu-reichen. Vor allem in kleineren Verfahren wird der entsprechende Vertrag erst zu Beginn der ersten Mediationssitzung geschlossen. Davon ist abzu-raten, weil die Parteien zu diesem Treffen in der Erwartungshaltung kom-men, mit den Verhandlungen sofort zu beginnen. Die Parteien empfinden es als unangenehm, wenn sie gleich zu Beginn einen Vertrag unterzeichnen müssen, der sie zur gesamtschuldnerischen Zahlung der Honoraransprü-che des Mediators verpflichtet. In großen Verfahren zwischen Wirtschafts-unternehmen, die von einer Mediationsvereinigung organisiert werden, wird bisweilen auf den Abschluss eines zusätzlichen schriftlichen Media-torvertrags ganz verzichtet.[17] Der Mediator bestätigt hier durch ein einfa-ches Schreiben nur die Übernahme der Aufgabe zu den in der Verfahrens-ordnung genau definierten Konditionen. Rechtlich kommt hier natürlich gleichwohl ein Vertrag zustande. Dieser gangbare Weg, den Abschluss des Mediatorvertrags über die Mediationsorganisation herbeizuführen, ist aber noch nicht wirklich etabliert.

3. Typischer Inhalt

15   Die Vertragsparteien des Mediatorvertrags sind die Konfliktparteien auf der einen und der Mediator auf der anderen Seite. Der Mediatorvertrag definiert nicht, welche Pflichten die Streitparteien untereinander haben. Die Konfliktparteien finden sich gemeinsam auf einer Vertragsseite wie-der, nämlich der des Auftraggebers. Der Vertrag legt fest, welche Leistun-gen der Mediator erbringt und was die Parteien dafür zahlen. Der Vertrag bestimmt weiter, wie der Vertrag von beiden Seiten beendet werden kann.

---

[17] Ähnlich in der Schiedsgerichtsbarkeit, wo die Schiedsrichter bei institutionsge-bundenen Verfahren auf einen förmlichen Schiedsrichtervertrag oft verzichten.

Die Vertragspartner können die Leistungspflichten des Mediators genau definieren, ihm also ein gewisses Rollenverständnis vorschreiben: Darf der Mediator seine Rechtseinschätzung preisgeben und Einigungsvorschläge unterbreiten oder muss er sich auf eine moderierende Rolle beschränken? Wenn die Parteien schon wissen, dass der Mediator mit den Parteien Einzelgespräche führen und dann seine Rechtseinschätzung mitteilen soll, können sie dies in den Vertrag aufnehmen. Besonders sinnvoll sind derart präzise Vorgaben[18] für die konkrete Tätigkeit des Mediators nicht, da sie dem anschließenden Verfahren viel an Flexibilität nehmen. Der Regelungsinhalt des Vertrags hängt auch von der beruflichen Stellung des Mediators und damit verbunden Berufspflichten ab. Der Anwaltsmediator ist ohnehin zur Verschwiegenheit verpflichtet, so dass eine Vertraulichkeitsvereinbarung lediglich zur Klarstellung aufgenommen werden kann. Auf der anderen Seite wird für Anwaltsmediatoren vertreten, dass die Honorarvereinbarung § 3 BRAGO unterliegt und daher in einer gesonderten Urkunde festgehalten werden muss.[19] Besonders einfach haben es die Vertragsparteien, wenn das Verfahren von einem Mediationsinstitut organisiert wird. Hier müssen sich der Mediator und die Parteien nur über das Honorar einigen; im Übrigen genügt meist eine Bezugnahme auf das entsprechende Regelwerk des Mediationsinstituts.

4. Beispiel

Aus den vorstehenden Ausführungen ergibt sich, dass es „den" Mustervertrag für Mediatorverträge nicht gibt. Der folgende Mediatorvertrag[20] dient daher allein der Veranschaulichung: 16

Mediatorvertrag

zwischen

1. Alpha GmbH, vertreten durch …, Adresse,	**– Alpha –**
2. Beta AG, vertreten durch …, Adresse,	**– Beta –**
Alpha und Beta zusammenfassend:	**– Parteien –**

und

Herrn Gamma, Adresse	**– Mediator –**

§ 1 Bezeichnung des Konflikts

Die Parteien streiten um wechselseitig erhobene Ansprüche aus einem am 20. Dezember 2000 geschlossenen Werkvertrag über die

---

[18] Klauselvorschläge macht *Hacke*, ADR-Vertrag, S. 183 ff.

[19] *Brieske*, in: Henssler/Koch, Mediation in der Anwaltspraxis, S. 271 (295).

[20] Ein anderes Beispiel gibt *Koch*, in: Henssler/Koch, Mediation in der Anwaltspraxis, S. 245, 267.

schlüsselfertige Errichtung einer Sporthalle in Lippstadt. Der Vertrag sieht vor, dass alle Streitigkeiten aus diesem Vertrag vor Anrufung eines Gerichts einem Mediationsverfahren zugeführt werden.

§ 2 Beauftragung des Mediators

Die Parteien beauftragen den Mediator mit der Durchführung des Mediationsverfahrens, in dem gemeinsam eine Einigung für den Konflikt gesucht werden soll. Der Mediator erklärt sich zur Übernahme dieser Aufgabe bereit. Er versichert, dass er zu keiner Partei vor seiner Benennung zum Mediator geschäftliche Beziehungen unterhalten hat und dass nach seinem besten Wissen keine Umstände vorliegen, die den Anschein einer Befangenheit begründen können.

§ 3 Aufgabe des Mediators

Der Mediator übernimmt die Aufgabe, die Parteien bei einer strukturierten Verhandlung über die Lösung des Konflikts zu unterstützen und zu beraten. Er hat die Beilegung des Konflikts zu fördern. Über die Einzelheiten des Verfahrens werden sich die Parteien mit dem Mediator zu Beginn des Verfahrens und gegebenenfalls auch im Verlauf der Verhandlungen abstimmen. Der Mediator hat keine Entscheidungsbefugnis über den Konflikt insgesamt oder einzelne Aspekte des Konflikts.

§ 4 Keine Rechtsberatung

Der Mediator weist darauf hin, dass er keine juristische Ausbildung besitzt und er keinen Rechtsrat erteilen kann und wird. Soweit die Parteien Rechtsrat benötigen, werden sie diesen über ihre Rechtsanwälte einholen.

§ 5 Pflicht zur Vertraulichkeit

Das Mediationsverfahren ist vertraulich. Der Mediator verpflichtet sich während und nach Abschluss der Mediation zu vollständigem Stillschweigen gegenüber Dritten. Die Parteien verpflichten sich, den Mediator in einem möglichen Gerichtsverfahren nicht als Zeugen zu benennen. Der Mediator wird bestehende Aussageverweigerungsrechte in Anspruch nehmen.

§ 6 Honorar des Mediators

Der Mediator erhält für seine Tätigkeit ein nach Zeitaufwand bemessenes Honorar. Dieses Honorar beträgt 300 Euro/h zuzüglich der gesetzlichen Mehrwertsteuer und Auslagen. Dieser Stundensatz gilt auch für die Vorbereitung des Verfahrens und die Vorbereitung einzelner Mediationssitzungen. Für die Zahlung des Honorars haften die Parteien als Gesamtschuldner. Der Mediator kann einen Vorschuss auf sein Honorar anfordern.

§ 7 Ort, Zeit und Absage von Verhandlungsterminen

Die Verhandlungstermine finden bis auf weiteres in den Geschäftsräumen des Mediators, Adresse, statt. Die Absage eines Verhandlungstermins durch eine Partei muss gegenüber dem Mediator spätestens 48 Stunden vor dem vereinbarten Termin erfolgen. Bei nicht fristgerechter Absage fällt das Honorar des Mediators für diesen Verhandlungstermin in voller Höhe an. Sagt die verhinderte Partei nicht fristgerecht ab, zahlt sie das für den ausgefallenen Verhandlungstermin entstandene Honorar allein.

§ 8 Haftungsbegrenzung

Der Mediator haftet für jede Verletzung seiner Pflichten nach diesem Vertrag. Seine Haftung für einfache Fahrlässigkeit ist bei der Verletzung nicht wesentlicher Vertragspflichten jedoch auf einen Betrag von 100.000 Euro begrenzt.

§ 9 Kündigung dieses Vertrages

Jede der Parteien kann diesen Mediatorvertrag ohne Angabe von Gründen jederzeit kündigen. Die Kündigung erfolgt schriftlich an den Mediatior und die Gegenseite. Das Kündigungsrecht gilt mit gleichem Inhalt auch für den Mediator.

Datum, Unterschriften

Der Mustervertrag geht davon aus, dass der Mediatior kein Rechtsan- **17** walt ist. Er sollte die Parteien hierauf ausdrücklich hinweisen, um Haftungsgefahren wegen einer vermeintlich unrichtigen Rechtsauskunft vorzubeugen. Als Vergütung wird regelmäßig ein Stundenhonorar vereinbart. Dabei sollten die Vertragsparteien klarstellen, ob der Mediator auch die Vorbereitungszeit vergütet erhält. Ergänzend kann eine Vorschussregelung aufgenommen werden. Die Haftung des Mediators und die Möglichkeiten einer Haftungsbegrenzung hängen auch davon ab, welcher Berufsgruppe der Mediator angehört. Ist der Mediator Anwalt, muss die Honorarregelung nach umstrittener Ansicht in einem gesonderten Dokument getroffen werden.[21] Ähnliches kann für die Haftungsregelung gelten.[22] Wichtig und auf den ersten Blick ungewöhnlich ist, dass auch der Mediator den Vertrag fristlos und ohne Angaben von Gründen kündigen darf. Es kann vor-

---

[21] Vgl. dazu unten § 13, Rdn. 2 ff. mit einem Formulierungsbeispiel.
[22] Ausführlich zur Haftung von Anwaltsmediatoren: *Brieske,* in: Henssler/Koch; Mediation in der Anwaltspraxis, S. 271 ff.

kommen, dass der Mediator die Mediation abbrechen muss, weil er ein betrügerisches Verhalten einer Partei entdeckt, ohne dass er dies offen sagen darf. Ohne ein Kündigungsrecht würde sich der Mediator in diesem Fall schnell Haftungsansprüchen der Parteien ausgesetzt sehen.

III. Vorbereitung der Mediationsverhandlung

18   Ist der Mediatorvertrag geschlossen, beginnt der Mediator mit seiner Tätigkeit. Seine erste Aufgabe ist die Vorbereitung der Mediationsverhandlung. Dazu stellt sich der Mediator drei Fragen: Welche Angaben und Informationen benötigen die Parteien, um sich auf die Mediation sinnvoll vorzubereiten? Was muss der Mediator über den Sachverhalt und die Kontrahenten wissen, um sich selbst effektiv vorbereiten zu können? Und welche räumlichen und sachlichen Voraussetzungen müssen geschaffen werden, damit die Verhandlungen später in einer konstruktiven Atmosphäre stattfinden? Diesen Punkten wird im Folgenden nachgegangen.

1. Informationsschreiben an die Parteien

19   Viele Parteien haben noch nie an einer Wirtschaftsmediation teilgenommen. Es ist sinnvoll, den Parteien vor der ersten Mediationssitzungen einige Informationen zur Verfügung zu stellen. Für eine vernünftige Vorbereitung müssen die Parteien wissen, was sie erwartet. Unsicherheiten und Ängste werden so vermieden. Daneben sollten einige Verfahrensfragen vorab geklärt werden. Zu diesem Zweck schreibt der Mediator die Parteien mit gleich lautenden Schreiben an. Der Mediator weist in diesem Schreiben darauf hin, das die Gegenseite ein gleich lautendes Schreiben erhalten hat. Haben die Parteien bereits Anwälte eingeschaltet, schreibt der Mediator die Parteien gleichwohl unmittelbar an, um ihnen ihre herausgehobene Verfahrensstellung zu verdeutlichen. Die Anwälte bekommen eine Durchschrift des Schreibens. Inhaltlich werden die folgenden Punkte angesprochen:

20   **a) Grundzüge des Verfahrens und Person des Mediators.** Die Parteien werden über die Grundstrukturen eines Mediationsverfahrens informiert. Viele Mediatoren fügen dem Schreiben dazu ein entsprechendes Formblatt bei, auf das sie der Einfachheit halber verweisen. Dieses enthält die prägenden Merkmale der Mediation, wie die Freiwilligkeit der Teilnahme, die Neutralität des Mediators und seine fehlende Entscheidungsbefugnis sowie die Vertraulichkeit der Verhandlungen. Die Parteien werden informiert, dass die Mediation keine Rechtsberatung ist und nicht zwingend mit einem Ergebnis endet. Der Mediator informiert die Parteien, dass sie sich von Anwälten begleiten lassen können. Eine Vertretung durch Anwäl-

te, wie sie im Gerichtsprozess erfolgt, ist aber ausgeschlossen. Die Parteien müssen selber an den einzelnen Verhandlungsterminen teilnehmen. Handelt es sich bei der Partei um ein Unternehmen, weist der Mediator in seinem Informationsschreiben darauf hin, dass ein entscheidungsbefugter Repräsentant als Vertreter in die Verhandlungen entsandt werden muss. Wie detailliert diese Informationen sein sollten, ist umstritten.[23] Manche Mediatoren meinen, die Parteien gingen unbefangener und damit kreativer in die Verhandlungen, wenn sie den Ablauf im Einzelnen nicht kennen. Sie fürchten, eine genaue Kenntnis könnte die Parteien veranlassen, Mediationstechniken zu unterlaufen. Andere Mediatoren glauben, je mehr die Parteien über die Mediation wüssten, desto konstruktiver würden sie an ihr teilnehmen. Wie so oft, dürfte der goldene Mittelweg richtig sein.

In seinem Anschreiben informiert der Mediator die Parteien auch über 21 seine Person, indem er seinen beruflichen Hintergrund und seine Mediationserfahrungen in aller Kürze wiedergibt. Solche Informationen schaffen Vertrauen, wenn die Parteien den Mediator nicht persönlich kennen. Da die Parteien die Mediation als Alternative zum Gerichtsverfahren empfinden, erwarten sie auch die Möglichkeit, rechtliche Aspekte in der Mediation zu diskutieren. Wenn der Mediator kein Anwalt ist, sollte er dies deshalb klarstellen. Sinnvoll kann eine kurze Erläuterung sein, wie der Mediator zu seiner Benennung gekommen ist. In Anlehnung an die in § 1036 ZPO niedergelegte Pflicht des Schiedsrichters, alle Umstände zu offenbaren, die Zweifel an der Unterparteilichkeit begründen könnten,[24] gibt der Mediator an, ob und, wenn ja, in welcher Beziehung er zu den Streitparteien steht. Hier ist besondere Vorsicht angezeigt, ein paar Angaben zu viel schaden nicht. Wenn sich gegen Ende der Mediation herausstellt, dass der Mediator selbst oder auch nur seine Sozietät vor Jahren für eine Partei anwaltlich tätig war, kann dies zum Scheitern der Mediation und auch zur Haftung des Mediators für die bisher entstandenen Kosten führen. Legt der Mediator diese Beziehung offen, auch wenn er seine Unparteilichkeit nicht ansatzweise gefährdet sieht, können die Parteien entscheiden, wie sie weiter verfahren wollen. Die Offenheit wirkt vertrauensbildend und unterstreicht die tatsächliche Neutralität des Mediators.

b) Hinweise für die Vorbereitung der Parteien. Für eine vernünftige 22 Vorbereitung sollten die Kontrahenten wissen, was von ihnen in der ersten Mediationssitzung erwartet wird. Viele Parteien übertragen ihre Erfahrungen aus Gerichtsverfahren auf die Wirtschaftsmediation und nehmen an, der sie begleitende Anwalt werde sich um alles kümmern. Wenn der Mediator sie dann bittet, den Konflikt aus ihrer Sicht in eigenen Worten

---

[23] Vgl. nur *Kovach*, Mediation, S. 73.
[24] Vgl. dazu *Schütze*, Schiedsgericht und Schiedsverfahren, Rdn. 38.

darzustellen, fühlen sie sich überrascht und überfordert. Der Mediator informiert daher sowohl die Parteien als auch deren Anwälte über ihre Rolle in der Mediation. Die Parteien werden gebeten, ein Eröffnungsstatement für die Mediationsverhandlung vorzubereiten. Weiter sollen sich die Parteien, gegebenenfalls zusammen mit ihren Anwälten, mit allen Einzelheiten des Konflikts genau vertraut machen. Gerade in der Wirtschaftsmediation kommt es immer wieder vor, dass zwar ein hochrangiger und entscheidungsbefugter Vertreter des Unternehmens an der Verhandlung teilnimmt, dieser zum konfliktbegründenden Sachverhalt aber kaum etwas sagen kann. Der Vorstandsvorsitzende des Bauunternehmens ist wenig hilfreich, wenn er auf der umstrittenen Großbaustelle nie selbst war und er keine Angaben zu den aufgetretenen Bauverzögerungen und anderen technischen Problemen machen kann. Auf einen inkompetenten Gesprächspartner reagiert die andere Seite oft verärgert. Solchen Problemen gilt es vorzubeugen. Entweder der Vorstandsvorsitzende informiert sich im Detail oder aber er bringt den Ingenieur, der seinerzeit als Bauleiter fungierte, zur Mediation mit. Der Mediator bittet die Parteien, alle Unterlagen, die für den Streit relevant sein könnten, herauszusuchen und zur ersten Mediationsverhandlung mitzubringen.

23 c) **Schriftliche Informationen an den Mediator.** Auch der Mediator benötigt zur Vorbereitung der Mediation einige Informationen von den Parteien, um die er in seinem Anschreiben ebenfalls bittet. Umstritten ist dabei, ob er von den Teilnehmern vorab eine schriftliche Schilderung des Konflikts anfordert. Viele Mediatoren meinen, eine frühe Stellungnahme gefährde die Ergebnisoffenheit des Mediators und damit auch die Ergebnisoffenheit der Mediation insgesamt. Diese Gefahr besteht. Gerade juristisch vorgebildete Mediatoren werden den mitgeteilten Sachverhalt intuitiv in das ihnen vertraute Raster von Gesetzen und höchstrichterlichen Urteilen einordnen und daraus eine Rechtsfolge ableiten, die sie als mögliche Lösung des Konflikts begreifen.[25] So kann eine innere Voreingenommenheit des Mediators entstehen, bevor die Verhandlung beginnt. Diese Voreingenommenheit gefährdet den Erfolg der Mediation, auch wenn der Mediator keine inhaltliche Entscheidungsbefugnis hat.

24 Auf der anderen Seite ist eine schriftliche Vorabinformation des Mediators geeignet, die Mediation zu beschleunigen. Der Mediator kann sich mit einigen Sachfragen vertraut machen und bekommt einen Eindruck, mit welchen Problemen und parteiseitigen Emotionen er in der Verhandlung rechnen muss. Im Extremfall kann die inhaltliche Schilderung den Mediator dazu veranlassen, sein Amt niederzulegen. So mag der Media-

---

[25] Auch der Mediator unterliegt der Gefahr der kognitiven Dissonanz, vgl. dazu oben § 2, Rdn. 89 f.

tor, der sich auf Konflikte zwischen Arzt und Patient um vorgebliche Behandlungsfehler spezialisiert hat, zu seiner Überraschung erfahren, dass der Streit zwischen dem Herzchirurgen und den Angehörigen eines Verstorbenen nicht in einer fehlgeschlagenen Operation, sondern in einem dubiosen Immobiliengeschäft wurzelt, das der Erblasser lange vor seinem Tod mit dem Arzt abgeschlossen hatte. Im Ergebnis ist es daher sinnvoll, die Parteien um eine kurze schriftliche Stellungnahme zu bitten.[26] Diese Stellungnahme wird strikt auf wenige Seiten begrenzt. Anlagen wie etwa der streitgegenständliche Vertrag oder gar die Übersendung bereits vor Gericht ausgetauschter Schriftsätze sind überflüssig. Die Parteien neigen sonst dazu, den Mediator mit einer Papierflut zu überschwemmen, hoffen sie doch, den Mediator so gleich von der Richtigkeit ihres Standpunktes zu überzeugen. Gleichzeitig macht der Mediator in seinem Anschreiben deutlich, dass die schriftliche Stellungnahme zum Konflikt die Ausnahme bleibt. Mediation ist eine mündliche Verhandlung, so dass die flankierende schriftliche Kontaktaufnahme zum Mediator unzulässig ist. Der Mediator erbittet die Stellungnahme in mehrfacher Ausfertigung, um sie gleich nach Erhalt der Gegenseite zuleiten zu können. Einige Mediatoren vertreten allerdings die Auffassung, eine vertraulich bleibende Schilderung fördere die Offenheit der Parteien und beschleunige die Mediation.[27] Durch eine frühzeitige ex-parte Kommunikation[28] erweckt der Mediator aber den Eindruck, die Mediation sei ein Geheimverfahren, bei dem es darauf ankomme, den Mediator auf die eigene Seite zu ziehen. Einer konstruktiven Atmosphäre in den eigentlichen Verhandlungen ist es wenig förderlich, wenn jede Seite spekuliert, was denn der Kontrahent dem Mediator an falschen Informationen und böswilligen Anschuldigen vorab mitgeteilt haben mag.

d) Logistische Einzelheiten. Unabhängig von der inhaltlichen Schilderung benötigt der Mediator von den Parteien einige formale Angaben, um die Verhandlung organisatorisch vorzubereiten. Wichtig sind vor allem die Anzahl und Identität der teilnehmenden Personen. Unentbehrlich ist ferner die Kenntnis, in welchem Verfahrensstand sich der Konflikt befindet. Der Mediator muss wissen, ob die Mediation vor dem Hintergrund eines bereits laufenden Prozesses stattfindet, da von dieser Frage Hinweispflichten des Mediators abhängen können. Weiter wird der Mediator wissen wollen, ob die Partei anwaltlich beraten ist und ob der Anwalt an der Verhandlung teilnehmen wird. Hiervon hängt es später unter anderem ab, auf welche Weise rechtliche Aspekte des Konfliktes in der Verhandlung erör- 25

---

[26] *Kovach*, S. 74.
[27] Vgl. *Kovach*, S. 74.
[28] Ausführlich zur ex-parte Kommunikation und zum Caucus unten § 7, Rdn. 86 ff.

tert werden.[29] Der Mediator schlägt den Parteien abschließend einen Verhandlungsort und einen ersten Verhandlungstermin vor und bittet die Parteien, diesen Termin kurz zu bestätigen.

2. Logistische Vorbereitung

26 In den meisten Fällen muss sich der Mediator auch um die logistische Vorbereitung der Mediationsverhandlung kümmern, da weder die Parteien noch die eingeschaltete Mediationsvereinigung diese Aufgabe übernehmen.

27 **a) Wahl des Verhandlungsortes.** Die Mediationsverhandlung findet an einem neutralen Ort statt.[30] In kleineren Fällen wird dies das Büro des Mediators sein. Wo das wegen weit entfernt wohnender Parteien oder der Anzahl der Mediationsteilnehmer untunlich ist, werden Räumlichkeiten in einem Hotel oder einem Konferenzcenter angemietet. Der Raumbedarf für eine Wirtschaftsmediation ist erheblich. Neben dem eigentlichen Gesprächszimmer benötigt jede Partei einen separaten Raum, in den sie sich zur Beratung mit ihren Anwälten zurückziehen kann. Es ist schädlich, wenn diese internen Besprechungen auf einem Flur vor der Tür des Verhandlungsraums stattfinden müssen. Die separaten Zimmer werden auch für Einzelgespräche der Parteien mit dem Mediator gebraucht. Durch die Anmietung der Räumlichkeiten einschließlich der üblichen Konferenzausstattung entstehen erhebliche Kosten, über deren Begleichung sich die Parteien vorher verständigen müssen. Findet die Mediationsverhandlung im Ausnahmefall doch im Büro einer Partei oder ihres Anwalts statt, sollten die Teilnehmer zum Ausgleich vereinbaren, dass das nächste Treffen bei der anderen Seite durchgeführt wird.

28 In großen Mediationsverfahren, in denen die „Nebenkosten" tatsächlich nebensächlich sind, hat es sich bewährt, die Mediationsverhandlung an Orten durchzuführen, die außerhalb des üblichen Umfeldes der Parteien liegen. Idyllisch gelegene Landhotels erfreuen sich diesbezüglich großer Beliebtheit. Über diese Wahl mag man zunächst lächeln und ein Eigeninteresse des Mediators vermuten. Es hat sich aber gezeigt, dass Streitparteien außerhalb ihres gewöhnlichen Umfelds konzentrierter und kreativer an der Problemlösung arbeiten als in einem nüchternen Anwaltsbüro oder dem Konferenzzimmer eines Businesshotels.

29 **b) Ausstattung des Verhandlungsraums.** Es klingt banal, über die Ausstattung des Verhandlungsraums Worte zu verlieren. Die Parteien befinden sich aber während der Mediation in einer Konflikt- und Stresssituation, so dass ihnen alle nicht mit dem Konflikt zusammenhängenden Unannehmlichkeiten erspart bleiben sollten. Bequeme Stühle und ausrei-

---

[29] Vgl. unten § 8, Rdn. 58 ff.
[30] *Steinbrück*, AnwBl. 1999, S. 574 (577).

chend Platz sind eine Selbstverständlichkeit. Anstelle beengter Verhältnisse und herbeigeholter zusätzlicher Sitzgelegenheiten sollte man lieber einen anderen Ort wählen. Viele Mediatoren sind der Ansicht, dass ein runder Verhandlungstisch den kooperativen Charakter der Mediation besser zum Ausdruck bringt als das klassische Rechteck mit sich gegenüber sitzenden Parteien.[31] Auf dem Tisch liegt für jeden Teilnehmer ein Notizblock mit Schreibutensilien bereit. Die Zimmer, in welche die Parteien sich zur Beratung zurückziehen können, sind mit Telefon und Telefax ausgestattet. Handys bleiben ausgeschaltet. Der Mediator sorgt dafür, dass die Verhandlungen nicht von außen unterbrochen werden. Der Hotelkellner, der sich alle Viertelstunde nach einem Getränkewunsch erkundigt, hat in der Mediation nichts zu suchen. Kaffee- und Lunchpausen mit entsprechender Verpflegung werden vom Mediator organisiert und den Parteien vorab in einem Zeitplan mitgeteilt.

Die Visualisierung von Informationen hat in der Wirtschaftsmediation **30** eine besondere Bedeutung.[32] Der Mediator sorgt dafür, das die dazu benötigten Hilfsmittel zur Verfügung stehen. Flipcharts und Wandtafeln sind sinnvoll. Ein ebenso originelles wie hilfreiches Instrument ist eine Standtafel, die mit einem Gitternetz von doppelt klebendem Krepppapier überzogen ist. Auf dieser Wand lassen sich später Karteikarten mit Informationen oder Lösungsvorschlägen sichtbar anbringen und nach Belieben umsortieren.[33] Karteikarten als Informationsträger haben den Vorteil, dass man sie rasch austauschen, umordnen oder ganz weglegen kann. Wichtig ist, dass jeder Teilnehmer diese Tafeln von seinem Sitzplatz aus ohne Anstrengung sieht. Wer sich den Hals verrenken muss, um die Darstellung auf einem Flipchart zu entziffern, wird sein Interesse daran rasch verlieren. In der Praxis hat sich eine Sitzordnung bewährt, bei der die Teilnehmer in U-Form mit dem Mediator in ihrer Mitte gruppiert werden. Die visuellen Hilfsmittel können dann am offenen Ende des „U" für alle leicht sichtbar plaziert werden.

c) **Sitzordnung.** Der Mediator überlegt sich vor Beginn der Verhandlung **31** die Sitzordnung der Teilnehmer. In Gerichtssälen ist es üblich, dass die Anwälte zwischen dem erhöht sitzenden Richter und ihren Mandanten Platz nehmen. Dadurch kommt das Rollenverständnis der Anwälte zum Ausdruck, die als primärer Ansprechpartner des Richters gelten wollen und sich gleichzeitig schützend vor ihre Klienten stellen. Entsprechend verläuft die Kommunikation in der Gerichtsverhandlung vom Richter zum Anwalt und dann vom Anwalt zur Partei. Instinktiv nehmen viele Anwälte daher auch in der Mediation diesen zentralen Platz am Verhandlungstisch

---

[31] *Schlieffen*, in: Handbuch Mediation, § 1, Rdn. 35.
[32] Vgl. dazu unten § 7, Rdn. 144 ff.
[33] Dies ist eine Idee von Herrn Rechtsanwalt *Dr. Reiner Ponschab,* München.

ein. Für die Mediation ist dies hinderlich, denn dort sind die Parteien, nicht deren Anwälte, die wichtigsten Akteure. Die Parteien sollen für sich selbst sprechen und nicht ihre Anwälte für sich sprechen lassen. Über weite Strecken der Mediation unterhält sich der Mediator unmittelbar mit den Kontrahenten und das geht schlecht über den Kopf des dazwischen sitzenden Anwalts hinweg. Deshalb sitzen die Parteien unmittelbar neben dem Mediator. So wird auch den Parteianwälten, die neben ihren Mandanten Platz nehmen, signalisiert, dass sie an der Mediation nicht als Hauptakteur, sondern als Berater teilnehmen. Schwieriger ist die Festlegung der Sitzordnung, wenn an der Mediation mehr als zwei Parteien mit ihren Anwälten teilnehmen. Der Mediator bildet hier unbeabsichtigt bereits Gruppen, indem er zwei oder mehr Parteien an einer Seite des Tisches Platz nehmen lässt. In einer späteren Verhandlungsphase ist ein unmittelbares Gespräch zwischen diesen Parteien schwierig, da sie sich nicht in der üblichen Gesprächshaltung gegenüber sitzen. Ein runder Tisch vermeidet dieses Dilemma. Für den Mediator kann es sinnvoll sein, die festgelegte Sitzordnung durch Platzkarten deutlich zu machen. So vermeidet er nicht nur eine unnötige Diskussion, sondern beugt auch der unangenehmen Situation vor, einen Teilnehmer um einen Platzwechsel bitten zu müssen.

3. Eintreffen der Mediationsteilnehmer

32   Als letzten Teil seiner Vorbereitung organisiert der Mediator das Eintreffen der Mediationsteilnehmer. Wenn der Konflikt emotional aufgeladen ist, sollten die Parteien vor dem eigentlichen Verhandlungsbeginn nicht ohne Anwesenheit des Mediators aufeinander treffen.[34] Wenn die zerstrittenen Mitglieder einer Erbengemeinschaft ohne den Mediator bereits am Verhandlungstisch Platz nehmen und sich in eisiger Stille bewusst ignorieren, ist die Verhandlungsatmosphäre bereits nachhaltig gestört, wenn der Mediator mit viertelstündiger Verspätung den Raum betritt. Konfliktparteien empfinden ein solches Aufeinandertreffen als unangenehm und wissen nicht, wie sie sich verhalten sollen. Der Mediator trifft daher immer vor den Parteien am Verhandlungsort ein. Er selbst oder ein Mitarbeiter empfängt die Teilnehmer, zeigt ihnen die Räumlichkeiten einschließlich der Lage der Toiletten[35] und führt sie dann in das für ihre internen Beratungen reservierte Zimmer. Dort können die Parteien in Ruhe ablegen und den Beginn der Mediation abwarten. Sind alle Parteien eingetroffen, holt der Mediator die Parteien ab und betritt gemeinsam mit ihnen den Verhandlungsraum. Die Mediationsverhandlung kann nun beginnen.

---

[34] *Steinbrück*, AnwBl. 1999, S. 574 (577).

[35] So banal es klingt, empfinden es doch viele Parteien als unangenehm, während der Verhandlung nach den Toiletten zu fragen. Es ist daher umsichtig, dieser Situation vorzubeugen.

§ 5 Überblick über den Verfahrensablauf

Wer die Wirtschaftsmediation als Verfahrensmodell begreifen will, muss **1** zunächst deren Struktur verstehen. Ohne ein solches Strukturwissen nützt die Kenntnis um einzelne Mediationstechniken nichts. Dieses Kapitel gibt daher einen Überblick darüber, wie eine Wirtschaftsmediation abläuft und in welche Phasen das Verfahren unterteilt ist. Ein Beispiel illustriert den idealtypischen Ablauf einer Mediation. Der Leser erhält so ein Gedankengerüst, in das er die in den nachfolgenden Kapiteln detailliert besprochenen Mediationstechniken einordnen kann.

I. Grundstruktur des Verfahrens

Wie funktioniert Wirtschaftsmediation? Auf diese Frage antworten **2** auch vermeintliche Experten oft ausweichend. Die Grunddefinition der Mediation als eine von einem neutralen Dritten geleitete und strukturierte Verhandlung, in der die Parteien eine gütliche Einigung zu erreichen suchen, ist schnell bei der Hand, klingt aber stereotyp. Die Nachfrage, wie genau diese Verhandlung abläuft, bleibt unbeantwortet. Verwiesen wird darauf, dass jeder Konflikt anders sei. Da die Mediation nicht an eine starre Verfahrensordnung gebunden sei, habe der Mediator gegenüber dem Richter den Vorteil, sein Vorgehen ganz am konkreten Konflikt und den Parteibedürfnissen orientieren zu können. Die Mediation vertraue auf die Fähigkeit der Parteien, ihren Konflikt selber zu lösen, und deshalb würden die Parteien schon bei der Ausgestaltung des Verfahrens maßgeblich mitwirken. So richtig all das ist, wirken diese Äußerungen doch wie inhaltsleere Sprechblasen. Es entsteht schnell der Eindruck, Mediation erschöpfe sich in einer mehr oder weniger unstrukturierten Diskussion des Konfliktes, den der Mediator kraft seiner Neutralität und persönlichen Autorität zu schlichten versucht. Dieser Eindruck ist falsch. Mediationsverfahren haben eine klare, wenn auch keine schematische Struktur, und der Mediator setzt diese Struktur gegenüber den Parteien durch. Der Mediator steuert die vielbeschworene Eigendynamik von Verhandlungen, die sowohl konstruktiv wie destruktiv wirken kann. Zutreffend ist allein, dass der Mediator sich zur Steuerung der Verhandlung nicht auf eine verbindliche Verfahrensordnung wie die ZPO zurückziehen kann. Der Mediator setzt vielmehr sein eigenes Verhandlungsgeschick und seine persönliche Autorität ein, um einen geordneten Verhandlungsablauf zu gewährleisten.

Nachfolgend wird der übliche Ablauf einer Wirtschaftsmediation anhand eines „Fünf-Phasen"-Modells in Umrissen vorgestellt und anhand eines Beispiels illustriert. Jede dieser fünf Phasen ist in den darauf folgenden Kapiteln dann Gegenstand einer intensiven Einzelbetrachtung.

1. Das „Fünf-Phasen"-Modell

3   Die Einleitung und Vorbereitung der Mediation wurden oben bereits dargestellt. Der Mediator bereitet die eigentliche Mediationsverhandlung vor, indem er die Parteien gleich lautend anschreibt und sie über die Grundstruktur einer Wirtschaftsmediation informiert. In komplexen Verfahren erhalten die Teilnehmer Gelegenheit, selbst oder zusammen mit ihren Anwälten eine kurze Beschreibung des Konflikts zu verfassen und diese dem Mediator zuzusenden. Im Übrigen vertraut die Mediation auf die persönliche Kommunikation der Konfliktparteien, die an der dann beginnenden Verhandlung selbst teilnehmen müssen. Diese Verhandlung lässt sich idealtypisch in fünf Phasen unterteilen.

4   In der ersten Phase der Mediation erörtern die Teilnehmer noch keine Sachfragen, sondern planen das formale weitere Vorgehen. Der Mediator gibt zunächst einen Überblick über das Mediationsverfahren, bevor er mit den Parteien die Einzelheiten diskutiert. Wichtigster Punkt ist dabei die Grobstruktur der Mediation, die der Mediator erläutert. Gemeinsam wird ein Zeitplan festgelegt. Vereinbart wird die (Un-)Zulässigkeit von Einzelgesprächen mit dem Mediator (Caucus), die Akzeptanz der formalen Gesprächsleitung durch den Mediator, ein möglicher Schlichtungsspruch, die Vertraulichkeit der Mediation im Verhältnis zu Dritten sowie ein Verwendungsverbot von im Mediationsverfahren erlangter Informationen in einem denkbaren Anschlussprozess. Der Mediator und die Parteien fixieren diese Punkte regelmäßig in einem förmlichen Verhandlungsvertrag. Dessen Abschluss ist mehr als eine Formalität. Den eigenen Verfahrensregeln werden die Parteien später folgen. Nach den zuvor gescheiterten bilateralen Verhandlungen zeigt der Abschluss des Verhandlungsvertrages den Parteien, dass sie trotz ihrer Differenzen weiter an einer Einigung arbeiten und Fortschritte in der Verhandlung erzielen können. Gerade in emotional aufgeladenen Konflikten ist diese Erkenntnis wichtig. Deshalb verzichtet der Mediator auch dann nicht auf den Abschluss des Verhandlungsvertrages, wenn die entsprechenden Regelungen bereits vor der Mediation vereinbart wurden. Er verkürzt diese Phase dann nur.

5   Die zweite Phase beginnt mit kurzen Eingangsstatements der Parteien, gefolgt von einem ausführlichen Gespräch der Teilnehmer mit dem Mediator. Der Mediator fasst die Darstellung in kurzen Intervallen immer wieder zusammen, um ein korrektes Verständnis sicherzustellen und um die berichtende Partei zu vollständigem Sachvortrag anzuhalten. Die Par-

tei soll dabei auch ihre Interessenlage schildern. Durch diese und andere Gesprächstechniken versucht der Mediator, gemeinsam mit den Parteien die wechselseitigen Interessen und Bedürfnisse offen zu legen, die sich von den zunächst erhobenen Forderungen regelmäßig unterscheiden.[1] Die regelungsbedürftigen Aspekte des Streites werden als neutral formulierte Themen festgelegt. Gegebenenfalls kann der Mediator in dieser frühen Phase bereits Einzelgespräche mit den Parteien führen. Am Schluss dieser Verfahrensphase fasst der Mediator die jeweiligen Sachverhaltsdarstellungen mit eigenen Worten zusammen und lässt sich die Richtigkeit seiner Wiedergabe von den Parteien bestätigen. Die klärungsbedürftigen Themen und wechselseitigen Parteiinteressen werden schriftlich fixiert.

Die dritte Phase der Mediation beschäftigt sich mit der objektiven In- 6 formationserhebung. Die subjektive Einschätzung der Parteien zum Konflikt ist zwar wichtig, reicht aber für eine vernünftige Entscheidungsfindung nicht aus. Stellen die Parteien einen nachprüfbaren Sachverhalt unterschiedlich dar, muss überlegt werden, ob eine Aufklärung durch eine Beweisaufnahme versucht werden oder die Ungewissheit in Kauf genommen werden soll. Als Rahmendaten müssen die rechtliche und oft auch die steuerliche Situation erörtert werden. Diese zusätzliche Informationserhebung kann entweder über außenstehende Zeugen und Experten oder von einem sachkundigen Mediator geleistet werden. Entscheidend ist dabei, all diese Aspekte so verständlich für die Parteien aufzubereiten, dass die Parteien diese Aspekte in eine spätere Entscheidung einfließen lassen können. Am Ende dieser Phase müssen die Kontrahenten und der Mediator den streitgegenständlichen Sachverhalt einschließlich verbleibender Unsicherheiten ebenso kennen wie die meist kontroverse rechtliche Einordnung dieses Sachverhalts. Die Parteien wissen nun, worüber sie eigentlich streiten.

Erst jetzt, wo das zu entscheidende Problem in all seinen Facetten be- 7 kannt ist, beginnen die Teilnehmer in der vierten Phase der Mediation mit der Suche nach einer Einigung. Der Mediator kann hier unterschiedliche Techniken einsetzen. Bekannt ist das Sammeln möglichst vieler Lösungsmodelle, die in einem streng getrennten Schritt dann bewertet werden. Bewertungsmaßstab ist dabei, inwieweit die einzelnen Alternativen die vorher herausgearbeiteten Interessen der Parteien befriedigen. Die Parteien legen dann ihre Präferenzen für bestimmte Lösungsmodelle offen. Über dieses Lösungsmodell wird nun diskutiert. Gegebenenfalls modifizieren die Parteien das Lösungsmodell oder kombinieren es mit anderen Handlungsoptionen. Nacheinander werden alle Möglichkeiten einschließlich der Beschreitung des Rechtsweges erörtert. Besteht die einzige Einigungsmöglichkeit in einer Aufteilung des Verhandlungsgegenstandes, suchen die

---

[1] Zum Unterschied von Interessen und Positionen vgl. oben § 2, Rdn. 35 ff.

Parteien gemeinsam mit dem Mediator nach einem objektiven und akzeptablen Verteilungsmaßstab, der dann von den Parteien selbst auf den Konfliktfall angewendet wird. Auch kompetitive Verhandlungssituationen, denen ein echter Verteilungskampf zugrunde liegt, lassen sich so in der Mediation bewältigen.

8   Zeichnet sich eine Einigung ab, setzen die Teilnehmer diese Einigung in der fünften und letzten Mediationsphase in einen verbindlichen Vergleichsvertrag um. Auch in dieser Phase bleiben die Parteien die Hauptakteure; eine vollständige Delegation der Vertragsgestaltung auf beratende Anwälte unterbleibt. Ziel der gemeinsamen Bemühungen ist es, einen vollständigen, umsetzbaren und rechtlich wirksamen Vertrag zu formulieren, der den Konflikt endgültig beilegt. Gelingt dies nicht, scheitert die Mediation und die Parteien können den Rechtsweg beschreiten.

2. Beispiel für einen idealtypischen Ablauf

9   Wie eine Mediation nach dem „Fünf-Phasen"-Modell idealtypisch abläuft, wird an dem nachfolgenden Beispiel illustriert. Das Ergebnis der Mediation lässt sich anschließend mit dem Ausgang eines alternativen Gerichtsverfahrens vergleichen.

10   a) Ausgangsfall: Streit um das Unternehmererbe. Der Erblasser E hinterlässt nach seinem plötzlichen Unfalltod neben einem florierenden Unternehmen eine großzügige Villa, ein Ferienhaus in den Alpen sowie umfangreiche Wertpapierdepots und Barguthaben. Da ein Testament zur Überraschung aller fehlt, wird er von seiner Ehefrau F, den Söhnen A und B sowie der Tochter T nach der gesetzlichen Erbfolge beerbt. Alsbald bricht über die konkrete Aufteilung des Nachlasses heftiger und schnell erbittert ausgetragener Streit aus. Zu allem Überfluss entsteht der Verdacht, es habe ein Testament existiert, das entweder verloren gegangen oder aber gar von einer darin benachteiligten Partei böswillig vernichtet worden sei. Auf Anraten des allen langjährig vertrauten Wirtschaftsprüfers W entscheiden sich die Parteien, vor einer gerichtlichen Klärung ein Mediationsverfahren unter der Leitung des Rechtsanwalts und Mediators M durchzuführen.

11   b) Das Mediationsverfahren. M schreibt die Erben zunächst gleich lautend an und informiert diese über den Grundcharakter der Mediation. Der Mediator bittet jeden Erben, binnen einer Woche seine Sicht der Dinge in einer maximal zehnseitigen Stellungnahme zusammenzufassen, die er dann auch an alle anderen Erben weiterleitet. Die Parteien einigen sich auf einen ersten Verhandlungstermin in den Räumlichkeiten des Mediators.

12   Die erste Verhandlungsrunde eröffnet der Mediator, indem er sich kurz vorstellt und den weiteren Verlauf des Verfahrens skizziert. Er schlägt den

Erben vor, vor einer inhaltlichen Erörterung des Streits zunächst über einige wichtige Aspekte des Verfahrens zu sprechen. Die Erben stimmen zu. Unter Anleitung des Mediators einigen sie sich rasch auf den üblichen Ablauf einer Mediation. Man sichert sich zu, einander ausreden zu lassen und auf unsachliche Äußerungen zu verzichten. Anwälte sollen teilnahmeberechtigt sein. Die Entscheidung über die Frage, ob jede Partei auch Einzelgespräche mit dem Mediator führen soll, wird zunächst vertagt. Der Mediator schreibt diese Punkte auf und lässt den so fixierten Verhandlungsvertrag von den zerstrittenen Erben unterzeichnen. Diese stellen dabei überrascht fest, dass sie nach kurzer Verhandlungsdauer eine erste Einigung erzielt haben. Diese Einigung ist zwar nur formaler Natur, doch hatte niemand eine so konstruktive Gesprächsatmosphäre nach der zurückliegenden Auseinandersetzung erwartet. So endet die erste Phase der Mediation.

Zu Beginn der zweiten Phase bittet der Mediator zunächst die Witwe F, 13 ihre Sichtweise des Konflikts zu schildern. Für sie als Mutter ist die Wahrung des Familienfriedens am wichtigsten. Ihren Lebensabend will sie im angestammten Familienwohnhaus ohne finanzielle Sorgen verbringen; vor der nervenaufreibenden Führung des Unternehmens hat sie Angst. Der Mediator fasst diese Aussagen immer wieder zusammen und lässt sich die Richtigkeit seiner Zusammenfassung bestätigen. Den auf die Zuhörerrolle beschränkten Kindern wird erst jetzt richtig bewusst, was ihre Mutter wirklich will und wie sehr die Auseinandersetzung ihre Mutter belastet. Am Ende schreibt M die festgestellten Interessen auf eine Tafel, die für alle Erben sichtbar im Raum aufgestellt ist. Dann führt er ähnliche Gespräche mit den anderen Teilnehmern. Sohn A legt dar, dass er sein ganzes berufliches Leben mit einer entsprechenden Ausbildungsplanung auf das Unternehmen ausgerichtet habe. Von der Nichteinsetzung als Unternehmensnachfolger ist er zutiefst enttäuscht und argwöhnt, dass ein entsprechendes Testament unterdrückt wird. Sein Interesse besteht darin, die Firma zu übernehmen. Nach der langen Bevormundung durch den Vater will er sie ohne Einmischung von außen leiten, um endlich seine Ideen verwirklichen zu können. Er identifiziert sich auch emotional sehr stark mit „seiner" Firma (Interessen des A). Sohn B hat als Lehrer keinen großen Bezug zum Unternehmen, will seine schmale Besoldung aber über die Erbschaft dauerhaft aufbessern. Außerdem sieht er plötzlich eine Möglichkeit, der kürzlichen Einladung eines Freundes zum Lachsfischen nach Alaska, also der Traumreise schlechthin, trotz des hohen Preises zu folgen. Sohn B sieht nicht ein, dass sein Bruder mit dem Unternehmen den Löwenanteil bekommen soll. Er will zwar nichts mit der aufwändigen Leitung der Firma zu tun haben, gleichzeitig aber aller Welt zeigen, dass er mehr als nur ein vergeistigter Lehrer ist. Er befürchtet, dass A in seiner blinden, unbedachten Begeisterung die Firma rasch in den Ruin führen wird (Interessen des B). Tochter T plant schließlich die Gründung einer eigenen Arztpraxis und hat entsprechenden Liquiditätsbedarf; insgesamt möchte auch sie bei der Erbauseinandersetzung nicht übervorteilt werden. Mit dem Unternehmen, dem sich der Vater ihrer Ansicht nach unter Vernachlässigung der Familie sein ganzes Leben widmete, will sie nichts mehr zu tun haben. Ganz anders ist ihre Bindung an das Ferienhaus, wo sie die glücklichsten Tage verlebt hat. Am wichtigsten ist T aber, dass die Mutter einen gesicherten Lebensabend verbringen kann. Sie selbst und ihre Geschwister können schließlich notfalls für sich selbst sorgen (Interessen der T). Am Ende sind auf der Tafel alle Interessen der Erben aufgelistet. M verspricht, diese Interessen abzuschreiben und den Mediationsteilnehmern zuzusenden. Abschließend einigt man sich auf den nächsten Verhandlungstermin.

14   Ein paar Tage später beginnt die dritte Phase der Mediation. Zunächst soll, bereits mehrmals angemahnt von den Parteianwälten, die Rechtslage erörtert werden. M bietet an, den pensionierten Nachlassrichter R zu einer Mediationssitzung einzuladen und dessen Einschätzung zu hören. Den Erben und ihren Anwälten ist dies zu umständlich. Auf Wunsch der Erben schildert der rechtskundige M daher selbst, welche Entscheidung er von einem in dieser Sache angerufenen Richter erwarten würde. Die umstrittene Existenz eines Testaments zum Zeitpunkt des Erbfalls lässt sich nicht nachweisen. Nach der gesetzlichen Erbfolge erbt F die Hälfte (§§ 1931, 1371 BGB), die Kinder A, B und T jeweils ein Sechstel (§ 1924 BGB). F könnte auch auf eine genaue Berechnung des Zugewinnausgleiches und ihren Pflichtteil bestehen (§ 1371 Abs. 3 BGB), was wegen der langen Ehe ihren Anspruch vermutlich deutlich zu Lasten der Kinder vergrößern würde. Bis zur Nachlassauseinandersetzung bilden alle Parteien eine Erbengemeinschaft, die nur einheitlich handeln kann (§ 2038 BGB). Der Mediator schildert die Auseinandersetzungsregeln der § 86 FGG und stellt die Klagemöglichkeiten auf Nachlassteilung dar (§§ 2042 ff. BGB). Die mutmaßliche Prozessdauer beziffert er auf zwei Jahre. Da die anwesenden Rechtsanwälte nach einigen Nachfragen die Rechtsansicht von M teilen, wird auf die von M erneut angeregte Hinzuziehung des Nachlassrichters R als externen Experten verzichtet. Sodann stellt der hinzugebetene Wirtschaftsprüfer W die steuerliche Situation dar. Er macht deutlich, dass die Erben bei einer Einigung durch ihr einvernehmliches Handeln Erbschaftssteuern sparen können. Auf die gemeinsame Bitte der Parteien hin schätzt M den Wert des Unternehmens auf € 10 Mio., weist aus seiner Erfahrung aber darauf hin, dass dieser Wert bei einer zerstrittenen Eigentümerfamilie und daraus resultierender unklarer Unternehmensführung rasch zu fallen droht. Gemeinsam wird dann der Wert der Villa auf € 1 Mio. und der Wert des Ferienhauses auf € 0,5 Mio. taxiert. Auf einen Immobiliensachverständigen wird verzichtet. Die langfristig angelegten Wertpapiere ha-

ben einen Wert von € 2 Mio., das Barvermögen beträgt € 1 Mio. Auch diese Informationen hält der Mediator als unverbindliche Zwischenergebnisse an der Wandtafel fest. Die Teilnehmer einigen sich darauf, die Verhandlung nach einer kurzen Mittagspause fortzusetzen.

Zu Beginn der vierten Mediationsphase regt der Mediator ein „Brainstorming" an. Die Erben sollen einfach einmal Vorschläge in die Diskussion werfen, wie die Aufteilung des Nachlasses erfolgen könnte. Die eigenen Vorschläge dürfen sie zunächst nicht begründen, andere Vorschläge nicht kritisieren. Als niemand beginnt, schlägt der Mediator vor, den gesamten Nachlass F zu übertragen, die diesen bei ihrem Tode dann mittels eines frei bestimmten Testaments an ihre Kinder weiter verteilt. Diesen Vorschlag schreibt M für alle sichtbar an die Tafel. Entrüstet wendet T ein, dann könne man auch gleich alles verkaufen und die Summe wohltätigen Zwecken spenden. Als M dies als neuen Vorschlag ebenfalls an die Tafel schreibt, ist das Eis gebrochen. Die von den Erben, den Parteianwälten und dem Mediator gemachten Vorschläge reichen vom Verkauf des Unternehmens und der Immobilien mit anschließender Barteilung entsprechend der gesetzlichen Erbquoten über eine Verpachtung des Unternehmens, die Errichtung einer Vermögensholding-GmbH mit gleichen Anteilen bis hin zu einer Auseinandersetzung, in der Sohn A das Unternehmen erhält und die übrigen Erben entsprechend abfindet, soweit diese durch den Restnachlass nicht befriedigt sind. Auf Vorschlag des Mediators werden diese und alle übrigen Vorschläge aufgelistet und den Parteien zur Bewertung und Beratung mit nach Hause gegeben. Der Mediator bittet die Parteien, alle Vorschläge im Hinblick auf die in Phase zwei ermittelten eigenen Interessen zu bewerten und je nach Präferenz mit Kennzahlen von 1 („völlig einverstanden") bis 5 („entschieden abgelehnt") zu versehen.

Drei Tage später treffen sich die Teilnehmer wieder. Der Mediator M 16 bittet die Parteien, ihre vergebenen Kennzahlen für die einzelnen Optionen offen zu legen. Er beginnt die Erörterung mit dem Modell, das die kleinste aufaddierte Wertungszahl aufweist, da diese Lösung von den Parteien rechnerisch am positivsten bewertet wurde. Ermittelt wird so die Errichtung einer das Unternehmen führenden Betreiber-GmbH mit gleichen Anteilen und Barteilung im Übrigen. Die Option wird ausführlich und kontrovers diskutiert. Der hinzugezogene Wirtschaftsprüfer W schlägt statt dessen die Gründung einer „kleinen" AG vor, um die zunächst von A wahrzunehmende Geschäftsführung unabhängiger von möglichen späteren familiären Querelen zu machen. Der Modifikation wird zugestimmt, nachdem A die Bestellung eines zweiten, familienfremden Vorstandsmitgliedes zu seiner Kontrolle widerwillig konzediert hat. T ist unzufrieden, da ihr Anteil am Barvermögen nicht für die Gründung der Arztpraxis ausreicht. A tauscht mit T daraufhin seinen Baranspruch gegen einen Teil des zu bildenden Aktienpaketes von T. F ist zufrieden, bangt aber um ihre finanzielle Sicherheit bei fehlender Dividendenausschüttung der neuen AG. Die Teilnehmer erörtern das Problem ausgiebig und suchen, da alle Kinder die Muter verstehen, konstruktiv nach einer gemeinsamen Lösung. Am Ende erhält F das Wohnhaus zum Alleineigentum und einen Großteil der Wertpapiere. Im Gegenzug verzichtet sie insgesamt auf ihre Unternehmensanteile, die sie ihren Kindern zukommen lassen möchte. B fühlt sich übervorteilt, da die Aufbesserung seines Lehrergehaltes vom Gewinn der neuen AG abhängig ist, und will nicht zustimmen. A bietet ihm daraufhin an, die Aktien in fünf Jahren schrittweise zu einem heute festgelegten Preis zu übernehmen, um B so eine Einkommensverbesserung zu garantieren. Als B weiter zögert, einigt man sich darauf, dass B einen Posten im Aufsichtsrat der jungen AG erhalten soll, was ihm sichtlich gefällt. Aber erst als F dem B mit einer Enterbung bei ihrem Versterben droht, stimmt auch er dem sich abzeichnenden Vergleich zu. Über einen Verkauf des Ferienhauses will man sich später Gedanken machen; zunächst einmal soll es allen Familienmitgliedern weiter als Feriendomizil zur Verfügung stehen. Für den Fall eines späteren Verkaufs wird T ein Vorkaufsrecht zu leicht vergünstigten Konditionen eingeräumt. Die Eckdaten dieser Einigung werden schriftlich fixiert und als ausdrücklich unverbindlicher Vorvertrag von den Parteien unterschrieben.

17 Während die Erben ihren Einigungsentschluss noch einmal überdenken können, versucht M zu Beginn der fünften Mediationsphase zusammen mit den eingeschalteten Anwälten und dem Wirtschaftsprüfer W die erreichte Einigung rechtlich umzusetzen und steuerlich zu optimieren. Der im Entwurf erstellte Abschlussvertrag, der an unklaren Stellen noch einige Lücken enthält, wird den Erben zugesandt, damit sie diesen mit ihren Anwälten besprechen können. In einer abschließenden Sitzung erläutern der Mediator und die Parteianwälte den Erben noch einmal die einzelnen Regelungen. Die Vertragslücken werden beseitigt. Die Parteien stimmen einigen steuerlich bedingten Modifizierungen zu. Schließlich beurkundet ein Notar den ausgehandelten Vertrag zusammen mit der Satzung der neuen AG. Damit ist das Mediationsverfahren nach wenigen Wochen zu einem erfolgreichen Ende gekommen. F erfreut sich des Familienfriedens und des gesicherten Lebensabends, A führt das Unternehmen und T kann mit der Gründung der Arztpraxis eine eigene Existenzgrundlage schaffen. Nur B grollt unzufrieden, erkennt aber an, dass es hätte schlimmer kommen können.

18 c) Die Alternative: Ausgang des Gerichtsverfahrens. Ohne die Mediation hätte ein Gericht die Erbstreitigkeit entscheiden müssen. Ein mögliches Szenario: Die Erben B und T klagen wegen ihres dringenden Geldbedarfes auf Erbauseinandersetzung, worauf F enttäuscht von ihren streitsüchtigen Kindern ihren Zugewinnanspruch gerichtlich durchgesetzt. Während der

Schwebephase führt der Zwist in der Erbengemeinschaft um die zukünftige Unternehmenspolitik zur Unruhe im Betrieb. Die qualifiziertesten leitenden Mitarbeiter sind das Theater leid und gehen zur Konkurrenz. Als das Unternehmen nach zwei Jahren Prozessdauer schließlich übereilt veräußert wird, findet sich nur ein Käufer zur Hälfte des ursprünglichen Wertes. Gleichwohl werden bedingt durch den Verkauf stille Reserven aufgedeckt, welche die durch die Erbschaftssteuer ohnehin große Steuerlast weiter erhöhen. Die berufliche Zukunft von A ist ungewiss, da der Erwerber der Firma wegen der zurückliegenden Querelen eine leitende Mitarbeit von „Alteigentümern" kategorisch ablehnt. Für T kommt die Zahlung nun zu spät, da sich an ihrem Wohnort jetzt bereits ein Arzt ihrer Fachrichtung niedergelassen hat. Die Einnahmen von B sind durch die Erbschaft geringer als erwartet aufgebessert worden. Außerdem entdeckt er plötzlich, dass ihm am harmonischen Familienleben doch etwas lag. F schließlich ist von ihren Kindern so enttäuscht, dass sie in ihrem Testament eine gemeinnützige Einrichtung zum Alleinerben einsetzt. Am Ende haben sich die Parteien zwei Jahre in einem Prozess aufgerieben, ein kleines Vermögen an Prozesskosten ausgegeben und den Familienfrieden zerstört.

Es muss natürlich nicht so kommen. Selten führt die Mediation zu einem alle wirklich vollständig zufrieden stellenden Ergebnis und nicht immer führt der Gerichtsprozess zur Vernichtung materieller und immaterieller Werte. Doch das pointierte Beispiel wirft die Frage auf, ob es sich nicht lohnt, vor einer übereilten Anrufung des Gerichts die Streitbeilegung durch Mediation zu versuchen. **19**

II. Flexibilität und Beliebigkeit

Eine Wirtschaftsmediation führt selten auf so geradem Weg zum Ziel, wie dies der Beispielsfall suggeriert. In der Realität sind die Parteien viel zu sehr in die inhaltliche Diskussion verstrickt, um unter Anleitung des Mediators Phase für Phase zu durchlaufen und so auf ebenso rationalem wie rationellem Wege eine Einigung anzustreben. Oft kommt es vor, dass eine Partei in der Diskussion um eine mögliche Lösung einen bereits ausdiskutierten Aspekt des Sachverhaltes wieder hinterfragt. Der Mediator muss dann die abgeschlossene zweite Mediationsphase wieder eröffnen. Viele Teilnehmer kommen in die Wirtschaftsmediation mit einem ausgearbeiteten Vergleichsmodell, das sie sofort erörtern wollen. Sie möchten also gleich von der ersten Mediationsphase zur vierten Phase springen. Emotionale Debatten in allen Abschnitten der Mediation führen immer wieder dazu, dass die Teilnehmer die zu Beginn der Mediation vereinbarten Gesprächsregeln erneut diskutieren müssen. Es liegt auf der Hand, **20** dass eine Mediation zwischen Gesellschaftern, die sich nach 30jähriger konstruktiver und profitabler Zusammenarbeit plötzlich heillos zerstritten haben, anders verläuft als die Mediation zwischen zwei Großkonzernen, deren Vertreter ohne persönliche Betroffenheit nüchtern den Vergleichsspielraum in einer Vertragsstreitigkeit ausloten wollen. Der Mediator kann deshalb nicht schematisch ein Programm abspulen, indem er Mediationsphase für Mediationsphase abarbeitet. Er muss flexibel auf die jeweilige Verhandlungssituation reagieren.

21   Flexibilität darf nicht mit Beliebigkeit verwechselt werden. Flexibilität bedeutet nicht, dass der Mediator je nach Konflikt und Situation neu überlegt, wie er weiter vorgeht. Der Mediator kann das Rad der Mediation nicht jedes Mal neu erfinden, indem er für den spezifischen Konflikt ein maßgeschneidertes Konfliktlösungsverfahren entwirft. Ohne ein festes Raster, in das der Mediator die entstehenden Situationen einordnet, gleitet die positive Flexibilität in eine negative Beliebigkeit ab. Im Grundsatz bleibt es daher bei obigem „Fünf-Phasen"-Modell. Diese Struktur stellt durch ihr schrittweises Vorgehen sicher, dass die Parteien die Komplexität des Verhandlungsgegenstandes bewältigen können.[2] Flexibilität bedeutet für die Mediation nur Folgendes: Die Parteien und der Mediator können einzelne Phasen sehr schnell durchlaufen, wenn es offensichtlich keine Probleme und keinen Erörterungsbedarf gibt. Und der Mediator kann die Parteien veranlassen, von einer späteren Phase in einen früheren Abschnitt der Mediation zurückzuschalten, wenn sich nachträglich ein Erörterungsbedarf ergibt, der strukturell in einer früheren Phase angesiedelt ist.

22   Gefährlich ist es dagegen, zwei Phasen zu vermischen. Die Kontrahenten werden durch die dann entstehende Komplexität des Problems überfordert. Wer sich über den herablassenden Gesprächston des Gegenübers beschwert (Kommunikationsregeln, 1. Phase) und deshalb (!) nicht bereit ist, die Mängelbeseitigung vorzunehmen (Mögliche Lösung, 4. Phase), vermischt zwei zusammenhangslose Aspekte und verhindert so eine Einigung. Der Mediator schaltet daher zurück und klärt mit den Parteien zunächst erneut die Art und Weise der Kommunikation. Erst wenn die Parteien sich wieder auf Gesprächsregeln geeinigt haben (Abschluss Phase 1), kehrt der Mediator zur Diskussion der Lösungsvorschläge zurück. Der Mediator muss sich also in der Phasenstruktur zu Hause fühlen, um die Mediation sinnvoll zu strukturieren. Flexibel ist die Mediation auch innerhalb der einzelnen Phasen. Nicht jede Mediation sucht im Wege des „Brainstormings" eine Einigung. Häufig argumentieren die Parteien recht eng am Gesetz und erreichen über die Umrechnung von Prozessrisiken in Geldbeträge einen Kompromiss.[3] Wichtig ist nur, dass diese Flexibilität vor dem

---

[2] Zum Verhandlungsproblem der Komplexität vgl. oben § 2, Rdn. 72 ff.
[3] Ausführlich dazu unten § 9, Rdn. 83 ff.

Hintergrund von Strukturen abläuft, über deren Einhaltung der Mediator wacht. Der Mediator muss in jeder Phase wissen, warum er was tut. Sonst wird aus der Flexibilität der Mediation schnell die Wiederholung der vorangegangenen Verhandlung, die nicht von ungefähr gescheitert ist.

III. Strukturdenken als Schlüssel zum Erfolg

Es ist das Denken in Verhandlungsstrukturen, mit dem der Wirtschafts- 23
mediator die Verhandlungen zum Erfolg führt, obwohl die Parteien sich zuvor in langen bilateralen Verhandlungen redlich, aber vergeblich bemüht hatten, eine Einigung zu erzielen. Weil der Mediator in die inhaltliche Auseinandersetzung nicht involviert ist, kann er sich darauf konzentrieren, dass die Parteien effektiv und rational verhandeln. Der Mediator ist so der Wächter über die Verhandlungsstruktur. Die Parteien legen wegen ihres emotionalen Verhältnisses zu den Streitpunkten dagegen auf die Struktur der Verhandlungsführung wenig Wert und möchten sich nur mit der inhaltlichen Erörterung des Konflikts beschäftigen. Aber was hat es für einen Sinn, Kompromissvorschläge und Vergleichsmodelle zu erörtern, wenn die Parteien nicht einmal wissen, in welchen Punkten des Sachverhalts sie übereinstimmen und in welchen nicht? Solche Verhandlungen überfordern in ihrer Komplexität die menschliche Verarbeitungskapazität. Trotzdem vereinbaren die Parteien selbst in noch so komplexen bilateralen Verhandlungen nicht einmal die einfachste mögliche Verhandlungsstruktur, indem sie sich vor der inhaltlichen Erörterung auf eine Tagesordnung einigen. Und wo es immerhin eine Tagesordnung gibt, wird sie doch von den Parteien später in der Hitze der Diskussion ignoriert. Der Mediator strukturiert die Verhandlungen über die Festlegung der Tagesordnung hinaus. Immer wieder leitet er die Parteien dazu an, zunächst zu erörtern, wie man über einen Punkt verhandeln will, bevor man diesen Aspekt inhaltlich diskutiert. Diese Struktur zieht sich durch das gesamte Mediationsverfahren.

Der Tübinger Rechtsprofessor *Fritjof Haft* hat auf dieser Grundlage ein 24
„rationales Verhandlungsmodell"[4] entwickelt, das zwischen der Vereinbarung von Verhandlungsstrukturen, den sogenannten Verhandlungsverträgen, und der inhaltlichen Erörterung des Konflikts trennt. In der Mediation ist es die Aufgabe des Mediators, die Parteien zum Abschluss solcher Verhandlungsverträge zu veranlassen. Die Verhandlung gewinnt an Struktur. Der emotional nicht in den Konflikt involvierte Mediator kann anders als die abgelenkten Parteien darauf achten, dass die vereinbarte Struktur eingehalten wird. Geschieht dies nicht, weist der Mediator die Parteien

---

[4] *Haft*, Verhandeln und Mediation, S. 69 ff., 108 ff.

hierauf hin. Die Parteien müssen sich dann von der inhaltlichen Diskussion für einen Moment lösen, um erneut über die Art und Weise der Gesprächsführung zu verhandeln. Es kommt dann zu einer Meta-Verhandlung, also der Verhandlung über die Verhandlung. Ein einfaches Beispiel: Spricht eine Partei gleich zu Beginn des Gesprächs einen Punkt an, der am Ende der Tagesordnung steht, weist der Mediator hierauf hin und fragt, ob die Tagesordnung geändert werden soll. Die Folge ist, dass die inhaltliche Diskussion über den Aspekt selbst zunächst abgebrochen wird, was die unstrukturierte Vermischung mehrerer Einzelfragen verhindert. Zunächst muss die Diskussion durchgeführt und abgeschlossen werden, ob die Tagesordnung als formale Struktur geändert werden soll. Dieses schrittweise Vorgehen führt im Idealfall dazu, dass die Verhandlung den effizientesten Verlauf nimmt, der möglich ist. Die Mediation wird so zur optimalen Verhandlung, nicht zur besseren Alternative zum Gerichtsprozess.

§ 6 Erste Mediationsphase: Einführung und Abschluss des Verhandlungsvertrags

I. Aufgabe und Ziel dieser Phase

Die erste Phase der Mediationsverhandlung dient vordergründig nur 1 dazu, die Parteien noch einmal über die Grundstruktur der Mediation zu informieren und Regeln für die anstehende Verhandlung festzulegen. Diese Regelungen sind vor allem in den Fällen wichtig, wo die Parteien in die erste Mediationssitzung kommen, ohne zuvor eine detaillierte Mediationsvereinbarung getroffen zu haben. In allen anderen Fällen scheint diese Phase zunächst nur ein unwichtiges Vorspiel für die inhaltliche Diskussion des Konflikts zu sein. Die erste Mediationsphase verfolgt aber auch einen tieferliegenden, subtilen Zweck. Viele Parteien kommen in die Mediation, ohne ein Zutrauen in die Leistungsfähigkeit des ihnen unbekannten Verfahrens zu haben. Auch den Mediator kennen die Kontrahenten nicht und können dessen Kompetenz, zu einer gütlichen Streitbeilegung beizutragen, nicht beurteilen. Die erste Phase der Mediation dient dazu, dieses Zutrauen zum Verfahren und zur Person des Mediators herzustellen. Es ist eine Erkenntnis der Psychologie, dass Menschen ihre Meinung über eine neue Situation meist in den ersten Minuten bilden und diesen Eindruck später nur schwer revidieren. Sie verteidigen ihren ersten Eindruck dann instinktiv als eigene Position.[1] Ein amerikanisches Sprichwort beschreibt die Bedeutung des ersten Eindrucks zutreffend mit „You never have a second chance to make a good first impression." Entsprechend wichtig ist diese Kennenlernphase der Mediation. Sie entscheidet maßgeblich über den Erfolg der Mediation. Wenn der Mediator, was vielleicht nahe liegend erscheint, gleich mit der inhaltlichen Erörterung des Konflikts beginnen würde, würde die dort unvermeintlich entstehende emotionale Betroffenheit der Parteien die wichtige Kennenlernphase negativ prägen. Die Kontrahenten würden im ungünstigsten Fall das mit der Konflikterörterung verbundene unangenehme Gefühl auf die gesamte Mediation übertragen. Es ist aussichtsreicher, die Verhandlung mit einem wenig konfliktträchtigen, formalen Thema zu beginnen.

Die erste Phase der Mediation beeinflusst auch das Verhältnis der 2 Streitparteien untereinander. Der Mediation ist im Regelfall eine geschei-

---

[1] Das bekannte Problem der kognitiven Dissonanz, ausführlich dazu oben § 2, Rdn. 89 f.

terte bilaterale Verhandlung vorausgegangen. Die Parteien sind daher oft verbittert und hegen wenig freundliche Gefühle gegeneinander. Sie sind unsicher, welchen Sinn die weiteren Verhandlungen unter Anleitung des Mediators haben sollen. In der ersten Phase der Mediation nehmen die Parteien die Verhandlungen wieder auf. Verhandlungsgegenstand sind leicht nachvollziehbare Regeln des Mediationsverfahrens. Die Parteien sehen hier wenig Konfliktstoff. Auf die Vertraulichkeit der Verhandlungen oder die Hemmung laufender Verjährungsfristen können sie sich rasch verständigen. Die Kontrahenten machen so die überraschende Erfahrung, dass sie mit der Gegenseite doch noch konstruktiv reden können, wenn auch zunächst nur über formalen Fragen. Der kleine Erfolg, den die Parteien im abgeschlossenen Verhandlungsvertrag sehen, wird auf das gesamte Mediationsverfahren projiziert. Die erste Erfahrung mit der Mediation ist positiv und das prägt die weitere Gesprächsatmosphäre.

II. Vorstellung der Teilnehmer

3 Der Mediator beginnt die Mediationsverhandlung damit, dass er die Teilnehmer noch einmal begrüßt und sich selbst in aller Kürze vorstellt.[2] Wenn er dies nicht bereits in einem Schreiben vor der Mediation getan hat, schildert er in zwei Sätzen, wie es zu seiner Benennung als Mediator gekommen ist und welche Erfahrungen er als Wirtschaftsmediatior hat. Dann stellt er die am Verhandlungstisch sitzenden Teilnehmer beider Seiten vor oder bittet diese, sich kurz selbst vorzustellen. Die Vorstellungsrunde schadet auch dann nicht, wenn sich die Teilnehmer bereits kennen. Sind Unternehmen Parteien des Verfahrens, sind sich die entsandten Repräsentanten dagegen manchmal noch nicht begegnet, so dass eine etwas längere Vorstellungsrunde angezeigt ist. Zumindest die berufliche Funktion des Teilnehmers innerhalb des Unternehmens sollte der Mediator dann angeben. Bei zahlreichen Teilnehmern bietet es sich an, dass diese ihre Vorstellung selbst übernehmen. So wird die unnötige Peinlichkeit vermieden, dass dem Mediator der Name oder die Funktion eines Teilnehmers nicht richtig im Gedächtnis ist. Die vermeintlich vertrauensbildende Innovation, wonach die Parteien sich wechselseitig vorstellen, überzeugt nicht. Eine solche Aufforderung des Mediators wird in der Konfliktsituation als unangenehm empfunden und wirkt im Ergebnis kontraproduktiv.

---

[2] *Moore*, Mediation Process, S. 194.

III. Eröffnungserklärung des Mediators

Der Mediator wendet sich dann an die Teilnehmer der Mediation und **4** führt diese in das Mediationsverfahren ein.[3] Dieses Eröffnungsstatement prägt die Gesprächsatmosphäre des folgenden Verfahrens. Entsprechend sorgfältig hat der Mediator sein Eröffnungsstatement vorbereitet. Erfahrene Mediatoren haben hierfür eigene Muster, hüten sich aber, einen auswendig gelernten Text herzubeten. Die Parteien erwarten, dass sich der Mediator individuell ihres Konfliktes annimmt, und genau diesen Eindruck muss der Mediator in seiner ersten Amtshandlung vermitteln. Dazu gehört auch, dass der Mediator Tonfall und Wortwahl dem Empfängerhorizont der Zuhörer anpasst. In einem großen gesellschaftsrechtlichen Konflikt erwarten die Parteien einen geschäftsmäßigen Tonfall und keine einfühlsamen Mitleidsbekundungen. Einen bodenständigen Bauer, der sich in der Mediation mit seinen Kindern über die Hofübergabe einigen will, sollte der Mediator nicht mit dem „kooperativen Approach dieses innovativ-dynamischen Verfahrens" konfrontieren.

Der Inhalt des Eröffnungsstatements variiert nach dem in Frage stehen- **5** den Konflikt und nach den Mediationsteilnehmern. Die nachfolgend erörterten Punkte sind aber regelmäßig in der einen oder anderen Form Inhalt der einführenden Bemerkungen. Ein Beispiel veranschaulicht die typischen Elemente einer Eröffnungserklärung, die danach im Einzelnen erläutert werden.

1. Beispiel: Streit in der ABC-OHG

Mediator M soll in einem gesellschaftsrechtlichen Konflikt zwischen **6** den Gesellschaftern der ABC-OHG vermitteln. Die Gesellschafter Alpha und Beta haben gegenüber Gesellschafter Gamma die Kündigung des Gesellschaftsvertrags aus wichtigem Grund erklärt. Gamma wehrt sich gegen die Kündigung. Im Zuge der vorangegangenen Auseinandersetzungen ist die Situation immer mehr eskaliert. Die Parteien werfen sich wechselseitig schwere Vertragsverletzungen bis hin zur Unterschlagung vor. Gamma hat die Buchhaltung „sichergestellt", weil er nachträgliche „Korrekturen" durch seine Mitgesellschafter fürchtet. Die unmittelbaren Verhandlungen zwischen den Parteien haben die eingeschalteten Rechtsanwälte Delta und Epsilon übernommen, die ihre Mandanten auch in die erste Mediationssitzung begleiten. Nachdem sich die Teilnehmer der Verhandlung vorgestellt haben, beginnt Mediator M mit folgender Eröffnungserklärung:

---

[3] Ausführlich zum Zweck der Eröffnungserklärung: *Kovach,* Mediation, S. 83.

„Wir sitzen hier, um gemeinsam nach einer Lösung für den Streit zu suchen, der zwischen Ihnen um die ABC-OHG entstanden ist, einer Gesellschaft, die sie gemeinsam vor 10 Jahren gegründet und zu beachtlichem wirtschaftlichem Erfolg geführt haben. Ich weiß, dass es Ihnen nicht leicht gefallen ist, heute hierher zu kommen. Ihre Standpunkte sind gegensätzlich und auch Ihre persönlichen Beziehungen sind angespannt. Umso mehr verdient es Anerkennung, dass Sie alle trotz dieser schwierigen Situation noch einmal den Versuch unternehmen wollen, die Auseinandersetzung ohne Anrufung eines Gerichts beizulegen.

Ich möchte Ihnen noch einmal kurz erläutern, was die Wirtschaftsmediation ist. Die Mediation ist eine von mir strukturierte und geleitete Verhandlung. Während ein Gericht ihren Konflikt ausschließlich nach rechtlichen Kriterien entscheiden würde, werde wir gemeinsam auch die wirtschaftlichen und persönlichen Aspekte ihrer Auseinandersetzung erörtern und versuchen, diese für eine mögliche Einigung nutzbar zu machen. Wir werden natürlich auch über die Rechtslage sprechen. Die Wirtschaftsmediation ist ein freiwilliges Verfahren, dass sie jederzeit ohne Nachteil verlassen können. Am Ende werden sie entweder eine Einigung finden, die für sie alle akzeptabel ist, oder Ihren Streit doch vor Gericht austragen.

Meine Aufgabe als Mediator ist es, die Verhandlungen zu strukturieren und zu leiten. Ich bin ein Experte auf diesem Gebiet. Wenn es einen Einigungsspielraum gibt, werden wir ihn gemeinsam finden. Im Verlauf der Verhandlungen werde ich Ihnen Vorschläge zum Verfahren machen. Wenn Sie dies im Einzelfall wünschen, werde ich auch zu inhaltlichen Punkten einige Anregungen geben, obwohl ich dies nicht als meine Hauptaufgabe ansehe. Ich bin jedenfalls kein Richter, habe also keinerlei Entscheidungsmacht. Von Ihrem Streit weiß ich bisher nur das, was Sie mir in Ihren schriftlichen Erklärungen, von denen Sie wechselseitig Abschriften besitzen, mitgeteilt haben. Wie Sie wissen, habe ich kein eigenes Interesse am Ausgang Ihrer Auseinandersetzung. Wenn Sie gleichwohl irgendwann den Eindruck gewinnen, ich würde die Verhandlungen einseitig moderieren, sagen Sie mir das bitte offen.

Ich bin sehr froh, dass Sie, Herr Rechtsanwalt Delta, und Sie, Frau Rechtsanwältin Dr. Epsilon, Ihre Mandanten in diesem Verfahren begleiten. Ich habe die Erfahrung gemacht, dass die Teilnahme von wirtschaftlich denkenden Rechtsanwälten in der Mediation sehr hilfreich und oft sogar unverzichtbar ist. Das Recht spielt, anders als viele denken, eine wichtige Rolle in der Mediation und wir werden Ihre Sachkunde auf diesem Gebiet brauchen. Ihre Teilnahme stellt zudem sicher, dass Ihre Mandanten nicht übereilt einen Vergleich schließen, der sie schlechter stellt als die alternative Beschreitung des Rechtsweges.

Meine Sekretärin hat Ihnen ja bereits die Beratungszimmer gezeigt, in die Sie sich jederzeit für eine interne Beratung zurückziehen können. Bitte teilen Sie mir mit, wenn Sie eine solche Verhandlungsunterbrechung wünschen. Ich halte solche Auszeiten für sinnvoll, damit Sie den Verhandlungsverlauf rekapitulieren und Entscheidungen ohne Druck treffen können.

Wir hatten vereinbart, dass wir heute den ganzen Tag bis 18.00 Uhr Zeit für die Verhandlungen haben. Wenn dieser Zeitrahmen nicht ausreicht, besteht die Möglichkeit, dass wir uns am kommenden Montag noch einmal treffen. Für die für 12.30 Uhr geplante Mittagspause habe ich für Sie getrennte Tische im benachbarten Frankfurter Hof reserviert.

So, ich möchte Ihnen nun als ersten Schritt vorschlagen, dass wir uns kurz darüber verständigen, wie wir die Verhandlungen führen wollen. Sind Sie damit einverstanden?"

2. Elemente der Eröffnungserklärung

Die nachfolgend skizzierten Elemente der Eröffnungserklärung sind 7 kein Klipp-Klapp-Schema, das der Mediator abarbeiten muss. Die Eröffnungserklärung sollte kurz, knapp und klar sein. Ein Mediator, der hier länger als fünf Minuten spricht, überstrapaziert die Aufnahmefähigkeit der Teilnehmer.

a) **Konflikt und Anerkennung der Kooperationsbereitschaft.** Der Media- 8 tor bezeichnet kurz den Konflikt zwischen den Parteien. Er achtet dabei auf eine neutrale und umfassende Formulierung, um den Streitgegenstand nicht unnötig oder gar einseitig einzugrenzen. Die Parteien demonstrieren mit ihrer Anwesenheit, dass sie grundsätzlich gewillt sind, bei der Suche nach einer Lösung des Konflikts mit der Gegenseite zu kooperieren. Sie wollen die Verantwortung für die Beilegung des Konflikts selbst behalten und nicht auf einen neutralen Dritten, den Richter, delegieren. In dieser Kooperationsbereitschaft liegt eine anerkennenswerte Leistung der Parteien, wenn man bedenkt, dass bilaterale Verhandlungen zuvor gescheitert sind und auch die persönliche Beziehung zwischen den Parteien getrübt ist.[4] Trotz dieser Negativerfahrung und vielleicht empfundener Wut oder Empörung

---

[4] *Moore*, Mediation Process, S. 195.

sitzt man mit der anderen Seite wieder am Verhandlungstisch. Gleichzeitig empfinden die Parteien wegen des bisherigen Verlaufs der Auseinandersetzung aber auch Zweifel, ob die Mediation wirklich ein geeignetes Verfahren ist, mit dem Konflikt umzugehen. Es hilft den Parteien, wenn der
Mediator diese typische Gefühlslage berücksichtigt, indem er die Parteien
in ihrem Entschluss zur Mediation noch einmal bestärkt und die Kooperationsbereitschaft ausdrücklich anerkennt. Die Parteien fühlen sich so verstanden. Jeder hört es gern, wenn ein neutraler Dritter den schweren
Herzens gefassten Entschluss als richtig bezeichnet. Den Mediationsteilnehmern geht es nicht anders. Der Mediator muss nur darauf achten, dass er
nicht wie ein Therapeut auftritt, der in salbungsvollem Tonfall Seelenmas-
sage betreibt.

9   b) Definition der Mediation. Der Mediator beschreibt noch einmal den
Grundcharakter der Mediation als eine strukturierte und von ihm geleitete
Verhandlung, die nur dann erfolgreich ist, wenn die Parteien sich schließlich einigen können. Er macht klar, dass im Verlauf der Verhandlung
möglichst alle Aspekte des Konflikts in ihrer wirtschaftlichen, rechtlichen
und persönlichen Dimension zur Sprache kommen werden. Da die Mediation ein freiwilliges Verfahren ist, steht es den Teilnehmern jederzeit frei,
den Verhandlungstisch zu verlassen, wenn sie meinen, ihre Interessen anderweitig besser verfolgen zu können. Auch wenn der Mediator diese Informationen den Parteien zuvor bereits schriftlich zur Verfügung gestellt
hat, ist diese Wiederholung ratsam. Der Mediator weiß nicht, ob die Parteien seine Schreiben wirklich gelesen oder gleich an ihre Anwälte weiter-
gereicht haben. Jedenfalls wird die Lektüre schon einige Zeit zurückliegen.
Da die Mediation ein unbekanntes und immer noch etwas argwöhnisch
betrachtetes Verfahren ist, ist es wichtig, dieses Verfahren mit seiner seltsamen Bezeichnung noch einmal zu entmystifizieren. Psychologisch ist es
für die Parteien hilfreich, wenn der Mediator den Grundcharakter der
Mediation noch einmal zusammenfasst. Sie gewinnen so die Sicherheit,
dass auch die Gegenseite keine weitergehenden Informationen über das
Verfahren hat als sie selbst.[5]

10   c) Rolle des Mediators. Der Mediator definiert seine Rolle in dem Verfahren. Die Parteien wollen zunächst positiv wissen, was der Mediator für
sie tun kann und wo seine Aufgabe in den Verhandlungen liegt. Manche
Mediatoren beginnen dagegen mit der Aussage, dass der Konflikt den Parteien gehört und der Mediator keinerlei Entscheidungsmacht hat. Durch
solche Aussagen werden die Parteien verwirrt, müssen sie sich doch fragen, wofür sie den Mediator so teuer bezahlen. Der Mediator muss den
Parteien vermitteln, dass er weiß, was er tut, und dass die Parteien auf seine

---

[5] Zu diesem psychologischen Aspekt: *Moore,* The Mediation Process, S. 195.

Expertise in der formalen Verhandlungsführung vertrauen dürfen.[6] Seine fehlende Entscheidungsmacht, die den Parteien ohnehin bewusst sein wird, sollte er nachrangig erwähnen. Der Mediator legt kurz seinen Informationsstand über den Konflikt dar. In diesem Abschnitt weist der Mediator auf seine Unparteilichkeit und Neutralität hin. Er bittet die Parteien, ihm einen Hinweis zu geben, sobald sie den Eindruck einer einseitigen Verhandlungsführung gewinnen. Eine solche Aufforderung schafft Vertrauen.

d) **Rolle der anwesenden Rechtsanwälte.** Sitzen die Parteianwälte mit 11
am Verhandlungstisch, spricht der Mediator diese Personen in seinem Eröffnungsstatement direkt an. Die Anwälte wissen über das Mediationsverfahren oft nicht mehr als ihre Mandanten. Gleichwohl verspüren sie den Druck, ihre Teilnahme an der Mediation, für die sie teuer abrechnen, zu rechtfertigen. Wenn sie im Eröffnungsstatement des Mediators übergangen werden, kann es schnell passieren, dass sie die Mediation innerlich ablehnen und ihre Mandanten entsprechend beeinflussen. Oder sie drängen sich rasch in den Vordergrund, wie sie dies aus dem Gerichtsprozess gewohnt sind. Sie glauben, dass ihr Mandant eine aktive Vertretung von ihnen erwartet. Der Mediator kann diesem Verhalten vorbeugen. Dazu begrüßt er die Teilnahme der Anwälte als positiv, weil das Recht eine wichtige Rolle im weiteren Verfahren spielt.[7] Sachkundige Unterstützung in juristischen Fragen ist hilfreich.[8] Der Anwalt schützt seine Mandanten vor einer Übervorteilung. Indem der Mediator gegenüber den Parteien bestätigt, wie sinnvoll und wichtig die Teilnahme ihrer Anwälte ist, befreit er letztere von der Notwendigkeit, ihre Anwesenheit durch einen demonstrativen Auftritt zu rechtfertigen. Gleichzeitig stellt der Mediator die beratende Funktion der Anwälte im Unterschied zum Gerichtsverfahren heraus, wo die Anwälte als Vertreter der Parteien agieren. Er weist den Anwälten so eine Rolle zu, die sie von sich aus vermutlich nicht eingenommen hätten.

e) **Hinweis auf Auszeiten und Einzelgespräche.** Für die Parteien ist die 12
Information wichtig, dass sie sich jederzeit in die ihnen zugewiesenen Besprechungszimmer zurückziehen können. Sie können sich dort Gedanken über den Verlauf der Verhandlung und das weitere Vorgehen machen oder die Angelegenheit mit ihren Anwälten erörtern. Der ausdrückliche Hinweis durch den Mediator nimmt den Parteien später das unangenehme Gefühl, um eine Verhandlungsunterbrechung bitten zu müssen. Manche Mediatoren erwähnen darüber hinaus bereits in ihrer Eingangsbemerkung,

---

[6] *Kovach*, Mediation, S. 83.
[7] *Risse*, BB 1999 (Beilage 9), S. 1 ff., vgl auch unten § 8, Rdn. 27 ff.
[8] Zur Rolle der Anwälte vgl. unten § 12.

dass die Parteien grundsätzlich die Möglichkeit haben, mit dem Mediator in getrennten und vertraulichen Sitzungen zu sprechen.[9] Der Wert solcher Einzelgespräche ist unter Mediatoren umstritten.[10] Der frühzeitige Hinweis hat den Vorteil, dass den Parteien dieses alternative Vorgehen nun bewusst ist, so dass sie bei einem Verhandlungsengpass vielleicht einen entsprechenden Vorschlag machen, statt die Mediation abzubrechen. Da dem Gerichtsprozess oder dem Schiedsgerichtsverfahren solche Einzelgespräche fremd sind, werden die Parteien nicht von alleine auf diese Idee kommen. Auf der anderen Seite sind sich die meisten Mediatoren einig, dass mit Einzelgesprächen viele Nachteile verbunden sind.[11] Der Hinweis des Mediators kann die Parteien dazu ermuntern, vorschnell auf diese Möglichkeit zuzugreifen, statt sich zu bemühen, mit der Gegenseite direkt und konstruktiv zu verhandeln. Die Entscheidung, ob dieser Punkt in das Eingangsstatement aufgenommen wird, hängt letztlich vom persönlichen Mediationsstil des Mediators und vom zu verhandelnden Konflikt ab.

13   **f) Zeitplanung.** Der Mediator gibt klare Zeitparameter vor. Die Länge der Verhandlung wird ebenso festgelegt wie die beabsichtigten Pausen. Es ist kontraproduktiv, wenn die Parteien später unter Zeitdruck geraten, weil ihr Flugzeug nicht wartet. Beruft sich ein Kontrahent dann auf seinen Zeitdruck oder einen unaufschiebbaren Termin, interpretiert dies die Gegenseite oft als einen Vorwand für den Abbruch der Verhandlungen. Der Mediator vermeidet diese Schwierigkeiten, indem er den Zeitrahmen gleich zu Beginn der Verhandlung erörtert. Absehbare Zeitprobleme sollen die Parteien offen legen. Dauert die Verhandlung später doch länger, kann niemand einer Partei einen Vorwurf machen, wenn sie auf eine Verlegung drängt, weil sie sich auf den Zeitrahmen verlassen hat. Der Zeitrahmen ist oft bereits in den schriftlichen Vorabinformationen festgelegt worden; es schadet aber nicht, ihn erneut für alle verbindlich zu wiederholen. Der Mediator bestimmt auch die bereits feststehenden Verhandlungspausen. Wenn ein Teilnehmer weiß, dass in einer Viertelstunde eine einstündige Mittagspause beginnt, wird er sich noch einmal zusammenraufen und konzentrieren. Wer dagegen nicht weiß, ob es überhaupt eine Pause geben wird, lässt sich von der verspürten Erschöpfung leicht beeindrucken oder drängt ungeduldig auf eine schnellere Verhandlungsführung. Beides fördert die Mediation nicht.

14   **g) Beschreibung des folgenden Verfahrensschritts.** Am Schluss seiner Einführung beschreibt der Mediator ganz konkret den nächsten Verfahrensschritt. Die Parteien wollen wissen, wie es weitergeht, um sich darauf

---

[9] *Moore*, Mediation Process, S. 199; *Kovach*, Mediation, S. 85.
[10] Vgl. dazu unten § 7, Rdn. 87 ff.
[11] Dazu unten § 7, Rdn. 109 ff.

einstellen zu können. Ungewissheit führt zur Unsicherheit, was wiederum zu defensivem Verhalten reizt. Der Mediator muss bei der Formulierung vorsichtig sein. Die Skizzierung des nächsten Verfahrensschritts ist ein Vorschlag an die Parteien, keine einseitige Anordnung. Tritt der Mediator hier zu autoritär auf, werden viele Parteien Widerstand leisten oder aber umgekehrt später vom Mediator auch in Sachfragen erwarten, dass er ihnen sagt, was sie tun sollen. Auf der anderen Seite erwarten die Parteien vom Mediator eine Kompetenz in der Verfahrensführung, die er in dieser Phase demonstrieren muss.

h) **Einholen des Einverständnisses der Parteien.** Um den Parteien den 15 kooperativen Charakter der Mediation zu veranschaulichen, holt der Mediator zum Abschluss seines Eingangsstatements die ausdrückliche Zustimmung der Parteien für den nächsten Verfahrensschritt ein. Damit sich die Parteien nicht mit einem knappen „Ja" zufrieden geben, veranlassen viele Mediatoren die Kontrahenten mit einer offenen Frage dazu, ihre Zustimmung kurz zu begründen. Den Parteien wird so bewusst, dass sie eine aktive Rolle in der Mediation spielen müssen und sich nicht auf eine Rundumbetreuung des Mediators verlassen dürfen. Die Parteien lernen gleichzeitig, dass sie sich mit dem Gehörten aktiv auseinandersetzen müssen, weil von ihnen hierzu später eine Stellungnahme erwartet wird. Bisweilen äußern die Parteien leise Zweifel an dem angedachten Vorgehen: „Ja, einverstanden, was bleibt mir schon anderes übrig." Der Mediator spricht diese Zweifel ausdrücklich an und bittet die Partei, ihre Bedenken zu erläutern. Dem Teilnehmer wird so verdeutlicht, dass es sein Konflikt und sein Mediationsverfahren ist. Seine Kritik wird nicht nur ernst genommen, sondern ist letztlich entscheidend, weil der unzufriedene Teilnehmer die Mediation jederzeit abbrechen kann. War die Kritik letztlich nur eine unbedachte Äußerung, macht die Nachfrage klar, wie wichtig es ist, sich klar und unmissverständlich zu artikulieren.

IV. Der Verhandlungsvertrag

Die Parteien rechnen nach dem Eröffnungsstatement des Mediators 16 damit, dass nun sofort die inhaltliche Erörterung des Konflikts beginnt. Es ist aber aus praktischen und verhandlungspsychologischen Gründen sinnvoll, wenn die Parteien zunächst losgelöst von der konkreten Streitigkeit über das weitere Vorgehen sprechen und einige formale Fragen klären. Deshalb hat der Mediator in seinem Eröffnungsstatement bereits auf diese Phase hingewiesen, die der inhaltlichen Erörterung des Konflikts vorausgeht. Ziel ist der Abschluss eines Verhandlungsvertrages.

1. Aufgabe und Funktion

17   Der Gerichtsprozess folgt mit der Zivilprozessordnung einer verbindlichen und detailreichen Verfahrensordnung. Für das Schiedsgerichtsverfahren enthalten die §§ 1025 ff. ZPO zumindest Rahmenvorgaben, die oft durch die vereinbarte Verfahrensordnung einer Schiedsgerichtsvereinigung ergänzt werden. Für die Wirtschaftsmediation fehlen normierte Regeln, die den inneren Ablauf der Verhandlungen vorgeben oder das Verhältnis der Wirtschaftsmediation zu einem möglichen Folgeprozess definieren. Die Streitparteien müssen selbst die Rahmendaten des Verfahrens festlegen und Regelungen vereinbaren, die einen Verfahrensmissbrauch verhindern. Dabei werden die Parteien vom Mediator beraten, der insoweit eine besondere Expertise und Erfahrung hat. Diese Festlegung erfolgt in einem vor oder zu Beginn der Mediation geschlossenen Verhandlungsvertrag. Der Verhandlungsvertrag ähnelt dem Vertrag über die „Terms of Reference", der zu Beginn eines ICC-Schiedsverfahrens abgeschlossen wird,[12] ist aber regelmäßig noch detaillierter. Den typischen Inhalt des Verhandlungsvertrags unterteilt *Prütting*[13] anschaulich in externe und interne Verfahrensfragen. Externe Verfahrensfragen erfassen dabei die Auswirkungen und Zusammenhänge zwischen einem Mediationsverfahren und einem möglicherweise folgenden Gerichtsprozess. Interne Verfahrensfragen beschäftigen sich mit dem Ablauf und der Strukturierung der eigentlichen Mediationsverhandlung.

18   Der Mediator könnte den Verhandlungsvertrag vorgeben und den Parteien zur Unterschrift vorlegen. Er würde dadurch jedoch die zweite, ebenso wichtige Funktion des Verhandlungsvertrags ignorieren, die im Vorgang des Aushandelns selbst liegt. Die Kontrahenten lernen so – ohne dass ihnen dieses bewusst wird – den Charakter des Mediationsverfahrens kennen. Sie selbst erarbeiten unter Anleitung des Mediators die notwendigen Verfahrensregeln. Die spätere Erörterung des eigentlichen Konflikts verläuft in ganz ähnlichen Bahnen. Das Aushandeln des Verhandlungsvertrags veranschaulicht, dass die Streitbeilegung allein in der Verantwortung der Parteien liegt und es im Unterschied zum Gerichtsprozess keine verbindlichen Vorgaben des Mediators gibt. Die Parteien probieren das Mediationsverfahren an den wenig konfliktträchtigen Verfahrensregeln aus, was den Vorteil hat, dass eine Einigung in diesem Bereich relativ problemlos gelingt. Die Parteien gewinnen so den Eindruck, dass im Mediationsverfahren tatsächlich Erfolge zu erzielen sind. Dem Mediator fällt es in dieser Phase leicht, Verfahrenskompetenz zu demonstrieren und so Vertrauen in seine Person und seine Fähigkeiten als Verhandlungsleiter zu er-

---

[12] Art 18. ICC-Schiedsregeln.
[13] *Prütting*, in: Mediation für Juristen, S. 57 f.

zeugen. Die Parteien stellen erstaunt fest, dass sie trotz zuvor gescheiterter bilateraler Verhandlungen weiter konstruktiv zusammenarbeiten und eine Einigung erreichen können, wenn auch zunächst nur in einem formalen Aspekt. Zudem erleichtert diese Phase den Kontrahenten die Eingewöhnung in den noch unbekannten Mediationsprozess. Fühlen sich konfliktunerfahrene Parteien zu Beginn des Verfahrens noch angespannt und unwohl, weil sie nicht wissen, was sie erwartet, lässt diese innere Anspannung mit dem erfolgreichen Abschluss des Verhandlungsvertrags nach. Die Parteien haben dann den subjektiven Eindruck gewonnen, dass sie das Verfahren kontrollieren können.[14]

2. Abgrenzung: Mediationsvereinbarungen und vorbereitende Verträge

In der Praxis stehen viele Parameter des Mediationsverfahrens schon vor **19** Beginn der Verhandlung fest. Die Parteien haben oft die Verfahrensordnung einer Mediationsvereinigung als verbindlich anerkannt, die detaillierte Regelungen zu vielen Punkten enthält. Das geschieht oft schon ohne konkreten Konfliktbezug durch Mediationsklauseln in Verträgen, in denen die Verfahrensregeln einer bestimmten Institution vereinbart wurden.[15] In vielen Fällen müssen die Parteien nur noch den Mediator bestimmen; alle andere Regeln der Mediation stehen fest. Auch in der „ad hoc"-Mediation, wo es an einer solchen vertraglichen Vorbereitung fehlt, entscheiden sich die Parteien häufig pauschal für das Regelwerk einer anerkannten Mediationsvereinigung, was der Mediator aus Vereinfachungsgründen auch fördert. Dazu übersendet der gewählte Mediator den Parteien diese Verfahrensordnung und erklärt, nach diesen Regeln zu arbeiten. Die Parteien bestätigen ihr Einverständnis schriftlich. Und selbst wo es an der Inbezugnahme eines gesamten Regelwerks fehlt, kann der Mediator im schriftlichen Vorverfahren doch einige ihm wichtige Punkte, wie etwa die Vertraulichkeit des Verfahrens, vorwegnehmen und deren verbindliche Anerkennung verlangen. Solche Regelungen finden dann oft Aufnahme in den Mediatorvertrag[16] oder eine umfassende, dreiseitige Einigung, die den Mediatorvertrag mit einer detaillierten Mediationsvereinbarung kombiniert.[17] Vor diesem Hintergrund stellt sich die Frage, welche praktische Bedeutung der Abschluss eines Verhandlungsvertrags in der ersten Mediationssitzung noch hat.

Institutionalisierte Verfahrensordnungen sind notwendig pauschal, weil **20** sie eine Vielzahl von Fallkonstellationen erfassen müssen. Je konkreter eine

---

[14] Zum Wunsch nach Kontrolle vgl. oben § 2, Rdn. 87.
[15] Vgl. dazu oben § 3, Rdn. 35.
[16] Vgl. dazu oben § 4, Rdn. 10 ff.; *Ripke*, ZKM/KON:SENS 1999, S. 26
[17] *Wegmann*, ZKM/KON:SENS 1999, S. 146 (149 ff.) mit ausführlicher Mustervereinbarung.

Regelung formuliert ist, desto eher beachten die Parteien ihre daraus resultierenden Pflichten. In der Mediationsordnung steht etwa die abstrakte Pflicht, während des Mediationsverfahrens still zu halten und keine streitverschärfenden Maßnahmen zu ergreifen. Im Verhandlungsvertrag, den zwei streitenden Bauunternehmen schließen, wird dagegen konkret vereinbart, dass der Subunternehmer seine Kräne und sonstigen Gerätschaften einstweilen auf der Baustelle belässt, um die eingestellten Arbeiten im Falle einer Einigung rasch wieder aufnehmen zu können. Konflikte weisen oft Besonderheiten auf, die in der pauschalen Verfahrensordnung gar nicht angesprochen werden können, aus Sicht der Parteien aber regelungsbedürftig sind.[18] In formalisieren Regelwerken stehen zudem selten „weiche" Vereinbarungen, deren rechtliche Erzwingung zwar unmöglich ist, die die Parteien aber gleichwohl beachten. Ein Beispiel hierfür sind Gesprächsregeln, also die Zusage der Parteien, sich um einen sachlichen Gesprächston zu bemühen. Ein gedrucktes Regelwerk, das den Parteien vor Beginn der Mediation zugesandt wird, legen die Parteien ungelesen ab, so dass sie die darin enthaltenen Bestimmungen nicht wirklich kennen und akzeptieren. Die Parteien identifizieren sich zudem mit selbst ausgehandelten Rechten und Pflichten stärker als mit einem pauschal in Bezug genommenen Regelwerk. Die stärkere Identifikation führt zu einer gewissenhafteren Befolgung der Vereinbarung. Am wichtigsten ist aber, dass die pauschale Vereinbarung den Parteien das Erlebnis des Aushandelns nimmt. Auf dessen prägende Bedeutung für das nachfolgende Verfahren wurde oben bereits hingewiesen.

3. Probleme des individuellen Verhandlungsvertrags

21   Der förmliche Abschluss eines Verhandlungsvertrags in der ersten Mediationsphase ist grundsätzlich sinnvoll. Der Mediator muss aber den mit dem Aushandeln verbundenen Zeitaufwand beachten. Es besteht zudem die Gefahr, dass die Parteien den Vertragsabschluss als eine unnötige Verrechtlichung des Verfahrens empfinden.

22   a) Zeitaufwand. Das Aushandeln des Verhandlungsvertrags kann zeitaufwändig und für die Parteien damit auch teuer sein. In kleineren Mediationsverfahren können die Parteien daher nicht jeden entfernt regelungsbedürftigen Punkt diskutieren und in eine verbindliche Klausel umsetzen. Wo der Konflikt einen Gegenstandswert von € 50.000,– hat, können die Parteien mit dieser Mediationsphase nicht einen ganzen Vormittag zubringen, weil so durch den Mediator und die anwesenden Parteianwälte bereits Gebühren von einigen tausend Euro entstehen würden. Dieser Kostenaufwand wäre unverhältnismäßig und würde von den Parteien auch

---

[18] *Nelle/Hacke*, ZKM 2002, S. 257 (263).

nicht verstanden. Der Mediator muss alternative Vorgehensweisen suchen.[19] Bei einem Großverfahren ist der gleiche Aufwand dagegen ohne weiteres vertretbar. Als Faustregel sollte die erste Mediationsphase mit dem Aushandeln des Verhandlungsvertrags maximal 10% der Zeit in Anspruch nehmen, die für die gesamte Mediationsverhandlung angesetzt ist. Der Mediator sollte den für das Aushandeln erforderlichen Zeitaufwand nicht überschätzen, auch wenn die nachfolgenden Erläuterungen vielleicht den Eindruck erwecken, als wäre eine detaillierte Auseinandersetzung mit jeder einzelnen Verfahrensfrage erforderlich. Ein geübter Mediator kann in einer halben Stunde mit den Parteien durchaus wichtige Eckdaten erarbeiten und den Teilnehmern gleichzeitig das Erfolgsgefühl einer ersten erzielten Einigung vermitteln.

b) **Frühe Verrechtlichung.** Ein zweites Problem tritt beim Aushandeln eines Verhandlungsvertrages häufig auf: Bei den Parteien entsteht schnell der Eindruck, das Mediationsverfahren sei ebenso verrechtlicht und rechtsfixiert wie der staatliche Prozess. Entsprechend emotionale Parteiäußerungen sind eine verständliche Reaktion: „Ich dachte, mit der Mediation wäre ich den ganzen rechtlichen Mist endlich los! Jetzt soll ich, bevor ich auch nur ein Wort zu diesem unseligen Streit gesagt habe, sofort wieder einen Vertrag schließen. Das darf doch wohl nicht wahr sein!" Eine solche Reaktion zeigt, dass es der Mediator nicht verstanden hat, die Besonderheiten des Mediationsverfahrens herauszustellen. Die Vereinbarung von Regeln ist notwendig, um das Verfahren nicht in einem Vakuum ablaufen zu lassen. Genau dies muss der Mediator in Reaktion auf die obige Parteiäußerung den Kontrahenten erneut ins Bewusstsein rufen: „Wenn ich Sie richtig verstehe, haben Sie den Eindruck, es sei zu formalistisch, vor der Erörterung des Konflikts Regeln der Zusammenarbeit festzulegen? … Warum sind Sie der Ansicht, Verhandlungen ohne Regeln seien der bessere Weg?" Der Partei wird so der Wert des Verhandlungsvertrags vor Augen geführt. Der Mediator achtet hier ähnlich wie beim Zeitaufwand darauf, dass die Proportionen zwischen dem Umfang des Verhandlungsvertrags und dem Streitgegenstand gewahrt bleiben. Ein kleiner Baumängelstreit wird im Erfolgsfall durch einen Vergleichsvertrag beigelegt, dessen Länge eine Seite kaum übersteigen wird. Ein zu Beginn der Mediation geschlossener fünfseitiger Verhandlungsvertrag wäre in einem solchen Konflikt disproportional. Die Parteien würden einen solchen Vertrag zurecht als übertriebene Verrechtlichung empfinden. Wo zwei Unternehmen dagegen um die Auseinandersetzung eines millionenschweren Joint Ventures streiten, ist der förmliche und umfangreiche Verhandlungsvertrag angemessen. Zerstrittene Erben, die sich persönlich seit Jahren kennen, werden einen stark formalisierten Ver-

23

---

[19] Dazu sogleich unter § 6, Rdn. 26, 30.

handlungsvertrag als künstlich empfinden. Ähnliches gilt sicher für viele Fälle betriebsinterner Mediationsverfahren. Wo in einem Mediationsverfahren um den Ausbau eines Flughafens mit Dutzenden von Interessengruppen und Betroffenen verhandelt werden muss, ist ein ausführlicher und gut durchdachter Verhandlungsvertrag dagegen unentbehrlich, um überhaupt Struktur in die Verhandlungen zu bringen.

24   c) Fehleranfälligkeit. Wenn die Parteien den Verhandlungsvertrag unter Anleitung des Mediators individuell aushandeln, entstehen schnell Fehler. So ist es schwierig, in aller Schnelle eine Formulierung zu finden, wonach laufende Ausschlussfristen während des Mediationsverfahrens gehemmt sind. Die Inbezugnahme einer durchdachten Verfahrensordnung, die eine Mediationsvereinigung aufgestellt hat, vermeidet diese Probleme. Die Mediationsvereinigung hat sich im Zweifel lange Gedanken gemacht, wie eine solche Klausel ausgewogen und rechtswirksam abzufassen ist. Die Erfahrung und die intensive Beschäftigung mit mediationstypischen Fragestellungen stellt einigermaßen sicher, dass alle regelungsbedürftigen Punkte in der Verfahrensordnung berücksichtigt sind. Wenn die Teilnehmer den Verhandlungsvertrag selbst erarbeiten, laufen sie schnell Gefahr, einen wichtigen Aspekt, wie etwa die notwendige Hemmung der Ausschlussfrist, zu übersehen, was auch Haftungsrisiken für den Mediator heraufbeschwört. Der Mediator muss den typischen Regelungsinhalt eines Verhandlungsvertrags daher kennen, damit er sich daran im Einzelfall orientieren kann. Auf der anderen Seite sind viele interne Verfahrensregeln rechtlich ohnehin nicht durchsetzbar, weil die Parteien das Mediationsverfahren jederzeit sanktionslos abbrechen können. Als Beispiel seien Gesprächsregeln genannt. Bei diesen Punkten ist wichtiger, dass die Parteien die vereinbarten Regeln inhaltlich verstehen und gutheißen, als die Vereinbarung im geschliffenen Juristendeutsch festzuhalten.

4. Praktische Durchführung: Wege zum Verhandlungsvertrag

25   Der Mediator befindet sich in einem Dilemma: Grundsätzlich ist das individuelle Aushandeln des Verhandlungsvertrages sinnvoll. Die Parteien machen so psychologisch wichtige Erfahrungen, die das weitere Verfahren positiv beeinflussen. Auf der anderen Seite ist das Aushandeln des Verhandlungsvertrags zeitaufwändig und damit teuer. Es droht eine zu frühe Verrechtlichung. Der einfache und weniger fehleranfällige Weg scheint die pauschale Vereinbarung einer Verfahrensordnung zu sein, die im Zweifel ausgewogen ist und alle wichtigen Punkte berücksichtigt. Der Mediator muss in diesem Spannungsfeld eine Entscheidung treffen, mit welcher Intensität er diese Phase der Mediation durchlaufen will. Maßgebliche Faktoren werden dabei die Art und Größenordnung des Konfliktes sowie die Formalität bzw. die Informalität der bisherigen Parteibeziehung sein. Der

Mediator hat dabei die Auswahl zwischen verschiedenen Wegen, einen Verhandlungsvertrag herbeizuführen.

a) Stichwortartige Visualisierung der Grundregeln. Der einfachste und **26** informellste Weg, einen Verhandlungsvertrag zu schließen, ist die mündliche Erörterung und anschließende stichwortartige Zusammenfassung auf einer Flip Chart, die sich im Verhandlungsraum befindet. Der Mediator nimmt dabei eine aktive Rolle ein, denn die mediationsunkundigen Teilnehmer kennen die regelungsbedürftigen Punkte im Zweifel nicht. Zur Beschleunigung kann der Mediator den üblichen Inhalt einer Verhandlungsvereinbarung skizzieren und die Parteien fragen, ob sie eine ähnliche Regelung für sinnvoll halten. Wichtig ist es, den Parteien das Erlebnis eigener Verhandlungtätigkeit und Einigungsfähigkeit zu vermitteln. Deshalb beschränkt sich der Mediator darauf, den Regelungsgegenstand ergebnisoffen anzusprechen, gibt den Inhalt selbst aber nicht vor. Er kann etwa sagen, dass die Mediationsteilnehmer sich üblicherweise darüber verständigen, ob der Inhalt der Gespräche Dritten mitgeteilt werden darf oder nicht. Die absehbare Folge ist, dass die Parteien die strikte Vertraulichkeit des Verfahrens vereinbaren. Der Mediator notiert dann den Begriff „Strikte Vertraulichkeit" auf der Tafel, die für alle Seiten sichtbar im Raum steht. Die Einigung als erster Erfolg des Mediationsverfahrens wird so deutlich dokumentiert. Mit dem nächsten Punkt, der etwa unter der Überschrift „Gesprächsregeln" stehen mag, wird ebenso verfahren. Verletzt eine Partei später die vereinbarten Gesprächsregeln, indem sie die Gegenseite in ihrem Vortrag unterbricht, kann der Mediator auf den an der Tafel befindlichen Begriff verweisen. Die schriftliche Fixierung und visuelle Wahrnehmbarkeit verdeutlichen dann die Verbindlichkeit der getroffenen Vereinbarung.

Dieser einfache Weg, einen Verhandlungsvertrag zu schließen und **27** schriftlich festzuhalten, bietet sich vor allen in Konflikten an, wo die Streitparteien eine enge persönliche Beziehung verbindet. Einen förmlichen Vertragsschluss mit Unterzeichnung einer Vertragsurkunde würden die Parteien als künstlich und überzogen empfinden. Innerbetriebliche Konflikte zwischen Mitarbeitern oder Erbstreitigkeiten sind hierfür ein prägnantes Beispiel. Geeignet ist diese Alternative auch dort, wo die Parteien Eckdaten der Mediation bereits durch Inbezugnahme einer Verfahrensordnung verbindlich festgelegt haben. Die Teilnehmer können sich dann auf die Präzisierung einzelner Punkte beschränken. Unzureichend ist diese informale Vorgehensweise, wenn eine der Parteien sich gegen Nachteile absichern muss, die ihr bei einem Scheitern des Mediationsverfahrens drohen. Für die Hemmung von Ausschlussfristen reicht eine mündliche Vereinbarung, die unter dem Stichwort „Fristenhemmung" auf einer Tafel festgehalten wird, nicht aus, weil sich im Zweifel später niemand mehr genau daran erinnern wird, was genau damit gemeint war.

28   **b) Schriftliche Zusammenfassung und Bestätigung.** Einen eleganten Weg, den Verhandlungsvertrag in einer informellen Atmosphäre zu schließen und trotzdem dessen Verbindlichkeit nach außen zu verdeutlichen, schlägt *Ripke*[20] vor. Danach erörtert der Mediator in der ersten Mediationssitzung die regelungsbedürftigen Punkte mit den Parteien. Die Parteien stimmen diesen Regeln mündlich zu. Nach Abschluss dieser Verhandlungsrunde fasst der Mediator diese Regelungen dann in einem gleich lautenden Anschreiben zusammen und bittet die Parteien, die Verbindlichkeit durch Unterzeichnung und Rücksendung eines Exemplars zu bestätigen. Die Einigung wird auf diese Weise schriftlich fixiert. Gleichzeitig gewinnt der Mediator Zeit, die zunächst mündlich getroffene Vereinbarung vernünftig und rechtswirksam auszuformulieren. Da die mündliche Erörterung wenig Zeit in Anspruch nimmt und der Mediator bei der Ausformulierung häufig auf alte Klauseln aus vorangegangenen Verfahren zurückgreifen kann, ist dieses Vorgehen auch in zeitlicher Hinsicht effektiv. Nachteilig an diesem Weg ist, dass den Parteien der erste Erfolg der Mediation, nämlich die Vereinbarung formaler Verhandlungsregeln, nicht klar vor Augen geführt wird. Die Unterschrift unter die schriftliche Zusammenfassung des Mediators geschieht in Abwesenheit der Gegenseite. Es ist gerade die gemeinsame Unterzeichnung einer Vertragsurkunde, die die erzielte Einigung veranschaulicht.

29   Das genannte Vorgehen setzt voraus, dass von vornherein mehrere Verhandlungstermine für die Mediation angesetzt sind. Der Vorschlag von *Ripke* stammt aus dem Bereich der Familienmediation, die sich regelmäßig über 6–10 Mediationssitzungen erstreckt. In der Wirtschaftsmediation treffen sich die Streitparteien dagegen häufig nur zu einer Gesprächsrunde, die allerdings dann den ganzen Tag dauert. Nur in größeren Wirtschaftsmediationsverfahren ist das angesprochene Vorgehen daher ein gangbarer Weg. Dort dient das erste Treffen häufig dazu, gemeinsam das weitere Vorgehen zu vereinbaren.

30   **c) Selektives Ausdifferenzieren einer Verfahrensordnung.** Der pragmatischste Weg, einen Verhandlungsvertrag abzuschließen, ist die konfliktspezifische Ausdifferenzierung einer zuvor vereinbarten Verfahrensordnung. In diesem Fall haben die Parteien bereits in der vertraglichen Mediationsklausel oder im schriftlichen Vorverfahren vereinbart, dass das Verfahren nach den Regeln einer bestimmten Mediationsordnung ablaufen soll. In der ersten Mediationssitzung gehen die Teilnehmer diese Verfahrensordnung noch einmal gemeinsam durch und prüfen sie im Hinblick auf einen Änderungs- oder Ergänzungsbedarf. Der Mediator fragt die Parteien, welche zusätzlichen Aspekte sie für regelungsbedürftig halten. In einem erbrechtlichen Konflikt wird die unbedingte Vertraulichkeitsabrede

---

[20] *Ripke*, ZKM/KON:SENS 1999, S. 26 (27).

dahingehend modifiziert, dass die Erben die Mediationsverhandlungen und mögliche Einigungsvorschläge mit ihren engsten Familienangehörigen diskutieren dürfen, wenn sie diese ihrerseits zum Stillschweigen verpflichten. „Weiche" Klauseln, die in Mediationsordnungen häufig fehlen, werden vereinbart. Das klassische Beispiel hierfür sind Gesprächsregeln. Der Mediator hält diese zusätzlichen oder modifizierenden Vereinbarungen dann in einem schriftlichen Vertrag fest, den die Parteien unterzeichnen.

Dieser Weg hat den Vorteil, dass er die zeitsparende Effektivität der 31 vorformulierten Verfahrensordnung mit dem Verhandlungserlebnis der Teilnehmer kombiniert. Der Mediator muss nur darauf achten, dass die Parteien die Verfahrensordnung nicht vorschnell als ausreichend ansehen. Der Wert des Verhandlungsvertrages liegt hier weniger in seinem Ergebnis, das aus rechtlicher Sicht selten über eine Präzisierung hinausgeht, als in dem Verfahren, in dem der Vertrag zustande kommt. Um den Parteien das Erfolgserlebnis einer Einigung zu vermitteln, sollte der Mediator sich daher vor der Verhandlungsrunde überlegen, in welchen Punkten die Verfahrensordnung noch ergänzt werden könnte und diesen Punkt notfalls von sich aus ansprechen.

d) Individuelles Aushandeln des Verhandlungsvertrags. Die Teilnehmer 32 können den Verhandlungsvertrag auch in allen Einzelheiten individuell aushandeln. Das ist die aufwändigste Möglichkeit. Die hierfür investierte Zeit und die dadurch entstehenden Kosten sind nur in großen Streitigkeiten gerechtfertigt. Je komplexer eine Streitigkeit ist, desto eher besteht die Notwendigkeit nach wirklich maßgeschneiderten Verfahrensregeln. Die Parteien erwarten bei diesem Vorgehen eine starke formale Führung des Mediators, der aus seiner Erfahrung heraus den typischen Regelungsbedarf für eine solche Vereinbarung kennt. Die Vollständigkeit des Verhandlungsvertrages ist aber nur gewährleistet, wenn die Parteien unmittelbar in die Gestaltung des Vertrages einbezogen werden. Nur sie wissen, welche Besonderheiten der Konflikt aufweist, die in der Vereinbarung angesprochen werden müssen. Um den Zeitaufwand überschaubar zu halten, wird der Mediator bei Standardklauseln, wie etwa der üblichen Vertraulichkeitsabrede, Formulierungsvorschläge bereit halten. Sinnvoll ist es zudem, jedenfalls das Verhältnis der Parteien zum Mediator (Honorar, Haftung) auszugliedern und vorab im Wege des gesonderten Mediatorvertrags zu regeln.[21] Andernfalls nimmt der Verhandlungsvertrag eine komplizierte dreiseitige Struktur an, weil sowohl die Rechte und Pflichten der Parteien untereinander als auch die Beziehung zum Mediator in einer Vertragsurkunde behandelt werden müssen.

Da der Verhandlungsvertrag schriftlich ausformuliert wird, wird die 33 Mediationsverhandlung meist am Ende dieser Phase unterbrochen und ver-

---

[21] *Kovach,* Mediation, S. 85.

tagt. Zu Beginn des folgenden Termins unterzeichnen die Parteien dann die vom Mediator vorbereitete Vertragsurkunde. Im Ausnahmefall kann auch eine Mittagspause ausreichen, um die Vertragsurkunde zu erstellen. Die förmliche Unterzeichnung des Verhandlungsvertrags macht den Parteien den ersten Erfolg ihrer Bemühungen bewusst. Sie haben eine Einigung erreicht. An die selbst formulierte, nicht von außen vorgegebenen Regeln des Mediationsverfahrens werden sich die Parteien im Folgenden halten.

5. Inhalt des Verhandlungsvertrags: Beispiel mit Erläuterungen

34   Welchen Inhalt der Verhandlungsvertrag im Einzelnen hat, hängt von der Eigenart des in Frage stehenden Konflikts ab. In einer baurechtlichen Streitigkeit ist der Regelungsbedarf ein anderer als in einer Erbauseinandersetzung. Pauschalierungen oder gar eine ungeprüfte Klauselübernahme verbieten sich. Gleichzeitig tauchen in einer Wirtschaftsmediation aber doch immer wieder ähnliche Fragestellungen auf. Nachfolgend werden daher typische Klauseln eines Verhandlungsvertrags vorgestellt und kommentiert. Diese Aufstellung kann gleichzeitig als eine Checkliste dafür dienen, ob üblicherweise mediationsrelevante Aspekte im konkreten Verhandlungsvertrag oder auch in einer vereinbarten Verfahrensordnung ausreichend berücksichtigt wurden. Die Kommentierungen der Klauseln erläutern gleichzeitig den Zweck der parallelen Bestimmungen in institutionalisierten Verfahrensordnungen.

35   Im Beispielsfall geht es um ein Gemeinschaftsunternehmen (Joint Venture), das Alpha und Beta mit dem Ziel gegründet hatten, solargetriebene Freizeitboote zu entwickeln. Alpha und Beta haben sich inzwischen zerstritten und werfen sich verschiedene Vertragsverletzungen vor. Die Parteien haben sich vorab in einem Mediatorvertrag mit dem Mediator über dessen Aufgabe und Vergütung geeinigt. Ansonsten fehlt es bisher an jeder Regelung. Die Parteien müssen daher in der Vereinbarung Regeln für den inneren Ablauf der Verhandlung aufstellen und zudem die Folgen einer gescheiterten Mediation bedenken und vertraglich regeln. Nachfolgend wird jedem Punkt zunächst ein Formulierungsvorschlag vorangestellt. Dieser Vorschlag wird im Anschluss kommentiert. In der Praxis wird es selten einen derart detaillierten Verhandlungsvertrag geben. Einzelne Überschneidungen mit der oben erörterten Mediationsvereinbarung[22] und dem Mediatorvertrag[23] sind unvermeidlich.

a) Umschreibung des Konflikts

„Alpha und Beta haben am 1. 1. 1995 einen bis zum 31. 12. 2005 befristeten Joint-Venture-Vertrag über die Entwicklung und Produk-

---

[22] Oben § 3, Rdn. 3 ff.
[23] Oben § 4, Rdn. 10 ff.

> tion von solargetriebenen Freizeitbooten geschlossen. Die Parteien
> werfen sich wechselseitig verschiedene Vertragsbrüche vor. Alpha
> hat den Vertrag mit Schreiben vom 30. 6. 2002 vorzeitig aus wichti-
> gem Grund gekündigt. Beta hält die Kündigung für unwirksam und
> verlangt Schadensersatz. Verhandlungen zwischen den Parteien über
> eine Fortsetzung oder einvernehmliche Auflösung der bisherigen Zu-
> sammenarbeit führten bisher zu keinem Ergebnis."

Die Mediation strebt eine Lösung des gesamten Konfliktes, nicht nur **36**
von Einzelfragen an. Die Klausel umschreibt den Konflikt bewusst allgemein, um den Verhandlungsgegenstand nicht unnötig einzugrenzen. Eine
neutrale, von Schuldzuweisungen absehende Wortwahl ist selbstverständlich. Auch auf eine Gegenüberstellung von Parteiansichten wird verzichtet.
Häufig kommt es in Wirtschaftsmediationen vor, dass sich eine Partei par-
tout weigert, über einen bestimmten Aspekt des Konflikts zu verhandeln,
weil sie ihre damit verbundene Position in keinem Fall in Frage stellen
will. So mag sich eine Partei in einem Streit um eine Patentverletzung unter anderem damit verteidigen, dass die Gegenseite gar nicht Inhaberin
dieses Patents ist. Die Gegenseite als vermeintliche Inhaberin des Patents
ist bereit, in einer Mediation über das Vorliegen einer Verletzungshand-
lung, Schadensersatz oder eine zukünftige Lizenzvereinbarung zu verhandeln, aber keinesfalls über die Tatsache, dass sie Inhaberin des in einer Pa-
tenturkunde genannten Patents ist. In einem solchen Fall sollte die Frage
der wirksamen Patentinhaberschaft ausdrücklich ausgeklammert werden,
auch wenn dies zum Scheitern der Mediation führt. Sonst besteht die Gefahr, dass die Parteien in den folgenden Verhandlungen immer wieder auf
diesen unproduktiven Punkt zurückkommen.

b) Ziel der Mediation und „good will" der Parteien

> „Dieses Mediationsverfahren dient dem Versuch, gemeinsam eine Lö-
> sung des vorgenannten Konflikts zu erarbeiten. Gelingt dies, werden
> die Parteien einen verbindlichen Vertrag schließen, der den Konflikt
> beilegt. Der Mediator hat beiden Parteien die Grundzüge des Verfah-
> rens erläutert. Beide Parteien sind danach der Ansicht, dass dessen
> Durchführung sinnvoll ist und sagen eine konstruktive und offene
> Mitarbeit zu."

Die Parteien schließen den Verhandlungsvertrag erst, nachdem sie mit **37**
dem Mediator oder ihren Anwälten erörtert haben, ob die Wirtschaftsmediation ein geeignetes Verfahren für den streitgegenständlichen Konflikt
ist. Da ein Erfolg der Mediation die grundsätzliche Einigungsbereitschaft

und konstruktive Mitarbeit beider Seiten voraussetzt, ist eine Mediation nur sinnvoll, wenn die Parteien ein Mindestmaß an „good will" in das Verfahren einbringen. Die Klausel stellt das klar. Eine rechtliche Bindungswirkung hat die Klausel nicht, weshalb sie auch in formalisierten Mediationsordnungen regelmäßig fehlt. Sie ist aber sinnvoll, weil die Parteien sich in der Praxis an die frei vereinbarte „Ehrenerklärung" halten.

c) Teilnehmer der Mediation und Entscheidungsbefugnis

„Für Alpha nimmt deren Prokurist A, für Beta deren Geschäftsführer B an jedem einzelnen Verhandlungstermin teil. Ein Austausch des Parteivertreters oder seine Vertretung für einen einzelnen Termin ist grundsätzlich ausgeschlossen. Sowohl A als auch B erklären durch ihre Unterschrift, dass sie ihre Partei in diesem Verfahren unbeschränkt vertreten können. Sie erklären weiter, dass sie zu einem Vergleichsschluss auch im jeweiligen Innenverhältnis zu ihren Parteien ohne weitere Rücksprache ermächtigt sind."

38 Die Klausel bestimmt die Teilnehmer des Mediationsverfahrens. Die Mediation vertraut auf die unmittelbare persönliche Kommunikation zwischen den Teilnehmern und versucht, zwischen diesen Teilnehmern ein konstruktives Arbeits- und vielleicht auch Vertrauensverhältnis aufzubauen. Deshalb ist ein Wechsel der Teilnehmer während des laufenden Mediationsverfahrens ausgeschlossen. Es ist wichtig, dies den Parteien noch einmal klar zu machen, auch wenn der Mediator sie hierauf bereits in einer schriftlichen Vorabinformation hingewiesen hat. Dass die Teilnehmer ihre Parteien rechtlich vertreten können, ist an sich selbstverständlich. In seltenen Fällen kann zum Nachweis der Vertretungsberechtigung ein aktueller Handelsregisterauszug oder einer Vollmacht zum Vertrag genommen werden.

Wichtig ist, dass die Teilnehmer auch ihre tatsächliche Befugnis zum Vergleichsabschluss ohne vorherige Rücksprache mit übergeordneten Unternehmensorganen bestätigen.[24] Empirische Untersuchungen in den USA belegen, dass die Mediation häufig deshalb scheitert, weil am Verhandlungstisch kein autorisierter Entscheidungsträger sitzt. Die Wirtschaftsmediation ist ganz auf die persönliche Verhandlung und die Einigung der anwesenden Teilnehmer zugeschnitten. Verhandlungsverlauf und ermittelter Einigungsspielraum sind außenstehenden Entscheidungsträgern nur

---

[24] *Risse*, NJW 2000, S. 1614 (1615).

schwer überzeugend zu vermitteln. Wer einen abschließenden Einigungsvorschlag vom Vorstandsvorsitzenden absegnen lassen muss, der an den Verhandlungen nicht teilgenommen hat, wird häufig mit einem „Nein" in die Mediationsverhandlung zurückkehren. Deshalb ist die Entscheidungsbefugnis des Verhandlungsteilnehmers so wichtig. Bisweilen ist die Teilnahme eines Entscheidungsträgers unmöglich, etwa weil es gesellschaftsrechtliche Zustimmungserfordernisse gibt oder die Teilnahme eines Vorstandsmitglieds an einem vermutlich langwierigen Mediationsverfahren als zu teuer empfunden wird.[25] In einem solchen Fall wird zumindest eine „good will"-Erklärung des Vertreters in den Verhandlungsvertrag aufgenommen, worin sich dieser verpflicht, persönlich auf eine Zustimmung zu einem von ihm mit erarbeiteten Vergleichsmodell hinzuwirken.

Verletzt eine Partei diese Klausel und verhandelt ohne Vergleichsbefug **39** nis, bleibt dies weitgehend[26] ohne rechtliche Sanktion. Die tatsächliche Bindungswirkung ist gleichwohl groß, wenn die Parteien diese Vereinbarung durch ihre Unterschrift bestätigen. Aus ethisch-moralischen Gründen bricht man einfach nicht, was man selbst vereinbart hat, auch wenn der Vertragsbruch folgenlos bliebe.

d) Teilnahmeberechtigung von Rechtsanwälten und dritten Personen

„An den einzelnen Verhandlungsterminen wird neben dem Parteivertreter jeweils ein beratender Rechtsanwalt teilnehmen. Weitere Teilnehmer sind nur nach vorheriger Einigung zwischen den Parteien zugelassen."

Die Teilnahme von Rechtsanwälten ist in der Wirtschaftsmediation we **40** gen der differenzierten Rolle des Rechts[27] sinnvoll. Gleichzeitig werden die Parteien so vor einer Übervorteilung geschützt, wie sie bei einem Ungleichgewicht der Verhandlungsstärke oder der Verhandlungsfähigkeit drohen kann. Um eine ausgewogene Verhandlungsatmosphäre zu sichern, nimmt entweder auf beiden oder auf keiner Seite ein juristischer Berater teil. Fehlen Rechtsanwälte am Verhandlungstisch, wird eine Hinweisklau-

---

[25] Die gebotene Teilnahme von Entscheidungsträgern ist ein wesentlicher, wenn auch häufig übersehener Kostenfaktor der Wirtschaftsmediation. Im Gerichtsprozess lässt sich die Verfahrensführung dagegen ganz auf den Anwalt delegieren; vgl. dazu unten § 13, Rdn. 15.
[26] Die Haftungsfolge, die Kosten des Verfahrens tragen zu müssen, weil dieses auf Grund fehlender Vertretungsbefugnis gescheitert sei, bleibt theoretisch. Denn der Kausalitätsnachweis wird sich nie führen lassen.
[27] Ausführlich dazu *Risse*, BB 1999 (Beilage 9), S. 1 ff.

sel aufgenommen, wonach sich die Parteien vor verbindlicher Unterzeichnung eines Vergleichs mit externen Rechtsanwälten beraten werden.[28]

41   Eine geringe Zahl von Teilnehmern vereinfacht die Verhandlungsführung. Wenn eine Verhandlungsdelegation für eine Partei auftritt, wird sich
jedes Mitglied bemüßigt fühlen, seine Anwesenheit durch eine gewisse Redezeit zu rechtfertigen. Die Mediation bringt das regelmäßig nicht voran.
Ausnahmen bestätigen die Regel. So mag es in einem technisch geprägten
Konflikt notwendig sein, dass neben dem Prokuristen als eigentlichem
Parteivertreter auch ein sachverständiger Ingenieur an der Mediation teilnimmt.[29] Im Regelfall sollten die Verhandlungsdelegationen gleich groß
sein. Der einzelne Verhandler ermüdet schneller als eine Gruppe, die die
Redebeiträge unter sich aufteilen kann. Der in einer Gruppe versammelte
Sachverstand ist größer als der einer Einzelperson. Verhandlungen sind
zudem persönlich geprägt, so dass man dazu neigt, jeder Person anstatt
jeder Gruppe die gleiche Redezeit zuzubilligen. So können durch unterschiedliche Gruppengrößen Ungleichgewichte in der Mediation entstehen,
die der Mediator von vornherein vermeiden sollte.

e) Person und Aufgabe des Mediators

„Die Parteien haben mit gesondertem Vertrag vom 22. Februar 2003
Herrn M zum Mediator des Konflikts bestimmt. Der Inhalt dieses
Vertrages ist beiden Seiten bekannt. Aufgabe des Mediators ist es, die
Parteien bei einer strukturierten Verhandlung über die Lösung des
Konflikts zu unterstützen und zu beraten. Er hat die Beilegung des
Konfliktes zu fördern. Eine verbindliche Entscheidungsbefugnis über
den Konflikt insgesamt oder einzelne Aspekte des Konflikts hat er
nicht."

42   Diese Klausel hat einen bloßen Hinweischarakter, wenn die Parteien mit
dem Mediator einem getrennten Vertrag geschlossen haben.[30] Für die Parteien wird noch einmal klargestellt, dass der Mediator nur eine unterstützende Funktion ohne Entscheidungsmacht innehat. Fehlt es an einem
gesonderten Vertrag mit dem Mediator, müssen an dieser Stelle Vereinbarungen über die Vertragspflichten des Mediators sowie dessen Honorar
und Haftung[31] getroffen werden.

---

[28] Vgl. dazu auch die vorgeschlagene Klausel im Mediatorvertrag, oben § 4,
Rdn. 16.

[29] *Kovach*, Mediation, S. 90.

[30] Vgl. den Mediatorvertrag § 4, Rdn. 10.

[31] Ausführlich zu diesem Fragenkreis *Brieske*, in: Mediation in der Anwaltspraxis, S. 245 ff.

f) Ort, Zeit und Absage von Verhandlungsterminen

„Die einzelnen Verhandlungstermine werden bis auf weiteres in den Geschäftsräumen des Mediators, Adresse, stattfinden. Den Parteien steht es frei, einvernehmlich einen anderen Ort festzulegen. Die Parteien und der Mediator werden sich um eine beschleunigte Durchführung des Verfahrens bemühen. Ein vorläufiger Zeitplan ist dieser Vereinbarung beigefügt. Am Ende jeder Verhandlung werden die Parteien und der Mediator den nächsten Termin verbindlich festlegen. Vereinbarte Termine werden nur im Notfall abgesagt. Die Absage erfolgt frühstmöglich und spätestens 48 Stunden vor einem vereinbarten Termin an alle betroffenen Teilnehmer. Sie soll schriftlich erfolgen. Bei unterbleibender oder nicht fristgerechter Absage trägt die Partei die dadurch verursachten Kosten einschließlich des dann in voller Höhe anfallenden Honorars des Mediators."

Die Wirtschaftsmediation wird an einem neutralen Ort durchgeführt. **43** Oft handelt es sich um das Büro des Mediators. Die Klausel legt fest, dass auch alle weiteren Termine hier stattfinden werden. Missverständnisse werden so vermieden. Gleichzeitig weist sie die Parteien darauf hin, dass im Einzelfall auch eine Verlegung des Verhandlungsortes möglich ist. Eine solche Verlegung kann sich als sinnvoll erweisen, wenn eine Seite sonst wegen Terminschwierigkeiten nicht teilnehmen könnte oder eine Ortsbesichtigung zur Veranschaulichung des Problems stattfinden soll.

Die Dauer einer Wirtschaftsmediation lässt sich vorab nicht bestim- **44** men. Gleichwohl legen die Teilnehmer in einem vorläufigen Zeitplan einige Termine fest, die sie sich dann freihalten. Mit den Parteivertretern, den eingeschalteten Anwälten und dem Mediator nehmen eine Vielzahl von Personen an dem Verfahren teil, die auf Grund ihrer anderweitigen beruflichen Einbindung schnell Terminprobleme haben. Eine frühzeitige Terminkoordination ist daher unumgänglich. Auch das plötzliche Absagen von Verhandlungsterminen ist ein häufig auftauchendes Problem. Die Parteien adressieren dieses Problem und einigen sich auf eine praktikable Regelung. Es steht den Teilnehmern zwar jederzeit frei, die Mediation abzubrechen, doch darf dies ebenso wie die Absage einzelner Treffen nicht zur Unzeit geschehen und so überflüssige Kosten verursachen. Eine ähnliche Klausel wird der Mediator aus Eigeninteresse auch in seinen Mediatorvertrag mit den Parteien aufgenommen haben.[32]

---

[32] Vgl. oben § 4, Rdn. 16.

g) Durchführung der Mediation und Einzelgespräche

„Die Mediation ist eine mündliche Verhandlung über den Konflikt. Die Parteien bestimmen die einzelnen Verhandlungsschritte unter Anleitung und Beratung durch den Mediator selbst. Können sie sich nicht einigen, wird der Mediator einen Vorschlag unterbreiten oder den weiteren Gang des Verfahrens nach seinem Ermessen bestimmen. Wenn die Parteien dies im Verlauf der Verhandlung einvernehmlich wünschen, kann der Mediator während oder außerhalb gemeinsamer Sitzungstermine Einzelgespräche mit den Parteien führen. Alle Informationen aus diesen Einzelgesprächen muss der Mediator vertraulich behandeln, wenn sein Gesprächspartner ihn von dieser Pflicht nicht ausdrücklich entbindet. Bevor solche Einzelgespräche stattfinden, werden sich die Parteien hierüber noch einmal ausdrücklich verständigen."

45   Die Klausel hat Hinweischarakter. Häufig reicht es aus, dass der Mediator diese Hinweise in seiner Eröffnungserklärung gibt.[33] Nur wenn die Wirtschaftsmediation vermutlich mehrere Verhandlungstermine in Anspruch nehmen wird, ist es sinnvoll, diesen Hinweis im Verhandlungsvertrag zu wiederholen. Eine frühzeitige Festlegung auf einzelne Schritte der Verhandlung erfolgt nicht, um die Eigendynamik des Verhandlungsablaufes nicht zu stören. Wenn die Parteien im Verhandlungsvertrag bestimmen würden, dass der Mediator bei einer Nichteinigung einen unverbindlichen Schlichtungsvorschlag unterbreiten wird, bestünde die Gefahr, dass sich die Parteien in Erwartung dieses Vorschlags weniger um eine unmittelbare Einigung bemühen und gleich den Einigungsvorschlag anstreben. Grundsätzlich sollen die Parteien den Verhandlungsablauf mitbestimmen; de facto nimmt der Mediator wegen seiner Verfahrenskenntnis eine Schlüsselstellung ein.

46   Der Wert eines Einzelgesprächs mit dem Mediator, dem sog. Caucus, ist umstritten.[34] Die Klausel informiert die Parteien darüber, dass Einzelgespräche grundsätzlich möglich sind. Ohne einen solchen Hinweis bestünde die Gefahr, dass die Parteien die Mediation frühzeitig abbrechen, weil sie an diese zusätzliche Möglichkeit zur Ermittlung eines Vergleichsspielraums nicht denken. Die Entscheidung, ob solche Einzelgespräche tatsächlich stattfinden, erfolgt situationsbezogen. Wichtig ist die Klarstellung, dass vor einem solchen Einzelgespräch noch einmal die Zustimmung bei-

---

[33] *Moore,* Mediation Process, S. 199 f.
[34] Vgl. etwa *Duve/Zürn,* ZKM 2001, S. 108 ff. und unten § 7, Rdn. 87 f.

der Seiten eingeholt wird. Keine Partei soll Angst haben müssen, die Gegenseite befände sich ohne ihr Wissen in Gesprächen mit dem Mediator.

h) Kommunikation außerhalb der Verhandlungen

„Schriftliche Stellungnahmen der Parteien sollen nur nach vorheriger Absprache erfolgen, wenn dies dem Fortgang des Verfahrens dienlich erscheint. Alle Schriftsätze einschließlich etwaiger Anlagen müssen in dreifacher Ausfertigung dem Mediator zugeleitet werden, der zwei Ausfertigungen an die andere Partei und deren Rechtsanwalt weiterleitet. Allein an den Mediator gerichtete schriftliche, mündliche oder fernmündliche Stellungnahmen sind ohne ausdrückliches, vorheriges Einverständnis der anderen Partei unzulässig und werden vom Mediator ungelesen vernichtet."

Die Klausel betont erneut die Mündlichkeit der Mediation. Außerhalb 47 einführender Schriftsätze zur wechselseitigen Information und zur Vorbereitung des Mediators[35] unterbleiben schriftliche Stellungnahmen. Wenn der Mediator einseitige Stellungnahmen zur Kenntnis nehmen würde, würde dies seine Neutralität in den Augen der Gegenseite gefährden. In Konflikten, bei denen emotionale Aspekte eine große Rolle spielen, also etwa bei einer umstrittenen Erbauseinandersetzung, kommt es immer wieder vor, dass eine Partei den Mediator kontaktiert, um ihm endlich „die wahre Geschichte" zu erzählen. Ein freundlicher Hinweis auf die Klausel erlaubt es dem Mediator dann, eine solche Kommunikation zu unterbinden, ohne die Hilfe suchende Partei zu brüskieren.

i) Sachverhaltsaufklärung

„Die Parteien werden zur Sachaufklärung bestmöglich beitragen und sich bemühen, alle relevanten Informationen offen zu legen. Der Mediator kann jederzeit anregen, dass eine Partei weitere Informationen oder Schriftstücke zur Verfügung stellt. Für die notwendig erachtete Klärung von Sachfragen oder sonstigen Aspekten des Konflikts besteht die Möglichkeit, einvernehmlich einen Sachverständigen/Experten zu beauftragen."

---

[35] Dazu oben § 4, Rdn. 23 f.

48   Auch diese Klausel erfüllt nur eine Hinweisfunktion, kann aber der späteren Bitte einer Partei oder des Mediators Nachdruck verleihen, bestimmte Informationen preiszugeben. An die eigene „good will"-Erklärung fühlt sich die Partei moralisch gebunden. Die Einschaltung neutraler Experten kommt auch bei Rechtsfragen, der Ermittlung steuerlicher Gestaltungsmöglichkeiten oder zu Aspekten der Unternehmensberatung in Betracht. Vorrang hat aber immer die Eigenaufklärung. Der übernommenen Verpflichtung zur Sachaufklärung kann sich die Partei durch eine einseitige Beendigung der Mediation natürlich jederzeit entziehen.

j) Gesprächsregeln in der Mediation

„Die Mediation hat nur Erfolg, wenn sich die Parteien nach einer offen und ehrlich geführten Verhandlung einigen können. Sie werden sich daher um einen sachlichen und respektvollen Gesprächston bemühen. Dazu gehört auch, dass jede Partei ohne Unterbrechungen oder Zwischenrufe ausreden darf. Über die Einhaltung dieser Gesprächsregeln wacht der Mediator."

49   Diese Klausel ist dort sinnvoll, wo der Konflikt besonders emotionsgeladen ist. In Streitigkeiten unter langjährig verbundenen Mitgesellschaftern oder Erben ist dies häufig der Fall. Solche Gesprächsregeln sind rechtlich nicht durchsetzbar. Für den Mediator sind sie aber eine wichtige Argumentationshilfe, wenn er später mit der Verletzung dieser Gesprächsregeln konfrontiert wird.[36]

k) Vertraulichkeit der Mediation

„Die Parteien verpflichten sich, dieses Mediationsverfahren und den Inhalt der geführten Verhandlungen gegenüber Dritten vertraulich zu behandeln. Diese Verpflichtung gilt über die Beendigung der Mediation hinaus. Alpha ist jedoch befugt, ihrer Muttergesellschaft, der Gamma AG, über das Mediationsverfahren zu berichten, sofern sich die Gamma AG ebenfalls zur Vertraulichkeit verpflichtet. Gesetzliche Pflichten der Parteien, über die Mediation und deren Ausgang zu berichten, bleiben unberührt."

---

[36] Zum konkreten Vorgehen in diesem Fall vgl. § 7, Rdn. 49.

Die Vertraulichkeit der Mediation ist ein Verfahrensvorteil gegenüber 50
dem öffentlichen Prozess.[37] Eine entsprechende Vereinbarung treffen die
Parteien fast immer.[38] Die entsprechende Klausel gilt gemeinhin als wichtigste verfahrensabsichernde Vereinbarung überhaupt.[39] Der Mediator hat
eine gleich lautende Pflicht zur Verschwiegenheit bereits im Mediatorvertrag übernommen.[40] An eine solche Vertraulichkeitsvereinbarung halten sich die Teilnehmer in aller Regel. Allerdings lassen sich Beweisschwierigkeiten kaum verhindern, wenn ein Teilnehmer Informationen an
die Öffentlichkeit oder die Presse durchsickern lässt. Der Mediator fragt
die Parteien, ob sie Dritte – etwa ihre Haftpflichtversicherung oder ihre
Muttergesellschaft – über die Wirtschaftsmediation informieren müssen
oder wollen. In diesem Fall enthält die Klausel eine entsprechende Klarstellung. Die vertragliche Pflicht zur Vertraulichkeit darf nicht in Konflikt
zu gesetzlichen Mitteilungspflichten geraten, wie sie etwa börsennotierte
Gesellschaften haben. Der letzte Satz der Klausel stellt das klar.

l) Verwertungsverbote für einen Anschlussprozess

„Alle Erklärungen, Unterlagen und Informationen, die während der
Mediation schriftlich oder mündlich erteilt werden, dürfen von beiden Parteien ausschließlich für die Zwecke der Mediation benutzt
werden. Bei einem Scheitern der Mediation ist die unmittelbare oder
mittelbare Verwendung dieser Informationen in einem (Schieds-)-
Gerichtsverfahren unzulässig, es sei denn, die Information war der
Partei nachweislich bereits außerhalb der Mediation bekannt oder
hätte von ihr ermittelt werden können. Die Beweislast für diese anderweitige Kenntnis trägt die dies behauptende Partei.

Die Parteien verpflichten sich insbesondere, den Mediator, die sie beratenden Rechtsanwälte oder andere Teilnehmer des Mediationsverfahrens einschließlich der Parteivertreter nicht als Zeugen für Tatsachen zu benennen, die diesen Personen während des Mediationsverfahrens offenbart worden sind. Mediator und Anwälte werden bestehende Zeugnis- und Aussageverweigerungsrechte in Anspruch
nehmen."

---

[37] Eingehend dazu unten § 14, Rdn. 9.
[38] Ausführlich dazu: *Hartmann,* in: Handbuch Mediation, § 27, Rdn. 19 ff.
[39] *Nelle/Hacke,* ZKM 2002, S. 257 (260).
[40] Diese Verschwiegenheitspflicht ist häufig ohnehin Berufspflicht des Mediators;
einen Überblick für die einzelnen Berufsgruppen gibt *Hartmann,* in: Handbuch
Mediation, § 27, Rdn. 10 ff.

51   Eine böswillige Partei kann die Mediation missbrauchen, um relevante Informationen für einen von vorneherein beabsichtigten Anschlussprozess zu gewinnen.[41] Es kommt leider auch vor, dass eine Partei den Vergleichsvorschlag der Gegenseite später in ein (Schieds-)Gerichtsverfahren einbringt, um so das Gericht zu beeinflussen, frei nach dem Motto „Die Gegenseite war ja schon im Mediationsverfahren zu einem Vergleichsabschluss bereit, was ihr Unrechtsbewusstsein demonstriert."[42] Ob und wie die Parteien dieser Missbrauchsgefahr durch eine vertragliche Gestaltung vorbeugen können, ist bislang nicht abschließend geklärt.[43] Ein Vertraulichkeitsgebot ist schnell formuliert; die Krux liegt meist in der Rechtsfolge, die einen Verstoß angemessen sanktionieren muss.[44] Eine Klausel, die bei einer Verletzung Vertragsstrafen vorsieht, zur Übernahme aller Mediationskosten verpflichtet oder gar eine Verwirkung des streitgegenständlichen Anspruchs herbeiführt, ist in den Klauselverhandlungen schlicht nicht durchsetzbar und entsprechend selten anzutreffen. Auch Vertraulichkeitsklauseln in institutionalisierten Verfahrensordnungen verzichten auf eine Rechtsfolgenanordnung im Falle einer Verletzung.[45] Die vorgestellte Klausel ist als Beweismittelvereinbarung grundsätzlich wirksam,[46] ohne einen Missbrauch ganz ausschließen zu können. Fraglich ist insbesondere, ob ein deutsches Gericht bei einer Beweisaufnahme von Amts wegen so gebunden wird.[47] Eine böswillige Partei wird am Ende immer einen Zeugen auffahren können, der „zufällig" eine Information erfahren hat, die eigentlich nur im Mediationsverfahren mitgeteilt worden ist.

52   Die Vereinbarung muss berücksichtigen, dass sie eine Informationsverwertung nicht endgültig und bedingungslos blockieren darf. Eine Partei könnte sonst eine sensible Information gerade deshalb offen legen, um sie einem Folgeprozess zu entziehen: „Ich räume ein, dass ich mit diesem Vertrag Geschäftsgeheimnisse an die Konkurrenz verkauft habe, aber das dürfen Sie ja jetzt in einem Prozess gegen mich nicht mehr verwerten!"[48] Das

---

[41] Ausführlich zum Problem des Missbrauchs: *Mähler/Mähler,* ZKM 2001, S. 4 ff.

[42] Tatsächlich ist ein Vergleichsangebot ein Zeichen von Stärke, denn es zeigt die Souveränität der vergleichsbereiten Partei. Vergleiche werden selten aus Unrechtsbewusstsein geschlossen, sondern weil die Partei um den Kosten- und Zeitaufwand einer streitigen Auseinandersetzung weiß.

[43] Unten § 14, Rdn. 31 ff.

[44] *Hartmann,* in: Handbuch Mediation, § 27, Rdn. 56 ff.

[45] Vgl. § 8 gwmk-VO, abgedruckt als Anhang Nr. 1.

[46] *Hartmann,* in: Handbuch Mediation, § 27, Rdn. 32.

[47] Vgl. §§ 144, 273 II ZPO.

[48] Genau genommen wird durch die Beweismittelabrede allerdings nur erreicht, dass die zitierte Äußerung (Eingeständnis) nicht in den Prozess eingeführt werden darf. Der Gegenseite bleibt es unbenommen, den Verrat von Geschäftsgeheimnissen weiter zu behaupten und anderweitig zu beweisen.

uneingeschränkte Verwertungsverbot wird so zum „Tatsachengrab".[49] Umgekehrt führt die hier gewählte Fluchtklausel zu kaum überwindbaren Beweisschwierigkeiten für die Partei, die sich auf die anderweitig erlangbare Information beruft.[50] Bei der Regelung über Zeugeneinvernahmen sollten die Parteien daran denken, dass nicht nur der Mediator als Zeuge über Gesprächsinhalte ausscheiden muss, sondern auch die beratenden Parteianwälte. Diese könnten sonst von ihrem Mandanten problemlos von ihrer beruflichen Verschwiegenheitspflicht befreit und als Zeuge benannt werden. Auch die Verhandlungsführer einer Partei kommen als Zeugen in Betracht, wenn sie mit dieser nicht identisch sind und dort auch keine Organstellung als Vorstand oder Geschäftsführer einnehmen. In der Wirtschaftsmediation, wo häufig eine juristische Person (AG, GmbH) Partei des Verfahrens ist, kommt diese Konstellation oft vor. Letztlich liegt in der Missbrauchsgefahr immer ein Risiko der Mediation, das aber mit der Chance korrespondiert, gerade durch den offenen Dialog und die umfängliche Information eine außergerichtliche Einigung zu erreichen.[51]

m) Stillhaltevereinbarung und vorläufige Regelung

„Die Parteien verpflichten sich, während der Mediation den derzeitigen Sachstand/Status Quo nicht einseitig zu verändern. Sie werden keine einseitigen Maßnahmen einleiten oder durchführen, die im Falle eines Scheiterns der Mediation die eigenen Prozessaussichten in einem (Schieds-)Gerichtsverfahren rechtlich oder faktisch verbessern. Alpha wird gegenüber der Presse keine weiteren Stellungnahmen über den Konflikt abgeben. Beta darf den Inhalt der Presseerklärung von Alpha vom 5. August 2000 dementieren, ohne eine inhaltliche Gegendarstellung abzugeben. Alpha wird dazu keinen weiteren Kommentar mehr abgeben.

Die Parteien haben sich wechselseitig über alle eingeleiteten rechtlichen Schritte informiert. Für die Dauer dieser Mediation werden sie diese Verfahren zum Ruhen bringen, eine Fortführung ist unzulässig. Weitere rechtliche Schritte oder andere streitverschärfende Maßnahmen dürfen sie nicht einleiten.

Für die Dauer dieses Mediationsverfahrens treffen die Parteien folgende vorläufige Regelung: Beta wird die aus der Fertigungsstätte in Musterstadt abgezogenen Ingenieure unverzüglich dorthin zurück-

---

[49] *Nelle/Hacke*, ZKM 2002, S. 257 (260).
[50] *Nelle/Hacke*, ZKM 2002, S. 257 (261).
[51] Vgl. unten § 14, Rdn. 31 f.

senden. Die Parteien sind sich einig, dass die Produktion im Werk Musterstadt zunächst so weiterlaufen soll wie vor Ausbruch des Konflikts. Durch diese vorläufige Regelung werden Rechte der Parteien aus zurückliegenden Vorgängen nicht berührt oder verwirkt."

53   Das Mediationsverfahren soll nicht durch streitverschärfende Maßnahmen einer Seite gestört werden. In der Stillhaltevereinbarung verpflichten sich die Parteien daher zu einer Art Waffenstillstand. Die allgemeine Stillhalteklausel in institutionalisierten Verfahrensordnungen[52] wird im Verhandlungsvertrag um konkrete Verhaltenspflichten ergänzt. Beispiele sind neben den in der Klausel erwähnten Punkten etwa das Verbot, über die streitbefangene Sache zu verfügen oder Vermögensverschiebungen vorzunehmen. Die Einhaltung dieser Stillhaltevereinbarung kann notfalls im Wege einer einstweiligen Verfügung durchgesetzt werden, wenn sich eine Partei hieran wider Erwarten nicht hält. Hält eine Partei ihre Stillhaltepflicht nicht ein, ist sie der Gegenseite zum Schadensersatz verpflichtet. Beide Seiten müssen die vertragliche Stillhalteverpflichtung daher ernst nehmen. Die Stillhaltevereinbarung erstreckt sich auch auf bereits eingeleitete rechtliche Schritte, über die sich die Parteien wechselseitig informieren müssen. Es ist keine vertrauensbildende Maßnahme, wenn einer Partei zwei Tage nach Beginn des Verfahrens plötzlich eine Klage zugestellt wird, die die Gegenseite bereits eine Woche zuvor eingereicht hatte. Eine offene Information verhindert solche Unstimmigkeiten. Für neue Gerichtsverfahren begründet die Mediation die prozesshindernde Schlichtungseinrede,[53] solange die Mediation andauert. Für bereits eingeleitete Verfahren einigen sich die Parteien auf eine vorläufige Regelung, ohne dass die Tolerierung eines Zustands für die Parteien zu einem Rechtsverlust führen darf.

n) Vorzeitige Beendigung der Mediation

„Jede Partei hat das Recht, die Mediation jederzeit und ohne Angabe von Gründen durch einseitige Erklärung zu beenden. Die Erklärung hat schriftlich an die Gegenseite und den Mediator zu erfolgen. Sie soll in Form eines Einschreibens erfolgen. Die Mediation gilt zu dem Zeitpunkt als beendet, wo die Erklärung beiden Empfängern zugegangen ist."

---

[52] Vgl. etwa § 14 gwmk-VO, abgedruckt als Anhang Nr. 1.
[53] BGH NJW 1999, 647; BGH NJW 1984, 669; eine Klage würde infolgedessen als „derzeit unzulässig" abgewiesen.

Die Mediation ist ein freiwilliges Verfahren, dass die Parteien jederzeit 54 grundlos und ohne Rechtsnachteile abbrechen können. Hierüber informiert die Klausel. Es kommt häufiger vor, dass eine Partei erbost die Verhandlung verlässt, nach einigem Nachdenken dann aber doch an den Verhandlungstisch zurückkehrt. Deshalb ist die Festlegung wichtig, welche formalen Voraussetzungen an die Beendigung der Mediation zu stellen sind. Die Schriftform der Erklärung demonstriert die Ernsthaftigkeit der Entscheidung und verhindert übereilte Entschlüsse in emotional aufgeladenen Gesprächssituationen.[54] Weil manche Bestimmungen des Verhandlungsvertrags auf die Dauer der Mediation abstellen, so etwa die Stillhalteverpflichtung[55] und Verjährungshemmung,[56] definiert die Klausel den Zeitpunkt, zu dem die Mediation beendet ist. So wird in Fristfragen Rechtssicherheit erreicht.

o) Beendigung der Mediation durch den Mediator

„Beide Parteien erkennen an, dass auch der Mediator die Mediation jederzeit durch schriftliche Erklärung an beide Parteien beenden kann, wenn er die Mediation als gescheitert ansieht oder eine Fortführung des Verfahrens aus sonstigen Gründen ablehnt. Vor einer solchen Erklärung kann der Mediator nach seinem Ermessen beiden Seiten Gelegenheit zu einer Stellungnahme geben. Der Mediator ist nicht verpflichtet, seine Gründe für die Beendigung der Mediation anzugeben. Die Mediation gilt als beendet, sobald beiden Parteien die Erklärung des Mediators zugegangen ist."

Diese Klausel ist regelmäßig schon im Mediatorvertrag, der Vereinba- 55 rung der Parteien mit dem Mediator, enthalten[57] und wird hier nur informationshalber wiederholt. Andernfalls muss der Mediator den Verhandlungsvertrag ebenfalls als weitere Vertragspartei unterzeichnen, um sich später auf diese Klausel und sein Recht zur Beendigung berufen zu können. Der Mediator beendet das Verfahren, wenn er keine Erfolgsaussichten mehr sieht. In diesem Fall kann er die Parteien hierüber offen informieren. Anders ist die Ausgangslage, wenn der Mediator – etwa in einem Einzelgespräch – einen Verfahrensmissbrauch durch eine Seite feststellt. Eine Offenlegung der Gründe ist ihm hier durch seine Verschwiegenheits-

---

[54] Vgl. auch § 9 Abs. 1 (b) gwmk-VO, abgedruckt als Anhang Nr. 1.
[55] Dazu oben § 6, Rdn. 52.
[56] Dazu unten § 6, Rdn. 56.
[57] Vgl. oben § 4, Rdn. 16.

pflicht verboten.[58] Der Mediator kann sich dann schnell Vorwürfen oder gar Schadensersatzforderungen ausgesetzt sehen, wenn er die Mediation scheinbar grundlos abbricht. Deshalb ist es wichtig, dass dem Mediator dieses unbedingte Recht zur Beendigung eingeräumt wird.

p) Verbindlichkeit von Vereinbarungen

„Ziel der Mediation ist eine schriftliche Vereinbarung, die den gesamten Konflikt zwischen den Parteien endgültig beilegt. Die Parteien werden sich darüber verständigen, ob die Vereinbarung notariell beurkundet werden soll.

Zwischenvereinbarungen der Parteien oder Einigungen über Teilaspekte des Konflikts sind nur verbindlich, wenn sie schriftlich in einem Vertrag niedergelegt werden und die Verbindlichkeit der Zwischenvereinbarung oder Teileinigung dort unabhängig vom Zustandekommen einer endgültigen Einigung ausdrücklich festgestellt wird. Auf dieses Schriftformerfordernis kann nur schriftlich und ausdrücklich verzichtet werden."

56   Der erste Teil der Klausel hat nur Hinweischarakter. Die dort angesprochene fakultative notarielle Beurkundung sichert die juristische Prüfung des Abschlussvertrages und führt zu einem vollstreckbaren Titel.[59] Praktisch relevanter ist der zweite Teil der Klausel: Bisweilen entsteht zwischen den Teilnehmern Streit darüber, ob man sich bereits verbindlich geeinigt hat oder nicht. In komplexen Verfahren kommt es zu Zwischenvereinbarungen, die als weitere Arbeitsgrundlage auch schriftlich fixiert werden. Wenn die Parteien nicht wissen, ob sie sich so bereits binden, werden sie zögern, solche Arbeitsbündnisse abzuschließen. Die Klausel beugt Streitigkeiten über die Verbindlichkeit einer Teilregelung vor, indem sie hierfür eine Schriftform und eine ausdrückliche Verbindlichkeitserklärung verlangt. Solche vertraglich vereinbarten Formerfordernisse sind nach der Rechtsprechung des BGH bindend, wenn sie die Schriftform auch für die Aufhebung des Formerfordernisses vorschreiben.[60] Diese Entscheidung wird zwar verschiedentlich kritisiert, doch trägt in jedem Fall die Partei, die sich auf eine mündliche oder konkludente Aufhebung der Schriftformklausel beruft, die Beweislast. Dieser Beweislast wird man im Streitfall,

---

[58] Insofern ist die Regelung in § 9 Abs. 1(c) gwmk-VO problematisch, die den Mediator zur Offenlegung der Gründe zwingt.

[59] Vgl. § 794 Abs. 1 Nr. 5 ZPO; zu dieser und anderen Gestaltungsvarianten vgl. unten § 10, Rdn. 100 ff.

[60] BGH NJW-RR 1991, 1289 f.

wo sich zwei gegensätzliche Darstellungen gegenüberstehen, schwer genügen können. Die Klausel ist daher in jedem Fall praxistauglich.

q) Hemmung der Verjährung und anderer Fristen

„Die Parteien vereinbaren, dass während des Mediationsverfahrens alle gesetzlichen oder vertraglichen Verjährungs- und Ausschlussfristen in Bezug auf den Konfliktfall gehemmt sind. Diese Hemmung gilt insbesondere für die von Alpha gegen Beta geltend gemachte Kaufpreisforderung aus dem Vertrag vom 3. Dezember 1999. Die Hemmung beginnt mit der Unterzeichnung dieser Vereinbarung und endet am letzten Tag des Folgemonats, in dem die Mediation beendet wurde."

Die Verjährungsproblematik, die sich nach der Novellierung des Verjährungsrechts in der Schuldrechtsreform seltener stellt, wird oft schon durch die Mediationsvereinbarung gelöst.[61] Auf obige Darstellung sei daher verwiesen.[62] In der Praxis führen solche Vereinbarungen häufig zu schwierigen Berechnungen, weil die genaue Zeitspanne, in welcher die Verjährung gehemmt war, umstritten bleibt. Die vorgeschlagene Klausel bestimmt diesen Zeitraum daher exakt. Das Abstellen auf das folgende Monatsende sichert der anspruchsstellenden Partei ausreichend Zeit, um nach dem Scheitern der Mediation verjährungsunterbrechende Maßnahmen zu ergreifen.[63] 57

Ausschlussfristen[64] unterscheiden sich von Verjährungsfristen dadurch, dass ein Recht mit Ablauf der Frist erlischt, während die Verjährung nur ein Leistungsverweigerungsrecht begründet. Die Ausschlussfrist muss ein Richter daher von Amts wegen beachten; auf die Erhebung als Einrede oder Einwendung durch eine Streitpartei kommt es nicht an.[65] So verlangt etwa § 626 Abs. 2 BGB für eine Kündigung aus wichtigem Grund, dass die Kündigung innerhalb von zwei Wochen erfolgt, nachdem die kündigende Partei von dem Kündigungsgrund Kenntnis erlangt hat. Die Versäumung dieser Frist führt zur Unwirksamkeit der Kündigung. Ob auf solche Ausschlussfristen die Vorschriften über die Verjährung, insbesondere die hier interessierenden Hemmungsvorschriften, analog Anwendung 58

---

[61] Vgl. dazu § 3, Rdn. 28 ff.

[62] Vgl. § 3, Rdn. 45.

[63] § 15 Abs. 3 gwmk-VO dient dem gleichen Zweck, indem die Verjährung frühestens drei Monate nach Abschluss des Verfahrens eintreten kann.

[64] Vgl. dazu schon oben § 3, Rdn. 29.

[65] *Heinrichs*, in: Palandt, vor § 194 BGB, Rdn. 7.

finden, entscheidet der BGH einzelfallbezogen.[66] Eine besonders sorgfältige juristische Prüfung ist hier erforderlich, um Rechtsnachteile für eine Partei zu vermeiden. Im Zweifel empfiehlt sich, die von der Ausschlusswirkung bedrohte Rechtshandlung vorzunehmen und im Verhandlungsvertrag die Wirkung dieser Rechtshandlung dann einvernehmlich bis zum Ende der Mediation zu suspendieren. Die Partei kündigt also vorsorglich aus wichtigem Grund, beruft sich hierauf aber zunächst nicht. Dies gilt auch für Fälle, wo zur Rechtswahrung eine Klageerhebung erforderlich ist. So können die Parteien die Berufungsfrist des § 516 ZPO von einem Monat durch Parteivereinbarung ebenso wenig verlängern wie andere Rechtsmittelfristen. Die betroffene Partei legt hier deshalb Berufung ein und begründet diese kurz, betreibt das Verfahren aber zunächst nicht aktiv. Ein anderer wichtiger Anwendungsfall sind gesellschaftsrechtliche Beschlussmängelstreitigkeiten, wo die anfechtungswillige Partei die Klage zwingend innerhalb der Monatsfrist des § 246 AktG oder innerhalb der in der Satzung einer GmbH bestimmten Anfechtungsfrist erhoben haben muss.[67] Die Klage muss hier, möglichst bereits in Abstimmung mit der Gegenseite, fristwahrend erhoben werden, weil bei einem Scheitern der Mediation sonst der Rechtsweg endgültig versperrt bleibt.

59   In Einzelfällen knüpft das Gesetz an eine Klageerhebung unmittelbar rechtsgestaltende Wirkungen. So wird etwa die Haftung des Besitzers bei einem Herausgabeverlangen nach § 292 BGB verschärft, ein Anspruch auf Prozesszinsen entsteht nach § 291 ZPO unabhängig von den Verzugsvoraussetzungen, und im Eigentümer-Besitzer-Verhältnis, auf das zahlreiche Vorschriften des BGB verweisen, führt § 989 BGB zu einer erweiterten Haftung. Bei einer ungerechtfertigten Bereicherung kann sich der Bereicherte nach Rechtshängigkeit nicht mehr auf den Wegfall der Bereicherung berufen.[68] In diesen Fällen sollten die Parteien die gesetzliche Rechtsfolge der Klageerhebung durch eine entsprechende schuldrechtliche Vereinbarung ersetzen, wenn dies zur Abwendung von Rechtsnachteilen geboten ist. Die vorgestellte Klausel, die lediglich laufende Fristen hemmt, leistet dies nicht. Das angesprochene juristische Problem müssen die Parteien individuell lösen.

r) Aufteilung der entstehenden Kosten

„Sofern die Parteien nicht später schriftlich etwas anderes vereinbaren, tragen sie in ihrem Innenverhältnis das Honorar und die Auslagen des Mediators sowie alle sonstigen Kosten des Mediationsverfah-

---

[66] Vgl. den Überblick bei *Heinrichs*, in: Palandt, vor § 194, Rdn. 8.
[67] Ausführlich dazu: *Casper/Risse*, ZIP 2000, S. 437 ff.
[68] § 818 Abs. 4 BGB.

rens zu gleichen Teilen. Die durch die eigene Teilnahme an der Mediation entstehenden Kosten sowie die Gebühren des beratenden Rechtsanwalts trägt jede Partei selbst."

Über die Aufteilung der Kosten einigen sich die Parteien oft schon im **60**
Mediatorvertrag mit dem Mediator.[69] Dort ist regelmäßig bestimmt, dass beide Parteien dem Mediator als Gesamtschuldner haften, so dass nur noch die interne Kostentragung regelungsbedürftig bleibt. Üblich ist es, zunächst eine hälftige Kostentragung zu vereinbaren.[70] Die paritätische Teilung scheint fair, ohne dass dies weiter hinterfragt wird. Gegebenenfalls können die Parteien diese Quote in der Abschlussvereinbarung noch ändern.[71] Die nachträgliche Abänderung ist allerdings selten, weil die Parteien in der Kostenquote einen Maßstab des eigenen Verhandlungserfolgs sehen. Sie sind daher auch später nicht bereit, den Löwenanteil der Mediationskosten zu tragen, weil dies ein Unterliegen signalisieren würde. Die eigenen Kosten, insbesondere die Gebühren für einen beratenden Anwalt, trägt jede Partei selbst, da sie diesen Aufwand steuern kann. Bisweilen kommt es vor, dass ein Kontrahent ein so großes Interesse an der Mediation hat, dass er die Gebühren des Mediators alleine zu tragen bereit ist. Um die Unabhängigkeit des Mediators gegenüber beiden Seiten herauszustellen, sollte dessen Honorar aber zumindest zu einem kleinen Teil auch von der Gegenseite gezahlt werden. Es ist zusätzlich sinnvoll, diese ungleichgewichtige Kostentragung nur im Innenverhältnis zwischen den Parteien zu vereinbaren und diese Regelung dem Mediator gar nicht offen zu legen. So wird später jeden Anschein der Parteilichkeit vermieden.[72] Gegen die vollständige Kostenübernahme hat die Gegenseite zwar zunächst nichts. Kaum sagt der Mediator der nicht zahlenden Partei später einige kritische Worte, wird dem Mediator dann doch eine monetär induzierte Parteilichkeit unterstellt.

s) Datum, Unterschriften. Der Verhandlungsvertrag wird von den Par- **61**
teien unterzeichnet. Der Mediator muss den Vertrag nur unterzeichnen, wenn in dem Vertrag eigene Rechte und Pflichten des Mediators geregelt sind. Die Rechtsstellung des Mediators wird in aller Regel im Mediatorvertrag abschließend definiert. Der Mediator kann den Verhandlungsvertrag aber durch seine Unterschrift zur Kenntnis nehmen, um den Verhandlungsvertrag so als gemeinsames Arbeitsprodukt zu kennzeichnen. Die Unterschriftenzeile sollte dann klarstellen, dass die Bedeutung der Unter-

---

[69] Vgl. oben § 4, Rdn. 10 ff.
[70] § 10 gwmk-VO.
[71] Vgl. unten § 10.
[72] *Nelle/Hacke*, ZKM 2002, S. 257 (259).

schrift des Mediators sich in ebendieser Kenntnisnahme erschöpft. Da der Zeitpunkt des Vertrages Bedeutung für die Behandlung von Fristen haben kann, ist die Datierung der Unterschriften selbstverständlich.

6. Verbindlichkeit und weitere Verwendung des Verhandlungsvertrages

62 „Pacta sunt servanda – Verträge sind einzuhalten" lautet ein römischrechtlicher Grundsatz, der fest in unserer Rechtskultur verankert ist. Das gilt auch für den zu Beginn der Mediation geschlossenen Verhandlungsvertrag, der damit mehr darstellt als eine unverbindliche Absichtserklärung der Parteien. Die Verbindlichkeit kommt in der schriftlichen Abfassung und in der Unterzeichnung der Vereinbarung zum Ausdruck. Die Parteien halten sich im Regelfall an diese Absprachen, ohne dass der Mediator oder die Gegenseite auf die Einhaltung pochen muss. Dennoch unterscheidet sich der Verhandlungsvertrag in seiner Bindungswirkung von anderen Verträgen. Das hängt vornehmlich damit zusammen, dass jede Partei die Mediation durch eine einfache Erklärung beenden und sich so vielen Verpflichtungen des Verhandlungsvertrages entziehen kann. Hinsichtlich seiner Rechtswirkungen ist dabei zwischen den externen und internen Verfahrensfragen[73] zu unterscheiden.

63 Die Einigung über externe Verfahrensfragen, wie etwa die Hemmung der Verjährung oder die Vertraulichkeit der Verhandlungen, ist endgültig verbindlich. Verletzt eine Partei ihre Vertragspflichten, kann die Gegenseite diese einklagen und zwangsweise durchsetzen. Wenn ein Teilnehmer ankündigt, trotz seiner Pflicht zur Verschwiegenheit ein Fernsehinterview zu geben, um die Öffentlichkeit über das Taktieren und die Hinhaltemanöver der Gegenseite in den Verhandlungen aufzuklären, wird sein Kontrahent mit einer gerichtlichen Unterlassungsverfügung antworten oder im Anschluss an das Interview Schadensersatz für die Rufschädigung und Ersatz für die vergeblich aufgewandten Mediationskosten verlangen. Solche Vertragspflichten überdauern das Verfahren. Auch wenn die Mediation scheitert, bleiben die Parteien daran gebunden. Droht im laufenden Mediationsverfahren eine Verletzung dieser Pflichten, spricht dies der Mediator in aller Deutlichkeit an, wenn nicht die Gegenseite ohnehin schneller reagiert. In diesem Bereich ist kein Platz für Konsensgespräche oder Nachverhandlungen. Es kommt selten vor, dass die Parteien sich vor einer inhaltlichen Einigung über die Abänderung der vereinbarten externen Verfahrenspflichten einigen.[74]

---

[73] *Prütting*, in: Mediation für Juristen, S. 57 f.
[74] Ein Beispiel für eine solche Abänderung ist etwa eine temporäre Aufhebung der Verschwiegenheitspflicht, um gemeinsam oder getrennt eine Pressekonferenz

Verletzt eine Partei interne Verfahrenspflichten, etwa die Pflicht zur 64
sachlichen Wortwahl, reagiert der Mediator differenziert. In solchen Situationen unterscheidet sich die Mediation vom Gerichtsprozess. Dort
kann der Richter Ordnungsgelder gegen Parteien verhängen, die die richterliche Verfahrensleitung missachten.[75] Wenn eine Partei den Prozess
„abbricht", indem sie aus dem Gerichtssaal stürmt, hat dies mit dem Versäumnisurteil[76] regelmäßig den Prozesssieg der Gegenseite zur Folge. In
der Mediation kann eine Partei das Verfahren dagegen einfach für beendet
erklären. Der vorangegangene Bruch der vereinbarten Verfahrensregeln,
etwa die Beschimpfung des Gegners, bleibt folgenlos. Gleichwohl bleibt
die Vereinbarung verfahrensinterner Regeln sinnvoll. Denn die Parteien
halten sich ohne Androhung von Sanktionen freiwillig an die eigenen
Spielregeln und verletzten diese selten vorsätzlich.

Was aber soll der Mediator tun, wenn es, beabsichtigt oder nicht, tat- 65
sächlich zu einem Verfahrensverstoß kommt? Wo eine Partei die andere
Seite etwa bei ihren Ausführungen ständig unterbricht,[77] könnte der Me-
diator versucht sein, den Verhandlungsvertrag hervorzuholen, mit dem
Finger auf die vereinbarten Gesprächsregeln zu zeigen und tadelnd auf die
Einhaltung der Klausel drängen. Drei Reaktionen der unterbrechenden
Partei sind dann denkbar: Entweder sie fühlt sich bei einem Bruch der
Vereinbarung ertappt und zieht sich verschämt-beleidigt auf ihre Zuhörerrolle zurück, wo sie insgeheim grollt und sich nicht länger auf den Fortgang der Verhandlung konzentriert. Oder sie fühlt sich durch den Hinweis
des Mediator angegriffen und fängt an sich zu verteidigen: „Ich kann doch
nicht zulassen, dass hier dauernd Halbwahrheiten und Lügen erzählt werden." Die folgende Diskussion ist unproduktiv, weil sie zur Klärung des
Sachverhalts nichts beiträgt. Im schlimmsten Fall bricht die Partei, die
vom Mediator wegen Verletzung der Gesprächsregeln kritisiert wird, die
Mediation als vermeidlich „parteiliches Verfahren, in dem es nicht um die
Wahrheit geht", insgesamt ab. Alle drei Szenarien sind für konstruktiv
verlaufende Verhandlungen hinderlich. Sinnvoller ist es, wenn der Mediator den Verhandlungsvertrag nur als Argumentationshilfe nutzt.[78] Dazu
zeigt er zunächst Verständnis für die abredewidrige Unterbrechung: „Ich
kann gut nachvollziehen, dass es für Sie schwierig ist, der Darstellung von
Herrn X zuzuhören, wenn Sie diese für evident falsch halten." Der Partei
wird so nicht konfrontativ begegnet, sondern sie fühlt sich in die Ver-

---

über die Durchführung eines Mediationsverfahrens zu veranstalten, nachdem der
Ausbruch des Konfliktes bekannt geworden ist.
[75] §§ 177 ff. GVG.
[76] §§ 330 ff. ZPO.
[77] Zu diesem Standardproblem in der Mediation vgl. auch unten § 7, Rdn. 49.
[78] Vgl. dazu auch unten § 7, Rdn. 49.

handlung einbezogen. Erst jetzt weist der Mediator auf die vereinbarten Regeln hin: „Zu Beginn der Mediation hatten wir vereinbart, dass jede Partei ihre Sichtweise im Zusammenhang darstellen kann, ohne hierbei unterbrochen zu werden. Diese Möglichkeit werden auch Sie, Herr Y, in wenigen Minuten haben." Die Existenz der Absprache wird der Partei so ebenso bewusst wie die Tatsache, dass die Vereinbarung auch ihr selbst zugute kommen wird. Da die Partei dieser Absprache bereits früher zugestimmt hat, wird sie diese nun tendenziell auch einhalten wollen.[79] Gleichzeitig sucht sie einen Weg, wie sie dies ohne Gesichtsverlust tun kann. Schließlich gesteht niemand gerne einen Fehler ein. Der Mediator baut deshalb eine goldene Brücke: „Wollen wir es bei dieser Absprache belassen oder noch einmal darüber reden, ob dieses Vorgehen sinnvoll ist?" Der Mediator stellt die Regel, die ohnehin nicht zwangsweise durchsetzbar ist, also erneut zur Disposition. In fast allen Fällen wird es aber nicht zur Neuverhandlung über die Verfahrensregeln kommen, weil die Partei nun einlenkt. Bei diesem Vorgehen des Mediators wird erneut ein Grundprinzip der Mediation deutlich: Die Erörterung des formalen Vorgehens wird von der inhaltlichen Diskussion getrennt.[80] Statt nach der Unterbrechung über den Wahrheitsgehalt einer Aussage zu debattieren, wird erörtert, wie man den Wahrheitsgehalt am besten ermittelt, nämlich indem man beide Parteien zunächst ausreden lässt, um erst dann die beiden Darstellungen zu vergleichen und Unklarheiten zu erklären. Um dieses Prinzip während des gesamten Verfahrens durchzusetzen, sind vereinbarte interne Verfahrensregeln sinnvoll. Sie erleichtern dem Mediator die erforderliche Strukturierung der Verhandlung.

V. Ziel erreicht?

66   Am Ende dieser ersten Phase der Mediation sollte die Skepsis und Unsicherheit, die Parteien zu Beginn des Verfahrens oft empfinden, verschwunden sein. Durch die Einführung des Mediators ist den Parteien noch einmal das Grundprinzip und die Struktur des Mediationsverfahrens vor Augen geführt worden. Sie wissen, was sie erwartet. Der Mediator hat Vertrauen geweckt. Die Parteien sollten den Eindruck gewonnen haben, dass der Mediator als Experte der Verhandlungsführung genau weiß, was er tut. Das Aushandeln des Verhandlungsvertrages hat den Parteien ver-

---

[79] Verhandlungspsychologisch handelt es sich hier um das Phänomen der Konsistenz: Wir tendieren dahin, einmal getroffene Entscheidungen – etwa die Verpflichtung zum sachlichen Gesprächston – aufrecht zu erhalten und zu erfüllen. Die Korrektur der Entscheidung – also etwa die Aufkündigung der Vereinbarung – fällt uns deutlich schwerer.

[80] Vgl. dazu oben § 2, Rdn. 76.

deutlicht, dass sie mit Erfolg eine aktive Rolle in der Mediation spielen können. Gleichzeitig haben sie die Erfahrung gemacht, dass man mit der Gegenseite noch konstruktiv reden kann. Da dieser erste Verfahrensschritt strukturiert, problembezogen und wenig geheimnisvoll ablief, wird die Mediation nicht länger als obskures Versöhnungsmodell betrachtet, an dem man ohne echtes Engagement nur „probeweise" teilnimmt. Die vereinbarten Regeln schaffen die Sicherheit, dass die folgenden inhaltlichen Verhandlungen keine Rechtsnachteile bewirken, wenn eine gerichtliche Auseinandersetzung später doch notwendig werden sollte. So können sich die Parteien offener auf die Erörterung einlassen. Die internen Verfahrensregeln strukturieren die weitere Verhandlung. Der Mediator hat Argumentationshilfen gewonnen, um die Verhandlungen auch bei Emotionen oder Widerständen einer Seite in dieser Struktur zu halten. Die Unterzeichnung des Verhandlungsvertrags macht deutlich, dass die Mediation konkrete Erfolge zeigt. Die Parteien gewinnen den Eindruck, dass sich der Geld- und Zeitaufwand lohnt. Vor diesem Hintergrund gehen sie jetzt mit einer konstruktiven Einstellung in die nachfolgende inhaltliche Erörterung des Konflikts. Bevor der Mediator nun zur nächsten Phase überleitet, ist es sinnvoll, die Verhandlungen durch eine Pause zu unterbrechen. Den Parteien wird so Gelegenheit gegeben, die bisherigen Erfahrungen mit dem Mediationsverfahren zu reflektieren.

§ 7 Zweite Mediationsphase: Ermittlung der Verhandlungsthemen und Parteiinteressen

I. Aufgabe und Ziel dieser Phase

1   In der zweiten Phase der Mediation beginnen die Parteien mit der inhaltlichen Erörterung des Konflikts. Vorrangiges Ziel ist die möglichst exakte Ermittlung des streitbegründenden Sachverhalts und seiner Hintergründe. Jede Partei erhält Gelegenheit, ihre Version des Geschehens darzulegen. Außerdem soll sie sich die Darstellung der Gegenseite aufmerksam anhören. Der Mediator stellt sicher, dass die Teilnehmer die jeweils gegnerische Sicht des Konflikts inhaltlich verstehen. Im Idealfall erkennen die Parteien dabei, dass es die für die eigene Position beanspruchte objektive Wahrheit kaum gibt, sondern dass der Streit durch zwei unterschiedliche subjektive Wahrnehmungen geprägt ist. Der Mediator beschränkt sich in dieser Phase darauf, durch verschiedene Gesprächstechniken alle Facetten des Konflikts herauszuarbeiten. Er fördert dabei auch die Faktoren zutage, die den Konflikt unterschwellig beherrschen. Gemeinsam mit den Parteien stellt der Mediator fest, wo Gemeinsamkeiten vorliegen, auf denen man später aufbauen kann, und wo Meinungsunterschiede bestehen, die die Parteien klären müssen. Der Mediator ermittelt mit den Parteien die Themen für die nachfolgenden Verhandlungen um eine Einigung. Dabei konzentriert sich der Mediator darauf, die parteiseitigen Interessen herauszuarbeiten, die hinter den angeführten Positionen und Ansprüchen liegen. Weder der Mediator noch die Parteien sprechen in dieser Phase über Vergleichsmöglichkeiten, auch wenn sich diese Lösungen aufzudrängen scheinen. Am Ende dieser Phase sollten die Kontrahenten und der Mediator wissen, worum es in dieser Auseinandersetzung wirklich geht. Sie sollten verstehen, wie die jeweils andere Seite den Konflikt sieht. Die Parteien sollten die Interessen der eigenen Seite und der Gegenseite kennen, die für eine beiderseits akzeptable Einigung befriedigt werden müssen. Erst wenn der konfliktbegründende Sachverhalt so aufgearbeitet ist, ist es verhandlungstechnisch sinnvoll, in den folgenden Mediationsphasen nach Einigungsmodellen zu suchen. Es ist eigentlich ganz einfach: Solange man das Problem nicht wirklich kennt, kann man dessen Lösung nicht finden.

II. Positionen, Probleme und Interessen

Der Unterschied von Positionen und Interessen, der das Fundament des **2** Harvard-Verhandlungsmodells bildet, wurde oben bereits eingehend dargelegt.[1] Zielrichtung und innere Struktur der zweiten Mediationsphase werden verständlicher, wenn man sich diese Differenzierung noch einmal vergegenwärtigt:

Die Position stellt eine von mehreren Problemlösungen dar. Das zu lö- **3** sende Problem setzt sich aus den Interessen der Partei zusammen. Erinnern wir uns an das Kleinkind, das nach Schokolade schreit. Das Kind hat Hunger (Interesse Nr. 1) und will gleichzeitig die Zuwendung seiner Mutter (Interesse Nr. 2). Beide Interessen zusammengenommen stellen das Problem des Kindes dar, um dessen Lösung nun eigentlich verhandelt werden müsste: Durch welches Mittel können das Hungergefühl und das Bedürfnis nach Zuwendung befriedigt werden? Doch das Kind geht anders vor: Es sieht die Lösung seines Problems in einem Riegel Schokolade, den es von der Mutter vehement fordert. Die Schokolade ist die Forderung (Position), mit der das Kind unter lautem Geschrei in die Verhandlungen mit der Mutter eintritt. Viele Menschen folgen in Verhandlungen dem gleichen Verhaltensmuster wie das Kleinkind. Da sich mit Geld viele Problemlösungen kaufen lassen, gehen sie in die Verhandlung mit einer konkreten Geldforderung, ihrer Position. Das Geld wird benötigt, um den verunfallten Wagen reparieren zu lassen (Problem). Der Wagen muss repariert werden, weil man damit zur Arbeit fährt (Interesse Nr. 1) und das Auto außerdem nur gemietet ist, so dass sich nur durch die Reparatur Ärger mit dem Vermieter vermeiden lässt (Interesse Nr. 2). In der Verhandlung schildert die Partei aber weder das Problem noch ihre Interessen. Statt dessen konzentriert sie sich ganz auf die eingenommene Position, die Geldforderung, die mit dem Unfallhergang und Schuldzuweisungen verteidigt wird. Andere Lösungen des Problems, etwa die Reparatur des Autos durch den Unfallgegner, oder die Befriedigung eines Einzelinteresses, etwa die Stellung eines Ersatzwagens, den der Unfallgegner nur in der Garage herumstehen hat, werden durch die zurückgehaltenen Informationen über Probleme und Interessen verhindert.

In der zweiten Mediationsphase wird diese Unterscheidung zwischen **4** Positionen, Problemen und Interessen relevant. Die Kontrahenten kennen natürlich die wechselseitigen Positionen aus vorangegangenen Verhandlungen. Dagegen können der Mediator und die Gegenseite nur mutmaßen, welches Problem und welche Interessen sich hinter dem Forderungskatalog einer Seite verstecken. Wer glaubt, er könne die Interessen der Parteien

---

[1] Vgl. dazu oben § 2, Rdn. 35 ff., und *Fisher/Ury/Patton*, Harvard-Konzept, S. 68 ff.

erraten, bewegt sich im gefährlichen Bereich der Spekulation. Die zweite Phase der Mediation bezweckt im Prinzip nichts anderes, als die komplexe Struktur von Positionen, Interessen und Problemkreisen in ihre einzelnen Elemente aufzulösen und zutage zu fördern. Im Gespräch mit dem Mediator sollen die Parteien ihr eigentliches Problem nach und nach offenlegen. Daraus lassen sich die Parteiinteressen ableiten, die eine Konfliktlösung befriedigen muss. Dieser transformative Vorgang ist schwierig, weil kaum jemand gerne seine Interessen und die Motivationen des eigenen Handelns preisgibt. Wer räumt schon freimütig ein, dass er mit dem geforderten Geld dringend einen lästigen Gläubiger befriedigen muss oder dass sich die Mangelhaftigkeit der gelieferten Ware in der Geschäftswelt nicht herumsprechen darf? Deshalb ist auch die unverblümte Aufforderung des Mediators, die Partei möge doch bitte einmal offenlegen, was sie wirklich will, selten von Erfolg gekrönt. Alternative Vorgehensweisen sind erforderlich und werden vom Mediator in der zweiten Mediationsphase eingesetzt.

III. Die Eröffnungserklärung der Parteien

5   Die zweite Phase der Mediation beginnt mit der Eröffnungserklärung der Parteien. Jede Seite erhält Gelegenheit, ihre Sichtweise des Konflikts vorzutragen.

1. Bedeutung

6   Die Eröffnungserklärung hat für die Parteien zunächst eine psychologische Bedeutung. Es ist das erste Mal, dass sie ihre Sicht der Dinge und ihren Standpunkt im Zusammenhang und ohne Unterbrechungen vortragen können.[2] Vorausgegangene bilaterale Verhandlungen zwischen den Streitparteien waren regelmäßig davon geprägt, dass jede Seite den gegnerischen Vortrag frühzeitig unterbrochen hat, um auf Unstimmigkeiten hinzuweisen, zu protestieren oder ihre gegenteilige Ansicht unverzüglich kundzutun. Die vortragende Partei empfindet es daher als angenehm, endlich einmal ohne Friktionen sprechen zu können. Im Zweifel hat sie lange darauf gewartet, sich den ganzen Ärger von der Seele zu reden. In die Mediation ist sie mit der Erwartung gekommen, dass der Mediator sie anhört,[3] um dann eine Lösung zu finden, die der eigenen Vorstellung nahe kommt. Die Parteien empfinden die eigene Erklärung als ersten Höhe-

---

[2] *Kovach*, Mediation, S. 86.
[3] Viele Parteien glauben in dieser Phase noch, sie müssten den Mediator von der Richtigkeit ihrer Ansicht überzeugen, weil sie eine entsprechende Vorgehensweise vom Gericht her kennen.

punkt des Mediationsverfahrens, dem sie lange entgegen gefiebert haben.[4] Diese Erwartungshaltung muss der Mediator zufrieden stellen, um die Parteien nicht zu enttäuschen. Dann werden die Parteien die bloße Gelegenheit zur zusammenhängenden Darstellung als Erfolg einstufen und diesen Erfolg dem Mediationsverfahren zuschreiben, was die Verhandlungsatmosphäre positiv prägt. Wenn die Partei subjektiv den Eindruck gewinnt, sie habe dem Mediator „in aller Deutlichkeit gesagt, was hier wirklich Sache ist und der Mediator habe das Punkt für Punkt verstanden", fördert dieses Erfolgserlebnis eine konstruktive Einstellung zu den weiteren Verhandlungen. Auch für die zuhörende Partei ist der Sachvortrag der Gegenseite oft ein neues Erlebnis: Nachdem die vorangegangenen Verhandlungen von ständigen Unterbrechungen und Schuldzuweisungen geprägt waren, hört sie nun erstmals die gesamte Sachverhaltswahrnehmung der Gegenseite, was auch ihre Sicht der Dinge verändern kann.

Neben dieser psychologischen Bedeutung für die vortragende Partei ist die Eröffnungserklärung inhaltlich von großer Relevanz. Der Teilnehmer hat sich auf seine Erklärung vorbereitet. Er wird alle ihm wichtigen Aspekte vortragen, sofern er diese nicht bewusst aus verhandlungstaktischen Gründen verschweigt. Die in der Eröffnungserklärung mitgeteilten Informationen bezeichnen daher tatsächlich den Kernpunkt des Konfliktes, so wie er subjektiv von einer Partei wahrgenommen wird. Tauchen später zusätzliche streitrelevante Aspekte auf, kann der Mediator dies durch einen Vergleich mit der Eröffnungserklärung feststellen. Das Nachschieben von Informationen beleuchtet oft unterschwelligen Aspekte, die für die Beilegung des Konflikts wichtig sind. Während des Eröffnungsstatements kann der Mediator auch durch die Art und Weise des Vortrags Anhaltspunkte dafür gewinnen, welche Punkte der Partei besonders wichtig oder aber eher unangenehm sind. Umgekehrt geben Haltung und Minenspiel der zuhörenden Partei erste Hinweise, wo aus ihrer Sicht die Probleme liegen.

2. Praktische Durchführung

„Erzählen Sie doch einfach mal, was passiert ist." Mehr als diese **7** freundliche Aufforderung des Mediators scheint auf den ersten Blick nicht notwendig, um zur Eröffnungserklärung der Parteien überzuleiten. Angesichts der skizzierten Bedeutung, die diese Phase für die Parteien und für das Mediationsverfahren hat, würde der Mediator es sich damit aber zu einfach machen.

a) **Vorbereitender Hinweis an die Parteien.** Aus Sicht der Parteien ist der **8** Gerichtsprozess das typische Verfahren der Streitbeilegung. Intuitiv gehen

---

[4] Die Amerikaner umschreiben dieses Gefühl der Partei anschaulich mit dem verspürten Wunsch nach „ihrem Tag vor Gericht" („its day in court").

sie daher davon aus, dass auch die Wirtschaftsmediation als Alternative zum Prozess in etwa den gleichen Verlauf nimmt. Dort übernehmen die Anwälte die Verfahrensbetreuung. Sie sprechen für die Parteien, stellen den Sachverhalt dar, nehmen die Bewertung vor und schirmen ihre Mandanten vor direkten Fragen durch das Gericht ab. Die Mediation folgt diesem Schema nicht. In der Mediation sollen die Parteien selbst die Eröffnungserklärung abgeben. Wenn die Kontrahenten darauf nicht vorbereitet sind, wird sie die entsprechende Bitte des Mediators überraschen und vielleicht sogar ein Gefühl der Überforderung auslösen. Deshalb weist der Mediator die Teilnehmer bereits in der Vorkorrespondenz darauf hin, dass sie selbst zu Beginn des Verfahrens den Konflikt aus ihrer Sicht und mit eigenen Worten darstellen sollen.[5] Die Parteien erhalten so Gelegenheit, ihre Stellungnahme sorgfältig vorzubereiten. Dazu werden sie sich mit ihren Anwälten beraten. Der frühzeitige Hinweis an die Parteien, dass sie selbst aktiv werden müssen, hat den positiven Nebeneffekt, dass die Parteien nicht mit einer passiv-abwartenden Haltung in das Verfahren gehen. Niemand will sich blamieren, weil er offenkundig unvorbereitet ist. Entsprechend genau werden die Teilnehmer ihre eigene Position vor Beginn der Mediation aufarbeiten und diese überdenken. Im Vorbereitungsstadium ist es für den Mediator schwierig, den Parteien Vorgaben für die Eröffnungserklärung zu machen. Da der Mediator den Konflikt noch nicht kennt, kann er keinen festen Zeitrahmen abstecken. Der Hinweis an die Parteien, sich auf eine Sachverhaltsdarstellung zu beschränken und daraus zunächst keine Forderungen abzuleiten, fruchtet meist wenig und führt eher zu Verwirrung.

9   **b) Einführung durch den Mediator.** Der Mediator leitet nach der ersten Mediationsphase, in der die Parteien den Verhandlungsvertrag geschlossen haben, zu den Eröffnungsstatements über. Dazu schlägt er den Parteien vor, die inhaltliche Verhandlung nun mit parteiseitigen Eröffnungserklärungen zu beginnen. Wenn die Parteien dem Mediator bereits vorab eine kurze Schilderung des Konflikts übersandt haben,[6] bittet der Mediator ausdrücklich darum, dass gleichwohl sämtliche Aspekte des Streits noch einmal dargelegt werden. Sonst besteht die Gefahr, dass der vortragende Teilnehmer wichtiges Hintergrundwissen unterstellt, das tatsächlich nicht vorliegt. Außerdem wird durch einen wiederholenden Vortrag noch einmal unterstrichen, dass die Mediation ein mündliches Verfahren ist.

10   Gerade wenn der Mediator den Konflikt bereits umrissartig kennt, ist es wichtig, die Darstellung einer Seite nicht unnötig durch enge Fragestellungen einzugrenzen. Der Aufforderung an einen Teilnehmer, doch einmal darzulegen, was er denn ganz konkret gegen die Qualität der gelieferten

---

[5] Vgl. dazu oben § 4, Rdn. 22.
[6] Vgl. dazu oben § 4, Rdn. 23 f.

Waren einzuwenden habe, wird ihn kaum dazu bewegen, seiner allgemeinen Unzufriedenheit über die zurückliegende Vertragsbeziehung mit der Gegenseite Ausdruck zu verleihen. Genau darin könnte aber der Schlüssel zur Beilegung des Streits liegen. Falsch ist auch die ergänzende, scheinbar der Beschleunigung dienende Frage, wie die Partei sich eventuell die Lösung des Konflikts vorstellen könnte. Die Lösungssuche gehört in eine spätere Phase der Mediation. Der Mediator weist darauf hin, dass jede Partei ihre einleitenden Erklärungen ohne Unterbrechungen durch ihn oder die andere Partei abgibt. Auftauchende Fragen oder Anmerkungen werden schriftlich notiert und später gestellt. In emotional geprägten Konflikten zitiert der Mediator noch einmal die getroffene Vereinbarung, wonach sich die Parteien um eine sachliche Wortwahl bemühen wollen. Es ist wesentlich einfacher, den Parteien diese Verhaltensregeln unmittelbar vor Beginn der Erklärung erneut in Erinnerung zu rufen, als später mit einem konkreten Anlass konfrontiert zu werden. Schließlich müssen die Teilnehmer entscheiden, wer mit seiner Konfliktdarstellung beginnt. In den meisten Fällen erhebt eine Partei eine Forderung gegen die andere Seite. Dort ist es naheliegend, mit dem Anspruchssteller zu beginnen.[7] Wo wechselseitige Ansprüche im Streit stehen, wie dies etwa bei zerstrittenen Gesellschaftern der Fall ist, bietet der Mediator alternative Lösungen an. Einem vernünftig begründeten Vorschlag des Mediators werden die Parteien folgen. Notfalls entscheidet das Los.

c) **Beispiel.** Ein Beispiel veranschaulicht das Vorgehen des Mediators: In   11 einem mittelständischen Familienunternehmen war ein heftiger Streit zwischen den beiden einzigen Gesellschaftern, Vater und Sohn, um die zukünftige Ausrichtung des Betriebs entbrannt. Beide Parteien warfen sich wechselseitig schwere Verfehlungen unter Einschluss strafrechtlicher Tatbestände vor. Der Streit eskalierte soweit, dass der Vater als Mehrheitsgesellschafter dem Sohn die Geschäftsführung entzog. Nach der ersten Mediationsphase leitet der Mediator mit folgenden Worten zu den Eröffnungserklärungen über:

> „Ich finde, dass wir mit der getroffenen Vereinbarung, wie die Verhandlungen in dieser für Sie beide schwierigen Situation geführt werden sollen, bereits einen ersten Erfolg erzielt haben. Ich möchte Ihnen daher vorschlagen, dass wir jetzt zur inhaltlichen Erörterung der Angelegenheit übergehen. Sind Sie damit einverstanden?
>
> Gut! Für den Beginn wäre es nach meiner Ansicht hilfreich, wenn jede Seite ihre Sichtweise des Konflikts im Zusammenhang vorstellt.

---

[7] Dies entspricht auch dem üblichen Ablauf in Gerichtsverhandlungen.

Aus Ihren vorbereitenden Schreiben, von denen die jeweils andere Seite eine Kopie besitzt, weiß ich bisher nur ganz oberflächlich, worum es hier geht. Es erscheint mir für das Verständnis aller Beteiligten daher wichtig, dass Sie, Herr X, und Sie, Herr Y, bei Ihrer jeweiligen Schilderung noch einmal ganz vorne anfangen. Können Sie beide einem solchen Verfahren zustimmen oder haben Sie Bedenken?

Nicht? Gut, dann werden wir entsprechend vorgehen! Ich bin mir dabei bewusst, dass es Ihnen beiden schwer fallen wird, die jeweils andere Darstellung ohne Unterbrechungen anzuhören. Wenn Sie keine Meinungsunterschiede hätten, säßen Sie beide nicht hier. Sicher werden Sie einige Male eingreifen wollen, weil Sie die Schilderung für falsch oder irreführend halten. Wir waren uns aber einig, dass es für diese Verhandlungen sinnvoll ist, wenn wir einander ohne Zwischenrufe ausreden lassen. Ich darf Sie daher beide bitten, Anmerkungen und Fragen zunächst zurückzuhalten und auf den vor Ihnen liegenden Notizblöcken zu notieren. Sie werden dann später die Gelegenheit haben, Ihre Einwände und Fragen vorzutragen.

Gut, dann müssen wir nur noch gemeinsam entscheiden, wer mit seiner Präsentation anfängt. Haben Sie einen Vorschlag? Nein. Dann möchte ich anregen, dass Sie, Herr X, beginnen, weil von Ihnen der erste Anstoß zu diesem Mediationsverfahren kam. Wir können aber auch gerne einen Losentscheid treffen, wenn Ihnen das lieber ist. Einverstanden, gut. Dann darf ich Sie, Herr X, bitten, den Anfang zu machen. Was bringt uns heute hier an den Verhandlungstisch? Was ist aus Ihrer Sicht passiert?"

---

12   Der Mediator hat mit dieser Erklärung alle wichtigen Aspekte angesprochen. Die Vereinbarungen im Verhandlungsvertrag waren ihm dabei eine Argumentationshilfe.[8] Es ist wichtig, die Parteien immer wieder persönlich anzusprechen und ihr Einverständnis für die einzelnen Punkte einzuholen. Indem der Mediator sich selbst durch Verwendung des Pronomens „wir" in die Überlegungen einbezieht, unterstreicht er die Gemeinsamkeit der Bemühungen. Bei seinen einführenden Worten hält der Mediator Augenkontakt mit beiden Parteien. Erst mit dem letzten Satz wendet er sich deutlich der Partei zu, die mit der Einführung beginnt.

13   **d) Zusammenhängende Darstellung durch die Partei.** Die Partei stellt den Konflikt nun zusammenhängend so dar, wie sie ihn sieht. Der Media-

---

[8] Zu dieser Funktion des Verhandlungsvertrages vgl. oben § 6, Rdn. 65.

tor greift in diesen Vortrag nicht ein, auch wenn erkennbar Irrelevantes[9] vorgetragen wird, oder die Darstellung unstrukturiert und schwer verständlich ist.[10] Auch auf klärende Zwischenfragen wird verzichtet.[11] Es ist wichtig, der Partei zu zeigen, dass man ihr zuhört. Über den Augenkontakt hinaus genügt dazu ein gelegentliches Nicken oder eine ganz kurze verbale Äußerung.[12] Dies ist noch nicht der Zeitpunkt, wo der Partei über die Technik des Aktiven Zuhörens[13] Verständnis signalisiert wird. Die Schwierigkeit für den Mediator liegt in dieser Phase darin, dass er konzentriert und aufnahmebereit bleiben muss, auch wenn ihn die parteiseitige Darstellung zu unmittelbaren Folgeüberlegungen reizt. Der juristisch vorgebildete Mediator neigt dazu, den Vortrag in rechtliche Schablonen einzuordnen und daraus bereits Rechtsfolgen als mögliche Lösungen abzuleiten.[14] Erfährt der Anwaltsmediator, dass der noch nicht erfüllte Grundstückskaufvertrag privatschriftlich geschlossen wurde, leitet er wegen der fehlenden notariellen Beurkundung daraus die Nichtigkeit der Vereinbarung ab und ordnet alle nachfolgenden Ausführungen zu Baumängeln und Zahlungsverzögerungen vor diesem Hintergrund ein. Die Aufmerksamkeit wird so frühzeitig fokussiert, obwohl die Mediation anstrebt, alle aus Sicht der Parteien streitrelevanten, also nicht nur die rechtlich bedeutsamen Aspekte in die spätere Diskussion einzubeziehen. Der Mediator hat auch die Aufgabe, die mitgeteilten Informationen gedanklich so festzuhalten, dass er diese Daten in die nachfolgende Verhandlung einbringen kann. Dabei darf er nicht nur nach den Streitpunkten suchen, sondern muss auch die von der Partei vorgetragenen Gemeinsamkeiten und positiven Aspekte in Erinnerung behalten.

e) **Zusammenfassung durch den Mediator.** Ist ein Teilnehmer mit seiner 14 Darstellung am Ende angelangt, fasst der Mediator die Kernpunkte des Vortrags noch einmal zusammen, wobei er seine schriftlichen Notizen zu Hilfe nimmt. Dann lässt er sich bestätigen, alles richtig und vollständig verstanden zu haben. Dabei ist es nur natürlich, dass bei dieser kurzen Zusammenfassung zahlreiche Aspekte unberücksichtigt bleiben. Für die

---

[9] Ob etwas wirklich irrelevant ist, lässt sich meist erst im Nachhinein sagen. Es ist ein Vorteil der Mediation gegenüber dem Gerichtsprozess, dass der Vortrag nicht sofort darauf untersucht werden muss, ob er sich unter ein Tatbestandsmerkmal subsumieren lässt.

[10] *Kovach,* Mediation, S. 87.

[11] *Kovach,* Mediation, S. 88.

[12] Etwa: „Mmhhh", „Ja", „Ach, so". In geschriebener Form mag dies lächerlich klingen, in der tatsächlichen Rolle als Zuhörer haben solche verbalen Äußerungen aber den gewünschten Effekt.

[13] *Kessen/Troja,* in: Handbuch Mediation, § 16, Rdn. 30 f. eingehend zu dieser Gesprächstechnik unten § 7, Rdn. 27 ff.

[14] Ähnlich *Friedrichsmeier,* in: Handbuch Mediation, § 21, Rdn. 11 f.

vortragende Partei signalisiert die Zusammenfassung aber, dass sie in ihren wichtigsten Aussagen verstanden worden ist. Mehr ist in diesem Stadium nicht erforderlich. Abschließend fragt der Mediator, ob die Partei noch etwas hinzufügen möchte oder ob nun die Gegenseite mit ihrer Darstellung beginnen kann.

15   **f) Anmerkungen des Parteianwalts.** Sind Parteianwälte in der Wirtschaftsmediation anwesend, verspüren diese meist den Drang, die Darstellung ihres Mandanten zu ergänzen, um rechtliche Aspekte anzureichern oder einzelne Punkte richtig zu stellen. Neben dem Wunsch, die eigene Anwesenheit während des Verfahrens zu rechtfertigen, liegt dies daran, dass auch die Anwälte das Gehörte unmittelbar rechtlich einordnen. Die Anwälte sind daher bemüht, den Vortrag ihres Mandanten so zu akzentuieren, dass sich eine vorteilhafte Rechtsfolge ergibt. Diese Rechtsfolge entspricht in der Regel der Position, mit der die Partei in die Verhandlung ging, weil der Anwalt seinen Mandanten zuvor über die Rechtslage und einen mutmaßlichen Richterspruch informiert hat. Der Mediator trägt dieser Situation Rechnung, indem er den Parteianwalt ausdrücklich fragt, ob er noch Anmerkungen zum Bericht seines Mandanten hat. Gleichzeitig bittet er darum, auf eine juristische Analyse zu verzichten, weil diese einer späteren Phase der Mediation vorbehalten bleiben soll. Auf diese Weise wird der Anwalt in die Verhandlung einbezogen.

16   **g) Fortsetzung des Verfahrens.** Nachdem eine Seite ihre Darstellung beendet hat, steht der Mediator vor der schwierigen Entscheidung, wie das Verfahren fortgesetzt werden soll.[15] Er kann damit beginnen, durch klärende Fragen und andere Gesprächstechniken mehr über die parteiseitige Sicht der Dinge zu erfahren. Er hat das Gehörte noch frisch in Erinnerung und könnte deshalb besonders zielgerichtet vorgehen. Oft drängen sich einzelne Nachfragen geradezu auf. Die – meist vorzugswürdige – Alternative ist es aber, zunächst die Gegenseite vortragen zu lassen. Auf diese Gelegenheit wartet die Gegenpartei nämlich in der Regel sehnsüchtig, nachdem sie zunächst tatenlos zuhören musste. Der zeitnahe Vergleich der wechselseitigen Darstellungen ermöglicht es dem Mediator zudem, erste Gemeinsamkeiten und Meinungsunterschiede zwischen beiden Sichtweisen festzustellen. Der Mediator sollte jeder Partei nach Beendigung des Vortrags den Eindruck vermitteln, dass ihrem Vortrag Relevanz zukommt. Gleichzeitig muss er der anderen Partei deutlich machen, dass er keine Kommentierung der gerade gehörten Aussage erwartet, sondern erneut eine vollständige Darstellung.[16] Dies kann er durch eine überleitende Bemerkung tun: „Vielen Dank für Ihre Darstellung, Herr X. Ich habe jetzt

---

[15] Vgl. dazu *Kovach*, Mediation, S. 109.
[16] *Kessen/Troja*, in: Handbuch Mediation, § 16, Rdn. 20.

ein erstes Bild davon, wie Sie den Konflikt sehen. Wir werden auf viele der von Ihnen genannten Aspekte noch im Detail eingehen. Ich habe mir entsprechende Notizen gemacht. Bevor wir dies tun, haben aber jetzt Sie, Herr Y, Gelegenheit, Ihre Sicht der Dinge darzulegen. Schildern Sie doch bitten noch einmal von Anfang an, wie dieser Konflikt Ihrer Meinung nach entstanden ist?"

3. Typische Probleme

In der Praxis verläuft der einführende Vortrag durch die Parteien selten   17
problemlos. Der Mediator muss steuernd eingreifen. Die nachfolgenden Schwierigkeiten tauchen immer wieder auf:

a) **Fehlendes Ausdrucksvermögen.** Anders als in der Familienmediation,   18
wo die Parteien sich in einer emotionalen Ausnahmesituation befinden, kommt es in Wirtschaftsmediationen selten vor, dass ein Teilnehmer sich nicht richtig artikulieren und seine Sicht der Dinge nicht im Zusammenhang darstellen kann. Durch den vorangegangenen schriftlichen Hinweis weiß jeder Teilnehmer, dass er eine entsprechende Schilderung abgeben soll und hat sich entsprechend vorbereitet. Das Problem des ungeordneten, nicht verständlichen Vortrags taucht in der Wirtschaftsmediation daher vor allem dann auf, wenn eine Partei von dem Konflikt auch persönlich stark betroffen ist, wie dies in Erbengemeinschaften oder Familienunternehmen der Fall sein kann. Der Mediator wartet zunächst ab, ob es sich nur um eine anfängliche Nervosität handelt. Bessert sich die Situation nicht, muss er eingreifen. Der Mediator tut dies, indem er dem Teilnehmer hilft, seinen Vortrag zu strukturieren. Dazu unterbreitet er konkrete Vorschläge. Die einfachste Struktur ist die Chronologie der Ereignisse. Der Teilnehmer soll der Reihe nach erzählen, was passiert ist. Verlässt er diese Linie und gerät er wieder in das Fahrwasser eines ungeordneten Vortrags, greift der Mediator ebenso behutsam wie bestimmt ein: „Ja, das ist sicher ein wichtiger Punkt. Damit wir Sie noch besser verstehen, würde ich gerne etwas über die dazwischen liegende Zeit erfahren. Was passierte, nachdem ...". Wenn der Mediator den Konflikt umrissartig aus den schriftlichen Vorinformationen kennt, kann er auch eine andere Struktur des Vortrags vorschlagen. Nur im Extremfall übernimmt der Mediator ganz die Kontrolle des Kommunikationsflusses, indem er den Vortrag durch Fragen steuert. Dieses Vorgehen hat aber den Nachteil, dass möglicherweise wichtige, streitrelevante Aspekte unerwähnt bleiben. Durch eine offene Formulierung der Fragen[17] räumt der Mediator breiten Beantwortungsspielraum ein und versucht, so bald wie möglich zum freien Vortrag der Partei zurückzukehren.

---

[17] Zu verschiedenen Fragetechniken vgl. unten § 7, Rdn. 54 ff.

19   b) Unangemessener Sprachgebrauch. In emotional gefärbten Konflikten
kommt es vor, dass sich die vortragende Seite in Rage redet, was schließlich zu verbalen Entgleisungen führt. Das unterscheidet die Mediation
vom Gerichtsverfahren, wo das geschliffene (und oft unverständliche) Juristendeutsch der Anwälte dominiert. In einem gewissen Umfang lässt der
Mediator Kraftausdrücke unbeanstandet. Die Eröffnungserklärung ist die
Gelegenheit, Emotionen wie Wut oder Enttäuschung herauszulassen.[18]
Wenn eine Seite von „Schweinereien" oder „unsauberen Machenschaften"
spricht, erfordert dies nicht unbedingt die Intervention des Mediators. Für
diesen ist es wichtiger, auf die Reaktion der zuhörenden Partei zu achten.
Solange diese trotz des unangemessenen Sprachgebrauchs oder offener
Beleidigungen weiter um ein Verständnis des Gehörten bemüht ist, ist der
Zweck dieser Mediationsphase nicht gefährdet. Ein Problem entsteht,
wenn persönliche Angriffe im ursprünglichen Sinne des Wortes eine Reaktion auslösen. Eine Beleidigung nehmen wir stärker wahr als die gleichzeitig mitgeteilte Aussage. Der Zuhörer wird dann selber wütend, oder er
zieht sich, persönlich betroffen, in eine passiv-resignative Haltung zurück
und schenkt den weiteren Ausführungen des Sprechers keine Beachtung
mehr. Auf diese Weise diskreditiert eine unsachliche Wortwahl die dahinter stehende Aussage. Die Mediation will aber erreichen, dass die subjektive Konflikteinschätzung einer Partei von der Gegenseite inhaltlich verstanden (nicht: „gebilligt") wird. Wenn dieses Ziel durch die Wortwahl
des Sprechers gefährdet wird, interveniert der Mediator sofort.

20   Eine erste Hemmschwelle, in einen unsachlichen Sprachgebrauch zu
verfallen, stellen die Gesprächsregeln im Verhandlungsvertrag dar.[19] Hierauf hat der Mediator die Parteien in seinen einleitenden Worten vor den
Eröffnungsstatements noch einmal hingewiesen.[20] Kommt es dennoch zu
sprachlichen Entgleisungen, ist der tadelnde Hinweis auf diese Gesprächsregeln die nahe liegende Reaktion. Dann kommt sich die Partei aber nur
wie ein ertappter Sünder vor, was ihre Kooperationsbereitschaft gefährdet.
Sinnvoller ist es daher, wenn der Mediator zunächst versucht, der Partei
durch ein Umformulieren der Aussage zu veranschaulichen, dass der gleiche Inhalt auch sachlich vermittelt werden kann. Aus einem „rücksichts-
losen Idioten, der seinen Führerschein im Lotto gewonnen hat, und der
durch sein unverschämtes Überholmanöver den Unfall förmlich erzwungen hat" wird in den Worten des intervenierenden Mediators: „Wenn ich Sie
richtig verstanden habe, glauben Sie, dass Herr X den Unfall durch einen
Fahrfehler verursacht hat." Diese neutrale Wiedergabe kühlt die Emotionen
ab und macht dem Sprecher auf subtile Weise klar, dass er sich in seiner

---

[18] *Kovach*, S. 88.
[19] Vgl. oben § 6, Rdn. 48.
[20] Vgl. oben § 6, Rdn. 6.

Wortwahl vergriffen hat. Der Mediator kann den in der Umformulierung liegenden Hinweis unterstreichen, indem er seine Hand auf den vor ihm liegenden Verhandlungsvertrag legt oder sich einer entsprechenden Mimik bedient. Ein ausdrückliches Abstellen auf die vereinbarten Gesprächsregeln ist dann entbehrlich. Ähnlich effektiv ist es, wenn der Mediator auf förmlich herausgebrüllte Äußerungen bewusst mit einem sehr leisen Tonfall reagiert, weil so die Diskrepanz zwischen tatsächlich benutzter und notwendiger Lautstärke deutlich wird. Wirksam, aber nicht ungefährlich, ist auch die Bitte des Mediators an die Partei, eine beleidigende Aussage zu wiederholen, weil man sie akustisch nicht verstanden habe. Der Partei wird dann regelmäßig bewusst, was sie in ihrem Emotionsausbruch gesagt hat, und nimmt sich künftig zurück. Es ist uns in der Regel peinlich, Beleidigungen zu wiederholen, wenn wir zuvor Zeit zum Nachdenken hatten. Die Gefahr dieser Technik besteht darin, dass sich der Sprecher ungerührt wiederholt und die Gegenseite nur noch mehr schockiert.

Diese weichen Steuerungsmöglichkeiten reichen freilich nicht immer **21** aus. Notfalls muss der Mediator durchgreifen, ohne eine Seite zu sehr zu brüskieren: „Ich verstehe, dass Sie dieser Streit sehr aufregt. Auch ist es normal, dass zwischen Ihnen große Meinungsunterschiede bestehen, sonst säßen wir nicht hier. Wir hatten uns aber geeinigt, dass wir trotz aller Schwierigkeiten die sachliche Wortwahl bevorzugen und auf Beleidigungen verzichten, so schwer dies bei aller verständlichen Emotion auch manchmal fallen mag. Sie hatten mich beide gebeten, auf die Einhaltung dieser Spielregeln zu achten. Glauben Sie, dass Sie in diesem Sinne weiterreden können, oder sollen wir die Verhandlung für eine Viertelstunde unterbrechen, damit unsere Emotionen abkühlen und wir uns Gedanken über das weitere Vorgehen machen können?" Indem der Mediator die Partei zwischen zwei Vorgehensalternativen wählen lässt, fühlt sich diese trotz der offen gerügten Verletzung der Gesprächsregeln nicht brüskiert. Der Vorschlag, die Verhandlung zu unterbrechen, ist für eine Abkühlung von Emotionen oft sinnvoll. Im seltenen Extremfall bleibt dem Mediator nichts anderes übrig, als einen sachlichen Gesprächston mit der Drohung zu erzwingen, die Mediation abzubrechen: „Ich muss Ihnen ehrlich sagen, dass ich auf Grund Ihrer verbalen Attacken nicht in der Lage bin, mich auf den Inhalt Ihrer Aussagen zu konzentrieren. Ich glaube deshalb nicht, dass ich Ihnen als Mediator in dieser Mediation wirklich helfen kann, wenn sich unser Umgangston nicht ändert. Ich schlage Ihnen deswegen vor, dass wir uns darüber Gedanken machen, das Verfahren abzubrechen. Was halten Sie davon?" Die Drohung ist unüberhörbar. Die Parteien können die Mediation gesichtswahrend fortsetzen. Weil der Mediator seine Kritik als „Ich-Botschaften"[21] formuliert hat, kann sich die Partei dem

---

[21] Ausführlicher dazu unten § 7, Rdn. 136.

Wunsch des Mediators kaum widersetzen: Wie ein Dritter die eigenen Worte begreift, darüber lässt sich nicht diskutieren. Eine direkte Kritik an der eigenen Wortwahl hätte man einfach zurückweisen können.

22   **c) Unterbrechungen.** Das Spiegelbild zum unangemessenen Sprachgebrauch der vortragenden Seite ist die Unterbrechung des Vortrags durch die zuhörende Partei. Der Mediator muss hier ähnlich reagieren, indem er Verständnis für die unterbrechende Partei zeigt und sie auf die Möglichkeit einer ausführlichen Gegenäußerung hinweist, sobald sie an der Reihe.[22] Notfalls verweist er auf die vereinbarten Gesprächsregeln und fragt, ob man über diese nochmals reden soll. Unterbrechungen kommen bei den Eingangsstatements seltener vor, als bei dem anschließenden Gespräch des Mediators mit der Partei. In diesem Zusammenhang werden die Reaktionsmöglichkeiten des Mediators auf Unterbrechungen ausführlich erörtert.[23]

23   **d) Notizen des Mediators.** In komplexen Streitigkeiten reicht bloßes Zuhören nicht aus, um die vermittelte Information im Bewusstsein der Teilnehmer zu verankern und für spätere Verhandlungsphasen verfügbar zu halten. Die Aufnahmefähigkeit des menschlichen Gedächtnisses ist begrenzt.[24] Je mehr Informationen es gibt, desto eher besteht die Wahrscheinlichkeit, dass die Parteien und der Mediator wichtige Einzelheiten vergessen. Diese Gefahr erhöht sich, wenn zwischen den Verhandlungsrunden viel Zeit vergeht. Es ist eine der Kernaufgaben des Mediators, den Gesprächsfluss zu organisieren und Informationen festzuhalten. Die in den Konflikt involvierten Parteien denken an diese Aufgabe nicht. Der einfachste Weg der Datenorganisation, das Gespräch auf Ton- oder Videoband aufzunehmen und später zu exzerpieren, verbietet sich für den Mediator. Dies würde die Parteien befangen machen und die Gesprächsbereitschaft hemmen.[25] Die Parteien würden zudem den Eindruck gewinnen, die Vertraulichkeit der Mediation sei gefährdet.[26] Dem Mediator bleibt daher nichts anderes übrig, als sich schriftliche Notizen zu machen. Das wiederum wirft zwei Probleme auf: Zum einen lenkt es die Aufmerksamkeit des Mediators von seiner Rolle als Zuhörer ab, denn es ist fast unmöglich, gleichzeitig zuzuhören und mitzuschreiben.[27] Zum anderen stört es auch die Aufmerksamkeit der Parteien, die den Mediator beim

---

[22] Vgl. dazu schon oben § 6, Rdn. 65.

[23] Vgl. unten § 7, Rdn. 49.

[24] Anschaulich zur menschlichen „Hardware" der Informationsverarbeitung: *Haft*, Verhandeln, S. 39 ff.

[25] Dies ist auch der wichtigste Grund, warum Ton- und Bildaufnahmen in Gerichtsverhandlungen verboten sind, vgl. § 169 S. 2 GVG.

[26] *Kovach*, S. 36.

[27] *Heussen*, in: Handbuch Mediation, § 13, Rdn. 48.

Schreiben beobachten und Wertungen daraus ziehen. Sie argwöhnen, was der Mediator wohl notieren mag, und glauben, dass sie etwas besonders Wichtiges gesagt haben, wenn sich der Mediator Notizen macht. Auf dieses Detail kommen sie dann immer wieder zurück. Von einem heimlichen Schielen auf den Notizblock versprechen die Kontrahenten sich, vorab zu erfahren, wie der Mediator den Konflikt einschätzt.

Der Mediator reagiert auf dieses Dilemma mit größtmöglicher Transpa- 24 renz. Zu Beginn des Gesprächs holt er die Zustimmung der Parteien für das Anfertigen von Notizen ein: „Wenn es Ihnen recht ist, werde ich mir Notizen machen, damit wir später nichts vergessen." Es ist sinnvoll, dass sich der Mediator nach größeren Sachverhaltsabschnitten gesondert Zeit für die Notizen nimmt und nicht versucht, gleichzeitig weiter zuzuhören. Auch dies macht er den Parteien bekannt: „So, nachdem Sie mir die Korrektheit meiner Zusammenfassung zu diesem Komplex bestätigt haben, will ich dies kurz aufschreiben." Um den Parteien jede Neugier zu nehmen, sprechen viele Mediatoren den Text während des Schreibens laut mit. Andere beziehen den Sprecher in die Formulierung der Notizen mit ein. Gleichzeitig macht der Mediator deutlich, dass die Parteien Einblick in alle Notizen haben: „Wir können später meinen Zettel durchgehen, ob ich alles richtig erfasst habe." Wenn der Mediator sich dagegen eigene Notizen für den weiteren Mediationsablauf machen oder eine erste Einschätzung festhalten will, sollte er dies in den Verhandlungspausen tun, wenn die Parteien nicht anwesend sind. Darüber hinaus sollte der Mediator klarstellen, dass es sich bei den Notizen nicht um ein Verfahrensprotokoll handelt, von dem die Parteien eine Abschrift erhalten.

Erfahrene Mediatoren verfügen über ein System, wie sie Informationen 25 schriftlich verarbeiten, um deren Aussagekraft später zuverlässig und schnell ermitteln zu können. Ein einfaches System ist etwa, das Blatt in drei Teile aufzuteilen. Auf der oberen Blatthälfte vermerkt der Mediator die unstrittigen Angaben zum Sachverhalt. Die untere Blatthälfte teilt er durch einen senkrechten Strich in zwei Teile, auf denen er die strittigen Behauptungen beider Seiten notiert. Damit geht allerdings die Gefahr einher, dass der Mediator zu viel Zeit und Konzentration auf die Einordnung der Angaben in eine der Kategorien verwendet. Es spricht auch nichts dagegen, Zuordnungen gemeinsam mit den Parteien vorzunehmen. In einfach gelagerten Konflikten kann es möglich sein, die Angaben auf Karteikarten oder Folien gleich so festzuhalten, dass sie in einer späteren Mediationsphase ohne weitere Aufbereitung verwendet werden können. Das erfordert viel Übung. Im Zweifel ist der Zeitaufwand für ein schrittweises und damit langsameres Vorgehen gut investiert.

e) **Mehrparteienkonflikte.** Bisweilen versammeln sich mehr als zwei 26 Konfliktparteien um den Verhandlungstisch. Neben dem potentiellen Schädiger kann etwa auch dessen Haftpflichtversicherung an der Mediation teilnehmen. Eine zerstrittene Erbengemeinschaft kann viele Mitglieder haben. Oft lassen sich die Teilnehmer dabei in gemeinsame Lager einordnen, etwa den Schädiger und dessen Versicherung. Es ist gleichwohl wichtig, dass jede teilnehmende Partei – nicht unbedingt jeder Teilnehmer[28] – unabhängig von ihrer Gruppenzugehörigkeit ein eigenes Eröffnungsstatement abgeben darf. Zum einen erwartet die Partei dies und sie sollte auf dieses Recht auch nicht vollständig verzichten. Zumindest muss die Partei klarstellen, dass sie sich ihrem Vorredner voll und ganz anschließt. Nur durch diese ausdrückliche Identifikation fühlt sie sich auch später an die bestätigte Darstellung gebunden. Oft stimmen aber auch die Interessen der Gruppenmitglieder nur scheinbar vollständig überein. Schädiger und Versicherung wollen den Anspruch abwehren, aber nur der Schädiger kann das Bekanntwerden des Unfallhergangs fürchten, während die Versicherung auf Regressmöglichkeiten gegen den Schädiger nach Auszahlung der Versicherung spekulieren mag. Nur wenn alle Interessen in der Mediation offengelegt werden, ist später eine interessengerechte Einigung möglich.

IV. Die Technik des Aktiven Zuhörens

27   Wenn die Parteien ihre Eingangserklärungen beendet haben, ist der Sachverhalt noch nicht genügend aufbereitet, um Einigungsgespräche zu führen. Der Mediator setzt deshalb Mediationstechniken ein, um den Sachverhalt weiter aufzuklären. Das „Aktive Zuhören" nimmt dabei eine Schlüsselfunktion ein. Diese Technik wird vor allem im Rahmen der Informationserhebung sowie bei der Ermittlung der Parteiinteressen genutzt. Der Mediator kann sie aber in allen Verfahrensabschnitten der Mediation sinnvoll einsetzen. Der breite Anwendungsbereich signalisiert die Bedeutung des Aktiven Zuhörens. Die Beherrschung dieser Technik ist für einen Mediator unerlässlich.

1. Praktische Anwendung

28   Aktives Zuhören besteht grundsätzlich darin, dass der Zuhörer die Aussage des Sprechers wiedergibt. Je nachdem, ob der Zuhörer sich dabei auf den unmittelbaren Inhalt des Gehörten beschränkt oder auch die nonverbale Kommunikation des Sprechers einbezieht, lässt sich zwischen Paraphrasieren und Verbalisieren unterscheiden.

29   **a) Paraphrasieren.** Die praktische Durchführung dieser Gesprächstechnik klingt einfach: Der Mediator spricht zunächst nur mit einer Partei. Die

---

[28] Wenn eine Partei mit einer ganzen Verhandlungsdelegation anreist, muss sie aus Gründen der Verfahrenseffizienz einen Sprecher bestimmen.

andere Partei bleibt anwesend, sagte aber zu, dieses Gespräch nicht zu unterbrechen. Der Mediator wendet sich ausschließlich seinem Gesprächspartner zu und hält fortan nur mit diesem Augenkontakt. Er beginnt mit einer kurzen Eingangsfrage, die auf das Eröffnungsstatement der Partei Bezug nimmt: „Ihr Eröffnungsstatement haben Sie damit begonnen, dass … Können Sie mir das nochmals erläutern?" Danach beschränkt sich der Mediator darauf, die Äußerungen der Partei in relativ kurzen Abständen zusammenzufassen, um sich in einem zweiten Schritt seine richtige und vollständige Wiederholung bestätigen zu lassen. Hierbei helfen Wendungen wie „Habe ich Sie richtig verstanden, dass …" oder „Sie haben also …". Der Mediator darf eine eigene Wortwahl verwenden, das Gehörte aber nicht spekulativ ausdeuten oder inhaltlich etwas hinzufügen.[29] Der Begriff des Aktiven Zuhörens signalisiert, dass sich der Mediator nicht auf die passive Rolle des reinen Zuhörens, also auf die akustische Wahrnehmung, beschränkt. Er ist vielmehr insoweit aktiv, als er den Sprechenden durch seine Äußerungen ermuntert, sich vollständig zu erklären und seine Gedanken weiterzuführen. Darüber hinaus enthalten die Rückäußerungen des Mediators keine eigene Meinung, wie etwa Billigung oder Kritik. Sie zeigen zunächst nur, dass der Mediator die Partei inhaltlich verstanden hat. Durch die Wiederholung soll die subjektive Vorstellungswelt der Partei in den Mittelpunkt gerückt werden, nicht eine vom Mediator vorschnell abgeleitete objektive Wahrheit. Synonyme für den Begriff des „Paraphrasieren" sind „Spiegeln" oder „Looping". Besonders der Ausdruck „Looping" veranschaulicht diese Technik: Der „Loop" (engl. Schlaufe) beginnt, wenn die Partei eine Mitteilung an den Mediator sendet. Bildlich kann man dies mit dem Zuwerfen eines Wollknäuls vergleichen, wobei der Werfende das lose Ende in der Hand behält. Der Mediator nimmt die Aussage auf, wiederholt sie und wirft das „Wollknäul" an den Sprecher zurück. Dieser wiederum verknotet die losen Enden zu einer Schleife, wenn er die richtige und vollständige Wiedergabe durch den Mediator bestätigt. Erst jetzt kann mit der nächsten Aussage die Unterhaltung fortgeführt werden, die nächste Schleife entsteht. Diese Struktur wird während des gesamten Gesprächs beibehalten. Erst ganz am Schluss des Gesprächs stellt der Mediator klärende Nachfragen, wenn er etwas nicht verstanden hat oder wenn sich zwischenzeitlich Unklarheiten ergeben haben.

b) Verbalisieren. Die Technik des Verbalisierens geht einen Schritt weiter als das Paraphrasieren. Der Mediator achtet während des Sprechvorgangs nicht nur auf den Inhalt der Aussage, sondern auch auf die Art und   30

---

[29] Zu den „Regeln" des Paraphrasierens vgl. auch *Kessen/Troja,* in: Handbuch Mediation, § 16, Rdn. 30 f.

Weise der Schilderung. Wortwahl, Sprechtempo und Körperhaltung transportieren Botschaften, die erkannt werden wollen.[30] Sie deuten auf die Gefühlslage und Motivation der Partei hin, also auf Faktoren, die für die Lösung des Konflikts bedeutsam sind. So mag etwa eine Partei äußern: „Zwanzig Jahre haben wir das Unternehmen zusammen aufgebaut. Nie gab es Ärger. Und jetzt plötzlich diese unverschämten Anschuldigungen gegen meine Person!" In dieser Erklärung schwingt deutlich die Enttäuschung und die Verärgerung des Sprechers mit, dass es zu dem Konflikt überhaupt gekommen ist. Diese zwischen den Zeilen stehende Aussage fasst der Mediator in Worte und lässt sich die Richtigkeit seiner Interpretation bestätigen: „Sie sind also enttäuscht, dass Ihnen Herr X nach langjähriger und vertrauensvoller Zusammenarbeit diese Vorwürfe macht, die Sie für unberechtigt halten?" Bejaht die Partei dies, ist die Anschlussfrage möglich: „Es ärgert Sie, dass er Ihnen so etwas überhaupt zutraut." Bestätigt die Partei diese Zusammenfassung als richtig, ist ihre zunächst nicht greifbare Gefühlslage in die Verhandlung eingeführt. Sie kann später ein wichtiges Element für die Einigung werden. Verärgerung etwa lässt sich relativ leicht durch eine Entschuldigung ausräumen, ohne dass dem Kontrahenten dadurch ein großes Opfer abverlangt würde. Die isolierte Wahrnehmung und Interpretation nonverbaler Botschaften ist fehleranfällig; oft kommt es zu tragischen Missverständnisse und Fehlinterpretationen. Die Technik des Verbalisierens beugt dem vor, indem Gefühle in Worte umgesetzt werden. Die Partei kann die Wahrnehmung des Zuhörers dann als richtig bestätigen oder als falsch entlarven.

2. Gründe und Ziele

31   Die Empfehlung, eine Äußerung schlicht zu wiederholen, klingt wie eine Kinderei, die durch den kunstvollen Begriff des Aktiven Zuhörens notdürftig verbrämt wird. Ein Nutzeffekt ist auf Anhieb nicht erkennbar. Tatsächlich ist diese Technik für alle am Mediationsverfahren beteiligten Parteien wertvoll, bisweilen wird sie gar als die Schlüsseltechnik überhaupt bezeichnet.[31] Mit dem Aktiven Zuhören sind verschiedene Vorteile verbunden, die den Zeitaufwand, der mit der Wiederholung der Aussagen verbunden ist,[32] rechtfertigen. Ein Mediator, der sich der Technik des Aktiven Zuhörens bedient, verfolgt damit die folgenden Ziele:

---

[30] „Jede Körperbewegung sagt etwas, und zwar in einer Sprache, die man nicht zu lernen braucht und die jeder versteht ..." (Michel de Montaigne). So richtig das ist, so gefährlich ist doch auch die Deutung von nonverbalen Signalen. Die Gefahr für Fehldeutungen ist außergewöhnlich hoch, wenn man sich die Richtigkeit seiner Interpretation nicht bestätigen lässt.

[31] *Kessen/Troja*, in: Handbuch Mediation, § 16, Rdn. 30.

[32] Kritisch deshalb *Kovach*, Mediation, S. 109.

a) **Herstellen von Transparenz.** Viele Verhandlungen scheitern, weil die 32 Parteien den streitrelevanten Sachverhalt und die Ansichten der Gegenseite zwar zu kennen glauben, tatsächlich aber nicht kennen. Solche Missverständnisse lassen sich nur durch transparente Darstellungen beseitigen.[33] In Stresssituationen wie einem Konflikt sind die Kontrahenten aufgeregt und nervös. Sie drücken sich oft unglücklich aus. Sie formulieren aus dem eigenen subjektiven Erfahrungshorizont heraus, der sich vom Empfängerhorizont des Adressaten unterscheidet.[34] Hören ist nicht gleich Verstehen. Das als Gruß an einen Freund gemeinte Winken wird auf einer Versteigerung als Abgabe eines Angebots verstanden.[35] Verbale Äußerungen können falsch interpretiert werden. Die Technik des Aktiven Zuhörens wirkt solchen Kommunikationsdefiziten über die Kontrollfrage des Mediators, ob er die Aussage richtig verstanden habe, entgegen. Wenn eine Seite sagt, sie fühle sich betrogen, kann dies der Vorwurf an die Gegenseite sein, sie habe sich kriminell verhalten. Es kann aber auch sein, dass die Partei damit nur ihre Unzufriedenheit über das damalige Verhalten ihres Gegenübers zum Ausdruck bringen möchte. Für den Fortgang des Verfahrens ist die Klärung dieser Frage erheblich. Der Mediator wird fragen, ob er es richtig verstanden habe, dass die Partei glaube, ihr Kontrahent habe sie belogen. Wird die Frage verneint, bittet der Mediator um Klarstellung: „Da habe ich Sie falsch verstanden; was meinen Sie wirklich?" Wird die Frage bejaht, erläutert die Partei ihre Behauptung: „Ja, denn ...". Bestätigt der Sprecher die Zusammenfassung des Mediators nur vage als richtig: „Ja, so ungefähr ...", fragt der Mediator nach: „Ich möchte Sie vollständig richtig verstehen. Bitte erklären Sie mir doch, wo ich Sie richtig und wo falsch verstanden habe." Auf diese Weise wird geklärt, wie eine Partei den streitgegenständlichen Sachverhalt wirklich sieht. Die verifizierte Information bezieht sich natürlich nur auf die parteiseitige Wahrnehmung, nicht auf die objektive Wirklichkeit, hier also auf die Frage, ob tatsächlich ein strafrechtlicher Betrug vorliegt.

Ebenso wichtig wie das richtige Verständnis ist es, dass eine Partei ihre 33 Sicht der Dinge vollständig wiedergibt. Wenn eine Partei das Gefühl hat, dass ihr zugehört wird, wird sie gleichzeitig ermutigt, weiter zu erzählen.[36] Das Feedback des Mediators zeigt ihr, dass ihre Darstellung einen Effekt hat, also nicht sinnlos ist. Auf diese Weise kommen Informationen ans

---

[33] Vgl. oben § 2, Rdn. 77 ff.

[34] „Unsere Sprache, wie alles übrige, hat Schwächen und Fehler; die meisten Missverständnisse auf Erden beruhen auf sprachlichen Missverständnissen ..." (Michel de Montaigne).

[35] So der unter Juristen bekannte Schulfall der „Trierer Weinversteigerung", in der ein Teilnehmer einem Freund zuwinkt und durch dieses „Handzeichen" sogleich den Zuschlag erhält.

[36] *Kovach*, Mediation, S. 33.

Tageslicht, denen die Partei zunächst keine oder nur eine untergeordnete Bedeutung beigemessen hatte. Bei der Gegenseite können aber gerade solche Angaben den „Wenn-ich-das-gewusst-hätte"-Effekt auslösen und so zur Streitbeilegung beitragen. Bruchstückhafte Informationen führen zu Missverständnissen. Der zunächst bejahte Vorwurf des Betruges klärt sich auf, wenn die Partei zur Begründung näher ausführt, die Gegenseite als Autohaus hätte vor Verkauf des Gebrauchtwagens den Motorschaden feststellen und ihr als Käuferin offenbaren müssen. Für eine Fachfirma sei die unterbliebene Untersuchung „kriminell fahrlässig". Die erklärende Partei hat hier offenbar ein anderes Verständnis vom Begriff des Betrugs als der juristisch vorgebildete Zuhörer. Die vollständige Darstellung verhindert so Missverständnisse, die einer Einigung entgegenstehen.

34   Die Transparenz des Konflikts, die durch die Technik des Aktiven Zuhörens angestrebt wird, ist für den Fortgang der Mediation von entscheidender Bedeutung. Erst die mitgeteilten Informationen erlauben die Definition des eigentlichen Konflikts. Die Gegenüberstellung beider Darstellungen ermöglicht es herauszufinden, worin die Parteien übereinstimmen und worin nicht. Der verbleibende Klärungsbedarf und die widerstreitenden Interessen werden ermittelt. Gleichzeitig erweist sich der Konflikt durch die vollständige Darstellung häufig als komplexer, als dies die Ausgangspositionen der Parteien zunächst vermuten ließen. In dieser Komplexität liegt eine Chance zur gütlichen Streitbeilegung. Schließlich erlangt der Mediator durch die parteiseitigen Darstellungen die notwendige detaillierte Kenntnis des Konflikts, die er für eine sinnvolle weitere Steuerung der Verhandlung benötigt.

35   **b) Das Gefühl, verstanden zu werden.** In der vortragenden Partei entsteht durch das Aktive Zuhören des Mediators das Gefühl, wirklich verstanden und ernst genommen zu werden.[37] Für konfliktunerfahrene Parteien ist dies eine Schlüsselerfahrung.[38] In der vorangegangenen bilateralen Verhandlung mit der Gegenseite haben sie genau dieses Verständnis vermisst, weil dort nur ein polarisierender Austausch von Argument und Gegenargument erfolgt war. Die Parteien hatten sich dort zwar bemüht, ihre eigene Position überzeugend darzulegen, nicht aber die Position der Gegenseite zu verstehen und nachzuvollziehen. Dieses Verhaltensmuster durchbricht der Mediator durch Aktives Zuhören. Die Partei bekommt Gelegenheit, ihre Sicht der Dinge im Zusammenhang darzustellen. Durch den Mediator erhält sie das Feedback, dass ihre Sicht der Dinge tatsäch-

---

[37] *Moore*, Mediation Process, S. 165.
[38] Vgl. *Fisher/Ury/Patton*, Das Harvard-Konzept, S. 61: „Das einfachste Zugeständnis anderen gegenüber besteht darin, sie wissen zu lassen, dass man ihnen zuhört."

lich zur Kenntnis genommen wird und für die Konfliktlösung wichtig ist. Auf diese Gelegenheit hat die Partei oft sehnsüchtig gewartet. Die Amerikaner bringen das Gefühl mit der Formulierung, jede Partei brauche „its day in court", also ihre eigene Zeit vor dem Richter, plastisch zum Ausdruck, auch wenn die Verbindung zum Gericht für ein Verfahren der alternativen Streitbeilegung seltsam erscheint. Es kommt der Partei aber zunächst darauf an, dass sich ein neutraler Dritter – egal, ob Richter oder Mediator – ihre Geschichte anhört.

Das Gefühl, verstanden und ernst genommen zu werden, ist deshalb so **36** wichtig, weil die Partei Vertrauen in das Verfahren der Mediation und die Gesprächsleitung durch den Mediator gewinnt.[39] Sie hat Gelegenheit und Zeit, ihren Standpunkt zu verdeutlichen. Weder vom Mediator noch der Gegenseite wird sie in eine Ecke gedrängt. Dieses Vertrauen führt zu konstruktiver weiterer Mitarbeit. Die Partei gewinnt Zutrauen in die eigene Verhandlungsstärke und ihre Fähigkeit, an der Mediation zum eigenen Vorteil teilzunehmen.[40] Dieses Gefühl ist ungewohnt, entledigt man sich doch sonst nach gescheiterten Verhandlungen jeder unmittelbaren Verantwortung für die Beilegung des Konfliktes, indem man die Entscheidung auf einen Dritten, den Richter, delegiert.

c) **Verfahrenskontrolle des Mediators.** Durch die Technik des Aktiven **37** Zuhörens erlangt der Mediator die Kontrolle des Verfahrens. Er beherrscht die Kommunikation, indem er die in Verhandlungen übliche unmittelbare Diskussion zwischen den Parteien zunächst verhindert und dann steuert. Das Gespräch verläuft über den Mediator, der als Kommunikationsbrücke dient. Auf diese Weise kann er jeder Seite die Zeit einräumen, welche diese für ihre Darstellung benötigt. Das Aktive Zuhören ermöglicht es dem Mediator, jeden Sachverhaltskomplex schrittweise anzugehen und strukturiert abzuhandeln. Die für die Informationserhebung gefährliche[41] Eigendynamik von Verhandlungen, wo ein Wort das andere

---

[39] *Ponschab/Schweizer,* Kooperation statt Konfrontation, S. 122 ff., führen den Vertrauensgewinn auf die Synchronisierung des Verhaltens von Sprecher und Zuhörer zurück, die über die Wortwiedergabe hinaus auch das äußere Verhalten erfassen kann, etwa die Übernahme der Sitzhaltung des Gesprächspartners. Inhaltlich entspricht das dem NLP-Konzept des „pacing"; vgl. oben § 1, Rdn. 62.

[40] *Bush/Folger,* Promise of Mediation, S. 139 ff. und passim, halten diesen Aspekt als „Empowerment" einer Partei für den wesentlichen Erfolgsfaktor der Mediation überhaupt. Die Forschungen von *Bush/Folger* beziehen sich aber auf Nachbarschaftskonflikte und auf Scheidungen, woran häufig konfliktunerfahrene oder konfliktscheue Parteien teilnehmen. Für die Wirtschaftsmediation scheint diese Ansicht kaum zuzutreffen.

[41] In der Verhandlungs- oder Problemlösungsphase ist diese Eigendynamik dagegen ein wichtiger Bestandteil der Mediation, die der Mediator deshalb selbst initiiert und fördert, vgl. unten § 9, Rdn. 20.

gibt und man von „Hölzchen auf Stöckchen" kommt, bringt der Mediator so unter Kontrolle.

38   In bilateralen Verhandlungen ist eine Seite oft dominant; sie nimmt die Verfahrenskontrolle und die meiste Gesprächszeit in Anspruch. Besonders häufig ist das im Vorfeld einer Scheidungsmediation zwischen zerstrittenen Ehegatten zu beobachten. Auch in der wirtschaftlichen Verhandlung tauchen solche Situationen auf und gefährden den Verhandlungserfolg. Deshalb ersetzt der Mediator die durch Eigeninteressen bestimmte Verfahrensgestaltung einer Partei durch das neutrale Verhandlungsmodell der Mediation. Zudem entsteht in der Wirtschaftsmediation oft das Problem, dass die teilnehmenden Parteianwälte versuchen, für ihren Mandanten zu sprechen und dessen Äußerungen zu interpretieren: „Was mein Mandant damit sagen will, ist …". Diese Rolle sind sie als Prozessvertreter vor Gericht gewohnt. Für den Erfolg der Mediation ist aber wichtig, dass die Partei ihre eigene Sichtweise selbst schildert. Sie ist dafür in einer besseren, weil informierteren Position als ihr Anwalt. Schließlich ist es auch die Partei, die sich abschließend für oder gegen eine Einigung entscheiden muss, nicht ihr Anwalt. Hinzu kommt, dass auch die Anwälte ihre Mandanten nicht immer richtig interpretieren. Die direkte Darstellung durch die Partei ist dagegen authentisch. Es ist von daher besser, wenn das Gespräch zunächst nur zwischen dem Mediator und der Partei stattfindet und alle Interventionen der sonst im Raum befindlichen Personen ausgeschlossen bleiben.

39   **d) Versachlichung der Verhandlung.** Der Mediator versachlicht durch das Aktive Zuhören die Verhandlung, weil der Gesprächspartner nicht länger der Kontrahent, sondern der neutrale Mediator ist. Ist hingegen die Gegenseite Adressat einer Äußerung, schwingt immer auch Persönliches mit. Dabei transportiert die Wahl der Worte die persönliche Einschätzung des Kontrahenten: „Sie Schurke! Dass das Auto, das Sie von mir gekauft haben, mangelhaft sein soll, ist nur eine Schutzbehauptung. In Wahrheit sind Sie total pleite und können nicht bezahlen." Die Reaktion auf diesen persönlichen Angriff dürfte ebenso emotional ausfallen und dabei vom Sachproblem (Grund der Nichtzahlung) ablenken. Im Gespräch mit dem Mediator wird die Partei dagegen auf Unsachlichkeiten verzichten, weil sie dem Mediator gegenüber weder Antipathie, Zorn noch Enttäuschung hegt. Die Folge ist eine Versachlichung: „Ich habe A das Auto verkauft und dieser hat nicht bezahlt. Das Auto ist in Ordnung, so dass ich die Zahlungsverweigerung von A nicht verstehe."

40   Auch in der Phase des Aktiven Zuhörens sind emotionale Äußerungen oder Wutausbrüche des Sprechers möglich. Der Mediator versachlicht dann die Diskussion, indem er die Aussage zwar mit gleichem Inhalt, aber gemäßigter Wortwahl wiedergibt. Auf die obige „Schurken"-Äußerung

kann der Mediator etwa wiederholend entgegen: „Sie sind also der Ansicht, dass der verkaufte Wagen in Ordnung war. Sie glauben, A behauptet den Mangel nur, weil er nicht bezahlen kann, und darüber sind sie zornig. Habe ich Sie so richtig verstanden?" Auf diese Weise fasst der Mediator die Äußerung einschließlich der damit verbundenen Emotionen ohne Informationsverlust zusammen. Die Partei wird emotional abkühlen und sich in der Folgezeit tendenziell dem sachlichen Ton ihres Gesprächspartners anpassen.

e) Zuhören und Verstehen durch die Gegenseite. Die Gesprächstechnik des Aktiven Zuhörens erleichtert es der passiv zuhörenden Partei, die Sichtweise der Gegenseite wirklich zu verstehen. In bilateralen Verhandlungen konzentrieren sich die Parteien darauf, ihre eigene Position zu begründen, nicht aber die gegnerische nachzuvollziehen. Die Kontrahenten tendieren zu der Annahme, sie wüssten bereits genau, was die Gegenseite glaubt oder will, und daher sei jede zusätzliche Aussage bedeutungslos. Vor diesem Hintergrund scheint es nur darauf anzukommen, überzeugende Argumente für die eigene Position zu finden, um in der Verhandlung möglichst viele Pluspunkte zu sammeln. Die Technik des Aktiven Zuhörens befreit den auf die Zuhörerrolle beschränkten Teilnehmer vom dem sonst empfundenen Zwang, spontan zu antworten. Er kann sich ganz auf das Zuhören konzentrieren. In einem bilateralen Gespräch überlegt man während des Zuhörens, wie man die kommende Gegenäußerung am schlagkräftigsten formulieren kann. Die Aufmerksamkeit ist daher geteilt, sie bewegt sich zwischen Zuhören und Erarbeiten der Gegenäußerung. Die Doppelaufgabe überfordert. Man ist geneigt, nur auf Reizworte zu reagieren, die einfache Kommentare erlauben. Ist die eigene Antwort einmal vorformuliert, verlieren wir die Geduld zum Zuhören und wollen unsere vorbereitete Antwort umgehend loswerden. Auf diese Weise gehen wichtige Informationen verloren, weil die gegnerische Sichtweise nur noch akustisch wahrgenommen, nicht mehr inhaltlich nachvollzogen wird. Dieser Gefahr wird durch das Aktive Zuhören des Mediators entgegengewirkt, weil die andere Partei zum Zuhören gezwungen wird, ohne sofort eingreifen zu können. Hinzu kommt, dass jeder Sachverhaltsaspekt durch die Wiederholung des Mediators zweimal dargelegt wird. Die zuhörende Partei erhält die Gelegenheit, die Aussagen des Kontrahenten wirklich zu verstehen. Über das bloße Hören hinaus kann sie den Sachverhalt so aufnehmen und abspeichern, dass Wichtiges später jederzeit abgerufen werden kann. Zudem glauben wir dem neutralen Dritten intuitiv eher als der Partei, mit der wir streiten. Das gilt auch dann, wenn der Dritte nur den Vortrag der Partei wiederholt. Sein Vortrag ist glaubwürdig, da er unabhängig von den Streitparteien denkt und spricht.

3. Probleme bei der Anwendung

42 Die Handhabung des Aktiven Zuhörens erscheint zunächst sehr einfach. Es klingt banal, aufmerksam zuzuhören und Äußerungen in eigenen Worten zu wiederholen. Gleichermaßen simpel erscheint es, sich die korrekte Wiedergabe immer wieder bestätigen zu lassen. Erst in der Praxis zeigt sich, wie schwer es ist, diese Technik zu beherrschen.

43 a) **Anforderungen an Konzentration und Disziplin.** Aktives Zuhören stellt hohe Anforderungen an die Konzentrationsfähigkeit. Das Gehörte muss aufgenommen und bis zur Wiedergabe gespeichert werden. Die Schwierigkeit liegt darin, dass wir das Gehörte sofort gedanklich einordnen, indem wir es auf unserem eigenen Erfahrungshintergrund abbilden. Jeder Außenreiz, den wir empfangen, setzt unser Denken in Bewegung. Dadurch werden wir mehr oder weniger abgelenkt. Wenn der Mediator hört, der Absturz des streitgegenständlichen Computersystems sei für das Speditionsunternehmen eine Katastrophe gewesen, erinnert er sich unwillkürlich an den Ausfall seines Laptops vor vier Wochen. Er verspürt ein Mitteilungsbedürfnis, da er auch einen Gesprächsbeitrag leisten könnte. Oder seine Gedanken schweifen ab, indem die Folgen des Computerausfalls zu Bildern werden, wie die Logistik der Spedition versagte und Fracht am falschen Ort ankam. Oder der Mediator bemüht sich bereits jetzt, Informationen für den weiteren Fortgang des Verfahrens fruchtbar zu machen. Schon ist er mit seinen Gedanken nicht mehr bei der Sache. Er verpasst oder missversteht Aussagen der Partei. Solche Schwierigkeiten beim Aktiven Zuhören lassen sich nur durch Konzentration und Selbstdisziplin überwinden. Aktives Zuhören ist anstrengender, als man meinen möchte.[42]

44 b) **Überaktivität des Mediators.** Eng mit der geforderten Konzentration und Disziplin beim Zuhören ist die Gefahr verbunden, dass der Mediator über die Wiedergabe der Äußerung hinaus eigene Aktivitäten entfaltet, indem er Stellung nimmt, Ratschläge erteilt oder einen vom Sprecher geäußerten Gedanken weiterspinnt. Intuitiv sind wir versucht, auf eine Information zu reagieren, weil wir glauben, unser Gesprächspartner erwarte dies. Auf einen Wutausbruch hin versuchen wir zu beruhigen („Das ist doch nicht so tragisch"), für ein persönliches Problem bieten wir Hilfe an („Wenn Sie mich fragen …"), durch eine überraschende Mitteilung wird unsere Neugier geweckt („Warum haben Sie das getan?"). Solche Stellungnahmen sind ist in dieser Phase aber nicht Aufgabe des Mediators, weil sie vom zentralen Thema dieses Abschnitts ablenken, nämlich die

---

[42] Menschen, die viel reden, tun dies häufig, weil sie Zuhören als zu anstrengend empfinden. Tatsächlich fällt es uns leichter, selbst Geschichten zu erzählen, als die Erklärungen unseres Gegenübers aufmerksam zu verfolgen.

subjektive Sachverhaltswahrnehmung und Motivation der Parteien zu ermitteln.

c) **Unnatürliche Gesprächsführung.** Der Mediator muss vermeiden, dass 45
der Sprecher die ständigen Unterbrechungen und Wiederholungen des
Mediators als künstlich oder störend wahrnimmt.[43] Nur wenn die Partei
das Gespräch als angenehm empfindet, wird sie in ihrer Darstellung unge-
hemmt fortfahren. Auf den Mediator lauern also verschiedene Gefahren.

Für den Mediator ist es eine Gratwanderung, die Länge der Zeitinter- 46
valle zu bestimmen, in denen er den Redefluss der Partei stoppt, um die
Äußerung zusammenzufassen und sich deren Richtigkeit bestätigen zu lassen. Ist das Zeitintervall zu kurz, fühlt sich die Partei in ihrer Argumentation durch einen unhöflichen Mediator unterbrochen. Sie fühlt sich in ihrem Recht verletzt, wenigstens ausreden zu dürfen. Ebenso schädlich ist
es, eine einheitliche Aussage nur zum Zweck des Aktiven Zuhörens zu unterbrechen. Dadurch könnte deren Inhalt verfälscht werden. Zu lange Gesprächsintervalle führen dagegen dazu, dass das Merkvermögen des Mediators überfordert wird. In seiner Zusammenfassung gibt er dann nur
noch Inhalte wieder, die er für wesentlich hält. Wichtige Einzelheiten gehen verloren. Für viele Parteien ist ein häufigeres Feedback des Mediators
auch wichtig, da sie sich in ihrer Darstellung bestärkt fühlen und offener
reden. Für die Länge der Gesprächsintervalle gibt es keine Goldene Regel.
Vom Mediator wird hier großes Einfühlungsvermögen verlangt. Neben
der möglichst vollständigen Wiedergabe ist entscheidend, dass der natürliche Gesprächsfluss erhalten bleibt. Der Sprechende darf nicht den Eindruck gewinnen, dass seine Darstellung zum Objekt einer obskuren Gesprächstechnik wird.

Um die Natürlichkeit des Gesprächs zu erhalten, darf der Mediator die 47
Zusammenfassungen nicht monoton gestalten. Wer wie ein Papagei die
Ausführungen Wort für Wort wiederholt, erweckt nicht den Eindruck,
sich für das Gesagte wirklich zu interessieren. Wer als Partei zum zehnten
Mal innerhalb von 15 Minuten die stereotype Einleitung „Wenn ich Sie
richtig verstanden habe, ... sonst korrigieren Sie mich bitte!", hört, fühlt
sich veralbert, statt sich über einen aufmerksamen Zuhörer zu freuen. Den
gleichen Effekt hat eine ungeschickte Intervention durch den Mediator. Im
Idealfall sollte er seine Zusammenfassung ohne einleitende Worte in einer
kurzen Gesprächspause beginnen. Erfahrene Mediatoren verschaffen sich
eine Einstiegshilfe, indem sie über ihr Mienenspiel, etwa ein Stirnrunzeln
oder ein angestrengtes Schauen, oder einen kurzen Zwischenruf („Ja,
wirklich?") das erwünschte Zögern des Sprechenden hervorrufen. Schlechter, wenn auch nicht immer zu vermeiden, ist die aktive Unterbrechung,

---

[43] *Kovach*, Mediation, S. 109.

bei der der Mediator in den Gesprächsfluss eingreift: „Entschuldigung, ich komme nicht mehr mit. Wenn ich mal kurz zusammenfassen darf ...".

48   d) **Gesprächsstillstand.** Bisweilen beantwortet eine Partei die Frage des Mediators nach der richtigen Zusammenfassung mit einem schlichten „Ja" und verstummt. Was soll der Mediator tun, um das Gespräch wieder in Gang zu bringen? Zunächst nichts! Vielleicht braucht die Partei die Pause, um sich über ihre weitere Darstellung klar zu werden. Menschen empfinden Schweigen in aller Regel als unangenehm und versuchen daher, die entstandene Stille durch Reden zu füllen.[44] In den meisten Fällen wird die Partei also das Gespräch von sich aus wieder aufnehmen. Tut sie dies nicht, muss der Mediator durch Fragen oder Aufforderungen helfen. Wichtig ist dabei, die Partei nicht durch die Formulierung der Frage in eine bestimmte Richtung zu lenken. Allein richtig sind daher ergebnisoffene Fragen und Aufforderungen: „Erzählen Sie doch weiter!", „Können Sie noch etwas zu den Einzelheiten sagen?" „Was erscheint Ihnen in diesem Streit sonst noch wichtig?" Lenkend greift der Mediator nur ein, wenn der Vorredner einem Aspekt besondere Bedeutung zugemessen hatte, den die Gegenpartei in ihrer Darstellung völlig unerwähnt lässt. Dann besteht die Möglichkeit, dass dieser Aspekt einfach vergessen worden ist. Jedenfalls besteht in diesem Punkt Klärungsbedarf. Die Nachfrage des Mediators muss auch hier möglichst offen formuliert sein, um eine vollständige Information zu erhalten: „Herr B. hat gesagt, dass es schon bei der Vertragsverhandlung Streit gab. Was können Sie mir dazu sagen?". Falsch wäre dagegen: „Stimmt die Darstellung von Herrn B, dass ...?".

49   e) **Unterbrechungen.** Während der Mediator mit der einen Seite spricht, sitzt die andere auf den sprichwörtlichen heißen Kohlen, weil sie zum Zuhören verurteilt ist. Die Darstellung der Gegenseite ist ihr oft unangenehm, da sie diese für sachlich falsch hält oder sich persönlich angegriffen fühlt. Trotz der eingangs getroffenen Vereinbarung, still zu halten, kann es dann vorkommen, dass sie impulsiv in das Gespräch eingreift, etwa indem sie dieses mit einem „Das ist doch alles nicht wahr!" unterbricht. Der Mediator ignoriert diese Unmutsäußerung nicht. Er wendet sich statt dessen dieser Partei zu und macht ihr zunächst deutlich, dass er die Äußerung und die darin zum Ausdruck kommende Empörung verstanden hat: „Ich verstehe, dass es Ihnen in dieser Phase schwerfällt, unser Gespräch untätig zu verfolgen, ohne Ihre Sicht der Dinge darstellen zu können." Erst im zweiten Schritt spricht er den weiteren Verfahrensgang an, indem er auf die eingangs getroffene Vereinbarung verweist: „Am Anfang dieser Sitzung hatten wir vereinbart, dass jede Seite zunächst eine Eingangserklärung abgibt, ich mich aber dann mit jeder Seite ohne Unterbrechung über

---

[44] *Fisher/Ury/Patton*, Das Harvard-Konzept, S. 162 f.

Einzelheiten des Streits unterhalte. Dies werde ich gleich auch mit Ihnen tun, so dass Sie dann ausführlich Gelegenheit haben werden, auf das Sie Empörende zu erwidern. Ich würde gern bei dieser Verfahrensweise bleiben. Meinen Sie, dass Sie solange warten und wir es bei unserer Vereinbarung belassen können?" Der Mediator zeigt also zunächst Verständnis, um die Partei für die folgende Erörterung gesprächsbereit zu halten. Danach wird die Verfahrensfrage so angesprochen, dass die Partei dem Fortgang des Verfahrens ausdrücklich zustimmen muss, was sie in aller Regel auch tut. Durch diese Gesprächsführung verlässt der Mediator für kurze Zeit die Ebene der inhaltlichen Diskussion, und thematisiert die formale Verhandlungsführung.[45] So vermeidet er die Erörterung des strittigen Punktes, die einer späteren Phase vorbehalten bleibt. Gleichwohl fühlt sich die Partei ernst genommen, weil sie in die Entscheidung um das weitere Vorgehen einbezogen wird. Ihre Kooperationsbereitschaft bleibt erhalten. Nicht auf Kooperation, sondern auf Konfrontation angelegt wäre hingegen die bloße Aufforderung des Mediators, die Partei möge die getroffene Stillhaltevereinbarung doch beachten. Derart in die Defensive gedrängt, wird sie sich etwa so verteidigen: „Ich kann doch nicht zulassen, dass hier über mich frech gelogen wird." Die Verhandlung wird unsachlich und wenig ergiebig. Im schlimmsten Fall verlieren die Parteien das Vertrauen in die Mediation und brechen sie ab.

f) **Parallele schriftliche Notizen.** Das Problem, wie der Mediator Informationen notieren kann, ohne dabei an Aufmerksamkeit zu verlieren oder auch nur diesen Eindruck zu vermitteln, wurde oben bereits angesprochen.[46] Es stellt sich beim Aktiven Zuhören deshalb in besonderer Schärfe, weil der Mediator über das Zuhören hinaus gleichzeitig formulieren muss, wie er das Vorgetragene verstanden hat. Sich zusätzlich Notizen zu machen, führt schnell zu seiner Überforderung. Im Zweifel hilft dann nur, das Gespräch offen zu unterbrechen, um Zeit für die Notierung des Punktes zu gewinnen: „Mir scheint dies ein Punkt zu sein, der Ihnen wichtig ist. Ich möchte ihn kurz notieren. So, was ist dann passiert ...?" **50**

g) **Experiment zur Übung.** Wer das Aktive Zuhören noch nie ausprobiert hat, wird auch nach obiger Darstellung kaum erfassen können, wie schwierig und anstrengend es ist, diese Technik anzuwenden. Hier hilft ein kleines Experiment, mit dem sich Aktives Zuhören in der Mediation simulieren lässt: Fragen Sie einen Freund, wo er seinen nächsten Urlaub **51**

---

[45] Die Grundstruktur der Mediation, nämlich die Verhandlung zwischen den Parteien zu strukturieren, und über die Einhaltung sinnvoller Strukturen auch in der hitzigen inhaltlichen Verhandlung zu wachen, kommt an diesem Beispiel erneut zum Ausdruck; vgl. oben § 5, Rdn. 23 f.

[46] Vgl. oben § 7, Rdn. 23.

verbringen möchte, warum er dieses Urlaubsziel gewählt hat und was er dort unternehmen will. Beschränken Sie sich nach dieser Eingangsfrage für nur zehn Minuten darauf, Ihrem Gesprächspartner aktiv zuzuhören. Fassen Sie also seine Aussagen in kurzen Abständen zusammen, lassen Sie sich die Richtigkeit der Zusammenfassung bestätigen und geben Sie weder Zustimmung noch Kritik zu seiner Urlaubswahl ab. Vermeiden Sie jede inhaltliche Auseinandersetzung. Gleichwohl darf Ihr Freund nicht den Eindruck gewinnen, es handele sich um eine einseitige Konversation oder gar um ein Verhör. Im Idealfall redet er unbekümmert immer weiter. Es schadet nichts, wenn Ihr Gesprächspartner weiß, dass Sie die Technik des Aktiven Zuhörens anwenden wollen. Umso kritischer wird er Ihnen die Frage nach vollständiger und richtiger Zusammenfassung beantworten. Fragen Sie Ihren Gesprächspartner am Ende des Gesprächs, wie er sich während des Gesprächs gefühlt hat. Fragen Sie sich selbst fünf Minuten später, welche Einzelheiten Sie wirklich noch behalten haben. Wenn dann Ihre Gesamtzusammenfassung trotz zehnminütiger Gesprächsdauer nur zwei Minuten beträgt, liegt offensichtlich bereits ein Informationsverlust vor. Am Ende dieser Übung mit ihrer alltäglichen Fragestellung werden Sie ahnen, wie mühsam und anstrengend Aktives Zuhören in komplexen Konflikten sein kann. Wen dieses Experiment noch nicht überzeugt hat, mag versuchen, in einer persönlichen Konfliktsituation, etwa in einem Streit mit heftigem Wortgefecht, dem Kontrahenten aktiv zuzuhören, ohne zunächst selbst das Wort zu ergreifen.

4. Exkurs: Aktives Zuhören als Verhandlungstechnik

52 Aktives Zuhören lässt sich auch in bilateralen Verhandlungen als Gesprächstechnik effektiv nutzen.[47] Die meisten Menschen glauben, ein guter Verhandler nehme in der Verhandlung die meiste Gesprächszeit für sich in Anspruch, um seinen Kontrahenten mit durchschlagenden Argumenten gegen die Wand zu reden. Das ist falsch. Gutes Verhandeln hat nicht zum Ziel, besonders viele Informationen preiszugeben, sondern besonders viele Informationen zu erhalten.[48] Ein geschulter Verkäufer versucht herauszufinden, welche Bedürfnisse sein potentieller Kunde hat. Wenn er weiß, worauf sein Kunde wert legt, kann er die entsprechenden Eigenschaften seines Produktes hervorheben. Solange der Verkäufer aber selber redet, bleibt er ohne die entsprechenden Informationen. Sinnvoller ist es also, den Verhandlungspartner zum Reden, also zur Preisgabe von Informationen, zu veranlassen, um darauf die eigene Strategie aufzubauen. Aktives Zuhören kann dieses Ziel unterstützen. Hinzu kommt, dass wir auf ein

---

[47] Eingängig: *Fisher/Ury/Patton*, Das Harvard-Konzept, S. 61 ff.
[48] Vgl. dazu oben § 2, Rdn. 17.

Gegenargument instinktiv mit Verteidigung reagieren. Das sofortige Gegenargument, so berechtigt es sein mag, überzeugt den Verhandlungspartner nur selten. Der Sprecher fühlt sich ernster genommen, wenn sein Argument zunächst angehört und nicht sofort angegriffen wird. Auch er wird später versuchen, die Gegenseite zu verstehen. Eine kooperative Gesprächatmosphäre entsteht.

Ein Beispiel: Zwei Ehepartner diskutieren über ihr nächstes Urlaubsziel. 53 Der Mann will ans Mittelmeer, weil ihn „Sommer, Sand und Meer" locken. Die Frau befürwortet dagegen einen Aktivurlaub in den Alpen, „der guten Luft und schönen Aussicht wegen." Wenn die Verhandlung um den Urlaub mit so unterschiedlichen Forderungen beginnt, ist Streit vorprogrammiert. Der Austausch von Argumenten – „Am Meer waren wir doch schon letztes Jahr", „Ja eben, es war doch toll auf Elba, oder hat es dir etwa nicht gefallen?" – bringt die Frau ihrem Verhandlungsziel nicht näher, jeder verteidigt seine Position. Sinnvoller ist die Strategie des Aktiven Zuhörens: „Wenn ich dich richtig verstehe, freust du dich darauf, den ganzen Tag am Strand zu faulenzen?" „Ja, aber vor allen Dingen möchte ich endlich den Segelschein machen und vielleicht auch surfen lernen." Die Frau hat nun die Information, warum ihr Mann ans Mittelmeer möchte, und baut darauf ihre weitere Strategie auf: „Schade, dass es letztes Jahr mit dem Segeln nicht geklappt hat, weil alle Kurse ausgebucht waren. Im Sommer sind die schönsten Orte am Mittelmeer fast immer überfüllt." „Ja, das stimmt leider. Wir sind halt nicht die Einzigen, die wissen, wo es schön ist." „Du, letzte Woche habe ich in der Zeitung gelesen, dass am Wolfgangsee eine neue Segelschule aufgemacht hat, die Eröffnungsrabatte bietet. Mein Chef fährt jedes Jahr zu diesem See, weil die Fallwinde aus den Bergen immer eine ordentliche Brise garantieren. Er ist ganz begeistert ..." Ohne ihren eigenen Urlaubswunsch zu verraten, hat die Frau erreicht, dass der Aufenthalt in den Alpen nun wahrscheinlicher ist, als dies nach dem entschlossen vorgetragenen Wunsch ihres Gatten zu erwarten war.

V. Fragetechniken

Die Eröffnungserklärung der Parteien und das nachfolgende Gespräch 54 mit dem aktiv zuhörenden Mediator führen selten dazu, dass alle streitrelevanten Informationen zutage treten. Der Mediator weiß das und darf nicht der Versuchung erliegen, sofort auf die vermeidlich nahe liegende Lösung zuzusteuern, ohne den Konfliktstoff vollständig ermittelt zu haben. Manche Aspekte will die Partei nicht offenlegen. Sie glaubt, dies würde ihrer Verhandlungsposition schaden. Anderes mag die Partei für unerheblich halten und erzählt es deshalb nicht. Bei manchen Sachverhaltsausschnitten glaubt sie irrtümlich, sie seien allgemein bekannt, und verzichtet daher auf eine „erneute" Darlegung. Dahinter verbirgt sich das Problem, dass die vortragende Partei oft einfach nicht weiß, welche Informationen für die Gegenseite wichtig sind. Diese Problemkreise lassen sich oft durch den gezielten Einsatz von Fragetechniken lösen. Fragen erlauben dem Mediator und dem Kontrahenten, die Informationen zu erheben, die ihnen für das Konfliktverständnis bedeutsam erscheinen. Daneben könnten Unklarheiten und Verständnisprobleme, die aus der bisherigen Erörterung herrühren, durch entsprechende Fragen beseitigt werden.

1. Bedeutung der Frage im Gespräch

55   Fragen sind auf den ersten Blick ein untergeordneter Gesprächsbestandteil. Schließlich sind es nicht die Fragen, sondern ihre Antworten, die inhaltliche Aussagen vermitteln und das Gespräch voranbringen. Bei genauerer Betrachtung ist es aber der Fragesteller, der den Gesprächsverlauf steuert. Wer fragt, führt das Gespräch.[49] Durch Fragen bestimmt der Mediator das Thema des Gesprächs. Je nachdem, ob die Fragen offen oder geschlossen formuliert sind, wird der Antwortspielraum des Gegenübers erweitert oder begrenzt. In bilateralen Verhandlungen ist der Fragesteller gegenüber dem Antwortenden im Vorteil, weil er durch die Antworten streitrelevante Informationen erhält, ohne selbst etwas preisgeben zu müssen.[50] Die Fragestellung gibt den Schwerpunkt des Gesprächs vor; sie kann konkretisieren oder verallgemeinern. Indem der Fragesteller einen bestimmten Aspekt der Antwort als Anknüpfungspunkt für seine Folgefrage wählt, bestimmt er die weitere Richtung des Gesprächs. Darüber hinaus werden durch die Art der Fragestellung Botschaften übermittelt, die das Gesprächsklima prägen. Folgende Fragen illustrieren dies: „Konsumieren Sie häufiger Alkohol?" „Trinken Sie gelegentlich ein Gläschen Bier?" Obwohl beide Fragen einen fast identischen Inhalt haben, ist ihre Wirkung unterschiedlich: Die Reizworte „häufiger" und „Alkohol" haben etwas Inquisitorisches und scheinen den Vorwurf der Trinkerei zu enthalten. Die Gesprächsatmosphäre wird frostig. Dagegen steht der euphemistische Ansatz der zweiten Frage: Er ist vergleichsweise unverdächtig, gutwillig und ermuntert zur Antwort. Der Fragesteller gewinnt durch ein geschicktes Vorgehen also Einfluss auf das Gespräch und die Verhandlung. Entsprechend ernst sollte der Mediator diese Aufgabe nehmen.

2. Wer fragt?

56   Der Adressat einer Frage verknüpft deren Inhalt intuitiv mit der Person des Fragenden zu einer Gesamtaussage. Eine im Wortlaut identische Frage

---

[49] *Ruede-Wissmann*, Verhandlungskunst, S. 25.
[50] Vgl. hierzu das Beispiel oben § 2, Rdn. 17.

kann daher unterschiedlich interpretiert werden. So mag der kaufmänni-
sche Angestellte von seinem Vorgesetzten und seiner Sekretärin die gleiche
Frage gestellt bekommen: „Sie sehen müde aus. Haben Sie wenig Schlaf
bekommen?" Beiden Fragen wird der übernächtigte Mitarbeiter unterschiedliche Motive unterstellen. Der Vorgesetzte scheint ihm sein Privat-
leben vorwerfen zu wollen, während sich die Sekretärin aus mitfühlendem
Interesse erkundigt. Entsprechend unterschiedlich wird der Gefragte antworten. Solche Divergenzen können den Verhandlungsausgang negativ
beeinflussen. Das Harvard-Verhandlungskonzept schlägt deshalb vor,
Sachprobleme von Personen gedanklich zu trennen,[51] was sich auch auf
Frageinhalt und Fragesteller übertragen lässt. In bilateralen Verhandlungen gelingt dies wegen emotionaler Betroffenheit aber nur schwer. In der
Wirtschaftsmediation kann dagegen der Mediator die Impulse durch Fragen geben. Da der Mediator neutral ist und keine eigenen Interessen verfolgt, wird ihm unbefangener geantwortet als dem Kontrahenten. Dass die
Gegenseite dabei dem Frage-Antwortspiel zwischen Mediator und Partei
zuhört, ist unerheblich, solange nur im Antwortenden nicht der Eindruck
entsteht, der Mediator sei das Sprachrohr des Kontrahenten.

Gleichwohl treten neben dem Mediator auch die Parteien als Fragesteller 57
auf. In den vorangegangenen Abschnitten hat sich die jeweils zuhörende
Partei auf Anregung des Mediators die Punkte notiert, bei denen sie Klärungsbedarf sieht. Sie wartet deshalb auf eine Gelegenheit, entsprechende
Fragen zu stellen. Aufgrund ihres Vorwissens hat sie zudem wichtige Fragen, an die der Mediator gar nicht erst denkt. Von daher ist es nicht sinnvoll, dass allein der Mediator als Fragesteller auftritt. Um die gefährliche
assoziative Verknüpfung von Fragesteller und Frageinhalt einzuschränken,
kann der Mediator problematische Fragen eines Kontrahenten zunächst
selbst aufnehmen, geringfügig umformulieren oder neutraler fassen, um sie
dann als eigene Fragen an den eigentlichen Adressaten weiterzugeben. So
mag eine Partei etwa folgende Frage an ihren Kontrahenten richten:
„Haben Sie nicht genau gewusst, dass es sich bei dem ohnehin überteuert
verkauften Auto um einen Unfallwagen handelte?" Diese provokative Frage entschärft der Mediator, ohne ihren Inhalt zu beeinträchtigen: „Wenn
ich Sie, Herr Y, richtig verstehe, wollen Sie wissen, was Herr X über die
Vorgeschichte des Autos wusste? Das ist ein interessanter Punkt. Herr X,
können Sie uns dazu etwas sagen?" Die Aufgabe für den Mediator ist
schwierig, weil er unter keinen Umständen den Eindruck erwecken darf,
sich durch die Weitergabe der Frage mit dem Fragesteller zu solidarisieren.

Die Mediation zielt darauf ab, dass die Parteien wieder unmittelbar, al- 58
so ohne Hilfestellung des Mediators, miteinander reden können. Wenn es
die Gesprächssituation zulässt, nimmt sich der Mediator zurück. Ergän-

---

[51] *Fisher/Ury/Patton,* Harvard-Konzept, S. 39 ff., und oben § 2, Rdn. 46 ff.

zende Fragen einer Partei können nach den vorangegangenen Phasen der Mediation eine erste Gelegenheit sein, das unmittelbare Gespräch zwischen den Parteien wieder zuzulassen. Im Idealfall verbessert sich dann die Arbeitsatmosphäre und ermöglicht eine konstruktive Zusammenarbeit bei der Suche nach einer Lösung. Der Mediator muss die Entscheidung, wie stark er das Gespräch durch persönliches Eingreifen steuert, einzelfallabhängig treffen. Regelmäßig bietet es sich dazu an, die Kontrolle der Kommunikation, die auch über Fragestellungen ausgeübt wird, den Parteien nach und nach zurückzugeben.

3. Arten von Fragen

59   „Es gibt keine dummen Antworten, nur dumme Fragen." Dieser Allgemeinplatz bezieht sich nicht nur auf den Inhalt einer Frage, sondern auch auf die Art und Weise, wie sie gestellt wird. Fragen sind oft nicht nur inhaltlich dumm, sondern auch dumm gestellt. Auch von der Form der Frage kommt es darauf an, die richtige Frageart zum passenden Zeitpunkt einzusetzen.[52] Fragearten[53] lassen sich danach kategorisieren, welchen Antwortspielraum sie dem Adressaten erlauben.

60   a) Offene Fragen. Offene Fragen verlangen vom Adressaten eine ausführliche Antwort, wobei sie den inhaltlichen Schwerpunkt der Ausführungen nur allgemein vorgeben: „Wie ist der Konflikt ihrer Ansicht nach entstanden?" Offene Fragen beginnen häufig mit einem „W-Wort": Wieso, wie, wann, warum,[54] weshalb, welcher u. s. w.[55] Der Adressat der Frage kann hier selbst bestimmen, welche Aspekte er in seiner Antwort besonders betonen möchte. Offene Fragen fördern die vollständige Informationen über den Sachverhalt. Die gefragte Person kennt den Verhandlungsgegenstand und kann die Wichtigkeit von Informationen besser beurteilen als ein Mediator, der eine zielgerichtete Frage stellt und so eine Vorauswahl der aus seiner Sicht relevanten Daten trifft. Offene Fragen erlauben es dem Adressaten, einen Sachverhalt in eigenen Worten und in selbst gewählter Reihenfolge darzustellen. Deshalb fällt es vielen Parteien leichter, einen Sachverhalt nach einer offenen Frage im Zusammenhang zu erzählen, als wenn ihnen der Mediator die Struktur der Darstellung durch gezieltere Fragen vorgibt. Der Fragesteller erhält so regelmäßig akkuratere Informationen. Offene Fragen sind für den Adressaten emotional ange-

---

[52] *Kovach*, Mediation, S. 92.

[53] Vgl. auch den Überblick bei *Kessen/Troja,* in: Handbuch Mediation, § 16, Rdn. 41.

[54] Vor der Frage des „Warum" wird häufig gewarnt, weil beim Adressaten der Frage so ein unangenehmer Rechtfertigungsdruck und Erklärungszwang erzeugt wird.

[55] *Ruede-Wissmann*, Verhandlungskunst, S. 31.

nehmer, weil sie selten Wertungen des Fragesteller enthalten. Unangenehme Gesprächsthemen lassen sich vermeiden. Die gefragte Person fühlt sich sicherer und hat nicht den Eindruck, einem Verhör unterzogen zu werden. Offene Fragen ermöglichen regelmäßig eine effizientere Aufbereitung des Sachverhalts als andere Frageformen. Das liegt daran, dass die Antwort auf eine offene Frage meist den gleichen Inhalt abdeckt, wie eine Vielzahl geschlossener Fragen, mit denen der Fragesteller dem Adressaten jede einzelne Information abringen muss.

Offene Fragen haben auch Nachteile. Manche Menschen empfinden es **61** als unangenehm, wenn sie als Erzähler im Mittelpunkt der Aufmerksamkeit stehen. Sie bevorzugen es, sich auf einen minimalen Redeanteil zu beschränken, und hoffen, dass der Mediator die Fragen stellt, die zu einer raschen Einigung führen. Offene Fragen stimulieren das Gedächtnis des Befragten weniger als präzise Nachfragen; Antworten bleibt meist an der Oberfläche und enthalten kaum Details. Wer sich nur allgemein nach dem Inhalt eines Gesprächs über einen Unternehmenskauf erkundigt, wird weniger Einzelheiten erfahren als jemand, der spezifisch nach den erörterten Unternehmensdaten der Zielgesellschaft und deren Bewertung durch die Teilnehmer fragt. Die gezieltere Frage nach der Eigenkapitalausstattung oder dem Cash Flow geht noch weiter in die Tiefe. Der Grund für diese größere Detailtreue liegt nicht im bewussten Verschweigen, sondern einfach darin, dass das Gedächtnis des Menschen auf Impulse von außen reagiert. Offenen Fragen enthalten selten solche Auslöser für das Erinnerungsvermögen, da in ihnen wenig sinntragende Ausdrücke vorkommen. Es kann auch sein, dass der Antwortende Details zwar in Erinnerung hat, ihnen aber keine Bedeutung zumisst und die Einzelheiten deshalb nur auf eine Nachfrage hin präzisiert.

b) **Halboffene Fragen.** Wenn der Mediator halboffene Fragen stellt, gibt **62** er der angesprochen Partei zwar einen Beantwortungsspielraum, begrenzt diesen aber in einem bestimmten Aspekt: „Was haben Sie getan, nachdem Sie die Nachricht erhalten haben?" „Welche Konsequenzen gegen ihren Angestellten X haben Sie wegen dessen Verhaltens erwogen?" Die Begrenzung kann zeitlicher oder inhaltlicher Art sein. Halboffene Fragen versuchen die Vorteile von offenen und geschlossenen Fragen miteinander zu verbinden, indem die präzisere Fassung Ausweichmanöver des Adressaten erschwert, ohne ihn bereits in eine Ecke zu drängen. Die Bandbreite solcher Fragen ist groß. Ihre Charakteristika richten sich danach, ob sie sich tendenziell mehr an eine offene Formulierung anlehnen oder die Geschlossenheit der Fragestellung nur geringfügig lockern.

c) **Geschlossene Fragen.** Geschlossene Fragen zielen auf knappe, exakte **63** Antworten, die genau die Informationen vermitteln, die der Fragesteller erhalten möchte. Solche Fragen beginnen häufig mit einem Hilfsverb und lassen eine Ja/Nein-Antwort erwarten: „Hat Herr X bei der Erörterung der Unternehmensdaten darauf hingewiesen, dass die Bilanz eine Überschuldung ausweist?" Die Zielgenauigkeit ist der größte Vorteil solcher Fragen. Der Fragesteller erfährt, was er wissen möchte, weil der Adressat der Frage exakt entnehmen kann, worauf es dem Fragesteller ankommt. Parteien, die sich in der Mediation unsicher fühlen, sind oft froh, vom Mediator durch enge Fragen geführt zu werden. Sie haben sonst die Sorge, in ihrem Vortrag unbeabsichtigt etwas wegzulassen, was vielleicht doch wichtig ist. Durch präzise Fragen bestimmt der Mediator die Gesprächsthemen und übernimmt so scheinbar auch die Verantwortung für den Gesprächsinhalt. Durch geschlossene Fragen kontrolliert der Mediator den Gesprächsverlauf und nähert sich sensiblen Themen schrittweise. Wenn er eine zu große Ablehnung bei einem Fragenkreis spürt, stellt er die Thematik einstweilen zurück. Geschlossene Fragen bringen zudem oft die Wahrheit ans Licht. Es fällt schwer, ihnen inhaltlich auszuweichen, ohne dass der Fragesteller dies bemerkt. Auf der anderen Seite scheuen wir uns vor einen echten Lüge. Ja/Nein-Fragen sind eine Nagelprobe: Halbwahrheiten und Vernebelungstaktiken lassen sie nicht zu.[56]

64 Geschlossenen Fragen haben den Nachteil, dass sich der Fragesteller oft nur seine vorgefasste Meinung bestätigen lassen will. Der Mediator muss aufpassen, seine Erkundigungen so nicht unangemessen einzuschränken. Der Fragesteller hat, spätestens nach den ersten Antworten, ein Bild vom Sachverhalt im Hinterkopf und ist nun unbewusst darauf aus, dieses Bild zu verifizieren.[57] Durch seinen Informationsfilter lässt er nur noch solche Antworten dringen, die die eigene Vermutung bestätigen. Die entscheidende Frage zur Aufklärung des Sachverhalts unterbleibt so häufig. Besser als in Worten lässt sich dies an einem kleinen Experiment verdeutlichen, das einem Kinderspiel entlehnt ist. Dazu erzählen Sie einem Freund folgende Geschichte: „Schloss Slygh im schottischen Hochmoor – draußen tobt ein furchtbares Gewitter. Sie suchen Schutz vor dem Gewitter und betreten das Schloss. Knarrend öffnet sich die Salontür und Ihnen bietet sich ein schrecklicher Anblick: John und Beth, seit 10 Jahren ein Paar, liegen nackt und tot auf dem Wohnzimmerteppich. Der Teppich unter ihnen ist nass und voller Scherben. Das Fenster ist offen. Was ist passiert?" Ihr Freund hat die Aufgabe, die Lösung für diese Frage zu finden. Dazu darf er nur geschlossene Fragen stellen, die mit Ja/Nein beantwortet werden

---

[56] Ein Beispiel: „Verdienen Sie, lieber Leser, mehr als € 80.000 im Jahr"? Stellen Sie sich vor, jemand stellt Ihnen diese Frage auf einer Party. Es fällt schwer, der Beantwortung dieser Frage auszuweichen, obwohl den Fragesteller Ihre finanziellen Verhältnisse nicht angehen.

[57] Das ist eine weitere Nuance der kognitiven Dissonanz und der reaktiven Abwertung; vgl. dazu oben § 2, Rdn. 89, 91.

können. Ist eine Frage irrelevant, antworten Sie mit „irrelevant". Wie viele Fragen werden benötigt, um das tragische Schicksal von John und Beth aufzuklären? Die einfache Lösung: John und Beth sind Goldfische; das Goldfischglas ist auf den Boden gestürzt und zerbrochen, was den Tod der Tiere bewirkte. Ihr Freund wird ewig brauchen, um dies herauszufinden, weil er bei seinen Fragen unterstellt, dass John und Beth Menschen sind. Der ihm bekannte Sachverhalt enthält mit der Ortsangabe und dem offenen Fenster irrelevante, aber gleichwohl zum Nachfragen Anlass gebende Informationen. Die entscheidende Frage wird nicht oder viel zu spät gestellt: „Sind John und Beth Menschen?"

Ganz ähnlich sind die Schwierigkeiten, wenn der Fragesteller den Sach- 65 verhalt sogleich in ein bestimmtes Muster einordnen will und nur ein Denkschema abfragt. Das beste Beispiel hierfür sind Juristen, die eine Rechtsnorm ausfüllen wollen und deshalb die Tatbestandsmerkmale der gesetzlichen Bestimmung abfragen. Durch die abverlangten kurzen Antworten wird der Befragte in eine passive Rolle gedrängt, obwohl ihm die Mediation an sich eine aktive Rolle zuweist. Im Extremfall fühlt er sich wie in einem Polizeiverhör.[58] Da geschlossene Fragen ihre Zielrichtung erkennen lassen, ermöglichen sie taktische Antworten. Es ist nicht umsonst eine Binsenweisheit unter Strafverteidigern, dass der Zeuge den Sinn der Frage nicht erkennen darf, wenn die Antwort unverfälscht erfolgen soll. Schließlich können geschlossene Fragen zu einer Detailflut führen, die die Ermittlung des Sachverhalts erschwert. Geschlossene Fragen können bewirken, dass man weder die Bäume (= Details) noch den Wald (= das gesamte Problem) sieht: Alle Bäume sieht man nicht, weil man – egal, wie viele Fragen man auch stellt – doch immer noch mehr Details ermitteln kann. Zudem teilt der Gesprächspartner ungefragt keine Details mit, erwartet er doch, dass danach gefragt werden wird, wenn sie wichtig sind. Gleichzeitig aber werden so viele unwesentliche Details abgefragt, dass diese den Blick auf den Wald, das eigentliche Problem, verstellen.

d) Suggestive Fragen. Suggestive Fragen nehmen einen Teil der Antwort 66 bereits vorweg. Häufig verlangen sie vom Adressaten eine Entscheidung für eine Option, wobei er unabhängig von der Antwort eine in der Frage liegende Unterstellung implizit bestätigt: „Kaufen Sie jetzt Produkt A oder Produkt B?" Jede Antwort des Kunden bestätigt, dass er überhaupt einen Kauf tätigt. Oder: „Wann und bei welcher Gelegenheit haben Sie im letzten Monat Alkohol getrunken?" Der Fragesteller suggeriert, dass er vom grundsätzlichen Alkoholkonsum ohnehin weiß und nur noch Details erfahren möchte, obwohl es ihm tatsächlich erst einmal um die Bestätigung der Grundaussage geht. Suggestive Fragen sind ethisch bedenklich, weil sie

---

[58] Dieses Gefühl erreicht man durch sehr knappe, sehr schnell hintereinander gestellte Fragen.

versuchen, den Befragten zu manipulieren. Solche Fragen können dennoch hilfreich sein, um Gesprächsbarrieren zu überwinden. Kaum jemand spricht gerne über seine Geldprobleme, selbst wenn die angespannte Liquiditätslage allen Teilnehmern auf Grund einer vorangegangenen Presseberichterstattung offenkundig ist. Gleichwohl kann in der Erörterung dieses Punkts der Schlüssel zur Lösung des Gesamtproblems liegen. Eine Suggestivfrage des Mediators hilft, die peinliche Situation zu überbrücken: „Haben Sie sich zur Behebung Ihrer Liquiditätsprobleme schon an die Banken gewandt oder hoffen Sie, diese aus eigener Kraft lösen zu können?" Der Fragesteller signalisiert, dass er die Zahlungsprobleme kennt und es nichts mehr zu verbergen gibt. Gleichzeitig macht er deutlich, dass er bereit ist, darüber ganz offen zu sprechen. Der Gesprächsstillstand wird so überwunden, eine offene Diskussion beginnt. Es versteht sich dabei von selbst, dass der Mediator von solchen Fragetechniken vorsichtig Gebrauch macht und hierfür gegebenenfalls Einzelgespräche mit den Parteien nutzt.

67 e) **Sokratische Fragen.** Der griechische Philosoph Sokrates war dafür berühmt, seine Gesprächspartner durch geschickt gestellte Fragen zu neuen Einsichten zu führen. Sokratische Fragen sind also solche, mit denen der Fragesteller seinem Gesprächspartner hilft, die eigene Situation besser zu erkennen oder neue Gedanken zu entwickeln. Sokratische Fragen setzten voraus, dass der Fragesteller die Gesamtzielrichtung und die Zwischenziele seiner Frageimpulse kennt und er die Antworten antizipieren kann. Den Fragesteller interessieren diese Antworten inhaltlich wenig, da es ihm letztlich nur auf die Vermittlung der Erkenntnis ankommt, die am Ende des Gesprächs steht. Ein Beispiel: In einer Mediation kommt eine Partei zur Überzeugung, wenn die Gegenseite ihre Forderung nicht halbiere, werde sie für ihr Unternehmen „einfach" Insolvenz anmelden und dann würde es nicht einmal zu einer Teilzahlung kommen. Dem Mediator kommt es darauf an, die Konsequenzen zu veranschaulichen: „Ja, das wäre sicher eine Alternative für Sie. Was passiert eigentlich nach so einem Insolvenzantrag?" Und weiter: „Was ist Aufgabe des Insolvenzverwalters?" „Was werden die Banken tun, wenn deren Kredite nicht zurückgezahlt werden?" Am Ende erkennt die Partei, dass ein Insolvenzverfahren wegen eigener Mitwirkungspflichten nicht nur ungeheuer mühselig wäre, sondern auf Grund gewährter Gesellschafterbürgschaften, die von den Banken eingefordert würden, auch die private wirtschaftliche Existenz ruiniert wäre. Außerdem würden noch strafrechtliche Konsequenzen wegen möglicher Konkursstraftaten drohen. Der Mediator hat dieses Szenario erkannt und hätte die Partei nach der unüberlegten Konkursdrohung vorab über die Konsequenzen aufklären können. Vermutlich wäre eine Trotzreaktion die Folge gewesen. Menschen sind einsichtiger, wenn sie glauben, selbst eine Erkenntnis gewonnen zu haben. Ein Lösungsmo-

dell, das eine Partei nach entsprechenden Fragen des Mediators selbst „gefunden" hat, wird überzeugter vertreten, als die identische Anregung des Mediators oder gar ein Vorschlag der Gegenseite. Das ist der Grund für den Erfolg der sokratischen Fragetechnik.

Sokratische Fragen manipulieren, indem sie dem Gesprächspartner sug- **68** gerieren, er selbst wäre zu einer Erkenntnis gelangt. Sie gehören gleichwohl zum Handwerkszeug des Mediators. Er nutzt diese Technik, um die Partei von einseitigen Positionen zu lösen. Die Schwierigkeit liegt in der Beherrschung dieser Technik. Der Gesprächspartner darf nicht merken, dass seine Position oder Vorstellung sokratisch hinterfragt wird. Bemerkt er dies, fühlt er sich vorgeführt. Für die Mediation wäre das kontraproduktiv. Das zweite Problem liegt darin, dass der Mediator diese Technik nicht benutzen darf, eigene Vorstellungen von „richtig" oder „falsch" zu transportieren. Der geübte Fragesteller könnte dies erreichen, indem er dem Gesprächspartner über sokratische Fragen nur die Chancen eines Einigungsvorschlags erkennen und die Gefahren unter den Tisch fallen lässt. Im Glauben, eine eigene Meinung gebildet zu haben, übersieht die Partei dann, dass es sich nur um die subjektive Meinung des Mediators handelt, die ihrerseits hinterfragt zu werden verdient.

f) **Schweigen als Frage.** Definiert man eine Frage als Aufforderung, eine **69** Mitteilung zu machen, kann auch das Schweigen des Mediators zur Frage werden. Menschen empfinden Stille als unangenehm und tendieren dazu, Stille durch Worte zu füllen. Bereits wenige Sekunden reichen aus, um das Mitteilungsbedürfnis auszulösen. Die Zielrichtung der „schweigenden Frage" richtet sich dabei nach der Gesprächssituation, in die der Adressat das Schweigen einordnet. Nach einer deutlich übertriebenen Sachverhaltsdarstellung wird das Schweigen des Mediators Unsicherheit bei der vortragenden Partei auslösen und diese zu einer vorsichtigen Abschwächung anregen. Wenn einer Seite das Sprechen wegen eigener emotionaler Betroffenheit sichtlich schwergefallen ist, signalisiert der Mediator durch das von einem freundlichen Lächeln begleitete Schweigen, dass er der Partei Zeit gibt, die eigenen Gedanken zu ordnen. Das Schweigen des Gesprächspartners deutet immer darauf hin, dass dieser weitere Aussagen erwartet. Schweigen reizt damit zumindest zu der Klarstellung, dass man mehr nicht zu sagen hat. Auch das ist eine wichtige Information.

g) **Kumulierte Fragen.** Kumulierte Fragen bestehen in einer Serie von **70** Einzelfragen, ohne dem Adressaten eine Antwortgelegenheit zu geben: „Wann haben Sie den Fehlbestand in der Kasse zum ersten Mal entdeckt? Haben Sie sich sofort um Klärung bemüht? Wie ging das vonstatten? Wie hat Ihr Kompanion auf die Entdeckung reagiert?" Solche Fragesalven dienen nicht der Klärung der Angelegenheit, sondern sollen den Adressaten irritieren. Dieser fühlt sich in die Ecke gedrängt. Ein Rechtfertigungs- und

Erklärungsdruck wird aufgebaut. Die Mediation vermeidet diese Fragetechnik, weil sie nicht der angestrebten offen Gesprächsatmosphäre dient. Ein Mediator stellt immer Einzelfragen und wartet deren Beantwortung vor der nächsten Frage ab. Es kann aber sein, dass eine der Parteien zu solchen Mitteln greift und die Gegenseite unmittelbar mit einer kumulierten Frage konfrontiert. Um Irritationen zu vermeiden, greift der Mediator dann ein. Entweder er macht dem Fragesteller deutlich, dass es so nicht geht, indem er ihn zur Neuformulierung zwingt: „Das waren jetzt so viele Fragen auf einmal, dass ich Ihnen nicht folgen kann. Was war noch einmal ihre erste Frage an Herrn X?" Oder er greift die Frage selbst auf und stellt sie neu: „Das war ja eine ganze Reihe von Fragen. Wir sollten der Reihe nach vorgehen, um den Überblick zu behalten. Die erste Frage an Sie, Herr X, war, ob sie sich erinnern, wann sie zum ersten Mal den Fehlbestand bemerkt haben?" Wenn die Gegenseite die kumulative Frage nicht zu Einschüchterungszwecken bewusst strategisch eingesetzt hat, wird sie die Folgefragen nach Aufforderung der Mediators dann einzeln nacheinander stellen.

71　　h) **Wertende und rhetorische Fragen.** Es gibt Fragen, die gar nicht auf eine Antwort zielen, sondern selbst bewerten, also eine Aussage treffen wollen. Solche Fragen fallen durch ihre Konstruktion auf; oft folgt die eigentliche Frage der Aussage als Anhängsel nach: „Es war doch zumindest eine Unverschämtheit, den Fehlbetrag in der Kasse so lange vorsätzlich zu verbergen, oder nicht?" Dem Adressaten wird ein Verhalten unterstellt, das sogleich bewertet wird, ohne dass sich der Adressat hierzu äußern kann. Ähnlich sind rhetorische Fragen einzuordnen, in denen die Antwort bereits einseitig angelegt ist: „Wäre es nicht, um Himmels Willen, besser gewesen, die Kassendifferenz gleich ehrlich offenzulegen und sich zu Ihrer Verantwortung zu bekennen?" Auch hier hat die Frage einen größeren Aussagegehalt als die mutmaßliche Antwort. Der Mediator stellt solche Fragen nicht, weil sie ihn parteilich erscheinen lassen würden.[59] Daneben verletzt diese Frageform auch ein wichtiges Prinzip der Mediation: Sachverhaltsermittlung und Bewertung werden in getrennten Phasen vorgenommen und nicht miteinander verquickt. Der Mediator lässt deshalb auch nicht zu, dass eine Partei diese Frageform verwendet: „Wenn ich Sie richtig verstehe, wundern sie sich, warum die Kassendifferenz nicht früher erkannt wurde. Das setzt voraus, dass es eine solche Kassendifferenz gab, worüber ich bisher nichts weiß. Fangen wir doch damit an. Gab es einen Kassenfehlbestand?" Der Mediator nimmt die Wertung aus der Frage heraus, indem er diese umformuliert. Gleichzeitig strukturiert er das Gespräch, indem er die Frage in ihre einzelnen Aspekte unterteilt und einer gesonderten Erörterung zuführt.

---

[59] *Kovach*, Mediation, S. 94.

4. Entscheidung für einzelne Fragetechniken

Der Mediator muss die richtige Frageform zum richtigen Zeitpunkt **72** finden. Die Fallkonstellationen und insbesondere die Persönlichkeit der Mediationsteilnehmer sind zu unterschiedlich, um eine allgemeine Regel aufstellen zu können. Da die Mediation eine Lösung anstrebt, die wirtschaftliche, rechtliche und persönliche Aspekte des Konflikts einbezieht, wird eine breite Informationsbasis benötigt, um eine Einigung zu finden. Der Einsatz von offenen oder halboffenen Fragen ist in der Wirtschaftsmediation verbreiteter als im Gerichtsprozess, wo es nur um die Erfüllung eines gesetzlichen Tatbestands geht, wofür wiederum die Einzelabfrage der Tatbestandsmerkmale durch geschlossene Fragen genügt. Die Geschwindigkeit, mit der die Phase der Informationsermittlung durchlaufen wird, ist kein Maßstab für die Qualität der Mediation. Der Mediator darf sich für das Stellen der Fragen Zeit lassen. Regelmäßig beginnt der Mediator mit offenen Fragen, um einen Gesamtüberblick über regelungsbedürftige Themen zu gewinnen. Durch halboffene und schließlich geschlossene Fragen können er und die zuhörende Gegenseite dann Details erfahren. Erst im Anschluss daran wird der Mediator, wenn überhaupt, suggestive oder sokratische Fragemethoden einsetzen, um erkannte Widerstände zu überwinden. Diese Hinweise zum Einsatz bestimmter Fragetechniken sind vage. Sicher ist aber, dass der Mediator die einzelnen Fragetechniken und ihre Wirkungsweise kennen muss, um die Fragen situationsbezogen richtig einzusetzen und mit störenden Fragen einer Partei sachgerecht umzugehen. Der Mediator kann nicht bereits vor Beginn der Mediation planen, wann er welche Fragetechnik anwenden wird. Der zielgerichtete Einsatz in einem laufenden Mediationsverfahren ist dagegen möglich, nachdem der Mediator den konkreten Konflikt und die individuellen Konfliktparteien kennen gelernt hat.

5. Ausweichmanöver des Befragten

Manche Fragen werden nicht beantwortet. Oft liegt das schlicht daran, **73** dass der Adressat die Frage anders verstanden hat, als sie der Fragesteller gemeint hatte. Häufiger antwortet die befragte Partei bewusst nicht, weil sie unangenehm berührt ist oder den Inhalt der geforderten Antwort nicht preisgegeben möchte. In unserem Kulturkreis gilt es als unhöflich, die Beantwortung einer Frage ausdrücklich zu verweigern. Deshalb nimmt der Adressat zu Ausweichmanövern Zuflucht. Bei unerfahrenen Parteien ist dieses Ausweichen sofort erkennbar. Sie drucksen herum oder verwenden hinhaltende Floskeln wie „Das ist schwer zu sagen." Geübte Verhandler gehen geschickter vor. Eine Möglichkeit besteht darin, die gestellte Frage zu problematisieren: „Ihre Frage ist falsch gestellt. Worauf es doch eigentlich ankommt, ist ..." Auch Gegenfragen lenken von der verweigerten Antwort ab: „Das ist eine interessante Frage. Kennen Sie zufällig den Hintergrund für die von Ihnen angesprochene Entwicklung?" Beliebt ist auch die Technik, den Frageinhalt von der eigenen Person wegzuleiten und zu generalisieren, indem man als Antwort die Aussage anderer Personen anbietet: „Eine schwierige Frage. Wie Sie vielleicht wissen, ist die Haltung der Katholischen Kirche hierzu …". Schließlich kann man die Frage auch auf subtile Weise ignorieren, indem man eine Antwortbereitschaft erklärt, dann aber tatsächlich zu einem anderen Themenkreis spricht: „Bevor ich Ihre Frage beantworte, möchte ich noch einmal auf den eben erörterten Punkt zurückkommen …".[60]

74 Der Mediator achtet in der Wirtschaftsmediation darauf, welche Fragen beantwortet werden und welche nicht. Die Nichtbeantwortung signalisiert, dass gerade das angesprochene Thema für den Konflikt wichtig ist. Das ist der naheliegendste Grund, warum eine Partei der Antwort ausweicht. Erkannte Ausweichmanöver vermitteln wichtige Informationen. Der Mediator wird fortan auf dieses Fragethema besonders achten. Vorher räumt er die Möglichkeit aus, dass seine Frage einfach nicht richtig verstanden worden ist. Dazu formuliert er seine Frage um; er stellt sie sozusagen neu. Weicht die Partei wiederum aus, macht der Mediator klar, dass er dies bemerkt hat: „Ich möchte meine Frage zurückziehen. Vielleicht können wir zu einem späteren Zeitpunkt noch einmal darauf zurückkommen." Das weitere Vorgehen hängt dann vom konkreten Konflikt ab. Die Partei ist nicht verpflichtet, Fragen zu beantworten und das kann der Mediator in geeigneten Fällen klarstellen. In seiner Zusammenfassung wird der Mediator diesen Themenkreis auch als offensichtlich heikel und schwierig herausstellen, um auf diese Weise eine offene Diskussion anzuregen: „In den bisherigen Gesprächen hatte ich den Eindruck, dass es Ihnen beiden nicht leicht fällt, über den Vorfall am 12. Dezember zu sprechen. Ich schlage vor, dass wir diesen Themenkreis daher zunächst ausklammern. Ich kann dabei aber nicht beurteilen, ob nicht gerade dieser Punkt für den Fortgang der Verhandlungen wichtig ist." Der Mediator muss aufpassen, die Partei dabei nicht wegen ihrer verweigerten Antwort zu brüskieren. In den meisten Fällen wird der Mediator die Partei in einem späteren Einzelgespräch erneut um ein Beantwortung bitten und nach den Gründen für die Nichtbeantwortung fragen: „Ich hatte den Eindruck, es ist Ihnen unangenehm gewesen, in Anwesenheit von Herr X über das Thema Y zu sprechen. Liege ich da richtig? Können Sie mir dazu jetzt, in unserem vertraulichen, Gespräch etwas sagen?"

---

[60] Politiker beherrschen diese Ausweichmanöver meisterhaft. Es ist für die Schulung eigener Verhandlungsfähigkeiten daher instruktiv sich bei einer Talkshow im Fernsehen einmal für eine Viertelstunde allein darauf zu konzentrieren, mit welchen Techniken die Beantwortung einer konkreten und präzisen Frage des Moderators vermieden wird.

VI. Umgang mit Emotionen

Offene Emotionen kommen in der Wirtschaftsmediation seltener vor als 75 in der Familienmediation, wo sich die trennungswilligen Partner nach der zerbrochenen Beziehung in einer als existentiell empfundenen persönlichen Krise befinden.[61] In der Wirtschaftsmediation ist die emotionale Distanz der Teilnehmer zum Konflikt regelmäßig größer. Oft nehmen Firmenvertreter für ihr Unternehmen an dem Verfahren teil, die durch die Vorgeschichte des Konflikts und dessen Entstehung nicht unmittelbar persönlich tangiert werden. Der Streit ist einer unter vielen. Gleichwohl hat jeder Teilnehmer eine eigene emotionale Haltung zum Verhandlungsgegenstand. Sind Konfliktpartei und Teilnehmer identisch, etwa im Streit zweier Mitgesellschafter oder in der Erbauseinandersetzung, muss der Mediator offene Emotionen in der Verhandlung erwarten. Konfliktunerfahrene Parteien empfinden die Verhandlung als Stresssituation, was den Ausbruch von Emotionen fördert. Emotionen eskalieren leicht. Die typische Reaktion auf Emotionen des Gesprächspartners ist der eigene Emotionsausbruch. Wut und Enttäuschung, Abneigung und Rachegelüste können unterschwellig den Konflikt beherrschen und so den Ausgang des Verfahrens in die eine oder andere Richtung beeinflussen. Emotionen sind weder gut noch schlecht, sie sind einfach da. Weil sie häufig genug die eigentliche Triebfeder des Verhaltens der Parteien sind, können Emotionen in der Mediation nicht einfach ignoriert werden. Der Mediator braucht daher eine Richtschnur, wie er mit auftauchenden Emotionen konstruktiv umgeht.[62]

1. Bedeutung für die Konfliktlösung: schädlich und wertvoll

Emotionen haben für die Wirtschaftsmediation eine janusköpfige Be- 76 deutung. Sie sind schlecht für das Verfahren selbst, weil sie rationales Verhandeln verhindern. Emotionen sind wertvoll für das Erreichen einer Einigung, weil die Befriedigung emotionaler Interessen den Parteien oft ebenso wichtig ist wie die geldwerte Leistung. Zwischen beiden Aspekten ist also zu differenzieren.

Eine Partei, die stark erregt ist, kann sich nicht gleichzeitig auf eine 77 nüchterne Analyse des Verhandlungsgegenstands konzentrieren. Niemand schäumt vor Wut und analysiert gleichzeitig sachlich alle Handlungsalternativen. Emotionen trüben und verzerren die Wahrnehmung der Realität. Darüber hinaus haben Emotionen auch einen unmittelbaren Effekt auf die Gegenseite, indem sie dort ebenfalls Emotionen erzeugen. Wer verhandelt

---

[61] Vgl. dazu schon oben § 1, Rdn. 64 ff.
[62] *Moore*, Mediation Process, S. 164 ff.

schon gerne mit einem weinenden Teilnehmer oder mit einem Kontrahenten, der seine Wut gerade in einem Schreianfall artikuliert hat. Emotionen erschweren so die Kommunikation zwischen den Parteien. Das gilt auch für „positive" Emotionen. Wer mit einem langjährigen Freund, für den er große Sympathie empfindet, über einen Kredit verhandelt, wird die eigenen Interessen im Zweifel vernachlässigen.[63] Gerade diese Konfliktscheu führt aber zu Problemen, wenn der Kredit später nicht zurückgezahlt wird. Ziel der Mediation ist es daher, Emotionen den Einfluss auf den Verfahrensgang zu nehmen. Dahinter steht das Grundanliegen des Harvard-Verhandlungskonzepts, das zu verhandelnde Problem von der Person des Verhandlungspartners und somit auch von dessen Emotionen zu trennen.[64]

78 Gleichzeitig sind Emotionen häufig Teil des Problems selbst. Der Architekt, der seine Honorarforderung durchsetzen will, fühlt sich in seiner künstlerischen Ehre getroffen, weil der Auftraggeber von einem „08/15-Entwurf" spricht und deshalb die vollständige Zahlung ablehnt. Die eigentliche Motivation des Unternehmens, seinen ausgeschiedenen langjährigen Geschäftsführer auf Schadensersatz zu verklagen, ist die Enttäuschung über dessen unerwartete Kündigung. Emotionale Interessen können dabei so stark sein, dass sie für eine Beilegung des Streits zwingend befriedigt werden müssen. Sie dominieren das zu verhandelnde Problem. Es ist also erforderlich, die Emotion zu erkennen und in die Streitlösung einzubeziehen. Emotionale Interessen haben dabei den Vorteil, dass sie einfach und billig zu befriedigen sind, wenn man den Aufwand in Geld beziffert. Die ausdrückliche Anerkennung der Architektenleistung kostet ebenso wenig wie die Erläuterung der familiären Gründe, die den Geschäftsführer zum Jobwechsel veranlasst haben. Verletztes Ehrgefühl und Enttäuschung als wesentliche Einigungshindernisse lassen sich also relativ leicht aus dem Weg räumen. Die Befriedigung von Emotionen ist ein wertvoller Mosaikstein zur Beilegung des Konflikts.

2. Aufgabe des Mediators

79 Wie der Mediator am besten mit Emotionen umgeht, ergibt sich aus deren skizzierter Bedeutung für den Verhandlungsverlauf und das Verhandlungsergebnis. Der Mediator muss auftretende Emotionen so besänftigen, dass sie die sachliche Verhandlung nicht stören. Gleichzeitig ist es seine Aufgabe, Gefühle und Motive insoweit sichtbar zu machen, dass die Parteien sie als Teil des Problems erkennen. Diese Emotionen muss der Mediator also thematisieren und in die Lösungssuche einbeziehen. Die gleich-

---

[63] *Haft,* Verhandeln, S. 188.
[64] *Fisher/Ury/Patton,* Harvard-Konzept, S. 39 ff., und oben § 2, Rdn. 46.

zeitige Erfüllung beider Aufgaben kann einer Quadratur des Kreises gleichkommen.

Bei allem ist sicher: Der Mediator ist kein Therapeut.[65] Es ist nicht seine **80** Aufgabe, die persönlichen Probleme des Teilnehmers zu bewältigen und als Hobbypsychologe[66] aufzutreten. Die Parteien kommen zum Mediator mit einem konkreten wirtschaftlichen Konflikt und nicht, um ihre Persönlichkeitsprobleme oder sonstigen Beziehungsschwierigkeiten auszubreiten und analysieren zu lassen. Die in der amerikanischen Mediationsszene geführte Diskussion, ob es nicht eigentliches Ziel der Mediation sein sollte, die Konfliktlösungskompetenz der Teilnehmer ohne Rücksicht auf den konkreten Streit zu stärken,[67] hat in der Wirtschaftsmediation nichts zu suchen.

3. Praktische Umsetzung

Wie geht der Mediator praktisch mit auftauchenden Emotionen um, die **81** die Verhandlung stören? Die erste Antwort hierauf ist, die Mediation so zu strukturieren, dass störende Emotionen gar nicht erst entstehen. Aus diesem Grund beschränkt sich die erste Phase der Mediation darauf, eine vertrauensvolle Arbeitsatmosphäre herzustellen, anstatt gleich mit der emotionsgeladenen Diskussion des Konflikts zu beginnen.[68] Durch das Aktive Zuhören signalisiert der Mediator Verständnis, das störende Emotionen nicht entstehen lässt.[69]

Trotz guter Vorbereitung kann es im Verhandlungsverlauf zu Emotio- **82** nen kommen. Was kann der Mediator beim wortreichen Wutausbruch einer Partei tun? Die eiserne Regel, die der Mediator befolgen sollte, überrascht: Die beste Reaktion ist, jede Reaktion zunächst zu unterlassen.[70] Emotionen sind der Vernunft nicht zugänglich. Wenn wir jemandem sagen, dass er sich zu Unrecht ärgert und sich doch beruhigen soll, es sei doch alles gar nicht so schlimm, trägt das nicht zu seiner Beruhigung bei, sondern macht ihn noch wütender. Deshalb kann der Mediator mit den Parteien über das Für und Wider solcher Gefühle nicht debattieren. Im Regelfall gießt er damit nur Öl auf das emotionale Feuer. Die andere denkbare Reaktion wäre, selber Emotionen zu zeigen, etwa indem man

---

[65] Zurecht *Kovach*, Mediation, S. 36.

[66] Damit ist natürlich nicht gesagt, dass Psychologen keine Mediatoren sein können. Wenn sie als Mediator tätig werden, tun sie das aber nicht als Psychotherapeut.

[67] *Bush/Folger*, The Promise of Mediation, passim. Beide argumentieren, nur auf diese Weise ließe sich dauerhaft eine bessere Gesellschaft erreichen.

[68] Ähnlich *Haft*, Verhandeln, S. 187.

[69] Vgl. dazu § 7, Rdn. 39.

[70] *Fisher/Ury/Patton*, Harvard-Konzept, S. 58 f.; *Haft*, Verhandeln, S. 186 ff.

zurückbrüllt oder Mitgefühl ausdrückt. Das dämpft Emotionen aber nicht, sondern schaukelt sie nur weiter auf. Aus dem bisher im Vordergrund stehenden Sachkonflikt der Parteien wird schnell ein Beziehungskonflikt zwischen Partei und Mediator. Die Mediation wird so scheitern. Die einzige Alternative für den Mediator ist Abwarten und Zuhören. Das fällt deshalb so schwer, weil wir Emotionen unserer Gesprächspartner als unangenehm empfinden. Wir möchten diese deshalb möglichst umgehend durch eigene Aktionen beseitigen. Emotionen, die durch einen Gefühlsausbruch ausgelebt werden können, ebben von selber ab. Werden die Emotionen zu stark, unterbricht der Mediator die Verhandlung und verkündet eine kurze Pause, die der Abkühlung dient. Die Fortsetzung der Verhandlung kann, besonders bei sehr heftigen, die Verhandlungen massiv störenden Emotionen, in Einzelgesprächen erfolgen.[71] Die Rückkehr zur rationalen Verhandlung gelingt dann später dadurch, dass der Mediator die Emotion schlicht benennt und thematisiert: „Ich sehe, dass sie sehr wütend sind. Können Sie mir den Hintergrund für ihre Wut erklären?" Wer so seine eigene Emotionen erklären muss, kann diese nicht gleichzeitig weiter ausleben. Für den Mediator liegt die Schwierigkeit in dieser Überleitungsphase darin, nicht provokant zu wirken.

83   Emotionen kommen nicht aus dem Nichts. Nur was uns wichtig ist, regt uns auf oder macht uns traurig. Menschen flüchten sich in Emotionsausbrüche, wenn sie sich in der laufenden rationalen Diskussion überfordert fühlen. Der Mediator muss deshalb darauf achten, was den Emotionsausbruch ausgelöst hat. So gewinnt er wichtige Einsichten, welche Aspekte den Konflikt unterschwellig beherrschen. Diesen Punkt kann er später in einer weniger aufgeheizten Atmosphäre, etwa in einem Einzelgespräch mit der Partei, erneut ansprechen.

84   Auch die Gegenseite erlebt den emotionalen Ausbruch des Kontrahenten. Geht der Emotionsausbruch mit Verbalattacken einher, wird der Drang groß, heftig zu reagieren. Im Zweifel weiß die Partei nicht, dass man Emotionen am besten mit Ruhe und Abwarten begegnet. Der Mediator muss die spontane Reaktion unterdrücken, weil die Emotionen sich sonst gegenseitig verstärken und die Situation schnell eskaliert. In einfachen Fällen mag es genügen, der zuhörenden Partei die Hand auf den Arm zu legen, um diese an der unmittelbaren Reaktion zu hindern. Ansonsten hilft auch hier nur die zeitweise Aussetzung der Verhandlung: „Ich verstehe, dass beide Seiten durch diesen Konflikt emotional sehr berührt und wütend sind. Es war auch von Anfang an klar, dass Differenzen bestehen, denn sonst säßen Sie beide nicht hier. Gleichwohl glaube ich nicht, dass wir so, wie die Verhandlung derzeit läuft, einer Lösung näherkommen. Ich persönlich kann unserem Gespräch jedenfalls nicht

---

[71] *Moore*, Mediation Process, S. 167.

mehr konzentriert folgen. Wir werden die Verhandlung daher, Ihr Einverständnis vorausgesetzt, für eine Viertelstunde unterbrechen. Danach werden wir uns zunächst darüber unterhalten, wie wir weiter verfahren wollen." Auf diese Weise dreht der Mediator die Diskussion von emotional befrachteten Inhaltsfragen zu nüchternen Verfahrensfragen zurück, was zur Abkühlung der Emotionen beiträgt. Alternativ kann die Mediation auch mit Einzelgesprächen fortgesetzt werden, wo in Abwesenheit der Gegenseite Gefühle leichter artikuliert und besser abgebaut werden können.

Übrig bleiben die Emotionen, die Bestandteil des Konflikts und daher **85** wertvoll für die Lösungssuche sind, weil sie der Einigung im Wege stehen. Der Mediator muss diese Emotionen zunächst erkennen. Das ist schwierig, weil kaum jemand seine eigene Gefühlswelt offen ausbreitet.[72] Der Architekt wird seine Honorarforderung sachlich begründen und nicht freimütig erklären, er fühle sich dadurch gekränkt, dass sein Entwurf als „08/15" abqualifiziert worden sei. Der Mediator muss dieses Gefühl der Partei daher aus ihren sonstigen Äußerungen ableiten. Die Gefahr von Fehlinterpretationen ist groß. Dem begegnet der Mediator durch Aktives Zuhören. Er verbalisiert seine Wahrnehmung und lässt sich die Richtigkeit der Zusammenfassung bestätigen:[73] „Sie sagen, es sei eine Unverschämtheit ihren detaillierten Gestaltungsvorschlag als „08/15-Entwurf" zu bezeichnen. Wenn ich Sie richtig verstehe, fühlen Sie sich als anerkannter Architekt persönlich angegriffen. Sie erwarten, dass man ihre Arbeit zumindest respektiert, auch wenn man den künstlerischen Ansatz im Einzelfall vielleicht nicht teilt. Ist das so richtig?" Bestätigt der Architekt diese Zusammenfassung, ist das emotionale Interesse zweifelsfrei definiert. Damit dieses Interesse später nicht vergessen wird, hält es der Mediator schriftlich fest.

VII. Caucus: Einzelgespräche mit dem Mediator

Der Mediator kann Einzelgespräche mit den Parteien dazu einsetzen, **86** den Sachverhalt und die Parteiinteressen zu ermitteln. Diese Einzelgespräche, die als „Caucus" bezeichnet werden, kommen auch in den späteren Phasen der Mediation häufig vor. Nachfolgend wird dargestellt, wie der Mediator solche Einzelgespräche vorbereitet und führt und welche Nachteile mit dieser Mediationstechnik verbunden sind.

---

[72] Gefühle oder Emotionen offen einzugehen, ist vielen Menschen peinlich. Der soziale Verhaltenskodex scheint zu verlangen, dass Emotionen unterdrückt und nicht ausgelebt werden.

[73] Vgl. dazu schon oben § 7, Rdn. 29.

1. Erfolgsgeheimnis oder Geheimverfahren?

87 Während über die Grundstruktur des Mediationsverfahrens weitgehend Einigkeit besteht, scheiden sich die Geister am Einzelgespräch des Mediators mit den Parteien. Viele Mediatoren lehnen solche Gespräche als „Geheimverfahren" schroff ab, da sie den konsensorientierten und vertrauensbildenden Charakter der Mediation gefährdet glauben. Andere sehen dagegen in Einzelsitzungen mit den Parteien das eigentliche Erfolgsgeheimnis der Mediation. Sie verweisen darauf, dass es gerade diese Unterredungen sind, die den maßgeblichen Unterschied zum Prozess und Schiedsverfahren darstellen, wo dem Richter das Einzelgespräch mit den Parteien verwehrt bleibt.[74]

88 In der anhaltenden Diskussion, die bisweilen zur Glaubensfrage eskaliert, scheint niemand genau zu wissen, was ein „Caucus" überhaupt ist und wie er durchgeführt wird. Die Unsicherheit fängt schon bei dem seltsamen Begriff des Caucus an. In der englischen Sprache bezeichnet er das Treffen von Wählern einer bestimmten politischen Partei, die Delegierte oder Kandidaten bestimmen.[75] Ein Bezug dieser Definition zur Mediation ist nicht erkennbar, so dass der Begriff nebulös bleibt. Die nachfolgenden Ausführungen erläutern die praktische Durchführung der Einzelsitzungen und nehmen Stellung zu den Vorzügen und Fallstricken, die mit dieser Mediationstechnik verbunden sind.

2. Praktische Durchführung

89 Auch wenn die Mediation nicht in das Korsett einer förmlichen Verfahrensordnung gezwängt wird, ist der Ablauf der Mediation nicht beliebig. Der Mediator muss gewisse Regeln beachten, um das sonst drohende Abgleiten in eine unstrukturierte und damit auch unproduktive Diskussion des Konfliktes zu vermeiden. Für die Mediationsphase des Caucus sind dabei folgende Aspekte zu berücksichtigen.

90 **a) Vereinbarung der Parteien.** Das Einzelgespräch einer Partei mit dem Mediator setzt voraus, dass beide Konfliktparteien solchen Gesprächen ausdrücklich zugestimmt haben. Die einseitige Kontaktaufnahme einer Partei mit dem Mediator, egal ob persönlich, schriftlich[76] oder telefonisch,

---

[74] Mit dem Berufsverständnis eines anstelle des Mediators angerufenen (Schieds-) Richters ist ein solches Einzelgespräch unvereinbar und würde zur Ablehnung wegen Befangenheit führen. Nach der Klarstellung in § 18 der Berufsordnung für Anwälte (Mediation als anwaltliche Tätigkeit) steht dagegen auch für den Anwaltsmediator die Vereinbarkeit solcher Einzelsitzungen mit §§ 43a IV BRAO, 356 StGB außer Frage, vgl. *Henssler*, in: Mediation für Juristen, S. 75 (79ff.).

[75] So die Definition in Black's Law Dictionary, 6. Aufl. 1990, Stichwort: Caucus.

[76] Es kommt bisweilen vor, dass sich eine Partei schriftlich an den Mediator mit der Bitte wendet, die sodann mitgeteilten Informationen vertraulich zu behandeln.

hat mit einem Caucus nichts zu tun und ist unzulässig. Solche Gespräche würden jedenfalls in den Augen der Gegenseite die Neutralität des Mediators in Frage stellen. Auf die Unzulässigkeit eines solchen Vorgehens weist der Mediator die Parteien daher ganz zu Beginn des Verfahrens hin.[77]

Über die grundsätzliche Möglichkeit von Einzelgesprächen berichtet der **91** Mediator in seinen einleitenden Ausführungen.[78] Zu diesem Zeitpunkt steht aber noch nicht fest, ob solche Gespräche sinnvoll sind. Die Parteien können in dieser früher Phase nicht beurteilen, ob Einzelsitzungen eine Konfliktbeilegung später fördern oder nicht. Der Mediator beschränkt sich daher auf einen bloßen Hinweis, eine Vereinbarung über die Durchführung solcher Gespräche unterbleibt. Erst wenn die Mediationsverhandlung an einem Punkt angelangt ist, wo ein Einzelgespräch Sinn macht – etwa bei einem unüberbrückbaren Verhandlungsstillstand – spricht der Mediator[79] diese Verfahrensweise erneut an. Er erläutert den Caucus jetzt ausführlicher, insbesondere im Hinblick auf die vertrauliche Behandlung darin mitgeteilter Informationen. Beide Parteien müssen dann in der konkreten Verhandlungsphase den Einzelgesprächen zustimmen und eine Einigung über die Reihenfolge der Gespräche erzielen. Die einmal erteilte Zustimmung wirkt nicht fort. Sollen zu einem späteren Zeitpunkt weitere Einzelgespräche stattfinden, ist hierfür ein erneuter ausdrücklicher Konsens der Parteien erforderlich.

b) Zeitliche Einordnung. Das Einzelgespräch mit dem Mediator folgt **92** zeitlich immer einer vorangegangenen gemeinsamen Verhandlung mit allen Streitparteien nach. Die Parteien müssen zunächst Klarheit darüber gewinnen, wie die Gegenseite den Konflikt sieht und in welchen Punkten unterschiedliche Auffassungen und Interessen bestehen.[80] Erst wenn eine Seite die gegnerische Sichtweise grundsätzlich verstanden hat, kann es sinnvoll sein, sich über das weitere Vorgehen in Einzelgesprächen mit beratenden Anwälten oder eben auch dem Mediator Klarheit zu verschaffen.[81] Abgesehen von dieser Grundregel, die Mediation immer mit einer gemeinsamen Verhandlungsrunde zu beginnen, gibt es für die zeitliche Einordnung von Einzelgesprächen keine festen Vorgaben. Vom Mediator, der die Anregung zum Einzelgespräch gibt, wird hier großes Fingerspit-

---

Ein solches Vorgehen ist mit der Mediation unvereinbar. Der Mediator muss solche Schriftsätze ungelesen zurückweisen.

[77] Vgl. dazu oben § 4, Rdn. 24.

[78] Vgl. § 6, Rdn. 12.

[79] Da der Mediator die Verhandlungsleitung hat, ist es relativ selten, dass die Parteien von sich aus den Wunsch nach Einzelgesprächen äußern. Tun sie dies, nimmt der Mediator den Gedanken auf und erörtert dieses Vorgehen mit beiden Seiten.

[80] *Kovach*, Mediation, S. 25.

[81] Ähnlich *Duve/Zürn*, ZKM 2001, S. 108 (109).

zengefühl verlangt: Oft kommt der Vorschlag zu früh und unterbricht so die Verhandlung zu einem Zeitpunkt, wo diese noch genügend Eigendynamik für eine unmittelbar von den Parteien erarbeitete Einigung gehabt hätte. Nicht jede Gesprächspause signalisiert einen unüberbrückbaren Verhandlungsstillstand, der zu alternativen Vorgehensweisen wie dem Caucus Anlass gibt. Auf der anderen Seite darf der Mediator das Einzelgespräch nicht erst anregen, wenn eine Einigung nach zermürbenden Verhandlungen in weite Ferne gerückt ist.[82] Auch im Caucus, den die Parteien in der verfahrenen Situation nur noch als verfahrensmäßigen „Notnagel" begreifen, wird es dem Mediator dann kaum gelingen, die festgefahrenen Positionen aufzubrechen.

93   Um die Wartezeit für die nicht am Einzelgespräch teilnehmende Partei überschaubar zu halten, vereinbart der Mediator mit den Parteien die jeweilige Gesprächsdauer. Der Mediator signalisiert seine Neutralität, indem er gleich viel Zeit in beide Einzelgespräche investiert. Die vereinbarte Dauer der Unterredung soll Zeitdruck vermeiden. Gleichzeitig darf die Wartezeit für die andere Seite nicht unzumutbar lang werden. Die situationsabhängige Entscheidung über den konkreten Zeitrahmen treffen die Parteien, die nach Beratung durch den Mediator zwischen den genannten Aspekten abwägen müssen. Für die Wirtschaftsmediation hat sich eine Gesprächsdauer von 15–45 Minuten als zweckmäßig erwiesen.[83] Sinnvoller als überlange Einzelunterredungen ist die Vereinbarung entsprechender Gesprächsintervalle. In sehr komplexen Verfahren[84] und in der Familienmediation[85] kann sich anbieten, die Einzelsitzungen an speziell hierfür anberaumten Terminen durchzuführen. Der Mediator kann sich dann mit einer Partei ohne Zeitdruck und ohne Rücksicht auf eine wartende Partei unterhalten.

94   c) **Gestaltung der Einzelsitzung.** Zu Beginn der Einzelsitzung versuchen die Parteien oft, den Mediator von der Richtigkeit ihrer Ansicht zu über-

---

[82] Zur Wahl des richtigen Zeitpunktes vgl. auch *Moore,* Mediation Process, S. 320 f.

[83] *Moore,* Mediation Process, S. 323, hält Intervalle von 1 Stunde für gerade noch tragbar.

[84] Hierzu gehören etwa die meisten Fälle der Umweltmediation, wo die Komplexität schon durch die Vielzahl beteiligter Parteien (Mehrparteien-Mediation) vorgegeben ist.

[85] Die Familien- oder Scheidungsmediation erstreckt sich unabhängig von der Komplexität des Konfliktes fast immer über 8–12 gesonderte Besprechungstermine, da bis zur Scheidung ohnehin das Trennungsjahr des § 1566 Abs. 2 BGB abzuwarten ist. Da so eine Vielzahl von Gesprächsterminen zur Verfügung stehen, können Termine auch ganz für Einzelgespräche reserviert werden. Die meisten anderen Mediationsverfahren (Wirtschaft, Schule) sind dagegen auf eine rasche Einigung ausgerichtet. Dort wird nur ein einzelner Verhandlungstermin anberaumt.

zeugen. Sie wollen den Mediator für ihre Position gewinnen. Zu tief ver-
wurzelt ist der am klassischen Richterbild ausgerichtete Glaube, der neutrale Dritte könne den Streit entscheiden oder habe jedenfalls maßgeblichen Einfluss auf dessen Ausgang. Viele Parteien fiebern der Chance
entgegen, dem Mediator endlich „ihre" Geschichte zu erzählen und seine
Zustimmung zu gewinnen. Der Mediator zeigt der Partei in dieser Situation zunächst, dass er ihre Ansichten inhaltlich versteht. Die dazu eingesetzten Mediationstechniken des „Aktiven Zuhörens"[86] oder des „Reframing"[87] helfen der Partei gleichzeitig, eine gewisse emotionale Distanz
zu ihrer eigenen Ansicht zu entwickeln und sich der eigenen Situation bewusster zu werden. In einem zweiten Schritt zeigt der Mediator sein Verständnis für die vorgetragenen Argumente und die Gemütsverfassung der
Partei. Der Mediator kann etwa äußern: „Ich kann aus Ihrer Sicht nachvollziehen, warum Sie sich hier ungerecht behandelt fühlen." Strikt davon
zu trennen ist die Demonstration von Einverständnis oder gar das Signalisieren einer positiven Unterstützung. Also nicht: „Sie haben in diesem
Punkt völlig recht. Wir (!) müssen nun überlegen, wie wir die Gegenseite
davon überzeugen." Der Mediator weist darauf hin, dass nicht er diesen
Streit entscheidet, sondern die Parteien eine einvernehmliche Regelung
treffen müssen. Was er selbst als Mediator denkt oder für richtig hält, ist
irrelevant und wird den Parteien daher auch nicht offengelegt. Es kommt
oft vor, dass eine Partei den Mediator bedrängt, doch jetzt „ganz vertraulich" seine Meinung zu sagen. Der Mediator wehrt dieses Ansinnen ab:
„Ich habe keine eigene Meinung zu diesem Konflikt und werde mir auch
keine bilden. Es ist auch ganz irrelevant, was ich denke. Nur wenn Sie sich
mit der Gegenseite einigen, wird die Verhandlung Erfolg haben."[88] Der
Mediator lenkt die Diskussion weg von einer Beurteilung der Vergangenheit hin zu einer Erörterung der noch bestehenden Einigungshindernisse.
Die Überleitung kann so aussehen: „Ich habe verstanden, worum es Ihnen
geht und wie Sie die Dinge sehen. Warum glauben Sie, kann sich die Gegenseite dieser Sicht der Dinge derzeit nicht anschließen?"

Der weitere Inhalt des Einzelgesprächs hängt vom Verfahrensstand ab.   **95**
Oft wird der bisherige Verfahrensablauf rekapituliert. Die Partei kann nun
Einzelheiten offen legen, die sie in Anwesenheit der Gegenseite nicht mitteilen wollte. Probleme der eigenen Verhandlungssituation werden mit
dem Mediator diskutiert. Der Mediator legt Wert darauf, dass die Partei
einen Perspektivenwechsel einnimmt, indem sie bestimmte Aspekte des

---

[86] Ausführlich dazu oben § 7, Rdn. 27.

[87] Vgl. dazu *Spangenberg*, MDR 1997, S. 425 ff., und unten § 7, Rdn. 122.

[88] Eine alternative Äußerung, wonach der Mediator seine persönliche Ansicht
zum Konflikt verschweigen will, können die Parteien leicht als Anzeichen für eine
Parteilichkeit deuten.

Konflikts aus Sicht der Gegenseite zu beurteilen sucht. Etwa: „Sie sehen also einen Grund für Streitigkeiten in der nach Ihrer Aussage schlechten Qualität der von Alpha gelieferten Waren? Was glauben Sie, wie beurteilt Alpha die Qualität seiner Produkte?" Hilfreich ist es, die Aufmerksamkeit der Partei zunächst weg von den emotional ganz im Vordergrund stehenden Meinungsunterschieden[89] hin zu den vielleicht für eine Einigung wichtigeren Gemeinsamkeiten zu lenken. Erste Lösungsmöglichkeiten werden angedacht und erörtert. In diesen Gesprächen verfallen die Parteien immer wieder darauf, den Mediator, wenn schon nicht um eine Entscheidung, so doch Hilfe suchend um Rat zu bitten. Der Mediator ist aber nicht dazu da und auch nicht befugt, den Parteien zu sagen, was sie tun sollen. Das muss er der Partei notfalls deutlich sagen. Durch geschickt gestellte Fragen erleichtert es der Mediator den Parteien, sich über ihre eigene und die Situation der Gegenseite Klarheit zu verschaffen, ohne selbst eine dominante oder belehrende Rolle einzunehmen. Die Fragen dienen auch der Gewinnung einer realistisch-kritischen Einschätzung der Sachlage, dem sogenannten „reality-testing". Mit der Beantwortung der Fragen des Mediators simuliert die Partei gleichzeitig die weitere Verhandlungsführung mit der Gegenseite und prüft, wie überzeugend sie die eigenen Interessen und Ansichten begründen kann.

96   **d) Überbrückung der Wartezeit für die andere Partei.** Was tut die andere Partei, während sich ihr Kontrahent mit dem Mediator im Caucus befindet? Es ist falsch, diesen Teilnehmer einfach im Nebenraum warten zu lassen, bis er an der Reihe ist. Untätige Warterei wird als nervtötend empfunden. In der wartenden Person kommt so leicht der subjektive Eindruck auf, der Mediator verbünde sich mit der Gegenseite. Die Untätigkeit führt zu Spekulationen, was wohl gerade im Nebenraum geredet und ausgeheckt wird. So entsteht eigene Unsicherheit und schließlich auch Misstrauen in das Mediationsverfahren insgesamt. Beide Faktoren gefährden eine Einigung.

97   Der Mediator muss die wartende Partei sinnvoll beschäftigen. Sie kann die Zeit dazu nutzen, den bisherigen Verhandlungsverlauf zu rekapitulieren und ihr weiteres Vorgehen zu planen. Da viele Menschen nicht in der Lage sind, die Wartezeit auf die bloße Anregung des Mediators hin selbst zu gestalten,[90] stellt der Mediator eine konkrete Aufgabe. Diese kann etwa

---

[89] Da die Partei sich in einer Konfliktsituation befindet, die ja gerade durch Meinungsunterschiede geprägt ist, werden diese Unterschiede unbewusst gesucht und regelmäßig überbewertet, während Gemeinsamkeiten unbeachtet bleiben. Der Mediator kann die Sichtweise der Partei hier refokussieren, indem er zunächst die Gemeinsamkeiten erörtert und erst von diesem Ausgangspunkt aus zu den eigentlichen Konfliktpunkten vordringt.

[90] Etwa: „Machen Sie sich doch in der Zwischenzeit mal Gedanken darüber, wie es weiter gehen soll?" Mit einer derart unbestimmten Aufforderung kann die Partei

in der schriftlichen Gegenüberstellung der strittigen und unstrittigen Punkte oder in einer nach Präferenzen geordneten Aufstellung der Parteiinteressen bestehen. Die konstruktive Nutzung der Wartephase fällt der Partei leichter, wenn sie einen sachkundigen Gesprächspartner hat, mit dem sie den bisherigen Verlauf der Mediation erörtern kann. Auch unter diesem Gesichtspunkt ist die Teilnahme beratender Rechtsanwälte sinnvoll.[91] Sind wegen der Komplexität des Konfliktes ausnahmsweise lange und intensive Einzelgespräche mit dem Mediator notwendig, ist die Vereinbarung ganz getrennter Gesprächstermine an unterschiedlichen Tagen der richtige Weg.

e) Shuttle-Diplomatie. Der Mediator verbindet den Caucus oft mit einer **98** „Shuttle-Diplomatie" (Pendeldiplomatie).[92] Dazu überbringt der Mediator Lösungsvorschläge, die er mit einer Seite in einem Einzelgespräch entwickelt hat, der Gegenseite. Die dort erörterten Aspekte trägt er dann zur anderen Seite zurück. Vorher hat der Mediator sich bezüglich der übermittelten Informationen und Vorschläge von seiner Verschwiegenheitspflicht entbinden lassen. Der Vorteil dieser Verfahrensweise liegt darin, dass die Partei, die den Vorschlag erhält, nicht spontan antworten muss. Es wird ihr so erleichtert, sich ohne den sonst verspürten Drang zur Kritik inhaltlich mit dem Vorschlag auseinander zu setzen und mögliche Änderungsvorschläge zu entwickeln. Diese Änderungs- oder Gegenvorschläge überbringt der Mediator dann wieder der anderen Seite, um die Diskussion voran zu bringen. Die Shuttle-Diplomatie wird meist in der vierten Mediationsphase (Verhandlungsphase) eingesetzt.[93]

f) Vertraulichkeit der Einzelsitzung. Ein Wesensmerkmal der Einzelsit- **99** zung ist die Vertraulichkeit des Gesprächsinhalts zwischen Partei und Mediator. Ohne eine ausdrückliche Freigabeerklärung ist der Mediator nicht befugt, ihm offenbarte Informationen, Ansichten oder Vorschläge der anderen Seite mitzuteilen. Auf diese Verschwiegenheitspflicht weist der Mediator am Beginn des Caucus noch einmal ausdrücklich hin. Anders verhält es sich mit der Tatsache, dass überhaupt eine Einzelsitzung stattfindet. Hierüber müssen beide Seiten im Voraus informiert sein und eine entsprechende Zustimmung erklären.

Auch wenn der Mediator den Wunsch nach vertraulicher Behandlung **100** von Informationen unbedingt akzeptieren muss, hindert ihn dies nicht

---

während der Wartezeit nichts anfangen und wird doch wieder ins gefährliche Grübeln kommen.

[91] Jedenfalls in der Wirtschaftsmediation empfiehlt sich grundsätzlich die Teilnahme von Parteianwälten, vgl. dazu ausführlich § 12, Rdn. 14 ff.

[92] *Risse*, NJW 2000, S. 1614 (1616 f.).

[93] Vgl. dazu unten § 9.

daran, diesen Wunsch zu hinterfragen. Oft sehen die Parteien nämlich einseitig die Risiken einer Offenlegung, ohne diese Risiken mit den korrespondierenden Chancen einer gewissen Freimütigkeit abzuwägen. So mag eine Partei zögern, auf die unproblematische Reparatur einer von ihr gelieferten Ware hinzuweisen, da sie mit der Reparaturbedürftigkeit auch die Mangelhaftigkeit konzediert. Die von beiden Seiten anteilig finanzierte Reparatur kann den Streit aber vielleicht sofort beenden. Die Partei kann auch einen Mittelweg gehen, indem sie dem Mediator erlaubt, einen eigenen Einigungsvorschlag – etwa die Reparatur zum halben Preis – im folgenden Gespräch als eigenen Gedanken aufzubringen, um zunächst die Reaktion der Gegenseite zu testen.[94] Zusätzliche Informationen helfen dem Mediator, die nachfolgenden Verhandlungen besser zu strukturieren. Inhaltlich können die vertraulichen Informationen zu einer Einigung aber nur beitragen, wenn sie schließlich offengelegt werden. Der Mediator spricht das Für und Wider einer Offenlegung daher oft von sich aus an und diskutiert dieses Problem mit den Parteien.

101 Nicht nur in komplexen Streitigkeiten besteht die Gefahr, dass nach einer ausführlichen Einzelerörterung nicht deutlich ist, welche Informationen der Mediator der anderen Seite mitteilen darf. Legt der Mediator eine vertrauliche Information versehentlich offen, gefährdet dies den Erfolg des Mediationsverfahrens. Daneben setzt sich der Mediator Haftungsrisiken aus. Am Ende jedes Einzelgespräches sollte daher die klare Abgrenzung stehen, was vertraulich bleibt und was nicht.[95] Zu diesem Zweck fasst der Mediator den Inhalt des Gespräches noch einmal zusammen. Die zur Offenlegung freigegebenen Angaben werden auf einem gesonderten Blatt Papier festgehalten.[96] Dieses kann der Mediator in der folgenden Erörterung mit der Gegenseite als Gedankenstütze nutzen.[97]

102 **g) Beispiel für den Vorschlag des Mediators.** Der Mediator hat die Parteien schon zu Beginn des Mediationsverfahrens über die Möglichkeit informiert, dass er mit jeder Seite vertrauliche Einzelgespräche führt. Ge-

---

[94] *Moore,* Mediation Process, S. 324.

[95] *Risse/Wagner,* in: Handbuch Mediation, § 38, Rdn. 87.

[96] Das schriftliche Festhalten der Punkte, welche zur Weitergabe an die Gegenseite freigegeben sind und welche nicht, ist unbedingt ratsam. Zum einen vermeidet dies Missverständnisse, zum anderen sichert sich der Mediator so auch gegen den Vorwurf einer unautorisierten Preisgabe von Informationen ab; vgl. auch *Kovach,* Mediation, S. 127.

[97] Diese Gedankenstütze dient auch dazu, dass der Mediator nicht die Mitteilung einer auftragsgemäß offenzulegenden Information vergisst. Oft stellt es eine Partei auch in das Ermessen des Mediators, eine Information mitzuteilen. Das ist nicht ungefährlich, da der Mediator über die Ausübung dieses Ermessens einen inhaltlichen Einfluss auf den Verhandlungsgegenstand gewinnt, der ihm in seiner neutralen Funktion an sich nicht zukommt.

langt die Mediation in eine Phase, in der der Mediator den Einsatz dieser Mediationstechnik für sinnvoll hält, unterbreitet der Mediator den Parteien einen entsprechenden Vorschlag. Der Vorschlag enthält die oben erläuterten Punkte und könnte etwa wie folgt aussehen:

„Ich denke, wir haben den streitigen Sachverhalt ausgiebig erörtert. Sie habe beide ihre Sichtweise des Konflikts anschaulich und für mich nachvollziehbar geschildert. Insofern empfand ich die Verhandlungen bisher als konstruktiv und zielführend. In den letzten Minuten habe ich aber den Eindruck gewonnen, dass wir uns im Kreis drehen und nicht recht weiterkommen. Stimmen Sie mir da zu? Ja. Dann möchte ich Ihnen einen Vorschlag für das weitere Vorgehen machen, der uns vielleicht einer Lösung näher bringt. Wie ich Ihnen bereits zu Beginn des heutiges Tages mitgeteilt habe, besteht die Möglichkeit, dass Sie mit mir getrennte Einzelgespräche führen, in denen Sie mir Ihre Positionen und Interessen noch einmal darlegen. Solche Gespräche helfen mir, Ihre Situation noch besser zu verstehen. Für Sie wäre diese Besprechung auch eine Gelegenheit, Ihre Lage und Ihre Handlungsoptionen noch einmal zusammen mit mir zu reflektieren. Diese Gespräche sind vertraulich. Ich werde dort mitgeteilte Informationen nur weitergeben, wenn Sie mich dazu ausdrücklich ermächtigen. Sie können mir in diesen Gesprächen daher auch Dinge mitteilen, die Sie bisher lieber für sich behalten haben. Ich habe die Erfahrung gemacht, dass solche Gespräche die Verhandlungen auch in scheinbar festgefahrenen Situationen voranbringen. Was halten Sie von dem Vorschlag?

...

Gut, nachdem Sie beide dem Vorschlag grundsätzlich zugestimmt haben, schlage ich vor, dass ich mich mit Ihnen jeweils für höchstens 20 Minuten in Ihrem Besprechungszimmer treffe. Die wartende Seite möchte ich bitten, sich mit ihrem Rechtsanwalt Gedanken darüber zu machen, welche für Sie neuen Aspekte in den Gesprächen zutage getreten sind und welchen Einfluss diese Aspekte auf den Konflikt haben. Bitte schreiben Sie die Ergebnisse Ihrer Überlegungen doch stichpunktartig auf. Ihr Einverständnis vorausgesetzt, werde ich so zwischen beiden Besprechungszimmern hin- und herpendeln. Spätestens um 12.00 Uhr treffen wir uns dann hier wieder gemeinsam im Verhandlungsraum, um das weitere Vorgehen zu besprechen. Sind Sie mit diesem Ablauf einverstanden? Gut. Dann müssen wir uns nur noch einigen, mit welcher Seite ich zuerst sprechen soll. Haben Sie einen Vorschlag?"

3. Chancen und Risiken der Einzelsitzung

103 Der Wert von Einzelsitzungen im Mediationsverfahren ist umstritten. Tatsächlich birgt ein solches Vorgehen Chancen und Risiken, die situationsbezogen gegeneinander abgewogen werden müssen.

104 **a) Größere Offenheit.** Eine Partei kann dem Mediator im Caucus Informationen geben, die sie der Gegenseite vorerst verschweigen möchte, weil sie einen negativen Einflusses auf das Verhandlungsergebnis befürchtete.[98] Die Verschwiegenheitspflicht des Mediators erlaubt der Partei eine rückhaltlose Offenheit. Der nachteilige Einfluss der Information auf einen Folgeprozess ist ausgeschlossen. Der Mediator gewinnt durch dieses vertrauliche Gespräch und die mitgeteilten Hintergründe ein vollständiges Verständnis des Konflikts. Diese Kenntnis ermöglicht es ihm, den weiteren Verhandlungsablauf effektiver zu gestalten. Oft sind es gerade die zunächst zurückgehaltenen Informationen, die den Weg zu einer Einigung bahnen. Die Parteien schätzen nämlich die Wirkung der Information auf die Gegenseite häufig falsch ein. Aus Furcht vor nachteiligen Auswirkungen werden die Chancen einer größeren Offenheit verkannt. Ein gutes Beispiel für dieses Verhaltensmuster sind uneingestandene Liquiditätsschwierigkeiten, die eine im Streit stehende Zahlung verhindern. Neben der Peinlichkeit des Eingeständnisses wird befürchtet, die Gegenseite werde sofort auf eine gerichtliche Klärung drängen. Tatsächlich ist die andere Partei aber bereit, auch eine Sachleistung als Erfüllung ihrer Forderung zu akzeptieren oder eine Ratenzahlungsvereinbarung zu treffen, um das klar zutage getretene Vollstreckungsrisiko zu vermeiden. Oder sie weiß bereits positiv um die Zahlungsprobleme und sieht gerade in der Scheinheiligkeit der Gegenseite ein Einigungshindernis. Der Mediator kann in den Einzelgesprächen das Für und Wider einer Offenlegung erörtern. Sein aus vorangegangenen Einzelgesprächen gewonnenes Sonderwissen ermöglicht es ihm, als ein „Informationsmakler" zwischen den Parteien tätig zu werden. Nach der Erörterung mit Mediator sind die Parteien dann oft bereit, zunächst zurückgehaltene Informationen in die Verhandlung einzuführen. Der Erfolg der Mediation hängt wesentlich davon ab, dass die Interessen der Parteien bekannt sind. Hierzu leistet der Caucus einen zentralen Beitrag.

105 **b) Beschleunigung des Mediationsverfahrens.** Tendenziell beschleunigt ein Einzelgespräch das Mediationsverfahren. Durch die vertraulich bleibenden Äußerungen erfährt der Mediator, ob überhaupt ein Einigungsspielraum besteht. Nennen etwa die Parteien in einem Konflikt, in dem ausschließlich über eine Geldzahlung gestritten wird, dem Mediator je-

---

[98] *Duve/Zürn*, ZKM 2001, S. 108 (109).

weils ihren Vergleichsspielraum und ergibt sich eine positive Schnittmenge, weiß der Mediator, dass die Einigung nur an einem Kommunikationsdefizit der Parteien scheitert. Durch eine geschickte weitere Steuerung der Verhandlung lässt sich hier eine rasche Einigung erreichen.[99] Umgekehrt kann der Mediator im Caucus auch erfahren, dass die Fortführung der Mediation sinnlos ist. Das gilt etwa dann, wenn die Mindestvorstellungen der Parteien zu weit auseinander liegen oder eine Seite das Mediationsverfahren bewusst nur zu Verzögerungszwecken einsetzt. In diesen Fällen kann der Mediator die Mediation abbrechen.[100] Der Mediator muss sich dabei bewusst sein, dass er die Divergenzen zwischen den Parteien möglicherweise zu Unrecht für unüberbrückbar hält. Dem Abbruch der Mediation sollte daher immer ein letztes Gespräch mit einem erläuternden Hinweis des Mediators vorausgehen, um den Parteien Gelegenheit zu geben, ihre Position noch einmal zu überdenken.

c) **Versachlichung der Verhandlung.** Der Mediator versachlicht die Verhandlung durch die Einzelsitzungen. In der gemeinsamen Verhandlungsrunde ist die Stimmung oft gereizt; die Parteien empfinden einen intuitiven Drang, auf Ausführungen und Vorschläge der Gegenseite spontan zu antworten. Im kontroversen Dialog unterbleibt dann eine konstruktive Auseinandersetzung mit den einzelnen Streitpunkten. Der Caucus ermöglicht die Auslagerung von Reizthemen und kann den Parteien eine Auszeit vom Verhandlungsstress gewähren. Die Parteien werden vom Spontanitätszwang befreit. Sie gewinnen Zeit zum Überlegen. Wenn der Mediator einen Einigungsvorschlag der Gegenseite überbringt, formuliert er ihn nüchterner und emotionsfreier als die Partei, die vielleicht von einem „Almosen" für die Gegenseite gesprochen haben mag. Der Mediator bestimmt und kontrolliert so das Verhandlungsklima.[101] Die den Vorschlag aufnehmende Partei muss diesen nicht sofort kommentieren. Die unbegrenzt zur Verfügung stehende Bedenkzeit führt zu einer sachlicher Erörterung. Gleichzeitig lassen sich eigene Optionen leichter formulieren und mit dem Mediator diskutieren, weil die Partei nicht befürchten muss, an diesem Vorschlag festgehalten oder deswegen angegriffen zu werden. Das verhandlungstypische Taktieren, das die Kreativität bei der Suche nach Lösungen hemmt, entfällt.

d) **Vorbereitung der nächsten Verhandlungsrunde.** Die Einzelsitzung erleichtert den Parteien die Vorbereitung der nächsten gemeinsamen Verhandlungsrunde. Als „Advocatus Diaboli" kann der Mediator die Argu-

---

[99] Vgl. dazu unten § 9, Rdn. 120 ff.

[100] Hierzu wird der Mediator im zu Beginn der Verfahrens geschlossenen Verhandlungsvertrag ermächtigt.

[101] *Risse/Wagner*, in: Handbuch Mediation, § 38, Rdn. 86.

mentation einer Seite kritisch hinterfragen. Diese wird sich so der eigenen Position bewusster. Die Partei realisiert zuvor verdrängte oder gar nicht erkannte Schwächen und Problemstellungen. Gleicht die Partei so Wunschbild und Wirklichkeit des Konfliktes aneinander an, bereitet dies eine realistische Auseinandersetzung mit bestehenden Einigungsmöglichkeiten vor.[102] Auf eigene Vorschläge bekommt die Partei durch die Fragen des Mediator eine erste Resonanz. Der Mediator sollte sich zwar hüten, Einigungsvorschläge als richtig oder falsch zu kommentieren, da dies parteilich wirkt und die Kreativität bei der Lösungssuche hemmt. Durch klärende Fragen kann der Mediator die Partei aber veranlassen, sich über den Gehalt ihres Vorschlags und die Akzeptanzfähigkeit für die Gegenseite klarer zu werden, bevor der Vorschlag unterbreitet wird. Der Vorschlag kann in Ruhe mit dem Ziel einer größtmöglichen Akzeptanzfähigkeit formuliert oder modifiziert werden.[103] Insgesamt können die Partei und der Mediator im Einzelgespräch die folgende Verhandlungsphase simulieren. Dadurch werden Unsicherheiten in der Verhandlungsführung vermieden. Die Simulation der Verhandlung mit dem Mediator steigert die Verhandlungsbereitschaft und die Verhandlungsfähigkeit der Parteien und erleichtert im Ergebnis die gemeinsame Suche nach einer Konfliktlösung. Kein anderes Streitbeilegungsverfahren weist diesen Strukturvorteil der Mediation auf.

108 e) **Machtzuwachs des Mediators.** Durch die getrennten Gespräche mit den Parteien und die Pendeldiplomatie gewinnt der Mediator einen größeren inhaltlichen Einfluss auf das Verhandlungsergebnis als bei einer Beschränkung auf die Verhandlungsmoderation. Das liegt zum einen daran, dass der Mediator offener mit den Parteien reden kann, ohne sich einem Befangenheitsverdacht auszusetzen.[104] Er kann den Parteien so eine Realitätsferne ihrer Vorstellungen bewusst machen, sie zur Aufgabe oder Modifizierung ihrer Positionen überreden oder auch eigene Vorschläge zur weiteren Vorgehensweise unterbreiten. Kritische Worte des Mediators akzeptiert eine Partei, solange sie nicht in Gegenwart des Kontrahenten fallen. Durch das Pendeln zwischen den Parteien hat der Mediator zudem die Kontrolle über den Verhandlungsprozess inne, weil er den Informationsfluss steuert. Er bestimmt in den Gesprächen die Themen und die Abfolge der Themenbehandlung.[105] Der Mediator entscheidet, ob und wann eine

---

[102] *Kovach,* Mediation, S. 128.

[103] Der Satz „You never have a second chance to make a good first impression" gilt auch für Vorschläge. Ein an sich vernünftiger Vorschlag kann allein wegen seiner falschen Formulierung eine reflexartige Ablehnung hervorrufen, die sich später durch sachliche Argumente schwer aus der Welt schaffen lässt.

[104] *Moore,* Mediation Process, S. 323.

[105] *Duve,* Mediation und Vergleich im Prozess, S. 156.

freigegebene neue Information tatsächlich der anderen Seite mitgeteilt wird. Allein der Zeitpunkt oder die Art und Weise, wie eine Information oder ein Einigungsvorschlages wiedergegeben wird, hat auf die Wahrnehmung durch die Gegenseite einen großen Einfluss. Diesen Gewinn an inhaltlicher Gestaltungsmöglichkeit kann ein geschulter Mediator sehr effektiv zur Herbeiführung einer Einigung einsetzen.

Der skizzierte Vorteil des Einzelgesprächs hat auch seine Schattenseite. **109** Der Mediator bewegt sich aus seiner klassischen Rolle als schlichter Vermittler und Organisator des bilateralen Verhandlungsprozesses heraus. Der Gewinn an Einfluss ermöglicht es dem Mediator, die Parteien auf eine Einigung hin zu manipulieren.[106] Es ist naiv, die Macht des Mediators[107] mit dem Hinweis zu leugnen, letztlich müssten sich immer die Parteien selbst einigen; der Mediator könne den Konflikt nicht entscheiden. Tatsächlich entsteht die Gefahr, dass die Parteien sich auf Grund des Einflusses des Mediators vorschnell auf Eckdaten eines Vergleiches einigen, der für sie tatsächlich nicht tragfähig ist. Das Erreichen einer Einigung ist kein Wert an sich, sondern kann, etwa wenn eine Partei die Konsequenzen nicht wirklich überschaut, auch ein schlechtes Mediationsergebnis sein. Man darf dem Mediator dabei keine böse Absicht im Sinne eines bewussten Machtmissbrauchs unterstellen. Aber je länger ein Mediationsverfahren dauert, desto mehr wird sich auch im Mediator eine subjektive Vorstellung von einer gerechten Konfliktlösung herausbilden, die er dann unbewusst mit seiner weiteren Verhandlungsführung anstrebt.[108] Das Ideal der Parteiautonomie, welche das Verfahren der Mediation wesentlich prägt, wird so eingeschränkt.

f) Kein Wiederherstellen der Parteibeziehung. Kritiker des Caucus füh- **110** ren zurecht an, dass die Parteien eine Einigung, die sie nach Einzelsitzungen und einer Shuttle-Diplomatie des Mediators erreicht haben, nicht mehr als Ergebnis gemeinsamer Arbeit begreifen. Anders als der Gerichtsprozess kann das Mediationsverfahrens den Kommunikationsprozesses zwischen zerstrittenen Parteien wieder herstellen. Wo langfristige Geschäftsbeziehungen durch den Konflikt gefährdet sind, ist die Erkenntnis, mit der Gegenseite trotz des Streits weiter vernünftig verhandeln zu können, für die zukünftige Zusammenarbeit ähnlich wichtig wie die Beilegung des Konflikts an sich. In solchen Fällen ist es nicht nur wichtig, dass die Parteien sich schließlich einigen, sondern auch, wie diese Einigung erreicht

---

[106] *Moore,* The Mediation Process, S. 325 f.

[107] Grundsätzlich zum Thema Mediation und Macht äußert sich *Duss-von-Werdt,* ZKM 2000, S. 4 ff.

[108] In den USA wir die unbewusste Förderung des eigenen Einigungsvorschlags durch den Mediator treffend als „mediator's decease", also die „Mediatorenseuche", bezeichnet.

wird. Der Einsatz von Einzelgesprächen hat den Nachteil, dass die unmittelbare Kommunikation zwischen den Parteien ausbleibt. Statt dessen agiert der Mediator als Kommunikationsbrücke. Schon die räumliche Trennung drückt die Distanz der Parteien aus, die auch bei einer Einigung nicht verschwindet. Die Parteien begreifen die Einigung am Ende als Erfolg der Vermittlungsbemühungen des Mediators, nicht als Produkt eigener Anstrengungen und der ehrlichen Kooperations- und Kompromissbereitschaft der Gegenseite. Neues Vertrauen zur Gegenseite entsteht nicht.[109] Insofern leidet die Zufriedenheit mit dem Verhandlungsergebnis unter den durchgeführten Einzelgesprächen. Die Identifikation der Parteien mit dem abgeschlossenen Vergleich ist geringer, was wiederum die freiwillige Erfüllung der dort übernommenen Verpflichtungen gefährden kann.

111 **g) Gefährdung der Unparteilichkeit des Mediators.** Einzelgespräche mit dem Mediator können die Unparteilichkeit des Mediators sowohl subjektiv in den Augen der Parteien als auch objektiv gefährden.[110] In den Einzelsitzungen gewinnen die Parteien oft den Eindruck, der Mediator stünde auf ihrer Seite. Sie verwechseln dabei das vom Mediator zum Ausdruck gebrachte Verständnis für ihre Argumente und Ansichten, die sogenannte Emphatie, mit einer positiven Unterstützung. Diese Einschätzung kehrt sich plötzlich um, wenn der Mediator kritische Fragen stellt oder als „Botschafter der Gegenseite" inakzeptable Einigungsvorschläge überbringt. Während die andere Partei mit dem Mediator spricht, entsteht im wartenden Teilnehmer die intuitive Furcht, der Mediator paktiere gerade mit dem Kontrahenten. Ein so entstehendes Misstrauen in die Unparteilichkeit des Mediators trübt die Erfolgsaussichten des Verfahrens insgesamt.

112 Die vertraulichen Informationen können auch objektiv die Neutralitätsfähigkeit des Mediators auf eine harte Probe stellen. Erfährt der Mediator von dem verschwiegenen Schweizer Nummernkonto einer vorgeblich insolventen Partei, bleibt dies auf ihn nicht ohne Eindruck und kann ihn im Extremfall zum Abbruch der Mediation veranlassen.[111] Je mehr vertrauliche Informationen der Mediator über den Konflikt erhält, desto unvermeidlicher wird sich in seinem Kopf eine Vorstellung von einer „gerechten" Einigung formen. Es besteht die Gefahr, dass der Mediator auf diese Einigung durch eine entsprechende Verhandlungsgestaltung unbewusst zusteuert und die widerstrebende Partei in diese Richtung manipuliert.

---

[109] *Duve/Zürn*, ZKM 2001, S. 108 (111).

[110] *Risse/Wagner*, in: Handbuch Mediation, § 38, Rdn. 88.

[111] Die Informationen – etwa betrügerische Absichten – können bewirken, dass der Mediator nach deren Kenntnisnahme zu einer neutralen Verhandlungsleitung nicht mehr in der Lage und dazu auch nicht mehr bereit ist. In diesem Fall bleibt nur der Abbruch der Mediation.

h) Das „Stille-Post"-Problem: Fehler bei der Informationsvermittlung. 113
Einzelgespräche und eine damit einhergehende „Shuttle-Diplomatie" des
Mediators führen oft zum „Stille Post"-Problem aus dem gleichnamigen
Kinderspiel. Dort versuchen im Kreis sitzende Kinder eine Geschichte
durch Zuflüstern dem Sitznachbarn zu übermitteln. Am Ende einer Runde
steht wegen Verständnisproblemen sowie eigenmächtigen Ausschmückun-
gen und Weglassungen eine von der Ausgangsstory grotesk abweichende
Darstellung. Wie die Kinder scheitert auch der Mediator oft daran, die
ihm von einer Seite mitgeteilte Darstellung richtig und vollständig der anderen Partei auszurichten. Anders als die Parteien ist der Mediator mit der
Konfliktgeschichte nicht vertraut. Das führt leicht dazu, dass der Mediator Nuancen und Einzelheiten bei der Übermittlung vergisst oder als un-
wesentlich weglässt, die vor dem Erfahrungshintergrund der Parteien für
die Lösung der Streitigkeit bedeutsam wären. An solchen Kommunikationsdefiziten kann die Mediation scheitern. Nur das unmittelbare Gespräch zwischen den Parteien ermöglicht den unverfälschten Meinungs-
austausch.

4. Kriterien für den Einsatz von Einzelgesprächen

Die Parteien müssen zusammen mit dem Mediator im Einzelfall abwä- 114
gen, ob Einzelgespräche sinnvoll sind. Die folgenden Kriterien können den
Teilnehmern dabei als Entscheidungshilfe dienen.

a) Wahrscheinlichkeit weiterer Parteibeziehungen. Wenn die Parteien 115
den gesamten Konflikt gemeinsam erörtern und auf Einzelgespräche verzichten, fördert dies über die konkrete Streitigkeit hinaus die Konfliktlösungskompetenz der Parteien. Wenn die Parteien auch jenseits der Streitfalls weiter zusammenarbeiten wollen oder müssen, ist es wichtig, dass
zumindest eine Arbeitsatmosphäre zwischen den Parteien erhalten bleibt.
Taucht ein Anschlusskonflikt auf, können die Parteien diesen leichter
ohne Hilfe von dritter Seite lösen. Gehen die Kontrahenten nach Beilegung
des Konfliktes dagegen ohnehin getrennte Wege, spielt dieser Aspekt
kaum eine Rolle. Der skizzierte Nachteil des Caucus, wonach die Parteien
die Einigung nicht als Ergebnis eigener Bemühungen, sondern als Resultat
des Vermittlungsgeschicks des Mediators ansehen, ist dann irrelevant. Im
Ergebnis sollte man also desto eher auf Einzelgespräche in der Mediation
verzichten, desto wahrscheinlicher eine Fortsetzung der Parteibeziehung
über den Konfliktfall hinaus ist.[112] Das erklärt auch den oft propagierten
Verzicht auf Einzelgespräche in der Scheidungsmediation.[113] Wegen gemeinsamer Kinder ist die eigentliche Scheidung der Ehe dort nicht Schluss-

---

[112] Ähnlich *Kovach*, Mediation, S. 127.
[113] *Friedmann*, Die Scheidungsmediation, S. 35.

punkt jeder Auseinandersetzung. Wenn die geschiedenen Partner einen jahrelangen Kleinkrieg in Umgangsrechts- und Erziehungsfragen vermeiden wollen, muss die Mediation auch die Konfliktlösungskompetenz der Partner stärken. In der Wirtschaftsmediation kommt es dagegen häufiger vor, dass die Parteien zwar zukünftig weiter zusammen arbeiten wollen, in dem konkreten Konflikt aber gar keine Gefährdung dieser Zusammenarbeit sehen.

116   **b) Notwendigkeit rascher Streitbeilegung/Kostenfaktor.** Der Caucus beschleunigt die Prüfung, ob überhaupt ein Einigungsspielraum besteht. Im Einzelgespräch kann der Mediator realitätsferne Parteien durch geschicktes Hinterfragen rascher auf den rauen Boden der Wirklichkeit zurückholen. Das Mediationsverfahren wird so tendenziell beschleunigt. Wo eine rasche Klärung des Konfliktes oder der Erfolgsaussichten der Mediation wichtig ist, sind Einzelgespräche daher ein probates Mittel. Dies gilt namentlich dann, wenn der in Frage stehende materielle Wert des Konflikts von den Kosten des Mediationsverfahrens aufgezehrt zu werden droht. Es macht wenig Sinn, den Streit um eine Kaufpreisforderung von € 10.000 durch ein mehrtägiges Mediationsverfahren zu klären, wo allein der Mediator € 300 pro Stunde für seine Dienstleistung abrechnet.

117   **c) Neutralitätsfähigkeit des Mediators.** Das Einzelgespräch kann den Mediator in einen Rollenkonflikt bringen, wenn er auf Grund seines so erlangten Informationsvorsprunges realisiert, dass eine Partei übervorteilt werden soll. Der Mediator muss mit dem eigenen Gefühl, eine Partei habe Unrecht, umgehen können, ohne dass dies seine neutrale Verhandlungsleitung gefährdet. Das Einzelgespräch führt stärker als die gemeinsame Verhandlung dazu, dass Sympathie oder Antipathie zu einer Partei entstehen. Wer aus eigener Erfahrung als Mediator Schwierigkeiten damit hat, die notwendige emotionale Distanz zu den Ansichten und zur Persönlichkeit eines Teilnehmers zu wahren, sollte daher zögern, den Parteien das Einzelgespräch als Vorgehensweise zu empfehlen.

118   **d) Selbstverständnis des Mediators.** Der Caucus vergrößert den Einfluss des Mediators auf den inhaltlichen Ausgang des Verfahrens. Der Einsatz dieser Mediationstechnik hängt daher auch davon ab, ob der Mediator einen solchen Einfluss anstrebt. Der amerikanische Professor Leonhard Riskin hat hierzu ein Modell entworfen, das nach der Problemdefinition (Mediation des konkreten Konfliktes/der Parteibeziehung insgesamt) und der inhaltlichen Einflussnahme des Mediators (bloße Verhandlungsmoderation/sachliche Beurteilung des Konflikts) differenziert.[114] Je stärker der Mediator eine inhaltliche Einflussnahme wünscht, desto eher wird er zum

---

[114] Das Riskin-Modell wird anschaulich skizziert von *Duve*, Mediation und Vergleich im Prozess, S. 220 ff.; vgl. unten § 11, Rdn. 35.

Mittel des Caucus greifen. Welche Stilrichtung der Mediator verfolgt, hängt dabei zum einen von seiner Ausbildung und seiner Persönlichkeit ab.[115] Wichtig ist aber auch die geäußerte Parteierwartung an die Mediation. Oft wollen die Parteien, dass der Mediator, den sie vielleicht wegen seiner persönlichen Autorität oder Erfahrung mit Konflikten gleicher Art ausgewählt haben, sich aktiv in die inhaltliche Diskussion einschaltet. Einzelgespräche sind dazu ein geeignetes Mittel.

e) **Überwinden eines Deadlocks.** In Mediationsverhandlungen gibt es **119** einfache und schwierige Phasen. Oft kommt es zu einem Stillstand der Verhandlungen, der Abbruch der Mediation durch eine Partei droht. In vielen Fällen kann der Mediator die Situation durch den Einsatz von Gesprächs- und Verhandlungstechniken retten. Wo dies nicht gelingt, ist der Caucus die letzte Möglichkeit, doch noch zu einer Einigung zu gelangen. Nach einem zermürbenden Verhandlungsmarathon empfinden die Parteien das Einzelgespräch als eine willkommene Abwechslung, als eine Pause vom Verhandlungsstress. Wo man sich in gemeinsamen Verhandlungen im Kreise dreht, genügt es bereits, einfach etwas anderes zu tun, um das Verfahren wieder voran zu bringen. Bei einem echten Verhandlungsstillstand kann das Einzelgespräch keinen großen Schaden anrichten. Bevor die Mediation insgesamt scheitert, ist der Caucus daher eine sinnvolle Alternative. Die Schwierigkeit für den Mediator liegt in der Einschätzung der Frage, ob die Fronten zwischen den Parteien tatsächlich so verhärtet sind, dass er den Kontrahenten Einzelgespräche vorgeschlagen soll.

f) **Wille der Parteien.** Wer den Gedanken der Parteiautonomie in der **120** Mediation ernst nimmt, kommt nicht umhin, dieses Entscheidungsrecht auch bei der Frage nach dem Einsatz von Einzelgesprächen zu respektieren. Es ist der Konflikt der Parteien, nicht der des Mediators. Es geht weniger darum, ob der Mediator den Caucus für sinnvoll oder schädlich hält, sondern darum, ob die Kontrahenten diese Verfahrensweise wünschen und benötigen. Die Parteien selbst sollten daher, beraten vom Mediator, über die Ausgestaltung des Konfliktlösungsverfahrens entscheiden. Der Mediator kann sich dem nachdrücklich vorgetragenen Wunsch beider Parteien, Einzelgespräche zu führen, kaum widersetzen. Lehnt der Mediator diese Mediationstechnik aus grundsätzlichen Erwägungen ab, muss er dies den Parteien vor Beginn der Mediation mitteilen, damit sich diese überlegen können, eine andere Person mit der Aufgabe des Mediators zu betrauen.

5. Zusammenfassung

Einzelgespräche können in der Mediation sinnvoll eingesetzt werden. **121** Die von vielen Mediatoren zur Gretchenfrage hochstilisierte Problematik

---

[115] *Duve*, Mediation und Vergleich im Prozess, S. 231 f.

um das Für und Wider des Caucus ist nicht durch die einseitige Präferenz für ein bestimmtes Verfahrensmodell zu lösen. Der Caucus ist eine Mediationstechnik, die jeder Mediator beherrschen muss. Fallspezifisch ist über den konkreten Einsatz zu entscheiden. Den streitenden Parteien ist nicht damit gedient, dass ein Mediator von vorne herein auf ein Verfahren mit oder ohne Einzelgespräch fixiert ist. Vielmehr dürfen die Kontrahenten vom professionellen Mediator erwarten, dass dieser alle Techniken der Mediation – und dazu gehört eben auch der Caucus – zu seinem Repertoire zählt. In der Wirtschaftsmediation ist der Caucus dabei nicht von ungefähr zu einer regelmäßig eingesetzten Technik geworden. Wie in vielen Bereichen der aktuellen Diskussion um die Mediation ist es auch im Hinblick auf den Caucus höchste Zeit, die emotionalisierte Debatte durch eine nüchterne Betrachtung zu ersetzen. Nur so kann der Mediation wie in den USA der Sprung vom theoretischen Modell zum auch in der Praxis anerkannten Verfahren außergerichtlicher Streitbeilegung gelingen.

VIII. Reframing

122   Reframing ist eine in vielen Varianten vorkommende Kommunikationstechnik, bei der der Mediator eine Aussage zwar korrekt wiedergibt, gleichzeitig aber den Bezugspunkt der Aussage verändert. Wie der Begriff des „Reframing" bereits andeutet, wird die Aussage in einen anderen Rahmen oder Kontext gestellt. Ziel dieser Technik ist es, der Partei bewusst zu machen, dass sie den Konflikt eindimensional sieht. Die Wahrnehmung des Konflikts verändert sich, wenn man ihn mit den Augen der Gegenseite oder eines neutralen Beobachters zu sehen versucht. Jeder Perspektivenwechsel führt zu einer differenzierteren Beurteilung der Auseinandersetzung. Das Reframing gehört insofern in die zweite Phase der Mediation, also der Phase der Sachverhalts- und Interessenermittlung. Denn auch die Sichtweise der Gegenseite oder die neutrale Betrachtung gehört zur Realität der Auseinandersetzung. Da der Mediator gleichzeitig das Bewusstsein der betroffenen Partei beeinflusst, wohnt dieser Technik auch ein manipulatives Element inne.

1. Halb volles und halb leeres Glas

123   Ein einfaches Beispiel für die Technik des Reframings ist die Geschichte vom halb vollen und halb leeren Glas: In einer Gastwirtschaft kehrt jemand nach kurzer Abwesenheit an den Stammtisch zurück, wo Freunde zechen. Dort stellt er fest, dass man sich an seinem Bier vergriffen hat. Sogleich beklagt er sich, dass sein Glas ja bereits halb leer sei. „Stell Dich

nicht so an", wird ihm entgegnet, „Dein Glas ist doch noch halb voll."
Beide Feststellungen haben einen identischen Inhalt und geben den Sachverhalt korrekt wieder. Doch während die erste Aussage den erlittenen
Verlust betont, stellt die Erwiderung darauf ab, dass – welch ein Glück –
immer noch Bier zum Trinkgenuss bereit steht. Die Freunde hätten das
Glas ja auch ganz leeren können. Der Bezugspunkt der Aussage wurde also verändert: Im ersten Fall wird die veränderte Situation mit dem vollen
Bierglas verglichen, was natürlich eine Verschlechterung bedeutet. Im
zweiten Fall ist der Bezugspunkt das leere Glas Bier, das halbgefüllte Glas
erscheint demgegenüber als Gewinn. Alternativ hätten die Freunde auch
darauf hinweisen können, dass sie dem Rückkehrer durch den Mundraub
nur ermöglichen wollten, mit noch zulässigem Alkoholpegel nach Hause
zu fahren. Bezugspunkt und Sichtweise würden sich erneut ändern.

Vergleichbare Konstellationen kommen im täglichen Leben immer wie- 124
der vor. So wird nach einem Verkehrsunfall betont, zum Glück sei nie-
mandem etwas passiert. Der Bezugspunkt der Aussage ist also ein schlim-
merer Unfallverlauf, was den Erhalt der Gesundheit als Gewinn
erscheinen und den erlittenen materiellen Verlust leichter verschmerzen
lässt. Ebenso gut kann man die Unfallfreiheit als Normalzustand herausstellen, was den Totalschaden des eigenen Autos als bittere Vermögens-
einbuße betont. Ähnlich verhält es sich in vielen Verhandlungen. Eine Partei hält den erzielbaren Kompromiss für inakzeptabel, weil sie von der
eigenen Ausgangsforderung zu große Konzessionen machen muss. Den
gleichen Kompromiss kann man auch als Erfolg feiern, indem man die
Veränderung zum Zustand vor Verhandlungsbeginn betont: Man freut
sich nun, überhaupt etwas bekommen und die eigene Situation so verbessert zu haben. Im gerichtlichen Verfahren wäre schließlich auch ein vollständiger Prozessverlust denkbar gewesen. Der Mediator kann durch ein
geschicktes Reframing also Bezugspunkte verändern und die Parteien veranlassen, den Konflikt differenzierter zu sehen.

2. Varianten des Reframing

Die Grundtechnik des Reframing ist immer dieselbe. Mit einer sprachli- 125
chen Wendung beleuchtet der Mediator den Sachverhalt von einem neuen
Blickwinkel, ohne dass er die Partei ausdrücklich bittet, diesen Blickwinkel aktiv einzunehmen. Der Mediator stellt den Sachverhalt unter einem
neuen Blickwinkel vor. Damit beabsichtigt er, beim Adressaten einen Prozess auszulösen, der ihn näher an die gegnerische oder eine neutrale Position heranführt. Die Partei soll diese Positionen nur verstehen, nicht mit
ihnen einverstanden sein. Wesentlich dabei ist, dass die Partei zu der Überzeugung kommt, sie selbst habe die neue Erkenntnis gewonnen. Wenn die
geänderte Sichtweise als Ergebnis eigener Bemühungen erscheint oder sich

sogar intuitiv einstellt, wird sie akzeptiert und verstanden. Die Selbsterkenntnis verändert die Konflikteinschätzung nachhaltig. Der Bitte von außen, den Konflikt doch auch mal von einer anderen Warte aus zu betrachten, folgt man ungern. Varianten des Reframing ergeben sich vor allem daraus, welche Form sprachlicher Aussagen der Mediator benutzt, um den gedanklichen Verarbeitungsprozess auszulösen.

126   a) **Metaphern.** Ein typisches Stilmittel des Reframing ist die Metapher.[116] Vereinfacht gesagt handelt es sich um die Übertragung eines Sachverhalts in ein Bild.[117] Der Mediator erzählt also eine Geschichte oder verwendet auch nur einen einzelnen bildhaften Ausdruck. Dieses Bild übertragen die Parteien dann intuitiv auf den eigenen Konflikt.[118] Der Drang, Vergleiche zu ziehen und Erfahrungen abzubilden, gehört zu den typischen menschlichen Denkmustern. Während man einer Geschichte zuhört, setzt man sie in Beziehung zu eigenen Erfahrungen. Diesen intuitiven Vorgang nennt man Ableitungssuche.[119] Die Metapher ist dabei keineswegs auf fiktive Geschichten aus der Fabelwelt beschränkt. So hat der bekannte amerikanische Mediator Grilli in seinem Verhandlungsraum eine grafische Darstellung[120] des verlustreichen Russlandfeldzugs von Napoleon hängen. Wenn ihm die Konfliktparteien überoptimistisch hinsichtlich ihrer Rechtsposition und Prozessaussichten zu sein scheinen, führt er vor, wie Napoleon mit 300.000 Soldaten siegesgewiss aufbrach, um später geschlagen mit wenigen tausend Überlebenden über die Beresina zurückzukehren. Diese Metapher lässt sich sehr direkt oder subtil einsetzen. Der Mediator kann die häufige Fehleinschätzung von Prozessaussichten und die unterschätzten Transaktionskosten zum Erreichen des Prozesssieges direkt ansprechen, auf die Grafik verweisen und die Parteien fragen, wo sie sich derzeit als „Napoleon" zu befinden glauben. Er kann die Darstellung aber auch scheinbar zufällig zu Beginn einer Verhandlungspause ansprechen und die Parteien selbst das Vergleichsobjekt suchen und ihre Schlussfolgerungen ziehen lassen. Dieses bildhafte Vorgehen ist effektiver als der unverblümte Vorhalt, die Parteien unterschätzten ihre Prozessrisiken und den Aufwand der Prozessführung. Sie werden nicht länger nur den inhaltlichen Ausgang des Konflikts im Blick haben, sondern auch die Transaktionskosten berücksichtigen, die durch das Verfahren entstehen. Das Beispiel zeigt die Effektivität von Metaphern, um den Blickwinkel der Parteien zu verändern.

---

[116] *Spangenberg,* MDR 1997, S. 425 (428).

[117] *Risto,* ZKM 2000, S. 7.

[118] Zur Wirkung von Geschichten und Parabeln auf die eigene Wahrnehmung vgl. *Peseschkian,* ZKM 2000, S. 152 ff.

[119] *Risto,* ZKM 2000, S. 7 (8).

[120] Die folgende Metapher wird also durch eine bildhafte Darstellung weiter unterstrichen.

Rechtsanwälte beschäftigen sich von Berufs wegen mit Konflikten. An-   127
waltsmediatoren verfügen daher über eine Vielzahl von Geschichten und
Fallbeispielen, die sie in der Mediation als Metapher einsetzen können:
„Ich hatte mal einen Fall, …". Es schadet auch nichts, wenn der Fall erfunden wird, sofern er nur die intendierte Botschaft an die Parteien transportiert.

b) Vielfalt von Sprachmustern. Spott und Übertreibung, Generalisieren   128
und Detailverliebtheit, Provokation und Gegenbeispiel, Betonen der
Handlungsmotive und Handlungskonsequenzen, all das sind Stilmittel, die
der Mediator zum Zwecke des Reframing einsetzen kann. Spangenberg[121]
hat hierfür ein prägnantes Beispiel gefunden, das die Vielfalt der Varianten illustriert. Wie reagiert ein Mediator, wenn der verklagte Vater in einem
Unterhaltsstreit ausruft: „Bei einer solchen monatlichen Zahlungsverpflichtung für die Kinder kann ich mir auch gleich einen Strick kaufen!"
Der Mediator erreicht einen Positionswechsel, wenn er antwortet, dass
sich ohne seine Zahlung die minderjährigen Kinder den Strick kaufen
müssen. Der Mediator generalisiert, wenn der darauf hinweist, dass sich
alle Väter in seiner Einkommenskategorie einen Strick kaufen müssten,
weil sie nach der Unterhaltabelle den gleichen Unterhalt zahlen müssen.
Der Vater erkennt so, dass er sich nicht in der Sonderopferrolle befindet,
in der er sich fühlt. Die Detailfrage, worauf er denn bei einer solchen Un-
terhaltszahlung verzichten müsse, mag die Erkenntnis bringen, dass die
Einbuße an Lebensqualität doch überschaubar bleibt. Der Zeitrahmen
lässt sich ändern, wenn der Mediator die „Strickentscheidung" kritisiert,
weil jene endgültig, der Unterhalt aber zeitlich begrenzt sei. Die Frage
nach einem Gegenbeispiel, wer von seinen Bekannten mit noch weniger
Geld auskommen muss, verdeutlicht, dass man auch mit weniger Geld
noch ganz gut leben kann. Der Hinweis auf ein gerichtliches Urteil, das als
Konsequenz des abgelehnten Vergleichsvorschlags ergehen würde, zeigt,
dass die verweigerte Einigung nicht notwendig eine geringere Unterhalts-
verpflichtung zur Folge haben wird.[122] Dieses Beispiel lässt sich bruchlos
auf die Wirtschaftsmediation übertragen. Dort halten Parteien die erzielbare Einigung allein deshalb für inakzeptabel, weil sie diese durch einen
Vergleich mit der überhöhten Ausgangsforderung beurteilen.

3. Wahrnehmungspositionen und Perspektivenwechsel

Jede Partei nimmt den Konflikt anders wahr. Ursächlich hierfür sind   129
unterschiedliche Wahrnehmungsposition, aus denen der Konflikt betrach-

---

[121] *Spangenberg,* MDR 1997, S. 425 (428).
[122] Weitere Reframingmuster anhand dieses Beispiels bei *Spangenberg,* MDR
1997, S. 425 (428).

tet wird. Je besser die Sichtweise der Gegenseite oder auch eines neutralen Dritten verstanden[123] wird, desto größer ist die Chance, eine gemeinsame Basis für eine Einigung zu finden. Die Technik des Reframing unterstützt die Parteien dabei, einen Perspektivenwechsel vorzunehmen.

130   a) Assoziierte und dissoziierte Sichtweisen. Jeder Mensch sieht die Welt zunächst durch die eigenen Augen und ordnet das Gesehene vor dem persönlichen Erfahrungshintergrund ein. Der erholungsbedürftige Großstadtbewohner empfindet den sturmgeschädigten Wald als wildromantisch, der Holzbauer als chaotisch, der Naturschützer als natürliche Übergangserscheinung, der Förster als zukünftigen Brutplatz der Borkenkäfer. Individuelle Perspektiven gibt es auch in der Konfliktsituation. Dort hat jeder Kontrahent zunächst seine eindimensionale, selektive Sichtweise. Die individuellen Wahrnehmungspositionen der Konfliktparteien bezeichnet man als assoziiert, weil die Personen selbst Bestandteil des ablaufenden Streits sind, sich also auch selbst beobachten und wahrnehmen müssen. Betrachtet jemand den Konflikt von außen, ohne in diesen selbst involviert zu sein, nimmt er eine dissoziierte Position ein. Je nach Distanz zum Konflikt, kann man schließlich auch unter den Wahrnehmungspositionen dieser Betrachter differenzieren.[124] Wegen der unterschiedlichen Wahrnehmungspositionen sieht jede Person den Konflikt anders und wird ihn infolgedessen auch unterschiedlich beurteilen. Keine dieser Wahrnehmungspositionen ist richtig oder falsch. Der Konflikt verändert nur sein Gesicht, je nachdem, von welcher Warte man ihn beleuchtet. Für ein vollständiges Konfliktverständnis ist es optimal, wenn alle Wahrnehmungspositionen, also die der Parteien und die von außenstehenden Dritten, in die Erörterung einbezogen werden. So zeigt die Sicht der Konfliktparteien vor allem die Motivation und Intention des Handelns. Die Sicht des Betrachters gibt Aufschluss darüber, was objektiv tatsächlich passiert ist. Der Bericht der Parteien hierzu ist unzuverlässig, weil sie sich selbst schlecht beobachten können und ihnen wegen eigener emotionaler Betroffenheit oft Fehlinterpretationen unterlaufen. Ein entfernter Betrachter kann den Konflikt schließlich in größere Zusammenhänge einordnen, was weitsichtigere Lösungen ermöglicht. Das Aufdecken aller Sichtweisen und die Vermittlung dieser Sichtweisen an die Konfliktparteien ist in der Mediation ein wichtiges Instrument, um den Boden für eine Einigung zu bereiten.

131   b) Der Bonner Blindenbrunnen. Im Bonner Rheinpark steht eine große Plastik, die das Problem unterschiedlicher Wahrnehmungspositionen veranschaulicht. Mehrere Menschen betasten dort unterschiedliche Körper-

---

[123] Nochmals: Verstehen heißt nicht billigen, Verständnis nicht Einverständnis.
[124] *Ponschab/Schweizer*, S. 138 ff.

teile eines Elefanten. Der aufmerksame Spaziergänger findet schließlich ein Schild mit folgender Erläuterung:

> „Der Blindenbrunnen
> – ein Gleichnis von der Wahrheit –
>
> Als einst ein König die Blinden seines
> Reiches einen Elefanten betasten ließ,
> beschrieb ein jeder diesen auf
> seine Weise.
>
> So meinte der eine, der den Rüssel
> umfing, dass dies eine Schlange und der
> Stoßzahn ein Schwert sei. Ein anderer
> umfasste ein Bein und dachte, es sei der
> Stamm eines Baumes, während sein
> Nachbar das Ohr für ein gewaltiges
> Kohlblatt hielt. Jener, der das
> Schwänzchen befühlte, glaubte, einen
> Wurm zu greifen, und dem Fünften
> schien die rissige Haut eine Felswand
> zu sein.
> Alles zusammen aber war es ein Elefant.
>
> So machte ein jeder seine eigene
> Erfahrung und fand seine eigene
> Wahrheit, so wie auch Sehende oft nur
> Teilwahrheiten erkennen und der
> absoluten Wahrheit gegenüber Blinde
> sind.“

Besser kann man das Problem der selektiven Wahrnehmung und der assoziierten Sichtweise nicht erläutern.

c) Beispiel. Der Tennisstar Boris T. fühlt sich geradezu körperlich bedroht, als sich plötzlich das Teleobjektiv des Fotoreporters F auf ihn richtet, während er mit der neuen Freundin in einem Restaurant zu Abend isst. Zu gut hat T in Erinnerung, wie die Boulevardpresse seine letzte Beziehung als „Sexromanze" ausgeschlachtet und schließlich zerstört hat. Entsprechend heftig reagiert der berühmte Sportler, rennt auf F zu und schlägt ihm die wertvolle Kamera aus der Hand. Die Kamera geht zu Bruch. Der entgeisterte Paparazzi vermag nicht zu erkennen, warum sich der Fotografierte so aufregt. Es tut schließlich nicht weh, aus der Ferne abgelichtet zu werden und außerdem arbeitet er für ein seriösen Sportmagazin, so dass der Sportler keinen Skandalbericht zu fürchten hat. Auch er muss schließlich sein Geld verdienen. Restaurantgast G sitzt am Nebentisch von T und beobachtet die Szene aus nächster Nähe. Er sieht, wie sich das Teleobjektiv einem Zielfernrohr gleich auf den Sportstar richtet, was vermutlich kein angenehmes Gefühl ist. Auf der anderen Seite handelt es sich um ein öffentliches Lokal. G erkennt, dass die Kamera nur deshalb von T ge-

132

troffen wird, weil F diese plötzlich hochreißt, entweder aus reflexartigem Selbstschutz oder für eine exklusive Nahaufnahme. Der Schlag des T hätte den F sonst nur als Rempler an der Schulter getroffen. Durch einen kurze Zeitungsnotiz erfährt Richter R am nächsten Tag von dem Tumult. Für ihn handelt es sich um eine Bagatelle, nämlich den typischen Konflikt zwischen dem Persönlichkeitsrecht des Sportstars und der Pressefreiheit des Fotografen. R glaubt, dass dieser Konflikt bald wieder vergessen sein wird. Er hat in seiner beruflichen Praxis Hunderte solcher Konflikte gesehen und weiß, dass sie in aller Regel vor Gericht verglichen werden.

133   Was passiert, wenn T und F um Schadensersatz für die zerstörte Kamera streiten. T wird sich auf eine Art „Notwehr" berufen, während F von einem „unprovoziertem Angriff" spricht. Beide haben aus ihrer Sicht, also von ihrer Wahrnehmungsposition aus, zunächst einmal recht. Bleibt es bei dieser Sichtweise, ist eine Einigung in weiter Ferne. T will nicht zahlen, F besteht auf vollem Ersatz. Es geht ums Prinzip. Wenn es gelingt, den Streithähnen die wechselseitigen Wahrnehmungen und die sich daraus ergebenden Sichtweisen zu vermitteln, ändert sich das Bild. F kann nachvollziehen, wie T sich an die Geschichte von der „Sexromanze" erinnert fühlte, auch wenn er die Reaktion weiter für überzogen hält. T wiederum kann verstehen, dass F sich als seriöser Sportreporter tatsächlich zu Unrecht attackiert fühlte und dass er die Bilder nicht zum Vergnügen machte, sondern um seinen Lebensunterhalt zu verdienen. Beide Kontrahenten werden sich keine bösartige Absicht mehr unterstellen. Die dissoziierte Sichtweise des Restaurantgastes verdeutlicht, dass das Fotografieren von F als unangemessen empfunden werden konnte, auch wenn dieser das so nicht gewollt hat. Die Zerstörung der Kamera war dagegen eher ein Unglück als eine vorsätzliche Sachbeschädigung. Wenn es den Parteien gelingt, den Konflikt so für einen Moment mit den Augen des Gastes zu sehen, rückt die Lösung des Konflikts in greifbare Nähe. Der Beitrag des entfernten Dritten, hier des Richters R, besteht darin, dass er die Dimensionen des Streits zurechtrücken hilft. Es handelt sich eher um eine Bagatelle, für die es sich nicht lohnt, lange zu streiten. Gleichzeitig macht er mit der „Pressefreiheit" und dem „Allgemeinen Persönlichkeitsrecht" für die Parteien sichtbar, in welchem Spannungsfeld der Konflikt abläuft. Wenn die Kontrahenten alle vier Sichtweisen des Konflikts kennengelernt haben, werden sie sich rasch einigen: Der reiche Sportstar ersetzt die Kamera, weil es ihm um die Geldzahlung nicht ging. Es ging ums Prinzip, dass T wegen des erkannten Missverständnisses nun nicht mehr gefährdet sieht. Oder T gewährt F als Entschädigung ein Exklusivinterview. Ist T weniger großzügig, kann man sich im Wege eines Kompromisses auf den hälftigen Schadensersatz einigen. Oder F schreibt einen Artikel über die neue Liebschaft des T, den F mit T vorher abstimmt. Erst auf dem Boden einer differenzierten Sachverhaltssicht können derart kreative Lösungen entstehen.

d) Perspektivenwechsel in der Praxis. Weil derselbe Konflikt aus den ver- 134
schiedenen Wahrnehmungspositionen anders aussieht, ist ein Perspektivenwechsel immer sinnvoll. Der Mediator versucht zu erreichen, dass die
Parteien sich wenigstens für einen Moment in die unterschiedlichen Be-
trachterpositionen einfühlen.[125] Dass wiederum setzt voraus, dass der Mediator diese verschiedenen Wahrnehmungspositionen und die sich daraus
ergebenden Sichtweisen des Konflikts kennen lernt. Erst in einem zweiten
Schritt kann er die erkannte Sichtweisen dann den Kontrahenten vermitteln. Dazu muss der Mediator sich von seiner eigenen dissoziierten Wahrnehmungsposition, nämlich der des neutralen Dritten, für einen Moment
lösen und sich in die Streitparteien hinein versetzen. Dieses Gedankenspiel
genügt allerdings nicht. Der fiktive Rollenwechsel zeigt nämlich nicht, wie
die Streitpartei den Konflikt tatsächlich sieht, sondern nur, wie der Mediator den Streit anstelle der Partei sehen würde. Darauf kommt es aber nicht
an. Der Mediator darf über Sichtweisen nicht spekulieren; er muss diese positiv ermitteln. Immerhin macht der Wechsel der Perspektive den Mediator
aufnahmebereiter für entsprechende Informationen der Parteien. Die Technik des Aktiven Zuhörens[126] oder Verbalisierens lässt sich dazu benutzen,
Informationen über die Parteisicht zu verifizieren, indem man sich die richtige Interpretation bestätigen lässt. Auch Einzelgespräche mit den Parteien
geben dem Mediator eine gute Möglichkeit, die Sichtweisen der Parteien
kennen zu lernen. Die Wahrnehmungsperspektive von Beobachtern ist fast
immer fiktiv, da es solche Personen, deren Sicht des Konflikts man ermitteln könnte, nicht gibt. Hier muss es ausreichen, wenn den Kontrahenten
eine fiktive Sicht vermittelt wird, wie ein Dritten den Konflikt sehen würde.
Der Mediator macht sich deshalb auch darüber Gedanken.

Die verschiedenen Wahrnehmungsmöglichkeiten des Konflikts muss der 135
Mediator nun vermitteln. Dass ist deshalb so schwierig, weil sich eine
Konfliktpartei nur ungern von ihrer Sichtweise, von deren Richtigkeit sie
überzeugt ist, löst. Frontales Vorgehen, bei der der Mediator die subjektive Sicht des Gegners wiedergibt und dann nachfragt, ob man das denn
nicht auch verstehen könne, führt deshalb zu keinem Ergebnis. Der fremde
Blickwinkel wird einfach als falsch abgelehnt. Einen positiven Effekt übt
hier immerhin aus, dass jede Partei während der Phase des Aktiven Zuhörens die Sicht der anderen Seite zweimal hört, ohne zu einer Gegenäußerung und Ablehnung befugt zu sein.[127] Eine Schlüsseltechnik ist das Reframing. Der Mediator stellt die Aussagen einer Partei in einen anderen
Zusammenhang, und nimmt dabei die Sicht der Gegenseite zum Bezugs-

---

[125] Das Verb „einfühlen" bringt ebenso wie das Adjektiv „einfühlsam" prägnant
zum Ausdruck, was hier von den Parteien erwartet wird.
[126] Ausführlich dazu oben § 7, Rdn. 27 ff.
[127] Ausführlich dazu oben § 7, Rdn. 41.

punkt. Nachdem der Fotoreporter im Ausgangsfall seine Seriösität als Sportreporter betont hat, könnte man etwa fragen, wie er, als seriöser Sportreporter, das Verhalten „wirklicher" Paparazzi beurteilt. Der Mediator kann auch einen fiktiven oder realen Beispielsfall erzählen, wo solche Fotografen die Privatsphäre auch nach Meinung der Gerichte verletzt haben. Im Anschluss daran kann er beide Parteien fragen, was den vorliegenden Fall hiervon unterscheidet. Solche Metaphern oder Vergleichsfälle werden dann häufig auf den Konflikt übertragen und so als neuer Vergleichspunkt und damit auch als neue Perspektive akzeptiert. Auf diese Weise nähert man sich der Sichtweise einer Seite. Das endgültige Verständnis erarbeitet sich die Partei so im Grunde selbst. Den Perspektivenwechsel in die Wahrnehmungsposition eines außenstehenden Dritten kann man ebenfalls mit Beispielsfällen oder fiktiven Fragen erleichtern. So setzt die Bitte des Mediators an die Parteien, sich einmal vorzustellen, wie sie den Konflikt in einem Jahr rückblickend sehen werden, mit dem relativierenden Bezugspunkt „Zeit" eine neue Perspektive, die der eines außenstehenden Dritten oft nahe kommt. In beiden Fällen geht es um die Distanz zum Konflikt. Oft wird dabei erkannt, dass der Konflikt so schlimm auch wieder nicht ist, wenn man zugibt, ihn vermutlich ein Jahr später bereits wieder vergessen zu haben. Hypothetische Fragestellungen und fiktive Geschichten sind geeignet, den Konflikt aus den unterschiedlichen Perspektiven zu beleuchten.

4. „Ich"-Botschaften

136 Durch die Technik des Reframing lassen sich sogenannte „Du-Aussagen" in „Ich-Botschaften" verwandeln. In Konflikten neigen die Parteien dazu, die Gegenseite zu kritisieren oder mit direkten Vorwürfen zu überhäufen. Der Vorwurf „Sie haben mich betrogen" führt zu heftigen Reaktionen und einer unkonstruktiven Gesprächsatmosphäre. Der Adressat des Vorwurfs kann sich dagegen leicht verteidigen, weil ihm ein eigenes Verhalten unterstellt wird. Er wird dies tun, indem er den Vorwurf zurechtrückt oder eine eigene Version anbietet. Wenig besser ist die verbreitete Zuflucht in Passivkonstruktionen oder „man"-Sätze, die ein handelndes Subjekt nicht erkennen lassen: „Es ist unerträglich, im Gebrauchtwagenhandel betrogen zu werden". „Man ist doch wohl der Betrogene, wenn man ein solches Auto für gutes Geld verkauft bekommt". Der Adressat solcher Äußerungen kann diese Aussagen auf sich beziehen. Dann fühlt er sich angegriffen und verteidigt sich wie bei einem direkten Vorwurf. Oder aber er fühlt sich nicht angesprochen und die Äußerung gerät rasch in Vergessenheit. Das effektivste Kommunikationsmittel ist daher die ungewohnte „Ich-Botschaft": „Ich fühle mich betrogen, weil mir dieses Auto verkauft worden ist." Den Wahrheitsgehalt dieser Äußerung kann der Adressat nicht hinterfragen, da er zu den Gefühlen des Sprechers nichts sagen kann. Gleichzeitig fühlt sich der Adressat nicht unmittelbar herausgefordert, weil ihm kein unmittelbarer Vorwurf gemacht worden ist. Schreibt der Mediator das „Gefühl, betrogen worden zu sein" an die Tafel, können alle Parteien diesen Aspekt in den folgenden Verhandlungen berücksichtigen. Ähnlich verhält es sich in anderen Gesprächssituationen. Absichten und Vorschläge klingen viel überzeugender, wenn sich der Sprecher durch Verwendung eines entsprechenden Personalpronomens damit identifiziert. Statt „Man müsste einen Weg zur weiteren Zusammenarbeit finden" heißt es dann „Wir müssten einen Weg finden, wie wir weiter gemeinsam in unserem Unternehmen zusammenarbeiten können …".

Um „Ich-Botschaften" zu erreichen, formuliert der Mediator vorwurfs- **137** volle „Du-Aussagen" oder Passivsätze einfach entsprechend um, und lässt sich die Richtigkeit des umformulierten Satzes bestätigen: „Sie fühlen sich also betrogen, weil Ihnen dieser Wagen ohne Hinweis auf den zuvor erlittenen Unfall verkauft worden ist?" Das Refraiming verändert den Bezugspunkt der Aussage auf die Gefühlswelt des Sprechers hin. Nach der Bestätigung kann der Mediator diese umformulierte Aussage zum Gegenstand weiterer Verhandlungen machen.

IX. Aufdecken der Verhandlungsthemen und Parteiinteressen

Was steht nun am Ende der zweiten Mediationsphase, in der der Me- **138** diator einige oder sogar alle der skizzierten Techniken eingesetzt haben mag? Die zweite Phase der Mediation hat die zentrale Aufgabe, die Themen für die nachfolgende Verhandlungen um eine mögliche Konfliktlösung aufzudecken. Welche der vorgenannten Techniken der Mediator auch immer angewandt hat, er musste darauf achten, die Themen des Konfliktes aus den Parteiaussagen herauszuhören. Themen der Verhandlung unterscheiden sich von den Positionen der Parteien dadurch, dass sie neutral und ergebnisoffen formuliert sind. Fordert eine Partei etwa die Zahlung von € 100.000 Werklohn, wird aus dieser Position das Verhandlungsthema „Vergütung für geleistete Arbeiten". Die Themen müssen vom Mediator so konkret formuliert werden, dass jede Partei sofort weiß, um welchen Punkt es geht. Um die Ergebnisoffenheit zu verdeutlichen, darf der Mediator die Wortwahl einer Partei nicht übernehmen.

Die Fähigkeit des Mediators, möglichst viele Verhandlungsthemen und **139** Problemkreise aufzudecken und zu benennen, ist für die anschließende Lösungssuche von herausragender Bedeutung. Je mehr solcher Themen es gibt, desto facettenreicher sind die Einigungspakete, die die Parteien schnüren können. Damit steigt auch die Wahrscheinlichkeit, eine Gesamtlösung zu erzielen, indem eines dieser Einigungspakete für alle Kontrahenten akzeptabel ist. Die einzelnen Themengebiete sind den Parteien nämlich unterschiedlich wichtig. Für eine günstige Lösung im Problemkreis Nr. 1 sind sie bereit, große Konzessionen im Themenkomplex Nr. 2 zu machen. Ein einfaches Beispiel ist der Streit um einen Zahlungsanspruch für gelieferte Maschinen, bei dem die Höhe der Zahlung (Thema 1) und der Zeitpunkt der Zahlung (Thema 2) auszuhandeln sind. Partei A legt Wert auf eine hohe Zahlung, während ihr der Zeitpunkt relativ egal ist. Partei B ist die Höhe der Zahlung wichtig, noch wichtiger ist ihr aber die Schonung der Liquidität. Das Einigungspaket „Hohe Zahlung in 12 monatlichen Raten" bietet eine Lösung für die als regelungsbedürftig erkannten Themenkomplexe an und ist wegen der unterschiedlichen Interessenlage für beide Seite annehmbar. Hätte der Mediator entdeckt, dass auch die Frage der Wartung der Maschinen – entgeltpflichtig oder Teil der Garantiezusage? – zwischen den Parteien strittig ist, hätte dieses Thema Nr. 3 die Zahl möglicher Einigungsmodelle und damit auch die Einigungschancen weiter erhöht.

140 Die Mediation adressiert mit dem Aufspüren möglichst vieler Verhandlungsthemen[128] das eingangs geschilderte Problem der Komplexität.[129] Obwohl mit der Komplexität die Chancen für eine Konfliktlösung steigen, führen sich die Parteien in ihrer Fähigkeit zur Verhandlungsführung überfordert. Sie reduzieren daher die Komplexität in eine einzige Forderung, ihre Position, in der sie die Lösung aller fraglichen Konfliktthemen sehen. Die Reduktion der Komplexität macht die Verhandlungsführung als Prozessvorgang einfacher, erschwert aber die Konfliktlösung. Der Mediator stellt durch die Themensuche und die Themenbenennung die Komplexität der Verhandlung wieder her. In den nächsten Phasen der Mediation wird er den Parteien dann helfen, mit den sich daraus ergebenden Schwierigkeiten in der Verhandlungsführung zurecht zu kommen. Damit wird klar, dass der Mediator nie nur ein Thema für die nachfolgenden Verhandlungen benennen darf. Ginge es nur um diesen einen Gegenstand, würde die Verhandlung zwischen den Parteien nahezu zwangsläufig als Verteilungskampf kompetitiv geführt. Gestritten würde um ein einziges knappes Gut. Steht nur die Höhe der Zahlung im Streit, werden die Parteien um Konzessionen ringen; kreative Problemlösungen sind hier unmöglich. Notfalls wird Mediator bei der Themenbenennung selbst schöpferisch tätig, indem er von den Parteien unerkannte Probleme benennt und den Parteien vorschlägt, auch diese Themen zum Verhandlungsgegenstand zu machen. Bei einer Zahlung kann man nahezu immer den Zahlungszeitpunkt, die Zahlungsweise und die Substitution der Geldzahlung durch eine andere Leistung diskutieren.

---

[128] Die Amerikaner nennen diese Tätigkeit des Mediators prägnant „Issue-spotting".

[129] Vgl. oben § 2, Rdn. 72.

Neben den Verhandlungsthemen deckt der Mediator die Parteiinter-   **141**
essen auf und hält diese optisch fest. Die Bedürfnisse und Motive der Parteien können während jeder der vorgestellten Gesprächstechniken zutage
treten. Entsprechend konzentriert muss der Mediator agieren. Die Interessen der Parteien stellen letztlich den Bewertungsmaßstab dar, nach dem
die Parteien ein Lösungspaket später beurteilen. Nur wenn dieses Paket
mehr Interessen befriedigt oder einzelne Interessen in stärkerem Maße erfüllt als der mutmaßliche Ausgang des Gerichtsprozesses, ist es für die
Partei vorteilhaft, den Vergleich zu schließen. In einem Konflikt haben die
Parteien fast immer auch gleichgerichtete Interessen, wie etwa die Schnelligkeit der Konfliktbeilegung. Es ist wichtig, dass der Mediator diese gemeinsamen Interessen erkennt und den Parteien vor Augen führt. Diese
vergessen in der Konfliktsituation nämlich oft, dass auch gemeinsame
Werte und Zielvorstellungen existieren, welche die Parteibeziehungen ähnlich stark prägen wie die streitursächlichen Meinungsunterschiede.

X. Visualisierung der Themen und Interessen

Die Aufgabe des Mediators erschöpft sich nicht darin, Verhandlungs-   **142**
themen und Parteiinteressen zu ermitteln. Er muss auch dafür sorgen, dass
die Parteien diese Punkte in die komplexen Verhandlungen einbeziehen
können. Dazu muss er das Ergebnis der zweiten Mediationsphase visualisieren.

1. Bedeutung der Visualisierung

Es reicht nicht aus, wenn der Mediator Themen und Interessen erkennt   **143**
und die Parteien darauf hinweist. Große Teile einer diesbezüglichen Aufzählung hätten die Parteien wenige Minuten später wieder vergessen.[130]
Die Feststellung der Themen und Interessen ist das zentrale Ergebnis dieser Mediationsphase. Der Mediator visualisiert dieses Ergebnis, indem er
die einzelnen Punkte auf der im Raum befindlichen Tafel oder mittels
großer Karteikarten auf einer Metaplanwand[131] für alle sichtbar festhält.
Das erfüllt einen mehrfachen Zweck. Zunächst führt das Aufschreiben der
Themen und Interessen dazu, dass kein Einzelaspekt später im Eifer des
Gefechts übersehen wird. Als Arbeitsmaterial haben die Parteien die einzelnen Punkte jederzeit vor Augen. Die Bedeutung der Themen und Interessen für die folgende Verhandlungsphase wird unterstrichen, wenn die

---

[130] Nicht umsonst spricht man von der „Flüchtigkeit des Wortes" oder davon,
dass „Worte Schall und Rauch sind".
[131] Zur notwendigen technischen Ausstattung des Verhandlungsraums vgl. oben
§ 4, Rdn. 29.

Parteien diese schriftlich festgehalten sehen. Intuitiv messen wir dem geschriebenem Wort eine höhere Bedeutung zu als der verbalen Äußerung. Da die Tafel auch später im Raum verbleibt, sind die Themen und Interessen für die Teilnehmer ständig präsent und gewinnen durch die wiederholte Wahrnehmung an Einfluss. Für den Mediator ist die bildliche Darstellung ein geeignetes Mittel, die Verhandlungen zu strukturieren. So kann er in einer hitzigen Diskussion darauf hinweisen, dass die Themen „Höhe der Zahlung" und „Zeitpunkt der Zahlung" getrennt auf der Tafel stehen und deshalb auch separat erörtert werden sollten. Die Komplexität von Verhandlungen wird so organisiert und nicht, wie im kompetitiven Modell, reduziert. Allein die Tatsache, dass die Kontrahenten sich nun nicht mehr gegenseitig anstarren, sondern ihren Blick einschließlich der Körperhaltung[132] gemeinsam auf die Tafel richten, um die dort genannten Punkte abzuarbeiten, nimmt, so banal dies klingt, ein Stück Konfrontation aus der Verhandlung. Beide Seiten haben nun eine klar definierte Aufgabe, die sie nur zusammen lösen können. Und schließlich präsentiert die vollgeschriebene Tafel den Teilnehmern der Mediation ihren Erfolg, den sie in der zweiten Phase der Mediation erreicht haben, in Form eines fassbaren Ergebnisses. Das Vertrauen in das Verfahren der Mediation wächst und die Teilnehmer werden an dem Verfahren weiter konstruktiv mitarbeiten.

2. Durchführung der Visualisierung

144   Der Mediator macht sich während der Gespräche Notizen, damit er die ermittelten Themen und Interessen nicht vergisst.[133] Dabei trennt er zwischen regelungsbedürftigen Verhandlungsthemen sowie den Interessen der Teilnehmer. Diese Trennung bringt der Mediator auch dadurch zum Ausdruck, dass er zwei verschiedene Tafeln/Metaplanwände benutzt. Den Teilnehmern wird so die unterschiedliche Funktion der beiden Aufstellungen deutlich. Manche Mediatoren beschreiben die Tafeln unmittelbar, nachdem sie Themen oder einzelne Parteiinteressen festgestellt haben. Dieses Vorgehen bietet sich nur bei einfach zu überschauenden Konflikten an, weil der Mediator sonst durch das Beschreiben der Tafel zu sehr von den parallel fortlaufenden Verhandlungen abgelenkt wird. Zudem ist auch die frühzeitige räumliche Aufteilung der Tafel schwierig, da unklar ist, wie viele Aspekte darauf festgehalten werden müssen. Besser ist es, die Visualisierung von Themen und Interessen in einem eigenständigen letzten Abschnitt der zweiten Mediationsphase vorzunehmen, um jede Hektik beim

---

[132] Unsere Körperhaltung folgt in der Regel unserem Blick. Wenn sich die Aufmerksamkeit auf die Tafel richtet, werden die Teilnehmer der Mediation daher früher oder später ihren Stuhl entsprechend zurechtrücken. Sie sitzen dann plötzlich neben dem Kontrahenten, nicht ihm gegenüber.

[133] Vgl. dazu oben § 7, Rdn. 23.

Aufschreiben zu vermeiden. Für die Teilnehmer wird so der gesamte Verlauf und das Ergebnis dieser Phase noch einmal rekapituliert. Der Sprachgebrauch bei der Formulierung der Thesen und Interessen darf nicht so vage sein, dass sich die Teilnehmer darin nicht wiederfinden. Die Aufgabe für den Mediator ist schwierig, weil auch langatmige Erläuterungen auf der Wand keinen Platz haben. Sie würden die weitere Verhandlung zu sehr einengen. Auf eine bestimmte Ordnung der einzelnen Aspekte kommt es in dieser Phase noch nicht an. Die Ordnung der einzelnen Punkte geschieht erst zu Beginn der Verhandlungsphase, wenn der Mediator gemeinsam mit den Parteien eine Agenda für die Lösungssuche entwirft.[134] Die gemeinsamen Interessen der Parteien sollte der Mediator aber seiner Auflistung voranstellen, weil diese von den Teilnehmern in der emotionalen Konfliktsituation besonders leicht vergessen werden.

Wenn sich das Mediationsverfahren wegen seiner Komplexität über   **145** mehrere Sitzungen erstreckt, schreibt der Mediator die Karteikarten auf der Metaplanwand bzw. die Darstellung auf der Tafel nach der Mediationssitzung ab. Die so angefertigte Übersicht leitet er den Teilnehmern und deren Anwälten zu. Den Parteien wird so die Vorbereitung auf die nächste Mediationssitzung erleichtert. Die einzelnen Punkte dienen als Erinnerungshilfe. Sie spornen die Kreativität an, wenn die Teilnehmer den Verhandlungsverlauf überdenken und sich Gedanken über mögliche Lösungen machen. Mit der Aufstellung des Mediators halten sie einen fassbaren Erfolg der bisherigen Sitzungen in den Händen. Wichtig ist nur, dass diese schriftliche Übersicht die Visualisierung im Verhandlungsraum nicht ersetzt. Wenn die Teilnehmer diesen Raum das nächste Mal betreten, führt der Mediator ihnen die vertraute Darstellung erneut vor Augen.

3. Beispiel

Wie die Aufstellung der Themen und Interessen praktisch aussehen   **146** kann, wird nachfolgend an dem schon bekannten Beispiel um die Aufteilung eines Unternehmernachlasses erörtert.[135] Dieser Nachlass bestand aus einem Unternehmen, einer Villa, Aktiendepots und Bargeldguthaben sowie einem Ferienhaus in den Alpen. Die Witwe F des plötzlich verstorbenen Unternehmers streitet mit den Söhnen A und B sowie der Tochter T um die Erbauseinandersetzung. Die Interessen der Angehörigen sind unterschiedlich und reichen von dem Erhalt der Villa als Familienwohnung, über die Wunsch, die Führung des Unternehmens zu übernehmen bis hin zur Aufbesserung des schmalen Lehrergehalts und der Gründung einer Arztpraxis mit dem erhofften Erbanteil. In dieser Erbmediation könnte

---

[134] Vgl. dazu unten § 9, Rdn. 6 ff.
[135] Vgl. dazu oben § 5, Rdn. 10.

der Mediator nach der zweiten Phase die ermittelten Themen und Interessen wie folgt grafisch darstellen:

Tafel 1:

Lösungsbedürftige Verhandlungsthemen

- Notwendigkeit der Nachlassteilung/Fortsetzung der ungeteilten Erbengemeinschaft
- Quote der Aufteilung (Höhe des jeweiligen Erbteils)
- Zeitpunkt der Aufteilung
- Zukunft des Unternehmens
- Art der Aufteilung (Realteilung/Auszahlung in Geld)

Tafel 2:

Interessen der Teilnehmer

Gemeinsame Interessen
- Erhalt des Familienfriedens
- „Faire" Behandlung aller Familienmitglieder
- Mutmaßlicher Wille des Ehemanns/Vaters soll respektiert werden
- Schnelle und dauerhafte Klärung

Interessen der F
- Wohnen im vertrauten Heim
- Sichere Altersversorgung
- Unkomplizierte Vermögensverwaltung

Interessen von Sohn A
- Berufliche Zukunft im Unternehmen
- Erhalt des Unternehmens als Familienbetrieb
- Wunsch nach Selbstständigkeit/Eigene Ideen verwirklichen
- Vermeidung einer Übervorteilung

Interessen von Sohn B
- Dauerhafte Aufbesserung des Lehrergehalts
- Sichere Einkommensquelle
- Ermöglichung der Traumreise nach Alaska
- Keine Lust auf Verwaltungsaufwand für das Unternehmen
- Sorge vor unkontrollierter Unternehmensführung durch A
- Anerkennung der eigenen Leistungsfähigkeit

Interessen der Tochter T
- Existenzgründung (Arztpraxis) mit Erbschaft
- Rascher Liquiditätszufluss/Zeit drängt
- Persönliche Distanzierung vom Unternehmen

- Erhalt des Ferienhauses für die Familie
- Absicherung des Lebensabends der Mutter
- Abwehr einer Übervorteilung

XI. Ziel erreicht?

Am Ende der zweiten Mediationsphase müssen die Parteien wirklich 147 wissen, worum es in dem Konflikt geht. Dieser an sich selbstverständliche Wissensstand wird in bilateralen Verhandlungen oft verfehlt, weil beide Kontrahenten im Bemühen, die Gegenseite zu überzeugen, aufeinander ein- und so aneinander vorbei reden. Erst das vom Mediator geförderte bewusste Zuhören vermittelt die notwendige Kenntnis von den tatsächlich bestehenden Meinungsunterschieden. Es kommt bisweilen vor, dass die Parteien die Mediation bereits am Ende dieser Phase oder jedenfalls sehr rasch danach erfolgreich abschließen, weil sie ein nun allseits bedauertes Missverständnis erkennen und aus dem Weg räumen. Ein wichtiges Indiz dafür, ob der Mediator die Konfliktpunkte, die Konfliktursachen und die Parteiinteressen aufgedeckt hat, stellt die abschließende Visualisierung der gewonnenen Erkenntnisse dar. Je mehr Verhandlungsthemen die Teilnehmer identifiziert haben und je mehr Parteiinteressen nun auf der Tafel stehen, desto erfolgreicher ist diese Phase der Mediation verlaufen. Neben den fassbaren Resultaten sollte sich auch die Arbeitsbeziehung der Kontrahenten verbessert haben. In dieser zweiten Phase, die meist die längste des gesamten Mediationsverfahrens ist, haben sie zusammen auf eine Lösung hin gearbeitet. Trotz des fortbestehenden Streits sollte in den Parteien die Gewissheit gewachsen sein, dass konstruktive Einigungsgespräche möglich und sinnvoll sind. Gleichzeitig sollte auch das Zutrauen der Parteien in die Leistungsfähigkeit des Mediationsverfahrens und das Vertrauen in den Mediator weiter gewachsen sein. Es schadet nichts, wenn der Mediator den Parteien den erfolgreichen Abschluss der zweiten Phase, der sich in vorgenannten Punkten widerspiegelt, ganz deutlich mitteilt und den Kontrahenten im gleichen Atemzug für die Kooperationsbereitschaft in einer schwierigen Situation sowie für die geleistete Arbeit dankt. Dazu kann er etwa den bisherigen Verlauf der Mediation in ganz kurzen Worten zusammenfassen, um die positive Entwicklung von den Anfängen bis zum Status Quo zu verdeutlichen. Ein positiver Schlusspunkt prägt die Atmosphäre dann auch zu Beginn der folgenden Phase.

§ 8 Dritte Mediationsphase: Sachklärung und Erörterung der Rechtslage

I. Aufgabe und Ziel dieser Phase

1 Die dritte Phase der Mediation beschäftigt sich mit der objektiven Klärung des Sachverhalts. In der vorangegangenen Phase haben die Parteien nur ihre subjektive Sicht des Konflikts vorgestellt. Daraus haben sie ermittelt, welche Probleme sie für eine Einigung lösen und welche wechselseitigen Interessen sie befriedigen müssen. Diese Eckdaten reichen selten aus, um sogleich zu Vergleichsverhandlungen überzugehen. Meist gibt es zwischen den Teilnehmern strittige Sachfragen, die objektiv geklärt werden müssen, weil deren Beantwortung die Beurteilung des Konflikts wesentlich beeinflusst. Wo die Parteien darum streiten, wer den Schaden für eine abgebrannte Fabrikhalle zu tragen hat, wollen sie die tatsächliche Brandursache festgestellt wissen. Im Erbstreit ist die Darstellung eines Kontrahenten, er habe das Chagall-Gemälde vom Erblasser kurz vor dessen Tod geschenkt erhalten, zwar aus Sicht aller Parteien unmittelbar relevant, doch wird diese Aussage nicht ohne weiteres als wahr unterstellt. Die dritte Phase der Mediation dient von daher zunächst der Erhebung objektiver[1] Informationen. Man könnte diese Phase auch als Beweisaufnahme[2] der Mediation bezeichnen.

2 Eine Beweisaufnahme dient der Erhebung von Daten, die bewertet werden sollen. Für die Bewertung des so ermittelten Sachverhalts benötigen die Parteien ein Know-how, das sie nicht unbedingt selbst besitzen. Um die Bewertungskompetenz der Parteien zu erhöhen, wird Expertenwissen in die Mediation eingeführt. Ohne zu wissen, welche technischen Möglichkeiten es für die Reparatur einer als schadhaft erkannten Computeranlage gibt, kann eine Partei keine Reparaturüberlegungen in die Lösungssuche einzubeziehen. Eine zentrale Rolle spielt, wie das Recht als neutraler

---

[1] Genau genommen gibt es keine „objektiven" Informationen. Denn auch der beste Sachverständige bildet seine Wahrnehmung des Beweisgegenstandes auf seinem individuellen Erfahrungshintergrund ab. Was die Parteien erhalten, ist also nur eine subjektive Meinung des Sachverständigen, von der man aber glaubt, dass sie wegen seiner Sachkunde der objektiven Wahrheit recht nahe kommt.

[2] Dieser Begriff ist deshalb nicht ganz richtig, weil in der Mediation der Richter fehlt, dem eine beweispflichtige Partei etwas beweisen müsste. Die Parteien wiederum haben in der Mediation die Möglichkeit, auch den eindeutigsten Beweis zu ignorieren, da jede Bindung an die „Beweisaufnahme" fehlt.

Bewertungsmaßstab den Konflikt beurteilt. In dieser Phase der Mediation wird daher die Rechtslage eingehend erörtert. In der Wirtschaftsmediation sind oft steuerliche Aspekte des Konflikts relevant. Bei der Unternehmensnachfolge oder dem Streit aus einem Unternehmenskauf können bilanzielle Bewertungsfragen entscheidend sein, bei deren Beantwortung ein Wirtschaftsprüfer helfen kann. Die dritte Phase der Mediation dient dazu, den Parteien die Kenntnisse zu vermitteln, die sie benötigen, um den Konflikt und mögliche Einigungsmodelle zu bewerten. Der Mediator versucht so, das Transparenzproblem[3] auszuschalten, das einvernehmliche Lösungen oft behindert. Die Mediation unterscheidet sich dabei deutlich vom Prozess: Dort entscheidet der Richter den Konflikt, so dass es nicht darauf ankommt, die Bewertungskompetenz der Kontrahenten zu steigern.

In der Praxis ist die dritte Mediationsphase häufig recht kurz. Da die   3 Parteien die Mediation als Streitbeilegungsverfahren wählen, um eine schnelle Konfliktlösung zu erreichen, wollen sie keine zeitaufwändige und teure Beweisaufnahme. Wo die Lösung des Konflikts tatsächlich von einer einzigen Sachfrage abhängt, etwa was den Brand der Fabrikhalle verursacht hat, ist die Mediation auch nicht unbedingt das geeignete Verfahren der Streitbeilegung. So verspricht ein selbständiges Beweisverfahren[4] hier eine ähnlich rasche und – anders als die Mediation – auch verbindliche Klärung.[5] In vielen Mediationen stehen solche Sachfragen daher nicht im Vordergrund oder sind bereits ausdiskutiert, etwa weil das Gutachten des Brandsachverständigen zu Beginn der Mediation bereits vorliegt. Der Mediator muss aufpassen, dass er eine positive Eigendynamik der Verhandlungen, die sich in der zweiten Mediationsphase entwickelt haben mag, nicht durch langwierige Erörterungen um Sachfragen und Beurteilungskriterien zerstört.

II. Planung des weiteren Vorgehens

Zu Beginn dieser Phase stimmt der Mediator gemeinsam mit den Par   4 teien ab, welche Aspekte des Sachverhalts mit welchen Mitteln noch aufgeklärt werden sollen und welche zusätzlichen Informationen die Parteien benötigen, um später sachgerecht über eine Lösung verhandeln zu können.

---

[3] Ausführlich dazu oben § 2, Rdn. 77 ff.

[4] §§ 485 ff. ZPO.

[5] Der Richter ist an das Ergebnis der Beweisaufnahme, etwa ein Sachverständigengutachten, zwar rechtlich nicht gebunden. Er wird diesem Ergebnis aber in aller Regel folgen, wenn nicht sachliche oder logische Zweifel am Inhalt des Gutachtens oder der verwendeten Begutachtungsmethode bestehen. Beruft sich eine Partei dagegen auf ein außergerichtlich eingeholtes Sachverständigengutachten, stellt dies nur einen Parteivortrag dar.

Der Mediator hat keine Befugnis, nach eigenem Ermessen eine „Beweisaufnahme" anzuordnen. Es gibt auch keine gesetzliche Rahmenordnung für die Durchführung einer Beweisaufnahme, wie sie etwa in §§ 355 ff. ZPO für den Zivilprozess festgelegt sind. Die Parteien müssen sich individuell über das weitere Vorgehen einigen. Der Mediator hilft ihnen dabei.

1. Klärungsbedürftige Fragen und akzeptierte Unsicherheit

5   Die Teilnehmer ermitteln in einem ersten Schritt die Fragegestellungen, die weiter aufgeklärt werden sollen. In der zweiten Mediationsphase ist deutlich geworden, wo die subjektiven Parteiwahrnehmungen des konfliktbegründenden Sachverhalts voneinander abweichen. Die strittigen Punkte sind daher schnell ermittelt. Viele Parteien wollen nun unbedingt klären, wessen Darstellung zutrifft. Der Mediator hinterfragt diesen oft unbedachten Wunsch. Die objektive Feststellung von Tatsachen ist nämlich nicht umsonst zu haben. So kosten Sachverständigengutachten viel Geld und nehmen noch mehr Zeit in Anspruch. Bei der Vernehmung von Zeugen und der Beschaffung von Dokumenten verhält es sich ähnlich. Die Kontrahenten sollten sich überlegen, ob der entstehende Aufwand in einem vernünftigen Verhältnis zum mutmaßlichen Ergebnis steht. Das Gutachten kann teurer sein als der Wert, den es bestenfalls für eine Partei hat.[6] Oft ist abzusehen, dass auch das Gutachten wegen unklarer oder nicht mehr vorhandener Anknüpfungstatsachen kaum zu einer Klärung beitragen kann und mit einer „Einerseits-Andererseits"-Aussage enden wird. Die Parteien sind dann besser damit bedient, diese Unsicherheit zu akzeptieren. Ist etwa eine Schadenshöhe strittig und beruht sie nur auf einer parteiseitigen Schätzung, können die Parteien statt des teuren Sachverständigengutachtens auch vereinbaren, dass die Schätzung mit einem prozentualen Abschlag als richtig unterstellt wird. Tauschgeschäfte sind möglich, indem die als richtig unterstellte Annahme zugunsten einer Partei durch anderweitige Konzessionen ausgeglichen wird. Die Parteien müssen sich über ihre Motive klar sein, die sie mit der Sachverhaltsklärung verbinden. Ist der fragliche Aspekt wirklich so relevant oder geht es mehr um das emotionale Element, die eigene Darstellung bestätigt zu bekommen? Die Mediation erlaubt, Unsicherheiten im Sachverhalt bestehen zu lassen und anders als durch einen Nachweis der einen oder anderen Version zu bewältigen. Diese Wahl hat der Richter im Prozess nicht. Er muss den umstrittenen Sachverhalt auf Antrag einer Partei immer durch eine Beweisaufnahme klären, auch wenn dies ökonomisch keinen Sinn macht. Es ist

---

[6] Vor allem die Mängelfeststellung im Immobilienbereich ist hierfür ein gutes Beispiel. Wo Wände eingerissen werden müssen, um zu prüfen, ob die dahinter verlegten Leitungen ordnungsgemäß mit einem Rostschutzanstrich versehen sind, ist das Kosten/Nutzen-Verhältnis für ein Gutachten erkennbar nicht gegeben.

häufig dieser Aspekt, der Gerichtsverfahren zu langwierig und teuer werden lässt.

2. Mittel der Klärung

Haben die Parteien sich für die Klärungsbedürftigkeit eines Punktes ent- 6
schieden, vereinbaren sie in einem zweiten Schritt, mit welchen Nachweismitteln die Klärung erfolgen soll. Theoretisch stehen den Parteien die klassischen Beweismittel des Zivilprozesses zur Verfügung: Der Augenscheinsbeweis,[7] der Zeugenbeweis,[8] der Sachverständigenbeweis[9] und der Urkundenbeweis.[10] Die Parteivernehmung[11] spielt naturgemäß keine Rolle, da es in der Mediation nicht darauf ankommt, einen neutralen Dritten von der Richtigkeit einer Darstellung zu überzeugen. Überhaupt ist der Begriff des Beweises in dieser Phase irreführend, da sich die Parteien nichts beweisen lassen müssen, sondern das Beweisergebnis auch einfach ignorieren können. Im vorteilhaften Unterschied zum Prozess sind die Parteien an die Beweismittel der ZPO nicht gebunden, sondern können sich auch andere Beweismittel überlegen. Nichts hindert die Parteien an einer Vereinbarung, dass der Wert des total beschädigten PKW Porsche 911, Baujahr 1995, verbindlich nach dem Durchschnittspreis aller Gebrauchtwagen bestimmt wird, die mit diesem Typ und Zulassungsjahr am kommenden Samstag in der örtlichen Zeitung angeboten werden. Die Kreativität der Parteien ist hier gefragt. Der Mediator kann die Innovationskraft der Parteien mobilisieren, wenn im ersten Schritt das Beweisthema festgelegt ist: „Was ist denn Ihrer Meinung nach der beste, einfachste und kostengünstigste Weg, um dieser Sache auf den Grund zu gehen? Vielleicht machen wir alle erst einmal Vorschläge, die wir dann in einem zweiten Schritt bewerten."[12] Haben sich die Parteien auf die Art des Beweismittels geeinigt, müssen dessen Verfügbarkeit und seine Einführung in das Verfahren geprüft werden. Das weitere Vorgehen differiert dann nach den einzelnen Nachweismitteln.

3. Kostentragung

Durch die Beauftragung eines Sachverständigen oder die Anreisekosten 7
und Spesen eines Zeugen können erhebliche Kosten entstehen. Wenn dies abzusehen ist, spricht der Mediator die Kostenfrage erneut an. Zum einen

---

[7] §§ 371 ff. ZPO.
[8] §§ 373 ff. ZPO.
[9] §§ 402 ff. ZPO.
[10] §§ 415 ff. ZPO.
[11] §§ 445 ff. ZPO.
[12] Zur damit angesprochenen Technik des Brainstorming vgl. unten § 9, Rdn. 23 ff.

werden sich die Parteien dieses Aufwandes dann noch einmal bewusst. Zum anderen ist die im Verhandlungsvertrag vereinbarte Kostenregel, wonach die Parteien alle Verfahrenskosten je zur Hälfte tragen,[13] in dieser Phase oft problematisch. Wenn nämlich der Sachverständige im Ergebnis die Darstellung einer Seite bestätigt, wird diese kaum einsehen, warum sie gleichwohl hierfür anteilig zahlen soll. Schließlich wurde die Beauftragung des Sachverständigen nur deshalb notwendig, weil ihre letztlich zutreffende Version des Sachverhalts vom Kontrahenten zu Unrecht bestritten wurde. Solche Probleme sind vorhersehbar und sollten vorab geklärt werden. Oft bitten die Parteien den Mediator, die Beweisaufnahme zu organisieren. Um späteren Auseinandersetzungen vorzubeugen, wird der Mediator dies nur gegen eine Vorschusszahlung für die anfallenden Sachverständigenkosten oder Zeugenauslagen tun.

4. Verweigerte Mitwirkung

8   Es kommt vor, dass sich eine Partei nachhaltig weigert, an der Klärung eines Sachverhaltsaspekts mitzuwirken. Da die Mediation auf die Kooperation der Teilnehmer angewiesen ist, stehen dem Mediator Zwangsmittel zur Überwindung dieses Widerstands nicht zur Verfügung. Es ist falsch und unproduktiv, aus der Verweigerungshaltung ein mutmaßlich nachteiliges Beweisergebnis zu folgern: In der Mediation gibt es ohnehin niemanden, der einen „bewiesenen" Sachverhalt verbindlich würdigen kann. Selbst wo ein Gutachter zu einem eindeutigen Ergebnis kommt, steht es der betroffenen Partei frei, dieses Ergebnis ohne Angabe von Gründen abzulehnen und so eine Beilegung des Streits auf der Basis dieses Gutachtens zu verhindern. Deshalb bleibt auch die „Beweisvereitelung" zur Verhinderung eines eindeutigen Beweisergebnisses folgenlos. Falsch ist die Unterstellung eines nachteiligen Beweisergebnisses deshalb, weil die verweigerte Mitwirkung auch andere Gründe haben kann. Vielleicht ist es der Partei peinlich, diesen Punkt zu erörtern, oder sie fürchtet die Offenlegung vertraulicher Daten, die in einem Anschlussprozess gegen sie eingesetzt werden könnten.[14] Oder sie hält den Aufklärungsversuch von vornherein für vertane Liebesmühe, weil dabei sowieso nichts herauskommen könne. Vielleicht möchte die Partei auch die entstehenden Kosten der Beweiserhebung vermeiden. Diese Bedenken nimmt der Mediator ernst. Da der Teilnehmer häufig zögert, seine Ablehnungsgründe in Gegenwart des Kontrahenten zu benennen, bietet sich hierfür eine Einzelsitzung mit dem Mediator an.

9   Sind die Ablehnungsgründe bekannt, kann nach Strategien zu ihrer Überwindung gesucht werden. Fürchtet eine Seite, dass durch die Beweisaufnahme wichtige Geschäftsgeheimnisse offengelegt werden, können die

---

[13] Vgl. oben § 6, Rdn. 59.
[14] Zu dieser Gefahr vgl. unten § 14, Rdn. 31 f.

Parteien vereinbaren, dass die brisanten Unterlagen nur einem zur Verschwiegenheit verpflichteten Dritten vorgelegt werden. Dieser darf aus den Unterlagen nur die gestellten Beweisfragen beantworten.[15] Der Mediator kann die Gründe für die Ablehnung hinterfragen und die Konsequenzen verdeutlichen: „Was, glauben Sie, wird ein Richter tun, wenn er nach dem Scheitern dieser Mediation an genau diesem Punkt angelangt ist?" Die Anerkennung der geäußerten Bedenken kann der Mediator mit einem Hinweis auf den geschlossenen Verhandlungsvertrag verbinden, wo die Parteien die Kooperation bei der Sachverhaltsklärung zumindest als Zielvorstellung vereinbart haben: „Ich verstehe, warum aus Ihrer Sicht Bedenken gegen die Vorlage der Unterlagen bestehen. Sie sind offenbar der Ansicht, dass diese Bedenken schwerer wiegen als die im Verhandlungsvertrag vereinbarte Absicht, möglichst offen an der Aufklärung des Sachverhalts mitzuwirken. Was könnte Ihrer Meinung nach geschehen oder was müsste die andere Seite tun, um beide Punkte in einen Ausgleich zu bringen?" Verweigert eine Seite beharrlich die Mitwirkung, thematisiert der Mediator die Konsequenzen dieser ablehnenden Haltung. Wenn beide Parteien einverstanden sind, kann der strittige Punkt auch zunächst zurückgestellt werden.

5. Vermittlung des streitrelevanten Know-hows

Wenn der Sachverhalt durch eine Art Beweisaufnahme geklärt ist, können sich die Parteien Gedanken darüber machen, welches Wissen sie zur Beurteilung des Sachverhalts und möglicher Einigungsmodelle benötigen. Solange nicht klar ist, wer oder was den Absturz des Computersystems bewirkt hat, braucht niemand über rechtliche Bewertungen oder die technische Wahrscheinlichkeit einer Wiederholung nachzudenken. Oft befinden die Parteien eine Beweisaufnahme für unnötig. Dann konzentriert sich die dritte Phase der Mediation ausschließlich darauf, den Parteien das für die Einigungssuche notwendige Know-how zu vermitteln. Sie müssen wissen, was rechtlich zulässig, steuerlich sinnvoll, technisch machbar und wirtschaftlich vertretbar ist, um Vergleichsmodelle vernünftig beurteilen zu können. Auch hier müssen sich die Parteien einigen, welche Aspekte sie mit welchen Mitteln und zu welchen Kosten näher beleuchten möchten. Welcher dieser Aspekte erörtert wird, hängt vom spezifischen Konflikt und dem mit der Wissensvermittlung verbundenen Aufwand ab. Wegen der wichtigen Rolle des Rechts[16] in der Wirtschaftsmediation ist lediglich die juristische Aufarbeitung des Konflikts in jedem Verfahren geboten.

---

[15] Dieses Verfahren wird bei vielen Unternehmenskäufen gewählt, wo die Zielgesellschaft befürchtet, das Kaufinteresse werde nur vorgespiegelt, um im Rahmen der Due Diligence an Geschäftsgeheimnisse zu gelangen.

[16] Ausführlich dazu *Risse*, BB 1999 (Beil. 9), S. 1 ff.

III. Sachverhaltsklärung

11   Die praktische Durchführung der Sachverhaltsklärung ist an die Vorschriften der ZPO nicht gebunden. Flexiblere Vorgehensweisen sind möglich. Zudem sind Besonderheiten der Mediation zu beachten.

1. Sachverständigengutachten

12   Das Sachverständigengutachten ist das am häufigsten benutzte Mittel zur Sachaufklärung in der Mediation. Dabei sind folgende Punkte wichtig:

13   a) **Auswahl und Vorklärung.** Anders als im Prozess oder im Schiedsgerichtsverfahren[17] müssen die Parteien selbst die Person des Sachverständigen bestimmen. Am besten ist es, wenn sich die Parteien auf einen gemeinsamen Sachverständigen einigen können. Sie können die Auswahl auch dem neutralen Mediator überlassen, wenn der Mediator aufgrund eigener Sachkenntnis eine vernünftige Wahl treffen kann. Sonst ist es sinnvoller, die Auswahl des Sachverständigen einer dritten sachkundigen Person, etwa dem IHK-Präsidenten oder dem Präsidenten der örtlichen Handwerkskammer, zu überlassen. Ist die Auswahl erfolgt, müssen die Parteien den Experten beauftragen. Dazu fragen sie zunächst an, ob der Wunschkandidat überhaupt Zeit hat und in welcher Frist mit der Erstattung des Gutachtens zu rechnen wäre. Die Parteien können die Erstellung des Gutachtens so zeitlich kontrollieren. Im Prozess kommt es dagegen regelmäßig vor, dass das Gericht gedankenlos einen Sachverständigen aus der Gerichtsliste auswählt, der dann wegen eigener Arbeitsüberlastung das gesamte Verfahren verzögert.

14   b) **Abgestimmte und präzise Beauftragung.** Nach dieser Vorabklärung schließen die Parteien mit dem Sachverständigen einen Werkvertrag,[18] dessen Honorierung sich nicht nach dem Zeugen- und Sachverständigenentschädigungsgesetz (ZSEG) richtet, sondern frei vereinbart wird. Die Pflichten des Sachverständigen werden in diesem Vertrag klar definiert, eine Anlehnung an § 407 a ZPO bietet sich an. Die Parteien müssen im Detail festlegen, welche Fragen dem Sachverständigen vorgelegt werden.[19] Das Beweisthema muss präzise formuliert sein, damit der Sachverständige seinen Prüfungsauftrag kennt und klare Antworten geben kann. Die Parteien formulieren die entsprechenden Fragen im Wortlaut, ähnlich dem

---

[17] § 1049 ZPO gibt dem Schiedsgericht das Recht zur Sachverständigenbenennung.
[18] Vgl. dazu BGHZ 42, 313; 67, 1.
[19] Das entspricht dem Beweisantritt des § 403 ZPO.

Beweisbeschluss eines Gerichts. Der Mediator unterstützt die Parteien hierbei. Unklare oder nicht abgestimmte Fragen führen leicht dazu, dass eine Partei sich später der Wertung des Sachverständigen widersetzt. Die eigene Formulierung eines Beweisthemas kann eine Partei dagegen später schlecht als irreführend oder einseitig beanstanden. Die Parteien vereinbaren mit dem Sachverständigen auch, ob dieser zur mündlichen Erläuterung seines Gutachtens in einer Mediationssitzung verpflichtet sein soll.[20] Da die Parteien den Inhalt des Gutachtens inhaltlich verstehen müssen, um diesen in ihre spätere Entscheidung einzubeziehen, ist dies regelmäßig sinnvoll. Wenn das schriftliche Gutachten später eindeutig auffällt, kann man auf die mündliche Erläuterung immer noch verzichten.

c) **Einigung über Mitwirkungspflichten.** Die Parteien müssen sich vor   15
Beauftragung des Sachverständigen darüber einigen, welche Mitwirkungspflichten sie bei der Erstellung des Gutachtens übernehmen. Wo etwa um einen möglichen Behandlungsfehler und dessen Folgen gestritten wird, wird der Patient seinen Hausarzt von der ärztlichen Schweigepflicht befreien müssen, damit der Gutachter Vorerkrankungen in seine Überlegungen einbeziehen kann. Unterlagen wie Röntgenbilder oder Protokolle des ärztlichen Aufklärungsgesprächs müssen zur Verfügung gestellt werden. Spiegelbildliche Mitwirkungspflichten treffen das Krankenhaus als Anspruchsgegner. Wo ein Gutachter Gebäudeschäden bewerten soll, ist ihm zunächst ein Zutrittsrecht zum Grundstück einzuräumen. Diese Vorgaben klingen selbstverständlich, weil sie im vertrauten Gerichtsverfahren unproblematisch eingehalten werden. In der Mediation ist die Mitwirkung der Parteien aber nicht erzwingbar. Eine Verweigerungshaltung bleibt folgenlos. Deshalb müssen die Parteien die Durchführung der Begutachtung abstimmen. Um Missverständnissen vorzubeugen, ist die konkrete Vereinbarung und schriftliche Fixierung der Mitwirkungshandlungen sinnvoll.

d) **Bindung an das Ergebnis?** Auch wenn die Parteien viel Geld ausge-   16
ben, um einen Sachverhalt durch Einschaltung eines Experten aufzuklären, bleibt das Scheitern der Mediation möglich. Der finanzielle und zeitliche Aufwand für das Gutachten ist dann zunächst vergeblich. Deshalb sollten die Parteien sich frühzeitig überlegen, ob sie sich nicht auch für den Fall eines Anschlussprozesses an das Ergebnis dieses Gutachtens binden wollen.[21] Hierin liegt eine Änderung des zu Beginn der Mediation geschlossenen Verhandlungsvertrags, der die vollständige Unverwertbarkeit

---

[20] § 411 Abs. 3 ZPO gilt für den privat beauftragten Sachverständigen nicht.
[21] Etwas zu pauschal empfiehlt dies auch *Renk*, in: AKR-Handbuch, Ziff. 2.3.1., S. 7 ff.

als Regelfall festschreibt.[22] Die Parteien können aber vereinbaren, dass der Gutachter die Sachverhaltsfrage in Form eines Schiedsgutachtens[23] bindend und endgültig entscheidet. Den Grad der Bindungswirkung sollten die Parteien genau definieren. Sie legen dazu fest, ob das Gutachten den Stellenwert eines Sachverständigenbeweises im Prozess haben soll, dessen Richtigkeit dort noch wegen formaler oder inhaltlicher Mängel bestritten werden kann oder ob das festgestellte Ergebnis unanfechtbar ist. Eine entsprechende Vereinbarung müssen die Parteien vor Beginn der Begutachtung schließen. Nach Vorlage des Ergebnisses, das regelmäßig eine Partei begünstigt, ist kein Konsens mehr möglich.

17   Die vereinbarte Bindungswirkung spart also Geld, wenn es später zu einem Anschlussprozess kommt. Dennoch darf man deren Bedeutung nicht überschätzen. Ist das Gutachten professionell erstattet worden, wird auch die verlierende Partei im Anschlussprozess den Aufwand scheuen, ein Gutachten mit mutmaßlich identischem Ergebnis erneut einzuholen. Die faktische Bindungswirkung eines unverbindlichen Gutachtens ist daher hoch, wenn dieses Gutachten einiger Maßen überzeugend begründet ist.[24] Unter dem Gesichtspunkt der Zeit- und Kostenersparnis genügt es daher oft, wenn die Parteien vertraglich vereinbaren, dass jede Seite dieses Gutachten mit dem Stellenwert eines Parteigutachtens in einen möglichen Anschlussprozess einführen darf.[25] Die formale Unverbindlichkeit des Gutachtens erleichtert es jeder Partei, logische Widersprüche und andere Unzulänglichkeiten zu beanstanden. Da auch völlig unhaltbare Gutachten immer wieder vorkommen, ist eine im Vorhinein anerkannte umfassende Bindung gefährlich. Die oft theoretisch bleibende Option, das Gutachten durch ein Gegengutachten zu erschüttern, erleichtert es den Parteien, der Einholung eines unverbindlichen Schiedsgutachtens zuzustimmen. Im Regelfall ist dieser Weg über ein unverbindliches Schiedsgutachten daher vorzugswürdig.[26]

18   e) **Innovative Gestaltung.** In der Mediation können die Parteien die Erstattung eines Schiedsgutachtens nach ihren Vorstellungen ausgestalten. Die Möglichkeiten hierzu sind unübersehbar. So können der Bauherr und sein Generalunternehmer vereinbaren, dass die Begutachtung der vorgeb-

---

[22] Vgl. oben § 6, Rdn. 50.

[23] Im Unterschied zum Schiedsrichter, der einen Rechtsstreit insgesamt entscheidet, stellt der Schiedsgutachter nur ein entscheidendes Element des Rechtsstreits bindend für die Parteien und das Gericht fest.

[24] So zu Recht *Stubbe*, BB 2001, S. 685 (690).

[25] Die Vereinbarung dieser Verwendung ist notwendig, da die Parteien in der Mediationsvereinbarung oder im Verhandlungsvertrag ein umfassendes Verwertungsverbot vereinbart haben; vgl. oben § 6, Rdn. 50.

[26] Ausführlich *Stubbe*, BB 2001, S. 685 (690 f.).

lich mängelbehafteten Immobilie durch ein aus drei Personen bestehendes Gremium erfolgt. Jede Seite entsendet einen Architekten oder Bauingenieur, der zuvor mit dem Vorhaben nicht betraut war. Die beiden Ingenieure bestimmen dann einvernehmlich einen neutralen Gutachter als drittes Mitglied. Die Feststellungen eines solchen Gremiums, die im angelsächsischen Raum schon heute als „Dispute Review Board" tätig werden,[27] besitzen eine hohe Überzeugungskraft für die Konfliktparteien. Die Parteien können vereinbaren, dass der teure Experte in nur zwei Tagen eine erste, notwendig fehleranfällige Einschätzung mitteilt. Nur wenn eine Partei dann darauf anträgt, wird die Prüfung weitergeführt. Oder eine schwierige Schadensermittlung findet parallel durch zwei unabhängige Experten statt und die Parteien einigen sich vorab darauf, den Mittelwert beider Schadensschätzungen als verbindlich zugrunde zu legen.[28] Alternativ mag den Gutachtern aufgegeben werden, den Schaden nur anhand von zwei ausgewählten Photos zu schätzen, was die schnelle Lösung vor die exakte, aber teure und langwierige Ermittlung setzt. Es ist Aufgabe des Mediators, die Parteien auf solche und ähnliche Möglichkeiten hinzuweisen: „Sie können die Begutachtung durch den Sachverständigen ganz nach Ihren Vorstellungen gestalten. Haben Sie eine Idee, wie das Gutachten aus Ihrer beider Sicht besonders überzeugend gestaltet werden könnte?"

2. Zeugen

Zeugen treten in Mediationsverhandlungen selten auf. Es besteht keine   19
Möglichkeit, deren Erscheinen zu erzwingen. Für die Wirtschaftsmediation gilt § 1050 ZPO nicht, wonach das Gericht ein Schiedsgericht bei der Beweisaufnahme mit geeigneten Maßnahmen unterstützen kann.[29] Auch wenn Zeugen erscheinen, müssen sie einzelne Fragen nicht beantworten, sondern können die Aussage grundlos verweigern. Wie in der Schiedsgerichtsbarkeit[30] werden die Zeugen regelmäßig von der Partei, die sich auf die Aussage beruft, in die Sitzung gestellt. Die Aussage solcher Zeugen ist ihrem Inhalt nach meist vorab bekannt oder kann – ähnlich den Witness Statements der Schiedsgerichtsbarkeit – schriftlich in die Mediation eingeführt werden. Deshalb müssen sich die Parteien genau überlegen, welchen Erkenntniswert die ohnehin unverbindliche Aussage für den Fortgang der Verhandlungen haben soll. In den meisten Fällen bringt die Zeugenanhörung das Verfahren nicht weiter.

---

[27] *Leonhard*, BB 1999 (Beilage 9), S. 13 (16).
[28] Bei vielen Großschäden ist die Bezifferung des Schadens von fast willkürlichen Elementen geprägt. Durch eine Mittelwertmethode bringt man zumindest etwas Objektivität in diese Berechnung hinein.
[29] Vgl. dazu *Schütze*, Schiedsgericht und Schiedsverfahren, Rdn. 162.
[30] *Schütze*, Schiedsgericht und Schiedsverfahren, Rdn. 162.

20   Die Parteien sind bei der Zeugenvernehmung nicht an gesetzliche Vorgaben gebunden. Um Zeit und Kosten zu sparen, kann die Anhörung schriftlich erfolgen, indem dem Zeugen ein Fragenkatalog zur Beantwortung zugesandt wird. Auch eine telefonische Einvernahme ist denkbar, wenn es nur um eine kurze Bestätigung geht. Das Gespräch wird der Mediator als neutrale Person führen. Selbstverständlich ist dann der Raumlautsprecher des Telefons zuzuschalten, um die Parteien mithören zu lassen. Da dem Mediator die Entscheidungsbefugnis fehlt, kommt es nicht darauf an, durch die persönliche Einvernahme einen Eindruck von der Glaubwürdigkeit des Zeugen zu gewinnen. Die Erstellung eines Fragenkatalogs oder die Festlegung eines konkreten Beweisthemas kann sinnvoll sein, um die Anhörung des Zeugen zu strukturieren. Die Teilnehmer müssen sich einigen, wer die Fragen an den Zeugen stellt. Meist wird dem Muster des Prozesses gefolgt, wonach zunächst der Mediator als neutrale Person den Zeugen anhört und die Parteien dann die Möglichkeit zu Nachfragen haben. Eine Zeugenaussage kann für einen Anschlussprozess insofern verwertbar gemacht werden, als ein gemeinsames Protokoll dieser Aussage angefertigt wird, das dann in den Prozess eingeführt werden kann. Die Kontrahenten können zwar weiter die Richtigkeit der Aussage bestreiten, nicht aber, dass der Zeuge diese Aussage gemacht hat.[31] Ratsam ist dieses Vorgehen, wenn der Zeuge schwer erreichbar ist oder von weither anreisen muss. Auch für ein solches Vorgehen ist eine ausdrückliche Änderung des zu Beginn der Mediation geschlossenen Verhandlungsvertrags erforderlich.[32]

3. Urkunden und andere Dokumente

21   Die Parteien bringen häufig von sich aus Urkunden und andere Unterlagen in die Mediationsverhandlung mit. Sie wollen so vertragliche Ansprüche unterlegen oder ihre Darstellung illustrieren. Im weiteren Verlauf der Mediation ergibt sich dann oft, dass eine Partei noch andere aufschlussreiche Unterlagen im Besitz hat. Zur Vorlage dieser Urkunden kann sie nicht gezwungen werden, eine entsprechende Weigerung bleibt folgenlos.[33]

22   Eine Partei wehrt sich häufig gegen die Urkundenvorlage in der Angst, dass die so offenbarten Informationen in einem Anschlussprozess gegen sie

---

[31] Der Richter wird den Zeugen gleichwohl laden, um sich einen persönlichen Eindruck von der Glaubwürdigkeit des Zeugen zu verschaffen. Es kann aber sein, dass eine Partei die Angaben dieses Zeugen von vorneherein unstreitig stellt, wenn dieser in der Mediationsverhandlung überzeugend ausgesagt hat. Der Prozess kann so beschleunigt werden.

[32] Vgl. dazu § 6, Rdn. 50.

[33] Da es keinen Richter gibt, gibt es auch keine § 427 ZPO entsprechende Würdigung dieser Weigerung; zur anderen Situation in der Schiedsgerichtsbarkeit vgl. *Schütze*, Schiedsgericht und Schiedsverfahren, Rdn. 164.

eingesetzt werden. Diese Gefahr besteht.[34] Die Möglichkeiten, diesem Missbrauch durch vertragliche Verwertungsverbote zu begegnen, sind begrenzt.[35] Denkbar ist, die Urkundenvorlage zu modifizieren. So können die Urkunden einem neutralen Dritten vorgelegt werden, der aus den Unterlagen nur die Informationen herausfiltert, die für die Beantwortung der Frage erheblich sind. Als Beispiel mag der Fall eines Autoherstellers dienen, dem nach einem schweren Unfall Konstruktionsfehler im Fahrwerksdesign vorgeworfen werfen. Der Hersteller weigert sich, die Dokumentation der intern durchgeführten Crashtests vorzulegen, weil er Angst hat, deren Ergebnisse könnten dann nach außen dringen oder das Unfallopfer veranlassen, andere Unfallursachen zu behaupten. Der Autokonzern erklärt sich aber bereit, diese Protokolle einem anerkannten Experten zu treuen Händen zu übergeben, damit dieser die Prüfberichte ausschließlich im Hinblick auf den streitgegenständlichen Konstruktionsfehler auswertet und dann Bericht erstattet.[36] Ein ähnliches Verfahren ist in einem Patentstreit sinnvoll, wo sich eine Patentverletzung am leichtesten nachweisen oder entkräften lässt, wenn der vermeintliche Verletzter die Konstruktionszeichnungen seiner Maschine vorlegt. Ein neutraler Dritter kann damit beauftragt werden, vertrauliche Unterlagen im Sinne eines „Screening" daraufhin durchzusehen, ob sie für eine bestimmte Frage relevant sind. So wird verhindert, dass ein Auskunftsverlangen strategisch bewusst weit formuliert wird, um interessante Geschäftsgeheimnisse der Gegenseite zu erfahren. Eine andere Möglichkeit ist, eine Reziprozität der Urkundenvorlage zu vereinbaren. Nur wenn auch die Gegenseite bereit ist, bestimmte brisante Unterlagen vorzulegen oder Auskünfte zu erteilen, ist man zur Kooperation bereit.[37] Der Mediator kann hier als Treuhänder fungieren, indem er erst nach Erhalt aller Unterlagen diese an beide Parteien weiterreicht. Diese Beispiele illustrieren, dass die Innovationskraft der Mediation auch in dieser Phase zur Optimierung des Verfahrens genutzt werden kann.

4. Inaugenscheinnahme und Ortsbesichtigungen

Die Inaugenscheinnahme des Streitgegenstandes oder Ortsbesichtigungen sind in Mediationsverfahren oft gewinnbringend. Gerade in der Wirtschaftsmediation verhandeln nämlich häufig Teilnehmer miteinander, die den Konfliktgegenstand aus eigener Anschauung gar nicht kennen. Die Problemferne der Entscheidungsträger stellt ein Einigungshindernis dar. 23

---

[34] *Mähler/Mähler*, ZKM 2001, S. 4 ff.; vgl. auch § 14, Rdn. 31 f.
[35] Vgl. unten § 14, Rdn. 31 f.
[36] Dieses Vorgehen ähnelt § 434 ZPO.
[37] Das römisch-rechtliche „Do ut des"-Prinzip („Ich gebe, damit Du gibst") ist eine klassische Möglichkeit, die wechselseitige Leistungstreue abzusichern; vgl. § 320 BGB.

So waren oft weder der Bauherr noch der Geschäftsführer des Bauunternehmens jemals auf der Großbaustelle, die nun ohne eine Einigung zur Bauruine zu werden droht. In der Auseinandersetzung, ob ein neuartiges Design für einen Kinderwagen zum Gegenstand eines Plagiats wurde, schadet es nichts, wenn die beiden Modelle für eine eingehende Betrachtung in den Verhandlungsraum geschoben werden. Und wenn der Betriebsrat mit der Unternehmensführung die Arbeitsbedingungen in der Montagehalle diskutiert, sollten die Teilnehmer diese ruhig einmal zusammen mit dem Mediator durchschritten haben. Es ist eine Binsenweisheit, dass die Dinge in der Realität anders aussehen, als sie nach schriftsätzlichem Vortrag erscheinen.[38] Der Mensch nimmt 70–80% aller Informationen über die Augen auf. Die visuelle Wahrnehmung macht den Parteien bewusst, um was es eigentlich geht. In Gerichtsverfahren wird diese Erkenntnis wenig beherzigt; die Mediation kann es besser machen.

24 Solche Ortsbesichtigungen und Inaugenscheinnahmen haben über die Verifizierung des Sachverhalts hinaus positive Auswirkungen. Die Besichtigung stellt eine gemeinsame Aktivität der Streitparteien dar, was eine gespannte Gesprächsatmosphäre auflockern und den Kooperationswillen steigern kann. Teilnehmer, die sich im Verhandlungsraum unwohl fühlen, tauen spürbar auf, wenn sie sich bei der Ortsbegehung auf vertrautem Terrain bewegen. Zerstrittene Gesellschafter entdecken plötzlich wieder Gemeinsamkeiten, wenn sie Seite an Seite durch das gemeinsam aufgebaute Unternehmen schreiten. Wichtiger noch ist, dass die Teilnehmer den Streitgegenstand, über den vorher nur gesprochen wurde, visuell wahrnehmen und entsprechend abspeichern. Wenn später über Einigungsmöglichkeiten gesprochen wird, taucht dieses Bild im Kopf wieder auf und spornt die Kreativität bei der Suche nach Optionen an. So mögen sich Betriebsrat und Unternehmensführung einig sein, dass der Lärmpegel in der Montagehalle recht hoch ist und die Arbeitsbedingungen daher nicht ideal sind. Vom Schreibtisch aus scheint eine Verbesserung unmöglich. Wenn die Teilnehmer die durchgeführte Betriebsbesichtigung im Kopf noch einmal wiederholen, wird ihnen vielleicht einfallen, dass der Betonboden durch einen trittschalldämmenden Belag ersetzt werden könnte. Ortsbesichtigungen haben den Nachteil, dass sie zeitaufwändig und damit teuer sind. Die Kosten lassen sich senken, wenn die Parteien vom Unmittelbarkeitsgrundsatz des Zivilprozesses[39] abweichen, indem sie Photos oder Vi-

---

[38] Es ist immer wieder frappierend, wie auch millionenschwere Bauprozesse nur anhand kaum verständlicher Aufmaße, Skizzen, Pläne und Rechnungen entschieden werden, ohne dass der Richter oder die Anwälte eine Vorstellung davon haben, wie das umstrittene Bauwerk aussieht.

[39] Vgl. § 355 ZPO, der allerdings die Beweiserheblichkeit mittelbarer Tatsachen nicht ausschließt; vgl. *Greger,* in: Zöller, § 286 ZPO, Rdn. 9 a.

deos in Augenschein nehmen. Der erzielte Effekt ist zwar schwächer als bei echten Inaugenscheinnahme, immerhin aber besser als eine bloße Umschreibung in Worten.

5. Alternative Wege der Sachklärung

Die Wirtschaftsmediation ist bei der Sachklärung nicht auf die Beweis- 25 mittel des Zivilprozesses beschränkt. Die Parteien können innovative Wege gehen. Oft können Personen, die nicht unmittelbar am Konflikt beteiligt sind, aber von dessen Ausgang berührt werden, zur Aufklärung beitragen. Im Konflikt um die Arbeitsbedingungen in der Montagehalle führen Betriebsrat und Unternehmensführung gemeinsam eine Umfrage unter den dort beschäftigen Mitarbeitern durch, was zu überraschenden Erkenntnissen über die Lärmquellen und mögliche Gegenmaßnahmen führt. Wo der Automobilhersteller die Rechnung des Zulieferers kürzt, weil das eingebaute Autoradio die gewünschte Klangqualität vermissen lässt, schafft eine schriftliche Befragung einiger ausgewählter Autokäufer vielleicht mehr Klarheit als akustische Messungen im Labor des Sachverständigen. Die Herrschaft über das gesamte Verfahren liegt bei den Parteien, nicht bei einem Richter oder einer abstrakten Verfahrensordnung. Es kommt nur darauf an, diesen Freiraum sinnvoll zu nutzen.

Schließlich können auch die Parteien zur Ermittlung des Sachverhalts 26 oft mehr beitragen, als sie in der zweiten Phase geleistet haben. Hinter der Zurückhaltung in der vorangegangenen Mediationsphase muss kein böser Wille stecken. Bisweilen ist den Parteien gar nicht bewusst, dass sie über weitere Kenntnisse und Hintergründe verfügen, die für die Beilegung des Konflikts entscheidend sind. So berichtet ein bekannter amerikanischer Mediator[40] von einer Auseinandersetzung in einem berühmten Symphonieorchester. Das Orchester drohte in zwei Lager auseinanderzubrechen, weil über Plattenverträge und Konzertauftritte Streit bestand. Der Mediator bildete Paare, die aus je einem Teilnehmer beider Lager bestanden. Er bat diese, sich doch gegenseitig einmal zu erläutern, warum sie überhaupt in diesem Orchester spielen. Als alle Teilnehmer wieder zusammenkamen, hatten sie fast unisono entdeckt, dass der maßgebliche Beweggrund die Liebe zur Musik und deren professionelle Darbietung war. Dieser gemeinsame Ausgangspunkt war ihnen im emotional geführten Streit entfallen. Nach seiner Wiederentdeckung einigte man sich rasch. Ähnliche Beispiele lassen sich auch in anderen Bereichen finden. Wo sich zwei Abteilungsleiter eines Unternehmens streiten und sich wechselseitig fehlende Kooperationsbereitschaft vorwerfen, ist vielleicht ein in der Mediation vereinbartes gemeinsames Wochenende „Überlebenstraining für Manager" der richtige

---

[40] *Gary Friedmann,* San Francisco, berichtet von dieser Begebenheit auf seinen Seminaren.

Weg, um über Klischees und Vorwürfe hinaus die tatsächlichen Qualitäten und Charaktermängel des Kontrahenten zu ermitteln. Das Beispiel mag weit hergeholt erscheinen. Doch die alternative Kündigung von wenigstem einem der Streithähne, kommt dem Unternehmen oft so teuer, dass sich ein entsprechender Versuch lohnt. Es kann sich auszahlen, in der Mediation alternative Wege zur Sachaufklärung anzudenken.

IV. Die Rolle des Rechts

27   Das Recht spielt in der Wirtschaftsmediation eine vielgestaltige Rolle. Während die ersten beiden Phasen der Wirtschaftsmediation auf eine Erörterung von rechtlichen Aspekten des Konflikts noch verzichten, wird mit den Teilnehmern die Rechtlage in der dritten Mediationsphase ausführlich erörtert. Auch in den beiden abschließenden Phasen der Mediation bleibt das Recht immer präsent. Die Rolle des Rechts in der Mediation wird nachfolgend im Zusammenhang, also auch im Bezug auf die anderen Phasen der Mediation, erörtert. Anschließend wird dargelegt, mit welchen Techniken der Mediator die rechtliche Beurteilung des Konflikts in der dritten Mediationsphase in die Verhandlungen einführt.

1. Mediation – ein unjuristisches Verfahren?

28   Mediation wird oft als unjuristisches Verfahren empfunden. Der Begriff der „Alternativen Streitbeilegung" suggeriert die Abkehr vom Recht als vertrautem Entscheidungsmaßstab. So entsteht der falsche Eindruck, die Mediation wolle einen rechtsneutralen „Versöhnungsgedanken" im Wirtschaftsleben durchsetzen. Mediation bewegt sich angeblich nur „im Schatten des Rechts".[41] Tatsächlich spielt das Recht in der Wirtschaftsmediation eine Schlüsselrolle. Deshalb ist auch die Teilnahme von Anwälten in den unterschiedlichen Verfahrensstadien nützlich.[42] Über den konkreten Einsatz des Rechts in der dritten Meditationsphase hinaus, beleuchten die nachfolgenden Ausführungen die oft verkannte Rolle des Rechts in der Wirtschaftsmediation.

2. Vergleichsgrundlage: Recht als Entscheidungsmaßstab des Richters

29   Wir kennen Recht und Gesetz vor allem als richterlichen Entscheidungsmaßstab und bringen ihm in dieser Funktion großes Vertrauen entgegen. In der Mediation spielt das Recht eine andere Rolle als im Prozess, weil der Mediator nicht anhand der Rechtslage entscheiden kann. Man

---

[41] So der Titel des Beitrags von *Wesel*, in: „Die Zeit" v. 26. 2. 1998, S. 51.
[42] Zur Rolle der Anwälte unten § 12 sowie § 11, Rdn. 26 ff.

versteht die Rolle des Rechts in der Mediation leichter, wenn man zunächst die Rolle des Rechts im Prozess beleuchtet und diese Rolle dann
mit der Funktion des Rechts in der Mediation vergleicht.

a) **Vorzüge richterlicher Entscheidungsfindung.** Wo Verhandlungen 30
scheitern, können die Parteien entweder auf die Durchsetzung ihrer vermeintlichen Ansprüche verzichten oder den Rechtsweg beschreiten. Dort
entscheidet den Streit ein Richter, der kein persönliches Interesse am Verfahrensausgang hat. Das garantiert zunächst ein neutrales Urteil. Ohne die
Bindung des Richters an einen Entscheidungsmaßstab könnte dieser willkürlich[43] entscheiden. Der Richter würde so zu mächtig und wegen dieser
ungezügelten Macht auch für Bestechungen anfälliger. Deshalb schreibt
der Rechtsstaat zwar die sachliche[44] und persönliche[45] Unabhängigkeit des
Richters fest, bindet diesen aber gleichzeitig an Recht und Gesetz, von
dessen Vorgaben er in seinem Urteil nicht abweichen darf. Dieses ausgewogene System verhindert dann sowohl parteiliche als auch willkürliche
Streitentscheidungen. Das System des rechtsgebundenen Richterentscheids
ist so erfolgreich, dass es seiner Struktur nach seit biblischen Zeiten unverändert geblieben ist. Wer vor über 4.000 Jahren auf dem Markplatz
von Babylon eine kranke Kuh kaufte, konnte sich im Streit mit dem Verkäufer an einen Richter wenden, der den Konflikt nach den aufgestellten
Tafeln des Codex Hamurabi entschied.[46] Die schiere Zahl der Rechtsvor-
schriften hat sich seither ins Unendliche gesteigert, doch die Struktur der
Streitentscheidung – ein neutraler Dritter entscheidet für die Parteien anhand eines vorgegebenen Maßstabs – ist gleich geblieben.

Das Gesetz ist in einer demokratisch verfassten Gesellschaft ein allge- 31
meinverbindlicher Fairnessstandard, der von der Rechtsgemeinschaft für
eine bestimmte Konfliktkategorie festgelegt wird. Insofern beruht das
Recht auf einer vom Einzelfall unabhängigen Abwägung und Beurteilung
der regelmäßig auftretenden Interessengegensätze. Das Gesetz normiert
Gerechtigkeitsvorstellungen der Gemeinschaft, zu der man selbst gehört;
an der parlamentarischen Entscheidungsfindung über Gesetze ist man mittelbar in Form des Wahlrechts beteiligt. Vor diesem Hintergrund trifft das
Gesetz als Entscheidungsmaßstab für Konflikte auf große Akzeptanz.
Hinzu kommt, dass das Gesetz selbst auf Grund auftretender neuer Fall-

---

[43] „Willkürlich" heißt nicht notwendig „ungerecht", sondern lediglich, dass der
Richter ohne verbindliche eigene Maßstäbe nach eigenem Belieben entscheiden
würde.
[44] Sachliche Unabhängigkeit bedeutet, dass der Richter bei seinen Entscheidungen keinen Weisungen von dritter Seite unterliegt.
[45] Der Richter ist nach Art. 97 Abs. 2 GG unabsetzbar und unversetzbar. Damit
wird verhindert, dass faktischer Druck auf den Richter Einfluss auf Sachentschei-
dungen gewinnt.
[46] *Wesel*, Geschichte des Rechts, S. 82.

konstellationen immer wieder überprüft und gegebenenfalls durch Gerichtsentscheidungen oder Gesetzesnovellen modifiziert wird. Darin liegt der Versuch, das geltende Recht durch Erfahrungswissen in Richtung eines unbekannten Gerechtigkeitsideals zu optimieren.

32 Unabhängig von dem angestrebten inneren Gerechtigkeitsgehalt eignet sich das Gesetz auch als formale Größe für die Streitentscheidung. Da das Recht normiert und somit bekannt ist,[47] richtet der Bürger sein Verhalten an ihm aus. Es scheint nur folgerichtig, wenn sein Handeln anhand dieses Maßstabs später im Gerichtsprozess beurteilt wird. Der Bürger kann das Recht ohnehin nicht ignorieren, da die Beachtung zwingender Normen vom Staat durchgesetzt wird. Die Stellung des Rechts als alleiniger Entscheidungsgrundlage des Richters ermöglicht zudem eine einigermaßen sichere Prognose des Prozessausgangs und dient so der Rechtssicherheit. Die grundrechtlich verbürgte Rechtsweggarantie[48] sichert dem Bürger zu, dass er jederzeit die Gerichte anrufen kann, um seine Ansprüche auch ohne Einverständnis der Gegenseite durchzusetzen. Allein der formale Weg über das Gerichtsverfahren eröffnet somit die Möglichkeit, eine Streitentscheidung zu erzwingen und bestehende Forderungen zwangsweise durchzusetzen.

33 Zusammenfassend leitet das Gerichtsverfahren seine innere Legitimation aus Neutralität, Objektivität und Ansehen des Richters sowie aus dem allgemeinverbindlichen, den Parteien bekannten Entscheidungsstandard, dem Recht, ab. Die Bürger vertrauen in diese Kombination aus Unparteilichkeit der Einzelentscheidung und Ausgewogenheit des Entscheidungsmaßstabs, was den Rechtsfrieden in einer Gesellschaft gewährleistet. Die traditionell hohe Wertschätzung des Rechts führt dabei oft zu einer Assoziation von Recht und Gerechtigkeit. Im Gerichtssaal zerbricht diese Assoziation in den Augen der unterlegenen Partei dann bisweilen und macht Verbitterung Platz, was jedenfalls zum Teil an den nachfolgend zu skizzierenden Strukturdefiziten richterlicher Entscheidungsfindung liegt.

34 **b) Strukturdefizite rechtsfixierter Streitentscheidung.** Die rechtsfixierte Entscheidung durch den Richter leidet an strukturellen Defiziten, die aus Sicht der Parteien eine befriedigende Streitlösung oft verhindern.

35 *aa) Fehlende Zukunftsbezogenheit.* Das Gesetz als Entscheidungsmaßstab kennt grundsätzlich nur beweiszugängliche Tatsachen als Tatbe-

---

[47] Angesichts der kaum mehr einzudämmenden Normenflut nimmt die Rechtskenntnis der Bürger und die Rechtssicherheit insgesamt aber mehr und mehr ab. Wegen der sich immer schneller verändernden technischen und gesellschaftlichen Realitäten, die durch Gesetze geregelt werden müssen, wird sich diese Entwicklung noch verstärken.

[48] In zivilrechtlichen Konflikten ergibt sich diese nach herrschender Ansicht unmittelbar aus dem Rechtsstaatsprinzip des Art. 20 III GG, da Art. 19 IV GG nur den Rechtsweg gegen Akte der öffentlichen Gewalt erfasst.

standsmerkmale. Beweisen lässt sich nur das, was schon passiert ist. Damit erfasst das gerichtliche Urteil immer nur einen in der Vergangenheit liegenden Sachverhalt; es ist notwendig rückwärts gewandt.[49] Kein Paragraf enthält das Tatbestandsmerkmal „unter Berücksichtigung der zukünftigen Geschäftsaussichten der Vertragspartner." Für Parteien im Wirtschaftsleben ist aber die Gestaltung zukünftiger Beziehungen oft wichtiger als die juristische Aufarbeitung von Geschehenem. Der römische Jurist Seneca hat das auf den Punkt gebracht: „Mich interessiert nicht, woher die Dinge kommen, sondern wohin sie gehen." Zurückliegende Vorfälle lassen sich durch einen monetären Ausgleich erträglicher machen, doch zurückdrehen kann man die Zeit nicht. Der Rechtsentscheid verhält sich zur zukünftigen Beziehung der Parteien nicht einmal neutral. Er erschwert die weitere Zusammenarbeit, weil im Richterspruch ein Unwerturteil über das Verhalten der unterliegenden Seite zum Ausdruck kommt. Wenn der Unternehmer seinem Geschäftsführer aus wichtigem Grund außerordentlich kündigt und das Gericht dieser Kündigung die Wirksamkeit wegen Treuwidrigkeit abspricht, ist dies kaum der Beginn einer wunderbaren Freundschaft.

bb) Juristische Einseitigkeit. Der Richter entscheidet nur den Ausschnitt 36
des zurückliegenden Lebenssachverhalts, den er unter eine Rechtsnorm subsumieren kann.[50] Diese ganz auf das Juristische fixierte Vorgehensweise klammert also ökonomische wie persönliche Aspekte des Konfliktes aus, soweit diese Aspekte nicht ihrerseits als Tatbestandsmerkmal Eingang in die Rechtsnorm gefunden haben. Das Gesetz trifft also eine Vorauswahl der entscheidungserheblichen Umstände, ohne den konkreten Konflikt zu kennen. So mag es für den Unternehmer zur Korrektur einer Unterbilanz erforderlich sein, die für die strittige Forderung gebildete Rückstellung schnellstmöglich gewinnerhöhend aufzulösen. Im Fall des vererbten Familienunternehmens kann allen Beteiligten die Wahrung des Betriebs- und Familienfriedens grundsätzlich wichtiger sein, als die ebenfalls erstrebte gleichmäßige Aufteilung der Vermögenswerte. Das BGB enthält aber die Tatbestandsmerkmale der „dringenden steuerlichen Notwendigkeit" oder der „Berücksichtigung des Familienfriedens" nicht. Wenn die einschlägigen Rechtsnormen diese Faktoren nicht berücksichtigen, kann und darf dies auch der Richter in seinem Urteil nicht tun. Mit der rechtlichen Ignorierung dieser Aspekte des Streites werden nicht nur Einigungschancen verpasst,[51] sondern die Streitpunkte bleiben auch inhaltlich ungelöst. Die Streitpunkte drohen dann erneut zu Konfliktherden zu werden.

---

[49] *Mähler/Mähler*, in: Mediation für Juristen, S. 13 (23).
[50] *Breidenbach*, in: Mediation für Juristen, S. 1 (4).
[51] *Gottwald*, WM 1998, S. 1257 (1260).

37   *cc) Unflexible Entscheidungsvorgabe.* Der Richter kann den geltend gemachten Anspruch nur zusprechen oder abweisen, weil er an die Anträge der Parteien gebunden ist.[52] Eine alternative Lösung, die der Richter selbst für besser hält, darf er den Parteien allenfalls in Form eines Vergleichsvorschlags empfehlen, nicht aber in Form eines Urteils befehlen. Die Fesseln der binären Entscheidungsvorgabe verhindern so eine dritte Lösung durch den Richter, die den Parteiinteressen vielleicht am besten dient. Das deutsche Recht wird zudem von zwei Rechtsfolgen dominiert: Geldzahlung[53] oder Unterlassung. Andere Rechtsfolgen postuliert das Gesetz nur im Ausnahmefall und noch seltener werden diese tatsächlich durch Urteil ausgesprochen. Strukturell wird das Ergebnis so vorgegeben. Die Parteien können nur darum streiten, wie viel der Kläger von der gesetzlich vorbestimmten Rechtsfolge erhält, nicht aber darum, ob jene Rechtsfolge ihrer Art nach den Konflikt überhaupt befriedigend lösen kann. So besteht der Pflichtteilsanspruch gemäß § 2303 BGB in der Hälfte des Wertes des gesetzlichen Erbteils, also in einer Geldzahlung. Der Pflichtteilsberechtigte mag wegen einer persönlichen Affinität die Auszahlung durch Übereignung eines Ferienhauses vorziehen und auch für die Erben wäre diese Lösung, wenn sie denn schon einen Pflichtteil auszahlen müssen, vorzugswürdig. Gleichwohl darf der Richter diese Rechtsfolge „Pflichtteilsausgleich durch Übereignung des Ferienhauses" nicht aussprechen. Das starre Korsett von Antragsgrundsatz und exklusiver Rechtsfolge verhindert im Gerichtsverfahren so die inhaltlich beste Beilegung des Konflikts.

38   *dd) Vernachlässigte Einzelfallgerechtigkeit.* Das Gesetz vernachlässigt mit seiner notwendigen Generalisierung die Einzelfallgerechtigkeit. Was in der typischen Konfliktsituation, die von der Rechtsnorm behandelt wird, eine faire Lösung ist, kann für den konkret zur Entscheidung anstehenden Sachverhalt unangemessen sein.[54] Viele Konflikte entsprechen nicht dem Normalfall, wie der Gesetzgeber ihn im Auge hatte, als er die streitentscheidende Bestimmung erließ. Der Richter ist an diese Norm gleichwohl gebunden. In engen Grenzen ist ihm eine Korrektur über Generalklauseln wie § 242 BGB möglich. Doch die so bewirkte Lockerung von der engen

---

[52] So § 308 ZPO, zu den Grenzen der Bindungswirkung vgl *Vollkommer* in Zöller, ZPO-Kommentar, § 308, Rdn. 2 ff.

[53] Der Grund dafür, dass fast alle Anspruchsgrundlagen auf eine Geldforderung gerichtet sind, ist einfach: Für Geld kann man sich fast alles kaufen, etwa die Reparatur des beschädigten Autos. Gleichzeitig ist Geld einfach teilbar, was Entscheidungen bei nur teilweisem Klageerfolg vereinfacht. Es ist schwierig, das beschädigte Auto zu ¾ zu reparieren. Von der Naturalrestitution, die § 249 S. 1 BGB eigentlich als Regelfall vorsieht, wird daher sehr selten Gebrauch gemacht.

[54] *Mähler/Mähler,* NJW 1997, S. 1262 (1265).

Gesetzesbindung führt tendenziell zu willkürlichen[55] Entscheidungen des Richters, der bei nüchterner Betrachtung Begriffe wie „Treu und Glauben" nach eigenen Wertmaßstäben ausfüllt. Es wird dort deutlich, dass die Rechtsanwendung keine exakte Wissenschaft ist, sondern auch von subjektiven Wertungen des Richters abhängt. Dass es dabei auch zu Fehlentscheidungen kommt, ist unvermeidbar.[56]

c) Exkurs: Richterliche Vergleichsgespräche als Ausweg? Die strukturellen Defizite der richterlichen Entscheidungsfindung scheinen an Schwere zu verlieren, wenn man berücksichtigt, dass der Richter mit den Parteien vor Erlass des Urteils ausführliche Vergleichsgespräche führt. Der neue § 278 ZPO macht solche Gespräche zum prozessualen Regelfall. Im Gütetermin können die Parteien die skizzierten Nachteile vermeiden, wenn sie die vom Richter empfohlene Einigung annehmen. Der Richter hat nach § 278 Abs. 1 ZPO sogar eine gesetzliche Pflicht,[57] auf die gütliche Beilegung des Konflikts hinzuwirken. Die hohe Zahl gerichtlicher Vergleiche deutet darauf hin, dass die Richter diese Aufgabe ernst nehmen. Doch dieser Befund bedeutet nicht, dass die richterlichen Vergleichsgespräche die strukturellen Mängel des Rechtsentscheids vermeiden. Die vom Richter moderierten Vergleichsgespräche werden nämlich davon dominiert, dass eben dieser Richter den Streit notfalls entscheidet.[58] Im Hintergrund der Verhandlungen steht also die Entscheidungsmacht des Richters. Im Rahmen seiner üblichen Einführung in den Sach- und Streitstand hat er seine vorläufige Rechtsansicht frühzeitig skizziert. Da die Anwälte ihre Anträge zu Beginn der Verhandlung bereits gestellt haben,[59] stehen die Eckpfeiler der Vergleichsgespräche fest. Die Folge ist, dass das rechtliche Korsett in den Verhandlungen nicht abgestreift wird. Der Richter erörtert mit den Anwälten lediglich die wechselseitigen Prozessaussichten, die schließlich in einen Kompromiss umgerechnet werden. Über Zukunftsvorstellungen der Parteien diskutiert im Gerichtssaal niemand. Die juristische Einseitigkeit, die dem Urteil innewohnt, prägt auch das von Juristen geführte Vergleichsgespräch. Eine erzielte Einigung liegt fast immer auf der Verbindungslinie zwischen den eingangs gestellten Anträgen, stellt also keine dritte Lösung dar. In der Praxis wird stets ein Geldbetrag gezahlt, der irgendwo zwischen der Ausgangsforderung des Klägers und dem Abwei-

---

[55] Nochmals: „Willkürlich" heißt nicht notwendig „ungerecht", sondern nur „unbegründet".
[56] Anschauliche Beispiele bei *Schneider*, ZIP 1998, S. 451.
[57] *Ortloff*, in: Mediation für Juristen, S. 111 (112) weist zu Recht darauf hin, dass diese Pflicht nur als Ausnahme zur sonstigen Pflicht des Richters formuliert ist, den Streit durch Urteil zu entscheiden.
[58] Zurecht: *Ortloff*, in: Mediation für Juristen, S. 111 (114 f.).
[59] § 137 Abs. 1 ZPO.

sungsantrag des Beklagten zu finden ist. Seltene Ausnahmen[60] bestätigen die Regel eher, als sie zu widerlegen.

40 Es erscheint zweifelhaft, ob die Neuregelung des gerichtlichen Gütertermins in § 278 ZPO[61] an der üblichen Struktur und am üblichen Ausgang gerichtlicher Vergleichsgespräche etwas ändern wird. Ob die streitentscheidende Rechtsnorm eine inhaltlich überzeugende Lösung des konkreten Konflikts anbietet, spielt in den Gesprächen nur dann eine Rolle, wenn der Richter zuvor angedeutet hat, Treu und Glauben könnten wegen der Atypizität des Streits bei seiner Entscheidung eine Rolle spielen. Die Strukturdefizite der rechtsfixierten Entscheidungsfindung spiegeln sich daher sowohl im richterlichen Urteil als auch im gerichtlichen Vergleich wider. Nur graduell, nicht strukturell mag es hier Unterschiede geben. Den Richter als Mediator wird es nur geben, wenn man zuvor die Entscheidungsmacht von der Moderation der Vergleichsgespräche entkoppelt. In den USA geschieht dies in Form von sogenannten Settlement-Conferences,[62] wo ein Kollege des entscheidungsbefugten Richters die Vergleichsverhandlungen leitet. In Deutschland könnte § 278 Abs. 5 Satz 1 ZPO, wonach die Parteien zu einem Güteversuch an einen ersuchten, also selbst nicht entscheidungsbefugten Richter verwiesen werden können, einen ganz ähnlichen Ansatz bilden. Dieser Weg wird in der Praxis bisher aber nicht beschritten. Erforderlich wäre zudem, dass Richter in den notwendigen Fertigkeiten der mediativen Verhandlungsführung geschult werden, was gegenwärtig kaum geschieht.

41 d) Mediation als Alternative zum Prozess? Weil die Wirtschaftsmediation differenzierter mit gesetzlichen Vorschriften umgehen kann als der rechtsfixierte Prozess, wird sie häufig als „Alternative zum Prozess" apostrophiert.[63] Begrifflich ist das falsch, denn eine Alternative verlangt die Wahlfreiheit zwischen zwei Möglichkeiten. Wenn die Parteien versäumen, in

---

[60] An der Dresdner Semperoper kam es Anfang 2000 zum Streit um die „Czardas-Fürstin". Der Regisseur hatte in seine Version der Operette den Tanz eines kopflosen Soldaten aufgenommen, der beim Publikum so großen Anstoß erregte, dass der Intendant die Szene kurzerhand absetzte. Gegen diesen Eingriff in sein Stück wehrte sich der angestellte Regisseur unter Berufung auf seine Kunstfreiheit. Der örtlichen Presse war zu entnehmen, dass der Richter den Parteien einen ebenso einfachen wie innovativen Vergleichsvorschlag unterbreitete: Man solle doch einfach beide Versionen abwechselnd aufführen und das Publikum entscheiden lassen. Wegen des erheblichen Pressewirbels, den die Auseinandersetzung entfacht hatte, wäre die Oper wohl stets ausverkauft gewesen, so dass Intendant und Regisseur jeweils mehr Zuschauer ihrer Version hätten begrüßen können. Leider stimmten die Parteien diesem pfiffigen Vorschlag nicht zu.

[61] Ausführlich dazu: *Monßen*, ZKM 2003, S. 116 ff.

[62] Vgl. dazu *Gottwald*, in: Mediation in der Anwaltspraxis, § 6, Rdn. 8.

[63] Vgl. etwa *Breidenbach*, Mediation, S. 69.

wie auch immer strukturierten oder moderierten Verhandlungen eine Einigung zu erzielen, bleibt als Alternative nur die autoritative Entscheidung des Konflikts durch den Richter. Genau betrachtet, ist die Mediation also eine Alternative zu schlecht geführten bilateralen Verhandlungen, indem sie diese Einigungsgespräche zu optimieren sucht, nicht aber eine Wahlmöglichkeit zum Gerichtsverfahren. Dort ist die kritisierte ausschließliche Bindung an das Recht systemimmanent und notwendig, um anderweitig drohende Willkürentscheidungen der Gerichte zu verhindern. Wenn man die Entscheidung einem Dritten überträgt, sei dies der staatliche Richter oder ein privater Schiedsrichter, sind die Strukturdefizite unvermeidbar und angesichts der Vorteile des rechtlichen Entscheidungsmaßstabs auch durchweg akzeptabel. Die Frage ist nur, ob man die Entscheidung nach gescheiterten bilateralen Verhandlungen sofort[64] auf einen Dritten übertragen muss. Die Wirtschaftsmediation versucht einen Mittelweg zu gehen, indem sie wie im Prozess einen neutralen Dritten in das Verfahren einschaltet, diesem aber im Gegensatz zu den Befugnissen des Richters keine Entscheidungsgewalt zuspricht. Dies wiederum ermöglicht einen differenzierten Umgang mit dem Recht, der darauf abzielt, die Vorteile gesetzlicher Normierungen unter Vermeidung der Strukturdefizite des gerichtlichen Verfahrens zu nutzen.

3. Aufgabe des Rechts in der Wirtschaftsmediation

Während im Gerichtsverfahren das Gesetz eindimensional zur Entscheidungsermittlung eingesetzt wird, indem der Richter einen Sachverhalt unter Rechtsnormen subsumiert, ist die Rolle des Rechts in der Wirtschaftsmediation vielschichtiger. Um die Bedeutung des Rechts für das Mediationsverfahren insgesamt zu veranschaulichen, werden nachfolgend auch die Funktionen angesprochen, die sich in anderen Phasen der Mediation auswirken. — 42

a) **Rechtliche Konfliktlösung als Alternative zur Einigung.** Die Wirtschaftsmediation basiert auf der Idee, dass die Kontrahenten in einem Konflikt durch Offenlegung und Einbezug ihrer ökonomischen und persönlichen Interessen gemeinsam eine Lösung erarbeiten können, die für beide Seiten besser ist als ein alternatives Gerichtsurteil. Jede Partei muss sich entscheiden, ob sie das erzielbare Ergebnis für vorteilhafter hält als einen Prozessausgang, in den sie das geschätzte Prozessrisiko eingestellt hat.[65] Stellt ein Beteiligter fest, dass die Mediation nicht zu einem solchen Ergebnis führen kann, bricht er das Verfahren sanktionslos ab. Wenn die Partei durch den Vergleich mit einem mutmaßlichen Prozessausgang prüfen soll, ob sie im — 43

---

[64] Die Mediation vermeidet nur den sofortigen Prozess, schließt aber bei einem Scheitern die anschließende gerichtliche Klärung nicht aus; vgl. auch *Breidenbach*, in: Breidenbach/Henssler (Fn. 1), S. 1 (10).

[65] *Ripke*, in: Handbuch Mediation, § 5, Rdn. 18.

Mediationsverfahren eine befriedigende Einigung erzielen kann, setzt dies die Kenntnis der Rechtslage und der wechselseitigen Prozessrisiken voraus.[66] Man muss seine Alternativen kennen, um eine Wahl zwischen ihnen treffen zu können. Das Wissen um die Alternative befreit die Parteien von einem Vergleichs- oder Versöhnungsdruck. Die rechtlichen Aspekte werden in der Wirtschaftsmediation daher ausführlich erläutert.

44 Diese Funktion des Rechts in der Mediation lässt sich auf das Harvard-Verhandlungsmodell zurückführen. Der Prozess stellt für beide Parteien ihre beste Alternative zu einer ausgehandelten Einigung dar, also ihr BATNA.[67] Das Wissen um die Prozessaussichten kann die Einigung in der Mediation natürlich verhindern. Wenn eine Seite erfährt, dass sie einen Prozess mit einiger Sicherheit gewinnen wird, wird sie einer Einigung nicht mehr zustimmen, die inhaltlich hinter diesem Urteil zurückbleibt. Die Einigung ist in der Mediation aber kein Selbstzweck. Wer den Grundgedanken der Mediation ernst nimmt, wonach die Autonomie der Parteien unverzichtbarer Bestandteil des Verfahrens ist, wird auf die rechtliche Erörterung nicht deshalb verzichten, weil die so informierte Partei den Klageweg dann wahrscheinlich vorzieht.

45 Mit der in der Mediation vermittelten juristischen Bewertung des Konflikts muss die Partei später entscheiden, ob sie einen Vergleichsvertrag schließen oder den Rechtsweg beschreiten will. So muss der Miterbe des Familienunternehmens wählen, ob er anstelle des ihm rechtlich vermutlich zustehenden Firmenanteils in Höhe von € 100.000 den anvisierten Mediationsvergleich wählt, der unter Wahrung des Familienfriedens eine Barauszahlung von € 70.000 nebst einer goldenen Taschenuhr als Erinnerungsstück vorsieht. Der Jurist wird einwenden, hier würden Äpfel mit Birnen verglichen, eine objektive Bewertung und vernünftige Entscheidung sei unmöglich. Objektivität ist aber weder erforderlich, noch wünschenswert. Ziel ist die subjektive Zufriedenheit der Partei. Die Partei, und nur diese, kann die subjektive Abwägung zwischen rechtlich gegebenen Ansprüchen und über das rein Juristische hinausgehenden Alternativlösungen durchaus vornehmen. Es kommt nicht darauf an, die „objektiv rechtmäßige" Lösung zu finden, sondern diejenige, welche die Parteien subjektiv am meisten zufrieden stellt.[68] In der Mediation entscheidet die Partei selbst zwischen den sich bietenden Alternativen.[69]

---

[66] *Risse,* BB 1999 (Beilage 9), 1 (3).

[67] BATNA = Best Alternative to a Negotiated Agreement, vgl. dazu *Fisher/Ury/Patton,* Das Harvard-Konzept, S. 143 ff., und oben § 2, Rdn. 51.

[68] Ob der Erfolg der Mediation tatsächlich an der subjektiven Zufriedenheit der Parteien gemessen werden soll, ist allerdings strittig; vgl. nur *Breidenbach,* Mediation, S. 190 ff.

[69] Mit der Entscheidungsgewalt geht unvermeidlich aber auch die Verantwortung für die getroffene Entscheidung einher, die nun nicht mehr auf einen Richter

b) **Gesetzliche Wertungen als Hilfe bei der Lösungssuche.** Das geltende 46
Recht ist Ergebnis eines evolutiven Prozesses, in dem die Rechtsgemeinschaft ihre Erfahrungen mit gleich gelagerten Konflikten in eine interessengerechte Rechtsnorm umgesetzt hat.[70] Bei neuen Gesetzen stellt der
demokratisch-parlamentarische Gesetzgebungsvorgang abgewogene Lösungen sicher. Damit spiegeln rechtliche Bestimmungen sowie diese erläuternde Gerichtsurteile und Kommentare einen Erfahrungsschatz wider,
den die Wirtschaftsmediation nutzt. Rechtliche Argumente haben zudem
eine Vermutung parteineutraler Fairness für sich, weil keine Partei Einfluss auf rechtliche Vorgaben hat. Als Ausgangspunkt für eine Diskussion
wird die Rechtslage daher oft akzeptiert. Das vom Gesetzgeber vorgesehene Lösungsmodell für einen Konflikt ist in der Mediation oft Ausgangspunkt für die Diskussion, warum oder warum nicht diese Lösung für den
vorliegenden Streit übernommen werden soll. Hinzu kommt, dass die auf-
gezeigten Wertungen des Gesetzgebers bei den Parteien auch die Akzeptanz der streitentscheidenden Rechtsnormen erhöhen, indem sie diese verständlicher machen.[71]

Das Gesetz normiert aber nur die für den Regelfall als fair angesehene 47
Streitlösung – und genau darin liegt das Problem: Die Rechtsnorm bezeichnet in Form eines „Wenn-Dann"-Satzes die Lösung für eine Konfliktkonstellation, ohne eine inhaltliche Begründung anzuführen. Wenn
seit der Übergabe der Kaufsache zwei Jahre verstrichen sind, dann sind
nach § 438 Abs. 1 Nr. 3 BGB Gewährleistungsansprüche für Mängel verjährt. Warum der Gesetzgeber den Verkäufer durch Zeitablauf davon freistellt, eine mangelfreie Sache zu liefern, bleibt unklar. Das schlichte Abstellen auf eine rechtliche Bestimmung ist ein formales Argument ohne
inhaltliche Überzeugungskraft. Das ändert sich, wenn den Parteien in einer Mediation vor Augen geführt wird, welcher Normalfall der Bestimmung zugrunde liegt und welche gesetzgeberischen Wertungen Anlass für
die normierte Rechtsfolge waren. Für die Parteien können jetzt Prinzipien
und Wertentscheidungen der Gesetze zum Orientierungsmaßstab werden.[72] So soll die kurze kaufrechtliche Verjährung nicht den Verkäufer
grundlos begünstigen. Der Gesetzgeber ist im Interesse der Rechtssicherheit vielmehr davon ausgegangen, dass sich zwei Jahre nach Lieferung
regelmäßig nicht mehr nachweisen lässt, ob der Mangel zum Zeitpunkt
der Übergabe schon vorhanden war oder später vom Käufer verursacht

---

abgeschoben werden kann. Offenbar ist die Scheu, diese Verantwortung zu übernehmen, ein Grund für die ständig steigende Nachfrage nach der Autorität der Ziviljustiz; zutreffend *Greger*, ZRP 1998, S. 183; *Haft*, BB Beilage 10/1998, S. 15
(16); vgl. auch unten § 14, Rdn. 42.

[70] *Risse*, BB 1999 (Beilage 9), S. 1 (4).
[71] *Risse*, BB 1999 (Beilage 9), S. 1 (4).
[72] *Risse*, BB 1999 (Beilage 9), S. 1 (4).

wurde. Der Verkäufer soll nach zwei Jahren die endgültige kalkulatorische Sicherheit haben, dass er aus Mängeln nicht mehr in Anspruch genommen wird. Wenn die Parteien diese Hintergründe kennen, können sie erörtern, ob sie diese Wertungen in Bezug auf den Streitfall ebenfalls für richtig halten und inwieweit der vorliegende Konflikt dem normierten Regelfall entspricht. Im Fall der mangelhaften Kaufsache mag etwa zweifelsfrei feststehen, dass der Mangel bei Lieferung vorhanden war. Der Verkäufer rechnete auch mit Ansprüchen, weil er für die gleiche Ware zahlreiche Reklamationen wegen identischer Mängel erhalten hatte. Der gesetzliche Regelfall trifft nicht zu. Im Interesse der Kundenbeziehung kann die aus Kulanz übernommene Reparatur vorteilhafter sein als die Abwehr des Anspruchs unter Berufung auf die Verjährung. Festgestellte Abweichungen vom Regelfall oder atypisch gelagerte Interessen können so die Suche nach adäquateren Alternativlösungen einleiten.

48   c) **Rechtliche Erörterung zur Überwindung „juristischer" Einigungshindernisse.** Die Teilnehmer kommen in die Wirtschaftsmediation, nachdem sie die Rechtslage zuvor von ihren Anwälten erfahren haben. Sie verfügen somit über eine recht präzise Beurteilung der Prozessrisiken und Prozesschancen. Die Parteien haben eine persönliche Meinung dazu, welcher Verfahrensausgang „gerecht" wäre. Aufgrund des psychologischen Phänomens der kognitiven Dissonanz[73] glauben sie regelmäßig, dass sich ein vernünftiger Richter ihrer Einschätzung anschließen wird. Diese rechtliche Bewertung haben die Parteien also längst vorgenommen, wenn sie den Verhandlungsraum betreten.[74] Das Ergebnis dieser Bewertung ist die Position, mit der die Parteien in die Verhandlungen gehen. Wenn die Parteien sich von diesen Positionen lösen sollen, ist es erforderlich, in der Mediation die rechtlichen Annahmen zu hinterfragen, auf deren Grundlage die Position gebildet wurde.

49   Wenn die Parteien die Rechtslage ohnehin kennen, scheint deren Erörterung in der Mediation überflüssig zu sein. Diese Annahme wäre richtig, wenn die vor der Mediation gebildete Einschätzung der Rechtslage zutreffend wäre und von beiden Seiten geteilt würde. Das ist indes nie der Fall. Statt dessen glauben beide Kontrahenten fest daran, das Recht sei auf ihrer Seite und die Erfolgschancen bei einer gerichtlichen Klärung seien entsprechend hoch. Da der Richter höchstens einer Seite recht geben kann, liegt mindestens eine Seite falsch.[75] Die überoptimistische Einschätzung

---

[73] Vgl. dazu oben § 2, Rdn. 89.

[74] Die oft behauptete „Gefahr", die Parteien könnten allein wegen der Erläuterung ihrer Prozessaussichten die Mediation abbrechen und den Klageweg beschreiten, besteht in der Praxis nicht. Die Parteien kennen ihre rechtliche Position ohnehin.

[75] Wenn der Richter nur eine Teilforderung zuspricht, entdecken oft beide Seiten, dass sie in ihrer rechtlichen Beurteilung irrten. Der Kläger glaubte, mehr als die Ur-

der Rechtslage hat mehrere Ursachen.[76] Im Zusammenhang mit den kognitiven Einigungshindernissen wurde darauf oben schon eingegangen.[77] Die menschliche Wahrnehmung ist selektiv und allzu oft sehen wir nur, was wir sehen wollen. Hoffnungen und Erwartungen, die gleich bei Ausbruch des Streits gebildet werden, prägen die juristische Analyse vor. Intuitiv suchen wir stärker nach Argumenten, die die eigene Ansicht stützen, als nach solchen, die diese widerlegen. Umstände, auf welche die Gegenseite ihre Ansicht gründet, sind uns nicht bekannt oder werden reaktiv abgewertet.[78] Juristische Pro- und Contra-Argumente lassen sich zudem nicht mathematisch gewichten und in einen Prozessausgang umrechnen. Statt dessen wird großzügig „über den Daumen" kalkuliert und am Ende nochmals zum eigenen Vorteil gerundet. Die Fehleinschätzung der Rechtslage, die aus diesen Denkmustern folgt, lässt viele Verhandlungen scheitern.[79] Wie häufig dies der Fall ist, zeigen die Vergleiche, die nach mehrjähriger Prozessdauer vor dem Oberlandesgericht geschlossen werden. Bis zur dortigen mündlichen Verhandlung haben die Parteien geglaubt, ihrer Rechtsansicht würde gefolgt. Die Einschätzung zerbricht, wenn der OLG-Senat seine vorläufige Rechtsansicht äußert und auf deren Grundlage einen Einigungsvorschlag unterbreitet. Desillusioniert stimmen die Parteien dem Vergleich oft zu. Die rechtliche Erörterung in der Mediation hat zum Ziel, diesen Erkenntnisprozess vor zu verlagern, um den Parteien den zeitlichen, nervlichen und monetären Aufwand eines jahrelangen Prozesses zu ersparen.

d) Recht als vereinbarter Entscheidungsmaßstab. Die Wirtschaftsmedia-   50
tion ist nicht so naiv zu glauben, dass sie die Parteien immer zu „Win-Win"-Lösungen führen kann. Oft geht es tatsächlich nur um die Verteilung eines Geldbetrages; bei einem „Kompromiss" verlieren beide Parteien im Verhältnis zu ihren Ausgangsvorstellungen. Nichts hindert die Parteien daran, das Recht auch für die Mediation als vorläufigen Entscheidungsmaßstab zu vereinbaren. Für die Parteien ist dieser Standard meist schon deshalb akzeptabel, weil er auch in einem Gerichtsverfahren zur Anwendung käme. Hierin liegt aber auch eine Gefahr, da die Parteien sich dem Recht bisweilen zu rasch unterordnen und so die Chancen ungenutzt lassen, die gerade die Disponibilität gesetzlicher Bestimmungen liegen.[80] Der

---

teilsumme zu erhalten; der Beklagte nahm an, weniger als die Urteilsumme zahlen zu müssen.

[76] Ausführlich dazu: *Duve*, Mediation und Vergleich im Prozess, S. 143 ff.

[77] Vgl. oben § 2, Rdn. 89.

[78] Vgl. dazu § 2, Rdn. 91.

[79] Die Technik der Prozessrisikoanalyse wirkt dieser Fehleinschätzung entgegen, vgl. unten § 9, Rdn. 94.

[80] *Risse*, BB 1999 (Beilage 9), S. 1 (4).

Mediator behält dieses Problem im Auge und weist auf die Ergebnisoffenheit der Mediation immer wieder hin. Die rechtliche Konfliktlösung wird dann im Idealfall nur zum Ausgangspunkte innovativerer Einigungsideen. Einigen sich die Parteien im Grundsatz auf das Recht als Entscheidungsmaßstab, mündet dies oft auch in hybride Streitbeilegungsverfahren wie die Last-Offer Arbitration[81] oder das Envelope-Verfahren[82] ein.

51   e) **Recht und Gewinnpotentiale.** Während der Richter das Recht auf einen Sachverhalt anwendet, wird das Recht in der Mediation verwendet, um die ausgehandelte Einigung umzusetzen. Gesucht wird also nach einer durch vertragliche Vereinbarung selbst zu gestaltenden Konstruktion, die möglichst alle Parteibedürfnisse berücksichtigt. Damit ist das Recht mehr als ein äußerer Rahmen, in den die Einigung eingebettet werden muss, um notfalls durchsetzbar zu sein. Die Vertragsgestaltung beinhaltet ein Innovationspotential, das die Parteien gewinnbringend einsetzen können. Ein wichtiges Anwendungsgebiet ist etwa das Steuerrecht. De facto ermöglicht es den sonst unzulässigen Vertrag zu Lasten eines Dritten, indem der Fiskus durch eine geschickte Vertragsgestaltung um Steuereinnahmen gebracht wird. So mag die verzinste Streckung einer Zahlungsverpflichtung für den Schuldner Liquiditätsprobleme vermeiden und dem Gläubiger Steuerersparnisse bescheren, weil der Mittelzufluss in eine Phase geringerer Steuerbelastung fällt. In der Erbschaftsauseinandersetzung kann die einvernehmliche Geltendmachung von Pflichtteilsrechten oder die gezielte Erbausschlagung die Erbschaftssteuer verringern und damit den zu verteilenden Nettonachlass vergrößern. Wo Werklohnanspruch und Schadensersatz im Streit stehen, kann für den privaten Bauherrn die Anerkennung des Schadensersatzes günstiger sein, weil er hierauf keine 16% Umsatzsteuer entrichten muss. Dem Bauunternehmen ist es egal, welches Etikett auf der vereinbarten Vergleichszahlung steht. Allseits gewinnbringende Rechtskonstruktionen gibt es auch außerhalb des Steuerrechts: Der Käufer eines mangelhaften Produkts ist statt an der Behebung des geringfügigen Schönheitsfehlers vielleicht mehr an einer Verlängerung der Gewährleistungsgarantie interessiert, was auch dem Verkäufer entgegen kommt. Und im Streit um einen Zahlungsanspruch kann vielleicht die an Erfüllungs statt vereinbarte Überlassung einer Lizenz für den Gläubiger profitabler und gleichzeitig für den Schuldner billiger sein als eine Geldleistung.

52   f) **Kautelarjuristische Umsetzung im Vergleichsvertrag.** Am Ende eines erfolgreichen Mediationsverfahrens steht die vertragliche Umsetzung der zuvor erzielten Einigung. Während der Richter Gesetzesrecht starr anwendet, schaffen die Parteien hier originäres Vertragsrecht, das flexibel

---

[81] Ausführlich unten § 15, Rdn. 12 ff.
[82] Vgl. dazu § 15, Rdn. 28.

auf die spezifischen Parteiinteressen eingeht. Für diese Aufgabe ist der Kautelarjurist gefragt. Er muss die Rechte und Pflichten der Parteien präzise definieren, um Anschlusskonflikte zu vermeiden. Vorkehrungen sind für den Fall zu treffen, dass eine Partei ihre Verpflichtungen nicht erfüllt. Dem Gesetz kommt bei der Ausformulierung der Vereinbarung auch eine Begrenzungsfunktion zu, da die Abreden der Parteien nicht gegen zwingende Rechtsnormen verstoßen dürfen. Insofern beinhaltet das Recht in dieser letzten Phase der Mediation noch einmal eine Fairnesskontrolle, ob die erzielte Einigung mit den wichtigsten Wertvorstellungen der Rechtsgemeinschaft konform geht. Wie der Mediator die Gestaltung des Vergleichsvertrags organisiert, wird unten eingehend erörtert.[83]

g) **Verfahrenssicherung.** Zu Beginn der Mediation dient das Recht dazu,   **53** die Parteien vor einem Verfahrensmissbrauch oder vor Rechtsnachteilen der Mediation abzusichern. Die Parteien schließen zu diesem Zweck eine rechtlich verbindliche Mediationsvereinbarung[84] und einen Verhandlungsvertrag[85] mit den entsprechenden Regelungen. Sie stellen so sicher, dass aus einem Scheitern der Mediation keine nachteiligen Folgewirkungen für einen Gerichtsprozess resultieren. So wird im Verhandlungsvertrag etwa geregelt, dass der Ablauf von Ausschlussfristen für die Dauer des Verfahrens gehemmt ist. Anders als in seinen vorgenannten Funktionen hat das Recht also keinen inhaltlichen Einfluss auf das Mediationsverfahren, sondern schirmt dieses nur von äußeren nachteiligen Einflüssen ab.[86] Dazu müssen der Mediator und die beratenden Rechtsanwälte wissen, welche Punkte insoweit regelungsbedürftig sind und die Möglichkeiten und Grenzen einer vertraglichen Absicherung kennen. Nur wenn so die rechtliche Absicherung der inhaltlichen Erörterung des Streites vorgeschaltet wird, sind die Parteien zu einer offenen Diskussion bereit. Auch insofern spielt das Recht für die Mediation also eine wichtige Rolle.

4. Praktische Erörterung der Rechtslage

In der dritten Mediationsphase erfolgt eine rechtliche Bewertung des   **54** Konflikts, jedenfalls in Form einer Risikoabschätzung. Es ist die Aufgabe des Mediators, die Erörterung der Rechtsfragen in einer für die Mediation adäquaten Weise zu organisieren. Der Mediator muss dabei behutsam zu Werke gehen, denn „das Recht ist ein Elefant: Sobald es den Raum betritt, droht es die Mediation zu dominieren."[87]

---

[83] Vgl. unten § 10, Rdn. 22 ff.
[84] Vgl. oben § 3, Rdn. 3 ff.
[85] Vgl. oben § 6, Rdn. 16 ff.
[86] *Risse*, BB 1999 (Beilage 9), 1 (4).
[87] *Jack Himmelstein*, zitiert nach Ripke, in: Handbuch Mediation, § 5, Rdn. 21.

55 **a) Aufgabe des Mediators.** Anders als im Gerichtsprozess können sich Mediator, beteiligte Anwälte und Parteien in der Wirtschaftsmediation nicht auf ein „iura novit curia" verlassen. Es fehlt der Richter, der das Gesetz kennt, dieses unabhängig von einem Parteivortrag in das Verfahren einführt und schließlich eine für den Streit verbindliche Rechtsauffassung äußert. Der Mediator und die eingeschalten Parteianwälte sind dafür verantwortlich, dass die Parteien die rechtlichen Chancen und Risiken des Konflikts begreifen. Es ist Aufgabe des Mediators dafür zu sorgen, dass die streitgegenständlichen Rechtsfragen in der Mediation erörtert werden. Wenn er diese Diskussion nicht alleine führen will oder kann, muss er für sich und die Parteien Hilfe von außen organisieren. Grundregel ist dabei immer, dass der Mediator mit den Parteien zunächst abstrakt bespricht, wie das Recht in die Mediation eingeführt werden soll, also nicht einfach mit rechtlichen Erörterungen beginnt.[88]

56 Nur ein versierter Jurist kann den Parteien die Rechtslage erläutern. Die Offenlegung von gesetzlichen Wertungen, die sich hinter dem Wortlaut von Rechtsnormen verstecken, gehört zu den anspruchsvollsten juristischen Aufgaben überhaupt. Der Mediator muss durch Nachhaken und Befragen der Anwälte oder des hinzugezogenen Experten sicherstellen, dass diese Wertungen zur Sprache kommen. Anders als vor Gericht findet zudem die rechtliche Erörterung nicht zwischen und nicht für Volljuristen statt. Der Mediator übersetzt schwierige juristische Fragen daher für die rechtsunkundigen Parteien in eine allgemeinverständliche Sprache. Der Mediator sorgt dafür, dass die rechtlichen Argumente entsprechend aufbereitet werden. Nichtjuristische Mediatoren sind für die „Übersetzungsarbeit" oft besonders geeignet, da sie sich aus dem eigenen Empfängerhorizont heraus besser in die Situation der Parteien einfühlen können als ein Anwaltsmediator, der gewisse Fachausdrücke als selbstverständlich voraussetzt. Der Mediator hat schließlich die Aufgabe, die Parteien zu einer realistischen Bewertung der Prozessrisiken zu veranlassen.

57 **b) Richtiger Zeitpunkt.** Der Mediator beginnt mit der Erörterung der Rechtslage erst, wenn die Parteien den streitgegenständlichen Sachverhalt in der zweiten Mediationsphase vollständig aufgearbeitet haben. Erst wenn der streitgegenständliche Sachverhalt bekannt ist, kann dieser rechtlich eingeordnet werden. Das gilt auch dann, wenn jede Partei eine andere Sachverhaltsversion vertritt. Dass die rechtliche Würdigung der Sachverhaltsermittlung nachfolgt, scheint selbstverständlich, gibt es doch sonst nichts zu würdigen. In der Praxis ziehen sich die Parteien aber oft gleich zu Beginn der Mediation auf eine scheinbar leicht zu verteidigende Rechtsposition zurück, die sich nur auf einen Sachverhaltsausschnitt bezieht. Sie

---

[88] *Ripke,* in: Handbuch Mediation, § 5, Rdn. 40.

unterstellen, dass dieser Aspekt allein streitentscheidend ist und jede weitere Sachverhaltsaufklärung nur Zeit vergeudet. Ein häufiges Beispiel für dieses Verhaltensmuster ist das Pochen auf einen Vertragswortlaut: „Das ist doch alles irrelevant. Wir brauchen gar nicht weiter zu reden, hier im Vertrag steht es doch schwarz auf weiß." Der Mediator greift diesen Punkt in einer frühen Mediationsphase zwar auf, stellt die inhaltliche Diskussion über die Rechtsfrage dann aber zurück: „Sie sprechen da sicher einen wichtigen Punkt an, über den wir dann später ausführlich diskutieren werden. Sind Sie trotzdem damit einverstanden, dass wir zunächst bei unserer Absprache bleiben, in einem ersten Schritt nur den Sachverhalt zu besprechen?" So überzeugend das formale Abstellen auf einen vertraglichen Haftungsausschluss zunächst scheint, kann diese Klausel doch wegen zu weit gefasster Formulierung grundsätzlich nichtig sein[89] oder aber im Einzelfall wegen eines Verstoßes gegen Treu und Glauben unanwendbar bleiben.[90] Unabhängig von der Wirksamkeit der Klausel kann im Interesse weiterer Lieferbeziehungen die inhaltliche Klärung des vorgeblichen Mangels für beide Seiten sinnvoller sein. Der Mediator achtet daher darauf, dass die Rechtslage erst in der dritten Mediationsphase erörtert wird, nachdem die Sachverhaltserörterung abgeschlossen ist.

c) **Erläuterung durch die Parteianwälte.** Die oft vorzugswürdige Möglichkeit, rechtliche Bewertungen in die Mediation einzuführen, besteht in der Einbeziehung der anwesenden Parteianwälte. Bei der Erarbeitung der rechtlichen Aspekte des Streits übernehmen die Anwälte, die zuvor als Berater eher im Hintergrund blieben, eine aktive Rolle. Viele Mediatoren machen dies nach außen dadurch deutlich, dass sie die Parteien und ihre Anwälte bitten, die Plätze[91] zu tauschen, so dass nun beide Anwälte unmittelbar neben dem Mediator sitzen. **58**

aa) Schilderung der rechtlichen Position. Der Mediator bittet zunächst einen der Anwälte, die Rechtsposition seines Mandanten darzulegen. Der Mediator greift jedes einzelne Argument auf und übersetzt dieses, soweit notwendig, in eine verständliche Sprache für die anwesenden Parteien. In geeigneten Fällen fragt der Mediator nach, welche Wertungen des Gesetzgebers sich hinter den Normen verstecken. Mit dem Anwalt der Gegenseite verfährt der Mediator ebenso. Über die jeweiligen Rechtsstandpunkte wird zunächst nicht diskutiert. Das würde nur dazu führen, dass eine Partei oder deren Anwalt während des Zuhörens im Kopf bereits eine Kritik des Gehörten formuliert, was ein Verständnis des rechtlichen Arguments **59**

---

[89] Vgl. §§ 309 Nr. 7, 307 BGB.
[90] Zu den Schwierigkeiten der Auslegung solcher Klauseln, vgl. nur *Heinrichs,* in: Palandt, § 276, Rdn. 58 ff.
[91] Zur Sitzordnung in der Mediation § 4, Rdn. 31.

unnötig erschwert. Es kommt nicht darauf an, aus den Argumenten eine mutmaßliche Entscheidung eines Richters abzuleiten. Wichtig ist allein, dass die Parteien das Für und Wider ihrer Rechtspositionen kennen lernen. Der Mediator dokumentiert jedes einzelne Rechtsargument, indem er es stichwortartig an einer Tafel visualisiert.

60   *bb) Kritische Einschätzung der eigenen Position?* Ebenso nützlich wie schwierig ist es, wenn die Parteianwälte auch die Schwächen der eigenen Rechtsposition darlegen. Aus Angst, der eigenen Partei so zu schaden, sind die Anwälte dazu meist nicht bereit. Allein der Gedanke erscheint ihnen vor dem Hintergrund üblichen Prozessverhaltens abwegig. Bei der abschließenden Entscheidung der Partei, ob das mediationsseitig erzielbare Ergebnis einem alternativen Prozess vorgezogen werden soll, ist es aber wichtig, dass sie ihre Prozessrisiken kennt und einordnen kann. Natürlich können diese Prozessrisiken auch von der Gegenseite benannt werden, doch nehmen die Parteien deren Darstellung wegen des offenkundigen Eigeninteresses meist nicht ernst genug.

61   Die Gefahren einer kritischen Selbsteinschätzung werden weithin überschätzt. Ist eine Partei ausreichend vorbereitet, kennt sie die juristischen Schwachstellen der gegnerischen Argumentation ohnehin. Eine freimütige Darlegung eigener Prozessrisiken wird als Zeichen ehrlicher Kooperationsbereitschaft gedeutet. Bei einem Scheitern der Mediation wird der Richter, der bei seiner rechtlichen Bewertung nicht an die vorgetragenen Rechtsansichten gebunden ist, die Schwächen der Rechtsposition vermutlich aufdecken. Gehen, wie in den meisten Fällen, die rechtlichen Gegenargumente auf Sachverhaltsinformationen zurück, setzt sich die Partei bei einem fortdauernden Verschweigen schnell dem Vorwurf des versuchten Prozessbetrugs aus. Vor diesem Hintergrund kann es verhandlungstaktisch ein kluger Schachzug sein, Schwächen der eigenen Rechtsposition zu offenbaren, zumal man so demonstriert, dass man auf entsprechende Argumente der Gegenseite vorbereitet ist.

62   Gleichwohl sind die Widerstände gegen eine kritische Selbsteinschätzung erheblich. Um hierfür die Bereitschaft der Anwälte und Parteien zu wecken, wird häufig vereinbart, dass die Parteien wechselseitig je ein erkanntes eigenes Prozessrisiko benennen, so dass dann ein juristisches „Ping-Pong" beginnt. Leichter fällt die kritische Selbsteinschätzung, wenn der Mediator diese in eine hypothetische Situation einkleidet: „Wie würden Sie, Herr Anwalt, ihrem Mandanten bei einem nach Ihrer Ansicht völlig unwahrscheinlichen Obsiegen der Gegenseite den Prozessverlust erklären?"[92] Weitgehend ungeklärt ist bisher, ob eine Offenlegung von nachteiligen, der Gegenseite aber noch unbekannten Rechtsargumenten

---

[92] *Risse*, BB 1999 (Beilage 9), S. 1 (6).

haftungsrechtliche[93] oder gar strafrechtliche[94] Gefahren für den Anwalt heraufbeschwört. Sicher ist, dass der Anwalt vorab die Zustimmung seines Mandanten einholen muss. In Anlehnung an die arztrechtliche Figur der „informierten Einwilligung"[95] sollte ein ausführliches Mandantengespräch, in dem über die Chancen und Risiken dieses Vorgehens aufgeklärt wird, aber ausreichen, um die haftungsrechtlichen Gefahren für den Anwalt zu vermeiden. Will man auf die umstrittene, wenn auch chancenreiche Selbsteinschätzung in Anwesenheit der Gegenseite verzichten, muss man nach Alternativen suchen. Ersatzweise bietet sich die Evaluation der Prozessrisiken in getrennten Sitzungen der Parteien mit ihren Anwälten unter Teilnahme des Mediators an. Dieses „zweitbeste" Vorgehen ist inzwischen wohl die Regel.

d) **Erläuterung durch den Mediator.** Nehmen an dem Mediationsver-   63
fahren ausnahmsweise keine Anwälte teil, legt der Mediator die juristischen Aspekte dar, wenn er dazu fachlich qualifiziert ist. Das birgt natürlich die Gefahr, dass er in den Augen einer Partei einseitig Stellung bezieht, wenn er dieser Partei schlechtere Prozessaussichten attestiert. Der Mediator beugt dem vor, wenn er die Parteien auf diese Gefahr vor seiner Erläuterung hinweist. Um eine ausgeglichene Darstellung zu gewährleisten, ist es sinnvoll, einzelne Pro- und Contra-Argumente jeweils nacheinander zu erläutern. Stichwortartig hält der Mediator diese Aspekte an der Wandtafel fest. Die hinter den Normen versteckten gesetzlichen Wertungen legt der Mediator offen. Der Mediator erläutert die gedanklichen Schritte, die ein Richter bei der Anwendung der streitentscheidenden Rechtsnorm durchlaufen würde. Einzelne Prozessrisiken stellt der Mediator dar. Der Mediator verzichtet aber darauf, insgesamt einen Prozessausgang zu prognostizieren.

Am Schluss seiner Darstellung fragen die Parteien den Mediator oft, wie   64
er unter Abwägung aller Argumente entscheiden würde oder welchen Prozessausgang er für wahrscheinlich hält. Ob der Mediator diesem Ansinnen nachkommt, hängt von seinem eigenen Rollenverständnis ab. Äußert er

---

[93] Haftungsrechtlich ist interessant, dass Versicherungsgesellschaften die Prämien für die Haftpflichtversicherung nicht erhöht haben, nachdem § 18 der anwaltlichen Berufsordnung die Mediation als anwaltlicher Tätigkeit anerkannt hat. vgl. *Henssler/Schwackenberg,* MDR 1997, S. 409 (410). Offenbar wird dort ein gesteigertes Haftungsrisiko nicht gesehen, was auch den in den USA gemachten Erfahrungen entspricht. Dieser Punkt trifft aber wohl nur auf die Tätigkeit als Anwaltsmediator, nicht als Parteianwalt in der Mediation zu.

[94] Der insofern nahe liegende Parteiverrat des § 356 StGB wird jedoch am Merkmal der Pflichtwidrigkeit scheitern, wenn die Partei dem skizzierten Vorgehen zustimmt und den Anwalt entsprechend anweist.

[95] Vgl. nur *Mertens,* in: MünchKomm zum BGB, § 823, Rdn. 419 ff. m. w. N.

seine Meinung deutlich, kommt dies einem Schlichtungsspruch gleich. Dann besteht die Gefahr, dass es zur vierten Phase der Mediation, wo die Parteien gemeinsam nach alternativen Lösungen suchen sollen, nicht mehr kommt.[96] Entweder der „Schlichtungsspruch" wird angenommen oder eine Partei lehnt diesen ab und hat gleichzeitig das Vertrauen in die Neutralität des Mediators verloren. Deshalb ist es sinnvoll, die Prognose eines mutmaßlichen Prozessausgangs zurückstellen. Viele Mediatoren lehnen eine Entscheidungsprognose ganz ab: „Ich verstehe, dass sie daran interessiert sind zu erfahren, wie ein Richter ihren Konflikt wahrscheinlich entscheiden würde. Ich glaube aber nicht, dass es sinnvoll ist, hierüber im derzeitigen Verfahrensstadium zu spekulieren. Und mehr als eine Spekulation wäre meine Einschätzung nicht, weil ich weder weiß, welcher Richter hier zuständig wäre noch wie dieser Richter die einzelnen Argumente, die ich Ihnen dargelegt habe, gewichten würde. Wenn Sie möchten, können Sie diese Argumente ja mit Ihrem Anwalt erörtern und diesen um seine Einschätzung bitten. Wenn Sie dies tun möchten, werden wir die Verhandlung jetzt für eine halbe Stunde unterbrechen. Wenn nicht, möchte ich Ihnen vorschlagen, dass wir nun gemeinsam nach einer Einigung suchen, die eine richterliche Entscheidung überflüssig macht. Wie möchten Sie vorgehen?"

65   **e) Erläuterung durch externe Dritte.** Die Parteien können auch einen externen Dritten mit der Erläuterung der Rechtslage beauftragen. Besonders bei Rechtsfragen, deren Beantwortung Spezialwissen erfordert, bietet sich dieser Weg an. Liegen die Rechtsstandpunkte der Parteien sehr weit auseinander, kann es ebenfalls sinnvoll sein, dass ein Experte auf dem streitgegenständlichen Gebiet als Gutachter hinzugezogen wird. So erhalten die Parteien eine nicht interessengefärbte[97] Evaluation der Rechtslage. Die Meinung des Hochschulprofessors oder pensionierten Richters stößt bei den Parteien auf große Akzeptanz. Diese wird noch dadurch gesteigert, dass der Rechtsgutachter von den Parteien selbst ausgewählt wurde. Wenn man die Einschätzung des Dritten später zurückweisen würde, hätte man bei der Auswahl des „unfähigen" Gutachters einen Fehler begangen, den man sich nur ungern eingesteht.[98] Der Gutachter bewirkt mit seiner Stellungnahme oft, dass die Parteien ihre überoptimistische Einschätzung der Rechtslage aufgeben. Sie glauben nicht länger, dass das Gericht ihnen

---

[96] Vgl. auch *Gottwald*, WM 1998, S. 1257 (1261).

[97] Auch der Mediator ist zwar neutral, doch glauben die Parteien oft und häufig auch zu Recht, dass der Mediator ein Interesse daran hat, die Mediation mit einer Einigung erfolgreich zu beenden. Wenn das so ist, könnte er versucht sein, eine eindeutige Rechtslage zugunsten einer Partei zu verschweigen. Der externe Gutachter sieht sich diesem Verdacht nicht ausgesetzt.

[98] Erneut ein Beispiel für kognitive Dissonanz, vgl. oben § 2, Rdn. 89.

schon recht geben wird, wenn selbst der renommierte und selbst ausgewählte Experte Prozessrisiken erkennt.

Die Einschaltung eines externen Experten kostet Geld und ist deshalb 66 nur in größeren Verfahren sinnvoll. Wenn ein externer Gutachter einbezogen werden soll, müssen die Parteien sich auf eine gemeinsame schriftliche Sachverhaltsdarstellung einigen, die der Rechtsexperte untersuchen soll. Im Einzelfall können auch präzise Rechtsfragen gestellt werden, wenn sich der streitgegenständliche Sachverhalt hierauf reduzieren lässt. Wegen der Bedeutung, die gesetzliche Wertungen für den Fortgang der Mediation haben können, wird der Experte bei der Beauftragung gebeten, auch diese Wertungen offen zu legen. Das übliche schriftliche Gutachten wird von den Parteien, die nur auf das Ergebnis schielen, inhaltlich kaum zur Kenntnis genommen werden. Der Gutachter sollte daher die Ergebnisse seiner Untersuchung in einer Mediationsverhandlung mündlich vortragen. Kaum ein Gutachter ist mit den Besonderheiten der Mediation so vertraut, dass er seinen Vortrag von sich aus auf den Empfängerhorizont der Parteien, juristischen Laien, ausrichtet. Der Mediator muss den Gutachter vorab entsprechend informieren. Der Auftrag an den Gutachter sollte auch klar definieren, ob der Experte nur Prozesschancen und -risiken benennen oder ob er abschließend auch eine Gesamtprognose für einen Rechtsstreit abgeben soll.

f) **Reality-Testing.** Die rechtliche Erörterung soll die „juristischen" Eini- 67 gungshindernisse beseitigen, die in der parteiseitigen Überschätzung eigener Prozessaussichten liegen.[99] Dazu setzt der Mediator eine visuelle Darstellung der wechselseitigen Prozessrisiken ein, die er zu diesem Zweck stichwortartig auf einer Tafel gegenüberstellt. Das Risiko eines negativen Prozessausgangs wird den Parteien durch eine solche Auflistung bewusster und bleibt auch nach Abschluss der rechtlichen Erörterungen präsent im Raum. Die schiere Anzahl der aufgelisteten Pro- und Contraargumente führt oft bereits dazu, dass die Partei die eigene Rechtsposition überdenkt. Allerdings werden die Parteien aufgrund der dargestellten psychologischen Zusammenhänge die eigenen Argumente stärker gewichten als die der Gegenseite. Der Mediator muss also mehr tun, wenn er eine realistische Einschätzung der Prozesschancen erreichen will. Häufig wird der Mediator die Position eines „Advocatus Diaboli" einnehmen und die rechtlichen Argumente beider Seiten kritisch hinterfragen. Um dem Verdacht der Befangenheit zu entgehen, kündigt er diesen Rollenwechsel offen an. Er kann dann etwa darlegen, dass jedes der an der Tafel stehenden Argumente den Ausgang des Rechtsstreits entscheiden kann. Die freundliche Frage, woher die Parteien die Gewissheit nehmen, dass der heute noch unbekannte Richter nicht aus einer Laune heraus ein Argument der Gegenseite als entscheidend

---

[99] Vgl. dazu oben § 2, Rdn. 85.

ansieht, führt oft zu einem Umdenkprozess bei den Parteien. Sie wollen die erkannte rechtliche Unsicherheit gegen eine sichere Einigung, wie sie in der Mediation erreichbar sein mag, eintauschen. Gegebenenfalls wird diese sensible Phase auch im Rahmen von Einzelgesprächen durchgeführt.

68 Hilfreich ist auch ein kleines Experiment: Dazu bittet der Mediator die Parteien und deren Anwälte, doch die Wahrscheinlichkeit, mit der sie an einen Prozesserfolg glauben, verdeckt auf eine Karteikarte zu schreiben. Der Mediator nimmt beide Karten entgegen und hält sie, ohne einen Blick auf die Zahlen geworfen zu haben, hoch: „Ich wette, die aufaddierten Prozentzahlen auf diesen Karten ergeben über 100%. Richtig? ... Da es keinen Prozesserfolg von 150% gibt, beweist das, dass entweder Sie, Herr Alpha, oder Sie, Herr Beta, mit Ihrer Einschätzung irren. Nach meiner Erfahrung irren in den meisten Fällen beide Seiten." Der hellseherische Trick des Mediators entspannt die Gesprächsatmosphäre. Der Mediator hat auf die Selbstüberschätzung aufmerksam gemacht, ohne eine Partei zu brüskieren. Die Botschaft kommt an.

69 Unterhaltsam und illustrativ ist auch die Bitte des Mediators an die Parteien, spontan die Anzahl der Juristen zu schätzen, die sich im Falle eines bis zum BGH geführten Rechtsstreits mit dem Konflikt befassen werden. Die Parteien werden regelmäßig eine Schätzung abgeben, die deutlich unter der zutreffenden Zahl von 17 Juristen: Zwei Rechtsanwälte vor dem Landgericht plus drei Landrichter plus zwei OLG-Anwälte[100] plus drei OLG-Richter plus zwei BGH-Anwälte plus fünf BGH-Richter. Der Mediator kann dann fortfahren: „Wie sicher sind Sie, dass jeder dieser 17 Juristen Ihrer Rechtsauffassung folgt? Ganz sicher? Haben Sie bedacht, dass alle diese Juristen einen unterschiedlichen persönlichen Hintergrund haben und daher die Frage der Sittenwidrigkeit der hier streitigen Angehörigenbürgschaften unterschiedlich bewerten könnten?"

70 Wenn eine einzelne, klar konturierte Rechtsfrage im Vordergrund steht, kann sich der Mediator auch juristische Datenbanken zunutze machen, um die Parteien zu einer realistischen Einschätzung ihrer Prozessrisiken zu bewegen. So mag in einem Streit zweier Gesellschafter fraglich sein, ob das vorgeworfene Fehlverhalten als „wichtiger Grund" für einen Ausschluss aus der Gesellschaft genügt. Der Mediator kann, gegebenenfalls nach vorheriger Absprache mit den Parteien, dann ausführen: „Ich habe gestern interessehalber mit einer Recherche in der Juris-Datenbank geprüft, wie die Oberlandesgerichte und der BGH zum Ausschluss eines GmbH-Gesellschafters aus wichtigem Grund stehen. Dazu habe ich nur

---

[100] Die gesonderte Einschaltung von OLG-Anwälten ist nach Aufgabe der Singularzulassung allerdings nur noch notwendig, wenn erstinstanzlich ein nur beim Landgericht zugelassener Anwalt beauftragt wird. Andernfalls reduziert sich die Zahl der beteiligten Juristen auf immerhin noch 15.

die Suchworte „wichtiger Grund" und „Gesellschafterausschluss" einge-
geben. Das Ergebnis fand ich interessant: In den letzten beiden Jahren gab
es 118 einschlägige Entscheidungen. In 55 Urteilen wurde der wichtige
Grund abgelehnt, in 30 Urteilen bestätigt. In den verbleibenden Fällen
wurde die Sache an die Vorinstanz zur weiteren Sachaufklärung zu-
rückverwiesen. In 60 der 118 Fälle hat das Gericht die Entscheidung der
Vorinstanz als falsch aufgehoben. Die Aktenzeichnen der Fälle deuteten
darauf hin, das die Oberlandesgerichte etwa zwei Jahre nach Klageeinrei-
chung entscheiden, der Bundesgerichtshof etwa fünf Jahre nach Klage-
reichung. Ihr Fall kann natürlich ganz anders liegen?!"

Der Mediator kann die anwesenden Parteianwälte bitten, jeweils eine   71
Begebenheit aus ihrem Berufsleben zu erzählen, wo sie von einer richterlichen Entscheidung völlig überrascht wurden. Solche Beispiele illustrieren
als Metaphern die Ungewissheit eines Prozessausgangs. Schon fast zu provokativ ist die Bitte an die Anwälte, doch einmal zu erläutern, was es mit
dem Sprichwort „Vor Gericht und auf hoher See ist man in Gottes Hand"
auf sich hat. Wo mehrere klar abgrenzbare Prozessrisiken bestehen, lassen
sich diese in Form eines Entscheidungsbaums[101] visualisieren und mit un-
gefähren Prozentzahlen versehen. So ungenau dieses strukturierte Vorgehen in seinem Ergebnis ist, zeigt es den Parteien doch, dass die Risiken
addiert werden müssen, und nicht – was immer wieder geschieht – in einem einzigen Wert mit einer großzügigen Rundung zusammengefasst
werden dürfen.

Bei seinem „reality testing" muss der Mediator darauf achten, dass es   72
nicht seine Aufgabe ist, die Parteien einzuschüchtern oder sie von einer
rechtlichen Verfolgung ihrer Ansprüche abzubringen. Die Parteien sollen
keine übertrieben pessimistische Einschätzung ihrer Prozessaussichten gewinnen, damit sie sich unbedingt in der Mediation einigen. Ein geschickter
Mediator hat in diesem Verfahrensstadium viel Einfluss auf die Parteien,
mit dem er sorgfältig umgehen muss. Auf der anderen Seite müssen die
Parteien die hohe Prognoseunsicherheit, die fast jedem Rechtsstreit innewohnt, auch begreifen.[102]

g) Abschluss der rechtlichen Erörterung. Am Ende der rechtlichen Er-   73
örterung bekommen die Parteien Gelegenheit, das Gehörte noch einmal
vertraulich mit ihren Anwälten zu besprechen. Wenn die Diskussion die
Einschätzung der Parteien oder auch des Anwalts verändert hat, wird dies
in einem vertraulichen Gespräch eher zur Sprache kommen als in der gemeinsamen Verhandlung. Der Mediator kann anregen, dass die Parteien
die nun bekannten Aussichten eines Prozesses auch daraufhin überprüfen,
inwieweit ein Urteil die in der zweiten Mediationsphase festgestellten Inte-

---

[101] Ausführlich zur Technik des Entscheidungsbaums unten § 9, Rdn. 83.
[102] *Ripke*, in: Handbuch Mediation, § 5, Rdn. 22.

ressen befriedigen würde. Die Parteien sollen sich kritisch mit der rechtlichen Lösung des Konflikts auseinandersetzen. Wenn die Parteien dies wünschen, erörtert der Mediator die rechtlichen Aspekte mit den jeweiligen Parteien abschließend noch einmal in Einzelsitzungen.

5. Mediation – im Schatten des Rechts?

74   In einem vielzitierten Aufsatz[103] prägten die amerikanischen Rechtsprofessoren *Mnookin* und *Kornhauser* die Formulierung, Mediationsverfahren liefen im Schatten des Rechts ab. Dieses auch in Deutschland benutzte Bild[104] wird häufig in dem Sinne missverstanden, dass die Mediation nicht auf der Sonnenseite der Jurisprudenz weilt, sondern sich in deren dunklem Schatten verbergen muss. Dieses Bild wird verstärkt, wenn die Mediation wegen der erhofften Entlastungsfunktion für die Justiz befürwortet wird, weil die Richter durch die Ausfilterung von Bagatellfällen mehr Zeit für ihre wichtigen Aufgaben gewinnen.[105] Die Diskussion um die Mediation wurde und wird vielfach immer noch „unjuristisch" geführt, da ja gerade das „Unjuristische" den Reiz der ADR auszumachen scheint.[106] *Mnookin* und *Kornhauser* haben mit ihrer Formulierung genau das Gegenteil gemeint: Der Einfluss von Recht und Gesetz auf die Mediation ist so groß, dass letztere den Schatten des Rechts nicht verlassen kann, selbst wenn Mediator und Parteien dies wollten.[107] Auch die vorstehenden Ausführungen haben gezeigt, dass die Wirtschaftsmediation kein „unjuristischer" Weg der Streitbeilegung ist.[108] Das Recht nimmt in der Mediation vielfältige Funktionen ein, die in ihrer Gesamtheit über die Verwendung des Rechts als Entscheidungsmaßstab des Richters hinausgehen. Die Erörterung der Rechtslage ist daher integraler Bestandteil jeder Wirtschaftsmediation. Ohne rechtlichen Sachverstand, wie immer dieser in die Mediation eingeführt wird,[109] geht es im Regelfall nicht. Mediation mag nicht zwingend eine juristische Arbeit sein, aber es gibt viel juristische Arbeit in der Mediation.

---

[103] *Mnookin/Kornhauser*, 88 Yale L. J. 950.

[104] So wählte *Wesel* eben diese Metapher als Titel für seinen Beitrag „Im Schatten des Rechts" in: „Die Zeit", v. 26. 2. 1998, S. 51 ff.

[105] So tendenziell *Prütting*, BB 1999 (Beilage 9), S. 7 (10); ganz deutlich in dieser Richtung argumentierte auch die ehemalige Bundesjustizministerin *Däubler-Gmelin* in einem Interview über die gesetzliche Förderung der Alternativen Streitbeilegung, abgedruckt in ZKM 2000, S. 42.

[106] *Hacke*, ADR-Vertrag, S. 18.

[107] *Mnookin/Kornhauser,* 88 Yale L. J. 950 (968 ff.).

[108] *Risse*, BB 1999 (Beilage 9), S. 1 (7).

[109] Zur Frage, ob der Mediator wegen dieser Relevanz des Rechts nicht Jurist sein muss, vgl. *Henssler*, in: Mediation für Juristen, S. 75 ff. (82 ff.), und unten § 11, Rdn. 11.

V. Know-how-Transfer: technisches, wirtschaftliches und sonstiges Fachwissen

Damit die Mediationsteilnehmer den Konflikt richtig einordnen und   75
Lösungsoptionen sachgerecht beurteilen können, benötigen sie oft weiteres Know-how, das ihnen in der dritten Mediationsphase vermittelt
werden muss. Im Unterschied zur Beweiserhebung, in der die zu beurtei-
lenden Fakten ermittelt werden, verbessert die Vermittlung zusätzlichen
Know-hows die Beurteilungskompetenz der Teilnehmer. In vielen Fällen
bringen die Teilnehmer diese Kompetenz selbst mit in das Mediationsverfahren ein, so dass sich die gesonderte Erörterung erübrigt. Der Bauunter-
nehmer weiß, wie die fehlerhafte Verlegung der Leitung am einfachsten
korrigiert werden kann und benötigt keine Nachhilfestunden in Bautech-
nik. Bei Konflikten zwischen Unternehmen hat der Mediator in seiner
Einladung zur ersten Mediationssitzung darauf hingewiesen, dass Mitarbeiter mit dem notwenigen Fachwissen das Unternehmen vertreten oder
Mitglied der Verhandlungsdelegation sein sollen. Das um den Verhandlungstisch versammelte Expertenwissen reicht so häufig aus und muss für
die Beurteilung und Lösungssuche nur erschlossen werden.[110] Während
die Erörterung des Rechts immer erforderlich ist, gilt dies für andere
Fachbereiche nicht. Wann zusätzliches Expertenwissen nutzbar gemacht
werden muss, ist einzelfallabhängig. Darin können erhebliche Chancen
liegen. In Rechtsnormen kommen für die Auseinandersetzung wichtige
Begriffe wie „technisch machbar", „wirtschaftlich vernünftig", „medizi-
nisch sinnvoll", „steuerlich günstig" und „politisch durchsetzbar" nicht
vor. Sie finden im Urteil des Richters keine Berücksichtigung.[111] In der
Mediation liegt es an den Parteien und dem Mediator, dieses Manko zu
vermeiden.

Zusätzliches Expertenwissen wird in vielen Fallgestaltungen relevant.   76
Hat die Mediation eine mögliche Arzthaftung zum Gegenstand, wird der
Patient wissen wollen, wie stark ihn die durch eine Fehldiagnose herbeige-
führte Einschränkung der Leberfunktion im Alltag behindern wird und ob
er aufgrund der Fortschritte in der Medizin damit rechnen darf, dass in
wenigen Jahren auch eine Transplantation dieses Organs möglich ist. Solange diese medizinischen Fragen nicht geklärt sind, kann der Teilnehmer
am Ende der Mediation keine wirklich informierte Entscheidung treffen.
Der gekündigte Geschäftsführer benötigt in seinem Konflikt mit dem Arbeitgeber die Information, wie eine denkbare Abfindung steuerlich behan-

---

[110] Das Transparenzproblem, vgl. oben § 2, Rdn. 77 ff., zeigt allerdings, wie
leicht die Nutzbarmachung dieses Know-how misslingen kann.
[111] Zu diesem Strukturdefizit richterlicher Entscheidungsfindung vgl. oben § 8,
Rdn. 36.

delt wird, bevor er seinen möglichen Anspruch auf Weiterbeschäftigung aufgibt. Auch in Erbauseinandersetzungen und gesellschaftsrechtlichen Streitigkeiten spielen steuerliche Aspekte regelmäßig eine wichtige Rolle. Der Käufer einer Computeranlage, die ihn immer wieder mit Programmabstürzen überrascht, wird im Konflikt mit dem Verkäufer wissen wollen, ob ein erneuter Reparaturversuch technisch dauerhafte Besserung verspricht, oder ob er nicht ohnehin aufgrund der rasanten Entwicklung in der Informationstechnologie auf ein moderneres System umstellen sollte. Die technische Machbarkeit spielt auch in vielen Umweltmediationen eine Rolle, wo die Parteien um die Reduzierung von Immissionen verhandeln. Im Streit zweier Gesellschafter, ob die GmbH mit zusätzlichem Eigenkapital ausgestattet oder liquidiert wird, mag die wirtschaftliche Zukunftsfähigkeit der Geschäftsidee maßgebliche Bedeutung haben. Wer in der Mediation im Tausch für seine Zahlungsforderung Aktien eines nicht börsennotierten Unternehmens angeboten bekommt, wird einen Wirtschaftsprüfer mit einer Werthaltigkeitsprüfung beauftragen wollen. Die Frage der politischen Durchsetzbarkeit ist zu bedenken, bevor sich ein Erdölproduzent mit der Umweltbehörde einigt, die stillgelegte Bohrplattform in der Nordsee zu versenken. Die Beispiele lassen sich endlos fortführen.

77   Praktisch verläuft die Vermittlung des zusätzlichen streitrelevanten Know-hows ähnlich wie die Informationserhebung über Tatsachen. In einem ersten Schritt ist zu bestimmen, welches zusätzliche Wissen die Teilnehmer zur Verbesserung ihrer Beurteilungskompetenz benötigen. Anschließend wird erörtert, wie dieses Wissen am einfachsten und preiswertesten in das Verfahren eingeführt werden kann. In vielen Fällen verfügt einer der Mediationsteilnehmer selbst über das notwendige Know-how. Dann kommt es darauf an, dieses Sonderwissen für alle Teilnehmer verfügbar zu machen.[112] Voraussetzung dafür ist, dass der Teilnehmer für den Kontrahenten glaubwürdig ist. Im Idealfall hat die Mediation die Atmosphäre zwischen den Streitparteien hierfür bereits ausreichend verbessert. Sonst wird ein neutraler Experte damit beauftragt, den notwendigen Sachverstand beizusteuern. Die Auswahl und Beauftragung dieses Fachmanns erfolgen ähnlich der Auswahl eines Sachverständigen.[113] Die rasche zeitliche Verfügbarkeit wird vorab geklärt. Die Parteien formulieren gemeinsam, was genau sie an zusätzlichen Fachinformationen benötigen. Wegen des Mündlichkeitsprinzips der Mediation wird der Experte in der Regel gebeten, an der nächsten gemeinsamen Gesprächssitzung teilzunehmen.

---

[112] Auch in Gruppen, die nicht aus untereinander zerstrittenen Mitgliedern bestehen, wird dieser Know-how-Transfer oft verfehlt, vgl. erneut oben § 2, Rdn. 80 f.
[113] Vgl. dazu oben § 8, Rdn. 14.

VI. Ziel erreicht?

Am Ende dieser Phase sollten die Teilnehmer ein klares, nicht weiter er- **78**
gänzungsbedürftiges Bild vom streitrelevanten Sachverhalt haben. Die beiden subjektiven Parteiwahrheiten, die im Mittelpunkt der zweiten Mediationsphase standen, sind durch objektive Elemente ergänzt worden. Es ist
viel gewonnen, wenn die Parteien in dieser Mediationsphase realisieren,
dass es bei einzelnen umstrittenen Aspekten eine für sich selbst beanspruchte „richtige" Version nicht gibt. Wenn die Parteien Unsicherheiten
in der Sachverhaltsermittlung erkannt haben, steigert das ihre Bereitschaft,
an den anschließenden Vergleichsgesprächen konstruktiv teilzunehmen.

In der ausführlichen rechtlichen Erörterung haben die Parteien gesehen, **79**
welche Alternative sie bei einem Scheitern der Mediation haben. Sie kennen ihre Prozesschancen und ihre Prozessrisiken. Sie wissen, was sie mit
welchen Erfolgsaussichten tun können, wenn die Mediation scheitert. Für
die Parteien verringert dieses Wissen den oft verspürten Druck, sich in der
Mediation vergleichen zu müssen. Die Teilnehmer verfügen nun über einen Vergleichsmaßstab, anhand dessen sie später ein Einigungsmodell bewerten können. Nur wenn der erzielbare Konsens besser ist als ein mutmaßlicher Prozessausgang, werden die Parteien einen Vergleichsvertrag
unterzeichnen. Mit diesem Wissen können sie selbstsicher und gut vorbereitet in die nachfolgende Verhandlungsphase gehen. Gleichzeitig haben
die Parteien durch das „reality testing" des Mediators eine realistischere
Einschätzung der Prozessaussichten gewonnen, als sie sie zu Beginn des
Verfahrens hatten.

Am Ende dieser Phase verfügen die Parteien auch über die notwendigen **80**
Fachinformationen, um die technischen, wirtschaftlichen oder steuerlichen
Konsequenzen einer Einigung oder auch eines Scheiterns der Mediation zu
überblicken. Die Parteien sind in der Lage, eine informierte Entscheidung
über die Beilegung oder über die Fortsetzung des Konflikts zu treffen. Am
Schluss dieser Phase kann der Mediator folgende Frage stellen: „Was glauben Sie, welche ergänzenden Sachangaben oder Informationen eines Teilnehmers oder auch von dritter Seite noch sinnvoll wären, um Ihnen,
Herr X, und Ihnen, Frau Y, einen noch besseren Überblick über den Sachverhalt zu verschaffen?" Im Idealfall bleiben die Teilnehmer nun stumm.
Die vierte, entscheidende Mediationsphase kann beginnen.

§ 9 Vierte Mediationsphase:
Verhandlung und Lösungssuche

I. Aufgabe und Ziel dieser Phase

1   Das Ziel der vierten Mediationsphase ist schnell definiert: Die Parteien sollen herausfinden, ob und wie sie den Konflikt außergerichtlich beilegen können. Im Idealfall vergrößern die Parteien dazu den Verhandlungskuchen, bevor sie ihn in der zweiten Phase aufteilen. Auch wenn die Wirtschaftsmediation ihrem Idealbild nach auf „win-win"-Lösungen zielt, ist sie hierauf nicht beschränkt. Viele Konflikte stellen reine Verteilungskämpfe dar, in denen eine fixe Geldsumme aufgeteilt werden muss. Die Mediation senkt hier durch rasche und strukturierte Einigungsgespräche die Transaktionskosten der Auseinandersetzung. Die Parteien müssen dazu nach neutralen Standards suchen, deren Anwendung dann zu einer akzeptablen Aufteilung führt. Der Mediator hat die Aufgabe, die Vergleichsverhandlungen zu strukturieren. Die Parteien kennen Vergleichsverhandlungen meist nur als Austausch von Argumenten und wechselseitigen Konzessionen. Diesen Weg geht die Mediation nicht. Der Mediator muss den Parteien daher zeigen, dass es andere Verhandlungsmodelle gibt, die die Lösungssuche erleichtern. Seine Tätigkeit als Ideengeber in Verhandlungsfragen ist einer der Gründe, warum die Parteien ihn als Experten in die Verhandlungsführung eingeschaltet haben. Inhaltlich folgt der Mediator dem Harvard-Verhandlungskonzept.[1] Der Mediator unterstützt die Parteien, ihre Verhandlungen zu strukturieren und Lösungspakete zu schnüren, die sich aus Einzellösungen verschiedener Teilprobleme des Konflikts zusammensetzen. Am Ende dieser Phase steht eine handschriftliche, von den Parteien unterzeichnete Absichtserklärung, die die Eckpunkte eines Vergleichs definiert. Oder aber einer Partei ist endgültig klar geworden, dass ein Einigungsspielraum nicht besteht und sie den Rechtsweg zur Entscheidung des Konflikts vorzieht.

II. Eckpunkte der Verhandlungen

2   Die Parteien haben in der zweiten Mediationsphase Verhandlungsthemen und Parteiinteressen ermittelt. In der dritten Phase haben sie umstrit-

---

[1] *Fisher/Ury*, Harvard-Konzept, passim und oben § 2, Rdn. 34 ff.

tene Sachverhaltsfragen aufgeklärt und sich das notwendige Beurteilungswissen angeeignet. In der vierten Mediationsphase suchen die Parteien nun nach Optionen für eine Problemlösung, die sie anschließend auf eine Einigungsmöglichkeit hin bewerten. Um diese drei Eckpunke – Verhandlungsthemen, Interessen und Optionen – kreisen nun die Gespräche. Der Mediator muss sauber zwischen diesen Begriffen unterscheiden, um die Vergleichsverhandlungen zielgerichtet strukturieren zu können. Für das Verständnis der vierten Mediationsphase ist es daher hilfreich, sich einleitend Inhalt und Bedeutung der bereits oben erörterten[2] Begriffe nochmals zu vergegenwärtigen.

1. Verhandlungsthemen

Verhandlungsthemen stellen die abstrakt bezeichneten Probleme dar, **3** die für eine Einigung gelöst werden müssen. Verhandlungsthemen unterscheiden sich von den Forderungen der Parteien durch eine ergebnisoffene Formulierung. Streiten zwei Parteien um eine Abfindung, sind Höhe, Leistungszeitpunkt und Art der Leistung die Verhandlungsthemen. Je mehr Verhandlungsthemen in der zweiten Mediationsphase aufgedeckt wurden, desto größer ist die Wahrscheinlichkeit, dass die Parteien eine Einigung erzielen können. Das liegt daran, dass die Parteien ein einzelnes Verhandlungsthema unterschiedlich bewerten. Sie sind daher zu Tauschgeschäften bereit, indem sie eine günstige Lösung eines für sie wichtigen Themas gegen eine ungünstige Lösung in einem subjektiv weniger wichtigen Punkt eintauschen. Wem die Schonung seiner Liquidität wichtiger ist als die Gesamthöhe der Zahlungsverpflichtung, wird die ihm günstige Ratenzahlung gegen die ungünstige hohe Gesamtverpflichtung einwechseln.

2. Optionen

Als Option bezeichnet man eine von mehreren Möglichkeiten, ein Ver- **4** handlungsthema oder ein Problem zu erledigen. Zwei Beispiele: Das Problem, wie man ein vor Hunger schreiendes Kind schließlich beruhigt, lässt sich dadurch erledigen, dass man ihm Schokolade oder eine Banane gibt, es ablenkt oder es aber bis zur Erschöpfung schreien lässt. Jede Lösung, egal ob sie gut oder schlecht ist, stellt eine Option dar. In einem Streit um einen angeblichen Produktfehler geht es dem betroffenen Autohersteller und der Verbraucherschutzorganisation auch um das Problem, wie der behauptete Produktfehler der Öffentlichkeit vermittelt werden kann. Optionen zur Erledigung dieses Verhandlungsthemas sind eine Vertraulichkeitsvereinbarung zwischen den Streitparteien, eine gemeinsame, das Produkt lobende Presseerklärung, der ausdrückliche Widerruf der bis-

---

[2] Vgl. § 2, Rdn. 35 ff.

her geäußerten Kritik, die stille[3] oder offene Rückrufaktion mit kostenloser Reparatur oder eine kritische Anzeigenkampagne der Verbraucherschützer. Jede Option erledigt das Verhandlungsthema, wenn auch zur unterschiedlichen Zufriedenheit der Parteien. Je mehr Handlungsoptionen die Parteien finden, desto mehr Chancen bestehen, dass sie sich insgesamt einigen werden. Dabei können einzelne Optionen zu einem Einigungspaket kombiniert werden.

3. Interessen als Bewertungsmaßstab

5   Interessen sind die individuellen Bedürfnisse der Parteien, die sie durch einen Vergleich befriedigt sehen wollen. Die Parteien müssen die einzelnen Optionen als gut, akzeptabel oder als unannehmbar bewerten. Sie müssen ferner das Einigungspaket beurteilen, das sich aus den Optionen zusammensetzt, auf die sich die Parteien prinzipiell verständigen konnten. Um Optionen bewerten zu können, benötigen die Parteien einen Bewertungsmaßstab. Dieser Bewertungsmaßstab kann nicht das Recht sein, weil das Recht nur vergangenes Geschehen beurteilt. Optionen bezeichnen dagegen zukünftiges Handeln der Parteien. Recht sagt aus, ob eine Forderung berechtigt ist, nicht aber, ob eine Lösungsoption für die Parteien sinnvoll ist. Die Parteien beurteilen die Optionsmodelle daher danach, in welchem Umfang sie die herausgearbeiteten Interessen der Parteien befriedigen können. Das Hungergefühl des Kindes wird durch eine Banane nachhaltiger befriedigt als durch eine nur zeitlich wirkende Ablenkung. Der Autohersteller wird zu seiner Rufrettung die gemeinsame Presseerklärung besser finden als die aufwändige Rückrufaktion, zumal er so das Bestehen von Fahrzeugmängeln implizit einräumen würde. Die Mediation vollbringt keine Wunder. In Einzelpunkten bleiben unüberbrückbare Interessengegensätze zwischen den Parteien bestehen. Ein Vergleich befriedigt nie alle Parteiinteressen vollständig. Die Parteien müssen den ausgehandelten Kompromiss am Ende trotz unbefriedigt gebliebener Interessen annehmen oder ablehnen. Der Bewertungsmaßstab für das Gesamtpaket ist die Handlungsalternative bei einem Abbruch der Mediation, also regelmäßig[4] die Entscheidung des Konflikts durch einen Richter. In der Sprache des

---

[3] Bei der „stillen" Rückrufaktion geschieht die Nachrüstung oder Reparatur, wenn sich die Kraftfahrzeuge auf Grund einer Inspektion oder einer anderweitigen Reparatur ohnehin in der Obhut des Herstellers befinden. Imageschädliche Presseveröffentlichungen werden so vermieden.

[4] Statt den Rechtsweg zu beschreiten, können die Parteien nach einem Scheitern der Mediation auch auf die Durchsetzung der Forderung einstweilen verzichten oder aber wirtschaftlichen Druck ausüben, etwa durch Geltendmachung eines Zurückbehaltungsrechts oder – in arbeitsrechtlichen Konflikten – durch Ausrufung eines Streiks.

Harvard-Verhandlungskonzepts ist der Gerichtsprozess das BATNA zur Mediation, also die beste Alternative zu einem aushandelbaren Ergebnis.[5] Die Wahl zwischen diesen beiden Gesamtoptionen werden die Parteien danach treffen, durch welchen Weg sie ihre Interessen insgesamt besser befriedigt sehen.

III. Aufstellen einer Agenda

Der Mediator erarbeitet zu Beginn der vierten Mediationsphase gemein- **6** sam mit den Parteien eine Struktur der Einigungsgespräche. Die schlichte Aufforderung, die Parteien sollten doch jetzt mal Vorschläge für eine Einigung machen, führt mit einiger Sicherheit zu Positionskämpfen und zu einer unproduktiven Diskussion. Wer versucht, alle Probleme auf einmal zu lösen, wird im Zweifel keines lösen. Um das zu vermeiden, stellt der Mediator mit den Parteien eine Agenda auf, wie weiter vorgegangen werden soll. Diese Agenda ist die „Tagesordnung der Verhandlungsphase". Den Parteien wird so vermittelt, dass die Mediation weiterhin planvoll mit ihrem Konflikt umgeht. Es ist immer das gleiche Prinzip: Die formale Abstimmung über das „Wie" der Verhandlung steht vor der inhaltlichen Erörterung der Streitpunkte.[6]

1. Reihenfolge bei selbständigen Einzelpunkten

Konflikte können aus verschiedenen Streitpunkten zusammengesetzt **7** sein, die formal gleichberechtigt und unabhängig nebeneinander stehen. Der klassische Anwendungsfall ist der als „Punktesache" bespöttelte baurechtliche Konflikt, in dem etliche Baumängel, Bauzeitverzögerungen, Mehrkosten wegen Behinderungen und nachgeschobene Einzelaufträge[7] zwischen den Parteien streitig sind. Es ist falsch, wenn die Parteien in solchen Fällen gleich um eine Gesamtsumme verhandeln, mit der alle Ansprüche abgegolten werden sollen. Eine solche Verhandlung lässt sich nicht rational führen. Gleichwohl laufen viele Vergleichsgespräche vor Gericht so ab, weil die Partei, deren Anwälte und auch das Gericht keine Lust verspüren, sich der mühseligen Erörterung von Einzelpositionen zu unterziehen. Dem irrationalen Vorschlag des Richters, sich doch in der Mitte zu treffen, wird dann oft gefolgt.

Die Mediation geht anders vor. Die Parteien legen gemeinsam mit dem **8** Mediator eine Rangordnung der Einzelpunkte fest, die dann Schritt für

---

[5] Ausführlich dazu oben § 2, Rdn. 51.
[6] Vgl. dazu erneut *Haft*, Verhandeln und Mediation, S. 123 ff.
[7] Diese werden auch als „Nachträge" bezeichnet.

Schritt abgearbeitet wird. Die Reihenfolge der Einzelpunkte ist nicht beliebig. Es steigert die Einigungswahrscheinlichkeit, wenn die Parteien zunächst über die weniger problematischen Punkte verhandeln. Die Grundregel ist daher, die Agenda mit den mutmaßlich einfachen Problemen zu beginnen. Der Mediator wirkt auf eine entsprechende Reihenfolge hin. Wenn die Parteien sich im ersten Punkt einigen, erzeugt dies eine Atmosphäre der Übereinstimmung. Haben sich die Teilnehmer in den zehn vorangegangenen Einzelpunkten zu einem Kompromiss durchgerungen, werden sie zögern, diesen Erfolg durch eine kompromisslose Haltung beim letzten, wenn auch wichtigsten Verhandlungsgegenstand zu gefährden. Je länger der Weg ist, den die Parteien zurückgelegt haben, desto größer ist die Wahrscheinlichkeit, dass sie diesen auch bis zu Ende gehen werden. Menschen erwarten für die Zeit, die sie investiert haben, einen Ertrag oder eine Verzinsung. Diese Verzinsung entfällt, wenn die Einigung am Schluss langer Verhandlungen scheitert. Selbst wenn die Parteien sich über den schwierigsten Punkt nicht einigen, kann die Mediation mit einer Teilvereinbarung[8] über die zuvor abgehandelten Einzelkonflikte erfolgreich enden. Fangen die Parteien dagegen mit der Erörterung des schwierigsten Problems an, gelangen sie im Falle eines Scheiterns gar nicht mehr zu den einigungsfähigen kleineren Problemen. Der anschließende Gerichtsprozess wird um diese an sich einigungsfähigen Positionen unnötig aufgebläht. Für eine entsprechende Strukturierung der Agenda muss der Mediator wissen, welche Einzelpunkte besonders kontrovers sind und wo eine Einigung vermutlich leichter gelingt. Im Regelfall kann der Mediator dies nach dem Verlauf der Mediationsverhandlung gut einschätzen. In vielen wirtschaftsrechtlichen Konflikten, wie etwa auch baurechtlichen Punktesachen, ist der Geldwert, den die Parteien dem Streitpunkt zumessen, ein aussagekräftiger Indikator für die Einigungswahrscheinlichkeit. Über eine Nachjustierung von Türen einigen sich die Kontrahenten schneller als über die vorgeblich vergessene Lärmisolierung. Daher ist es sinnvoll, auf die Tagesordnung zunächst die betragsmäßig kleineren Probleme zu setzen.

9 Die Regel, wonach zunächst die kleineren Probleme erörtert werden, kennt eine Ausnahme: Erwartet der Mediator nach dem bisherigen Verhandlungsverlauf sicher eine Gesamteinigung, wird er den kontroversesten Punkt an den Anfang der Agenda setzen. Wenn dieses größte Einigungshindernis aus dem Weg geräumt ist, löst das einen Dominoeffekt aus und die übrigen Streitpunkte werden rasch und mit geringen Transaktionskosten beigelegt.[9]

10 In komplexen Fällen hält der Mediator die vereinbarte Reihenfolge schriftlich an der Tafel fest, um die Einhaltung der festgelegten Verhand-

---

[8] Vgl. dazu unten § 9, Rdn. 141.
[9] *Kovach*, Mediation, S. 113.

lungsstruktur zu sichern. Hat vor der vierten Mediationsphase eine längere Verhandlungspause stattgefunden, kann der Mediator auch einen schriftlichen Vorschlag für die Tagesordnung ausarbeiten und diesen zu Beginn der Sitzung mit den Parteien erörtern.

2. Reihenfolge bei voneinander abhängigen Streitpunkten

Das Aufstellen einer Agenda ist schwieriger, wenn die einzelnen Verhand-   11
lungsthemen voneinander abhängen. Kündigt beispielsweise der Auftraggeber einen Werkvertrag zur Softwareerstellung vor Fertigstellung des Programms „aus wichtigem Grund" und streiten die Parteien um Vergütungsansprüche, Schadensersatz und Nutzungsrechte an lauffähigen Teilprogrammen, so ist hier die Weichenstellung, ob die Parteien weiter zusammenarbeiten wollen oder nicht. Auf den ersten Blick macht es wenig Sinn, wenn die Parteien in der Mediation die Details einer weiteren Kooperation erörtern, wenn am Ende die Rücknahme der Kündigung doch unterbleibt. Es scheint verhandlungsökonomischer, wenn der Mediator die Weichenstellung identifiziert und als ersten Diskussionspunkt benennt. Ein solches Vorgehen ist gefährlich. Die Parteien haben nämlich gar keine genaue Vorstellung davon, wie eine weitere Zusammenarbeit aussehen könnte. Wenn Sie die Option „Weitere Zusammenarbeit" nicht kennen, können sie auch nicht vernünftig darüber entscheiden, ob sie eine solche Zusammenarbeit wollen. Der Mediator darf die Parteien nicht frühzeitig auf eine „Entweder/Oder"-Lösung fixieren, weil dies eine kreative Lösungssuche unnötig erschweren würde. Besser ist es, wenn die Parteien in zwei getrennten Schritten gemeinsam mit dem Mediator die Konturen möglicher Lösungsmodelle erarbeiten, bevor sie die Entscheidung zugunsten der einen oder anderen Alternative treffen. Der Mediator muss bei der Aufstellung der Agenda Raum für Optionen schaffen. Das erreicht er, indem er das Verhandlungsthema entsprechend weit und ergebnisoffen formuliert.

Auch von dieser Regel gibt es eine Ausnahme: Hat eine Partei ausdrück-   12
lich geäußert, dass sie einer bestimmten Alternative – etwa einer weiteren Zusammenarbeit mit der Gegenseite – niemals zustimmen wird, thematisiert der Mediator diese Frage bewusst zu Beginn der Verhandlungsphase. Zweck dieses Vorgehens ist die Prüfung, ob die Partei die Alternative wirklich ausschließt. Es kommt oft vor, dass eine Partei die „endgültige" Ablehnung nur zur Vergrößerung ihres Verhandlungsspielraums anführt, um dann doch zuzustimmen – selbstredend unter Zusicherung größerer Konzessionen der Gegenseite. Oder eine Partei lehnt die Alternative emotional ab, ohne sich über deren Inhalt Gedanken gemacht zu haben. Meint die Partei die Ablehnung dagegen wirklich so ernst, wie sie das zum Ausdruck gebracht hat, führt es nur zu unproduktiven Spannungen und Frustrationen, auf die zurückgewiesene Option weitere Gedanken zu verschwenden.

3. Bausteinmethode: Aufgliederung in Unteraspekte

13   Ein komplexer Streitgegenstand überfordert oft die Verarbeitungskapazität der Parteien.[10] Sie können nicht gleichzeitig über die verschiedenen Aspekte des Konflikts rational verhandeln und beschränken sich auf eine isolierte Einzelforderung. Erkennt der Mediator diese Gefahr, teilt er den Streitgegenstand in Unteraspekte auf, über die dann jeweils verhandelt wird. Später fügt der Mediator mit den Parteien die ausgehandelten Einzellösungen zusammen und erhält eine Gesamteinigung. In den USA nennt man diese Technik griffig „Building-Block Approach",[11] also „Bausteinmethode". Ein einfaches Beispiel ist die Aufgliederung von Schadensersatzforderungen in einzelne Schadenspositionen. Nach einem schweren Autounfall verlangt der Geschädigte pauschal € 200.000 Schadensersatz. Darüber lässt sich schwer verhandeln. Der Mediator strukturiert die Verhandlung, indem er zwischen Schadensersatz für den beschädigten Wagen, den Heilbehandlungskosten, dem entgangenen Arbeitslohn, dem Schmerzensgeld und der Abfindung für mögliche Folgeschäden differenziert. Jetzt verhandeln die Teilnehmer über diese einzelnen Positionen getrennt. Die ausgehandelten Einzelsummen werden am Schluss addiert und ergeben so den Gesamtbetrag.

14   *Moore*[12] erzählt von einer Mediation, in der sich die Bewohner von Einfamilienhäusern gegen eine beabsichtigte Nachbarbebauung mit großen Apartmentblocks wehrten, weil sie um ihre Ruhe und den Charakter ihres Wohngebiets fürchteten. Das komplexe Problem wird schnell reduziert in die Forderung „Keine Apartmenthäuser". Der erfolgreiche Mediator organisierte die Verhandlung zwischen den Bewohnern und dem Bauträger so, dass zunächst um Möglichkeiten der visuellen Abschirmung verhandelt wurde, dann über Maßnahmen gegen Lärmbelästigung und schließlich über die Vermeidung von Parkplatzproblemen. Die Einzellösungen wurden dann zu Bausteinen der Gesamtlösung, auf die sich die Parteien verständigten. Die Vorteile dieses Vorgehens liegen auf der Hand. Kleine Verhandlungseinheiten sind für die Parteien verständlicher und einfacher zu überblicken, was eine konstruktive Verhandlung erleichtert. Mit jeder Einzeleinigung wird den Parteien ein Erfolgserlebnis vermittelt. Durch die Bausteinmethode lassen sich schließlich die Unteraspekte aufspüren, die der Einigung wirklich im Wege stehen. So mag bei der herannahenden Hochhausbebauung die visuelle und akustische Abschirmung durch bauliche Maßnahmen lösbar sein, nicht aber das Parkplatzproblem. Nur dieser Unteraspekt steht also der Einigung wirklich entgegen. Haben die Parteien dies erkannt, können die Meditiationsteilnehmer dieses Problem gesondert

---

[10] Zum Problem der Komplexität vgl. § 2, Rdn. 72 ff.
[11] *Moore*, Mediation Process, S. 248 f.
[12] *Moore*, Mediation Process, S. 249.

angehen. So mag der Bauträger den Einfamilienhausbesitzern für die entstehenden Parkprobleme eine Abfindung in Geld anbieten. Die Gesamtlösung besteht dann aus den Blöcken „Bauliche Maßnahmen zur Abschirmung" und „Geldentschädigung für Parkplatzprobleme". Eine Verhandlung über das Gesamtproblem „Apartmenthäuser" hätte diese Lösung vermutlich nicht hervorgebracht.

4. Gemeinsame Zielvorstellung als Ausgangspunkt

Die Bausteinmethode nähert sich dem Ziel einer Gesamteinigung auf 15 induktivem Wege, indem die Parteien zunächst Einzellösungen suchen. Erst durch das Zusammenfügen der einzelnen Bausteine wird klar, wie die Gesamteinigung aussieht. Es gibt Mediationen, wo genau die umgekehrte, deduktive Organisation der Verhandlungen sinnvoll ist. Dazu erarbeitet der Mediator mit den Parteien zunächst eine gemeinsame Zielvorstellung oder eine grundsätzliche Einigung. Im zweiten Schritt füllen die Parteien die Rahmenvorgabe dann mit konkreten Einzelmaßnahmen aus. Nach diesem Modell steht also die Suche nach einer grob konturierten Gesamteinigung am Anfang der Verhandlungen.

Ein Beispiel ist die Mediation zwischen der Unternehmensleitung und 16 dem Betriebsrat. Die Parteien streiten nach einem konkreten Vorfall sexueller Belästigung am Arbeitsplatz heftig um die einschlägige Firmenpolitik und das weitere Vorgehen. Die gemeinsame Zielvorstellung mag hier sein, dass sich ein solcher Vorfall nicht wiederholen darf. Haben sich die Parteien auf diese Zielvorstellung geeinigt, steht die Gesamteinigung in ihrer Grobkontur fest: ein Bündel von Maßnahmen, das sexuelle Belästigungen am Arbeitsplatz verhindern soll. Diese Rahmenvorgabe füllen die Parteien unter Anleitung des Mediators aus, indem sie Optionen zur Erreichung dieses Ziels sammeln und bewerten: Abhalten einer Mitarbeiterversammlung, Benennung einer Vertrauensperson als erstem Ansprechpartner, Abschreckung durch hohe Betriebsstrafen oder Entlassung, Befragung der Mitarbeiterinnen und Aufstellen eines Verhaltenskodex. Wird dieses Vorgehen gewählt, schreibt der Mediator die Zielvorstellung an die im Raum befindliche Tafel, damit die gemeinsame Aufgabe den Parteien auch in hitzigen Verhandlungssituationen stets bewusst bleibt.

Dieses Schema der Verhandlungen bietet sich an, wenn die Parteien ge- 17 meinsame Wertvorstellungen teilen und jedenfalls die Grundrichtung der Konfliktlösung ohne Alternative ist.[13] Das Verfahren hat den Vorteil, dass die Parteien eine Einigung schneller erzielen, wenn die Rahmenvorgabe erst einmal feststeht. Die gemeinsame Zielvorgabe korrespondiert dann mit einer kooperativen Verhandlungsatmosphäre. Statt gegeneinander um

---

[13] *Moore*, Mediation Process, S. 250.

die Durchsetzung von Positionen zu streiten, arbeiten die Parteien gemeinsam an der Umsetzung des definierten Ziels. Stimmen die Teilnehmer „im Prinzip" überein, kommt es zwar oft zum Streit um ein Detail. Die Verhandlungen scheitern aber selten, weil niemand die prinzipielle Einigung wieder in Frage stellen will.

18   Diese Verhandlungsstruktur birgt auch Gefahren. Können sich die Parteien auf eine Zielvorstellung wegen divergierender Interessen nicht einigen, scheitert die Verhandlung frühzeitig, obwohl die Parteien zumindest Teileinigungen hätten erzielen können. Zum anderen kann die frühzeitige Einigung auf eine Zielvorstellung den Blick darauf verstellen, dass eine alternative Zielvorstellung für die Parteien günstiger gewesen wäre. Zwei zerstrittene Gesellschafter mögen sich „im Prinzip" einig sein, dass der Minderheitsgesellschafter aus der Gesellschaft auf faire Art und Weise ausscheidet. Nachdem diese Zielvorstellung festgelegt ist, verhandeln die Parteien nur noch über Abfindungsbeträge und Zahlungsmodalitäten. Vielleicht wäre aber die alternative Zielvorstellung, wonach der Minderheitsgesellschafter zu geänderten Bedingungen in der Gesellschaft verbleibt, für beide Parteien inhaltlich zufrieden stellender gewesen. Die Problematik ähnelt der oben erörterten Organisation von Verhandlungen, in denen die Streitpunkte voneinander abhängen.[14] Die Kreativität der Parteien bei der Lösungssuche, auf die die Mediation Wert legt, darf nicht frühzeitig eingeengt werden.

5. Methoden der Einigungssuche

19   Von der Frage, in welcher Reihenfolge man die einzelnen Aspekte eines Konflikts angeht, ist die Frage zu trennen, mit welcher Methode die Parteien auf Einigungssuche gehen. Prinzipiell stehen zwei Gruppen von Vorgehensweisen zur Verfügung: Entweder die Parteien versuchen, zunächst den Verhandlungskuchen zu vergrößern, indem sie mehrere Lösungsoptionen entwickeln. So hofft man, „win-win"-Lösungen zu finden, die beide Seiten zufrieden stellen. Diese Konstellation ist das klassische Anwendungsfeld von Kreativitätstechniken. Der anderen Gruppe von Einigungstechniken ist gemeinsam, dass ein feststehender Verhandlungsgegenstand unter den Teilnehmern aufgeteilt werden muss. Die Parteien müssen sich auf einen Maßstab verständigen, nach dem die streitige Forderung, meist eine Geldsumme, aufgeteilt werden soll. Kombinationen und Mischmodelle zwischen den Konzepten beider Gruppen sind die Regel. Welche Strategie zur Anwendung gelangt, entscheidet letztlich der Mediator, indem er den Parteien einen bestimmten Weg vorschlägt. Die Teilnehmer der Mediation erwarten in diesem Punkt, dass der Mediator die Führung

---

[14] Vgl. oben § 9, Rdn. 11.

übernimmt, da sie selbst die Einigungstechniken nicht kennen. Deshalb werden die Parteien dem Vorschlag des Mediators regelmäßig folgen. Die verschiedenen Techniken werden unten ausführlich vorgestellt.[15]

IV. Strukturiertes Vorgehen und Verhandlungsdynamik

Einem guten Mediator wird es gelingen, die ersten drei Phasen der Me-   20
diation relativ geordnet nacheinander ablaufen zu lassen. Im Idealfall gilt
das auch für die Verhandlungsphase. Nachdem der Sachverhalt und die
Parteiinteressen zuvor festgestellt worden sind, bleibt den Parteien eigentlich gar nichts anderes mehr zu tun, als nun eine Einigung zu suchen. Die
Realität sieht anders aus. Die Teilnehmer entdecken während der Diskussion einzelner Verhandlungsthemen plötzlich, dass für sie wichtige Sach-
verhaltsaspekte bisher nicht zur Sprache kamen. Ungeklärte Rechtsfragen
tauchen auf. Die innere Anspannung der Parteien steigt in dieser Phase,
geht es doch nun darum, wer was im Falle eines Vergleichs erhält. Emotionen brechen hervor. Der gegnerische Einigungsvorschlag wird mit heftigen Worten als „lächerlich" zurückgewiesen. Gleichzeitig entbrennt ein
heftiger Kampf um die einzelnen Verhandlungsthemen, indem die Parteien
eigentlich abgehandelte Punkte erneut aufgreifen. Dieses Verhalten ist verständlich, wenn es eine logische Verknüpfung zwischen zwei Aspekten
gibt. Wo die Parteien über die Wartung des strittigen Computersystems
diskutieren, kommen sie noch einmal auf die eigentlich schon geklärte
Reparatur der Anlage zurück, weil der Wartungsaufwand mit der Art und
Weise der Reparatur zusammenhängt. Genauso oft fehlt aber der innere
Zusammenhang beider Aspekte: „Wenn ich hier erneut zu Konzessionen
gezwungen werden soll, dann müssen wir auch über Punkt A noch einmal
reden." Die Struktur der Verhandlungen droht so verloren zu gehen.

Es ist wichtig, dass der Mediator versteht, was hier passiert: Die Par-   21
teien fallen strukturell in frühere Phasen der Mediation zurück. Über den
Gesprächston wurde in der ersten Phase eine Vereinbarung getroffen, die
Sachverhaltsklärung war zentrales Anliegen der zweiten Phase und
Rechts- und Beweisfragen wurden in der dritten Phase abgehandelt. Die
Parteien haben sich zu Beginn der vierten Phase geeinigt, in welcher Reihenfolge sie die einzelnen Verhandlungsthemen diskutieren wollen. Verlangt ein Teilnehmer in den Verhandlungen nun erneut eine Sachverhaltsklärung oder die Klärung der steuerlichen Situation, springt er von der
vierten in die zweite oder dritte Mediationsphase zurück. Das Verlassen
der Mediationsstruktur führt oft zu einem unproduktiven Austausch von
Argumenten, Vorschlägen und Bewertungen. Das gefährdet den Verhand-

---

[15] § 9, Rdn. 23 ff.

lungserfolg. Auf der anderen Seite kann gerade die entstandene Verhandlungsdynamik die Mediation einem erfolgreichen Ende zutreiben. Diese positive Dynamik darf der Mediator nicht hemmen. Er steht in solchen Situationen vor einer schwierigen Entscheidung. Soll er eingreifen oder nicht? Hier muss der Mediator einzelfallbezogen abwägen, ob er die Verletzung der sinnvollen Verhandlungsstruktur oder die Unterbrechung der produktiven Verhandlungsdynamik für gefährlicher erachtet.

22   Wenn sich der Mediator zur Intervention entscheidet, zeigt er zunächst Verständnis für die abweichende Verhandlungsführung, dringt dann aber darauf, zur vereinbarten Struktur zurückzukehren. Werden verschiedene Phasen der Mediation berührt, sorgt der Mediator dafür, dass diese nacheinander diskutiert werden: „Ich kann verstehen, dass es für Sie zur Bemessung der Geldentschädigung wichtig ist, ob der Schaden an der Computeranlage durch eine kostenlose Reparatur dauerhaft behoben werden kann. Wir hatten bisher unterstellt, dass dies der Fall ist. Offenbar besteht hier aber noch Klärungsbedarf. Ich schlage daher vor, dass wie uns zunächst dieser Frage zuwenden und erst in einem zweiten Schritt darauf zurückkommen, welche Entschädigung für den zurückliegenden dreitägigen Ausfall der Anlage angemessen erscheint. Sind Sie damit einverstanden? Ja, dann zur Möglichkeit der Reparatur …". Der Mediator verhindert die Rückkehr in eine frühere Mediationsphase, hier in die dritte Phase der Sachverhaltsklärung, also nicht, sondern organisiert diese nur. Eine Vermischung beider Phasen unterbleibt. Verknüpft ein Teilnehmer zwei Aspekte des möglichen Lösungspakets miteinander, ohne dass sie in einem Zusammenhang stehen, trennt der Mediator die Diskussion beider Aspekte. Häufig liegt dem eine „Ja, aber"-Konstellation zugrunde: Eine Partei scheint den Vorschlag der Gegenseite ohne weitere Diskussion annehmen zu wollen („Ja"), um dann im gleichen Atemzug ihre Vorstellungen hinsichtlich eines anderes Punktes zu artikulieren („aber"), weil sie diesen für wichtiger hält. Der Mediator greift dieses Sprachmuster auf: „Ich verstehe, dass Ihnen der letztgenannte Punkt besonders wichtig ist. Ich möchte Ihnen aber vorschlagen, zunächst über Ihr „Ja" und dann über Ihr „Aber" zu reden. Zunächst zu Ihrem „Ja". Habe ich Sie richtig verstanden, dass Sie mit diesem Vorschlag einverstanden sind …". Bei seinen Bemühungen, eine Struktur in die Verhandlungen zu bringen, muss der Mediator nur den Eindruck vermeiden, dass er einen Teilnehmer vorführen möchte.

V. Brainstorming

23   Brainstorming ist die klassische Kreativitätstechnik der Mediation. Die Teilnehmer machen in rascher Folge Lösungsvorschläge für ein Verhandlungsproblem, ohne diese Vorschläge näher zu begründen oder zu bewer-

ten. Scheinbar sinnlose und ungewöhnliche Ideen sind erlaubt und erwünscht. Ist die Sammlung der Vorschläge abgeschlossen, wird deren Konsensfähigkeit in einem getrennten zweiten Schritt untersucht.[16] Individuelle Kreativität soll so mit der größeren Beurteilungskompetenz der Gruppe kombiniert werden. Eine Idee soll als Impulsgeber für andere, vielleicht noch bessere Ideen dienen. Was so einfach klingt, stößt in der Praxis auf vielfältige Probleme. Auch das Brainstorming, das von der Spontanität lebt, muss der Mediator organisieren.[17]

1. Erfolgsgeheimnis

Brainstorming klingt nach Kinderei und alternativ-progressivem Getue. **24** In der Praxis bringt ein professionell organisiertes Brainstorming aber überraschend positive Resultate hervor. Woran liegt das? *Einstein* wird der Satz zugeschrieben, dass ein Problem nie auf der Ebene gelöst wird, auf der es entstanden ist. Das gilt auch für wirtschaftliche Konflikte. Dort verharren die Parteien oft in ihren festgefahrenen Denkmustern und unterstellen die eigene Beurteilungskompetenz als optimal. Menschen neigen dazu, Ideen und Lösungsvorschläge für ein Problem nur in den Grenzen ihrer Grundannahmen zu entwickeln. Sie denken zu konform. Deshalb erkennen sie eine mögliche Lösung des Konflikts nicht, sobald diese außerhalb des vertrauten Denkmusters liegt.

a) **Zwei Experimente.** Zwei einfache Experimente veranschaulichen, **25** wie eine Problemlösung durch festgefahrene Denkmuster verhindert wird. Versuchen Sie einmal, die folgenden neun Punkte durch vier gerade Striche zu verbinden, ohne den Stift abzusetzen.

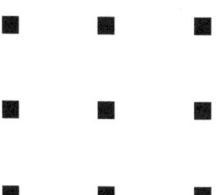

Welche Grundannahme müssen Sie aufgeben, um zur Lösung zu gelan- **26** gen? Wenn Sie die Lösung gefunden haben,[18] versuchen Sie sich an einer

---

[16] Vgl. etwa *Haft*, Verhandeln und Mediation, S. 102; *Fisher/Ury/Patton*, Das Harvard-Konzept, S. 95.

[17] Vorschläge für eine solche Organisation machen *Fisher/Ury/Patton*, Das Harvard-Konzept, S. 95 ff.

[18] Lösung: Intuitiv glauben wir, dass der Strich aufhören muss, wenn wir einen äußeren Punkt erreicht haben. Wenn Sie diese falsche Grundannahme verlassen und den Strich fortführen, ist die Lösung schnell gefunden.

schwierigeren Aufgabe: In einem Keller befinden sich drei Lichtschalter, die mit drei Glühbirnen im ersten Stock verbunden sind. Sie stehen vor den Lichtschaltern und sollen herausfinden, welcher Schalter zu welcher Glühbirne gehört. Dazu dürfen Sie die Lichtschalter beliebig betätigen, dann aber nur einmal in den ersten Stock gehen, um nach den Glühbirnen zu schauen. Sie müssen, um mit *Einstein* zu sprechen, die offensichtliche Problemebene verlassen, wenn Sie die Lösung finden wollen.[19] Beide Experimente zeigen, wie schwer uns dies auch – oder gerade – bei angestrengtem Nachdenken fällt.

27   **b) Lösung gedanklicher Blockaden.** Brainstorming hat zum Ziel, die gedanklichen Blockaden der Teilnehmer einzureißen. Dazu wird die Kreativität der Parteien mobilisiert. Die Effektivität dieser Kreativtechnik beruht zunächst auf einer simplen Kalkulation: Brainstorming sorgt dafür, dass möglichst viele Vorschläge gemacht werden. Je mehr Ideen zur Auswahl stehen, desto höher ist die Trefferwahrscheinlichkeit, dass sich darunter ein geeigneter Vorschlag zur Problemlösung befindet. Ein abwegiger Gedanke erhöht diese Wahrscheinlichkeit nur wenig, aber er erhöht sie immerhin. Die Wahlmöglichkeit zwischen fünf Vorschlägen ist immer besser als die Fixierung auf eine Lösungsalternative. Sind vier der fünf Ideen tatsächlich unbrauchbar, können sie immer noch ausgesondert werden. Die Teilnehmer stehen danach nicht schlechter, als wenn sie sich gleich der einzig „vernünftigen" Alternative zugewandt hätten.

28   Wir sind es gewohnt, Vorschläge nur zu äußern, nachdem wir diese zuvor gedanklich geprüft und für vernünftig befunden haben. Andernfalls fürchten wir, uns wegen der Absurdität des Einfalls zu blamieren. Oder wir wollen vermeiden, dass wir an unserer eigenen Idee festgehalten werden, obwohl sich diese bei näherer Überlegung als nachteilig erweist. Die gedankliche Vorprüfung jedes Vorschlags hat so eine Filterfunktion, die der eigenen Absicherung dient. Problematisch an diesem Vorgehen ist, dass wir die interne Vorprüfung der Idee nur anhand des eigenen Beurteilungsmaßstabs vornehmen. Dieser kann aber suboptimal sein.[20] Bleibt die Idee auf Grund des negativen Resultats der Prüfung unausgesprochen, unterstellt die Partei implizit, dass auch die Gegenseite diese Einschätzung teilen würde. Das ist falsch. Was man selbst für unvernünftig hält, kann die Gegenseite für einen glänzenden Einfall halten, weil sie in dieser Situa-

---

[19] Lösung: Knipsen Sie einen Schalter an und warten Sie zehn Minuten. Dann betätigen Sie den zweiten Schalter und gehen nach oben. Die mit dem ersten Schalter verbundene Glühbirne ist inzwischen heiß. Die andere leuchtende Glühbirne gehört zum zweiten Schalter, die dunkle Birne zum dritten Schalter. Die falsche Grundannahme ist, dass sich die Schalterzugehörigkeit nur durch Licht offenbart. Die neue Lösungsebene ist die durch Wärme übermittelte Information.

[20] *Gifford*, Legal Negotiation, S. 55.

tion eben eine andere Vorstellung von „Vernunft" hat. Ein Beispiel: In einem vertraglichen Konflikt um eine Softwareentwicklung zögerte der Vertreter des deutschen Großunternehmens lange, bevor er der kleinen Softwarefirma vorschlug, bei Ausräumung des Konflikts und Fertigstellung des Projekts könne sie das Großunternehmen als Referenzobjekt für das Computerprogramm benennen. Angesichts der betragsmäßigen Dimension des Konflikts hielt er diesen Punkt für eine Lappalie. Nicht so die Softwarefirma, die sofort den Marketingwert des klangvollen Firmennamens erkannte. Die Parteien einigten sich umgehend. Das Brainstorming bemüht sich darum, die gedankliche Vorfilterung von Ideen auszublenden, damit diese Ideen ausgesprochen werden. Nur ausgesprochene Ideen sind der Beurteilung der anderen Seite zugänglich. Für die angestrebte Einigung ist es irrelevant, ob die Gegenseite die eigenen Vernunftvorstellungen teilt. Auch eine „unvernünftige" Zustimmung beendet den Konflikt.

Brainstorming kombiniert die individuelle Kreativität mit der besseren 29 Beurteilungskompetenz der Gruppe. Ideen und Einfälle entstammen notwendig der Gedankenwelt von Einzelpersonen. Zwei Menschen können vielleicht gleichzeitig denselben Gedanken haben, diesen aber nicht gemeinsam bilden.[21] Dazu fehlt es an der Vernetzung und Vernetzbarkeit beider Köpfe. Anders verhält es sich mit der Beurteilung von Ideen. Beurteilungsmaßstab ist meist angelerntes Wissen. Der Jurist beurteilt den Vorschlag aus rechtlicher, der Ingenieur aus technischer Sicht. Wissen lässt sich vermitteln. Gemeinsam können Jurist und Ingenieur die Idee von rechtlicher und technischer Warte beurteilen. Ebenso wie mit dem Fachwissen verhält es sich mit dem individuellen Erfahrungswissen der Teilnehmer. Die um den Verhandlungstisch versammelte Beurteilungskompetenz aller Teilnehmer ist also größer als die der Einzelperson, was die Problemlösung erleichtert.[22] Es ist grundsätzlich sinnvoll, individuelle Ideen der versammelten Beurteilungskompetenz aller Gruppenmitglieder zu unterstellen. Der aus betriebswirtschaftlicher Sicht unsinnige Reparaturvorschlag lässt sich technisch vielleicht in einer abgespeckten Version so umsetzen, dass er plötzlich auch finanzierbar ist.

Kreativität setzt weitere Kreativität frei. Unser Gehirn reagiert auf Im- 30 pulse von außen. So wie ein Wort das andere gibt, führt eine Idee zur nächsten. Das geschieht einmal in der Form, dass wir eine Idee intuitiv für gut halten und deshalb durch eigene Ideen weiterspinnen. Die in dieser Weiterentwicklung steckende Leistung hätten wir nie erbracht, wenn uns nicht die

---

[21] Von einer „gemeinsamen Idee" spricht man deshalb dann, wenn eine Ausgangsidee von einer anderen Person fortentwickelt oder durch eigene Ideen modifiziert wurde. Die einzelne Idee bleibt aber immer eine individuelle Leistung.

[22] Zu den dabei entstehenden Problemen vgl. oben das Transparenzproblem unter § 2, Rdn. 77.

Ausgangsidee zum Nachdenken in diese Richtung gereizt hätte. Oder wir stufen einen Vorschlag im Bruchteil einer Sekunde als so absurd ein, dass wir genau in die Gegenrichtung denken: „Genau umgekehrt müssen wir es machen …". Diese Gegenreaktion kann der erste Schritt zur konsensfähigen Lösung sein. Eine Idee provoziert beim Brainstorming die nächste Idee.[23] Ziel des Brainstormings ist es also, wechselseitig Assoziationen auszulösen.[24] Dies gilt vor allem dann, wenn den Parteien klar ist, dass sie auf die Idee der Gegenseite nur mit einer eigenen Idee und nicht mit einer Kritik „antworten" dürfen. Und genau das ist die Grundregel des Brainstormings.

2. Erläuterung durch den Mediator

31   Die Teilnehmer der Mediation sind mit der Technik des Brainstormings, die oft für eine Spielerei gehalten wird, selten vertraut. Der Mediator muss dieses Verfahren daher erläutern. Dazu formuliert er zunächst die Aufgabe der Teilnehmer. Diese besteht darin, möglichst viele Lösungen für ein an der Tafel stehendes Verhandlungsproblem zu finden. Die Aufgabe muss dabei weit genug formuliert sein, um überhaupt kreative Ideen zuzulassen.[25] Mit der Frage, welchen Betrag man sich denn als Abfindung vorstellen könne, lässt sich keine Flut von Vorschlägen auslösen. Der Mediator weist die Parteien darauf hin, dass Vorschläge und Ideen zunächst nicht bewertet werden dürfen. Die Teilnehmer müssen den Mediator ermächtigen, über die Einhaltung dieser Spielregeln zu wachen. Damit für Kreativität und Spontanität der Teilnehmer genügend Raum bleibt, stellt der Mediator ausdrücklich klar, dass niemand an seine Vorschläge und Ideen rechtlich oder auch nur moralisch gebunden ist. Die Teilnehmer dürfen und sollen auch auf den ersten Blick unvernünftige Gedanken und inakzeptable Vorschläge äußern. Es kommt nicht darauf an, nur aus eigener Sicht günstige Vorschläge zu machen.[26] Schließlich erläutert der Mediator, wie diese Ideen so festgehalten werden, dass sie später Gegenstand einer gemeinsamen Bewertung sein können:[27]

„So, ich denke, wir haben in dieser Mediation bereits ein gutes Stück Weg erfolgreich bewältigt. Wenn wir auf diese Tafel blicken, sehen wir die Verhandlungsthemen, für die wir nun beiderseits zufrieden stellende Lösungen finden müssen, damit Sie sich hier und heute auf eine Beilegung des Konflikts einigen können.

---

[23] *Fisher/Ury/Patton,* Das Harvard-Konzept, S. 95.
[24] *Höcherl,* NJW-CoR 1998, S. 80 (81).
[25] *Haft,* Verhandeln, S. 103.
[26] *Moore,* Mediation Process, S. 258.
[27] Ein praktisches Beispiel einer solchen Einführung anhand eines konkreten Falls geben *Ponschab/Schweizer,* Kooperatives Verhandeln, S. 197 f.

Jeder von Ihnen hat vermutlich bereits einige Vorstellungen, wie diese Lösung aus seiner Sicht aussehen könnte. Über diese Vorstellungen werden wir uns jetzt unterhalten.

Ich möchte Ihnen für das weitere Vorgehen ein Verfahren vorschlagen, mit dem ich in zurückliegenden Mediationen gute Erfahrungen gemacht habe. Ich halte dieses Verfahren auch hier für geeignet, uns heute einer Lösung näherzubringen. Vielleicht haben Sie schon einmal von meinem Vorschlag, dem Brainstorming, gehört. Dazu möchte ich Sie bitten, ganz spontan und rasch hintereinander möglichst viele Möglichkeiten zu nennen, wie eine Lösung aussehen könnte. Wir werden alle Vorschläge zunächst sammeln, egal welchen Inhalt sie haben. Schlechte Ideen gibt es also nicht. Am besten ist es, wenn Sie gar nicht erst darüber nachdenken, ob Ihre Idee vernünftig oder praktikabel ist und welcher Seite sie im Zweifel mehr nützt. Dass Sie nicht an Ihre Vorschläge und Ideen gebunden sind, versteht sich von selbst. Ein Vorschlag bedeutet aber auch ansonsten nicht, dass Sie diesen gut finden oder zumindest für denkbar halten. Sie können also unbesorgt auch Gedanken äußern, die ausschließlich der anderen Seite nützen oder eigentlich abwegig sind. Wichtig ist nur, dass Sie Ihre Ideen nicht begründen und auch die Ideen des anderen Teilnehmers nicht bewerten oder kritisieren. Das werden wir erst später, in einem zweiten Schritt tun.

Ich kann mir vorstellen, dass dieses Verfahren für Sie zunächst wie eine alberne Kinderei klingt, aber es hat sich in der Praxis als sehr effektiv erwiesen. Sind Sie damit einverstanden, dass wir einen Versuch wagen? Gut, dann sind Sie auch mit meiner Wächterfunktion als Mediator einverstanden, dass jede Kritik oder Begründung eines Vorschlags unterbleibt. Wie könnten also Lösungen, egal welcher Art, für das hier an der Tafel stehende Verhandlungsthema Nr. 1 aussehen?"

Wichtig ist, dass der Mediator für die Brainstorming-Phase auf eine 32 Sitzordnung achtet, die ein produktives gemeinsames Arbeiten ermöglicht. Dazu sitzen die Teilnehmer am besten nebeneinander, weil dies die Gemeinsamkeit der Aufgabe unterstreicht. Sitzen sich die Parteien beim Brainstorming gegenüber, reizt die physisch-konfrontative Anordnung dagegen zum Argumentieren und Diskutieren. Bei einer Sitzordnung im Halbrund mit gemeinsamem Blick auf eine Tafel reagieren die Parteien dagegen auf das dort visualisierte Problem.[28] Diese Sitzordnung, so sie

---

[28] *Fisher/Ury/Patton*, Das Harvard-Konzept, S. 96.

denn nicht schon zuvor eingenommen wurde,[29] erreicht der Mediator, indem er die Aufmerksamkeit auf die Tafel lenkt.

3. Bestimmung der Brainstorming-Gruppe

33   Bevor das Brainstorming beginnt, muss die Gruppe der Teilnehmer festgelegt werden.[30] Bei der Erläuterung durch den Mediator wurde unterstellt, dass alle Teilnehmer der Mediation an einem gemeinsamen Brainstorming teilnehmen. Für ein Brainstorming in einer Mediation zwischen zwei Streitparteien ist das auch die Regel, weil nur so die optimale Gruppengröße erreicht wird. Die Gruppe muss nämlich groß genug sein, damit die gegenseitige Inspiration erfolgt, und klein genug, damit jeder auch zu Wort kommen kann. Fünf Teilnehmer sollte die Gruppe daher gewöhnlich haben,[31] und diese Größe wird durch die Parteien, deren Anwälte und den Mediator auch erreicht.

34   Das gemeinsame Brainstorming beginnt nicht von selbst. Spontaneität und Experimentierfreude fallen schwer, wenn die Gegenseite daran teilnimmt und die geäußerten Vorschläge hört. Die Sorge, sich unbedacht zu äußern, führt zur Zurückhaltung. Wenn das Misstrauen zwischen den Konfliktparteien groß ist und den Ideenfluss beeinträchtigen wird, verlegt der Mediator das Brainstorming zunächst in die Einzelsitzungen. Dort können sich die Teilnehmer unbefangener äußern. Hinzu kommt, dass sich das Brainstorming so leicht räumlich und zeitlich von der angespannten Verhandlungsatmosphäre entkoppeln lässt, was wiederum die Kreativität fördert.[32] Wird eine Konfliktpartei in den Verhandlungen nur durch eine Person und einen beratenden Anwalt repräsentiert, ist die Gruppe für ein produktives Brainstorming allerdings recht klein, auch wenn der Mediator sich an der Ideenfindung aktiv beteiligt. Auch die Anregung eigener Ideen durch besonders kontroverse Vorschläge der Gegenseite entfällt. In der Praxis bietet es sich daher an, auf die getrennten Sitzungen ein gemeinsames Brainstorming folgen zu lassen, wo die gefundenen Ideen zunächst ohne Bewertung zusammengetragen und um weitere Vorschläge angereichert werden. Vorbehalte gegen das Brainstorming sind im Idealfall durch positive Erfahrungen in den Einzelgesprächen abgebaut werden.

35   In Mehrparteienmediationen mit zahlreichen Teilnehmern kann es sich anbieten, Untergruppen zu bilden, die aus Vertretern aller beteiligten Delegationen zusammengesetzt sind. Jeder Untergruppe wird ein spezifisches Einzelproblem zum gemeinsamen Brainstorming zugeführt. Bei komplexen Fallgestaltungen steigert dies die Effektivität der Verhandlung. Ist ei-

---

[29] Vgl. dazu oben § 4, Rdn. 31.
[30] Zu diesem Problem vgl. auch *Moore*, Mediation Process, S. 258.
[31] *Fisher/Ury/Patton*, Das Harvard-Konzept, S. 96.
[32] *Fisher/Ury/Patton*, Das Harvard-Konzept, S. 96.

nes der zahlreichen Probleme die technische Realisierbarkeit einer Reparatur, wird ein Jurist im Brainstorming weniger beitragen können. Er ist in einer anderen Untergruppe besser aufgehoben. Gruppen mit zu vielen Teilnehmern haben auch den Nachteil, dass sich einzelne Personen mit ihren Ideen zurückhalten. Innovative Vorschläge bleiben so unausgesprochen. Bildet man hingegen mehrere interparteiliche Untergruppen, die sich alle mit demselben Thema befassen, vermeidet man die Dominanz einzelner Personen. Bei fünf Gesprächsteilnehmern kann man sich in der Gruppe nicht länger verstecken, sondern nimmt aktiv am Verfahren teil. Bisweilen entsteht sogar eine Gruppendynamik, weil jede Gruppe hofft, die zündende Idee zu entwickeln und so „besser" zu sein als die Gruppe im Nachbarraum.

Selten kommt es vor, dass der Mediator den Teilnehmern ein Brain- **36** storming über ein konkretes Verhandlungsthema als eine Art Hausaufgabe aufgibt, die bis zum nächsten Treffen erledigt werden muss. Dieses Vorgehen hat den Vorteil, dass in das externe Brainstorming auch Personen einbezogen werden können, die selbst nicht zum Teilnehmerkreis der Mediation gehören. Zusätzliches Know-how wird so nutzbar gemacht. Die große räumliche und zeitliche Distanz zur Mediation erzeugt eine entspanntere Atmosphäre und stärkt die kreative Spielfreude. Nachteilig an diesem Vorgehen ist, dass der Mediator nicht über die Einhaltung der Spielregeln des Brainstormings wachen kann.[33] Es droht eine langweilige und meist unproduktive Diskussion über Einigungsmöglichkeiten. Das externe Brainstorming führt zudem oft dazu, dass die Teilnehmer aussichtsreiche Ideen durch die anschließende subjektive Bewertung ausfiltern, ohne diese Ideen der Gegenseite mitzuteilen.

4. Anwendungsprobleme und ihre Überwindung

In der Praxis stößt die Umsetzung des Brainstormings auf Schwierigkei- **37** ten. Folgende Probleme tauchen regelmäßig auf:

a) Inaktivität der Teilnehmer. Wer erwartet, dass die zündenden Ideen **38** nur so sprudeln, sobald der Mediator den Startschuss zum Brainstorming gibt, wird enttäuscht werden. Die Parteien reagieren auf die Aufforderung des Mediators meist mit Unsicherheit und Schweigen. Niemand will anfangen. Das hat mehrere Ursachen. Zum einen sind die Parteien in die Verhandlung mit einer Position gegangen, die nach ihrer Ansicht die geeignete und faire Lösungsoption für den Konflikt darstellt. Diese Position haben sie in ihrem Eröffnungsstatement ausführlich begründet. Vor diesem Hintergrund klammern sich die Parteien nun gedanklich an die aus-

---

[33] Die Parteien können natürlich vereinbaren, dass der Mediator als eine Art Moderator an dem externen Brainstorming teilnimmt.

gewählte Alternative.[34] Die im Brainstorming geforderte Nennung anderer Optionen bedeutet in ihren Augen das Eingeständnis, dass diese erste Position falsch war. Aus dem intuitiv-kompetitiven Verhandlungsmuster[35] sind es die Parteien gewohnt, ihre Anfangsposition mit Argumenten zu verteidigen, nicht aber alternative Lösungsmöglichkeiten zu benennen. Zum anderen fällt es Parteien schwer, die vom Brainstorming eingeforderte Spontaneität zu leben. Im harten Wirtschaftsleben sind sie es gewohnt, wohl bedachte Äußerungen von sich zu geben und nicht einfach drauflos zu reden. Für das Brainstorming müssen die Parteien also eingeübte und vertraute Verhaltensmuster aufgeben. Hinzu kommt, dass Brainstorming als Spielerei oder als kindisch empfunden wird, weil wir Spontanität und Phantasie intuitiv der Kinderwelt zuordnen. Der aktuelle Konflikt ist aber eine ernste Sache, so dass Spielereien als absurd und fehl am Platze empfunden werden.[36] Die schlichte Aufforderung, doch einfach Ideen zur Lösung des Konflikts zu nennen, führt daher selten zum Erfolg. Der Mediator muss eine Strategie entwickeln, diese Hemmungen zu überwinden.

39   Eine wirkungsvolle Gegenstrategie ist die Provokation. Dazu macht der Mediator einen oder besser gleich mehrere relativ absurde Vorschläge. In der Erbauseinandersetzung regt er etwa an, den gesamten Nachlass zu veräußern und den Erlös zu spenden oder per Losentscheid aufzuteilen. Den reflexartigen Protest der Parteien unterbindet er unter Hinweis auf die vereinbarten Regeln. Die Parteien bekommen so vorgeführt, wie das Brainstorming abläuft. Auf die absurden Ideen des Mediators können sie nur mit eigenen Ideen antworten. Schweigen die Parteien weiter, fährt der Mediator mit der Provokation fort: „Gut, wenn keine weiteren Ideen kommen, gibt es wohl keine besseren. Für welche der beiden Alternativen wollen Sie sich entscheiden?" Bisweilen antworten die Parteien auf die provokante Idee mit einer noch absurderen Variante: „Dann könnten wir den ganzen Nachlass auch gleich verbrennen." Solche erkennbar nicht ernst gemeinten Vorschläge greift der Mediator ebenfalls auf und hält sie auf der Wandtafel fest. Dadurch kann eine Initialzündung entstehen, die das Verfahren des Brainstormings in Gang setzt. Die Eigendynamik dieser Kreativtechnik reicht dann häufig aus, um genügend Optionen hervorzubringen.

40   Der Mediator kann die Parteien auch in ihrer Einschätzung bestärken, Brainstorming sei eine bloße Spielerei, und den Spieltrieb bewusst anre-

---

[34] Wieder ein Beispiel für die Kognitive Dissonanz, vgl. oben § 2, Rdn. 89.

[35] Oben § 2, Rdn. 3 ff.

[36] In Mediationsseminaren und den dort veranstalteten Rollenspielen funktioniert das Brainstorming meist tadellos. Das liegt einfach daran, dass die Teilnehmer sich dort in einer Spielrolle befinden und die „Spielerei" des Brainstorming entsprechend gerne durchführen.

gen. Dazu formuliert er eine spieltypische Aufgabe, etwa indem er die Parteien auffordert, in den kommenden zehn Minuten mindestens zwanzig Vorschläge zu unterbreiten. Ist die Atmosphäre entspannt, wie dies bei einem parteiinternen Brainstorming der Fall sein mag, kann der Mediator eine Flasche Champagner als Preis für die Person mit den meisten – nicht: den besten – Ideen aussetzten. Einen Wettkampfcharakter erzeugt der Mediator auch, wenn er die Parteien auffordert, auf einen Vorschlag des Kontrahenten innerhalb von zehn Sekunden einen Gegenvorschlag zu unterbreiten. Es entsteht ein indirekter Zwang, Ideen spontan zu entwickeln. Dass es nicht unbedingt darum geht, einigungsfähige Vorschläge zu unterbreiten, veranschaulicht der Mediator durch hypothetische Fragestellungen: „Wie sähe wohl aus Sicht der Gegenseite die optimale Lösung des Konflikts aus? Was wäre die zweitbeste Alternative?" Auch hier geht es darum, Anfangswiderstände zu überwinden. Sobald Vorschläge kommen, zieht sich der Mediator aus der Gesprächsleitung zurück, weil sich Spontaneität und formale Gesprächsführung schlecht vertragen.

Anhand einer Geschichte oder Metapher kann der Mediator den Parteien veranschaulichen, welchen Wert das Brainstorming hat. Dies kann ein Erlebnis aus einem früheren Mediationsverfahren sein oder aber eine fiktive Erzählung. Beliebt ist die „Stecknadel im Heuhaufen": „Physikstudenten der Universität Oxford erhielten einmal die Aufgabe, ein möglichst effektives Verfahren zu finden, um eine verlorene Stecknadel in einem großen Heuhaufen zu finden. Eine Auswahl der gemachten Vorschläge: Einsatz eines riesigen Magneten, Sieben mit dem Rüttelsieb, Schütten des Heus in einen Swimmingpool, wobei allein die schwere Nadel untergeht; Herumwälzen im Heu in der Hoffnung auf den entscheidenden „Pieks", strohhalmweises Umräumen des Haufens. Den Fakultätspreis gewann ein Student mit dem Vorschlag, Pferde das Heu fressen zu lassen und die Tiere dann zu röntgen. Er kam auf diese geniale Idee, nachdem ein Kommilitone geäußert hatte, man könne doch die Pferde das Heu fressen lassen und den Tieren dann die Mägen aufschlitzen." Die Teilnehmer werden über das Ende der Geschichte einen Moment lang schmunzeln, dann aber erkennen, dass es sich tatsächlich um eine einfache Lösung handelt. Der Weg zu dieser Lösung veranschaulicht die subtile Funktionsweise des Brainstormings, wo der absurdeste Vorschlag Ausgangspunkt einer praktikablen Problemlösung sein kann. Da wir dazu neigen, erzählte Geschichten auf die eigene Situation zu übertragen, entsteht die Hoffnung, dass auch der aktuelle Konflikt durch eine zunächst absurd erscheinende Idee gelöst werden kann.

Eine zunächst nahe liegende Möglichkeit, um Anfangswiderstände zu überwinden, besteht darin, den Parteien das Erfolgsgeheimnis des Brainstormings zu erläutern. Haben die Parteien erst einmal verstanden, dass Brainstorming keine Spielerei ist, besteht kein rationaler Grund mehr, die

aktive Beteiligung zu verweigern. Dieses Vorgehen führt selten zum Erfolg. Die skizzierten Vorbehalte gegen das Brainstorming liegen auf intui-
tiv-emotionalem Gebiet und müssen durch gleichgelagerte Techniken aus-
geräumt werden. Gegen Emotionen und Intuition lässt sich rational sehr
schwer argumentieren. Die wissenschaftliche Begründung des Brainstormings sollte daher allenfalls flankierend erfolgen.

43   **b) Umgang mit „Killerphrasen".** Die Parteien brechen regelmäßig die
Vereinbarung, sich zunächst nur auf die Nennung von Optionen zu beschränken. Vorschläge werden begründet, kritisiert und verteidigt. Solche
Äußerungen sind gefährlich. Sie unterbrechen die Spontanität der Ideenfindung, weil eine Idee dann nicht mehr unmittelbarer eine Folgeüberle-
gung auslösen kann. Statt dessen verlieren sich die Teilnehmer in einem
unproduktiven Wortgefecht über eine vielleicht tatsächlich abwegige Idee.
Da damit der Kreativprozess ganz zum Erliegen kommen kann, werden
die begründenden oder kritisierenden Äußerungen auch als „Killerphrasen" bezeichnet.[37] Der Mediator unterbindet deshalb die Kritik, Bewertung oder Begründung eines Vorschlags sofort. Während er sonst immer
Verständnis zeigt, wenn eine Seite aus emotionalen Gründen die vereinbarten Spielregeln verletzt, reagiert der Mediator hier ausnahmsweise mit
einer kurzen, knappen und notfalls auch brüsken Intervention: „Bitte keine
Kritik", „Stopp! Begründungen sind verboten". Hintergrund hierfür ist,
dass die Diskussion darüber, ob eine sofortige Kritik oder die Begründung
eines Vorschlags „ausnahmsweise" sinnvoll ist, die Dynamik des Brainstormings ebenso unterbricht wie die inhaltliche Kritik selbst. Die Intervention des Mediators muss so kurz sein, dass die kritisierte Idee nicht in
den Hintergrund tritt, sondern als Anknüpfungspunkt für die Folgeüberle-
gung im Raum bleibt. Die Regeln des Brainstormings sind nicht verhan-
delbar. Die Teilnehmer haben den Mediator ermächtigt, über die Einhaltung zu wachen. Von diesem Recht macht der Mediator im Interesse
größtmöglicher Kreativität Gebrauch.

44   **c) „Mediator's Disease".** Im klassischen Brainstorming beschränkt sich
der Dritte auf eine moderierende Rolle, steuert selbst also keine Ideen und
Vorschläge bei.[38] Die aktive Involvierung in den Prozess der Ideenfindung
kann den Moderator davon ablenken, auf die Einhaltung der Spielregeln
zu achten. In der Wirtschaftsmediation ist die strikte Trennung zwischen
Moderator und Ideengeber nicht zwingend. Ein erfahrener Mediator kann
gezielt Vorschläge beisteuern, um die Parteien dazu anzuregen, einmal in
eine neue Richtung zu denken. Ein oft auftauchendes Problem ist dann jedoch die „mediator's disease", die Mediatorenkrankheit. Diese besteht

---

[37] *Ponschab/Schweizer*, Kooperatives Verhandeln, S. 199.
[38] *Ponschab/Schweizer*, Kooperatives Verhandeln, S. 200.

darin, dass dem Vorschlag des Mediators faktisch eine zu große Bedeutung zukommt und die gut gemeinte Idee so die Kreativität der Teilnehmer behindert. Die Teilnehmer messen dem Vorschlag des Mediators nämlich oft die Bedeutung eines Schlichtungsspruchs bei. Ist dieser Vorschlag plausibel, besteht scheinbar keine Notwendigkeit mehr, mit dem Brainstorming fortzufahren. Und auch der Mediator gefällt sich bisweilen in seiner Rolle, den Verhandlungsdurchbruch erreicht zu haben, indem er die entscheidende Idee beigesteuert hat. Entsprechend fördert er bei der Bewertungsphase unbewusst seine eigene Idee. Der Mediatorenkrankheit lässt sich mit zwei Faustregeln entgegensteuern: Der Mediator sollte immer zwei Ideen gleichzeitig äußern. Damit macht er deutlich, dass er keinen weisen Schlichtungsspruch fällt. Eine frühzeitige Fixierung auf diesen Vorschlag wird verhindert. Zum anderen sollte sich der Mediator mit seinen Ideen zunächst zurückhalten, um den Parteien Gelegenheit zum Brainstorming zu geben. Vielleicht hat einer der Teilnehmer ja die gleiche Idee wie der Mediator.

5. Aufgabe des Mediators: Leitung, Visualisierung und Konkretisierung

Brainstorming erfordert einen guten Moderator. Der Mediator muss nicht nur das Ausgangsproblem präzise und ergebnisoffen formulieren, sondern auch die Einhaltung der Spielregeln effektiv überwachen. Er muss die Teilnehmer ermuntern, ihre Befangenheit abzulegen, irrelevante oder vermeidlich unvernünftige Äußerungen zu machen. **45**

Im Idealfall sind die Parteien so sehr mit immer neuen Einfällen beschäftigt, dass sie gar keine Zeit haben, diese aufzuschreiben. Die Chronistenpflicht liegt deshalb beim Mediator. Er hält jede geäußerte Idee so fest, dass sie für alle Teilnehmer sichtbar ist. Wichtig ist, dass der Mediator jeden Gedanken gesondert aufschreibt, auch wenn die Partei zwei Vorschläge in einem Satz verknüpft hat. Das ermöglicht später eine getrennte Bewertung jeder einzelnen Option. Die sofortige Visualisierung an einer Tafel erfüllt mehrere Aufgaben. Die Parteien sehen, dass jede Idee ernst genommen wird, denn sonst würde sie nicht an der Tafel stehen. Da alle Ideen unmittelbar präsent sind, kann auch ein länger zurückliegender Vorschlag eine Anregung für Folgeüberlegungen sein. Außerdem wird so Wiederholungen von bereits gemachten Vorschlägen vorgebeugt. Der gemeinsame Fokus der Aufmerksamkeit ist die Tafel, was die Gemeinsamkeit der Problembewältigung unterstreicht. In der Praxis hat sich die Benutzung von Karteikarten besonders bewährt, die mit einer Stecknadel auf einer Tafel befestigt werden. Auf jede Karte wird eine Idee geschrieben. Karteikarten ermöglichen später eine einfache Sortierung der Vorschläge, indem die Karten umgruppiert werden. Unbrauchbare Vorschläge werden ausgesondert, ohne dass dies zu unübersichtlichem Durchstreichen führt. **46**

Der begrenzte Platz zum Schreiben diszipliniert den Mediator, die Ideen stichpunktartig, prägnant und schnell festzuhalten.

47 Natürlich nimmt auch der Mediator in der Ideenphase keine Bewertung oder Kritik vor. Er kann die Parteien aber anspornen, indem er ihre Kreativität – nicht den Inhalt der Idee – in knappen Worten lobt, während er den Gedanken aufschreibt. Wichtig ist, dass der Mediator auf konkrete Vorschläge drängt. Gerade am Anfang des Brainstormings neigen Teilnehmer dazu, sich sehr vage zu äußern, etwa indem sie eine „weitere Kooperation" oder „faire Zahlungsbedingungen" vorschlagen. Der Mediator fördert eine Konkretisierung, indem er den Vorschlag wie jeden anderen auch aufschreibt, dann aber kurz und präzise nachfasst: „Wie könnten die fairen Zahlungsbedingungen aussehen?" Im Ergebnis ist nur der konkrete Vorschlag, etwa eine Ratenzahlung über zwölf Monate, einer späteren Bewertung zugänglich.

6. Bewerten und Ausgestalten der Optionen

48 Wenn das Sammeln von Ideen und Vorschlägen abgeschlossen ist, schlägt der Mediator eine Verhandlungspause vor. Teilnehmer empfinden die Ideensammlung wegen der ungewohnten Spontaneität regelmäßig als anstrengend. Ein zeitlicher Einschnitt verdeutlicht, dass nach der Pause eine andere Phase des Brainstormings beginnt. Die Parteien müssen die Optionen nun im Hinblick auf eine mögliche Einigung bewerten.

49 a) Reihenfolge der diskutierten Optionen. Bevor die Parteien damit beginnen, Vorschläge zu diskutieren, müssen sie die Reihenfolge der Erörterung festlegen. Es ist eine Grundregel des Brainstormings, jeden Vorschlag gesondert zu bewerten. Diskutieren die Parteien mehrere Vorschläge gleichzeitig, tappen sie schnell in die Falle der Komplexität, die rationales Verhandeln erschwert.[39] Es ist wenig sinnvoll, die Bewertungsphase mit einem beliebigen Vorschlag zu beginnen. Ein negativer Ausgang in Form einer Ablehnung frustriert die Teilnehmer und verschwendet deren Verhandlungsenergie. Richtig ist es, den Vorschlag zu ermitteln, der die größte Zustimmung zu finden scheint. Dazu bittet der Mediator die Parteien, die an der Tafel fixierten Vorschläge zunächst vorläufig und selbstverständlich ohne Bindungswirkung zu bewerten. Am einfachsten geschieht dies, indem Bewertungspunkte auf einer Skala von 0 (= Vorschlag lehne ich absolut ab) bis 5 (= Vorschlag finde ich ausgezeichnet) verteilt werden. Der Mediator kann dazu selbstklebende Punkte verteilen und die Parteien bitten, die Punkte entsprechend ihrer Bewertung auf den einzelnen Karteikarten aufzukleben.[40] Der Bewertungsvorgang verläuft so transparent und wegen

---

[39] Vgl. oben § 2, Rdn. 72 ff.
[40] Herrn Rechtsanwalt *Dr. Ponschab* sei für diese Idee aus seinem Mediationsseminar gedankt.

seines spielerischen Charakters in entspannter Atmosphäre. In komplexen
Fällen kann es sich ausnahmsweise anbieten, alle Optionen abschreiben zu
lassen und den Parteien eine entsprechende Aufstellung mit nach Hause zu
geben. Dort können sie die vorläufige Einstufung diskussionswürdiger
Vorschläge dann in aller Ruhe vornehmen, indem sie die Bewertungskenn-
zahlen vergeben.

Die Auswertung der vorläufigen Bewertung ist denkbar einfach. Der   **50**
Mediator zählt die auf den Karteikarten befindlichen Punkte oder addiert
die vergebenen Einzelbewertungen. Die höchste erreichte Punktzahl signalisiert, dass die aufaddierte Zustimmung zu diesem Vorschlag am größten
ist, eine grundsätzliche Einigung also am wahrscheinlichsten. Dieses Vorgehen bietet sich insbesondere dort an, wo mehr als zwei Parteien an der
Mediation teilnehmen, also etwa bei der Auseinandersetzung zwischen
mehreren Erben. Dort wird sich nämlich aus dem Verhandlungsverlauf
nicht unmittelbar ergeben, welcher Vorschlag zustimmungsfähig ist. Der
Mediator setzt diesen Vorschlag an den Beginn der weiteren Agenda.
Nachdem er mit allen Vorschlägen so verfahren ist, ergibt sich eine Rangordnung aller Vorschläge, geordnet nach den vorläufigen Parteipräferen-
zen. Diese Rangordnung visualisiert der Mediator, etwa indem er die an
der Pinnwand befestigten Karteikarten entsprechend umsortiert. Der an
der Spitze stehende Vorschlag wird nun zuerst diskutiert.

b) Bewertung anhand der Interessen. Während die Parteien sich bis zu   **51**
diesem Zeitpunkt nur vorläufig zu den Optionen in Form einer pauschalen Punktevergabe geäußert haben, müssen sie sich nun entscheiden, ob sie
den Vorschlag grundsätzlich[41] als Element einer Einigung akzeptieren
können. Dazu müssen sie den Vorschlag inhaltlich bewerten. Dieser Bewertungsvorgang soll möglichst rational ablaufen. Die gefühlsmäßige Zustimmung oder Ablehnung ist kein zuverlässiger Maßstab für die Güte einer Idee. Die Parteien sollten besser einen rationalen Bewertungsmaßstab
einsetzen. Das Recht scheidet dafür aus, weil die Optionen Zukunftsvorstellungen der Parteien darstellen, Recht aber nur Vergangenes bewerten
kann. Maßstab sind vielmehr die in der zweiten Mediationsphase ermittelten Interessen der Teilnehmer.[42] Diese hatte der Mediator auf einer anderen Tafel im Verhandlungsraum festgehalten.[43] Er holt diese Tafel nun
hervor und bittet die Parteien um Prüfung, inwieweit der zu diskutierende
Vorschlag diese Interessen befriedigt. Der im Brainstorming erzeugte
Vorschlag „Ratenzahlung" wird so in Relation zu den wechselseitigen
Parteiinteressen „Schonung der Liquidität" und „Kein Präzedenzfall für
säumige Schuldner" gesetzt. Da beide Interessen grundsätzlich durch eine

---

[41] „Grundsätzlich" bedeutet hier „vorbehaltlich geringfügiger Modifikationen".
[42] Oben § 9, Rdn. 5.
[43] Oben § 7, Rdn. 146.

Zahlung in Raten befriedigt werden, scheint der Vorschlag vorbehaltlich seiner näheren Ausgestaltung annehmbar. Wird nur ein Parteiinteresse befriedigt und das andere nicht, handelt es sich tatsächlich um einen Interessengegensatz. Dann scheidet der Vorschlag aus oder die interessenwidrige Zustimmung einer Seite muss durch Konzessionen in einem anderen Bereich kompensiert werden. Wenn alle Vorschläge besprochen sind, wissen die Parteien, welche Rahmendaten für eine Einigung in Betracht kommen und welche nicht.

52 c) „PMI"-Bewertungsmethode und „SWOT"-Analyse. Es ist sinnvoll, wenn der Mediator auch die Bewertung der einzelnen Vorschläge und Lösungsoptionen strukturiert. Bei einer freien Diskussion drohen die positiven Aspekte eines Vorschlags in der sofort geäußerten Kritik unterzugehen. Umgekehrt werden kritische Anmerkungen durch Gegenäußerungen unterdrückt. Es ist typisch für solche Diskussionen, dass die Teilnehmer ein „Ja, aber"-Sprachschema benutzen.[44] Der Fokus liegt dann nicht auf einer inhaltlichen Auseinandersetzung mit der Voräußerung, sondern auf der durch das „aber" eingeleiteten eigenen Meinung. Die Teilnehmer tendieren dazu, die eigenen Vorschläge und Ideen zu verteidigen und die Gegenvorschläge zu kritisieren. Am Ende der Diskussion steht ein Konglomerat von Einzelmeinungen, aus denen sich eine Gesamtbewertung nicht ableiten lässt.

53 Die „PMI"-Bewertungsmethode[45] vermeidet dieses Problem. „PMI" steht dabei für „Plus – Minus – Interessant." Das Konzept ist einfach: Zunächst dürfen die Teilnehmer der Mediation sich nur positiv zum Vorschlag äußern. Der Mediator hält die genannten Vorzüge der Idee fest. In einer zweiten Phase folgt die kritische Erörterung, in der nur negative Aspekte genannt werden dürfen. Die abschließende dritte Phase dient dazu, interessante Aspekte der Idee zu erörtern, also solche Aspekte, die sich derzeit weder als positiv noch als negativ einstufen lassen oder bei denen weiterer Klärungsbedarf besteht.[46] Die Parteien mögen etwa erkennen, dass die Realisierung des Vorschlags steuerliche Auswirkungen hätte, die derzeit noch unklar sind. Der Vorteil dieses phasenweisen Vorgehens besteht darin, dass die Teilnehmer nicht gegeneinander, sondern miteinander diskutieren. Der Mediator lenkt die Aufmerksamkeit der Teilnehmer bewusst in eine gemeinsame Richtung. Dadurch löst er Denkblockaden der Parteien, die daraus resultieren, dass sie eine Idee bereits intuitiv als gut oder schlecht eingestuft haben, bevor die Erörterung beginnt. Wer einen Vorschlag gefühlsmäßig ablehnt, sucht zunächst gar nicht nach positiven Aspekten. Die Strukturierung kann dadurch verstärkt werden, dass der

---

[44] Vgl. dazu schon oben § 9, Rdn. 22.
[45] Vgl. dazu *Sellnow*, ZKM 2000, S. 100 (104).
[46] *Sellnow*, ZKM 2000, S. 100 (104).

Mediator Zeitvorgaben für jede Bewertungsphase gibt. Der Mediator verhindert durch seine Vorgaben, dass sich die Diskussion im Kreis dreht, weil jede Partei immer wieder zu ihrem zentralen Argument für oder gegen einen Vorschlag zurückkehrt. Nach Durchlaufen eines „PMI"-Durchgangs ist die Bewertung zunächst abgeschlossen. In einer letzten Phase können die Parteien unter Anleitung des Mediators versuchen, aus den einzelnen PMI-Aspekten eine Gesamtbeurteilung abzuleiten. Alternativ können die Parteien auch sofort zum nächsten Punkt übergehen. Die „SWOT"-Analyse ist ein ähnliches, aber etwas komplexeres Bewer-   54 tungsschema. „SWOT" steht dabei für Strengths – Weaknesses – Opportunities – Threats, also Stärken – Schwächen – Chancen und Bedrohungen. Die Parteien gehen auch hier schrittweise vor. Zunächst erörtern Sie nur, welche Stärken der Vorschlag hat, bevor sie sich dessen Schwächen zuwenden. Dann wird der Blick in die Zukunft gerichtet: Die Parteien sollen ermitteln, welche Entwicklungschancen eine vorgeschlagene Lösung hat, also wie sie sich positiv weiterentwickeln könnte. Abschließend wird diskutiert, welche Entwicklungen die Lösung bedrohen oder negativ beeinflussen könnten. Der Mediator, der dieses Schema verwendet, sichert ebenfalls eine strukturierte Erörterung der Problemfelder.

d) **Konkretisierung.** Indem die Parteien die Optionen bewerten, legen sie   55 gleichzeitig fest, welche Optionen Bestandteil eines Einigungspakets sein können. Durch den ersten Bewertungsdurchgang bestimmen sie, wo eine Verhandlung um Einzelheiten lohnt. Die grundsätzlich gebilligte Option einer Ratenzahlung muss dann im zweiten Durchgang nach Laufzeit und Ratenhöhe konkretisiert werden. Um diese Einzelheiten wird nun verhandelt. An dieser Stelle geschieht der Übergang von der Kuchenvergrößerung zur Kuchenverteilung oder, anders ausgedrückt, vom kooperativen zum kompetitiven Verhandeln. Der Zahlungsempfänger will wenige hohe Raten in kurzer Zeit, der Schuldner hofft auf eine längerfristige Stundung. Auch die sprichwörtliche „win-win"-Lösung kommt also nicht ohne einen abschließenden Verteilungskampf aus.[47] Die Verhandlung wird dadurch erleichtert, dass der vergrößerte Verhandlungskuchen verloren gehen würde, wenn die Parteien sich nicht auf eine Aufteilung einigen können.

Wenn im Brainstorming gute Ideen entwickelt worden sind, fällt den   56 Parteien die letzte Phase der Verhandlung oft so leicht, dass der Mediator auf eine Moderation weitgehend verzichten kann. Bei Verhandlungsengpässen wird er die Parteien darauf hinweisen, dass Konzessionen bei der einen Option gegen Zugeständnisse bei anderen Optionen getauscht werden können.[48] Eine Partei mag sich so den längeren Zahlungsaufschub mit höheren Zinsen erkaufen. In geeigneten Streitfragen kann den Mediator

---

[47] *Risse*, ZKM/KON:SENS 1999, S. 131 ff.
[48] Zu diesem „Logrolling" vgl. unten § 9, Rdn. 69 ff.

die Parteien ermuntern, nach einem objektiven Maßstab für die Klärung zu suchen. Statt einem unproduktiven Feilschen um die Zinshöhe ermitteln die Parteien dann durch einen Anruf bei der Bank den Marktzins. Der Mediator achtet darauf, dass jede der in der Vorauswahl als positiv bewerteten Optionen konkretisiert wird. Gelingt eine Einigung nicht, wird diese Option zurückgestellt, um sie dann abschließend nochmals zu erörtern. Die Einigung kommt oft doch noch zustande, wenn die Teilnehmer alle übrigen Fragen erfolgreich gelöst haben.

57   e) **Mediator als Mini-Schlichter.** Es ist ein Grundprinzip der Mediation, dass der Mediator keine Entscheidungsmacht hat. Er hält sich auch mit inhaltlichen Empfehlungen zurück. Mit diesem Prinzip wird bei der Konkretisierung der gefundenen Optionen bisweilen gebrochen. Haben sich die Parteien auf eine Option verständigt, fällt es ihnen häufig doch schwer, diese Option zu konkretisieren. Interessengegensätze brechen auf und müssen überbrückt werden. Als Beispiel mag wieder die Ratenzahlung dienen, wo Zahlungsempfänger und Schuldner natürlich verschiedene Vorstellungen zur Zahlungshöhe und zu Zahlungsintervallen haben, obwohl beide die Ratenzahlung prinzipiell gutheißen. Oft geht es den Parteien dabei weniger um die genaue Ausgestaltung als darum, nicht ihr Gesicht wegen zu großer Konzessionen zu verlieren. In dieser Situation wenden sie sich dann an den Mediator und bitten um eine Empfehlung. Diesem Ansinnen sollte sich der Mediator nicht aus falsch verstandener Prinzipientreue verweigern. Letztlich dient der Ratschlag des Mediators nur als neutraler Maßstab für die Aufteilung, den beide Parteien ohne Gesichtsverlust akzeptieren können. Die wichtige Entscheidung für die Umsetzung der Option haben die Parteien autonom getroffen und auch den Vorschlag des Mediators können sie einer unbefangenen Prüfung unterziehen. Die Hilfestellung des Mediators in dieser Phase könnte man auch als Mini-Schlichtung bezeichnen.

7. Zusammenfügen des Einigungspakets

58   Wenn die Parteien die akzeptablen Optionen ausgewählt, bewertet und konkretisiert haben, müssen sie abschließend das Einigungspaket schnüren. Der Mediator hat jede Option in ihrer konkretisierten Form festgehalten. Um den Parteien die sich abzeichnende Gesamteinigung zu verdeutlichen, wird er diese wiederum visualisieren. Wenn die Vorschläge auf Karteikarten festgehalten wurden, werden diese nun so umgruppiert, dass sich nur noch die relevanten Karten an der Tafel befinden. Daneben lassen sich nun die Konkretisierungen anbringen. Der Mediator fasst das so zusammengesetzte Lösungspaket noch einmal in seinen Einzelheiten zusammen. Er fragt die Parteien, ob dies die Einigung ist, die sie sich vorgestellt haben und ob sie diese für ausgewogen halten. Wenn die Parteien dies bejahen, ist die Phase der Lösungssuche beendet. Der aus Sicht der Parteien bestmögliche Entwurf einer Einigung ist erreicht. Dieses Gesamtpaket werden die Kontrahenten nun prüfen, indem sie es mit einem alternativen Prozessausgang vergleichen. Fällt die Prüfung positiv aus, können sie die Mediation in der abschließenden fünfte Phase beenden, indem sie einen rechtsverbindlichen Vergleichsvertrag schließen.[49]

VI. Verwandte Kreativitätstechniken

Brainstorming ist die bekannteste Kreativitätstechnik, die in der Media- **59** tion zum Einsatz kommt. Alternative Techniken wie das Mindmapping oder die Metaplan-Methode übernehmen viele Elemente des Brainstormings und unterscheiden sich hiervon vornehmlich in der Durchführung oder der Darstellung des Ergebnisses. Leitprinzipien sind stets die Förderung von Kreativität durch wechselseitige Assoziation und die Optimierung von Vorschlägen durch Abwandlung. Kombinationen zwischen den Techniken sind häufig, die Übergänge fließend. Nachfolgend wird deshalb nur auf die Besonderheiten dieser Techniken hingewiesen; im Übrigen lassen sich die Anmerkungen zum Brainstorming auf diese Methoden übertragen.

1. Mindmapping

Die Technik des Mindmapping[50] wurde in den 60er Jahren entwickelt, **60** um die Lerneffizienz von Studenten zu verbessern. Auch als Analyseinstrument sowie zu Dokumentations- und Präsentationszwecken wird Mindmapping eingesetzt. Durch Mindmapping lässt sich Kreativität steigern. Vor allem in dieser Funktion kommt die Technik in der Mediation zum Einsatz. Auch die während eines Brainstormings entwickelten Gedanken lassen sich so gut strukturieren.

a) **Funktionsweise und praktische Handhabung.** Mindmapping ver- **61** sucht, die Entwicklung und das Festhalten von Informationen der Funktionsweise des menschlichen Gehirns anzupassen. Das Gehirn bewältigt den Informationsfluss mit seiner rational-analytischen linken Hälfte und der eher kreativ-assoziativen arbeitenden rechten Gehirnhälfte.[51] Der Mensch denkt assoziativ. Es fallen ihm also zunächst viele ungeordnete Details zu einem Thema ein, die er nicht gleichzeitig systematisieren und logisch verarbeiten kann. Konzentriert er sich dann auf ein Detail, um es zu analysie-

---

[49] Ausführlich dazu § 10.
[50] Mindmap (engl.) = gedankliche Landkarte.
[51] *Höcherl*, NJW-CoR 1998, S. 80.

ren, kommen ihm doch wieder assoziative Gedanken zu einem ganz anderen Punkt. Linke und rechte Gehirnhälfte arbeiten also gleichzeitig. Stellt man den neuen Gedanken bis zur rationalen Abarbeitung der vorangegangenen Idee zurück, geht die Idee schnell wieder verloren. Aufgabe des Mindmapping ist es daher, die logische Fortentwicklung von Gedanken zu ermöglichen, ohne den Fluss neuer Ideen zu stoppen.

62 Die praktische Handhabung des Mindmapping scheint zunächst relativ einfach. Ein möglichst großes,[52] unbeschriebenes Blatt Papier wird im Querformat verwendet. In die Mitte dieses Blattes wird das Grundthema der folgenden Überlegungen, also eine konkrete Problemstellung, niedergeschrieben. Dieser zentrale Punkt bildet nun bildlich gesprochen die Wurzel aller folgenden Ideen und Gedanken. Mindmapping hat nun zur Aufgabe, aus dieser Wurzel einen Baum mit möglichst vielen Stämmen, Ästen und Zweigen zu entwickeln. Dazu wird der erste zum Grundthema geäußerte Gedanke mit einem Stichwort festgehalten, das mit einer Linie zum Grundthema verbunden wird. Stellt die nächste Idee eine Weiterentwicklung dieses Gedankens dar, wird die Idee mit dem ersten Gedanken grafisch verbunden; der Ast wächst also. Selbstständige Überlegungen zum Grundthema werden als neuer Hauptstamm klar von den Vorüberlegungen getrennt und können nun ebenfalls weiterentwickelt werden. Neue Überlegungen zu einzelnen Gedanken führen zu Verästelungen. Auf diese Weise wird die gleichzeitige logische Fortentwicklung von Gedanken und das Festhalten neuer Assoziationen und Ideen ermöglicht. Wer bei der Weiterentwicklung eines Vorschlags plötzlich eine Eingebung zu einem anderen Punkt hat, kann diesen sofort zu Papier bringen. Der Informationsverlust, sonst eine Konsequenz aus der Überforderung gleichzeitig beanspruchter Gehirnhälften, unterbleibt. Wie beim Brainstorming ist die Begründung und Kritik von Gedanken verboten. Dies bleibt einer nachfolgenden Analyse vorbehalten. Um die Kreativität anzuregen, darf jeder Gedanke nur mit maximal drei Schlagworten charakterisiert werden. Noch besser ist die Verwendung von Symbolen, wie etwa Ausrufe- oder Fragezeichen, oder auch kleinen Skizzen.

63 b) Beispiel. Ein Beispiel verdeutlicht die Technik des Mindmapping: Alex und Bert, die beiden gleichberechtigten Gesellschafter eines erfolgreichen Werbeateliers, haben sich zerstritten. Alex, der kreative Kopf, wirft Bert, dem Kaufmann, eine schlechte Geschäftsführung und übertriebene Angst vor Investitionen vor. Bert meint, Alex seien die guten Ideen ausgegangen. Monströse Partys, wie Alex sie dauernd auf Firmenkosten feiert,

---

[52] Oft wird hier mit DIN A 4-Bögen gearbeitet, weil ein größeres Format nicht zur normalen Büroausstattung gehört und daher nicht zur Verfügung steht. In der Praxis erweist sich dieses Format als viel zu klein. Regelmäßig ist ein DIN A 2-Format sinnvoll.

seien keine „Marketingmaßnahme", sondern schlichte Prasserei. Der
Streit ist eskaliert. Wechselseitig haben Alex und Bert vor dem Landge-
richt Klage auf Ausschluss des anderen Gesellschafters erhoben. In der auf
Anregung des Landrichters durchgeführten Mediation erarbeiten Alex und
Bert zusammen mit dem Mediator folgende Mindmap:[53]

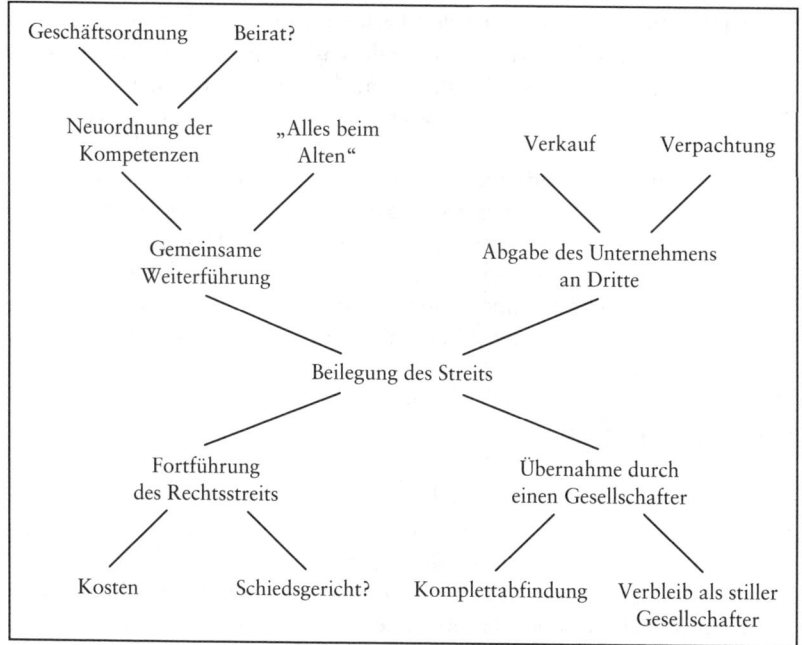

c) **Vorteile und Anwendungsprobleme.** Mindmapping visualisiert Ge-   64
danken und strukturiert diese gleichzeitig. So entsteht ein Anreiz, diese
Möglichkeiten fortzuentwickeln. Gleichzeitig werden neue Ideen nicht unterdrückt, sondern können sofort als neuer Hauptstamm festgehalten
werden, wodurch sie wiederum als Ausgangspunkt für Folgeüberlegungen
dienen können. Der Gedankenfluss wird nicht gebremst. Die Parteien erfassen jedes Problem sofort, verschieben dessen Analyse aber auf einen
späteren Zeitpunkt. Das Argumentationsmuster wird durch die Baumstruktur transparent und kann auch später leicht nachvollzogen werden.
Die Beobachtung, wie der Baum entsteht und wächst, fördert den Spaß
am Denken und damit die Kreativität.[54] Die erstelle Gedankenkarte bietet
eine Arbeitsgrundlage für die folgende Einzelanalyse.

---

[53] Die nachfolgende Grafik ist aus drucktechnischen Gründen kürzer und auch
deutlich geordneter, als dies in der Realität regelmäßig der Fall ist.
[54] *Höcherl*, NJW-CoR 1998, S. 80 (83).

65   Mindmapping verlangt viel Disziplin. Die Reduktion eines Gedanken-
gangs in ein einzelnes Stichwort fällt schwer. Trotz der gewollten Spontanität muss jeder Einfall sofort einem Ast oder Zweig strukturell zugeord-
net werden, was durchaus Mühe macht. Handschrift und Darstellung
müssen lesbar bleiben. Das anfangs viel zu groß erscheinende Blatt Papier
wird rasch kleiner und reicht in einer bestimmten Astrichtung plötzlich
nicht mehr aus. Bei nicht mit der Technik vertrauten Personen entsteht
statt einer klaren Baumstruktur ein undurchsichtiges Chaos. Dieses Chaos
mit seiner Reststruktur ist aber immer noch besser als die planlose Auflistung von Schlagworten. Es gibt zahlreiche Computerprogramme, die bei
der Erstellung von Mindmaps helfen. Diese können insbesondere dazu genutzt werden, eine handschriftlich erstellte Gedankenkarte in eine über-
sichtliche Darstellung umzusetzen, die dann allen Teilnehmers für die
nachfolgende Analyse zur Verfügung steht. Für den Mediator ist es sinnvoll, die Technik des Mindmapping einzuüben. Er kann dann in der Mediation die Aufzeichnung übernehmen, während sich die Parteien ganz auf
Ideen und deren Weiterentwicklung konzentrieren können.

2. Metaplan-Technik

66   Bei der Metaplan-Technik erhält jeder Teilnehmer eine Anzahl von Karteikarten, auf denen er schlagwortartig seine Ideen zu einem Thema festhält, also eine Art persönliches Brainstorming durchführt. Der Mediator
sammelt die Karten ein und heftet sie zunächst ungeordnet an die Tafel. In
manchen Verfahrensmodellen erhält jeder Teilnehmer Gelegenheit zu einer kurzen Präsentation, in der er seine Vorschläge erläutert. Im Anschluss
an die Präsentationen werden die Karten thematisch geordnet. Im nächsten Schritt können die einzelnen Ideen dann in der gesamten Gruppe erörtert werden. Die größere Beurteilungskompetenz der Gruppe wird so
wieder mit dem individuellen Ideenreichtum der Teilnehmer verknüpft.
Bei Ablehnung eines Vorschlags wird die entsprechende Karteikarte ausgesondert oder an eine andere Tafel geheftet. Die verbleibenden Ideen
werden von der stichwortartigen Erfassung in ausformulierte und detaillierte Regelungen umgesetzt. Zu einzelnen Themen oder Vorschlägen
kann das gesamte Verfahren wiederholt werden, indem neue Karteikarten
an die Teilnehmer ausgeteilt werden. Die Vorteile der Metaplan-Technik
liegen in der einfachen Visualisierung und der Strukturierung durch einfaches Umgruppieren der Karten. In der Mediation wird die Metaplan-
Technik häufig mit dem Brainstorming kombiniert. Dazu findet das Brainstorming zunächst intern zwischen den Vertretern einer Partei statt;[55] die

---

[55] Zur Gruppenbildung beim Brainstorming vgl. § 9, Rdn. 33.

Ergebnisse des Brainstormings werden dann in einer anschließenden gemeinsamen Sitzung in Form der Metaplan-Technik präsentiert.

3. Brainwriting

Brainwriting unterscheidet sich vom Brainstorming dadurch, dass die **67** verbale Kommunikation durch die schriftliche Formulierung von Ideen ersetzt wird. Der Sinn dieser Abweichung liegt darin, weniger temperamentvolle Teilnehmer zu einer aktiven Teilnahme zu ermuntern.[56] Gerade in der Mediation zögern viele Streitparteien, Ideen laut auszusprechen und der Phantasie öffentlich freien Lauf zu lassen. Das schriftliche Brainstorming fällt ihnen leichter. Brainwriting bietet sich auch dort an, wo die Spannung zwischen den Parteien beim Brainstorming so groß ist, dass sie die Anweisung des Mediators, Kritik und Begründung zu unterlassen, schlicht ignorieren. Der Nachteil dieser Methode liegt darin, dass befruchtende Impulse durch Ideen der Gegenseite zunächst entfallen. Das Niederschreiben eines Gedankens verleitet dazu, diesen während des Schreibens auf seine Plausibilität zu überprüfen, was die eigene Kreativität hemmt. Der Mediator muss daher besondere Anstrengungen unternehmen, um die Kreativität der Teilnehmer freizusetzen. Dies kann durch provokative „Spielanweisungen" geschehen, etwa in der Aufforderung, mindestens fünf Lösungsvorschläge niederzuschreiben, die aus Sicht der Gegenseite optimal sein würden. Beim Brainwriting wird die Lösung weniger durch originelle Ideen gefunden, als dadurch, dass grundsätzlich plausible Vorschläge abgewandelt, weiterentwickelt und optimiert werden.

Um Assoziationen und Ideenimpulse hervorzurufen, ist es wichtig, alle **68** Teilnehmer der Mediation mit den Lösungsvorschlägen der anderen Parteien zu konfrontieren. Spontaneität kann der Mediator durch intelligente „Spielanweisungen" und Zeitdruck erzeugen. So kann der Mediator vorschlagen, dass die sechs Mediationsteilnehmer innerhalb von fünf Minuten je 3 Vorschläge auf einem großen Blatt Papier notieren, dass in 6 gleiche Felder aufgeteilt ist. Der Teilnehmer schreibt seine Vorschläge in eines dieser sechs Felder. Nach Ablauf der 5 Minuten, reicht jeder das Blatt im Uhrzeigersinn an seinen Sitznachbarn weiter. Der Nachbar liest die Vorschläge seines Vormanns. Er muss dann das nächste Kästchen mit seinen drei Vorschlägen füllen, wobei er an die gelesenen Vorschläge anknüpfen darf. Nach weiteren fünf Minuten reicht jeder das Blatt reihum weiter. Nach einem vollständigen Durchlauf hat jeder Teilnehmer bis zu 18 unterschiedliche Ideen aufgeschrieben. In nur 30 Minuten können bis zu 108 Vorschläge entstanden sein.[57]

---

[56] *Höcherl*, NJW-CoR 1998, S. 80 (81).
[57] *Sellnow*, ZKM 2000, S. 100 (103).

VII. Logrolling: Einigungsoptimierung durch Tauschgeschäfte

69 Logrolling ist eine häufig eingesetzte Einigungstechnik, die sowohl in kooperativen als auch in kompetitiven Verhandlungssituationen erfolgreich ist. Auch wenn sich die Parteien im Prinzip bereits geeinigt haben, kann Logrolling dazu dienen, den erzielten Vergleich weiter zu optimieren.

1. Begriff

70 Der Begriff des Logrolling[58] bezeichnet eine Einigungstechnik, bei der die Streitparteien Konzessionen in zwei verschiedenen Punkten tauschen, weil sie den Punkten unterschiedliche Wertigkeiten zumessen.[59] Stehen Zahlungshöhe und Zahlungsweise im Streit, billigt Partei A dem Kontrahenten B für einen höheren Gesamtbetrag eine Ratenzahlung über zwei Jahre zu. Partei A tauscht den höheren Gesamtbetrag gegen die Sofortzahlung ein, weil ihr der sofortige Geldzufluss weniger wichtig ist als der Gesamtbetrag. Für Partei B ist die geschonte Liquidität wichtiger als die Forderungshöhe. Die Konzession in einem Bereich wird gegen die Konzession im anderen Bereich eingewechselt und beide Parteien sind nach diesem Tausch zufriedener als vorher. Logrolling liegt somit im Schnittpunktbereich von „win-win"-Techniken und Mediationsmethoden, die der Teilung eines feststehenden Verhandlungskuchens dienen. Logrolling kann, um im Kuchenbeispiel zu bleiben, den Verhandlungskuchen nicht größer machen, als er ist. Logrolling erkennt aber, dass die unterschiedlichen Stücke des Kuchens den Parteien unterschiedlich schmecken und sorgt durch die Initiierung von Tauschgeschäften dafür, dass die jeweils bevorzugten Kuchenstücke zu den richtigen Parteien gelangen. Insofern wohnt der Methode ein distributives „win-win"-Element inne.

2. Beispiel

71 Das Unternehmen Sax will sich von seinem langjährigen Prokuristen Paul trennen, weil Paul der Untreue verdächtigt wird, ohne dass Sax dies lückenlos nachweisen könnte. Sax hat Paul außerordentlich aus wichtigem Grund gekündigt und Paul sofort freigestellt. Paul verlangt eine Abfindung von € 50.000 und droht andernfalls mit der Kündigungsschutzklage. Den Betrag von € 50.000 hat sein Anwalt nach der im Bezirk des Ar-

---

[58] Der Begriff lässt sich am besten mit „wechselseitiger Zusammenarbeit" oder auch „Kuhhandel" übersetzen.

[59] Vgl. dazu *Gifford*, Legal Negotiation, S. 170 f.; *Moore*, Mediation Process, S. 253.

beitsgerichts üblichen Faustformel „¹⁄₂ Monatsgehalt pro Jahr Beschäftigung" errechnet. Sax will keinen Pfennig zahlen.

In der durchgeführten Mediation fragt der Mediator beide Parteien, **72** worauf es Ihnen außer der Abfindungshöhe noch ankommt. Sax meint dazu nur, dass Paul sofort verschwinden müsse, um den Betriebsfrieden nicht länger zu stören. Mit Paul wolle man ein Exempel setzen, wie mit „kriminellen" Mitarbeitern umgegangen würde. Paul sieht das ganz anders: Er will einen ehrenvollen Abgang und ein positives Arbeitszeugnis. Auf die Abfindung selbst angesprochen meint Paul, ihm sei eine gesplittete Zahlung aus Steuergründen lieber, während Sax diesen ohnehin ärgerlichen Aufwand noch in diesem Jahr verbuchen und seine Steuerlast so senken möchte. Neben der Höhe der Abfindungssumme streiten die Parteien plötzlich noch um weitere Punkte: Art und Zeitpunkt des Ausscheidens, Abschreckungswirkung der Kündigung, Inhalt des Arbeitszeugnisses und Durchführung der Zahlung. Der Mediator schreibt diese Punkte an die Wandtafel und bittet die Parteien um ein individuelles Ranking der Punkte nach ihrer subjektiven Werteskala. Paul ist ein ehrenvoller Abschied am wichtigsten, während er auf die Steuervorteile weniger Wert legt. Für Sax hat eine geringe Zahlung die höchste Priorität, während man auf die „Abschreckungswirkung" am ehesten verzichten könnte. Der Mediator schlägt vor, ob die Parteien nicht die Punkte „Ehrenvolles Ausscheiden" und „Abfindungshöhe" tauschen wollen. Zähneknirschend sind beide Seiten dazu bereit: Paul verzichtet auf ¹⁄₃ seiner Abfindung und Sax bewilligt Paul im Gegenzug einen Aufhebungsvertrag „im beiderseitigen Einvernehmen" zum Monatsende. Paul tauscht dann seine Einwilligung in eine für ihn steuerschädliche Einmalzahlung durch Sax noch in diesem Jahr gegen ein freundliches qualifiziertes Arbeitszeugnis ein. Am Ende kommt es durch diese Tauschgeschäfte zu einem Kompromisspaket, das beide Seite akzeptieren.

3. Praktische Anwendung

Der Mediator organisiert das Logrolling. Dazu muss er wissen, welche **73** Punkte beim Logrolling besonders wichtig sind und wie das Logrolling praktisch durchgeführt wird.

a) **Vielzahl von Vergleichselementen.** Die Parteien können „Logrolling"- **74** Tauschgeschäfte nur tätigen, wenn es etwas zum Tauschen gibt. Beide Seiten müssen eine Konzession anzubieten haben, die sie gegen eine Konzession auf einem anderen Gebiet eintauschen wollen. In einem eindimensionalen Konflikt funktioniert das nicht. Wo die Parteien nur um die Zahlungshöhe streiten, verbessert die mit einer Gegenkonzession beantwortete Konzession nicht das Verhandlungsergebnis, weil die insgesamt vorteilhaftere Allokation von verschiedenen Vergleichselemente unterbleibt. Eine Grundbedingung für Logrolling ist daher, dass die Parteien erkennen, aus wie vielen Elementen sich eine Einigung zusammensetzen kann und sie diese Zahl möglichst ausweiten. Je mehr Elemente die mögliche Einigung hat, desto mehr potentielle „Tauschpaare" gibt es. Bei zwei Einigungselementen A und B gibt es nur ein Tauschpaar (AB), bei drei Elementen (A, B und C) bereits drei Tauschpaare (AB, AC, BC) und bei vier Elementen schon sechs mögliche Tauschgeschäfte (AB, AC, AD, BC, BD, CD). Mit jedem zusätzlichen Element steigen die Tauschmöglichkeiten also exponential an. Je mehr Tauschmöglichkeiten es gibt, desto wahrscheinlicher ist es, dass die Parteien ein Tauschgeschäft entdecken, dessen Durchführung beiden sinnvoll erscheint. Mit jedem Tauschgeschäft verbessern die Parteien aus ihrer jeweiligen Sicht das Gesamtpaket. Das Vergleichspaket wird optimiert. Damit steigt die Wahrscheinlichkeit, dass das so erarbeitete Paket am Ende für beide Seiten akzeptabel ist.

75 Der Mediator leitet die Parteien dazu an, die verschiedenen Elemente einer Einigung aufzudecken. Eine wichtige Technik dazu ist das „Brainstorming".[60] Die dort geäußerten Ideen dienen zunächst dazu, aus der Vielzahl der Vorschläge den besten Vorschlag auszuwählen. Die Ermittlung dieses besten Vorschlags bedeutet nicht, dass alle anderen Vorschläge als Bestandteil des Einigungspakets ausscheiden. Oft lassen sich verschiedene Vorschläge kombinieren. Die Vorschläge werden so zu Teilelementen der Einigung, die die Parteien für Tauschgeschäfte in Form des Logrolling nutzen können. Ähnlich stellt sich die Lage dar, wenn von vornherein unterschiedliche Konfliktkreise existieren, die jeweils getrennt gelöst werden müssen. Logrolling ist hier zwischen den einzelnen Lösungskomplexen möglich. Wo die Parteien von Anfang an sowohl um die Reparatur der beschädigten Maschine als auch um den entgangenen Gewinn streiten, der auf Grund des Ausfalls der Maschine entstanden ist, kann zwischen beiden Punkten gehandelt werden: A repariert die Maschine unentgeltlich, zahlt aber keinen entgangenen Gewinn. A zahlt entgangenen Gewinn, weil er insoweit versichert ist, repariert die Maschine aber für einen üblichen Werklohn. Oder A zahlt einen Teil des entgangenen Gewinns, repariert die Maschine aber erst in drei Wochen zu einem besonders günstigen Werklohn. Am schwierigsten ist die Ausgangssituation für den Mediator, wenn die Parteien zunächst nur um einen einzigen Punkt streiten. Der Mediator muss diese eindimensionale Sichtweise aufbrechen. Das nachfolgende Beispiel zeigt, wie das funktioniert.

76 **b) Klassischer Anwendungsbereich: Streit ums Geld.** Das klassische Beispiel für erfolgreiches Logrolling ist die Beilegung eines Streits um eine Geldforderung. Die Parteien glauben regelmäßig, dass nur die Höhe der

---

[60] Ausführlich dazu oben § 9, Rdn. 23 ff.

Geldzahlung zählt. So laufen regelmäßig gerichtliche Vergleichsverhandlungen ab, in der die Parteien nur um den Vergleichsbetrag feilschen. Der verhandlungspsychologische Hintergrund für diese eindimensionale Sichtweise ist wieder das Problem der Komplexität.[61] Die Parteien reduzieren den komplexen Konflikt in einer Geldforderung, weil sich darüber leicht verhandeln lässt und sie sich für Geld später das kaufen können, was sie eigentlich wollen. Dieses Vorgehen ist für die Ermittlung eines Einigungsspielraums schädlich. Jeder Leistung wohnt zusätzlich zur Leistungshöhe mindestens ein Zeitfaktor inne. Die Zahlungsweise kann also immer als zweites Vergleichselement thematisiert werden. Die „Währung" der Zahlung ist ein drittes Element. Will die Partei wirklich unbedingt die Überweisung eines Geldbetrages oder wäre sie auch damit einverstanden, dass die Geldzahlung durch eine Sachleistung ersetzt wird. Statt € 10.000 in bar zahlt der Schuldner durch die Einräumung einer Lizenz oder durch Übereignung seiner Briefmarkensammlung. Manchmal ist erheblich, wer die Person des Zahlers ist. Wer den Scheck über die Vergleichssumme vom Vorstandvorsitzenden persönlich erhält, ist dafür vielleicht zu anderen Zugeständnissen bereit. Auch das „Wie" der Zahlung kann eine Rolle spielen, etwa weil der Gläubiger die Zahlung auf ein noch nicht von seinen eigenen Gläubigern gepfändetes Konto wünscht oder aus steuerlichen Gründen eine Zahlung an seine in Luxemburg ansässige Tochtergesellschaft begrüßen würde. Plötzlich stehen also neben der Forderungshöhe auch die Zahlungsweise, die „Währung", die Person des Zahlers und das „Wie" der Zahlung zur Disposition. Aus diesen fünf Vergleichselementen lassen sich bereits zehn verschiedene Tauschmöglichkeiten konstruieren. Die Wahrscheinlichkeit ist hoch, dass die Teilnehmer zumindest ein Tauschpaar entdecken, das ein beiderseits profitables Tauschgeschäft ermöglicht. Die Darstellung der typischen Problematik um Geldzahlungen lässt sich auf jeden Konflikt übertragen, wo die Leistungspflicht einer Partei im Mittelpunkt der Verhandlungen steht.[62]

Das Problem ist, dass die Parteien Leistungspflichten regelmäßig als eindimensionalen Streit um deren Höhe begreifen. Wenn die Parteien nicht selbst darauf kommen, die Leistungspflicht in die einzelnen Elemente aufzufächern, übernimmt der Mediator diese Aufgabe. Im Konflikt um eine Geldzahlung kann er etwa ausführen: „Wenn ich Sie richtig verstehe, sind Sie sich beide einig, dass es in diesem Konflikt allein um eine Schadensersatzleistung für den Unfall am 28. Dezember geht. Richtig? ... Sie müssten sich dann neben der Leistungshöhe auch über die Leistungsmodalitäten unterhalten. Fraglich mag sein, wann die Zahlung erfolgen soll, ob die

---

[61] Vgl. oben § 2, Rdn. 72.
[62] Also: Was ist die Leistung? Wann wird geleistet? Wer leistet? In welcher Form wird geleistet? Wo wird geleistet?

Zahlung in Geld oder anstatt einer Geldzahlung in anderer Form zu leisten ist, wer die Leistung erbringt und wie die Leistung zu erfolgen hat. Richtig? ... Gut, dann sollten wir diese Aspekte getrennt voneinander angehen. Fangen wir mit dem einfachsten an und das ist hier wohl sicher nicht die Höhe der Geldzahlung. Auf welchen der anderen Punkte können Sie sich unmittelbar einigen?" Der Mediator strukturiert so die Verhandlung. Die Parteien erkennen, dass es sich bei diesen Aspekten um verschiedene Punkte handelt, die separat erörtert werden müssen. Indem der Mediator mit dem einfachsten Punkt anfängt, schafft er für die nachfolgenden Punkte eine Tauschwährung. Zunächst mögen sich beide Seiten um die Leistungsmodalitäten (Einmalzahlung/Ratenzahlung) streiten. Der Mediator schreibt beide Zahlungsoptionen unter der Rubrik „Leistungsmodalitäten" an die Tafel und leitete ohne Lösung des Streits auf einen anderen Punkt über. Wenn die Parteien später heftig um die Zahlungshöhe streiten, kann der Mediator fragen, ob dieser Punkt nicht auch von den Zahlungsmodalitäten abhängig gemacht werden kann.

78   c) **Ermittlung gewinnbringender Tauschgeschäfte.** Wenn die Parteien gemeinsam mit dem Mediator die Komplexität des Verhandlungsgegenstands so organisiert haben, dass eine Vielzahl von Verhandlungspunkten an der Tafel steht, müssen die Parteien im nächsten Schritt ermitteln, welche Tauschgeschäfte sinnvoll sind und welche nicht. In einfachen Fällen lassen sich die möglichen Tauschgeschäfte überblicken und rasch abhandeln. In komplexeren Mediationen gibt es aber eine Vielzahl offener Punkte und damit auch eine Vielzahl von Tauschpaaren. Der Mediator bittet die Parteien daher, Wertungskennzahlen für die einzelnen Punkte zu vergeben, eine „Zehn" für „Ist mir sehr wichtig" und eine „Eins" für „Ist mir fast egal". Dabei kann der Mediator die Vorgabe machen, dass jede Wertungskennzahl nur einmal vergeben wird. In einem zweiten Schritt ermittelt der Mediator mit den Parteien, wo das Delta der Bewertungen besonders groß ist. Wenn Partei A die Höhe des Vergleichsvertrags mit einer „Zehn" versehen hat, wohingegen Partei B nur eine „Zwei" vergeben hat, ist klar, dass B in diesem Punkt zu Zugeständnissen bereits ist. Umgekehrt sieht das Zahlenspiel bei der Position „Vertraulichkeit/Richtigstellung in der Öffentlichkeit" aus, wo B eine Geheimhaltung sehr wichtig ist, während A ausweislich der vergebenen „Drei" auf die zunächst geplante Pressekonferenz auch verzichten kann. Das Tauschgeschäft „Zahlungshöhe gegen Vertraulichkeitsvereinbarung" drängt sich aus dem Vergleich der Zahlen auf und wird vom Mediator als erstes thematisiert. Schritt für Schritt werden so alle möglichen Tauschpaare abgearbeitet.

79   Ein alternatives Vorgehen ist das Aufstellen eines Rankings. Die Parteien werden gebeten, die offenen Verhandlungspunkte durch Anordnung der entsprechenden Karteikarten auf der Pinnwand so zu ordnen, dass der

wichtigste Punke oben steht. Beide Parteien nehmen dieses Ranking getrennt voneinander vor. Der Mediator führt beide Rankings dann zusammen, was häufig bereits „Aha"-Effekte bei den Parteien auslöst. Der Mediator nimmt dann die oberste Karte der Partei A und die unterste der Partei B von der Pinnwand und heftet sie an eine dritte Wand, verbunden mit der Frage, ob die Parteien hier nicht tauschen wollen. Danach greift er sich die oberste Karte von B und die unterste von A und verfährt ebenso. Häufig lehnt eine Partei den Tauschvorschlag des Mediators ab, verbindet ihn aber gleich mit einem Tauschangebot in einem anderen Punkt. Auch so kommen die anvisierten Tauschgeschäfte in Gang.

d) Vorteile. Logrolling ist eine fast in jeder Mediation einsetzbare Tech- 80
nik. Sie ist einfach zu handhaben, wenn der Mediator das nötige Problembewusstsein für den Umgang mit komplexen Verhandlungsgegenständen mitbringt. Die Durchführung des Logrolling ist für die Parteien eine befriedigende Erfahrung, weil sie das Tauschgeschäft als Verhandlungserfolg empfinden. Logrolling optimiert Einigungsmodelle, indem die Parteien so lange „tauschen", bis sich kein Tauschpaar mehr findet. Der Mediator kann das Logrolling daher nicht nur einsetzten, um überhaupt eine Einigung der Parteien zu erreichen, sondern auch, um eine prinzipiell bereits feststehende Einigung weiter zu verbessern. Logrolling vermeidet schließlich einen Gesichtsverlust. Auch die Partei, die zuvor unmissverständlich erklärt hat, sie werde keinen Cent mehr als € 100.000 zahlen, kann plötzlich mit einem Vergleichsbetrag von € 110.000 leben, weil sie den Aufschlag von € 10.000 als fairen Preis für die vorher nicht einkalkulierten Konzessionen im Bereich „Zahlungsmodalitäten" (= Zahlung in 24 Monatsraten) begreift. Von daher ist Logrolling eine der Schlüsseltechniken des Mediators.

4. Exkurs: Logrolling als kompetitive Verhandlungstechnik

Logrolling sieht zunächst wie eine kooperative Verhandlungstechnik 81
aus, bei der die Parteien beiderseits gewinnbringende Tauschverträge abschließen. In diesem kooperativen Sinn wird Logrolling auch in der Mediation eingesetzt. In bilateralen Verhandlungen setzen kompetitiv geschulte Verhandler Logrolling dagegen ein, um den eigenen Verhandlungsgewinn zu maximieren. Sie machen sich dabei die eindimensionale Sichtweise der Gegenseite zu nutze, die nur auf einen Aspekt des Konfliktes blickt und ihren Verhandlungserfolg nur nach diesem Aspekt bemisst. Regelmäßig ist dieser Aspekt der Preis, also die Höhe der Vergleichszahlung. Der kompetitive Verhandler tauscht („logrollt") deshalb eigene Konzessionen im Bereich des Preises gegen überproportionale Konzessionen in anderen Bereichen ein. Am Ende hat der Gegenüber zwar seine

Preisvorstellung weitgehend durchgesetzt, dafür jedoch Verpflichtungen übernommen, die dieses Verhandlungsergebnis weitgehend entwerten. Der Gegenüber merkt dies in seiner eindimensionalen Betrachtung des Konflikts nicht einmal. Er ist mit dem erzielten Preis hoch zufrieden und geht glücklich aus der Verhandlung.

82   Ein Beispiel: Max ist bei einem Verkehrsunfall schwer verletzt worden und verhandelt mit der Versicherung „Assecur" des Unfallverursachers über Schadensersatz. Max kommt es nur darauf an, einen möglichst hohen Betrag für erlittene Verletzungen und Schmerzensgeld aus Assecur herauszuholen. Nach langen Verhandlungen bietet Assecur eine betragsmäßig hohe Konzession im Austausch gegen ein Zugeständnis in einem anderen Bereich an: Max soll auf alle Ansprüche für mögliche Folgeschäden verzichten. Max schlägt ein, weil er seinen Verhandlungserfolg nur nach der erzielten Geldsumme definiert. Tatsächlich hat Assecur durch geschicktes Logrolling den eigenen Verhandlungserfolg maximiert, was Max nur noch nicht bemerkt hat. Ein zweites Beispiel: Bei einem Antiquitätenhändler wird um den Preis gefeilscht. Der kluge Käufer handelt hier Konzessionen außerhalb des Kaufpreises heraus: Der Händler soll den alten Schreibtisch noch einmal polieren, den Lederbezug der Deckplatte ausbessern und den Tisch an den Wohnort des Käufers liefern. Der Händler lässt sich darauf ein, weil er in den Verhandlungen nicht durchschaut, dass ihn diese „Serviceleistungen" am Ende mehr kosten als ein substantieller Preisnachlass. Der Käufer kann noch weitergehen, indem er in einer zweiten Verhandlungsphase versucht, die erhaltenen Konzessionen in Preiszugeständnisse zurückzutauschen: „Wenn ich den Tisch doch selber abhole, wie viel lassen Sie mir dann noch einmal nach?" In kompetitiven Verhandlungen ist es eine erfolgreiche Strategie, den Erfolgsmaßstab der Gegenseite zu identifizieren und sich Konzessionen in diesem Bereich durch Zugeständnisse in anderen Bereichen teuer bezahlen zu lassen.

VIII. Prozessrisikoanalyse

83   Wenn die Kontrahenten keinen Kompromiss finden können, den beide Seite akzeptieren, muss sich jede Mediationspartei zwischen zwei Alternativen entscheiden: Entweder sie nimmt das letzte Vergleichsangebot der Gegenseite an oder sie bricht die Mediation ab und versucht, ihre Forderung gerichtlich durchzusetzen. Diese Entscheidung trifft die Partei oft aus dem Bauch heraus. Bestenfalls folgt sie der vagen Einschätzung ihres Anwalts: „Die Aussichten sind nicht schlecht; wir haben die besseren Argumente auf unserer Seite." Selten versucht eine Partei rational zu ermitteln, wie ihre Prozesschancen stehen und wie diese sich in einem Geldbetrag beziffern lassen. Auch wissenschaftlich ist die Prozessrisikoanalyse hier-

zulande noch in ihren Kinderschuhen. Nur *Eidenmüller* hat sich eingehender mit ihr beschäftigt.[63] In den USA ist die Prozessrisikoanalyse in Form der „Decision Tree-Analysis" verbreitet.[64] Der Mediator kann diese Technik einsetzen, um den Parteien die Risiken einer Nichteinigung bewusst zu machen und sie auf der Grundlage dieses Risikobewusstseins zu einer Einigung zu bewegen.

1. Begriff

Die Prozessrisikoanalyse ist eine juristisch-ökonomische Methode, die 84 ermittelt, welchen aktuellen Geldwert die Möglichkeit hat, eine Forderung gerichtlich einzuklagen. Anders ausgedrückt ermittelt der potentielle Kläger, zu welchem Preis er die Forderung heute an eine Factoring-Gesellschaft verkaufen könnte. Kennt er den Preis, kann er den Forderungsverkauf auch dem Beklagten in Form eines Vergleichs anbieten. Der potentielle Beklagte kann durch die Prozessrisikoanalyse den Betrag errechnen, den er vergleichsweise zahlen sollte, um einen Prozess mit einer möglichen Verurteilung zu vermeiden. Anders ausgedrückt ermittelt er die Höhe eines Versicherungsbeitrags, den er für die Übernahme des Prozessrisikos durch eine Versicherung zu zahlen hätte. Wenn die Forderung rechtlich zweifelsfrei feststeht und auch die Vollstreckbarkeit gesichert ist, entspricht der Geldwert der Klagemöglichkeit der Höhe der Forderung.[65] Wer einen fälligen Wechsel gegen eine Großbank über € 1.000 in den Händen hält, dessen Zahlung die Großbank mit dem einzigen Argument verweigert, sie habe dazu keine Lust, kann den Wechsel und die damit verbundene Klagemöglichkeit für € 1.000 verkaufen, wenn man den Lästigkeitswert unberücksichtigt lässt, den die Forderungsdurchsetzung hätte. So klar ist die Sach- und Rechtslage selten. Verteidigt sich die Großbank mit dem Argument, die Wechselforderung sei verjährt, mag eine rechtliche Analyse ergeben, dass der Verjährungseinwand eine Chance von 50% hat. Der Geldwert der Klagemöglichkeit ist dann auf € 500 gesunken (€ 1.000 Forderung x 50% Risiko). Die Klagerhebung birgt die Chance auf den Prozesssieg und das Risiko des Prozessverlusts. Die Möglichkeit zur Klageerhebung ist mit einem Lotterielos vergleichbar, mit dem der Spieler gewinnen (= obsiegendes Urteil) und verlieren (= Klageabweisung) kann. Die Prozessrisikoanalyse versucht nun zu ermitteln, welches Preis dieses „Los" hat. Diesen Preis nennt man „Erwartungswert".[66]

---

[63] *Eidenmüller*, ZZP 2000, S. 5 ff.

[64] Ausführlich *Victor*, The Business Lawyer (1985), S. 617 ff.

[65] Prozesskosten und die Mühewaltung der klagenden Partei bleiben bei der nachfolgenden Betrachtung unberücksichtigt, um die Darstellung zu vereinfachen.

[66] *Eidenmüller*, ZZP 2000, S. 5 (7).

85   Die Prozessrisikoanalyse greift auf die Methodik der ökonomischen Entscheidungstheorie zurück. Dazu wird ein komplexes Problem wie der Gerichtsprozess in seine Einzelprobleme aufgelöst und in Form eines Entscheidungsbaums grafisch dargestellt. Jeder denkbare Prozessverlauf wird so simuliert. Die einzelne Verzweigung des Baumes stellt eine Weichenstellung im Verfahren dar, wo der Prozess in die eine oder in die andere Richtung laufen kann (Ja/Nein-Schaltungen). Die Prozessrisikoanalyse ermittelt zunächst, wo die einzelnen Weichenstellungen, die Risiken im konkreten Verfahren, liegen. Die Weichenstellungen können im tatsächlichen Bereich liegen, also etwa ob der streitgegenständliche Baumangel nachweisbar ist oder nicht. Sie können auch rechtlich begründet sein: Ist der auf den Baumangel gegründete Gewährleistungsanspruch verjährt oder nicht? In einem zweiten Schritt werden die Weichenstellungen in eine logische Abfolge gebracht: Erst muss geklärt werden, ob überhaupt ein Baumangel nachweisbar ist, bevor sich die Verjährungsfrage stellt. Gibt es keinen Baumangel, ist der Prozess unabhängig von der möglichen Verjährung verloren. So entsteht eine Baumstruktur. Im dritten Schritt wird jedem Zweig (= Verästelung) ein Prozentwert zugewiesen, der die Wahrscheinlichkeit ausdrückt, mit der sich eine Alternative realisiert: Nach dem Schadensbild ist es zu 50% wahrscheinlich, dass ein nachweisbarer Baumangel den Wassereinbruch verursacht hat, zu 50% kommen andere Schadensursachen in Betracht. Im letzten Schritt werden die Prozentzahlen dann in Bezug zum geltend gemachten Betrag gesetzt. Durch eine einfache Wahrscheinlichkeitsrechnung lässt sich so der Erwartungswert des Prozesses, also der „Lospreis", ermitteln. Gleichzeitig illustriert der entstandene Entscheidungsbaum, wie viele verschiedene Prozessausgänge es gibt und wo aus Sicht der Parteien die „Knackpunkte" des Prozesses liegen.

2. Beispiel: Das undichte Flachdach

86   Als Beispiel mag der angedeutete Baumängelfall dienen: Drei Jahre, nachdem Dachdecker D das Flachdach des Bürohauses von Bauherr B isoliert hat, zeigt sich nach sintflutartigen Regenfällen an der Bürodecke der obersten Etage ein großer Wasserfleck. Nachdem D eine kostenlose Reparatur verweigert hat, lässt B die Decke sanieren und muss für die Zeit der Bauarbeiten auf Mieteinnahmen verzichten. Sanierungskosten und Mietausfall summieren sich auf einen unstrittigen Gesamtschaden von € 100.000. B verlangt diesen Betrag von D ersetzt. D wendet ein, der Wasserfleck sei nicht auf einen vom ihm verschuldeten Baumangel zurückzuführen. Überhaupt seien Gewährleistungs- und Garantieansprüche längst verjährt. In jedem Fall habe er die Haftung für alle Mangelschäden in dem geschlossenen Vertrag auf maximal € 50.000 je Einzelfall begrenzt. B wendet sich gegen die Verjährung und meint, die Haftungsbe-

grenzung sei eine Allgemeinen Geschäftsbedingung und nicht wirksam in den seinerzeitigen Werkvertrag einbezogen worden.

In einer Mediation des Konflikts diskutiert Mediator M mit den Partei- **87** en und deren Anwälten die Prozessrisiken. Die Wahrscheinlichkeit, dass eine mangelhafte Isolierung den Wasserfleck verursacht hat, beziffern die Parteien nach langer Diskussionen mit 50%. Die Chancen für D, mit seinem Verjährungseinwand durchzudringen, stehen bei nur 10%. Dafür ist die Haftungsbegrenzung mit einer Wahrscheinlichkeit von 70% wirksam vereinbart worden. Es ist für das Verständnis der folgenden Ausführungen hilfreich, hier als Leser kurz innezuhalten, den Sachverhalt nochmals durchzulesen und sich folgende Frage zu stellen: „Welchen Vergleichsbetrag würde ich als Anwalt des B gerade noch akzeptieren, anstatt die Forderung gerichtlich einzuklagen?"

Der Mediator setzt die genannten Angaben in den folgenden Entscheidungsbaum um:

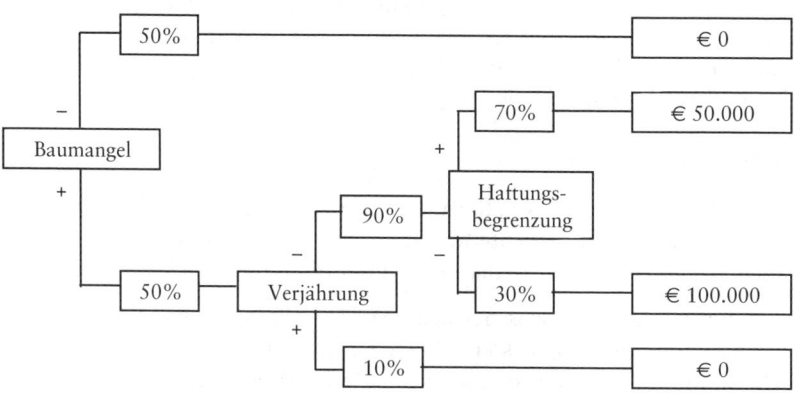

Aus diesem Entscheidungsbaum kann man nun der Erwartungswert der **88** streitgegenständlichen Forderung errechnen. Dazu multipliziert man das Ergebnis einer Entscheidungsalternative mit der Wahrscheinlichkeit ihres Eintritts. Die aufaddierten Zwischenergebnisse aller Entscheidungsalternativen ergeben den Erwartungswert. Hängt ein bestimmtes Ergebnis von mehreren Weichenstellungen/Wahrscheinlichkeiten ab, ist zu beachten, dass die Prozentzahlen multipliziert werden müssen, was zu einer drastischen Verringerung der Eintrittswahrscheinlichkeit führt. Die Wahrscheinlichkeit, dass eine Münze auf Kopf oder Zahl fällt, ist 50% (= $^{50}/_{100}$). Wiederholt man den Münzwurf noch dreimal, ist die Wahrscheinlichkeit, dass dreimal hintereinander die Zahl fällt, nur 12,5% ($^{50}/_{100}$ x $^{50}/_{100}$ x $^{50}/_{100}$ = $^{125.000}/_{1.000.000}$ = $^{125}/_{1000}$ = 12,5%). Der Erwartungswert im Ausgangsfall errechnet sich somit wie folgt, wenn man die einzelnen „Äste" des Entscheidungsbaums von oben nach unter durcharbeitet:

$$50\% \times € 0 + (50\% \times 90\% \times 70\%) \times € 50.000 +$$
$$(50\% \times 90\% \times 30\%) \times € 100.000 + (50\% \times 10\%) \times € 0$$
$$=$$
$$50\% \times € 0 + 31,5\% \times € 50.000 + 13,5\% \times € 100.000 + 5\% \times € 0$$
$$=$$
$$€ 0 + € 15.750 + € 13.500 + € 0$$
$$=$$
$$€ 29.250$$

89   Der Erwartungswert beträgt also „nur" € 29.250. Wer oben der Aufforderung gefolgt ist, eine eigene Schätzung in der Rolle des B-Anwalts abzugeben, hat vermutlich einen deutlich höheren Betrag geschätzt.[67] B könnte seine Forderung aber heute nur für € 29.250 an eine rational kalkulierende Faktoringgesellschaft verkaufen. Wenn umgekehrt D eine Versicherung kaufen wollte, die ihn von allen Forderungen des B freistellt, müsste er dafür € 29.250 bezahlen. Wenn beide Parteien die Risiken einer Prozessführung vermeiden wollen, wäre dies ein angemessener Vergleichsbetrag. Sie sparen damit jedenfalls die Gerichts- und Anwaltskosten für eine Anspruchsklärung durch das Landgericht und „gewinnen" insofern beide diese Kostenersparnis.

3. Vor- und Nachteile

90   Die Prozessrisikoanalyse führt die Parteien zu Erkenntnissen, die einen Vergleichsabschluss erleichtern. Gleichzeitig hat die Prozessrisikoanalyse auch Nachteile, die der Mediator vor ihrem Einsatz bedenken muss.

91   a) **Rationale Vergleichsentscheidung.** Die Parteien handeln rational, wenn sie sich in Höhe des errechneten Erwartungswerts vergleichen. Die Alternative ist, den Erwartungswert zu realisieren, indem die Forderung eingeklagt wird. Durch die Prozessführung entstehen Transaktionskosten in Form von Gerichtsgebühren und Anwaltshonoraren, die den realisierten Erwartungswert mindern. Im Beispielsfall mag ein Richter nach einer umfangreichen Beweisaufnahme zu dem Schluss gekommen sein, dass ein nicht verjährter Baumangel vorliegt, die Haftungsbegrenzung aber wirksam vereinbart wurde. Im Urteil spricht er B daher € 50.000 Schadensersatz zu und weist die Klage über € 100.000 im Übrigen ab. Gerichtsgebühren, Anwaltshonorare und die hohe Sachverständigenvergütung zur Feststellung des Baumangels summieren sich über zwei Instanzen auf € 60.000, die B und D hälftig zu tragen haben. B erhält netto letztlich nur € 20.000, während sich die Gesamtkosten für D auf € 50.000 Schadensersatz plus € 30.000 Prozesskosten belaufen. Beide wären mit einem Vergleich zum Erwartungswert besser gefahren. Der Prozessausgang ist für

---

[67] Zu den Gründen vgl. unten § 9, Rdn. 95 f.

beide finanziell eine „Lose-Lose"-Situation. Die emotionalen Kosten der Streitaustragung bleiben dabei sogar außer Betracht.

Bezieht man die erwarteten Prozesskosten in die Entscheidungsanalyse 92 ein, ergibt sich häufig ein zunächst nicht erkannter Einigungsspielraum.[68] Hätten die Parteien im Ausgangsfall mit jeweils € 30.000 eigenen, nicht erstattungsfähigen Prozesskosten kalkuliert und den Erwartungswert korrekt mit € 29.250 errechnet, hätte B jeden Vergleichsbetrag gutheißen müssen. D dagegen hätte an B bis zu € 59.250 gezahlt. Die Einigungsspanne wäre denkbar groß gewesen.

b) Verbessertes Strukturwissen. Der Entscheidungsbaum verbessert das 93 Strukturwissen der Parteien über den Konflikt, auch wenn die Errechnung des Erwartungswerts unterbleibt. Die Parteien wissen, welchen Ausgang der Konflikt nehmen kann und von welchen Weichenstellungen der Ausgang abhängt. Sie erkennen die Ergebnisrelevanz einzelner Faktoren. Diese Kenntnis ermöglicht es den Parteien, rationaler über den Konflikt zu verhandeln. Statt gegenseitig zu betonen, man habe die besseren Prozesschancen und diese Aussage mal mit dem Verjährungseinwand und mal mit Beweisschwierigkeiten der Gegenseite zu begründen, können die Parteien nun Punkt für Punkt über den Konflikt verhandeln. Der Entscheidungsbaum gibt die Struktur der Verhandlung vor. Die Parteien fangen beim obersten Ast an und wenn sie beim untersten aufhören, haben sie alle Alternativen durchgespielt. Die Komplexität des Konfliktes, ein klassisches Einigungshindernis,[69] nimmt in den Augen der Parteien ab. Wer gleichzeitig mit schwierigen Sachverhalts- und Rechtsfragen konfrontiert wird, zieht sich oft in eine Igelstellung zurück und verweigert sich aus Angst vor eigener Überforderung der schwierigen Diskussion. Die am Entscheidungsbaum orientierte Verhandlung vermeidet durch ihr schrittweises Vorgehen dieses Problem. Die Parteien denken klar über ein komplexes Problem nach. In den USA wird diese Strukturierung der Überlegungen als der wesentliche Vorteil der Prozessrisikoanalyse begriffen, der die nicht unproblematische Errechnung des Erwartungswerts überwiegt.[70] Die gemeinsam als richtig erkannte Struktur erleichtert und verbessert so die Kommunikation zwischen den Verhandlungsparteien.

c) Verbessertes Risikobewusstsein. Streitparteien schätzen ihre Prozess- 94 chancen regelmäßig überoptimistisch ein. Die verhandlungspsychologischen Ursachen hierfür, die kognitive Dissonanz und die reaktive Abwertung, wurden oben eingehend dargelegt.[71] Hinzu kommt die Neigung,

---

[68] *Eidenmüller*, ZZP 2000, S. 5 (19).
[69] Vgl. oben § 2, Rdn. 72.
[70] *Victor*, 40 The Business Lawyer (1985), S. 617 (618).
[71] Vgl. oben § 2, Rdn. 89.

komplexe Fragestellungen „ungefähr" in einen Vergleichsbetrag umzu-
rechnen und sich die tatsächliche Situation dabei schön zu reden. Die Prozessrisikoanalyse leistet einen Beitrag dazu, das Risikobewusstsein der
Parteien zu verbessern. Indem die Parteien herausarbeiten, welche Weichenstellungen es in dem Prozess gibt, wird ihnen häufig klar, von wie
vielen Unwägbarkeiten (= Prozessrisiken) der Prozesserfolg abhängt. Die
unterschätzte Anzahl der einzelnen Prozessrisiken führt zu einer ersten
Korrektur der Gesamteinschätzung. Einen mindestens ebenso wichtigen
Effekt hat die Wahrscheinlichkeitsrechnung auf die Parteien. Auch mathematisch versierte Parteien glauben regelmäßig, die Prozesschancen sei-
en recht gut, wenn an vier aufeinander folgenden Weichenstellungen jeweils eine Wahrscheinlichkeit des Obsiegens von 80% besteht. Sie rechnen
sich ihre Prozesschancen damit im Wortsinne „schön". Tatsächlich führt
die kumulierte Wahrscheinlichkeit nur zu einer Prozesschance von knapp
41%.[72] Parteien reagieren oft verblüfft, wenn man sie mit dieser einfachen
mathematischen Wahrheit konfrontiert, und sei es auch nur in einem fiktiven Beispielsfall oder in einer vertraulichen Einzelsitzung.

95   d) Exkurs: Risikoverhalten der Parteien. Interessant ist das Risikoverhalten, das Parteien an den Tag legen, sobald ein Erwartungswert errechnet
ist. Vorher haben beide Seiten ihre Chancen überoptimistisch eingeschätzt.
Auf den bezifferten Erwartungswert reagieren sie nun unterschiedlich.
Psychologisch neigt die anspruchsstellende Partei regelmäßig dazu, den
Erwartungswert als Kompromissvorschlag zu akzeptieren. Ihr ist der
Spatz in der Hand lieber als die Taube auf dem Dach. Aus Verlustangst
zieht sie den sicheren Gewinn der chancen- und risikoreichen Fortsetzung
des Streits vor: „Was man hat, das hat man." Anders die Partei, die den
Erwartungswert im Falle eines Vergleichs bezahlen müsste. Der Kompromiss würde für sie bedeuten, dass sie einen Verlust als sicher realisiert.
Emotional fällt das schwer. Deshalb hofft sie weiter darauf, eine Geldzahlung vollständig vermeiden zu können, obwohl sie weiß, dass der Prozessausgang deutlich nachteiliger sein kann als der jetzt erzielbare Vergleich.

96   Diese Risikoverhalten trifft man auch außerhalb von Verhandlungen
immer wieder an. Sichere Gewinne werden realisiert, auch wenn dafür eine
große Chance geopfert wird. Realisierte Verluste werden um jeden Preis
vermieden, auch wenn dadurch noch größere Verluste drohen. Privatanle-
ger verhalten sich so an Börse: Bei gesunkenen Aktienkursen werden die
Aktien in der Hoffnung auf bessere Tage gehalten, bei gestiegenen Aktienkursen werden die Gewinne dagegen lange vor Erreichen der Höchstkurse
realisiert. In Verhandlungsseminaren wird dieses Verhalten oft durch fol-

---

[72] Zum Nachrechnen: $^{80}/_{100} \times {}^{80}/_{100} \times {}^{80}/_{100} \times {}^{80}/_{100} = {}^{40.960.000}/_{100.000.00} = {}^{40,96}/_{100} =$
40,96%.

gendes Experiment[73] demonstriert: Die Teilnehmer sollen den Raum durch die linke oder rechte Tür des Seminarraums verlassen. Wer durch die linke Tür geht, erhält € 20 in bar. Wer durch die rechte Tür geht, erhält einen verschlossenen Briefumschlag. Jeder vierte Briefumschlag enthält € 100, die übrigen Umschläge sind leer. Die deutliche Mehrheit der Teilnehmer geht durch die linke Tür, obwohl der Wert der Chance beim Durchschreiten der rechten Tür mit € 25 höher liegt als der sichere Ertrag von € 20.

e) **Grundlage für Teilvergleiche.** Der Entscheidungsbaum simuliert die 97 möglichen Verläufe, die ein Gerichtsprozess nehmen kann. Auch wenn die Parteien sich in der Mediation nicht einigen, können sie die erkannten Prozessrisiken zur Grundlage von Teilvergleichen machen, die den Prozess verschlanken und die Transaktionskosten senken. Im Ausgangsfall kann D in einem Teilvergleich darauf verzichten, die Haftungsbegrenzung aus seinen Allgemeinen Geschäftsbedingungen im Prozess geltend zu machen. Im Gegenzug sagt B zu, dass er nur € 70.000 als Schaden einklagen wird. Dadurch sinken die streitwertabhängigen Gerichts- und Anwaltskosten. Gleichzeitig wird eine teure Beweisaufnahme durch Zeugen vermieden, die bestätigen müssten, ob die AGB vereinbart und ausgehandelt wurden oder nicht. Die Parteien nehmen also Tauschgeschäfte zwischen einzelnen Prozessrisiken vor, wovon sie im Ergebnis beide profitieren. Im Prinzip handelt es sich um eine besondere Form des Logrolling.[74] Bisweilen führen die Tauschgeschäfte dazu, dass die Differenzen zwischen den Parteien so weit verringert werden, dass am Ende doch eine Einigung steht, weil sich um den Restbestand an Konfliktstoff nicht mehr zu streiten lohnt.

f) **Akzeptable Ungenauigkeit oder Scharlatanerie?** Die Prozessrisiko- 98 analyse kann das tatsächliche Prozessrisiko nie mathematisch exakt abbilden. In komplexen Streitigkeiten ist es schon kaum möglich, alle Entscheidungsknoten zutreffend zu ermitteln. Taucht im Prozess plötzlich eine neue Weichenstellung auf, etwa die bisher übersehene Verjährungsfrage, wirft dies die vorangegangene Analyse über den Haufen. Noch schwieriger ist es, die Entscheidungsknoten mit zutreffenden Prozentzahlen zu versehen, die das prozentuale Prozessrisiko widerspiegeln. Welcher Jurist weiß denn schon, ob der Landrichter die schwere Beleidigung des Hauptgesellschafters durch den Geschäftsführer als außerordentlichen Kündigungsgrund anerkennt oder ob der Landrichter hierfür nicht doch eine vorangegangene Abmahnung in gleicher Sache voraussetzt? Viele Rechtsfragen sind höchstrichterlich nicht entschieden[75] und vom streitgegen-

---

[73] Vgl. dazu auch oben § 2, Rdn. 90.
[74] Vgl. oben § 9, Rdn. 69 ff.
[75] Selbst die höchstrichterliche Entscheidung zwingt den Landrichter nicht, dieser Entscheidung zu folgen, auch wenn er dies in aller Regel tun wird.

ständlichen Sachverhalt oder der subjektiven Einschätzung des Richters abhängig. Dreißig oder siebzig Prozent Wahrscheinlichkeit? Das hört sich nach einer willkürlichen und völlig spekulativen Festsetzung an. Kaum ein Rechtsanwalt geht daher so weit, seinem Mandanten die Einschätzung der Prozessaussichten in Form einer Prozentzahl mitzuteilen. Statt dessen flüchtet er sich – aus regelmäßig unberechtigter Furcht vor Haftungsrisiken – in inhaltsleere „Einerseits/Andererseits"-Formulierungen. Vor diesem Hintergrund erscheint auch die Prozessrisikoanalyse als zu ungenau, um in der Mediation eingesetzt zu werden. Zudem beschwört die Scheingenauigkeit Manipulationsgefahren herauf.[76]

99   Die Kritik ist unberechtigt. Dass die Prozessrisikoanalyse notwendig ungenau ist, führt nicht zu deren Unbrauchbarkeit. Der Anwender muss die Ungenauigkeit nur kennen und in sein Kalkül einstellen. Die Baumstruktur lässt sich immer einiger Maßen vollständig festlegen. Die Strukturierung komplexer Verhandlungen, ein wichtiges Teilziel der Methode, wird also erreicht. Die Festlegung der Wahrscheinlichkeitszahlen, aus denen sich der Prozesserwartungswert errechnen lässt, ist sicher schwierig und fehleranfällig. Anwälte und Parteien sind aber nicht gut beraten, diese Schwierigkeit zu vermeiden, indem sie ihre Entscheidung auf noch unsicherer Grundlage oder ganz aus dem Bauch heraus treffen. Andere Branchen als die Rechtsberatung kämpfen bei ihren Prognosen mit ähnlichen Unsicherheiten, ohne dass dies zu übertriebener Zurückhaltung führt. Aktienanalysten prognostizieren munter die Börsenkurse, obwohl sie eine weit geringere Prognosesicherheit haben als der Anwalt, der Prozessrisiken einschätzt. Der Anwalt wird konsultiert, weil er über besondere Fachkenntnisse und deshalb über eine bessere Beurteilungskompetenz verfügt. Diese Beurteilungskompetenz sollte er seinem Mandanten nicht vorenthalten.

100   Mit ein wenig Phantasie lassen sich Wege finden, die Unsicherheiten der Prozessrisikoanalyse zu verringern. Bei einer schwierigen Sachverhaltsfrage kann man einen Experten konsultieren, der allein auf Grund des mitgeteilten Schadensbildes die Schadenursächlichkeit schätzt. Zu einem Bruchteil der üblichen Sachverständigenkosten erhalten die Parteien so eine Risikoeinschätzung, die sie in den Entscheidungsbaum übernehmen können. Bei komplizierten Rechtsfragen kann man ebenso verfahren. In Einzelfällen bietet sich eine Recherche in juristischen Datenbanken an, deren Ergebnis statistisch ausgewertet und dann in eine Risikoprognose umgesetzt wird. So kann der Mediator nach einer entsprechenden Recherche vorschlagen: „In den letzten drei Jahren sind 50 Fälle von Angehörigenbürgschaften vom BGH und den Oberlandesgerichten entschieden worden, wo volljährige Kinder eine betragsmäßig begrenzte Bürgschaft für das

---

[76] *Eidenmüller,* ZZP 2000, S. 5 (13 f.).

väterliche Unternehmen übernommen haben, obwohl sie keinen Bezug zum Unternehmen hatten. Die entsprechenden Urteile habe ich in den Leitsätzen hier vorliegen. Sie können sie gerne einsehen. In 13 Fällen wurde die Bürgschaft für sittenwidrig und damit nichtig erklärt. Sie könnten die Prozessrisiken vorläufig unter Übernahme dieses Ergebnisses mit 26%: 74% beziffern. Was halten Sie davon?"[77] Eine andere Möglichkeit besteht darin, dass die Parteien die Streitfrage mehreren Juristen vorlegen und aus den prozentualen Einschätzungen einen Mittelwert errechnen. Oder: In der Mediation können beide Streitparteien jeweils verdeckt einen Prozentwert nennen. Zur Summe der Prozentwerte addiert der Mediator, ebenfalls verdeckt, seine eigen Einschätzung und dividiert das Ergebnis durch drei. Den so errechneten Mittelwert teilt er dann den Parteien als Vorschlag für eine Risikoeinschätzung mit.[78] Vor allem in Mehrparteienmediationen lassen sich so gute Annäherungswerte erzielen. Auch Alternativberechnungen mit unterschiedlichen Prozentwerten helfen den Parteien bei ihrer Entscheidung für oder gegen einen Vergleich oft weiter. Bei allem müssen sich die Parteien nur immer bewusst sein, dass jede Prozessrisikoanalyse in einem gewissen Maße spekulativ bleibt und daher nur eine Entscheidungshilfe sein kann.

g) **Hoher Kostenaufwand.** Prozessrisikoanalysen sind teuer. Der Ent- **101** scheidungsbaum muss äußert sorgfältig ermittelt werden. Nicht selten weisen Streitigkeiten zehn oder mehr Einflussfaktoren auf, die in einen korrekten logischen Zusammenhang gebracht werden müssen. Die Wahrscheinlichkeitszahlen sollen das Risiko akkurat beziffern. Das können nur teure Fachleute mit der erforderlichen Beurteilungskompetenz leisten. Liegen die Weichenstellungen sowohl im tatsächlichen wie auch im rechtlichen Bereich, addieren sich die Kosten der hinzugezogenen Experten. Softwareprogramme unterstützen nur das Zeichnen eines übersichtlichen Entscheidungsbaums und helfen, den Erwartungswert zu berechen, machen die kostenintensiven manuellen Vorarbeiten aber nicht überflüssig. Für kleinere Streitigkeiten rechnet sich der Aufwand einer Prozessrisikoanalyse daher nicht. Bei Großverfahren fallen die Kosten dagegen im Verhältnis zum Streitwert nicht wirklich ins Gewicht.

h) **Überforderung der Parteien.** *Eidenmüller* weist zurecht darauf hin, **102** dass die Prozessrisikoanalyse die Partein in einer Mediation intellektuell

---

[77] Das Beispiel ist natürlich fiktiv.

[78] Es gibt verschiedene Wege, um eine Manipulation durch eine Partei zu verhindern. Der Mediator kann etwa den Zweck der wechselseitigen Risikoeinschätzung zunächst geheim halten. Oder er kann darlegen, dass er den auf diese Weise ermittelten Vorschlag nur dann offenlegen wird, wenn die prozentualen Schätzungen der Parteien höchstens x% auseinander liegen.

oder emotional überfordern kann.[79] Intellektuell werden die Parteien überfordert, wenn sie nicht über ein Mindestmaß an logisch-mathematischem Verständnis verfügen. Der vom Mediator entworfene Entscheidungsbaum wird nicht verstanden, so dass auch der errechnete Erwartungswert ohne Prüfung abgelehnt wird. Die Parteien können sogar den Eindruck gewinnen, dass sie vorgeführt werden. Die wahrgenommene Neutralität des Mediators gerät in Gefahr, wenn er diese Technik vorschlägt, ohne zu ahnen, dass nur eine der Parteien ihr gedanklich folgen kann. Emotional ergibt sich eine Überforderung der Parteien, wenn die kalte Logik der Entscheidungstheorie in Konflikt mit emotionalen Interessen der Parteien gerät. Das Interesse am Familienfrieden oder die Enttäuschung über die Kündigung lassen sich nicht in einen Entscheidungsbaum integrieren. Die Parteien erwarten, dass in der Mediation auch diese Interessen ernst genommen und befriedigt werden. Wer zerstrittene Erben nach einer kurzen Einführung gleich mit der vorgefertigten Prozessrisikoanalyse konfrontiert, wird wenig Verständnis ernten. Eine sachliche Verhandlungsatmosphäre ist Voraussetzung für einen vernünftigen Einsatz dieser Technik.

103   i) **Verrechtlichung des Konflikts.** Da die Prozessrisikoanalyse die möglichen Abläufe eines Gerichtsverfahren simuliert, wird die Mediation so insgesamt verrechtlicht. Die Parteien argumentieren fortan in rechtlichen Strukturmustern. Außerrechtliche Faktoren, die zum Erreichen einer Einigung durchaus sinnvoll sein können – etwa die Entschuldigung einer Partei oder die Vereinbarung einer weiteren Zusammenarbeit – gehen verloren. Der Mediator darf die Prozessrisikoanalyse daher nicht zu früh als Lösungsmodell vorschlagen.[80] Wer diesen Weg wegen der Verrechtlichung und des Verlusts von „win-win"-Optionen als Mediationstechnik gänzlich ablehnt, geht indes an den Realitäten der Wirtschaftsmediation vorbei. Dort streiten sich Unternehmen um Geld und das von den Parteien vorgegebene Ziel ist es, möglichst schnell einen Kompromiss zu finden. Die rechtlichen Denkmuster werden von den Parteien in die Mediation mitgebracht, ohne dass die Parteien eine erhöhte Bereitschaft haben, über andere Lösungsansätze vertieft nachzudenken. In einer Vielzahl von Fällen gibt es diese alternativen Lösungsansätze auch tatsächlich nicht. Der Mediator tut dann gut daran, die rechtlichen Vorstellungen der Parteien mit einer gekonnt durchgeführten Prozessrisikoanalyse zu ordnen.

4. Praktisches Vorgehen

104   Das grundsätzliche Vorgehen der Prozessrisikoanalyse und ihre Anwendungsfelder in der Mediation wurden oben geschildert. Strukturell lässt

---

[79] *Eidenmüller*, ZZP 2000, S. 5 (23).
[80] *Neuenhahn*, ZKM 2002, S. 245 (247).

zwischen dem Einsatz in einer gemeinsamen Verhandlung und dem Einsatz während eines Caucus unterscheiden.

a) **Gemeinsame Verhandlung.** Der Mediator kann den Parteien in der Verhandlungsphase vorschlagen, gemeinsam einen Entscheidungsbaum für den Konflikt zu entwerfen. Dazu werden im ersten Schritt die einzelnen Prozessrisiken als Weichenstellungen gesammelt, die dann in einem zweiten Schritt in eine logische Abfolge gebracht werden. Um die Parteien nicht zu strategischem Verhalten zu verleiten, sagt der Mediator zunächst nicht, dass der Entscheidungsbaum später auch als Grundlage für die Bezifferung des Prozessrisikos dienen kann. Eine Partei könnte dies zur Erfindung von Prozessrisiken der Gegenseite reizen. Die gemeinsame Arbeit am Entscheidungsbaum schafft häufig eine konstruktive Verhandlungsatmosphäre. Den Parteien wird der gesamte Konflikt mit seinen zentralen Streitpunkten bildlich vor Augen geführt. Erst wenn die Parteien sich auf einen beiderseits akzeptierten Entscheidungsbaum verständigt haben, schlägt der Mediator vor, die Weichenstellungen mit Prozentzahlen zu versehen, um schließlich einen Erwartungswert zu errechnen. Die Parteien müssen sich dann auf ein Verfahren verständigen, wie diese Zahlen ermittelt werden sollen. Einige Möglichkeiten hierzu wurden oben erörtert. Der Mediator stellt in jedem Fall klar, dass der errechnete Erwartungswert unverbindlich ist und nur eine Entscheidungshilfe für die Parteien darstellen soll. Die Parteien können „Tauschgeschäfte" zwischen einzelnen Prozessrisiken vornehmen, um eine Einigung oder wenigstens einen Teilvergleich zu erreichen.[81]

105

b) **Einzelsitzung.** In einem Caucus wird die Prozessrisikoanalyse oft eingesetzt, um die Partei zu einer realistischen Beurteilung ihrer Prozessaussichten zu veranlassen. Der Mediator erstellt und erörtert den Entscheidungsbaum dann zusammen mit der Partei und deren Anwalt. Der Mediator nutzt die Prozessrisikoanalyse, um als „agent of reality" zu agieren. Für den Mediator kann die Analyse Ausgangspunkt für eine Shuttle-Diplomatie sein, in der er zwischen den Parteien eine Annäherung in der Einschätzung der Prozessrisiken zu erreichen sucht. Gelingt eine solche Annäherung, können die Parteien sich zu einer gemeinsamen Sitzung treffen, um verschiedene Szenarien eines Prozessverlaufs durchzuspielen. Das Anfertigen eines Entscheidungsbaums ist auch lohnende „Hausaufgabe" für die Parteien bis zur nächsten Mediationssitzung. Der Mediator zwingt die Parteien so dazu, strukturiert über den Konflikt nachzudenken.

106

5. Zusammenfassung

Die Prozessrisikoanalyse ist eine sinnvolle Technik, um den Parteien in einem Mediationsverfahren die rechtliche Struktur ihres Konflikts zu ver-

107

---

[81] Vgl. dazu oben § 9, Rdn. 97.

anschaulichen. Das vermittelte Strukturwissen diszipliniert das eigene Nachdenken über den Konflikt und erleichtert die Verhandlungen. Überoptimistische Einschätzungen der Parteien werden realistischer. Auch wenn die Parteien sich am Ende nicht vergleichen, führt diese Technik doch häufig zu Teileinigungen, die den anschließenden Gerichtsprozess vereinfachen und verbilligen. Mit größerer Vorsicht ist die mathematische Komponente der Prozessrisikoanalyse zu sehen, die einen objektiven Vergleichswert errechnet. Die in Prozentzahlen ausgedrückte Prognose, wie ein Richter vermutlich entscheiden wird, ist in gewissem Umfang spekulativ. Als Entscheidungshilfe für die Parteien ist der gemeinsam errechnete Erwartungswert für die Parteien aber nützlich. Vor allem in größeren Konflikten ist der Aufwand für die Prozessrisikoanalyse daher gerechtfertigt.

IX. Verteilungskämpfe und Aufteilungsverfahren

108   In vielen Mediationsverfahren streiten die Parteien schlicht und ergreifend um die Aufteilung einer Geldsumme. Es gibt keinen Spielraum für „Win-Win"-Lösungen, so dass ein Brainstorming-Verfahren oder auch ein Logrolling-Versuch die Parteien nur frustriert. Der Mediator hat in solchen Situationen die Aufgabe, mit den Parteien zu prüfen, ob es einen Spielraum für einen Kompromiss gibt oder nicht. Dabei kann er verschiedene Wege gehen.

1. Warnung: Keine übereilten Annahmen

109   Fast jeder Streit, der in eine Mediation gelangt, sieht zunächst wie ein reiner Verteilungskampf aus. Die Parteien streiten um Geld und wenn man nachfragt, streiten sie nur um Geld. Der Mediator darf daraus nicht vorschnell den Schluss ziehen, dass ein Verteilungskampf vorliegt und deshalb nur Aufteilungsverfahren zu einem Vergleich führen können. Der Streit ums Geld ist ein Streit um Positionen und hinter den Positionen stehen Interessen. Die Parteien verlangen eine Geldzahlung, weil sie mit dem Geld etwas tun möchten, nämlich ihr Interesse befriedigen. Der Eigentümer des beschädigten Wagens möchte mit dem beanspruchten Schadensersatz (Position) sein Auto reparieren und so seine Mobilität wieder herstellen (Interesse). Der gekündigte Arbeitnehmer möchte mit der beanspruchten Abfindung (Position) einstweilen den Lebensunterhalt seiner Familie sichern, ein Interesse, das auch durch die Vermittlung eines neues Jobs befriedigt werden kann. Zu Aufteilungsverfahren darf der Mediator daher erst dann greifen, wenn er in der zweiten oder dritten Phase herausgefunden hat, dass allein die Teilung des Verhandlungskuchens den Streit

beilegen kann oder zuvor andere Einigungstechniken der vierten Phase nicht zum Erfolg geführt haben. Ein vorschneller Zugriff auf die nachfolgend erörterten Modelle ist daher schädlich.

2. Die „Neutrale Standard"-Methode

Wenn Parteien um Geldbeträge streiten, streben sie einen Kompromiss   110 durch Konzessionen an. Sie versuchen, die Gegenseite zu Konzessionen zu bewegen, indem sie möglichst durchschlagende Argumente für die eigene Position anführen.[82] Die Mediation folgt diesem kompetitiven Verhandlungsmodell auch in Verteilungskämpfen nicht. Statt dessen setzt der Mediator auch hier das Harvard-Modell um, indem er die Teilung des Verhandlungskuchens an objektiven Kriterien ausrichtet.

a) Vorgehensweise. Der Mediator strukturiert die Verhandlungen so,   111 dass die Parteien zunächst um den Standard oder Maßstab verhandeln, nach dem die Teilung vorgenommen werden soll. Die Parteien ermitteln dazu – eventuell sogar in Form eines Brainstormings – verschiedene Teilungsstandards und bewerten diese anschließend. Wenn die Parteien sich auf einen Teilungsmaßstab geeinigt haben, vereinbaren sie diesen Maßstab als verbindlich. Im Regelfall setzt der Mediator hierzu ein kurzes Dokument auf und lässt dieses von den Parteien unterzeichnen. Der Konflikt ist jetzt im Prinzip beigelegt, ohne dass die Parteien die zu zahlende Vergleichssumme bereits kennen. Denn im folgenden zweiten Schritt wenden die Parteien den Teilungsmaßstab nur noch auf den konkreten Fall an und ermitteln so die Vergleichssumme. Der Vergleichsbetrag wird also schlicht errechnet. Häufig kommt es vor, dass die Parteien nicht dazu bereit sind, sich verbindlich auf einen Vergleichsmaßstab zu einigen, ohne dass sie das daraus abzuleitende Ergebnis kennen. Sie lehnen es ab, die „Katze im Sack" zu kaufen. Der Mediator gibt dann nicht einfach nach, sondern hinterfragt die Skepsis der Parteien. Ein als gerecht und fair ausgehandelter Verteilungsmaßstab kann kein unfaires Ergebnis hervorbringen. Die wahre Ursache für die Ablehnung der Parteien liegt häufig in der Ablehnung des Verteilungsmaßstabs. Der Mediator muss versuchen, diese Skepsis auszuräumen, da es in der Mediation nicht darum geht, die Parteien in einen als unfair empfundenen Vergleich zu treiben. Gesucht wird also nach einem Verteilungsmaßstab, den die Parteien ohne Wenn und Aber akzeptieren können. Nur wenn eine Partei endgültig bei ihrem Nein zu einem verbindlichen Verteilungsmaßstab bleibt, schlägt der Mediator vor, den annähernd konsensfähigen Verteilungsmaßstab unverbindlich umzusetzen, um dann über den selbst ermittelten Vergleichsvorschlag erneut zu verhandeln.

---

[82] Vgl. oben § 2, Rdn. 4.

112 Das skizzierte, in zwei Schritten ablaufende Verfahren versachlicht die Verhandlung. Während die Parteien um Vergleichsbeträge erbittert streiten („Das ist ein völlig undiskutabler Vorschlag", „Diesen Betrag nur um meine Leiche"), gibt es bei der Verhandlung um einen Verteilungsmaßstab keinen Anlass für solche Gefühlsausbrüche. Das logisch-stringente Vorgehen überzeugt, und selbst einer arglistigen Partei fällt es schwer, gegen dieses Verteilungsmodell etwas einzuwenden. Die Parteien ersetzen die Basarverhandlung durch einen Kompromiss mit einer sachlich begründeten Herleitung eines Vergleichsbetrags. In der Praxis gelingt es recht selten, mit diesem Modell allein den gesamten Konflikt zu lösen. Teilprobleme, die für eine Einigung gelöst werden müssen, lassen sich so aber aus der Welt schaffen, wie die nachfolgenden Beispiele illustrieren.

113 b) Beispiele. Streiten die Parteien um den Wert eines Autos, dass in einem Unfall total beschädigt wurde, können Sie vereinbaren, diesen Wert durch einen Blick in den samstäglichen Automarkt der Tageszeitung zu ermitteln. Dort suchen sie alle Anzeigen, die eine bestimmte Autokategorie (Marke, Alter, Laufleistung) betreffen, und ermitteln den durchschnittlichen Angebotspreis. Dieser Preis ist der Wert des Autos vor dem Unfall. Die Parteien einigen sich schriftlich auf diesen Maßstab und setzen ihn am nächsten Samstag um.

114 In einem anderen Fall streiten die Parteien darum, ob eine bestimmte Vertragsstrafenklausel wirksam vereinbart wurde. Die Parteien einigen sich darauf, eine Recherche in einer juristischen Datenbank zu tätigen: Alle BGH- und OLG-Urteile, die in den letzten fünf Jahren zu dieser – nach Stichpunkten definierten – Frage ergangen sind, sollen ausgewertet und in eine prozentuale Quote umgesetzt werden (7 Urteile für Wirksamkeit, 3 dagegen = 70% der Vertragsstrafenforderung ist berechtigt). Dieser Aufteilungsmaßstab wird detailliert vereinbart, und erst dann wird die Recherche vorgenommen.

115 In einem dritten Beispiel streiten die Parteien um den Wert eines in der Hotelhalle verlegten Mahagoni-Parketts. Die Parteien einigen sich unter Moderation des Mediators darauf, fünf Baumärkte anzurufen und dort nach dem Quadratmeterpreis dieses Parketts zu fragen. Vom Durchschnittspreis soll noch einmal ein Großhandelsrabatt von 40% in Abzug gebracht werden. Nach der schriftlich fixierten Einigung nehmen die Parteien gemeinsam den Telefonhörer in die Hand und haben 20 Minuten später das Ergebnis. Zwar flucht eine Partei jetzt über die „wucherischen Baumärkte", doch kommt diese Kritik zu spät. Die Einigung ist verbindlich.

116 Im vierten Beispiel ist die Ursache eines Wasserschadens bei einem Großbauprojekt fraglich. Die Parteien einigen sich darauf, ausgewählte Photos des Schadensbildes an drei verschiedene Gutachter zu senden. Die

Gutachter sollen unter Angabe einer Wahrscheinlichkeitsquote schätzen, ob der Wasserschaden, so wie er sich auf den Photos darstellt, durch eine fehlende Isolierung entstanden ist. Den Parteien ist es zu riskant, die durchschnittliche Einschätzung als verbindliche Messgröße zu vereinbaren. Also wird das Ergebnis der Schätzungen von vorneherein als unverbindliche Diskussionsgrundlage bezeichnet, auf deren Basis die Parteien sich dann aber gleichwohl rasch einigten.

c) „Würfeln" – Zufall als Entscheidungsmaßstab. Ein überraschend **117** praktikabler Entscheidungsmaßstab ist der Zufall. So können sich die Parteien darauf einigen, um die Aufteilung der strittigen Geldsumme zu würfeln. Dann würfeln sie und akzeptieren das so gefundene Ergebnis. Wenn die Parteien eine völlig einseitige Entscheidung vermeiden wollen, werden sie den noch strittigen Betrag durch den Faktor sieben teilen und die gewürfelte Augenzahl dann mit einem Siebtel multiplizieren. Da zwei Seiten eines Würfels immer sieben Augenzahlen ergeben, kommt es so zu ausgewogeneren Ergebnissen. Noch ausgewogener wird das Ergebnis, wenn man jede Partei einmal würfeln lässt und dann auf die gemittelte Augenzahl abstellt. Das Ergebnis wird dann wahrscheinlich in der Nähe von 50% des Differenzbetrags liegen, was die Parteien subjektiv zufrieden sein lässt – sie haben das Würfelduell nicht verloren.

Solche Verfahren sind weniger abwegig als es zunächst aussieht. Bei **118** kleinen Streitwerten und wechselseitigen Prozessrisiken ist der Zufall ein billigerer und effizienterer Entscheider als der staatliche Richter. Keine Partei erleidet einen Gesichtsverlust durch unbegründetes Nachgeben. Es gibt Prozesse, wo auch die Entscheidung des Richters mehr oder weniger willkürlich – also ein Glücksspiel – ist, man denke etwa an die Kündigung aus „wichtigem Grund" oder komplexe Bauprozesse mit völlig unklarer Aktenlage. Besonders wertvoll ist dieses Modell, wenn sich die Vergleichspositionen der Parteien in den Verhandlungen stark angenähert haben, nun aber wirklich die Schmerzgrenze beider Seiten erreicht scheint. In einem Baumängelstreit mit 100 Einzelmängeln forderte der Bauherr zunächst einen Minderpreis von € 1 Mio.; der Generalunternehmer lehnte jedes Einlenken ab. Nach zähen Verhandlungen mit dem Mediator bietet der Unternehmer schließlich € 330.000; der Bauherr nennt € 360.000 als sein absolut letztes Wort. Die anschließenden Verhandlungen und Einzelgespräche zeigen dem Mediator, dass sich keine Seite mehr bewegen wird. Scheitert die Mediation hier, entfällt der in der Annäherung liegende Verhandlungserfolg: Im Gerichtssaal werden die Parteien wieder ganz von vorne mit ihren ursprünglichen Positionen beginnen. Das Scheitern ist um so bedauerlicher, wenn die zukünftigen Prozesskosten weit oberhalb der Differenz liegen, die es in der Mediation noch zu überbrücken gilt. Auch unter wirtschaftlichen Gesichtspunkten ist Würfeln dann vernünftiger als der Gang zum staatlichen Gericht. Die Parteien sehen das häufig ein und sind nach anfänglicher Verblüffung oft froh, mit dem Würfeln um die verbleibende Differenz einen gesichtswahrenden Ausweg aus dem Verhandlungspatt gefunden zu haben.

119   Der Vorschlag des Mediators, um den verbleibenden Differenzbetrag zu würfeln, wirkt auf die Parteien oft sehr provokativ: „Ich spiele um mein Unternehmen nicht", ist eine oft geäußerte Reaktion, in die die Gegenseite meist sofort mit gleichem Tenor einstimmt. Der Mediator kann diesen Konsens der Parteien nutzen: „Das ist das erste Mal, dass sie in den heutigen Verhandlungen einer Meinung sind. Sie finden meinen Vorschlag also beide schlecht. Wollen Sie – ausgehend von Ihrer gemeinsamen Meinung – dann nicht selbst einen besseren Vorschlag erarbeiten? Ich schlage vor, dass ich mit den beiden Anwälten jetzt den Raum verlasse und dass Sie beide als Unternehmer dann versuchen, den verbleibenden Betrag unter sich zu klären, einverstanden?" Oft steigt dann schnell weißer Rauch aus dem Verhandlungszimmer auf.

3. „ZOPA" und Caucus

120   Sehr effektiv, aber nicht unproblematisch ist es, wenn der Mediator den Einigungsspielraum in Einzelgesprächen ermittelt und die so gewonnenen Erkenntnisse dann dazu nutzt, eine Einigung herbeizuführen.

121   a) **Vorgehensweise.** Zu Beginn der Verhandlungen liegen die Forderungen der Parteien meist weit auseinander. Partei A fordert vehement € 100.000, Partei B bietet nur einen „Lästigkeitswert" von € 5.000. Die Differenz zwischen den Forderungen ist oft viel kleiner, als sie scheint. Die Parteien denken nämlich gar nicht daran, ihre wahren Vergleichsvorstellungen offen zu legen, weil sie den üblichen Verhandlungstanz mit wechselseitigen Konzessionen erwarten.[83] Der Mediator kann die Parteien in dieser Situation trennen und separat mit jeder Seite sprechen.[84] Dort fragt er die Parteien nach ihrer tatsächlichen Vergleichsvorstellung oder Schmerzgrenze. Die Partei weiß, dass der Mediator diese Information für sich behalten muss und kann daher offen reden. Der Mediator geht dann in den Nebenraum und stellt der Gegenseite die gleich Frage. Nach beiden Treffen ist er um eine wichtige Erkenntnisse reicher: Partei A wäre mit € 40.000 zufrieden und die Schmerzgrenze von Partei B liegt bei einer Zahlung von € 50.000. Es existiert also eine „ZOPA"[85], ein Einigungsspielraum, zwischen € 40.000 und € 50.000. Mit jedem Vergleichsbetrag innerhalb dieser Zone könnten sich beide Parteien anfreunden. Das

---

[83] Zum kompetitiven Verhandlungsmodell vgl. oben § 2, Rdn. 4 ff.
[84] Zum Caucus vgl. oben § 7, Rdn. 86 ff.
[85] Zum Begriff vgl. oben Ziffer § 2, Rdn. 8 ff.

Problem ist nur, dass diese Information, die eine unmittelbare Einigung ermöglicht, nur der Mediator besitzt. Und der Mediator darf diese Information auf Grund der Vertraulichkeitsabrede nicht offen legen. Was kann der Mediator in diesem Dilemma tun?

Der Mediator kann beide Seiten wieder in den Verhandlungsraum rufen 122 und wie folgt ausführen: „Vielen Dank für die Gespräche, die für mich aufschlussreich waren und mir ein besseres Verständnis vom Konflikt vermittelt haben. Wie Sie wissen, werde ich diese Gespräche vertraulich behandeln, es sei denn, sie entbinden mich ausdrücklich von dieser Verpflichtung. Bevor wir weiter machen, möchte ich mit Ihnen ein hypothetisches Szenario durchspielen, das später vielleicht auch für diese Mediation relevant werden könnte. Einverstanden? Gut. Also, wenn ich im Verlauf der weiteren Einzelgespräche bemerken sollte, dass eine Einigung wegen zu weit auseinander liegender Positionen ausgeschlossen ist, darf oder soll ich sie darauf trotz meiner Verschwiegenheitsverpflichtung in allgemeinen Worten hinweisen, damit wir die Mediation beenden und weiteren Geld- und Zeitaufwand vermeiden können?" Die meisten Parteien beantworten diese Frage sofort zustimmend. Der Mediator fährt dann fort: „Gut. Wenn ich umgekehrt aus den Einzelgesprächen erfahren würde, dass ein Einigungsspielraum besteht und sich die Parteien sofort einigen könnten, dürfte ich Ihnen das offen legen, damit sie den Streit rasch und kostengünstig zu den Akten legen können?" Bejahen die Parteien auch dies – gegebenenfalls nach einer nochmaligen präzisen Nachfrage des Mediators – ist der Mediator von seiner Verschwiegenheitspflicht insofern entbunden, dass er den Parteien die Existenz einer ZOPA mitteilen darf. Um die Parteien nicht zu brüskieren, wird er dies nicht im unmittelbaren zeitlichen Zusammenhang mit der Frage tun, sondern dies auf einen etwas späteren Zeitpunkt verschieben. Die Konfliktlösung selbst ist aber mit der Zustimmung der Parteien im Prinzip erreicht.

Vielen Mediatoren ist das skizzierte Vorgehen zu manipulativ. Sie be- 123 vorzugen es, solche Fragen jeder Partei getrennt in den Einzelsitzungen zu stellen. Dass bietet sich vor allem dann an, wenn tatsächlich noch kein Einigungsspielraum besteht, dieser aber in greifbarer Nähe liegt. Der Mediator kann jede Partei fragen: „Sie streiten hier um insgesamt € 100.000, richtig? Nehmen wir einmal an, ihre Vergleichsvorstellungen, die sie mir in den Einzelsitzungen mitgeteilt haben, würden nur € 1 auseinanderliegen. Einen Prozess würde diese Differenz sicher nicht lohnen. Dürfte ich Ihnen das offen legen oder müsste ich beide Parteien notgedrungen in einen Prozess gehen lassen? OK, wenn ich das offen legen dürfte, wie wäre es bei einer Divergenz von € 100 oder auch € 5.000?" Der Mediator lässt sich so partiell von seiner Verschwiegenheitspflicht befreien. Dazu muss er allerdings klar stellen, dass er die Antwort der Partei auf seine zunächst nur hypothetische Frage als Befreiung von seiner Verschwiegenheitspflicht versteht. So kann er den Parteien zu gegebener Zeit vor Augen zu führen, dass die minimale Differenz beider Vergleichsvorstellungen, so wie sie tatsächlich besteht, eine Fortführung des Streits nicht lohnt.

124 Eine Variante dieser Technik, die vor allem in Online-Mediationen eine Rolle spielt, ist die Frage an die Parteien, ob sie sich für den Fall, dass die Vergleichsvorstellungen nur 10% (oder: 20, 30, 40%) auseinanderliegen, nicht auf den hälftigen Betrag dieser Differenz einigen wollen. Der Mediator darf diese Frage erst stellen, wenn er die Einigungsvorschläge kennt. Sonst würden die Parteien taktieren und bewusst höhere Beträge als eigene Maximalposition nennen. Raffiniert ist schließlich das „Closed Bidding"-Verfahren. Die Mediator bittet die Parteien dazu, ihre maximalen Vergleichsangebote in einem verschlossenen Umschlag auf den Tisch zu legen. Der Mediator kennt diese Angebote also selbst nicht. Erst dann fragt er die Parteien, wie sie verfahren wollen, wenn es eine Einigungsspanne gibt oder aber die Einigungsvorschläge recht nah beieinander liegen. Es gibt Mediatoren, die den Parteien in dieser Situation detailliert auseinander setzen, wie teuer und zeitaufwändig ein Gerichtsverfahren würde. Die Parteien vereinbaren dann oft, auch eine Divergenz der Angebote von 20 oder 30% durch eine hälftige Teilung aus der Welt zu schaffen, umso den Konflikt endgültig beizulegen.

125 **b) Vorteile und Kritik.** Das skizzierte Vorgehen beschleunigt die Einigungsgespräche ungemein. Der Mediator kann auf diese Weise oft nach kürzester Zeit eine Einigung herbeiführen. Ein zentraler Vorteil der Mediation gegenüber dem Gerichtsverfahren, nämlich die Befugnis des Mediators zum Führen von Einzelgesprächen, kommt hier voll zum Tragen.

126 Diesem Vorgehen wird vorgeworfen, der Mediator manipuliere die Parteien. Das ist nicht ganz falsch. Parteien sind in Einzelgesprächen deshalb so offen, weil sie auf die dauerhafte Vertraulichkeit des Gesprächsinhalts vertrauen. Natürlich rechnet keine Partei beim Führen der Einzelgespräche damit, dass der Mediator wenig später um eine Befreiung von seiner Verschwiegenheitspflicht bittet. Der Mediator tut dies zudem so geschickt, dass eine Partei ihr Einverständnis kaum verweigern kann, insbesondere nicht vor den Augen der Gegenseite. Am Ende wird so eine Information offengelegt, die eine Partei für sich behalten hätte, wenn sie den weiteren Fortgang der Gespräche geahnt hätte. Mediatoren, die ihre Aufgabe darin sehen, zwischen den Parteien versöhnend zu wirken und viel auf der Beziehungsebene arbeiten, lehnen ein solches Vorgehen daher kategorisch ab, da es ihrer inneren Grundeinstellung zur Mediation widerspricht. Das Gegenargument ist pragmatischer Natur: Die Parteien haben den Mediator damit beauftragt, den Konflikt aus der Welt zu schaffen. Genau das tut der Mediator. Der Mediator verletzt seine Aufgabe, wenn er die Parteien trotz objektiv klar existierender und ihm bewusster Einigungsmög-

lichkeit in einen überflüssigen Prozess rennen lässt. Er muss alles tun, um dies zu verhindern. Außerdem verzichten die Parteien freiwillig auf die Verschwiegenheit des Mediators. In Spannungsfeld dieser Pro- und Contra-Argumentation muss der Mediator seine Entscheidung treffen.

4. Agent of Reality

In der Praxis agiert der Mediator häufig als Agent of Reality, indem er 127 den Parteien die Risiken ihrer Situation bewusst macht. Diese Funktion kann er durch vorsichtiges Nachfragen und Nachhaken in gemeinsamen Verhandlungsrunden übernehmen. Die Parteien reagieren auf offene Worte des Mediators aber entspannter und aufnahmebereiter, wenn diese in Einzelsitzungen fallen. Es gibt ganz unterschiedliche Techniken, wie der Mediator die Parteien zu einer realistischeren Sichtweise bewegt. Häufig wird die streitentscheidende Rechtsnorm noch einmal diskutiert und die Anwälte werden um ihre Meinung gebeten. Die Prozessrisikoanalyse ist ein sinnvolles Mittel, um die Parteien zu bewegen, noch einmal über angemessene Vergleichsvorschläge nachzudenken. Die Frage und anschließende Aufklärung der Kosten einer gerichtlichen Auseinandersetzung führt ebenfalls zu neuen Einsichten und weiteren Konzessionen. In diesen Einzelgesprächen wird der Mediator oft auch nach seiner eigenen Einschätzung gefragt. Viele Mediatoren verweigern unter Hinweis auf ihre neutrale Stellung eine Antwort, doch ist den Parteien damit häufig nicht wirklich geholfen. Sie haben den Mediator vielleicht gerade deswegen beauftragt, weil sie sich von dessen bekannter Expertise eine Hilfestellung bei der Bewertung schwieriger Fragen erhofften. Die Überzeugungskraft eines guten Mediators ist in solchen Situationen sehr hoch. Gerade darin liegt aber auch die Gefahr: Die Parteien sollen sich nicht auf die Bewertung des Mediators verlassen, sondern ihrer eigenen Bewertung vertrauen. Der Mediator selbst muss sich vor unabsichtigten Manipulationsgefahren hüten, die daraus resultieren können, dass er mit dem Ziel einer Vergleichsherbeiführung Prozessrisiken überhöht darstellt, um notwendige Konzessionen für den als richtig befundenen Kompromiss zu erreichen. Der Zweck (= der als richtig befundene Kompromiss) heiligt nicht die Mittel (= Herbeiführen von Konzessionen durch Überhöhung von Prozessrisiken). Und selbst der Zweck ist dann falsch definiert: Es kommt nicht darauf an, dass der Mediator von der Fairness eines Vergleichsmodells überzeugt ist. Entscheidend ist allein, dass die Parteien das Vergleichsmodell gutheißen und in ihrer Entscheidung nicht manipuliert werden. Mit diesen „Caveats" hat es dann aber auch sein Bewenden: Der Mediator trägt gerade in seiner Rolle als „Agent of Reality" entscheidend zum Mediationserfolg bei und sollte sich dieser Rolle daher nicht verweigern. Wenn die Parteien von erfahrenen Geschäftsführern repräsentiert werden, die zudem von Anwälten begleitet werden, kann der Mediator in den Einzelgesprächen auch sehr deutlich werden. In derartigen Konstellationen ist die Gefahr gering, dass die Teilnehmer nach einer solchen Intervention keine eigenverantwortliche Entscheidung mehr treffen können.

128 Ziel einer Tätigkeit als „Agent of Reality" ist es, dass die Parteien schließlich doch einen Einigungsspielraum finden. Taucht in den Einzelgesprächen ein Einigungsspielraum auf, wird der Mediator unter Verwendung der oben vermittelten Technik[86] versuchen, diesen auch aufzudecken und in einen Vergleich umzusetzen. Verbleibt eine Diskrepanz, fragt der Mediator die Parteien am besten offen, ob er den letzten Vergleichsvorschlag in einem gemeinsamen Gespräch auch der Gegenseite offenbaren kann. Bejahen die Parteien das, ruft der Mediator die Parteien wieder zusammen. Ein kluger Schachzug ist es dann, die Parteien zunächst verdeckt auf einer Karteikarte aufschreiben zu lassen, was sie denn für den letzten Vergleichsvorschlag der Gegenseite halten. Das Aufdecken dieser Karten zeigt regelmäßig eine erheblich größere Differenz, als sie tatsächlich noch vorliegt. Der Mediator thematisiert dies: „Ihr jeweiliger Gegenüber ist offenbar erheblich vernünftiger als Sie dachten. Sie haben sich in der Mediation weitgehend angenähert und das ist ein erheblicher Erfolg. Trotzdem verbleibt eine Differenz als Einigungshindernis. Ich möchte jetzt mit Ihnen besprechen, ob diese Differenz so groß ist, dass sie endgültig einer Einigung entgegensteht und trotz aller Anstrengungen ein Gerichtsverfahren doch unausweichlich ist." Verbleibt in der Folgezeit trotz aller Bemühungen eine Differenz zwischen den letzten Vergleichsvorschlägen, kann der Mediator mit den bereits diskutierten Techniken versuchen, diese Differenz zu überbrücken[87] oder aber anregen, den Restbetrag in einem schiedsgerichtsähnlichen Verfahren entscheiden zu lassen.[88]

5. „Der eine teilt, der andere wählt"

129 Eine klassische Mediationstechnik in Verteilungskämpfen ist der „Der eine teilt, der andere wählt"-Vorschlag. Wo zwei Kinder um die Orange streiten, wird ein Kind aufgefordert, die Orange zu teilen, um dann seine Schwester eine Hälfte wählen zu lassen. Wer das in der Praxis einmal ausprobiert, wird feststellen, dass es nie eine so sorgfältig durchgeführte und im Ergebnis so exakte Teilung gegeben hat wie diese. Dieses Vorgehen ist keine Kinderei. Erbengemeinschaften lassen sich so gut auseinandersetzen. Der Mediator kann dieses Vorgehen unmittelbar vorschlagen, wenn es zwei gleichberechtigte Erben gibt, die nur um die Aufteilung des Nachlasses streiten. Sind die Erbquoten ungleich oder sind mehrere Erben vor-

---

[86] Oben § 9, Rdn. 120 ff.
[87] Vgl. dazu oben § 9, Rdn. 117.
[88] Ausführlich zu solchen Modellen unten § 15, Rdn. 5 ff.

handen, geht der Mediator differenzierter vor. Erbt A zu $\frac{1}{2}$, B zu $\frac{1}{3}$ und C zu $\frac{1}{6}$ regt der Mediator an, dass der Nachlass in sechs wertmäßig gleiche Teile aufgeteilt wird. Können die Parteien dies wegen der Natur des Nachlasses nicht bewerkstelligen, müssen finanzielle Ausgleichsbeträge festgelegt werden, damit alle Teile den gleichen Wert erhalten. Rechnerisch erhält A auf Grund seiner Erbquote drei Teile, B zwei und C ein Teil. In einem zweiten Schritt müssen sich die Erben einigen, wer mit der Auswahl beginnen darf. Denkbar erscheint etwa, dass A sich das erste Stück nehmen darf, dann B, dann wieder A, dann C, dann B und schließlich wieder A. Der Nachlass wird so rasch geteilt. Die Erben können sich den Gang zum Gericht bei klaren Erbquoten durch ein solches Procedere sparen.

Modifikationen dieses Verfahrens spielen auch im Gesellschaftsrecht eine große Rolle. So mögen zwei gleichberechtigte Gesellschafter streiten, wer die Firma nach dem großen Zerwürfnis weiterführen soll. In der Mediation haben sich die Parteien zunächst auf zwei Punkte geeinigt: Gemeinsam geht es nicht weiter (1) und es hat wenig Zweck, die wechselseitigen Ausschlussklagen aus „wichtigem Grund" fortzuführen (2). Damit steht fest, dass ein Gesellschafter gegen eine Entschädigung ausscheidet. Aber welcher? Ein plausibler Vorschlag ist, dass ein Kontrahent den Betrag der Abfindung bzw. den Kaufpreis des gegnerischen Gesellschaftsanteils bestimmt und der andere dann wählen darf, ob er zu diesem Preis ausscheidet oder dem Kontrahenten die Abfindung zahlt, um so die Firma alleine weiter zu führen. In der Praxis stößt dieser Vorschlag auf Zustimmung, doch will jeder lieber die Rolle desjenigen einnehmen, der später wählen darf. Ein Münzwurf, also wieder ein neutraler Standard, löst diese Frage. Ein Gesellschafter zieht sich dann mit seinem Wirtschaftsprüfer für drei Tage zurück und bestimmt den Abfindungsbetrag. Der andere Gesellschafter hat danach drei Tage Zeit zu entscheiden, welche Wahl er trifft. Innerhalb einer Woche ist der Konflikt beigelegt.

6. Der Mediator als Schlichter

Die letzte Möglichkeit, die der Mediator zur Herbeiführung einer Einigung hat, ist ein wohlbegründeter Schlichtungsvorschlag. Der Mediation zielt nicht auf einen solchen Schlichtungsspruch, sondern auf eine selbst erarbeitete Einigung der Parteien. Deshalb kündigt der Mediator die Möglichkeit dieses Vorgehens in den ersten Phasen der Mediation nicht an. Erst wenn die Mediation unmittelbar vor dem Scheitern steht, wird der Schlichtungsspruch zu einer Option. Der Mediator fragt dann die Parteien, ob sie einen solchen Schlichtungsvorschlag wünschen. Wenn die Parteien dies bejahen, klärt der Mediator, ob der Schlichtungsvorschlag begründet werden soll und, wenn ja, auf welcher Beurteilungsbasis die Begründung erfolgen soll. In den meisten Fällen erwarten die Parteien eine rechtliche Begründung, doch ist das nicht immer der Fall und bisweilen nicht einmal möglich. Wo der Seniorchef mit seinem Sohn um die beste Form des Betriebsübergangs streitet, scheidet ein juristisch fundierter Schlichtungsspruch aus. Statt dessen wird der Mediator dann auf seine beruflichen Erfahrungen mit ähnlichen Situationen oder schlicht auf seine subjektive Meinung abstellen. Damit die Parteien von der Art und Weise der Begründung nicht negativ überrascht werden, klärt der Mediator diese Fragen vorab.

X. Überwinden von Verhandlungsstillständen

132   Die Verhandlungen zwischen den Parteien können in jeder Phase der Mediation ins Stocken geraten. Besonders häufig passiert dies jedoch in der vierten Mediationsphase, der Verhandlungsphase. Da die Parteien hier erstmals über konkrete Lösungsansätze sprechen, merken sie nun, wie weit ihre Vergleichsvorstellungen immer noch auseinander liegen und wie schwer es wird, eine Einigung zu erreichen. Wenn die Parteien dies erkennen, verringert sich ihre Kooperationswilligkeit, da sie subjektiv bereits von einem Scheitern der Mediation ausgehen. Für den Mediator liegt eine Schwierigkeit darin, die entstehende Ablehnung der Mediation überhaupt zu bemerken, da die Parteien diese selten offen artikulieren. Gewinnt der Mediator einen entsprechenden Eindruck, fragt er nach: „Ich habe den Eindruck, dass Sie derzeit mit dem Verfahren unzufrieden sind. Irre ich mich?" Bisweilen erübrigt sich eine solche Frage, weil eine Partei ihrer Unzufriedenheit lauthals Ausdruck verleiht („Das hat hier doch alles keinen Zweck"). In solchen Situationen stehen dem Mediator verschiedene Techniken zur Verfügung, um das drohende Scheitern der Mediation zu verhindern.

1. Diskussion des BATNA

133   Der Mediator kann den Bezugspunkt der Diskussion verändern, indem er mit den Parteien bespricht, was sie nach einem Scheitern der Mediation tun werden. Das ist ein wirkungsvoller Schachzug. Denn der Grund für die Unzufriedenheit der Parteien liegt oft im fehlenden oder zu langsamen Verhandlungsfortschritt, also in einer rückblickenden Betrachtung. Diese negative Beurteilung ändert sich, wenn die Parteien ihre beste Alternative zur Fortführung der Mediation, ihr „BATNA",[89] mit dem Mediator erörtern. Gegebenenfalls verlagert der Mediator diese Erörterung in ein Ein-

---

[89] Zum Begriff vgl. oben § 2, Rdn. 51.

zelgespräch. Der Parteien wird dann bewusst, dass die Mediation zwar ein mühevoller und langsamer Weg sein mag, sie bei einem Gerichtsprozess aber auch kein rasches und sicher gewinnbringendes Verfahren erwartet. Umgekehrt kann es durchaus sein, dass die Mediation für eine Partei tatsächlich der falsche Weg zur Beilegung des Konflikts ist. Dann ist es besser, diese Klärung rasch herbeizuführen, damit die Parteien nicht nutzlos Geld und Zeit investieren. Die offene Erklärung des Mediators erzeugt bei den Parteien Vertrauen, dass der Mediator kein eigenes Interesse am Fortgang des Verfahrens hat. Eine entsprechende Äußerung des Mediators könnte bei zwei unzufriedenen Parteien etwa lauten: „Herr Müller, Herr Meier, verstehe ich Sie richtig, dass Sie derzeit kaum noch Sinn in diesem Verfahren sehen, weil Ihre wechselseitigen Vorstellungen von einem Kompromiss zu weit auseinanderliegen und weil Sie den Eindruck haben, wir hätten uns in den letzten drei Stunden im Kreis gedreht? ... Gut, dann schlage ich vor, dass wir die Verhandlungen an dieser Stelle unterbrechen und gemeinsam erörtern, was Sie beide bei einem Scheitern der Mediation tun werden. Vielleicht haben Sie ja recht und Ihnen ist mit einem Gerichtsverfahren oder einer anderen Form der Konfliktentscheidung besser gedient. Wenn das so ist, sollten wir das möglichst rasch rausfinden. Einverstanden?"

2. Napoleons Russlandfeldzug

Auch in dieser schwierigen Mediationsphase bringen manche Mediato- 134
ren die schon in anderen Zusammenhang[90] angesprochene Grafik vom Russlandfeldzug Napoleons in die Verhandlungen ein. Die Grafik zeigt, wie Napoleon mit über 300.000 Soldaten gegen Osten aufbrach und mit nur etwa 6.000 Soldaten zurückkehrte. Die Zeichnung bildet die einzelnen Stationen und Schlachtfelder dieser Unternehmung ab und gibt jeweils an, wie viele Soldaten noch der nächsten Station entgegenzogen. Der Mediator fragt die Parteien, wie Napoleon wohl zu Beginn des Feldzugs dessen Dauer und Kosten eingeschätzt habe. Es ist offenkundig, dass Bonaparte in seinem Hurra-Patriotismus von einem raschen Sieg mit wenig Verlusten ausging. Der Mediator leitet die Parteien dann an, dieses Bild auf ihren Konflikt zu übertragen. Er fragt die Teilnehmer, wo sie sich derzeit selbst auf diesem Bild sehen, wenn sie den Russlandfeldzug Napoleons mit ihrem Konflikt gleichsetzen. Die Antwort drängt sich auf: Die Parteien stehen ganz am Anfang, haben also – bildlich gesprochen – Frankreich noch nicht einmal richtig verlassen. Die Konfliktaustragung wird lang, mühselig, teuer und für mindestens eine Seite Überraschungen bringen, mit denen sie heute nicht im Entferntesten rechnet. Der Mediator kann dies wei-

---

[90] Vgl. oben § 7, Rdn. 126.

ter exemplifizieren, indem er auf einzelne Schlachtfelder zeigt und diese mit dem Landgericht, dem einzuholenden Sachverständigengutachten und dem Oberlandesgericht gleichsetzt. Diese Bildersprache macht den Parteien die Risiken eines Prozesses deutlicher als eine schlichte Aneinanderreihung von Gerichtsgebühren, Anwaltskosten und Mutmaßungen über die Prozessdauer.

135   Es geht dem Mediator dabei nicht darum, in den Parteien eine unberechtigte Angst vor dem Prozess zu schüren. Wenn die Parteien wirklich glauben, der Klageweg sei für sie vorteilhafter, sollten sie die Mediation abbrechen. Die Praxis zeigt jedoch, dass die Parteien zu Beginn einer Auseinandersetzung die finanziellen und emotionalen Kosten der Streitaustragung vor Gericht drastisch unterschätzen und ihre Prozesschancen gleichzeitig überoptimistisch beurteilen. Das Beispiel des Russlandfeldzugs regt die Parteien zum Nachdenken an, ob eine Beendigung des „Feldzuges" im frühen Stadium der Mediation nicht doch der bessere Weg ist.

3. Ablenkung und Entspannung

136   Parteien sind oft deshalb unzufrieden mit der Mediation, weil die Verhandlungen sie ermüdet haben. Wer körperlich abbaut, überträgt sein körperliches Unwohlsein unbewusst auf den Mediationsprozess. Den gleichen Effekt hat eine mentale Ermüdung, die durch stundenlanges Verhandeln um einen einzelnen Punkt ohne konkretes Ergebnis hervorgerufen wird. Der Mediator muss daher darauf achten, dass er einen Spannungsbogen in den Verhandlungen erreicht, der solchen Ermüdungserscheinungen entgegenwirkt. Wo Verhandlungen wirklich festgefahren sind, droht die endgültige Frustration der Parteien, wenn sie sich immer weiter ineinander verhaken, statt den Verhandlungsknoten zu lösen. Und wenn Verhandlungen immer emotionaler geführt werden, droht irgendwann der Punkt, wo eine Partei die Spannungen nicht mehr erträgt oder nicht mehr ertragen will und die Verhandlungen abbricht.

137   In solchen Situation ist es sinnvoll, wenn die Parteien Abstand von den Verhandlungen gewinnen, die sie zum derzeitigen Zeitpunkt als unangenehm empfinden. Das einfachste Mittel sind kürzere oder längere Pausen, die der Mediator auch ad hoc festsetzen kann. Viele Mediatoren veranstalten mit den Teilnehmern auch kurze Rollenspiele oder Verhandlungsexperimente, um sie für einen gewissen Zeitraum aus der anstrengenden und momentan spannungsgeladenen Parteirolle zu befreien. In größeren Mediationen plant der Mediator von vornherein Entspannungs- und Ablenkungsphasen ein, die er zum Teil vorher angekündigt, zum anderen Teil aber in Krisensituationen gezielt einsetzt. Ein Beispiel sind gemeinsame oder auch bewusst getrennte Abendveranstaltungen der Teilnehmer am Ende eines Verhandlungstages, wie etwa Theater- und Opernbesuche.

Beliebt sind auch längere Spaziergänge oder Betriebsbesichtigungen. Oder der Mediator hat für den Abend einen Kurzvortrag zu einem Thema organisiert, das alle Beteiligten interessiert. Solche Aktionen klingen zunächst überzogen, vielleicht sogar weltfremd. Die Partei lernt ihren Kontrahenten bei solchen Veranstaltungen aber als Person außerhalb seiner Parteirolle kennen und bisweilen sogar schätzen. Bei größeren Verhandlungsdelegationen achtet der Mediator darauf, dass die Gruppen nicht unter sich bleiben. Wichtig ist immer, dass der Mediator durch die Art der Veranstaltung ein Gesprächsthema vorgibt, dass nichts mit dem Konflikt zu tun hat, also etwas das Thema der Theateraufführung oder des Kurzvortrags. Die Teilnehmer sollen die Erfahrung machen, dass sie gemeinsam und ohne Auseinandersetzung etwas tun oder über etwas sprechen können und dass es auch noch andere Dinge gibt als den Konflikt. Gelingt während solcher Veranstaltungen eine menschliche Annäherung, zeigt sich dies unmittelbar bei der Fortsetzung der Verhandlungen. Der kritische Verhandlungsstillstand wird plötzlich mühelos überwunden.

4. Der „Columbo-Trick"

Nicht selten kommt es vor, dass eine Partei die Mediation für gescheitert hält oder ihrer eigenen Position Nachdruck verleihen will, indem sie ein Scheitern der Mediation fingiert. Die Partei steht mit einer kurzen Bemerkung vom Verhandlungstisch auf und wendet sich zum Gehen. Die Erfahrung zeigt, dass die Mediation in fast allen Fällen endgültig scheitert, wenn die Partei den Raum verlässt. Die Partei würde die Rückkehr in die Mediation als einseitige Konzession oder als Eingeständnis eines Irrtums begreifen. Den damit verbundenen Gesichtsverlust möchte sie vermeiden und bleibt auch wider besserer Einsicht der Mediation endgültig fern. Der Mediator muss daher verhindern, dass die Partei den Raum wirklich verlässt und ihr gleichzeitig eine gesichtswahrende Rückkehr an den Verhandlungstisch ermöglichen. Der „Columbo"-Trick,[91] benannt nach dem Vorgehen des gleichnamigen, etwas schrulligen TV-Kommissars, bietet sich hier an. Wenn die Partei die Tür fast erreicht hat, stellt ihr der Mediator eine unverfängliche, scheinbar belanglose Frage, deren Beantwortung die Partei schlecht verweigern kann. Mit dem Konflikt hat die Frage allenfalls am Rande zu tun. Gibt die Partei die Antwort, bleibt sie im Raum und allein dadurch kühlt sich ihre momentane Antipathie gegen die Mediation ab. Die Partei gewinnt Zeit zum Nachdenken, ob sie wirklich das Scheitern der Verhandlungen will. Wenn die Partei geblufft hat, weil sie hoffte, der drohende Abbruch der Mediation würde die Gegenseite zum Einlenken bringen, sucht sie selbst nach einer Gelegenheit, ihren Bluff

[91] So die Bezeichnung durch Rechtsanwalt *Dr. Ponschab,* dem auch für diese Anregung gedankt sei.

nicht umsetzen zu müssen. Anknüpfend an die Antwort macht der Mediator dann einen Vorschlag, der eine Fortführung der Verhandlung voraussetzt. So mag der Mediator etwa sagen: „Herr Müller! Auch wenn es keine Rolle mehr spielt und mit der Sache an sich nichts zu tun hat: Ich habe mich die ganze Zeit gefragt, was für Maschinen ihr Unternehmen eigentlich produziert ... Ach so ... Mmh ... Das war interessant, vielen Dank. Ich möchte Ihnen beiden vorschlagen, dass wir die Verhandlungen für fünf Minuten unterbrechen und uns dann überlegen, ob und – wenn ja – wie wir diese Mediation weiterführen oder beenden. Einverstanden?"

XI. Scheitern der Mediation

139 Etwa jede dritte Mediation scheitert. Der Mediator hat dann die Aufgabe, das Verfahren geordnet abzuschließen.

1. Geordnete Beendigung

140 Die Mediation sollte nicht einfach damit enden, dass die Parteien sich nicht einigen können, oder eine Partei wutentbrannt den Raum verlässt bzw. einem anberaumten Mediationstermin unentschuldigt fernbleibt. Der Mediator zieht einen klaren Schlussstrich unter das Verfahren, damit die Parteien auch wirklich realisieren, dass die Mediation beendet ist, und sie nun andere Wege der Konfliktbewältigung gehen müssen. Zu diesem Zweck spricht der Mediator das Scheitern der Mediation offen an und erkundigt sich bei den Parteien, ob auch sie die Mediation für gescheitert halten. Bejahen die Parteien dies uneingeschränkt, erklärt der Mediator die Mediation für beendet. Er fragt die Parteien, ob es aus ihrer Sicht noch regelungsbedürftige Punkte im Zusammenhang mit der Beendigung der Mediation gibt. Weiter kündigt er den Parteien an, dass er ihnen das Mediationsende auch schriftlich noch einmal kurz bestätigen wird. Die schriftliche Bestätigung kann für die Parteien wichtig sein, wenn sie die Hemmung von Verjährungsfristen berechnen oder die gescheiterte Mediation intern aktenkundig machen müssen.[92] Der Mediator fertigt ein solches Abschlussschreiben daher auch dann, wenn eine Partei die Mediation durch ihr Fernbleiben scheitern lässt. Der Mediator hat keinen Anlass, die negative Stimmung zu verstärken, indem er sich betrübt über das Scheitern äußert oder gar zu Schuldzuweisungen greift. Wo es sich anbietet, kann der Mediator den Parteien umgekehrt für ihre Kooperation und sachliche Gesprächsführung danken und den Erfolg herausstellen, der auch im Scheitern der Mediation liegt: „Immerhin wissen Sie beide jetzt,

---

[92] Vgl. oben § 3, Rdn. 29.

dass es tatsächlich keinen Einigungsspielraum gibt und dass ein Richter ihren Streit entscheiden muss. Wenn Sie sich später vor Gericht doch noch einigen, hätten wir in dieser Mediation etwas falsch gemacht, weil wir diese Einigung hier und heute nicht gefunden haben." Ansonsten trägt eine sachlich-nüchterne Beendigung der Mediation dem Charakter des Verfahrens am besten Rechnung.

2. Teileinigungen?

Der Mediator achtet bei der Beendigung der Mediation darauf, ob die **141** Parteien nicht zumindest über einzelne Aspekte der Auseinandersetzung einen Vergleich schließen können. Im Verhandlungsvertrag hatten die Parteien zwar vereinbart, dass alle Teileinigungen in der Mediation bis zum Abschluss einer Gesamtvereinbarung unverbindlich sind,[93] doch kann es sich nun anbieten, von diesem Grundsatz abzuweichen. Teileinigungen kommen in vertikaler wie in horizontaler Hinsicht vor: So mögen sich die Parteien in der Mediation über die Höhe des entstandenen Schadens geeinigt haben, nicht aber über deren Verursachung. Die Parteien verschlanken in dieser Situation den anschließenden Prozess, wenn sie sich über die Schadenshöhe in Form einer Teileinigung verständigen und diesen Punkt aus dem Prozess ausklammern. Vor allem in Baustreitigkeiten stehen oft zahlreiche selbstständige Punkte nebeneinander. Wenn die Einigung nur daran gescheitert ist, dass die Parteien sich über die größte Einzelposition, die vom Unternehmer verlangten Beschleunigungskosten, nicht verständigen konnten, hindert sie nichts daran, sich zumindest über die betragsmäßig geringfügigen Nachträge abschließend zu einigen. Auch das beschleunigt und verbilligt den Prozess.

3. Absprache des weiteren Vorgehens

Es ist gut, wenn sich die Parteien zum Schluss der Mediation über das **142** weitere Vorgehen informieren. Eine offene Information versachlicht den anstehenden Prozess und senkt dort zumindest die emotionalen Streitaustragungskosten. Im Idealfall akzeptieren die Parteien schlicht, dass der Konflikt auf Grund der schwierigen involvierten Rechtsfragen entschieden werden muss, ohne deshalb persönliche Feindschaften zu hegen. Im Einzelfall können die Parteien auch konkrete Absprachen über das weitere Vorgehen treffen. Sieht etwa die vertragliche Schiedsgerichtsklausel ein Schiedsgericht von drei Schiedsrichtern vor, können sich die Parteien darauf einigen, dass nur ein Schiedsrichter den Streit entscheidet, was die Gerichtskosten um über 50% senkt. Hängt eine hohe Schadensersatzforderung nur von der Frage ab, ob der gelieferte Lokomotivmotor fehler-

---

[93] Vgl. oben § 6, Rdn. 55.

haft konstruiert war, können sich die Parteien darauf einigen, dass der Kläger zunächst nur einen Teil des Schadens einklagt, um die Prozesskosten gering zu halten. Bei baurechtlichen Punktesachen mit nicht selten über 50 Einzelpositionen ist es sinnvoll, wenn die Parteien zehn beispielhafte Positionen heraussuchen und vereinbaren, dass die ausgeklammerten Positionen dann entsprechend des anteilsmäßigen Prozesserfolgs des Klägers bezahlt werden. Diese Näherungslösung spart Geld, Zeit und Nerven und ist in ihrer Trennschärfe letztlich auch nicht schlechter als die Entscheidung des über zehn dicke Bauakten entnervten Richters.

4. Übergang in Schiedsverfahren

143 Sofern eine Einigung zwischen den Parteien endgültig ausscheidet, muss ein Dritter den Streit entscheiden. Wenn die Parteien das wollen, kann die Mediation zu diesem Zweck in ein Schiedsgerichtsverfahren übergeleitet werden. Diese Vorgehen spart den Parteien Zeit und Kosten, ist aber gleichzeitig nicht unproblematisch, insbesondere wenn der bisherige Mediator nun in die Rolle des Schiedsrichters schlüpfen soll. Den Parteien stehen verschiedene Schiedsverfahrensmodelle zur Verfügung, zwischen denen sie wählen müssen. Auf diese Modelle wird unten ausführlich eingegangen.[94]

XII. Ziel erreicht?

144 Im Idealfall haben sich die Parteien am Ende dieses Verfahrensabschnitts im Prinzip geeinigt. Es fehlt zwar noch an einer schriftlichen Vereinbarung und an detaillierten Regelungen der Einzelpunkte, doch im Grundsatz steht der Kompromiss fest. Es ist die Aufgabe der fünften und letzten Meditationsphase, die Einigung in einen verbindlichen Vergleichsvertrag umzusetzen. Wenn sich die Parteien nicht einigen konnten, haben sie sich über das weitere Vorgehen informiert, mögliche Teilvergleiche geschlossen und die Mediation geordnet beendet.

---

[94] Ausführlich dazu § 15, Rdn. 5 ff.

§ 10 Fünfte Mediationsphase: Abschluss des Vergleichsvertrags

I. Aufgabe und Ziel dieser Phase

Die fünfte und letzte Phase der Mediation beginnt, nachdem sich die 1 Parteien in der Verhandlungsphase im Grundsatz geeinigt haben. Die Parteien müssen die erzielte Einigung nun in einen rechtlich verbindlichen Vergleichsvertrag umsetzen. Das ist eine klassische Aufgabe für einen Kautelarjuristen. Auf den ersten Blick scheint die Formulierung des Vergleichsvertrags daher eine bereits außerhalb der eigentlichen Mediation liegende Aufgabe zu sein, die von den Parteianwälten, dem rechtskundigen Mediator oder einem Notar mit dem notwendigen Fachwissen erfüllt wird. Die Parteien müssten den Vertrag dann nur noch unterzeichnen. Ein solches Vorgehen würde dem Charakter des Mediationsverfahrens, in dem die Parteien selbst eine Lösung ihres Konflikts erarbeiten, widersprechen. Deshalb werden die Parteien in die Abfassung des Vergleichsvertrags einbezogen. Die Vertragsformulierung ist integraler Bestandteil der Mediation und kein nachträgliches Anhängsel des Verfahrens. Der Mediator muss wissen, wie er die Parteien in diese Abschlussphase integriert. Gleichzeitig tauchen typische Fragen der Vertragsgestaltung auf: Der Vertrag muss einen nachvollziehbaren Aufbau haben. Er muss klar und eindeutig formuliert sein. Die vertragsschließenden Parteien müssen rechtliche Grenzen, die für die Wirksamkeit des Vertrags einzuhalten sind, beachten. Der Parteiwille lässt sich oft durch unterschiedliche Rechtsfiguren umsetzen, so dass die endgültige Gestaltung von anderen Kriterien, wie etwa steuerlichen Aspekten oder der einfacheren Handhabbarkeit, abhängt. Der Vertrag muss sicherstellen, dass die Parteien die übernommenen Verpflichtungen auch tatsächlich erfüllen und notfalls eine Vollstreckbarkeit gewährleisten. Diese unterschiedlichen Punkte signalisieren, dass die Abschlussphase der Mediation hohe Anforderungen an den Mediator stellt. Im Idealfall endet die Mediation mit der Unterzeichnung des Vergleichsvertrags, die bisweilen auch von einer formellen Abschlusszeremonie begleitet wird.

II. Parteien als Vertragsautoren

Im gerichtlichen Verfahren delegieren die Parteien die Verantwortung 2 der Verfahrensführung weitgehend auf ihre Anwälte. Die Entscheidung des Konflikts übertragen sie auf den Richter. Selbst wenn die Parteien vor Gericht einen Vergleich schließen, folgen sie regelmäßig der richterlichen Empfehlung oder dem Rat ihrer Anwälte. Diese passive Parteirolle geht so weit, dass die Parteien beim Abschluss des Vergleichsvertrags nicht einmal anwesend sind, sondern sich von ihren Anwälten vertreten lassen.[1] Die Wirtschaftsmediation geht einen anderen Weg. Die Parteien bleiben bis zuletzt die unmittelbaren Herren des Verfahren. Es ist ihr eigener Konflikt, den sie selbst beilegen wollen und auch müssen. Der Mediator und auch die anwesenden Parteianwälte beschränken sich auf eine unterstützende Funktion. Diese Sichtweise ändert sich auch bei der Erarbeitung der abschließenden Einigung grundsätzlich nicht.[2] Mediator und Anwälte helfen lediglich dabei, den Vergleichsvertrag so zu formulieren, dass dieser den Parteiwillen rechtlich verbindlich und vollständig umsetzt.

3   Jedes andere Vorgehen als die aktive Einbeziehung der Parteien in die Vertragsgestaltung ist gefährlich. Denkbar wäre, dass die Parteien den Mediator oder ihre Anwälte damit beauftragen, einen Vertrag auf der Basis der erzielten Einigung zu entwerfen, den sie dann eine Woche später mehr oder weniger blind unterzeichnen, weil sie zu Recht auf eine ordnungsgemäße Umsetzung vertrauen. Die Parteien würden sich bei einem solchen Vorgehen aber nicht mit dem Vergleichsvertrag identifizieren. In ihren Augen wäre der Vertrag ein Produkt anwaltlicher Tätigkeit und kein Erfolg eigener Anstrengungen. Die Parteien haben im Mediationsverfahren einen langen Weg zurückgelegt und viel Zeit und Mühe in die Verhandlungen investiert. Es ist wichtig, den Parteien zu vermitteln, dass sich der Aufwand gelohnt hat. Sie machen so die Erfahrung, dass es ihnen selbst gelungen ist, den Konflikt in einem geordneten Verfahren von Anfang bis Ende zu verhandeln und schließlich beizulegen. Verfahrenszufriedenheit wird vor allem durch aktive Teilnahme erreicht.[3] Die enge Einbindung der Parteien in die Vertragserstellung stellt sicher, dass der Wille der Parteien korrekt umgesetzt und nicht von abweichenden Vorstellungen der Anwälte unbewusst verfälscht wird. Die Teilnahme der Parteien zwingt dazu, den Vertrag verständlich und auch für den juristischen Laien nachvollziehbar zu formulieren. Die den Parteien zugewiesene Rolle als Vertragsgestalter beugt möglichen Folgekonflikten aus dem Vergleichsvertrag effektiv vor.[4] Was die Kontrahenten selbst aktiv erarbeitet haben, stellen sie nachträglich kaum in Frage. Der selbst formulierten Klausel

---

[1] Bei einem gerichtlichen Vergleich vor dem Landgericht ist diese Vertretung durch Anwälte sogar gesetzlich zwingend. Die protokollierte Zustimmung zum Vergleich ist eine Prozesshandlung, die nach § 78 ZPO nur ein Rechtsanwalt vornehmen darf.

[2] *Risse,* NJW 2000, S. 1614 (1617).

[3] *Kovach,* Mediation, S. 164.

[4] *Risse,* NJW 2000, S. 1614 (1617).

kann man später schlecht entgegenhalten, so habe man das nicht gemeint. Dieses Vorgehen hat auch Nachteile: Die Parteien investieren zusätzlich Zeit in das Verfahren; zudem fehlt ihnen das juristische Fachwissen, das für die Erstellung des Vertrags erforderlich ist. Hier müssen Kompromisse gefunden werden.

III. Aufgaben des Mediators

Der Mediator, der die Moderation der Vergleichsverhandlungen erfolg- **4** reich abgeschlossen hat, hat eine letzte Aufgabe. Er muss nun dafür sorgen, dass die Parteien die erreichte Einigung in einen vollständigen, wirksamen und praktikablen Vergleichsvertrag umsetzen.

1. Gewährleistung der Vollständigkeit

Nach vielen Stunden am Verhandlungstisch sind die Parteien müde und **5** erpicht darauf, die Mediation endlich erfolgreich abzuschließen. Der erreichte Konsens scheint dies nun rasch zu ermöglichen. Die Folge ist eine Tendenz, die Einigung eilig und unter Weglassung unwesentlicher Kleinigkeiten zu Papier zu bringen. Die Freude oder zumindest Erleichterung über den Kompromiss trübt dabei die Objektivität der Parteien. Keine Partei glaubt, dass in dieser Sache erneut Streit entstehen könnte. Juristische Formalitäten halten beide Seiten nach der Beilegung des Konflikts für verzichtbar. Der Mediator hat in dieser Phase die Aufgabe, die Vollständigkeit des Vergleichs zu gewährleisten. Zu diesem Zweck hat er sich während der Verhandlung Notizen gemacht, die den Einbezug auch solcher Details in die Vereinbarung ermöglichen, die die Parteien diskutiert, aber längst wieder vergessen haben. Die Aufgabe des Mediators, alle verhandlungsrelevanten Informationen und Daten so zu organisieren, dass sie für die Parteien jederzeit verfügbar sind, kommt hier erneut zum Tragen. Wenn die Parteien es versäumen, alle im Verlauf der Verhandlung als regelungsbedürftig erkannten Einzelheiten auch tatsächlich zu regeln, führt dieses Versäumnis schnell zu Anschlusskonflikten.

2. Gewährleistung der rechtlichen Wirksamkeit

Wenn die Parteien einen Vergleich schließen, erlöschen ihre bisherigen **6** rechtlichen Ansprüche und werden durch die im Vergleichsvertrag festgelegten neuen Rechte und Pflichten ersetzt.[5] Die neue Rechtsbeziehung zwischen den Parteien muss wirksam begründet werden. Es ist die Aufgabe des Mediators, dafür zu sorgen, dass die Parteien ihren Streit am Ende des

---

[5] *Sprau*, in: Palandt, § 779, Rdn. 1 a., mit weiterer Ausdifferenzierung.

Mediationsverfahrens durch eine rechtlich wirksame und juristisch einfach zu handhabende Vereinbarung beilegen. Der Mediator muss diese Aufgabe auch dann erfüllen, wenn er die Parteien diesbezüglich rechtlich nicht selbst beraten kann oder darf. In ganz einfach gelagerten Fällen, etwa einer abschließenden Zahlung bei wechselseitiger Erledigung aller weiteren Ansprüche, benötigen die Parteien keine rechtliche Hilfe bei der Vertragsgestaltung. Das kann auch für eine Einigung gelten, die sich in einer unverbindlichen Absichtserklärung oder einem „Memorandum of Understanding" erschöpft. Die meisten Abschlussverträge sind sehr viel komplexer und werfen etliche rechtliche Fragen auf. Der Mediator leistet hier die notwendige juristische Unterstützung entweder selbst oder organisiert diese zumindest.

7   **a) Vertragsgestaltung als verbotene Rechtsberatung?** Darf der Mediator die Parteien überhaupt bei der Abfassung des Vergleichsvertrags rechtlich beraten? Die Frage, ob die nichtanwaltliche Mediation verbotene Rechtsberatung darstellt, gehört zu den umstrittensten Themenkreisen der Mediation.[6] Nach § 1 des Rechtsberatungsgesetzes (RBerG) ist es zum Schutze des Rechtssuchenden grundsätzlich verboten, ohne behördliche Erlaubnis Rechtsrat zu erteilen. Gemäß § 3 Abs. 1 Nr. 2 RBerG sind, mit wenigen Ausnahmen, nur Rechtsanwälte und Notare zur unbeschränkten Rechtsberatung berechtigt. Mediatoren, die keine Anwaltszulassung besitzen, können die Erlaubnis nach den engen Vorgaben des Gesetzes auch nicht erwerben.[7] Für den Mediator, der den vorgenannten Berufsgruppen nicht angehört, stellt sich daher die Frage, ob und wie er in der Abschlussphase der Mediation an der Vertragsgestaltung mitwirken darf. Die Antwort hängt davon ab, ob eine vertragsgestaltende Tätigkeit des Mediators unter den Begriff der Rechtsberatung fällt. Ist dies der Fall, könnte zugunsten des nichtanwaltlichen Mediators noch der Ausnahmetatbestand des § 5 RBerG eingreifen, der diejenige Rechtsberatung aus dem grundsätzlichen Verbot ausklammert, die nur ein notwendiges Hilfsgeschäft zu einer anderweitigen beruflichen Tätigkeit darstellt.

8   Die Parteien erwarten vom Mediator für die Gestaltung ihres Vertrags keine allgemeinen Rechtsbelehrungen, sondern die konkrete Auskunft zu auftauchenden Rechtsfragen.[8] Sie wollen nicht wissen, dass sie bei der vereinbarten Zahlungspflicht auf die Fälligkeit und Verzugsfolgen achten sollen, sondern wie eine entsprechende Klausel am besten formuliert wird. Die Parteien verlangen zudem, dass der Mediator sie bei der Abfassung der Vereinbarung von sich aus auf Rechtsprobleme hinweist, für die sie

---

[6] Einen guten Überblick geben *Duve/Tochtermann*, ZKM 2001, S. 284 ff.; zur parallelen Diskussion in den USA vgl. *Kovach*, Mediation, S. 173.

[7] *Henssler*, in: Mediation für Juristen, S. 75, 82.

[8] *Henssler*, in: Mediation für Juristen, S. 83.

selbst kein Problembewusstsein haben. Die Vereinbarung zweier Versicherungsagenturen, sich den Markt zukünftig anhand von Postleitzahlengebieten aufzuteilen, mag den Streit zunächst beilegen, scheitert aber am Kartellverbot des § 1 GWB. Diese originäre Vertragsberatung bleibt auch in der Mediation eine grundsätzlich erlaubnispflichtige Tätigkeit nach dem Rechtsberatungsgesetz.[9] Die juristische Beratung fällt auch nicht als bloße Annextätigkeit in den Ausnahmetatbestand des § 5 RBerG.[10] Ein Hilfsgeschäft liegt nämlich nicht vor, wenn die rechtliche Beratung aus Sicht des Kunden von vorneherein ein gewichtiger und vollwertiger Teil der Dienstleistung ist.[11] Die Mediation zielt von Anfang an auf den Abschluss eines rechtswirksamen Vergleichs. Im Falle einer Einigung erwarten die Parteien eine juristische Beratung bei der Konzeption und Formulierung des Vertrags. Die zerstrittenen Gesellschafter, die sich nach zähen Verhandlungen geeinigt haben, wollen wissen, ob der ausscheidende Gesellschafter weiter für Verbindlichkeiten der Gesellschaft persönlich haftet und was man dagegen tun kann. Wenn der Mediator diese Frage beantwortet und eine Freistellungsklausel vorschlägt, ist dieser Hinweis kein untergeordnetes Hilfsgeschäft. Umgekehrt wird der Mediator auch nicht erlaubnisfrei als Schiedsrichter tätig, da er die Parteien bei einer autonomen Rechtsverwirklichung berät und unterstützt, sich also nicht wie der Schiedsrichter jeder Beratung enthält.[12] Mediatoren ohne Anwalts- oder Notarzulassung dürfen die Parteien daher bei der Gestaltung des Abschlussvertrags rechtlich nicht beraten. Eine Rechtsberatung durch einen nicht zugelassenen Rechtsberater wird nicht nur mit einer Geldbuße geahndet, sondern führt sogar nach § 134 BGB zur Nichtigkeit des gesamten Mediatorvertrags, auch dann, wenn dieser zugleich erlaubte Tätigkeiten umfasst.[13] Darüber hinaus riskiert der nichtanwaltliche Mediator seine eigene Haftung. Das Rechtsberatungsgesetz ist ein Schutzgesetz im Sinne von § 823 Abs. 2 BGB.[14] Auch wenn der nichtanwaltliche Mediator nur leicht fahrlässig einen falschen Rechtsrat erteilt, ist der gleichzeitig begangene Verstoß gegen das Rechtsberatungsgesetz haftungsrechtlich eine Vorsatztat. Der Mediator kann die Haftungsansprüche dann gemäß § 276 Abs. 2 BGB auch nicht durch eine vertragliche Haftungsbegrenzung einschränken. Der nicht juristisch ausgebildete Mediator sollte sich daher hüten, auch bei scheinbar leichten Fragen mit einem angelesenen Halbwissen einen konkreten Rechtsrat zu erteilen. Sinnvoll ist es, dass der Mediator

---

[9] OLG Rostock ZKM 2001, 192 (195).
[10] Zutreffend *Henssler,* S. 83; a. A. *Strempel,* AnwBl. 1993, S. 434 (435).
[11] Vgl. nur BGH NJW 1987, 3003 (3005); MDR 1989, 793; BVerfGE 75, 284 (299).
[12] OLG Rostock ZKM 2001, 192 (194) m. w. N.
[13] BGHZ 50, 90 (92); 70, 12 (17); BGH NJW 2001, 70.
[14] BGHZ 15, 315 (317); *Thomas,* in: Palandt, § 823, Rdn. 148.

seine fehlende rechtliche Qualifikation bereits im Mediatorvertrag ausdrücklich klarstellt, um Missverständnisse bei den Parteien zu vermeiden.[15] Der Mediator, der eine Rechtsberatung in der Abschlussphase nicht leisten darf oder nicht leisten will,[16] muss einen der nachfolgend skizzierten Wege beschreiten, um die Umsetzung der Einigung in einen Vergleichsvertrag zu gewährleisten.

9   Mediatoren, die eine Anwalts- oder Notarzulassung besitzen, müssen beachten, dass es ihnen die neutrale Stellung als Mediator verbietet, parteilichen Rechtsrat zu erteilen. Der Hinweis an eine Seite, die versprochene Zahlung doch besser durch eine Gehaltsabtretung sichern zu lassen, verbietet sich daher. Von der Möglichkeit zur Rechtsberatung ist die situationsabhängige Frage zu trennen, ob eine solche Beratung nicht besser durch Parteianwälte erfolgt. Auch für Anwaltsmediatoren sind die nachfolgenden Ausführungen daher relevant.

10   **b) Beratung durch Parteianwälte.** An den meisten Wirtschaftsmediationen nehmen neben den Parteien auch deren Anwälte beratend teil. Der rechtsunkundige Mediator kann die Klärung von juristischen Fragen, die im Zusammenhang mit der Vertragsgestaltung entstehen, dann den Rechtsanwälten überlassen. Da beide Parteien anwaltlich vertreten sind,[17] ist ein Ungleichgewicht der Kräfte nicht zu befürchten. Der Mediator achtet nur darauf, dass die Anwälte die Vertragsgestaltung nicht aus alter Gewohnheit vollständig an sich reißen, ohne die Parteien daran zu beteiligen.

11   Wo die Parteien ohne ihre Anwälte an der Mediation teilnehmen, muss der Mediator die rechtlich wirksame Umsetzung der Einigung auf einem anderen Weg gewährleisten. Eine Möglichkeit ist, die erzielte Einigung in ihren Grundsätzen schriftlich festzuhalten, ohne dass es auf eine juristisch zutreffende Formulierung ankommt. Die Parteien werden gebeten, dieses Memorandum mit ihren externen Anwälten zu besprechen. Es ist nicht sinnvoll, die jeweiligen Anwälte so bereits unmittelbar mit der Vertragserstellung zu beauftragen. Dies hat regelmäßig einen unproduktiven und zeitraubenden Austausch von Entwürfen und Gegenentwürfen zur Folge, ohne dass die Parteien an der Vertragsgestaltung ausreichend beteiligt werden. Besser ist es, die Anwälte zu bitten, sich Gedanken um eine sinn-

---

[15] Vgl. oben § 4, Rdn. 16.

[16] Es gibt auch anwaltliche Mediatoren, die eine Rechtsberatung in der Abschlussphase aus grundsätzlichen Gründen ablehnen, weil sie das als unverträglich mit ihrer Funktion als Mediator einstufen.

[17] Die anwaltliche Vertretung nur einer Seite ist in der Mediation nicht wünschenswert. Im zu Beginn der Mediation geschlossenen Verhandlungsvertrag wird deshalb für beide Seiten klargestellt, ob Anwälte an der Mediation teilnehmen oder nicht.

volle vertragliche Umsetzung zu machen und diese Vorstellungen zu einem abschließenden Mediationstermin mitzubringen. Dort wird der Vertrag dann gemeinsam von den Parteien, ihren Anwälten und dem Mediator erstellt.

c) **Beratung durch den Notar.** Wenn der Mediator die zur Vertragsge-   12
staltung erforderliche Rechtsberatung nicht selbst leisten darf und auch keine Parteianwälte an der Mediation teilgenommen haben, ist der gemeinsame Gang zum Notar eine gangbare Alternative. Die Parteien können den Mediator bitten, ein Vorbereitungsgespräch mit dem Notar zu führen, um den Notar über den Konflikt und die im Grundsatz erzielte Einigung zu informieren. Auf der Grundlage dieser Informationen kann der Notar einen Vertragsentwurf erstellen, den er dann im Beurkundungstermin mit den Parteien bespricht. Die Beratung durch den Notar hat eine Reihe von Vorteilen. Für die Notare ist die Gestaltung auch schwieriger Verträge Tagesgeschäft; entsprechend groß ist ihre Erfahrung. Gesetzliche Formvorschriften, die für den Vergleichsvertrag gelten, werden automatisch erfüllt.[18] Aus notariellen Urkunden können die Parteien gemäß § 794 Abs. 1 Nr. 5 ZPO die Zwangsvollstreckung betreiben, ohne dass die Nichterfüllung der im Vergleich übernommenen Pflichten zuvor von einem Gericht festgestellt werden muss. Waren in den Konflikt bisher keine Anwälte involviert, ist die notarielle Ausarbeitung und Beurkundung des Vertrags preiswerter, als wenn beide Parteien nur zu diesem Zweck jeweils einen Rechtsanwalt einschalten. Zudem erfolgt die Beurkundung des notariellen Vertrags meist schneller, da die Abstimmung zwischen den Anwälten entfällt. Positiv ist schließlich, dass viele Parteien es als einen besonderen symbolischen Akt empfinden, ihren Streit durch das gemeinsame Aufsuchen des Notars zu beenden.[19] Vor allem für Privatpersonen ist der Notar immer noch eine besondere Respektsperson.

Die isolierte Einschaltung eines Notars am Ende des Mediationsverfah-   13
rens hat auch Nachteile. So kann der Notar nur unparteilich beraten, ein Argument, das sicher zunächst überrascht. Für die Parteien ist es aber oft wichtig, das ihre Anwälte die Vereinbarung auch inhaltlich daraufhin prüfen, ob der vergleichsweise erklärte Rechtsverzicht in Abwägung mit den Prozessaussichten vertretbar ist. Dem Notar fehlt das Hintergrundwissen für eine solche Tätigkeit. Seine Arbeit ist mehr oder weniger ausschließlich darauf ausgerichtet, die ihm vorgelegte Einigung rechtsverbindlich umzusetzen. Der Notar formuliert den Vergleichsvertrag in seiner gewohnten, juristisch präzisen Sprache, ohne auf die Besonderheiten der Mediation Rücksicht zu nehmen. Nur für die Mediation sensibilisierte Notare wer-

---

[18] Vgl. unten § 10, Rdn. 61.
[19] Zur Bedeutung solcher symbolischer Akte für die Beendigung des Konflikts vgl. unten § 10, Rdn. 37.

den den Parteien Zeit und Raum geben, ihre eigenen Formulierungen zu finden.[20] Durch die notarielle Ausarbeitung des Vertrags werden die Parteien daher oft um das Gefühl gebracht, die nun beurkundete Einigung selbst erarbeitet zu haben.[21]

14 **d) Beratung durch einen gemeinsam beauftragten Anwalt.** Die Parteien können auch gemeinsam einen Anwalt bestimmen und diesen bitten, sie bei der vertraglichen Umsetzung der Einigung zu beraten. Gegenüber der Einschaltung von Parteianwälten auf jeder Seite werden die Kosten halbiert. Dieses Vorgehen ist aber sehr selten sinnvoll. Schon die Wahl eines solchen neutralen Anwalts ist schwierig, auch wenn der Mediator hier durch einen eigenen Vorschlag helfen kann. In vielen Fällen wird sich der Anwalt Interessenkollisionen ausgesetzt sehen, auch wenn die Parteien sich im Grundsatz – aber eben nicht im Detail! – geeinigt haben. Jedenfalls bei einer Abrechnung nach der gesetzlichen Gebührenordnung ist es preiswerter, den Vertrag vom Notar fertigen und beurkunden zu lassen. Der notarielle Vertrag hat den zusätzlichen Vorteil, dass er die Einhaltung von Formvorschriften garantiert und als vollstreckbarer Titel ausgestaltet werden kann. Die Beratung durch einen einzelnen Anwalt ist nur zu empfehlen, wenn dieser Anwalt über besonderes konfliktspezifisches Fachwissen verfügt, Interessenkollisionen der Parteien endgültig ausscheiden und der Anwalt Erfahrungen damit hat, wie eine in der Mediation ausgehandelte Einigung unter Einbezug der Parteien in einen rechtlich wirksamen Vertrag umgesetzt wird.

15 **e) Zusammenfassung.** Die meisten Abschlussverträge sind so komplex, dass eine juristische Beratung für eine rechtswirksame und praktikable Formulierung der Einigung erforderlich ist. Mediatoren, die eine Anwalts- oder Notarzulassung besitzen, können diese Beratung selbst durchführen. Sie müssen nur darauf achten, dass sie keiner Partei einseitigen Rechtsrat erteilen. Alle anderen Mediatoren dürfen die Parteien rechtlich bei der Vertragsformulierung nicht beraten. Ihre Aufgabe ist es aber, diese Beratung anderweitig sicherzustellen. Nehmen Parteianwälte an der Mediation teil, können diese die notwendige Hilfestellung leisten. Ist dies nicht der Fall, können die Parteien für die Vertragsgestaltung Anwälte hinzuziehen. Als Alternative bietet sich der Gang zum Notar an. Die gemeinsame Beauftragung eines einzelnen Anwalts ist dagegen nicht zu empfehlen. Welcher Weg beschritten wird, müssen die Kontrahenten im Einzelfall abwägen.

---

[20] Inzwischen entdecken aber auch die Notare die Mediation, vgl. nur den Sammelband „Mediation in der notariellen Praxis" (Hrsg.: von *Schlieffen/Wegmann*).

[21] Der Vertrag erscheint als Produkt notarieller Tätigkeit, nicht als Ergebnis eigener Bemühungen in den Mediationsverhandlungen, vgl. dazu oben § 10, Rdn. 2 f.

3. Gewährleistung der praktischen Durchführbarkeit

Der Mediator hat auch die schwierige Aufgabe, auf die praktische **16** Durchführbarkeit des Vergleichsvertrags zu achten.[22] Der Vergleichsvertrag soll den Streit der Parteien endgültig beilegen. Die endgültige Streiterledigung setzt voraus, dass die Parteien ihre im Vergleichsvertrag übernommenen Pflichten auch erfüllen. Es kommt vor, dass die Parteien in einem Vergleichsvertrag Pflichten übernehmen wollen, die sie bei realistischer Betrachtung nicht erfüllen können. Ein Ingenieurbüro, das mit einem Bauherrn in der Mediation um einen Planungsschaden streitet, kann die ausgehandelte Ratenzahlung von € 8.500 pro Monat nicht aufbringen, wenn es bei monatlichen Unkosten von € 15.000 nur einen durchschnittlichen Nettoumsatz von € 20.000 erzielt. Gleichwohl ist das Ingenieurbüro zum Vergleichsabschluss bereit, um endlich Ruhe zu haben. Die Einigung ist im Vergleich zu den Aussichten in einem Gerichtsprozess günstig. Es wird argumentiert, man werde noch härter arbeiten als sonst. Irgendwie werde es schon gehen. Im Ergebnis geht es meist nicht. Der Anschlussstreit mit der Gegenseite ist in solchen Fällen vorprogrammiert. Für den Mediator, der die Finanzlage des Büros richtig vermutet oder aus einem Einzelgespräch sogar positiv kennt, stellt sich die Frage, ob und, wenn ja, wie er hier interveniert, bevor die Parteien den Vergleichsvertrag unterzeichnen.

a) **Problemstellung.** Der Mediator soll sicher seinen Beitrag dazu leisten, **17** dass ein abgeschlossener Vergleich später auch ordnungsgemäß durchgeführt wird. Warnt der Mediator aber eine oder beide Parteien vor erkennbaren Problemen, die bei der Erfüllung des Vergleichsvertrags auftauchen werden, gerät er schnell in Konflikt mit seiner Neutralitätspflicht. Für den Mediator beginnt eine Gratwanderung. Die Parteien haben sich geeinigt. Wenn der Mediator nun mit kritischen Nachfragen eingreift, kann die Einigung zerbrechen und die Mediation scheitern. Die Verantwortung für den Inhalt des Vertrags liegt bei den Parteien. Es ist nicht Aufgabe des Mediators, auf einen von ihm persönlich für besser gehaltenen Vertrag hinzuwirken und dadurch die Einigung zu gefährden. Der Mediator darf Probleme nicht herbeireden. Kennt der Mediator im Beispielsfall die Finanzlage des Ingenieurbüros aus einem Caucus, gerät er bei einer Intervention mit seiner Geheimhaltungspflicht in Konflikt. Auch das Argument, ein dauerhaft haltbarer Vertrag läge im wohlverstandenen Interesse beider Parteien, führt in die Irre, da der Mediator das „wohlverstandene Interesse" nicht zu bestimmen hat. So mag der Vergleich für das Ingenieurbüro die einzige, wenn auch geringe Chance darstellen, um die Insolvenz zu verhindern, die sonst auf Grund des Planungsschadens droht. Der

---

[22] Vgl. dazu *Kovach*, Mediation, S. 167.

Hinweis auf einen Schwachpunkt des Vergleichsvertrags ist nicht neutral, da er das sich daraus ergebende Risiko einer Vertragsstörung zwischen den Parteien ungleichmäßig verteilt. Auf der anderen Seite übt der Mediator seine Tätigkeit im Interesse beider Parteien aus, so dass er kaum zusehen darf, wie eine Partei die Gegenseite durch ein nicht erfüllbares Versprechen zu einem Vergleichsabschluss verleitet. Weiß eine Partei bei Unterzeichnung des Vertrages positiv, dass sie ihre Vertragspflichten nicht erfüllen kann, liegt strafrechtlich ein Eingehungsbetrug[23] vor. Eine solche Straftat darf der Mediator nicht passiv abwartend geschehen lassen. Das Problem, ob und wie der Mediator die praktische Durchführbarkeit des Vertrags gewährleisten soll, taucht auch in weniger dramatischen Konstellationen auf. So realisieren viele Parteien in der Freude über die Einigung nicht, dass der erzielte Kompromiss ihre Leistungsfähigkeit vermutlich überfordert. Sie sind dann auf einen Hinweis angewiesen. Die Parteien erwarten vom Mediator vielleicht sogar, dass er sie auf übersehene Probleme aufmerksam macht, die der Mediator auf Grund seiner Erfahrung mit ähnlichen Konflikten erkannt hat. Was soll der Mediator in diesem Spannungsfeld zwischen seiner Neutralitätspflicht und der notwendigen Aufklärung über absehbare Schwierigkeiten tun?

18   b) Praktische Handhabung. Die facettenreiche Antwort auf diese Frage orientiert sich zunächst daran, woher der Mediator die absehbare Vertragsstörung, etwa die finanzielle Überforderung einer Partei durch den anvisierten Vergleichsvertrag, kennt. Handelt es sich um eine Tatsache, die dem Mediator im Einzelgespräch mit einer Partei vertraulich offenbart worden ist, darf der Mediator keinen direkten Hinweis in einer gemeinsamen Verhandlung geben. Sinnvoll ist es, dass der Mediator einen neuen Caucus einberuft[24] und dort etwa ausführt: „Bevor wir einen Vertrag schließen, möchte ich mich kurz noch einmal mit beiden Seiten getrennt unterhalten, um einzelne Punkte zu besprechen, die mir bei der beabsichtigten Einigung aufgefallen und die eventuell noch verbesserungsfähig sind. Sind Sie mit diesem Vorgehen einverstanden?" In der Einzelsitzung spricht der Mediator das Problem dann offen an und weist die Partei auf die Konsequenzen hin: „Sie haben mir im letzten Einzelgespräch ja erzählt, dass Sie maximal monatliche Raten von € 5.000 aufbringen können. Jetzt sieht der Vergleich Monatsraten von € 8.500 vor. Was, glauben Sie, wird die andere Seite tun, wenn Sie Ihre Zahlungspflichten nicht erfüllen können?" Genügt diese Anregung zum Nachdenken nicht, kann der Mediator notfalls fortfahren: „Glauben Sie, dass sie mit Ihnen in neue Verhandlungen tritt oder zum Staatsanwalt geht?" Lenkt die Partei ein, kann der dazu autorisierte Mediator mit der Gegenseite sprechen und auf

---

[23] § 263 StGB.
[24] *Kovach*, Mediation, S. 168.

eine Modifizierung des Vertrags hinwirken: „Eine monatliche Rate von € 8.500 ist für die andere Seite sicher an der Grenze der finanziellen Belastbarkeit. Sie wird sicher alles tun, um ihre Verpflichtungen zu erfüllen. Es kann natürlich gut gehen. Aber ist es aus Ihrer Sicht nicht sinnvoller, das Risiko von Zahlungsverzögerungen zu verringern, indem Sie bei gleich bleibender Gesamtsumme nur eine Rate von € 5.000 verlangen?" Beharrt die Partei dagegen darauf, der Gegenseite zu verschweigen, dass sie ihre im Vergleichsvertrag festzulegenden Pflichten mit Sicherheit nicht erfüllen kann, muss der Mediator erwägen, die Mediation abzubrechen. Einen Grund für den Abbruch gibt er nicht an. Zu diesem Schritt ist der Mediator im Mediatorvertrag oder im Verhandlungsvertrag ermächtigt worden.[25] Ein Eingehungsbetrug würde das Mediationsverfahren insgesamt diskreditieren. Vor dem Abbruch weist er die Partei auf sein beabsichtigtes Vorgehen hin.

Was tut der Mediator, wenn er ein konkretes praktisches Problem bei 19 der Vergleichsdurchführung erkennt, das die Parteien offenbar übersehen haben? Ein Beispiel: Nach einem Baustopp auf der Großbaustelle einigen sich Bauherr und Generalunternehmer in der Mediation unter anderem darauf, die Bautätigkeit „sofort" wieder aufzunehmen. Der Mediator weiß aus ähnlichen Fällen, dass die Wiederaufnahme der Arbeiten gewöhnlich einige Tage in Anspruch nimmt, weil die eingeschalteten Subunternehmer entsprechend informiert werden müssen. Vermutlich haben hier Bauherr und Subunternehmer ein unterschiedliches Verständnis des Wortes „sofort". Der Bauherr glaubt, dass die Maurer in einer Stunde wieder arbeiten. Dagegen interpretiert der Generalunternehmer die Vereinbarung so, dass er nur seine eigene koordinierende Tätigkeit in der nächsten Stunde wieder aufnimmt, indem er seine Subunternehmer vom Ende des Baustopps informiert. Der scheinbar harmlose Hinweis des Mediators, das Wort „sofort" doch deutlicher zu definieren, kann die bereits erreiche Einigung wieder scheitern lassen. So mag der Bauherr die drohende Verzögerung auf Grund der Anlaufphase nicht tolerieren können, weil er seinen zukünftigen Mietern die Bezugsfertigkeit zu einem festen Termin zugesichert hat. Gibt der Mediator den Hinweis, wird der Generalunternehmer den Mediator schnell für parteilich halten, auch ohne dass der Bauherr sich für den Hinweis beim Mediator ausdrücklich bedankt („Oh, vielen Dank, diesen Punkt hatte ich glatt übersehen!"). Mit seinem Hinweis würde der Mediator also unnötig schlafende Hunde wecken. Hinzu kommt, dass die Parteien später kleinere Probleme bei der Durchführung des Vergleichs oft rasch und unbürokratisch beilegen, wenn sie sich zuvor in der Mediation geeinigt haben. Ein unbedacht geäußertes Problembewusstsein des Mediators schadet daher.

---

[25] Vgl. oben § 4, Rdn. 16.

20   Ein geschickter Ausweg aus dem Dilemma besteht für den Mediator in vielen Fällen darin, die Parteien abschließend allgemein auf mögliche Probleme bei der Vertragsdurchführung hinzuweisen: „Schön, dass Sie eine Einigung nun in allen Punkten erreicht haben. Bevor wir den Vergleichsvertrag in Reinschrift ausfertigen und unterschreiben, sollten wir vielleicht gemeinsam noch einmal Punkt für Punkt der Vereinbarung daraufhin durchsehen, ob wir irgendwelche Probleme übersehen haben, die bei der Durchführung auftauchen könnten. Es wäre sicher sinnvoll, solche Probleme gleich auszuräumen, um unnötige spätere Streitereien zu vermeiden." Prüfen die Parteien daraufhin die Vereinbarung und entdecken tatsächlich ein solches Problem, entfällt der Vorwurf gegen den Mediator, eine Seite durch einen Warnhinweis unterstützt zu haben. Die Wahrscheinlichkeit, dass sich die Parteien auch in diesem Punkt noch einigen, ist hoch, weil sie den nach vielen Mühen erreichten Kompromiss nicht gefährden wollen. Halten die Parteien eine solche Prüfung für unnötig, hat jedenfalls der Mediator seine Pflicht erfüllt. Er hat auf eine Nachhaltigkeit der Vereinbarung hingewirkt, ohne seine Neutralitätspflicht zu verletzen. Der skizzierte allgemeine Hinweis sollte daher bei komplexen Vertragswerken immer erfolgen.

21   Nehmen an der Mediation Parteianwälte teil, entschärft sich das Problem für den Mediator erheblich. Aufgabe dieser Anwälte ist es nämlich, die Vereinbarung aus Sicht ihrer Mandanten auch auf alle praktischen Probleme hin zu prüfen. Diese Arbeit leisten sie meist effektiv, sind sie doch darauf geschult, neben den rechtlichen auch die praxisrelevanten Schwachstellen eines Vertrags aufzudecken. Aus ihrer Gerichtserfahrung haben sie ein sicheres Gespür dafür, wo Streitigkeiten ihre vertraglichen Wurzeln haben. Der Mediator ist hier nicht verpflichtet, schlauer zu sein als diese Anwälte. Es schadet aber nicht, wenn er gleichwohl den oben wiedergegebenen allgemeinen Hinweis gibt.

IV. Praktische Gestaltung der Vertragsphase

22   Das Abfassen der Abschlussvereinbarung ist integraler Bestandteil der Mediation. Autoren des Vergleichsvertrags sind in erster Linie die Parteien, erst dann die Parteianwälte oder der rechtskundige Mediator. Wie in den vorangegangenen Phasen der Mediation auch, muss der Mediator diesen Verfahrensabschnitt sinnvoll strukturieren. Verhält sich der Mediator passiv, weil die Parteien sich doch bereits im Prinzip geeinigt haben, droht ein langwieriges Taktieren um vertragliche Details. Die Einigung besteht eben nur im Prinzip, nicht in allen Einzelheiten. Es ist immer wieder erstaunlich, wie kontrovers die Parteien die Höhe von eventuellen Verzugszinsen auf den Vergleichsbetrag diskutieren, nachdem sie zuvor alle wirklich problematischen Punkte geklärt haben. Steckt der Teufel tatsächlich im Detail, kann die Einigung hieran wieder zerbrechen. Der Mediator schenkt der Vertragsphase deshalb die gleiche Aufmerksamkeit wie den vorangegangenen Abschnitten und darf nicht vorschnell glauben, seine Arbeit sei mit dem vermeintlichen Verhandlungsdurchbruch bereits getan.

1. Vorüberlegungen: Zeitaufwand und Komplexität

Wie der Mediator vorgeht, um eine konstruktive und zügige Vertrags- 23
gestaltung sicherzustellen, hängt von seinem Rollenverständnis und der Komplexität des Streitfalls ab. Sicher ist zunächst, dass der Vertrag schriftlich abzufassen ist.[26] Der Zeitaufwand für diese Vertragsgestaltung muss aber in einem vernünftigen Verhältnis zum Gegenstandswert stehen. Wenn Parteien bei einem Streitwert von € 50.000 an den Mediator und die anwesenden Parteianwälte jeweils € 200/h zahlen, ist es kaum sinnvoll, für die rechtlich an sich einfache Umsetzung der Einigung einen halben Tag zu veranschlagen, nur damit die Kontrahenten jede Klausel auch selber formuliert haben. Besteht die Einigung in einer Geldzahlung zur Abgeltung aller wechselseitigen Ansprüche, kann der Vertrag sofort abgefasst werden. Vereinbaren die Parteien dagegen eine umfangreichere weitere Zusammenarbeit, benötigt die rechtliche Umsetzung und Ausformulierung mehr Zeit und beansprucht schnell eine gesonderte Mediationssitzung. Zeitaufwand und Komplexität der Einigung sind daher die Faktoren, die der Mediator bei der Wahl seines Vorgehens berücksichtigt. Der Mediator entscheidet daher einzelfallabhängig, ob er die nachfolgend skizzierten Phasen alle nacheinander durchläuft oder aber zusammenfasst bzw. ganz überspringt.

2. Einfacher Vergleich: Sofortige Formulierung des Vertrags

Wenn die Einigung strukturell einfach ist, können die Parteien den Ver- 24
gleichsvertrag sofort abfassen und unterschreiben. Das klassische Beispiel ist der aus gerichtlichen Vergleichen bekannte Kompromiss, wo eine Partei die zunächst erhobene Geldforderung zu einem Teil bezahlt und die andere Seite im Gegenzug auf alle weiteren Forderungen verzichtet. Dieser Fall ist, allem Gerede von „win-win"-Lösungen zum Trotz, auch in der Wirtschaftsmediation der verbreitetste. Haben die Parteien sich so geeinigt, fasst der Mediator diese Einigung zunächst in eigenen Worten zusammen und lässt sich die Richtigkeit der Zusammenfassung bestätigen: „Offenbar haben wir eine Einigung erreicht: Wenn ich Sie beide richtig verstanden habe, wollen Sie, Herr Bauherr, auf die Werklohnforderung von Ihnen, Herr Maler, eine sofortige Zahlung von € 30.000 leisten. Sie,

---

[26] *Koch*, in: Mediation in der Anwaltspraxis, § 8, Rdn. 51.

Herr Maler, sind damit einverstanden, wenn Sie das Geld wirklich erhalten. Damit sollen alle wechselseitigen Ansprüche aus dem geschlossenen Vertrag über den Außenanstrich des Hauses erledigt sein, auch wenn die Farbe noch an anderen Stellen abblättern sollte. Habe ich das so richtig und vollständig zusammengefasst?" Bestätigen beide Teilnehmer die Richtigkeit der Zusammenfassung, strukturiert der Mediator den Vertrag vor: „Gut, dann müssen wir nun gemeinsam den Abschlussvertrag formulieren. Wir müssen erstens regeln, bis wann die Zahlung zu erfolgen hat. Zweitens sollten wir festlegen, was im Falle einer nicht rechtzeitigen Zahlung passiert. Und schließlich – drittens – müssen wir eine Formulierung finden, welche Ansprüche genau erledigt sind und welche nicht. Fällt Ihnen noch zusätzlich etwas ein?" Der Mediator hat diese Punkte für die Parteien sichtbar auf einem Blatt Papier oder an der Wandtafel mitgeschrieben und kann nun mit Zustimmung der Parteien zu Punkt 1 übergehen: „Also, zunächst die Zahlung. Bis wann soll der Betrag auf welches Konto oder bar gezahlt werden? Haben Sie einen Formulierungsvorschlag?" Auf diese Weise hat der Mediator die Vertragsphase in die Ermittlung regelungsbedürftiger Punkte und die anschließende Ausformulierung dieser Punkte strukturiert. Nach einer Viertelstunde dürfte der Vergleichsvertrag unterschriftsreif sein.

3. Komplexe Einigung: Schrittweises Vorgehen

25   Abschlussverträge in der Mediation sind oft komplexer als der aus den Gerichtssälen bekannte Teilzahlungsvergleich. Das liegt einfach daran, dass im Gerichtsprozess die Eckdaten des gesamten Verfahrens durch die Parteianträge, fast immer gerichtet auf die Zahlung/Nichtzahlung eines Geldbetrags, früh festgelegt sind: Der Kläger verlangt € 100.000, der Beklagte will keinen Cent zahlen. Den so abgesteckten Rahmen, Zahlung eines Geldbetrags zwischen € 100.000 und € 0, verlassen die Parteien auch im Falle eines gerichtlichen Vergleichsschlusses selten und treffen sich irgendwo in der Mitte. Der Formulierungsaufwand für einen solchen Vergleich ist gering. Die Wirtschaftsmediation ist dagegen ergebnisoffen und eröffnet für eine Einigung so eine Vielzahl von Gestaltungsmöglichkeiten. Es geht nicht (nur) um Geld, sondern auch um die Organisation der weiteren Zusammenarbeit oder die geordnete Rückabwicklung des gesamten Vertragsverhältnisses. Der Regelungsbedarf im Abschlussvertrag ist entsprechend höher. Der Mediator muss daher schrittweise vorgehen, um eine effiziente Gestaltung des Abschlussvertrags zu gewährleisten.

26   **a) Sofortige Erstellung eines unverbindlichen Memorandums.** Haben die Parteien sich geeinigt, wollen sie das Ergebnis ihrer erfolgreichen Verhandlung sofort fassbar in den Händen halten. Ohne eine schriftliche Fixierung erscheint ihnen der Konsens nur als flüchtiger, nicht bindender

Zwischenstand der Verhandlungen, der rasch wieder verloren zu gehen droht. In unserer Rechtskultur vertrauen wir dem geschriebenen Wort und misstrauen mündlichen Versicherungen.[27] Auch aus praktischen Gründen ist es sinnvoll, eine im Grundsatz erzielte Einigung sofort zu Papier zu bringen. Wenn die Parteien aneinander vorbeigeredet und sich tatsächlich gar nicht geeinigt haben, wird der Dissens durch das Aufschreiben der einzelnen Punkte rasch geklärt. Gleichzeitig verhindert der Mediator so, dass Teileelemente der Einigung bei der späteren Formulierung vergessen werden. Die kursorische Zusammenfassung des Verhandlungsergebnisses dient den Vertragsjuristen als Arbeitsgrundlage für die Umsetzung der Einigung in einen rechtlich wirksamen und sinnvollen Vertrag. Die Teilnehmer der Mediation können eine Einigung leichter dritten Personen vermitteln, etwa dem Vorstand oder dem an der Mediation nicht teilnehmenden Parteianwalt, wenn sie mit diesen Personen ein schriftliches Memorandum schrittweise erörtern können. Das Unterschreiben der vorläufigen Einigung vermittelt den Parteien schließlich ein Erfolgserlebnis, das sie dazu veranlasst, auch weiterhin in der Mediation konstruktiv mitzuarbeiten. Die Unterschrift bewirkt schließlich eine moralische Bindung an die Grundsatzeinigung.[28] Selbst wenn die Einigung ausdrücklich als unverbindlich bezeichnet wird, scheuen die Parteien sich doch davor, ein unterzeichnetes Dokument später als gegenstandslos zu betrachten.

Der Mediator fixiert die Eckdaten der Einigung schriftlich und erstellt 27 in Anwesenheit der Parteien ein entsprechendes Memorandum. Das kann auch handschriftlich geschehen. Die Parteien bittet er um Unterstützung bei der Formulierung. Dabei übernimmt der Mediator auch den Sprachgebrauch der Parteien, solange daraus der Inhalt der Einigung klar hervorgeht.[29] Die Parteien identifizieren sich stärker mit einer Erklärung, die in ihren eigenen Worten abgefasst ist. Ob die Bezeichnung rechtlich exakt zutrifft, ist weniger wichtig, weil das Memorandum rechtlich noch unverbindlich ist, nur eine Arbeitsgrundlage darstellt und oft eine differenzierte Umsetzung bei gleichem Ergebnis möglich ist. Der Mediator stellt die Unverbindlichkeit des Memorandums noch einmal[30] ausdrücklich und schriftlich klar, lässt das Memorandum aber dann gleichwohl von den Parteien unterzeichnen.[31] Durch die Unterzeichnung bringen die Parteien

---

[27] „Worte sind Schall und Rauch." Dieses Sprichwort veranschaulicht diese Einschätzung.

[28] Vgl. *Moore*, Mediation Process, S. 308.

[29] *Ripke*, ZKM/KON:SENS 1998, S. 85 (88).

[30] Eine Regelung, wann getroffene Vereinbarungen verbindlich sind, sollte schon im zu Beginn der Mediation geschlossenen Verhandlungsvertrag enthalten sein; vgl. oben § 6, Rdn. 55.

[31] Vgl. § 9 Abs. 2 gwmk-VO (Anhang 1), nach der auch der Mediator die Vereinbarung zu unterzeichnen hat.

zum Ausdruck, dass sie auf der Grundlage dieses Papiers weiter konstruktiv an einer Einigung mitwirken wollen. Von einer solchen Erklärung distanzieren sich später nur wenige Parteien. Der Mediator händigt beiden Seiten ein Exemplar des Memorandums aus.

28   **b) Planung des weiteren Vorgehens.** Im nächsten Schritt bespricht der Mediator mit den Parteien, wie die Ausformulierung des Memorandums bis zu einem unterschriftsreifen Vertrag vonstatten gehen soll. Auch in dieser Phase trennt der Mediator also noch zwischen der Diskussion über das weitere Vorgehen und dem Vergleichsinhalt. Erörtert wird also zunächst, auf welchem Wege die Parteien die Ausformulierung des Vertrags erreichen wollen, nicht aber, wie eine Vergleichsklausel inhaltlich aussehen könnte. Es gibt mehrere Möglichkeiten, aus dem unverbindlichen Memorandum einen verbindlichen Vertrag zu erstellen. Die Parteien können das Memorandum mit ihren Anwälten in getrennten Sitzungen erörtern und die Anwälte bitten, jeweils einen Vertragsentwurf zu fertigen. Die Vertragsentwürfe müssen dann abgeglichen und abgestimmt werden, was oft zu Streitereien führt, weil jede Seite an ihrem Entwurf festhalten möchte.[32] Sinnvoller ist es, dass die Parteien sich mit ihren Anwälten nur Gedanken über die regelungsbedürftigen Punkte machen und die Ausformulierung später in einer hierfür anberaumten Mediationssitzung gemeinsam geschieht. Die Vertragsgestaltung kann auch einem neutralen Dritten, etwa einem Notar, überlassen werden. Die Kontrahenten werden so von der Angst befreit, durch einzelne Vertragsklauseln übervorteilt zu werden.

29   **c) Entwurf des Vertrags durch den Mediator.** Am häufigsten bitten die Parteien den rechtskundigen Mediator, den Vertrag zu entwerfen.[33] Das hat den Vorteil, dass eine neutrale und gleichzeitig mit dem Konflikt vertraute Person die einzelnen Klauseln formuliert. Als Chronist der Verhandlungen weiß der Mediator, was die Parteien wollen und was ihnen wichtig ist. Aufgrund seiner Erfahrung mit ähnlich gelagerten Konflikten hat er Übung in der Vertragsgestaltung und kennt die regelungsbedürftigen Punkte. Er kennt auch die Besonderheiten eines Vergleichsvertrags, der in einem Mediationsverfahren ausgehandelt wurde. Im Regelfall vertrauen die Parteien dem Mediator auch dahingehend, dass dieser für die regelungsbedürftigen, bisher aber noch gar nicht diskutierten Punkte eine ausgewogene Lösung vorschlägt.

30   Mit dem Entwurf des Vertrags gewinnt der Mediator einen nicht zu unterschätzenden inhaltlichen Einfluss auf die Einigung. Zwar sind die Eck-

---

[32] Das ist ein erneutes Beispiel für kognitive Dissonanz. Sobald sich die Parteien ein konkretes Bild davon gemacht haben, wie ein Vergleichsvertrag aussehen könnte, wird dieses Bild in Gestalt des eigenen Entwurfs verteidigt. Zur kognitiven Dissonanz vgl. oben § 2, Rdn. 89.
[33] Kritisch dazu *Ripke,* ZKM/KON:SENS 1999, S. 341 (343).

daten von den Parteien festgelegt worden, doch bestimmt nun der Mediator, wie die Einzelheiten aussehen. Dies gilt insbesondere für die Abwicklung des Vergleichs, auf den sich die Parteien verständigt haben. So kann der Mediator in seinem Entwurf vorschlagen, wie hoch bei einer Nichterfüllung die zu zahlenden Verzugszinsen sind oder unter welchen Voraussetzungen eine Vertragsstrafe zu entrichten ist. Natürlich ist der Vorschlag des Mediators unverbindlich. Doch in der Praxis tun sich die Parteien schwer, von diesem Vorschlag abzuweichen, solange er die vereinbarten Eckpunkte zutreffend umsetzt. Der Mediator wird insofern als eine Art „Minischlichter" für die Einzelheiten des Vertrags tätig. Für die Parteien hat dies den Vorteil, dass die Vertragserstellung beschleunigt wird. Es ist schwierig und zeitraubend, einen besseren Maßstab für die Festlegung von vertraglichen Einzelheiten zu finden als den Vorschlag eines neutralen Dritten. Ob die Verzugszinsen bei einer Zahlungsverzögerung 8% oder 12% p. a. betragen sollen, ist letztlich eine Ermessensfrage. Für den Mediator ist nur wichtig, dass er Fingerspitzengefühl zeigt: Untergeordnete Einzelheiten soll er ausformulieren und in der nachfolgenden Besprechung als seinen Vorschlag vernünftig begründen können. Für Gesichtspunkte, von denen der Mediator weiß oder glaubt, dass sie für eine Seite von erheblicher Relevanz sind, unterbreitet er ohne ausdrücklichen Auftrag der Parteien keinen Regelungsvorschlag, da dies den Eindruck der Parteilichkeit hervorrufen kann. Wenn sich die Parteien auf einen Zahlungsbetrag verständigt haben, sich aber über die Zahlungsweise – Ratenzahlung oder Einmalbetrag – bisher nicht einigen konnten, muss auch der Mediator diesen Punkt offen lassen. Er fügt in seinen Entwurf dann als Merkposten nur die Überschrift „Zahlungsweise" mit anschließendem Leerfeld ein. Die Einzelheiten müssen von den Kontrahenten ausgehandelt werden.

d) „One-Text"-Verfahren in der Vertragsgestaltung. In der Verhand- 31
lungsphase setzt der Mediator oft die Technik des „One-Text"-Verfahrens ein, um die Parteien bei ihrer Einigungssuche zu unterstützen.[34] Wie oben dargestellt,[35] hat es für die Parteien Vorteile, wenn der Mediator oder ein anderer neutraler Dritter den ersten Vertragsentwurf erstellt. Die Parteien ergänzen und modifizieren einen einheitlichen Vertrag, ihre Aufmerksamkeit ist auf den gleichen Gegenstand gerichtet. Beide Seiten haben das gemeinsame Ziel, den Entwurf des Mediators zu optimieren. Diese Zielkonvergenz fördert die Kooperation. Die Parteien können Änderungswünsche vorbringen, ohne dass darin automatisch eine Kritik der Gegenseite oder des gegnerischen Entwurfs liegt. Punkt für Punkt wird der Entwurf durchgegangen, diskutiert, geändert und schließlich beschlossen. Sind die Par-

---

[34] *Kessen/Troja*, in: Handbuch Mediation, § 16, Rdn. 82.
[35] Vgl. dazu § 10, Rdn. 29.

teien am Ende des Entwurfs angelangt, ist die endgültige Einigung erreicht. Der Entwurf gibt die Struktur der Vertragsverhandlung vor. Wenn jede Seite dagegen „ihren Entwurf" fertigt, neigt sie in Verhandlungen dazu, Änderungswünsche als Kritik ohne Prüfung abzulehnen. Die Konfrontation beider Vorlagen ist die Folge. Das Zusammenführen beider Entwürfe ist besonders dann schwierig, wenn die Vertragskonzeption unterschiedlich ist: Wo zerstrittene GmbH-Gesellschafter sich grundsätzlich in einem Memorandum darauf geeinigt haben, dass eine Partei gegen Zahlung einer genau bezifferten Abfindung ausscheidet, kann dies rechtskonstruktiv durch Einziehung des Gesellschaftsanteils oder durch freiwillige Übertragung des Anteils auf die verbleibenden Gesellschafter geschehen. Wenn jede Seite nun einen Entwurf mit einem dieser Lösungskonzepte vorlegt, ist die Verständigung nicht leicht. Jede Partei hat sich viel Mühe damit gegeben, ihre Lösung zu entwerfen und auszuformulieren, und wird sie schon aus diesem Grund verteidigen. Legt man beide Verträge nebeneinander, weisen diese wegen der divergierenden Grundkonzeption unterschiedliche Regelungen auf. Für die Übertragung des Gesellschaftsanteils muss der Vertrag notariell beurkundet werden,[36] für die Einziehung nicht. In solchen Situationen ist es erkennbar unproduktiv, isoliert über den „besseren" Weg zu debattieren. Es würden nur Äpfel mit Birnen verglichen. Solche und ähnliche Schwierigkeiten vermeidet das „One-Text"-Verfahren. Im Beispielsfall sind im Entwurf des Mediators beide Vorgehensweisen, Einziehung und Übertragung des Geschäftsanteils, alternativ dargestellt. Beide Seiten können sich ohne verspürten Rechtfertigungsdruck für „ihr" Konzept damit auseinandersetzen. Die Formfrage lässt sich abhängig von der Wahl der einen oder anderen Alternative leicht entscheiden.

32 **e) Besprechung des Vertragsentwurfs mit den Parteien und deren Anwälten.** Die Erstellung eines komplexen Vertragswerks kostet Zeit. Dies ist nicht in einer kurzen Verhandlungspause zu bewerkstelligen, auch wenn es die Parteien nach dem Verhandlungsdurchbruch eilig haben, alles endgültig unter Dach und Fach zu bringen. Nach Unterzeichnung des Memorandums, das die grundsätzliche Einigung enthält, wird die Mediation daher unterbrochen und auf einen Folgetermin vertagt. Der Mediator sagt zu, den Vertrag zu entwerfen und den Parteien sowie deren Anwälten vor dem nächsten Termin zuzusenden. Waren die Parteien bisher nicht anwaltlich vertreten, regt der Mediator die Einschaltung von Anwälten zur Prüfung des Entwurfs an, um sicherzustellen, dass die Parteien die rechtlichen Konsequenzen der Einigung überblicken. Ist der Mediator selbst nicht rechtskundig, muss eine erforderliche rechtliche Prüfung und

---

[36] § 15 Abs. 3 GmbHG.

Ausgestaltung des Vertrags durch Dritte erfolgen.[37] Dies gilt auch für eine Prüfung, welche steuerlichen Konsequenzen die Einigung hat. Die Parteien sagen zu, sich vor der nächsten Mediationssitzung mit ihren Anwälten abzustimmen, um den Änderungs- und Ergänzungsbedarf zu ermitteln. In schwierigen Fällen regt der Mediator an, dass auch bisher nicht teilnehmende Parteianwälte ihre Mandanten zur Abschlusssitzung begleiten. Entsprechend gut vorbereitet erscheinen die Parteien zur nächsten Me-   33 diationssitzung. Der Mediator schlägt vor, den Vertragsentwurf schrittweise durchzugehen und in diesem Zusammenhang alle noch strittigen Punkte zu erörtern. Der Mediator erläutert seinen Entwurf Punkt für Punkt unter Bezugnahme auf das Memorandum. Er ermuntert die Parteien ausdrücklich zu Stellungnahmen, Änderungswünschen und Kommentaren. Die Parteien dürfen nicht das Gefühl bekommen, ihnen werde ein Vertragsentwurf vorgesetzt. Wichtig ist, dass der Mediator die Klauseln in seinem Entwurf vernünftig begründen kann. Statt der Aussage, Verzugszinsen in Höhe von 5 Prozentpunkten über dem Basiszins halte er für angemessen, ist es überzeugender, wenn der Mediator auf die Parallelregelung in § 288 BGB verweist. Der Mediator hat kein Interesse, seine Vertragsfassung zu verteidigen. Wenn die Parteien sich auf eine andere Regelung oder eine andere Formulierung einigen, erfolgt die Änderung ohne Diskussion. Am Ende der Sitzung sollte die endgültige Vertragsfassung auf dem Tisch liegen.

f) Reinschrift des Vertrags und externe Prüfung durch Parteianwälte.   34 Der Mediator erstellt nun eine Reinschrift des Vertrags und leitet diese den Teilnehmern der Mediation zu. In komplexeren Verträgen bestehen viele Mediatoren darauf, dass die Parteien sich spätestens jetzt mit einem Anwalt zusammensetzen, um den Vertrag prüfen zu lassen.[38] Die Parteien müssen für ihre Entscheidung wissen, auf welche Rechtspositionen sie durch die Unterzeichnung des Vergleichs verzichten. Die rechtliche Tragweite der übernommenen Verpflichtungen muss ihnen klar sein. Hierfür ist eine parteiliche Beratung erforderlich, die der Mediator wegen seiner Neutralität nicht leisten darf. Mit gutem Grund verlangt auch die ZPO für einen Vergleichsschluss vor den Landgerichten, also ab einem Gegenstandswert von € 5.000, zwingend die Einschaltung von Anwälten.[39] Diese Beratung erfolgt nicht nur im Interesse der Parteien, sondern auch,

---

[37] Vgl. dazu oben § 10, Rdn. 32.

[38] Häufig enthält schon der zu Beginn der Mediation geschlossene Verhandlungsvertrag einen Hinweis darauf, dass die Parteien sich vor Abschluss eines Vergleichs rechtlich beraten lassen sollen, vgl. § 6, Rdn. 40.

[39] Das ergibt sich aus § 78 ZPO, da auch der Vergleichsschluss eine den Anwälten vorbehaltene Prozesserklärung ist.

um die Wirksamkeit des Vergleichs abzusichern. Die Rechtsprechung des BGH zu Bürgschaften mittelloser Angehöriger[40] hat deutlich gemacht, dass die schlichte Unterschrift unter einen Vertrag trotz der grundsätzlich geltenden Privatautonomie nicht vollständig sicherstellt, dass die Vertragspflichten wirksam begründet werden. Die parteiliche Beratung durch Anwälte schneidet den späteren Einwand ab, man sei mit mehr oder weniger unlauteren Mitteln von der Gegenseite oder/und dem Mediator in den Vergleich hineingedrängt worden, ohne die Konsequenzen des Vergleichsvertrags zu überschauen. Gleichzeitig führt die Einschaltung der Anwälte spätestens in diesem Stadium zu einer nochmaligen Prüfung, ob der Vergleich rechtlich wirksam und praktikabel ist. Auch in der Familienmediation, wo die Streitparteien an der Mediation weit häufiger als in der Wirtschaftsmediation ohne Anwälte teilnehmen, wird nahezu ausnahmslos zu einer zwingenden anwaltlichen Beratung vor Vertragsunterzeichnung geraten.[41]

35   **g) Förmliche Unterzeichnung des Abschlussvertrags.** Natürlich ist es möglich, dass die Parteien die ihnen übersandte Reinschrift des Vertrags unterschreiben und der anderen Seite zur Gegenzeichnung zusenden. Dieses unprätentiöse Vorgehen vermeidet den Aufwand eines weiteren Treffens und ist in kleineren Konflikten angezeigt. Oft wird diese Verfahrensweise aber der Bedeutung nicht gerecht, die die Parteien mit der Vertragsunterzeichnung verbinden. Sie haben in der Mediation einen langen und beschwerlichen Weg zurückgelegt, der am Ende zum Ziel geführt hat. Dieser Erfolg kristallisiert sich in der Vertragsunterzeichnung. Man bringt die Parteien um das Gefühl, diesen Erfolg zu genießen, wenn man auf die gemeinsame Unterzeichnung des Vertrags und den wechselseitigen Austausch der Vertragsurkunden verzichtet. Dabei geht es nicht nur darum, den Parteien ein erhöhtes Gefühl der Zufriedenheit zu vermitteln. In der förmlichen Vertragsunterzeichnung in Anwesenheit der Gegenseite und des Mediators tritt auch die Bindungswirkung der Vereinbarung deutlich hervor. Der Unterzeichner kümmert sich um die Erfüllung des Vertrags schon allein deshalb, weil er sich auf Grund der förmlichen, eigenhändigen Unterzeichnung mit dem Vertragsinhalt identifiziert und so persönlich eine moralische Einstandspflicht für die Vertragserfüllung übernimmt. In Fällen, wo der Konflikt durch starke Emotionen geprägt war, wie dies in Erbstreitigkeiten oder der Auseinandersetzung in Familiengesellschaften der Fall ist, ist das so erzeugte persönliche Bindungsgefühl wichtig. Auf die gerichtliche Erzwingbarkeit kommt es nicht mehr an. In Fällen, wo die Partei des Vergleichsvertrags mit dem Unterzeichner nicht identisch ist, also etwa bei der GmbH und deren Prokuristen, gewinnt man mit dem Un-

---

[40] Statt vieler: BGH NJW 1998, 2140.
[41] Vgl. nur § 1, Rdn. 64 ff.

terzeichner einen Garanten für die Vertragseinhaltung, der bei auftretenden Problemen als Ansprechpartner zur Verfügung steht. Der Prokurist, der den in der Mediation mühsam ausgehandelten Vertrag unterzeichnet hat, wird im Zweifel persönlich dafür sorgen, dass die Buchhaltung die vereinbarten Raten pünktlich anweist.

Diese Betonung der förmlichen gemeinsamen Vertragsunterzeichnung **36** klingt vielleicht überzogen. Aus guten Gründen wird aber auch bei völkerrechtlichen Vereinbarungen, wo Verträge zwischen Staaten mit entsprechend weitreichenden Folgen geschlossen werden, dieses Verfahren regelmäßig praktiziert: Die Repräsentanten der Staaten unterzeichnen den längst in allen Einzelheiten ausgehandelten Vertrag in einem förmlichen Vertragszeremoniell und tauschen dann die Vertragsurkunden aus. Sie machen so die Verbindlichkeit der Vereinbarung deutlich. Im Völkerrecht ist dies deshalb besonders wichtig, weil es mangels eines Gerichts, dem die Vertragsparteien unterworfen sind, an der Möglichkeit einer zwangsweisen Durchsetzung der Vertragspflichten fehlt. In der Wirtschaftsmediation ist das zwar anders, doch besteht kein Grund, auf die einfach zu habenden Vorzüge der förmlichen Vertragsunterzeichnung zu verzichten.

h) Closing und symbolische Beendigung der Mediation. Aus dem ame- **37** rikanischen Recht stammt die Rechtsfigur des „Closing". So wird die zumindest teilweise oder symbolische Erfüllung des zuvor geschlossenen Vertrags in einem gemeinsamen Termin bezeichnet. Bei großen Transaktionen wie etwa Unternehmenskäufen ist dieses Procedere auch in Deutschland bereits üblich. Dieses Vorgehen bietet sich auch zum Abschluss einer Mediation an. Wenn eine Partei der Gegenseite einen Scheck als erste Rate auf den Vergleichsbetrag übergibt, signalisiert das die Streitbeilegung besser als die Zusage, den Betrag in den nächsten Tagen zu überweisen. Vertrauen wird so geschaffen. Andere Beispiele sind die symbolische Schlüsselübergabe, die Aushändigung von Dokumenten oder die Erteilung einer Auskunft. Der Hintergrund dieses Vorgehens, nach amerikanischem Recht ursprünglich Voraussetzung für die Wirksamkeit des Vertrags,[42] entspricht dem der formellen gemeinsamen Vertragsunterzeichnung. Die Verbindlichkeit und Einhaltung des Vertrages wird durch die sofortige Erfüllungshandlung veranschaulicht.

Eine ganz ähnliche Funktion erfüllt die symbolische Abschlusshandlung, **38** mit der die Mediation beendet und der Streit endgültig beigelegt wird.[43]

---

[42] Auch im deutschen Recht des Mittelalters finden sich ähnliche Strukturen. So musste der Käufer einer Sache, die nicht sofort geliefert werden konnte, ein Handgeld zahlen, um einen wirksamen Vertrag zu begründen, vgl. dazu *Wesel*, Geschichte des Rechts, Rdn. 228.

[43] Zur Bedeutung solcher Rituale *Moore*, Mediation Process, S. 316; *Ripke*, ZKM/KON:SENS 1999, S. 341 (343).

Das einfachste Beispiel hierfür ist der Handschlag. Die Parteien können zusammen ein Restaurant aufsuchen, ein Glas Sekt trinken oder eine Presseerklärung abgeben. So erfolgte die Vertragsunterzeichnung zwischen den Parteien eines der bisher größten deutschen Wirtschaftsmediationsverfahren, in dem die Parteien um mehr als € 200 Mio. stritten, anlässlich eines festlichen Mittagessens.[44] Hier muss der Mediator viel Fingerspitzengefühl zeigen: Die meisten Mediationen enden nicht mit der erhofften „winwin"-Lösung, die beide Kontrahenten in Feierlaune versetzt, sondern mit einem zähneknirschend akzeptierten Kompromiss. Der Vorschlag des Mediators zu einem Festbankett wirkt dann befremdlich. Gleichwohl sollte der Mediator daran denken, dass eine symbolische Abschlusshandlung sinnvoll sein kann. Der nüchterne Jurist mag solche Rituale belächeln; schaden tun sie den weiteren Parteibeziehungen nicht.[45]

V. Inhaltliche Gestaltung des Vergleichsvertrags

39   Der vorangegangene Abschnitt hat gezeigt, wie der Mediator das Verfahren strukturiert, um die erzielte Einigung schnell und effizient in einen unterschriebenen Vergleichsvertrag umzusetzen. Davon zu trennen ist die Frage, wie der Vertrag inhaltlich aufgebaut und formuliert werden soll. Der Vertragsautor hat hier das Ziel, einen Vergleichstext zu formulieren, der die Einigung so vollständig und akkurat umsetzt, dass spätere Streitigkeiten aus dem Vergleichsvertrag gar nicht erst entstehen. Die Erfahrung zeigt, dass die häufigste Quelle von vertraglichen Streitigkeiten nicht die fehlende oder mangelhafte Erfüllung der Vertragspflichten durch eine Partei ist, sondern der unklare, zweideutige oder lückenhafte Vertragswortlaut. Wenn ein Vertrag Auslegungsspielräume eröffnet, ist es absehbar, dass die Parteien später um die richtige Auslegung erneut streiten. Der Ausweg scheint eine detaillierte vertragliche Regelung zu sein, die jede denkbare Entwicklung berücksichtigt. Gleichzeitig soll der Vertragstext aber für die Parteien lesbar bleiben. Um Vollständigkeit und Lesbarkeit des Vergleichsvertrags sicherzustellen, müssen allgemeine Grundsätze der Vertragsgestaltung beachtet werden. Gleichzeitig weist der in einer Wirtschaftsmediation erarbeitete Abschlussvertrag Besonderheiten auf, die bei der Formulierung des Vertragstextes zu beachten sind. Ein Überblick über die entsprechenden Grundregeln der Vertragsgestaltung, der notwendig kursorisch bleibt,[46] wird nachfolgend gegeben.

---

[44] *Neuenhahn,* ZKM 2000, S. 218 (282).
[45] *Risse,* NJW 2000, S. 1614 (1617).
[46] Ausführlich etwa: *Langenfeld,* Einführung in die Vertragsgestaltung, S. 31 ff.; *Junker/Kamanabrou,* Vertragsgestaltung, passim.

1. Klare Festlegung der Leistungspflichten

Kernpunkt jeder Vertragsgestaltung ist die unzweideutige Definition der **40** wechselseitigen Leistungspflichten, die die Parteien im Vergleichsvertrag übernehmen. Das scheint selbstverständlich, wird aber in der Praxis unzureichend beachtet. Der vermeidbare Fehler hat seinen Ursprung darin, dass die Parteien sich bei Unterzeichnung des Vertrags ihrer Pflichten wohl bewusst sind, haben sie den Konflikt zuvor doch ausführlich diskutiert. Da man wechselseitig einig ist, was getan werden muss, erscheint die penible Festlegung in einem Vertrag als überflüssige Förmelei. Das Gefühl, sich einig zu sein, lässt die Möglichkeit weiterer Konflikte als fern liegend erscheinen. Wenn sich etwa der Werkunternehmer verpflichtet, „die in den Wänden aufgetretenen Risse so auszubessern, dass diese nicht erneut auftreten können", weiß der Unternehmer, um welche Risse in welchen Räumen er sich kümmern muss. Treten ein Jahr später erneut Risse auf, ist die Erinnerung an die seinerzeitige Verhandlung verblasst. Jetzt ist plötzlich streitig, ob es sich um von der Vereinbarung erfasste alte oder um neue Schäden handelt. Unklar ist weiter, ob die Zusage, dass die Risse nicht wieder auftreten, eine zeitlich unbefristete Garantie darstellt oder nur eine oberflächliche „Pinselsanierung" ausschließen sollte. Der Mitarbeiter, der seinerzeit die Vereinbarung für den Handwerksbetrieb schloss, ist dort nicht mehr beschäftigt und kann nicht mehr gefragt werden. Jede Seite beruft sich nun auf die ihr vorteilhafte Vertragsauslegung. Der Anschlusskonflikt ist da.

Die Teilnehmer beugen solchen und ähnlichen Problemen vor, wenn sie **41** bei der Formulierung des Vertrags die beiden nachfolgend skizzierten Faustregeln beherzigen: Die „5-W"-Regel und das „SMART"-Prinzip. Wichtig ist dabei, dass die Parteien die in diesen Akronymen bezeichneten Kontrollfragen nicht nur während der Formulierung des Vertrags berücksichtigen. In dieser Phase sind sie zu sehr mit der inhaltlichen Ausgestaltung der Vereinbarung beschäftigt, um gleichzeitig auf formale Aspekte, wie die klare Definition der Vertragspflichten, zu achten. Die Vermischung von Inhalt und Form führt leicht zu Fehlern. Ein besseres Ergebnis wird erreicht, wenn man den Entwurf des Vertrags zunächst komplett fertigstellt und sich in einem getrennten zweiten Schritt dann darauf konzentriert, ob die Kriterien für eine unzweideutige Definition der Leistungspflichten erfüllt sind. Die Trennung von inhaltlicher Diskussion und formaler Abfassung/Kontrolle führt so zu einem fehlerfreien Vertrag.

a) Die „5-W"-Regel. Die „5-W"-Regel leitet ihre Bezeichnung von den **42** fünf Fragewörtern „wer", „was", „wann", „wie" und „wo" ab. Die Ausgangsfrage ist also: „Wer tut was bis wann wie und wo?". Eine gut formulierte vertragliche Leistungspflicht beantwortet die fünf Teilfragen aus sich selbst heraus, ohne dass eine Auslegung, Interpretation oder klärende

Nachfrage erforderlich wird. Bei einer Zahlungsverpflichtung fällt diese Formulierung noch relativ leicht: „Partei A („wer") zahlt an Partei B einen Betrag von x Euro („tut was") durch Überweisung auf das Konto der Partei B, Konto-Nr. 1234, bei der Musterbank, BLZ 5678, („wie", „wo") mit Eingang auf dem Empfängerkonto bis spätestens … („bis wann")." Rechtsanwälten sind solche Vereinbarungen aus gerichtlichen Vergleichen vertraut. Die in der Mediation erzielte Einigung ist aber oft differenzierter als die schlichte Festlegung einer Zahlungspflicht bei Erledigung aller übrigen Ansprüche. Entsprechend größer und fehleranfälliger ist in der Wirtschaftsmediation der Aufwand, der mit der Umsetzung der „5-W"-Regel verbunden ist. Jede dieser Einzelfragen kann Probleme aufwerfen, die die Teilnehmer an der Mediation beim ersten Hinsehen als solche gar nicht erkennen.

43 **aa) Beispiel: Widerruf der Verbraucherwarnung.** Als Beispiel mag ein Konflikt zwischen dem Motorradhersteller M und der Verbraucherschutzorganisation V dienen. V wirft M den Vertrieb nicht verkehrssicherer Fahrzeuge vor, weil die Motorräder zu leicht ins Schleudern geraten. Durch von V initiierte Fernsehberichte sind die Absatzzahlen bei M drastisch gesunken. Der Hersteller hält die Vorwürfe für falsch und erwägt eine Schadenersatzklage wegen Rufschädigung. In einem Mediationsverfahren einigen sich die Kontrahenten zunächst auf die Nachrüstung der Motorräder und den Verzicht auf die Schadenersatzklage. Im Gegenzug müssen die Verbraucherschützer der Öffentlichkeit gegenüber klarstellen, dass der Vorwurf mangelnder Verkehrssicherheit nur auf Kurvenfahrten mit über 130 km/h zutrifft und auch diese Gefahr durch den kostenlosen Einbau eines elektronischen Stabilitätssystems vollständig behoben werden wird. Die Parteien wählen für die entsprechende Vertragspflicht folgende Formulierung: „Die Verbraucherschutzorganisation V verpflichtet sich, der Öffentlichkeit gegenüber durch eine Presseerklärung unverzüglich klarzustellen, dass die Motorräder des Herstellers M nur bei Kurvenfahrten von über 130 km/h zur Instabilität neigen und dieses Problem durch den Einbau eines elektronischen Stabilitätssystems behoben werden wird". Auf den ersten Blick genügt diese Formulierung der „5-W"-Regel. Die Parteien haben klargestellt, wer, was wie bis wann tun wird; die Frage des Wo scheint unerheblich. Fünf Tage später sendet V ein von der Pressereferentin unterzeichnetes Telefax an 30 ausgewählte Tageszeitungen und Zeitschriftenredaktionen. Darin heißt es: „V hat die Auseinandersetzung mit M, in der M Schadenersatz in Millionenhöhe wegen angeblicher Rufschädigung verlangt hatte, außergerichtlich beigelegt. Die von V gerügte mangelnde Verkehrssicherheit der Motorräder trifft für Neigefahrten von über 130 km/h zu. M hat versprochen, das bestehende Problem durch eine Nachrüstung zu beheben." M hält diese Erklärung für ei-

nen Bruch des Vergleichsvertrags. Da der Vorstandssprecher von V die belastenden Fernsehinterviews gegeben hatte, hatte man einen Widerruf von dieser Person erwartet, um der Erklärung Gewicht und Aufmerksamkeit zu verleihen. Mit der zugesagten Presseerklärung sei kein schlichtes Telefax gemeint gewesen, sondern eine Pressekonferenz, zu der Fernsehen und Printmedien eingeladen werden müssten. Schließlich sei auch die falsche Aussage im Fernsehen mit entsprechender Breitenwirkung gemacht worden. Die Formulierung der Erklärung sei vertragswidrig, weil der Hinweis auf den Vergleich eine abgenötigte Aussage signalisiere und nicht hinreichend klargestellt werde, dass der pauschale Vorwurf, die Motorräder seien nicht verkehrssicher, falsch gewesen sei. Schließlich sei die Erklärung nach fünf Tagen nicht unverzüglich erfolgt, so dass in der Zwischenzeit weitere Absatzverluste eingetreten seien.

Der Teufel steckt also im Detail: Die Parteien hatten in ihrem Ver- **44** gleichsvertrag nicht wirklich geklärt, wer was wie bis wann tun sollte, was zu Anschlussstreitigkeiten führte. Bei der nachfolgenden Diskussion zeigte sich, dass auch die zunächst irrelevante Frage des „Wo" wichtig war: Eine Pressekonferenz in Heidelberg, dem Sitz der Verbraucherschutzorganisation, stellte nicht hinreichend sicher, dass die geladenen Vertreter von Fernsehen und Presse tatsächlich anreisen. Die Pressekonferenz wurde daher im Berliner Zweigbüro von V abgehalten. Die Parteien hätten alle Schwierigkeiten vermieden, wenn sie die Widerrufsverpflichtung von V unter Berücksichtigung der „5-W"-Regel präzise abgefasst hätten: „V wird unverzüglich, spätestens bis zum Tag x, eine Pressekonferenz in ihrem Berliner Büro, Adresse, abhalten. Diese Pressekonferenz wird den Nachrichtenagenturen x,y,z spätestens 48 Stunden vorher per Telefax angekündigt. Mit der gleichen Frist werden die Fernseh- und Presseredaktionen von A, B, C, in denen die streitigen Interviews gegeben wurden, gesondert eingeladen. Die Einladung wird unter der Überschrift: „Widerruf unserer teilweise falschen Bewertung der M-Motorräder" erfolgen. Auf der Pressekonferenz wird der Vorstandsvorsitzende von V persönlich eine Erklärung mit den Kernpunkten K1, K2, K3 abgeben. Ein Entwurf der Presseerklärung liegt dieser Vereinbarung als Anlage bei; etwaige Abweichungen bedürfen der Zustimmung von M. V wird alle Fragen von Journalisten zu dieser Presseerklärung in Übereinstimmung mit deren Inhalt beantworten. Die Erklärung wird auf der Pressekonferenz auch schriftlich ausgeteilt. M steht es frei, diese Erklärung anderen Sendern und Redaktionen zuzuleiten."

bb) Typische Schwierigkeiten. Das Beispiel zeigt, wie schwierig die Um- **45** setzung der „5-W"-Regel in der Praxis ist. Die ersten Unklarheiten tauchen häufig bereits bei der Festlegung der aus dem Vertrag verpflichteten Personen auf. Die Angabe der aus dem Vergleich verpflichteten Partei ist nicht immer ausreichend, wenn eine spezifische Leistungspflicht erbracht werden soll. Darf der arbeitsüberlastete Fachbetrieb einen Subunternehmer mit der vereinbarten Nachbesserung des restaurierten Gemäldes beauftragen und, wenn ja, muss dieser Subunternehmer besondere Qualifikationen aufweisen? Die konkret geschuldete Handlung muss häufig bis in alle Einzelheiten geregelt werden. Wenn die Parteien hier Bezug auf eine Anlage nehmen, bei Bauarbeiten etwa auf ein Leistungsverzeichnis, ist das zwar aufwändig, beugt aber Streitigkeiten vor. Ähnliches gilt für das „Wie" der Leistungserfüllung. Genügt es für die vereinbarte Reparatur des Neuwagens, dass ein Riss im Motor geschweißt wird, oder hat die Gegenseite Anspruch auf einen neuen Austauschmotor? Bei der Bestimmung des Leistungszeitpunkts wird immer wieder vergessen, eine Datumsangabe aufzunehmen. „Unverzüglich" und „sofort" erlauben für den juristischen Laien überraschende Interpretationsspielräume, Begriffe wie „baldmöglichst" oder „in den nächsten Tagen" sind ganz zu meiden. Der andere Fehler in diesem Zusammenhang ist die versäumte Klarstellung, ob die Leistungshandlung oder der Leistungserfolg bis zum Fristablauf bewirkt werden müssen. Plastisch wird dies bei der Verpflichtung zur Überweisung eines Geldbetrags, bei der zwischen Erteilung des Überweisungsauftrags und Eingang auf dem Empfängerkonto zu unterscheiden ist. Unterschätzt wird die Bedeutung des Ortes der Leistungserfüllung. Bei dem vereinbarten Rücktritt von einem Kaufvertrag, der eine fest installierte Spezialmaschine zum Gegenstand hat, ist es alles andere als zweitrangig, ob der Käufer diese wieder abbauen und dann zum 300 km entfernten Verkäufer zurücktransportieren muss oder ob der Verkäufer diese Arbeiten übernimmt. Der Jurist wird gegen die vorgenannten Beispiele einwenden, in den meisten Fällen entscheide das dispositive Gesetzesrecht, wenn eine vertragliche Regelung fehlt. So sind Geldschulden grundsätzlich Schickschulden mit der Verzögerungsgefahr beim Gläubiger,[47] Erfüllungsort für die Rückgewähransprüche ist im Regelfall dort, wo sich der Kaufgegenstand vertragsgemäß befindet.[48] So richtig das ist, macht die gesetzliche Auffangregelung eine explizite Vereinbarung nicht überflüssig, weil die Parteien bei Vertragsschluss das dispositive Gesetzesrecht nicht kennen und deshalb in ihren Erklärungswillen auch nicht einbeziehen. Wer Streitigkeiten vorbeugen will, vermeidet daher den notwendigen Rückgriff auf das Bürgerliche Gesetzbuch, um zu bestimmen, was die Parteien mit der vertraglichen Klausel überhaupt rechtlich vereinbart haben.

46   **b) Das „SMART"-Prinzip.** Das „SMART"-Prinzip beinhaltet nicht nur die Aufforderung, Verträge intelligent und pfiffig zu gestalten,[49] son-

---

[47] Vgl. nur *Heinrichs*, in: Palandt, § 270, Rdn. 6.
[48] *Heinrichs*, in: Palandt, § 346, Rdn. 5 und § 269, Rdn. 16.
[49] Smart (engl.) = klug, intelligent, pfiffig.

dern steht als Akronym auch für „specific, measurable, achievable, realistic, timed". *Ripke*[50] hat diese amerikanische Faustregel der Vertragsgestaltung mit „spezifisch, messbar, annehmbar, realitätsnah, terminiert" treffend ins Deutsche übersetzt. Die so definierten Anforderungen an einen Abschlussvertrag decken sich zum Teil mit der „5-W"-Regel, zum Teil gehen sie aber wegen ihres spezifischen Bezugs zur Mediation darüber hinaus.

Dass die Parteien Vertragspflichten spezifisch, messbar und terminiert formulieren sollen, wurde unter der „5-W"-Regel bereits eingehend erörtert. Die geforderte Messbarkeit bringt prägnant zum Ausdruck, dass die Parteien einen objektiven Maßstab[51] vereinbaren sollen, anhand dessen sie im Streitfall nachprüfen können, ob die Vertragspflicht tatsächlich erfüllt wurde.[52] Bei vielen Produkten und Werkleistungen gibt es etwa eine DIN-Norm, auf die abgestellt und deren Einhaltung von einem Sachverständigen oder dem TÜV bestätigt werden kann. Die Parteien sparen sich später so jede Diskussion darüber, ob ordnungsgemäß erfüllt wurde. Besser noch als der deutsche Begriff der Annehmbarkeit bringt das englische „achievable" zum Ausdruck, dass die in der Mediation vereinbarten Vertragspflichten für die Parteien konkret erreichbar sein müssen. Es kommt in Wirtschaftsmediationen nicht selten vor, dass die Parteien sich auf ein gemeinsames Ziel verständigen: Zwei um ein Patentrecht im EDV-Bereich streitende Gesellschafter einigen sich darauf, den unproduktiven Streit beizulegen und den Weltmarkt für die brillante Idee „Telefonieren über das Internet" gemeinsam zu erobern. So wertvoll dieser Konsens ist, führt das Nichterreichen des ambitiösen Ziels schnell zu einer konfliktträchtigen Diskussion, wer die Zielverfehlung zu verantworten hat. Zielvorstellungen müssen daher so formuliert werden, dass ihre Umsetzung in überschaubarer und festgelegter Zeit möglich ist. Statt der Vision des Weltmarktführers[53] wäre die Zielvereinbarung konstruktiver gewesen, auf der nächsten CEBIT-Messe in Hannover einen gemeinsamen Prototyp des „Internettele-

---

[50] *Ripke*, ZKM/KON:SENS 1999, S. 341 f.

[51] Eine der Grundregeln des Harvard-Verhandlungskonzepts, nämlich das Bestehen auf objektiven Kriterien, kommt hier in einer anderen Facette wieder zum Vorschein; vgl. erneut: *Fisher/Ury/Patton*, Das Harvard-Konzept, S. 121 ff.

[52] Ein wesentlicher Grund dafür, dass in Vergleichsverträgen fast immer eine Geldzahlung statt einer realen Leistung vereinbart wird, liegt darin, dass ein Geldbetrag hinsichtlich seiner Höhe und „Qualität" so einfach bestimmbar ist. Für die Autoreparatur, die mit dem Geld bezahlt werden soll, gilt das nicht.

[53] Auch Visionen haben in einem Abschlussvertrag natürlich ihre Berechtigung, da sie Identifikation und Begeisterung auslösen. Die Visionen sollten in einem zweiten Schritt nur in erreichbare Ziele umgesetzt werden: „Zur Erreichung dieser Vision streben die Parteien als Nahziele an ... und vereinbaren folgende Einzelmaßnahmen."

fons" vorzustellen, konstruktiver gewesen. Zielvorstellungen sollten immer mit konkreten Maßnahmen, die in einer sogenannten „To do"-Liste zusammengefasst werden, unterlegt werden. Aus vagen Zielvorstellungen werden so Nahziele und schließlich Vereinbarungen, die der „5-W"-Regel entsprechen. Wo eine solche Präzision nicht möglich ist und es daher bei der Definition eines gemeinsamen Ziels oder einer Absicht bleiben muss, sollte die Vereinbarung wenigstens klarstellen, wie weit die rechtliche Bindungswirkung reicht. Das verbleibende Kriterium des „SMART"-Prinzips, die individuelle Realisierbarkeit der übernommenen Leistungsverpflichtung, wurde oben bereits kritisch besprochen.[54] So wichtig es ist, dass der Vertrag absehbare Vertragsstörungen wegen persönlicher Leistungsunfähigkeit einer Partei bewältigt, so groß ist auch die Gefahr, dass der Mediator mit einem entsprechenden Hinweis seine Neutralitätspflicht verletzt.

2. Struktur des Abschlussvertrags

48   Mediationsverfahren sind zu verschieden, als dass sich für den Aufbau des abschließenden Vergleichsvertrags allgemeine Regeln aufstellen ließen. Wichtig ist aber, sich vor Abfassen der Vereinbarung überhaupt Gedanken darüber zu machen, wie man den Vertrag übersichtlich und lesbar gestaltet. Die Kenntnis der üblichen Grundstruktur eines Vertrags erleichtert dabei die Entscheidung, ob man sich an diese anlehnen oder aus konfliktspezifischen Besonderheiten bewusst davon abweichen will.

49   a) Bezeichnung des Vertrags und der Parteien. Charakter und Bindungswirkung der Vereinbarung werden durch die vorangestellte Überschrift gekennzeichnet. Daraus ergibt sich, ob es sich um einen bindenden Abschlussvertrag, einen Gesamt- oder einen Teilvergleich, eine Zwischenvereinbarung oder um eine unverbindliche Absichtserklärung handelt. Im Einzelfall bietet es sich an, den Vertrag im Hinblick auf seinen Regelungsgegenstand weiter zu erläutern. Statt der neutralen und relativ nichts sagenden Überschrift „Vergleich" können die Parteien den aussagekräftigeren Titel „Vergleich über die einvernehmliche Beendigung des Y-Joint Ventures" wählen. Eine konkrete Überschrift erleichtert es dem Leser, die nachfolgenden Vertragsklauseln gleich richtig einzuordnen. Eine Selbstverständlichkeit ist weiter die exakte Bezeichnung der Parteien einschließlich der Adresse. Unternehmen müssen mit ihrer Rechtsform, ihrem gesetzlichen Vertretungsorgan sowie der tatsächlich am Mediationsverfahren teilnehmenden Personen gekennzeichnet werden. Nehmen Parteianwälte an der Mediation teil, werden auch diese als Teilnehmer aufgeführt („Unternehmen X, vertreten durch ..., beraten von ..."). Soll aus vollstreckungsrechtlichen Gründen ein Anwaltsvergleich geschlossen werden, ist es erforder-

---

[54] Vgl. oben § 10, Rdn. 16 ff.

lich, dass die Anwälte selbst in Vertretung der Parteien die Vertragserklärungen abgeben, was schon im Rubrum des Vertrags klargestellt wird.[55]

b) Einleitung, Definitionen, Streitgeschichte und Vertragsziel. Der Ver- 50
tragstext beginnt mit einer prägnanten und allgemeinverständlichen Zusammenfassung des Konflikts, der durch den Vergleichsvertrag beigelegt werden soll. Diese Einführung erleichtert dem Leser das Gesamtverständnis, auch wenn die konkrete Umsetzung juristisch kompliziert und daher schwerer verständlich ist. Der Vertragsautor formuliert die Einführung so, dass beide Vertragsparteien dieser bedingungslos zustimmen. Eine Beurteilung des Streitgegenstands oder gar eine Schuldzuweisung hat darin nichts zu suchen. Das gilt selbst dann, wenn sich die Verantwortlichkeit einer Partei im Mediationsverfahren herausgestellt hat. Festgehalten wird der Verhandlungsgegenstand zu Beginn des Mediationsverfahrens, nicht die später gewonnenen Erkenntnisse.[56] Die Einleitung wird häufig auch dazu genutzt, im Vertragstext wiederholt verwendete Begriffe eindeutig zu definieren. Dazu beschreibt der Text den Regelungsgegenstand ausführlich entsprechend des gemeinsamen Verständnisses der Parteien und weist dieser Beschreibung dann einen zusammenfassenden Begriff zu, der durch Fettdruck oder durch Anführungszeichen hervorgehoben wird.[57] Dieses Vorgehen steigert die Widerspruchsfreiheit und Lesbarkeit des Vertrags. Um den Hintergrund der Einigung nachvollziehbar zu machen, wird gegen Ende der Einführung auch auf das Mediationsverfahren, dessen Dauer sowie die Person des Mediators hingewiesen. Die Einleitung nennt abschließend das Ziel des Vergleichsvertrags, also etwa „die einvernehmliche Beilegung dieses Streits" oder „die Gewährleistung einer störungsfreien weiteren Zusammenarbeit der Parteien".

Die Einführung kann rechtlich relevant werden, wenn ein Richter später 51
den unklaren Inhalt einer Klausel durch Auslegung ermitteln muss. Dann kommt es auf den seinerzeitigen Willen der Parteien an, wofür sich oft Anhaltspunkte in der Einführung finden.[58] Da die Einführung somit selbst vollwertiger Vertragsbestandteil ist, sollte sie entgegen einer verbreiteten Übung[59] nach der Vertrags- und Parteibezeichnung stehen. Sonst wird

---

[55] Zum Anwaltsvergleich vgl. unten § 10, Rdn. 103.

[56] Also: „Die Parteien streiten um eine technische Erfindung und ein dazugehöriges Patent.", und nicht: „Partei A behauptet die Berechtigung an einem Patent, das sich Partei B schon 1995 hat rechtswirksam schützen lassen."

[57] Beispiel: Partei A hat Partei B mit Pauschalfestpreisvertrag vom 19. 11. 1997 (nachfolgend: **Bauvertrag**) mit dem Umbau und der schlüsselfertigen Fertigstellung des Wohn- und Geschäftshauses, Musterstraße 1 in X-Stadt (nachfolgend: **Bauvorhaben**), beauftragt.

[58] Vgl. § 133 BGB.

[59] In der Praxis wird häufig von der Einleitung zum „eigentlichen" Vertrag mit folgender Formulierung übergeleitet: „Dies vorausgeschickt, wird zwischen Par-

nicht hinreichend deutlich, ob die Parteien die in der Einführung enthaltenen Feststellungen als verbindlich anerkennen. Schließlich ist darauf zu achten, dass die Einführung überschaubar gehalten wird. Wer sich als Leser eines Vertrags erst durch seitenlange Erklärungen und Definitionen wühlen muss, wie dies bei vielen amerikanischen Verträgen üblich ist,[60] ist bereits ermüdet, wenn er zu den wechselseitigen Vertragspflichten gelangt, die doch den Kernpunkt der Einigung darstellen.

52 c) **Wichtiges vor Unwichtigem.** Die wechselseitigen Rechte und Pflichten der Parteien stellen den Hauptteil des Vertrages dar. Hier liegt das Anwendungsfeld der „5-W"-Regel und des „SMART"-Prinzips. Viele Abschlussverträge enthalten ein ganzes Bündel von Regelungen. Bei der Formulierung achtet der Mediator darauf, dass wichtige Bestimmungen vor weniger einschneidenden Klauseln stehen. Der Leser eines Vertrags, ob Partei oder außenstehender Dritter, erwartet zu Recht, dass er die maßgeblichen Rechte und Pflichten der Vertragsparteien am Anfang des Vertrags findet und nicht irgendwo in den Schlussbestimmungen versteckt suchen muss. Es dient der Übersichtlichkeit, wenn der Vertrag die Vertragspflichten einer Partei vollständig abhandelt, bevor er zu den Gegenleistungen der anderen Seite übergeht. Unterschiedliche Pflichten werden in getrennten Absätzen erfasst. Ob Klauseln, die wie Vertragsstrafen oder Rücktrittsvorbehalte der Sicherstellung von Leistungsverpflichtungen dienen,[61] im unmittelbaren Zusammenhang mit den Leistungspflichten stehen, ist einzelfallabhängig zu entscheiden. Als Faustregel für diese Sicherungsklauseln gilt, dass sich umso eher eine getrennte Behandlung in einem eigenständigen Abschnitt „Sicherung der Vertragsdurchführung" anbietet, je komplexer die Sicherungsklausel ausgestaltet ist. Da diese Klauseln nur im Ausnahmefall der Vertragsverletzung greifen, sollten sie nicht unnötig hervorgehoben werden, indem man sie im unmittelbaren Zusammenhang mit den Leistungspflichten nennt, obwohl die Parteien aller Voraussicht nach freiwillig leisten werden.

53 d) **Mediationstypische Klauseln.** Ein Grundprinzip der Kautelarpraxis ist es, den Vertrag von unnötigen Aussagen ohne rechtliche Relevanz freizuhalten. Man will den ohnehin komplizierten Vertrag nicht grundlos weiter befrachten. Je länger ein Vertrag ist, desto größer wird die Gefahr, dass eine Partei in irgendeine Klausel etwas hineininterpretiert, was tatsächlich nicht gewollt war. Je länger ein Vertrag ist, desto größer ist die

---

tei A und Partei B folgender Vertrag geschlossen:". Ist das „Vorausgeschickte" dann Bestandteil der Einigung oder nicht?

[60] Hintergrund dieser Form der Vertragsgestaltung ist, dass es das unübersichtliche Fallrecht des Common Law kaum erlaubt, einzelne Punkte im Hinblick auf das eindeutig feststehende dispositive Gesetzesrecht ungeregelt zu lassen.

[61] Zu entsprechenden Gestaltungsmöglichkeiten vgl. unten § 10, Rdn. 88 ff.

Wahrscheinlichkeit, dass sich zwei Einzelregelungen scheinbar oder tatsächlich widersprechen. Abschlussverträge, die in einer Wirtschaftsmediation erarbeitet werden, folgen dem Prinzip der Kürze und Relevanz nicht uneingeschränkt. Der Vertrag ist das Ergebnis der gemeinsamen Anstrengungen der Parteien. Damit sich die Parteien mit dem Vertrag identifizieren, werden auch Klauseln aufgenommen, die keine operative Bedeutung haben, den Parteien aber gleichwohl wichtig sind. Zwei Gruppen solcher Klauseln kommen häufig vor: „Weiche Klauseln" und „Anerkennungsklauseln".

aa) Weiche Klauseln. Die Mediation ermöglicht die Befriedigung von 54 Parteiinteressen, die der Richter in einem Urteil unberücksichtigt lassen muss, weil das Gesetz als Entscheidungsmaßstab diese Interessen nicht in Form von Tatbestandmerkmalen anerkennt. Häufig handelt es sich um Interessen, die sich nicht durch eine Geldleistung befriedigen lassen. Die Mediation ist als Streitbeilegungsverfahren auch deshalb erfolgreich, weil sie diese Interessen berücksichtigt, deren Nichtbefriedigung oft ein wesentliches Einigungshindernis darstellt. In einem Kündigungsrechtsstreit zwischen einem Bankkassierer und seinem Arbeitgeber kommt es dem Kassierer nicht nur auf seine Fortbeschäftigung an. Er möchte wegen seines persönlichen Ehrgefühls auch erklärt wissen, dass die Kassendifferenz nicht Folge einer ihm implizit unterstellten Unterschlagung war. In der Auseinandersetzung um ein Architektenhonorar verlangt der Architekt nach der Anerkennung, dass sein Bauwerk gestalterisch und bautechnisch hochwertig ist, unabhängig davon, ob die streitige Honorarhöhe begründet ist. Wenn derartige Interessen für die Einigung so wichtig sind, müssen sich entsprechende Bestimmungen im Vertragstext wiederfinden. Eine Partei hat die gewünschte Aussage dann „Schwarz auf Weiß" und ist entsprechend zufriedener mit der Einigung, ohne dass dies für die Gegenseite mit Kosten verbunden wäre.[62] Bei der Formulierung solcher „weicher" Klauseln achtet der Mediator darauf, dass die Klausel nicht negativ als Schuldzuweisung an eine Seite formuliert wird, sondern eine Partei positiv heraushebt. Der Satz „Die Bank erkennt an, dass sie Herrn K. zu Unrecht einer Unterschlagung verdächtigt hat" unterscheidet sich inhaltlich kaum von der Formulierung, dass „Herr K. seine verantwortungsvolle Arbeit als Kassierer stets sorgfältig, einwandfrei und zur vollsten Zufriedenheit der Bank erbracht" hat. Während die Schuldzuweisung das weitere Verhältnis der Parteien belasten wird, kann die Bank die zweite Ehrenerklärung für

---

[62] Tatsächlich handelt es sich hier um typische „win-win"-Situationen, da eine Seite zufriedengestellt ist und auch deshalb einer Einigung zustimmt, ohne dass dies die Vertragskosten für die Gegenseite erhöht. Solchen Punkten sollte daher in jeder Phase des Mediationsverfahrens erhöhte Aufmerksamkeit geschenkt werden.

den Kassierer gesichtswahrend abgeben. Solange es dem Kassierer nur auf die Ehrenerklärung ankommt und er nicht von Rachegelüsten getrieben ist, die besser durch eine peinliche Entschuldigung befriedigt werden, kann auch er mit dieser Formulierung gut leben.

55   *bb) Anerkennungsklauseln und Vertragsreue.* Die meisten Mediationen enden nicht mit einer von beiden Parteien freudestrahlend vereinbarten „win-win"-Lösung, sondern mit einem zähneknirschend akzeptierten Kompromiss. Den Parteien fällt die Entscheidung, den Vergleich zu unterschreiben oder doch lieber den Rechtsweg zu beschreiten, entsprechend schwer. Ist der Vergleich unterschrieben, stellen sich oft nagende Zweifel ein, ob die Entscheidung richtig war. Dieses Gefühl der Vertragsreue ist eine Alltagserfahrung: Schon beim Verlassen des Geschäfts, in dem Sie einen sündhaft teuren und ebenso schönen Perserteppich gekauft haben, fragen Sie sich besorgt, ob Sie nicht doch vom Verkäufer übervorteilt wurden. Ähnlich geht es den Parteien in der Mediation nach Abschluss des Vergleichsvertrags. Um diesen Zweifeln entgegenzuwirken, die im Extremfall die Vertragseinhaltung gefährden können, fügen manche Mediatoren am Ende des Vertrags eine „Anerkennungsklausel" ein, in der sie die geleistete Arbeit der Parteien und die offen geführten Verhandlungen lobend erwähnen: „Die Parteien legen mit der vorstehenden Vereinbarung einen Streit gütlich bei, dessen Heftigkeit zu Beginn dieses Mediationsverfahrens die Anrufung eines staatlichen Gerichts unvermeidlich erscheinen ließ. Die Einigung wurde ermöglicht durch die jederzeit offene und konstruktive Verhandlungsführung und die ehrliche Kompromissbereitschaft beider Seiten. Auch wenn beiden Parteien der Kompromiss nicht leichtfällt, sind sie doch davon überzeugt, dass diese Einigung den weiteren Parteibeziehungen förderlicher und auch insgesamt vorzugswürdiger ist als ein langjähriger Gerichtsprozess mit ungewissem Ausgang, der bereits in der ersten Instanz Gerichtskosten von über € 50.000 verursacht hätte." Die Mediation selbst wird so thematisiert. Den Parteien wird noch einmal bewusst gemacht, welchen langen Weg sie vom Ausbruch des Konflikts bis zur gütlichen Beilegung des Streits zurückgelegt haben, ohne dass sie ein Gericht anrufen mussten. Gleichzeitig werden ihnen die Nachteile des alternativen Gerichtsprozesses mit all seinen Fallstricken in Erinnerung gerufen. Dieses Bewusstsein lässt die Einigung in einem günstigeren Licht erscheinen als der isolierte und verengte Blick auf den erzielten Kompromiss. In der Scheidungsmediation scheinen entsprechende Klauseln die Regeln zu sein.[63] Die Klausel hilft einem Mediationsteilnehmer auch dann, wenn er die ausgehandelte Einigung einem Dritten, etwa seinem Chef, erklären muss. In der Wirtschaftsmediation ist die Verwendung solcher

---

[63] *Ripke,* ZKM/KON:SENS 1999, S. 341 (343).

Klauseln vor allem dann sinnvoll, wenn die Streitparteien konfliktunerfahren und emotional sehr stark engagiert waren. Konflikterfahrene Parteien legen dagegen wenig Wert auf solche Klauseln und empfinden diese als unnötige Schönfärberei eines bitteren Kompromisses.

e) Erledigungsklauseln. Die Wirtschaftsmediation zielt auf die Beilegung   56 eines Konflikts durch gütliche Einigung. Die Parteien müssen im Vergleichsvertrag daher die Erledigung des Streits feststellen. Wichtig ist dabei, dass der Vertrag auch tatsächlich den Umfang der erledigten Probleme bestimmt und von den unberührt gebliebenen Ansprüchen abgrenzt. In der Praxis werden hier enorm viele Fehler gemacht. Die beliebte Formulierung von der „Erledigung aller streitgegenständlichen Ansprüche" greift in der Mediation zu kurz, da die streitbefangenen Ansprüche nicht wie im Prozess durch die Klageanträge und die ausgetauschten Schriftsätze eindeutig bestimmt sind. Der Umfang der Erledigung bleibt unklar und lässt sich dem Abschlussvertrag bestenfalls unter mühsamem Rückgriff auf eine detaillierte Einleitung mittelbar entnehmen. Bei Streitigkeiten aus Kauf- oder Werkverträgen wird bei einer Erledigungsklausel, wonach „alle wechselseitigen Ansprüche aus dem Vertrag x erledigt sind", häufig übersehen, dass der Käufer damit auch auf Gewährleistungsansprüche verzichtet, die er derzeit noch gar nicht kennt. Bei der Erstellung einer Gewerbeimmobilie mit einer Gewährleistung für Baumängel von fünf Jahren[64] hat dies weitreichende Konsequenzen, die schnell zu Haftungsansprüchen gegen den Mediator wegen fehlerhafter Vertragsgestaltung führen. Diese Beispiele zeigen, dass der Mediator die Erledigungsklausel nicht als Standardklausel in den Vertrag aufnehmen darf, sondern sehr sorgfältig formulieren muss. Im Zweifel bietet es sich an, positiv und ausdrücklich festzulegen, welche Ansprüche von der Erledigung ausgenommen sind. In den meisten Fällen handelt es sich um zukünftige und noch ungewisse Ansprüche, die die Parteien zum Unterschriftszeitpunkt noch gar nicht kennen können. Ein Beispiel sind Gewährleistungsrechte bei zukünftig auftauchenden Mängeln des Kaufgegenstands. Bisweilen gelingt in der Mediation nur eine Teileinigung, so dass eine Partei einige ihrer streitgegenständlichen Ansprüche anderweitig weiterverfolgt. Hier ist eine exakte Bezeichnung der ausgeklammerten Ansprüche unentbehrlich. Hängen diese Ansprüche vom streitigen Sachverhalt her mit den erledigten Ansprüchen zusammen, müssen die Parteien festlegen, ob und, wenn ja, welchen Einfluss die in der Mediation gewonnenen Erkenntnisse auf die weitere Anspruchsverfolgung haben sollen.

f) Schriftformvereinbarung und salvatorische Klausel. Eine wichtige   57 Standardklausel, die in die meisten Abschlussverträge gehört, ist die quali-

---

[64] Vgl. § 634a BGB bzw. § 13 Nr. 4 VOB/B.

fizierte Schriftformklausel. Sie stellt in einem ersten Teil ausdrücklich klar, dass der Abschlussvertrag die gesamte Einigung der Parteien wiedergibt und mündliche oder in einer anderen Urkunde befindliche Nebenabreden nicht bestehen. Nachdem der Status Quo so festgelegt ist, wird in der Klausel weiter vereinbart, dass spätere Änderungen des Vertrags schriftlich erfolgen müssen und dass die Parteien auf diese Schriftform ebenfalls nur schriftlich verzichten können. Der Sinn einer solchen Klausel liegt auf der Hand: Der Vertrag soll die Einigung vollständig dokumentieren. Die Parteien müssen sich darüber klar werden, dass Regelungen, die sie für vereinbart oder selbstverständlich halten, zwingend in den Vertrag aufzunehmen sind. Um auch später zwischen den Parteien keine Zweifel aufkommen zu lassen, was gilt und was nicht, müssen Änderungen des Abschlussvertrags schriftlich abgefasst werden. Diese Schriftform schützt gleichzeitig vor einer übereilten, nicht durchdachten Abänderung des Vertrags. Die Partei, die den Vertragspartner nach Unterzeichnung des Abschlussvertrags anruft und von „temporären Liquiditätsengpässen" berichtet, kann sich unabhängig vom Inhalt des Telefongesprächs nicht darauf berufen, es sei dort eine zinslose Stundung ihrer Zahlungspflicht vereinbart worden. Gemäß § 125 S. 2 BGB führt die Nichteinhaltung der vereinbarten Schriftform im Zweifel zur Unwirksamkeit der mündlichen Vereinbarung. Dieser harten, aber sinnvollen Regelung hat der BGH teilweise die Effektivität genommen, indem er die mündliche Aufhebung einer Schriftformklausel zulässt.[65] Der BGH meint, Vertragsparteien könnten sich sogar konkludent über die Aufhebung der Schriftformklausel verständigen, also ohne dass die Vertragspartner über die Schriftform auch nur gesprochen haben.[66] Umstritten ist weiter, ob auch der mündliche oder konkludente Verzicht auf die qualifizierte Schriftformklausel möglich ist, in der die Parteien ausdrücklich auch für die Aufhebung der Schriftform eine schriftliche Vereinbarung vorgesehen haben.[67] Trotz dieser Einschränkungen und Unwägbarkeiten bleibt die Verwendung der Schriftformklausel weiter sinnvoll. Zum einen halten sich die Parteien auf Grund des Appellcharakters der Klausel faktisch an eine solche Vereinbarung, auch wenn die mündliche Abbedingung wirksam wäre. Und zum anderen muss die Partei, die sich auf die Vertragsänderung beruft, sowohl diese Änderung als auch die Aufhebung des Formzwangs beweisen.[68]

---

[65] BGH NJW 1991, 1750 (1751) m. w. N.

[66] BGH NJW 1962, 1908; vgl. auch BAG NJW 1989, 2149 (2150) m. w. N.

[67] Der BGH hat dies in einer Entscheidung verneint (NJW-RR 1991, 1290); kritisch dazu unter ausführlicher Darstellung der Gesamtproblematik *Heinrichs*, in: Palandt, § 125, Rdn. 14.

[68] Vgl. nur *Heinrichs*, in: Palandt, § 125, Rdn. 14.

Als salvatorische Klausel bezeichnet man eine Vereinbarung, wonach im   58
Falle der Unwirksamkeit einer vertraglichen Bestimmung der übrige Ver-
tragsteil wirksam bleibt; die gesetzliche Vermutungsregel des § 139 BGB
gilt also nicht. Diese „Erhaltungsklausel" wird ergänzt durch eine „Erset-
zungsklausel", wonach die unwirksame Klausel automatisch durch eine
rechtlich zulässige Regelung ersetzt wird, die dem wirtschaftlich Gewollten möglichst nahe kommt.[69] Auf diese Weise soll die Unwirksamkeit einer Regelung unter möglichst enger Orientierung am ursprünglichen Parteiwillen behoben werden. Der BGH deutet die Erhaltungsklausel als
Beweislastregel: Die Partei, die sich auf die Gesamtnichtigkeit des Vertrags
beruft, muss nun beweisen, dass die Parteien den Vertrag nicht geschlossen hätten, wenn sie die Unwirksamkeit der Teilregelung gekannt hätten.[70]
Dieser Beweis ist in der Praxis kaum zu führen. Bei formularmäßigem
Gebrauch ist fraglich, ob die Klausel gegen § 306 Abs. 2 BGB verstößt
und ihrerseits unwirksam ist.[71] Im Streitfall sind sich die Parteien häufig
uneins, welcher wirtschaftliche Erfolg mit der nichtigen Klausel beabsichtigt war, so dass die Ersetzungsregel häufig leer läuft.

g) Streitbeilegungsklauseln im Abschlussvertrag. Bei allen Bemühungen,   59
den Abschlussvertrag eindeutig zu formulieren, kann es doch zu Streitigkeiten aus der Vereinbarung kommen. Die Ursachen hierfür reichen von
einer tatsächlich zweideutigen Klausel über die Nicht- oder Schlechter-
füllung von Vertragspflichten bis hin zu außerhalb der Parteisphäre liegenden Faktoren, wie etwa einer Gesetzesänderung oder einer Natur-
katastrophe, die zum Wegfall der Vertragsgrundlage führt. Wo solche
Anschlusskonflikte entstehen, dient es der zügigen Streitbeilegung, wenn
im Vergleichsvertrag Regeln hierfür festgelegt sind. Üblich sind Gerichts-
standsklauseln, die im Voraus das zur Streitentscheidung berufene Gericht
festlegen.[72] Im Wirtschaftsverkehr sind bei größeren Verträgen Schieds-
vereinbarungen verbreitet, wonach die Entscheidung des Konflikts einem
privaten Schiedsgericht anstelle des staatlichen Richters übertragen wird.[73]
Einen bloßen Appellcharakter haben Klauseln, wonach sich die Parteien
um eine gütliche Einigung bemühen werden.

Interessant ist die Frage, ob die Parteien nicht für Anschlusskonflikte   60
eine Mediationsklausel[74] in den Abschlussvertrag aufnehmen sollen.[75] Dies

---

[69] *Strohe,* NJW 2003, S. 1780 f.
[70] BGH NJW 2003, 347.
[71] Zum Streitstand vgl. *Heinrichs,* in: Palandt, § 306, Rdn. 9.
[72] Vgl. § 38 ff. ZPO, wonach Privatpersonen eine solche Vereinbarung nicht im
Voraus schließen können.
[73] Vgl. § 1031 ZPO.
[74] Formulierungsbeispiele finden sich oben § 3, Rdn. 45 ff.
[75] Für die Familienmediation befürwortet dies *Ripke,* ZKM/KON:SENS 1999,
S. 341 (343).

scheint nahe liegend, haben doch die Parteien mit der Mediation gute Erfahrungen gemacht, wie die erzielte Einigung demonstriert. In aller Regel ist die Mediationsklausel aber fehl am Platze. Im Abschlussvertrag sind die wechselseitigen Rechte und Pflichten so eindeutig definiert, dass sich klärungsbedürftige Punkte nicht mehr ergeben. Der Abschlussvertrag stellt das endgültige Ergebnis der durch den Mediator geleiteten Verhandlungen dar und darf durch eine Mediationsklausel nicht für Nachverhandlungen geöffnet werden. Eine Partei könnte sonst schnell versucht sein, bei auftretenden eigenen Problemen das Mediationsergebnis durch Nachverhandlungen zu verbessern. Dass äußere Faktoren die Vertragsgrundlage zerstören, ist selten. In diesem Fall werden die nun mediationserfahrenen Parteien vermutlich selbst auf den Gedanken kommen, die Vertragsanpassung mit Hilfe eines Mediators auszuhandeln, so dass es einer bindenden Klausel nicht bedarf. Sinnvoll ist die Vereinbarung einer Mediation für Anschlusskonflikte nur im Ausnahmefall. So mögen bei einer in der Mediation ausgehandelten Rahmenvereinbarung Anschlusskonflikte bei der komplexen Vertragsdurchführung wahrscheinlich sein, ohne dass diese Konflikte bereits bekannt sind und im Vertrag bewältigt werden können. Als Beispielsfall kann ein Konflikt um eine Großbaustelle dienen, wo sich die Parteien in der Mediation geeinigt haben, dass der Werkunternehmer seine zunächst eingestellten Arbeiten fortsetzt und das Bauvorhaben fertigstellt. Nach der Lebenserfahrung sind Anschlusskonflikte auf einer Großbaustelle sicher zu erwarten. Muss die Außendrainage für die Trockenlegung des Fundaments als Nachtrag zusätzlich vergütet werden oder war sie im ursprünglichen Leistungsumfang enthalten? Ist der Werkunternehmer schuld an der Bauverzögerung oder sind hierfür fehlende Vorleistungen anderer Baufirmen ursächlich? In solchen Fällen kann es sinnvoll sein, zusammen mit der Rahmenvereinbarung festzulegen, dass derartige Konflikte zeitnah einer Mediation oder der Entscheidung durch ein „Dispute Review Board"[76] zugeführt werden, um eine Eskalation bis hin zum erneuten Baustopp zu verhindern. Allerdings stellen solche Klauseln dann meist einen Kernbestandteil der Einigung dar und nicht lediglich eine Schlussbestimmung: Die Parteien können ungewisse, in der Zukunft liegende Probleme nicht inhaltlich regeln, wohl aber einem klar definierten Klärungsverfahren zuweisen.

3. Form des Abschlussvertrags

61 Der Vergleichsvertrag wird in der Mediation schriftlich abgeschlossen.[77] Theoretisch können die Vertragspartner in Deutschland Verträge jeder Größenordnung mündlich schließen, doch faktisch erzwingen die mit der

---

[76] Vgl. dazu unten § 15, Rdn. 53.

[77] § 9 Abs. 1 (a) gwmk-VO setzt den schriftlichen Vergleichsabschluss voraus.

schriftlichen Abfassung verbundenen Vorteile die Einhaltung der Schriftform. Hinzu kommt das emotionale Moment, wonach in unserer Rechtskultur schriftliche Verträge für verbindlicher gehalten werden als mündliche Vereinbarungen. Übereilten und unbedachten Kompromissen wird durch das Erfordernis der förmlichen Unterschriftsleistung vorgebeugt. Die Schriftform dokumentiert die Einigung und hält sie dauerhaft fest. Sie sichert gleichzeitig die Beweisfähigkeit der Vereinbarung. Zudem formulieren wir schriftlich präziser als mündlich, was Missverständnissen entgegenwirkt. Nur der schriftliche Vertragsentwurf ermöglicht die rasche Prüfung durch Rechtsanwälte, Steuerberater oder zustimmungspflichtige Unternehmensorgane. Schließlich hat auch der Mediator ein Eigeninteresse an der Schriftform, um sich gegen ihn erhobene Haftungsansprüche leichter verteidigen zu können.

4. Vertragssprache

Es ist ein Allgemeinplatz, dass ein Vertrag einfach, klar und allgemeinverständlich formuliert werden soll.[78] Für die Wirtschaftsmediation gilt das in besonderer Weise, sollen doch die Parteien den Vertrag noch als das Produkt eigener Verhandlungen erkennen können.[79] Dies wird durch den Einbezug der Parteien in den Vorgang der Vertragsgestaltung gewährleistet, wo der beratende Mediator oder Jurist die Formulierungsvorschläge der Parteien bewusst aufgreift. Für den Juristen beginnt hier oft eine Gratwanderung zwischen rechtlicher Präzision, die er am besten durch die Verwendung von Fachbegriffen gewährleisten kann, und der Übernahme von laienhaften, aber identifikationsstiftenden Formulierungen der Parteien. Im Zweifel verdienen die Fachbegriffe den Vorzug, weil den Parteien die rechtlich richtige Umsetzung letztlich wichtiger ist als die eigene Wortwahl. Die Fachbegriffe müssen dann erläutert werden, was durchaus auch durch einen Klammerzusatz im Vertrag selbst geschehen darf. Die „Auseinandersetzung der Erbengemeinschaft" wird so um den Klammerzusatz „Aufteilung des Nachlasses auf die einzelnen Erben" ergänzt. Der Mediator wacht sensibel über die Neutralität der Wortwahl,[80] die emotional betroffene Parteien häufig vernachlässigen. Unproduktive Schuldzuweisungen unterbleiben. Es ist sinnlos, die Vereinbarung einer sofortigen Kreditrückzahlung langatmig damit zu begründen, „weil B die Darlehensgewährung durch falsche Angaben erschlichen hat". Es genügt, wenn die Teilnehmer die Gründe für die Regelung in der Mediationsverhandlung erörtert haben. Wo eine Partei ausdrücklich Wert auf die Feststellung der Verantwortlichkeit legt, steht statt einer Schuldzuwei-

62

---

[78] Vgl. nur *Langenfeld*, Einführung in die Vertragsgestaltung, § 5.
[79] Vgl. dazu oben § 10, Rdn. 2.
[80] *Ripke*, ZKM/KON:SENS 1999, S. 341 (342).

sung eine positive Formulierung: „Die Parteien sind sich einig, dass B den Kreditbetrag zurückerhält, weil seine Entscheidung über die Darlehensvergabe auf unzutreffenden Angaben beruhte, ohne dass B dies erkennen konnte".

63   Ein anders geartetes Sprachproblem entsteht in Wirtschaftsmediationen, an denen Streitparteien mit verschiedenen Muttersprachen teilnehmen. Diese Fälle werden wegen der Globalisierung der Weltwirtschaft und der Eignung der Mediation gerade für internationale Handelsstreitigkeiten zunehmen.[81] Für das Mediationsverfahren wird eine Verhandlungssprache, meist Englisch, bereits in der Mediationsvereinbarung festgelegt.[82] Wird der Abschlussvertrag auch in den Muttersprachen der Teilnehmer ausgefertigt, müssen die Vertragspartner vereinbaren, welche Vertragssprache verbindlich sein soll.[83] Sonst drohen Folgestreitigkeiten, die aus Fehlern oder unvermeidbaren Unschärfen der Übersetzung entstehen. Der grenzüberschreitende Vergleichsvertrag enthält regelmäßig auch eine Rechtswahlklausel, die bestimmt, welche Rechtsordnung bei Streitigkeiten aus dem Vergleichsvertrag zur Anwendung kommen soll.

5. Äußere Gestaltung

64   Die Form steht für den Inhalt. Wenn der Mediator erreichen will, dass die Parteien sich mit ihrer eigenen Leistung, dem Abschlussvertrag, identifizieren, genügt es nicht, dass der Vergleich inhaltlich überzeugt. Ein eilig zusammengeschriebener Vertragstext mit Tippfehlern und lieblos zusammengehefteten Seiten strahlt eine geringere Verbindlichkeit aus als die sorgfältig erstellte Vertragsurkunde, die mit Deckblatt und – bei ausführlichen Verträgen – auch mit vorangestellter Inhaltsangabe versehen, ordentlich gebunden ist. Im Vertragstext selbst erleichtern durch Fettdruck hervorgehobene, aussagekräftige[84] Überschriften das Auffinden der einschlägigen Regelungen. Man mag diese Hinweise belächeln. Doch der erste, prägende Eindruck eines Vertragswerks wird von seiner äußeren Form vermittelt. Der Leser schließt von der Form auf den Inhalt. Der noch so brillante Vertragsinhalt wird nicht als solcher wahrgenommen, wenn der Leser, etwa der später über die Vertragspflichten entscheidende Richter, zunächst auf einige unübersichtliche Papierseiten blickt. Nicht umsonst werden völkerrechtliche Verträge mit goldberandeten Seiten in Leder gebunden und notarielle Urkunden mit Landeswappen und Siegel versehen.

---

[81] Ausführlich zu dieser Entwicklung, *Risse*, WM 1999, S. 1864 ff.

[82] Vgl. oben § 3, Rdn. 54.

[83] Zum Parallelproblem in der Schiedsgerichtsbarkeit vgl. *Schütze*, Schiedsgericht und Schiedsverfahren, 2. Aufl. 1998, Rdn. 171 ff.

[84] Also nicht „Pflichten von Partei A", sondern „A zahlt an B € 100.000".

VI. Rechtliche Grenzen der Vertragsgestaltung

Der Abschlussvertrag in der Mediation stellt rechtlich einen Vergleichs- **65** vertrag dar. Die Tatsache, dass dieser Vertrag Ergebnis einer Wirtschaftsmediation ist, führt weder zu gelockerten noch zu verschärften Gültigkeitsanforderungen. Es gelten die allgemeinen Regeln des Vertragsrechts, die im Folgenden nur im kursorischen Überblick wiedergegeben werden.

1. Vergleich gemäß § 779 BGB

Ein Vergleichsvertrag ist dadurch gekennzeichnet, dass beide Seiten im **66** Verhältnis zu ihren Ausgangsforderungen nachgeben. Es genügt, wenn das Nachgeben einer Seite äußerst gering ist oder wenn eine Partei den geltend gemachten Anspruch für eine Gegenleistung anderer Art aufgibt.[85] Regelmäßig stellen deshalb auch „win-win"-Lösungen einen Vergleich dar, weil die gefundene neue Lösung anstelle der Ausgangsforderungen tritt. Insgesamt endet die erfolgreiche Mediation daher fast immer mit einem Vergleich im Sinne von § 779 BGB.[86] Es bleibt die große Ausnahme, dass ein Mediationsteilnehmer die Forderung der Gegenseite vollumfänglich anerkennt[87] oder lediglich eine Stundung bewilligt bekommt.[88]

Die gesetzliche Regelung in § 779 BGB, wonach Irrtümer über die Ver- **67** gleichsgrundlage zur Unwirksamkeit des Vergleichsvertrags führen, verstehen juristische Laien oft falsch. Durch den Vergleich wollen die Parteien eine von ihnen angenommene Unsicherheit hinsichtlich der Sach- oder Rechtslage beseitigen. Besteht diese Unsicherheit tatsächlich nicht oder wird die unsichere Sachlage nach Abschluss des Vergleichs aufgeklärt, beeinflusst diese Klärung die Wirksamkeit des Vergleichs nicht. So mögen etwa der Verkäufer eines Grundstücks und ein Immobilienmakler darum streiten, ob die Provisionsabrede beurkundet werden musste, weil der Verkäufer nach der Vereinbarung auch für den Fall des von ihm abgelehnten Käufers Maklerlohn schuldet. Legen die Parteien diesen Streit vergleichsweise bei, wird die Wirksamkeit der Einigung nicht dadurch berührt, dass der BGH diese Frage längst entschieden hat[89] oder kurz nach Abschluss des Vergleichs entscheidet. Denn die Parteien wollten ihre zum Zeitpunkt des Vergleichsabschlusses subjektiv bestehende Unsicherheit in

---

[85] Vgl. nur *Thomas*, in: Palandt, § 779, Rdn. 9.

[86] *Hacke*, ADR-Vertrag, S. 273.

[87] Bei voller Anerkennung liegt ein Schuldbestätigungsvertrag vor, vgl. *Sprau*, in: Palandt, § 781, Rdn. 3.

[88] In diesem Fall ist strittig, ob es sich um einen Vergleich i. S. v. § 779 BGB handelt; vgl. RGZ 146, 355 (358).

[89] BGH NJW-RR 1992, 817 (818).

dieser Rechtsfrage beseitigen, und genau das haben sie erreicht.[90] Unwirksamkeit nach § 779 BGB tritt nur ein, wenn beide Parteien bei Abschluss des Vergleichs von einer Sachlage ausgehen, die tatsächlich so nicht existiert. Gehen die Parteien im Streit um den Maklerlohn beide irrtümlich davon aus, dass das Grundstück bereits verkauft ist und der Provisionsanspruch bei Formwirksamkeit des Maklervertrags daher bestünde, ist der Vergleich über die Maklercourtage unwirksam, wenn der Grundstückskauf doch scheitert. Insofern stellt § 779 BGB nur einen gesetzlich geregelten Sonderfall des Wegfalls der Geschäftsgrundlage dar.[91] Praktische Anwendungsfälle sind selten. Bei der Gestaltung des Abschlussvertrags kann man schwierigen Abgrenzungsfragen, was die Parteien als feststehend angenommen haben und was nicht, vorbeugen, indem in der Präambel des Vergleichsvertrags eine ausdrückliche Festlegung der Vergleichsgrundlage erfolgt.

2. Gesetzliche Verbote und Sittenwidrigkeit

68   Abschlussverträge, die gegen ein gesetzliches Verbot oder gegen die guten Sitten verstoßen, sind nach §§ 134, 138 BGB unheilbar nichtig. Derartige Verträge werden nur selten das Ergebnis einer Wirtschaftsmediation sein. Der Verstoß des Vertrags gegen ein gesetzliches Verbot drängt sich in aller Regel meist unmittelbar auf, ist von den Parteien nicht gewollt und wird jedenfalls vom rechtskundigen Mediator verhindert. Hinzu kommt, dass die meisten gesetzlichen Verbote sich nur gegen die Art und Weise des Zustandekommens des Vertrags richten. Zur Nichtigkeit des Vergleichs führt § 134 BGB nur, wenn sich das Verbot gerade gegen die Vornahme des Rechtsgeschäfts richtet.[92] So führt etwa nur der absichtliche Verstoß beider Vertragsparteien gegen das Schwarzarbeitergesetz zur Nichtigkeit des Vertrags,[93] nicht aber der einseitige Verstoß des Werkunternehmers.[94] Die Mediation betont oft das Gewinnpotential, das in einer Kooperation der Streitparteien liegt. Handelt es sich bei den Kontrahenten um zueinander im Wettbewerb stehende Unternehmen, darf eine vereinbarte Kooperation nicht gegen das gesetzliche Kartellverbot des § 1 GWB verstoßen. Welche Verbotsgesetze im Einzelfall zu beachten sind, hängt von der Art des Konflikts ab, der durch die Mediation beigelegt wurde.

69   Für die Wirtschaftsmediation wird § 138 BGB bisweilen relevant, der sittenwidrige Vergleichsverträge verbietet. Der harsche Vorwurf der Sittenwidrigkeit wird nämlich in § 138 Abs. 2 BGB dahingehend präzisiert,

---

[90] BGH NJW 1959, 2109.
[91] *Thomas*, in: Palandt, § 779, Rdn. 13.
[92] BGH NJW 1983, 2873.
[93] BGHZ 111, 308 (311).
[94] BGH NJW 1985, 2403 (2404).

dass ein Rechtsgeschäft nichtig ist, wenn Leistung und Gegenleistung in einem auffälligen Missverhältnis zueinander stehen und dieses unausgewogene Vertragsverhältnis darauf zurückgeht, dass eine Seite bei den Vertragsverhandlungen die Unerfahrenheit oder Willensschwäche ihres Gegenübers ausgenutzt hat. Diese Konstellation kann in der Mediation auftreten, wenn eine Partei erheblich durchsetzungsstärker als ihr Kontrahent ist, der sich nur nach einem Ende des Konflikts sehnt und daher alles zu unterschreiben bereit ist. Anders als in der Scheidungsmediation sind solche Fälle in der Wirtschaftsmediation selten, weil dort regelmäßig geschäftserfahrene Teilnehmer am Verhandlungstisch sitzen. Hinzu kommt, dass an einer Wirtschaftsmediation fast immer Parteianwälte teilnehmen, die eine Übervorteilung ihres Mandanten verhindern. Jedenfalls sollte die dringende Anregung des Mediators, vor Unterzeichnung des Abschlussvertrags parteilichen Rechtsrat einzuholen,[95] eine grobe Unausgewogenheit der Verhandlungsstärke und die damit drohende Sittenwidrigkeit des Vergleichsvertrags verhindern.

3. Formfehler

Nach § 125 BGB führt die Nichteinhaltung der gesetzlich vorgeschrie- 70 benen Form zur Nichtigkeit des Vertrages. Nach Satz 2 dieser Bestimmung gilt dies im Zweifel auch dann, wenn eine vertraglich vereinbarte Form durch den Vergleichsvertrag missachtet wird. Da Abschlussverträge in der Wirtschaftsmediation ausnahmslos schriftlich abgeschlossen werden,[96] wird ein vertraglich vereinbartes Schriftformerfordernis automatisch gewahrt. Weitergehende gesetzliche Formvorschriften konzentrieren sich vornehmlich auf das Grundstücks- und Gesellschaftsrecht. Nach § 311b BGB sind Verträge über die Veräußerung eines Grundstücks beurkundungspflichtig. Der BGH fasst den Anwendungsbereich dieser Vorschrift sehr weit.[97] Der Formzwang erfasst die gesamte Einigung, auch wenn der beurkundungspflichtige Vorgang nur einen Ausschnitt des Gesamtvergleichs darstellt.[98] Im Gesellschaftsrecht bedarf etwa die Abtretung eines GmbH-Geschäftsanteils[99] oder die Änderung der GmbH-Satzung[100] der notariellen Beurkundung. Im Einzelfall werden die an der Mediation teilnehmenden juristischen Berater auf anwendbare Formvorschriften hinweisen. Der selbst nicht rechtskundige Mediator sollte bei komplexen Fallgestaltungen oder grundstücks- bzw. gesellschaftsrechtlichen Vorgän-

---

[95] Vgl. dazu § 4, Rdn. 16.
[96] Vgl. dazu oben § 10, Rdn. 61.
[97] Einen Überblick über relevante Vertragstypen gibt *Heinrichs*, in: Palandt, § 313, Rdn. 24.
[98] Ständige Rechtsprechung: BGHZ 63, 361; 74, 348; 78, 349.
[99] § 15 Abs. 3 GmbHG.
[100] § 53 Abs. 2 GmbHG.

gen die Parteianwälte ausdrücklich nach einer anwendbaren Formvorschrift fragen, um eigene Haftungsrisiken zu vermeiden. In Zweifelsfällen empfiehlt sich das Aufsuchen eines Notars als der sicherere Weg. Ist in dem Konflikt bereits ein Rechtsstreit vor Gericht anhängig, ersetzt die gerichtliche Protokollierung des Vergleichs nach § 127 a BGB auf kostengünstige Weise die notarielle Beurkundung.

4. Anfechtbarkeit

71   Ein anfechtbarer Abschlussvertrag unterscheidet sich von einem nichtigen Vergleich dadurch, dass der Anfechtungsberechtigte die Wahl hat, ob er den Vergleich trotz des zur Anfechtung berechtigenden Tatbestands bestehen lassen will oder ob er durch eine Anfechtungserklärung die Nichtigkeit herbeiführt. Die Anfechtbarkeit wegen Irrtums nach § 119 BGB setzt voraus, dass sich ein Vertragspartner bei der Abgabe seiner Vertragserklärung über deren Inhalt geirrt hat. Er wollte etwas erklären, hat für seine Erklärung aber eine Formulierung gewählt, die der Empfänger der Erklärung nach seinem maßgeblichen Empfängerhorizont anders verstanden hat und auch anders verstehen durfte.[101] Ein Beispiel: In einer presserechtlichen Auseinandersetzung verlangt der Sportstar Schadenersatz von einer Illustrierten, die ihm uneheliche Zwillinge angedichtet hat, für die er nicht einmal Unterhalt zahle. In der Mediation fordert der Sportstar zumindest eine „Gegendarstellung". Er glaubt, dass die Illustrierte so die Unrichtigkeit des Artikels positiv bestätigt. Tatsächlich gibt die presserechtliche Gegendarstellung dem Sportstar nur die Möglichkeit, die Darstellung in der Zeitschrift abzustreiten, was im Regelfall dazu führt, dass der unangenehme Vorwurf länger in der Diskussion bleibt. Für eine Richtigstellung des Artikels durch die Redaktion wäre es erforderlich gewesen, einen „Widerruf" zu vereinbaren. Wegen des Inhaltsirrtums über den Begriff „Gegendarstellung" kann der Sportstar den geschlossenen Vergleichsvertrag anfechten und so dessen Unwirksamkeit herbeiführen. Da der Fehler bei ihm liegt, muss er die Anfechtung unverzüglich nach Aufdecken des Irrtums vornehmen[102] und ist der Illustrierten zudem nach § 122 BGB zum Ersatz des Schadens verpflichtet, der dieser dadurch entstanden ist, dass sie auf die Wirksamkeit des Vergleichs vertraut hat. Wegen dieser Schadenersatzverpflichtung sollte derjenige, der wegen eines eigenen Irrtums zur Anfechtung berechtigt ist, immer prüfen, ob nicht doch die Durchführung des Vergleichs die günstigere Alternative ist. Die schwierigen Einzelheiten der Anfechtung wegen eines Inhalts- oder Erklärungsirrtums können hier nicht erörtert werden. Für den Mediator ist nur wichtig, die hier lauernden Haftungsgefahren zu erkennen. Es ist auch seine Auf-

---

[101] Vgl. *Heinrichs,* in: Palandt, § 119 Rdn. 11.
[102] § 121 BGB.

gabe, darauf hinzuwirken, dass die Parteien sich über Inhalt und Reichweite ihrer Erklärungen wirklich klar sind. Zu Inhaltsirrtümern sollte es in der Wirtschaftsmediation eigentlich nicht kommen.

Praxisrelevanter ist für die Wirtschaftsmediation die Anfechtbarkeit 72 wegen arglistiger Täuschung nach § 123 BGB. Sie setzt voraus, dass ein Vertragspartner vorsätzlich einen Irrtum in der vergleichsschließenden Partei herbeigeführt und diese so zum Abschluss der Vereinbarung bewegt hat.[103] Ein leicht denkbarer Anwendungsfall ist die Vorspiegelung der Fähigkeit, die im Vergleich vereinbarte Summe zahlen zu können. Diese Vortäuschung der Zahlungsfähigkeit berechtigt den getäuschten Kontrahenten dazu, den Vergleich durch eine Anfechtung zu vernichten. Da der Fehler nicht bei ihm liegt, hat er hierfür ein Jahr nach Aufdeckung des Irrtums Zeit[104] und ist zu keinem Schadenersatz verpflichtet. Meist haftet die täuschende Partei zusätzlich auf Schadenersatz aus Verschulden bei Vertragsverhandlungen gemäß §§ 280, 311 Abs. 2 BGB oder aus Delikt.[105] Ein anderes Beispiel für eine arglistige Täuschung ist die Behauptung eines Erben, es gäbe leider kein Testament, wenn dieser Erbe das Testament wegen des ungünstigen Inhalts zuvor selbst vernichtet hat. Wenn die Miterben im Vertrauen auf diese Behauptung in der Mediation einen Vergleich schließen, können sie ihre Erklärung später anfechten. Für den Mediator ist es wichtig, die Rechtsfolgen einer Anfechtbarkeit nach § 123 BGB zu kennen. Sofern er in der Mediation realisiert, dass eine Seite den Abschlussvertrag durch eine arglistige Täuschung zu erreichen versucht, kann er die Partei in einem Einzelgespräch auf die schwerwiegenden rechtlichen Konsequenzen eines solchen Verhaltens hinweisen. Wenn er so keine Änderung der Verhandlungstaktik erreichen kann, ist es erforderlich, die Mediation abzubrechen.[106] Nicht unproblematisch ist in diesem Zusammenhang auch das vertraglich vereinbarte Verbot der Parteien, den Mediator in einem Folgeprozess als Zeugen für in der Mediation getätigte Äußerungen zu benennen.[107] So sinnvoll diese Vereinbarung für die Abschirmung des Mediationsverfahrens ist, nimmt sie einer Partei doch häufig die einzige Möglichkeit, eine arglistige Täuschung zur Herbeiführung des Vergleichsvertrags zu beweisen.

5. Beachtung der AGB-Vorschriften

Ein Abschlussvertrag verstößt selten gegen die Vorgaben der §§ 305 ff. 73 BGB, die vorformulierte Vertragsklauseln einer Inhaltskontrolle unterzie-

---

[103] Zu den Einzelheiten vgl. *Heinrichs,* in: Palandt, § 123, Rdn. 2 ff.
[104] § 124 Abs. 1 BGB.
[105] *Heinrichs,* in: Palandt, § 123, Rdn. 26 f.
[106] Vgl. dazu auch oben § 4, Rdn. 16.
[107] Vgl. § 8 Abs. 5 gwmk-VO (Anhang Nr. 1) und oben § 6, Rdn. 50.

hen. Schließlich ist es gerade ein Anliegen der Mediation, die Parteien selbst den Vertrag aushandeln zu lassen, was die Verwendung vorformulierter Klauseln automatisch vermeidet.[108] Dennoch gibt es auch in der Mediation eine AGB-Problematik. Die Parteien überlassen es nämlich häufig dem Mediator, die nur in Grundzügen festgelegte Einigung in ein rechtswirksames Vertragswerk umzusetzen.[109] Bei Klauseln, die nicht die wesentlichen Vertragspflichten darstellen, hat der Mediator einen Gestaltungsspielraum bei der Erstellung seines Entwurfs. So sind etwa Bestimmungen zur Vertragsstrafe selten im Voraus mit den Parteien abgesprochen, sondern werden vom Mediator vorgeschlagen. Zweifelhaft ist allerdings, ob solche vom Mediator entworfenen Klauseln nicht deshalb der Kontrolle der §§ 305 ff. BGB entzogen sind, weil der Mediator neutral ist und die strittige Formulierung daher nicht von einer Seite i. S. v. § 305 Abs. 1. Satz 1 BGB „gestellt" wird. Die diffizile Problematik ist bekannt, besteht sie doch bei Formulierungsvorschlägen eines unparteiischen Notars in ganz ähnlicher Weise.[110] Sehr schnell können Formulierungen des Mediators der Klauselkontrolle unterliegen, wenn die Mediation in einem Streit zwischen einem Unternehmer und einem Verbraucher stattgefunden hat. Die Einstufung solcher Klauseln als Allgemeine Geschäftsbedingungen des Unternehmers wird hier nach § 310 Abs. 3 Nr. 1 BGB fingiert. Die gesetzliche AGB-Kontrolle findet auch Anwendung, wenn die Erstellung des Vertragsentwurfs einem Parteianwalt übertragen wird und ein Aushandeln der vorgeschlagenen Klauseln später unterbleibt. In solchen Fällen können insbesondere die Klauselverbote ohne Wertungsmöglichkeit in § 309 BGB, der über § 307 BGB auch auf Vergleichsverträge zwischen Unternehmen ausstrahlt,[111] zur Unwirksamkeit von einzelnen Vertragsbestimmungen führen. In Abschlussverträgen übliche Klauseln, wie etwa Vertragsstrafeversprechen[112] oder Verzugsbestimmungen,[113] können dann plötzlich unwirksam sein.

[108] Selbst die Verwendung vorformulierter Klauseln schließt eine Inhaltskontrolle nach den AGB-Kontrollregeln aus, wenn die Vertragsparteien über diese Klausel ergebnisoffen verhandelt haben; vgl. im Einzelnen BGHZ 84, 109 (111); BGH NJW 1998, 2600 (2601); 2000, 1110 (1111).
[109] Vgl. dazu oben § 10, Rdn. 29 ff.
[110] Die Rechtsprechung differenziert hier, ob der Notar wirklich als unabhängiger Dritter oder vornehmlich im Interesse einer Partei tätig geworden ist. Die Abgrenzung ist unscharf; vgl. nur den Überblick von *Heinrichs,* in: Palandt, § 305 BGB, Rdn. 7 f.
[111] BGHZ 90, 273 (278); 103, 316 (328).
[112] Vgl. § 309 Nr. 5, 6 BGB.
[113] § 309 Nr. 4 BGB.

6. Unklare Formulierungen

Häufiger als alle vorgenannten Fallgruppen führt die ungenaue und   **74** zweideutige Formulierung im Abschlussvertrag dazu, dass rechtliche Probleme bei der Umsetzung des Vergleichs auftreten. Stehen die Pflichten der Parteien im klaren Widerspruch zueinander oder lässt sich der Inhalt einer vage angedeuteten Leistungspflicht nicht ermitteln, ist die Klausel unwirksam. Spätestens hier rächt es sich, wenn die Parteien aus falschem Kostenbewusstsein auf eine Rechtsberatung verzichtet haben, weil sie im Gefühl des Verhandlungsdurchbruchs juristische Feinheiten für entbehrlich hielten. Der für den Laien zunächst eindeutige Satz, wonach bei Nichterfüllung der Vertragspflicht ein Schadenersatz von € 10.000 zu zahlen sei, lässt offen, ob dies auch im Fall des Verzugs gelten soll und ob dem Anspruchsgegner der Nachweis eines geringeren Schadens offensteht. Soll der Anspruch auf Schadenersatz/Vertragsstrafe anstelle des untergehenden ursprünglichen Erfüllungsanspruchs treten[114] oder können beide Ansprüche noch kumulativ eingeklagt werden? Der „Stundung auf zehn Monate" ist nicht zu entnehmen, ob während dieser Zeitdauer wenigstens Zinsen anfallen. Die vereinbarte Pflicht, „Vertriebsaktivitäten für medizinische und ähnliche Produkte im Vertriebsbereich der anderen Partei für einen angemessenen Zeitraum zu unterlassen", kann kein Richter in eine Einstweilige Verfügung umsetzen, da sie zu unbestimmt ist und zudem ernsthafte kartellrechtliche Fragen aufwirft. Die laienhafte Formulierung, für die Erfüllung der Vertragspflicht mit „seinem Gehalt einzustehen", kann als Verpfändung, Sicherungsabtretung oder bloße Bekräftigung mit jeweils unterschiedlichen Inhalten und zu beachtenden Formvorschriften verstanden werden. Im Zeitpunkt des Vertragsschlusses mag über all diese Auslegungsfragen Einigkeit herrschen, die bei Ausbruch des Anschlusskonflikts aber mit einiger Sicherheit dahin ist. Die willkürlich herausgegriffenen Beispiele zeigen erneut, wie wichtig eine juristische Beratung der Mediationsparteien ist und welche Haftungsrisiken hier für einen Mediator schlummern, der auf die rechtliche Überprüfung des im Entwurf vorliegenden Abschlussvertrags nicht hinwirkt.[115]

VII. Durchsetzung der Vertragspflichten

In der Diskussion um die Vor- und Nachteile der Wirtschaftsmediation   **75** wird oft betont, dass der Abschlussvertrag anders als das gerichtliche Urteil nicht vollstreckbar sei. Insofern sei nicht sichergestellt, dass der Streit mit der von den Parteien erarbeiteten Einigung tatsächlich seinen Ab-

---

[114] Vgl. § 340 Abs. 1 S. 2 BGB.
[115] Eingehend dazu oben § 10, Rdn. 34.

schluss findet. Manche Notare[116] argumentieren, ihr Berufsstand sei für die Durchführung einer Mediation besonders geeignet, weil ein Notar-Mediator durch die Beurkundung der Einigung einen vollstreckbaren Titel herbeiführen kann.[117] So richtig es ist, dass bei Nichterfüllung der im Abschlussvertrag übernommenen Pflichten nicht am nächsten Tag der Gerichtsvollzieher vor der Tür steht, zäumt diese Diskussion doch das Pferd von hinten auf. Zunächst einmal ist festzuhalten, dass die Rechte aus einem Abschlussvertrag immer vollstreckbar sind. Die vollstreckungswillige Partei muss dazu nur Klage beim Gericht erheben, was Zeit und Geld kostet. Die unter dem Titel „Vollstreckbarkeit von Mediationsergebnissen" geführte Diskussion ist in Wahrheit nur eine Diskussion um die sofortige Vollstreckbarkeit. Die Vollstreckbarkeit des Abschlussvertrags bleibt eine untergeordnete Frage, wenn die Parteien die im Vergleich übernommenen Verpflichtungen ohne Vollstreckungsdruck freiwillig erfüllen. Wer einen Vertrag nicht erfüllt, muss gesetzliche Sanktionen fürchten, die als Druckmittel für eine vertragsgemäße Leistungserfüllung meist ausreichen. Ein umsichtig formulierter Vertrag enthält schuldrechtliche Klauseln, die den Parteien einen unmittelbaren Anreiz liefern, ihre Pflichten rechtzeitig und ordnungsgemäß zu erfüllen. Die sofortige Vollstreckbarkeit des Vergleichsvertrags, die die Parteien auf verschiedenen Wegen erreichen können, ist in der Praxis eine nachrangige Fragestellung.

1. Notwendigkeit einer vertraglichen Absicherung

76   Bevor der Mediator und die Parteien inhaltlich über Maßnahmen nachdenken, wie sie die Erfüllung des Vergleichsvertrags absichern können, sollten sie sich über die Notwendigkeit einer solchen Absicherung Gedanken machen. Eine sofortige Erfüllung macht eine vertragliche Absicherung entbehrlich und auch die gesetzlichen Folgen einer Nichterfüllung üben einen Druck auf die leistungsunwillige Partei aus.

77   a) Freiwillige Erfüllung. Die große Mehrheit aller Vergleichsverträge, die als Ergebnis einer Mediation geschlossen werden, erfüllen die Parteien freiwillig. Die Einhaltung des römisch-rechtlichen Grundsatzes „pacta sunt servana" ist trotz rauer werdender Geschäftssitten immer noch selbstverständlich. Kaum ein Vergleich gelangt in das Vollstreckungsstadium, weil eine Partei nicht leistet. Die allgemeine Vertragstreue als Teil unserer Rechtskultur wird in der Mediation durch einen psychologischen Aspekt ergänzt: Die Parteien haben mit dem Vergleich einen unangenehmen Streit beigelegt, den sie nicht erneut auslösen wollen. Die Parteien identifizieren sich mit der Einigung, die sie in mühevollen Verhandlungen

---

[116] In diese Richtung argumentiert *Wilke*, MittBayNot 1998, S. 1 (8).
[117] Vgl. § 794 I Nr. 5 ZPO sowie unten § 10, Rdn. 101.

selbst ausgearbeitet haben. Die Nichteinhaltung der Vereinbarung würde als Gesichtsverlust vor der Gegenseite und auch vor dem Mediator empfunden.[118] Wegen der großen Vertragstreue von Mediationsteilnehmern sollte die Notwendigkeit, die Vertragserfüllung durch Sicherungsklauseln zusätzlich zu gewährleisten, nicht überbewertet werden.[119] Die akademische Diskussion um die Vollstreckbarkeit von Mediationsergebnissen steht in auffallender Diskrepanz zur praktischen Bedeutung dieser Frage.[120]

b) Sofortige Erfüllung möglich? Das Problem fehlender Vertragserfül-   78
lung lässt sich vermeiden, wenn die Parteien ihre Vertragspflichten in der abschließenden Mediationssitzung unmittelbar nach Unterzeichnung des Vergleichs erfüllen. Bei einem Auskunftsverlangen oder der Übergabe von Unterlagen ist dies ohne weiteres möglich. Besteht die im Vergleich übernommene Pflicht in der Übereignung eines Grundstücks, kann die Abschlusssitzung gleich in den Räumen des beurkundenden Notars stattfinden. Bei einem arbeitsrechtlichen Kündigungsstreit lässt sich der vereinbarte neue Dienstvertrag zu geänderten Konditionen an Ort und Stelle schließen. Und auch bei Geldzahlungen, der weitaus häufigsten Vergleichspflicht, ist eine sofortige Erfüllung möglich. Zwar ist der Bargeldtransfer oder die Übergabe von Geldkoffern mit gutem Grund aus der Mode gekommen, doch ermöglicht es das Telefonbanking, eine Überweisung in Gegenwart des Zahlungsempfängers zu veranlassen. Ein bankbestätigter Scheck oder die Zahlung mit Kreditkarte erfüllt den gleichen Zweck, und auch ein normaler Scheck kommt einer sofortigen Erfüllung der Vertragspflicht zumindest nahe.[121] Ist eine Erfüllung an Ort und Stelle nicht möglich, können sich die Parteien vielleicht für einen späteren Zeitpunkt auf eine Zug-um-Zug Erfüllung einigen.[122] Solche und ähnliche Konstellationen sollten die Parteien zusammen mit dem Mediator bedenken, bevor sie aufwändigere Möglichkeiten der Leistungssicherung prüfen.[123]

c) Zivilrechtliche Konsequenzen der Nichterfüllung. Wenn eine Partei   79
ihre Pflichten aus dem Vergleichsvertrag nicht oder nicht rechtzeitig er-

---

[118] Ähnlich *Lörcher*, in: Handbuch Mediation, § 28, Rdn. 5.
[119] Kritisch zu dieser Argumentation *Eidenmüller*, Vertrags- und Verfahrensrecht, S. 44.
[120] *Eidenmüller*, RIW 2002, S. 1 (5).
[121] Der nicht garantierte Scheck ist im Zweifel nur eine Leistung erfüllungshalber, so dass die Verbindlichkeit erst mit der bankseitigen Einlösung des Schecks erlischt; vgl. *Heinrichs*, in: Palandt, § 364, Rdn. 6.
[122] *Lörcher*, in: Handbuch Mediation, § 28, Rdn. 10.
[123] Darüber hinaus ist die wenigstens teilweise Erfüllung der Vertragspflichten bereits in der Abschlusssitzung auch ein schöner Abschluss der Mediation, der Vertrauen schafft; vgl. oben § 10, Rdn. 37.

füllt, bleibt dies für sie nicht folgenlos. Die Gegenseite wird auf Erfüllung des Vertrags klagen und mit dem so errungenen Urteil dann die Zwangsvollstreckung betreiben. Noch einmal: Der häufig geäußerte Vorbehalt, Mediationsvergleiche seien nicht vollstreckbar, ist falsch; es fehlt nur an der sofortigen Vollstreckbarkeit ohne vorherige Anrufung eines Gerichts. Bei einem sachkundig abgefassten Vergleichsvertrag ist der Prozesserfolg gewiss; die entstehenden Gerichts- und Anwaltskosten trägt die vertragsverletzende Partei.[124] Hinzu kommt der nach §§ 280 Abs. 2, 286 BGB zu ersetzende Verzugsschaden, der bei einem kalendermäßig bestimmten Leistungszeitpunkt mit Überschreitung des Kalenderdatums eintritt.[125] Nachdem der Gesetzgeber auch den gesetzlichen Verzugszins von 4% auf fünf oder sogar acht Prozentpunkte über dem Basiszinssatz angehoben hat,[126] ist es ebenso sinnlos wie teuer, im Vergleichsvertrag festgelegte Pflichten nicht zu erfüllen.

80   Fast alle Vergleichsverträge sind gegenseitige Verträge, in denen beide Seiten Pflichten übernehmen. So vereinbaren die Parteien beim klassischen Kompromiss eine Teilzahlung im Austausch gegen einen Anspruchsverzicht im Übrigen. Kommt der Schuldner aus einem Vergleich mit seiner Leistungserbringung in Verzug, kann der Anspruchsberechtigte nach §§ 281, 323 BGB vorgehen, indem er der anderen Seite eine Nachfrist setzt. Nach Verstreichen der Frist kann er dann Schadenersatz wegen Nichterfüllung fordern oder vom Vergleichsvertrag zurücktreten. Im letztgenannten Fall wird der ursprüngliche Streit so fortgesetzt, als habe es nie einen Vergleichsvertrag gegeben. Wenn eine Partei sich nach einer aufwändigen Wirtschaftsmediation zu einem Vergleich durchringt, wird ihr kaum daran gelegen sein, den ursprünglichen Streit später doch fortzusetzen. Diese Lösung wäre billiger zu erreichen gewesen. Hat eine Partei die Mediation nur betrieben, um das Verfahren zu verschleppen, kann darin schließlich auch eine vorsätzlich sittenwidrige Schädigung nach § 826 BGB liegen. Diese Anspruchsgrundlage wird dann wichtig, wenn der Gläubiger statt gegen eine inzwischen vermögenslose GmbH gegen deren Geschäftsführer oder Gesellschafter vorgehen will, der die GmbH in der Mediation vertreten und die Verschleppungshandlungen begangen hat. In der Praxis liegen die Schwierigkeiten einer Anspruchsdurchsetzung auf der Beweisebene.

81   **d) Eingehungsbetrug als strafrechtliche Sanktion.** Veranlasst eine Partei die Gegenseite zu einem Vergleichsabschluss, indem sie die eigene Leis-

---

[124] § 91 ZPO.
[125] Auch deshalb sollten die Parteien die Leistungspflichten immer mit einer Datumsangabe versehen, statt auf alternative Formulierungen wie „unverzüglich" und „sofort" Rückgriff zu nehmen.
[126] § 288 BGB.

tungsfähigkeit nur vorspiegelt, begeht sie einen Eingehungsbetrug nach § 263 StGB.[127] Betrug wird mit Freiheitsstrafe bis zu fünf Jahren bestraft. Zur Begründung der Strafbarkeit reicht es aus, dass die Partei ihre derzeitige Zahlungsunfähigkeit zwar kennt, gleichzeitig aber hofft, diese irgendwie bis zum Leistungszeitpunkt zu beheben.[128] Der Betrugstatbestand ist ein Schutzgesetz i. S. v. § 823 Abs. 2 BGB, so dass der geschädigte Kontrahent auch zivilrechtlich einen Schadenersatzanspruch erhält, der vom weiteren Schicksal des Vergleichsvertrags unabhängig ist. Eine Partei sollte sich daher gut überlegen, ob sie einen Vergleich abschließt, wenn sie an der eigenen Fähigkeit zur Erfüllung dieses Vergleichs selbst zweifelt. Für den Mediator ist gerade die Kenntnis strafrechtlicher Konsequenzen wichtig, um die Partei in einem Einzelgespräch bewegen zu können, von einem solchen Vertragsschluss Abstand zu nehmen.[129]

e) Kriterien für die Notwendigkeit von Sicherungsmaßnahmen. Die 82 Mediationsteilnehmer müssen sich also nicht in jedem Fall vertraglich dagegen absichern, dass die Gegenseite ihre Vertragspflichten verletzt. Die gesetzlichen Sanktionen bieten der vertragstreuen Partei bereits einigen Schutz. Auf der anderen Seite kommen Vertragsstörungen natürlich immer wieder vor. Schuldrechtliche Sicherungsklauseln[130] verursachen nur einen geringen Aufwand, so dass wenig gegen ihre Vereinbarung spricht. Die Herbeiführung der Vollstreckbarkeit des Vergleichs[131] ist komplizierter und vor allen Dingen teurer, kann aber sinnvoll sein.

Der Mediator und die Parteien benötigen eine Entscheidungshilfe, ob sie 83 Sicherungsmaßnahmen gegen mögliche Vertragsverletzungen in den Vertrag aufnehmen sollen. Zentrale Kriterien für die Aufnahme von Sicherungsklauseln sind dabei die Zeit der Leistungserbringung, der theoretische Aufwand für eine gerichtliche Leistungserzwingung und die Person des Schuldners. Zunächst einmal gilt, dass eine weit in der Zukunft liegende Leistungserfüllung eine Absicherung erfordert. Niemand kann wissen, ob der Schuldner, der sich zur Zahlung von 50 Monatsraten je € 10.000 verpflichtet, in vier Jahren noch zahlungsfähig ist. Hinzu kommt, dass mit dem zeitlichen Abstand zur Mediation auch das Gefühl nachlässt, moralisch an die Einigung gebunden zu sein. Einen zwei Wochen zuvor geschlossenen Vertrag hält man unbedingt ein; vier Jahre spä-

---

[127] BGHSt 43, 317.

[128] Für den Betrugstatbestand reicht auf der Vorsatzseite ein „dolus eventualis", also ein billigendes Inkaufnehmen aus, wenn der Täter die Absicht eigener Bereicherung oder Bereicherung eines Dritten verfolgt, vgl. *Fischer,* in: Dreher/Fischer, § 263, Rdn. 40.

[129] Eingehend zu dieser Problematik oben § 10, Rdn. 18 (Durchführbarkeit des Vertrags).

[130] Dazu unten § 10, Rdn. 88 ff.

[131] Dazu unten § 10, Rdn. 100 ff.

ter sucht man nach Möglichkeiten, den belastenden Vertragspflichten durch eine „weite Auslegung" des Vertragswortlauts und unter Berufung auf „geänderte Umstände" auszuweichen. Wenn der Schuldner nicht erfüllt, ist die gerichtliche Leistungserzwingung erforderlich. Je teurer und aufwändiger der Prozess vermutlich wird, desto eher lohnt sich die Mühe, diesen Prozess durch eine geschickte Vertragsgestaltung überflüssig zu machen. Kostet der Gerichtskostenvorschuss wegen der Höhe der eingeklagten Vertragspflicht bereits € 50.000, die man sich später aufwändig von der Gegenseite erstatten lassen muss, sind die Notargebühren für eine Vollstreckbarkeit des Vergleichs[132] gut investiert. Noch deutlicher wird der Aspekt der aufwändigen Leistungserzwingung in Fällen, wo ein ausländisches Gericht angerufen werden müsste oder eine Auslandsvollstreckung erforderlich würde. Schließlich ist auch die Person des Schuldners zu berücksichtigen. Richtet sich der Anspruch aus dem Vergleich gegen die Öffentliche Hand oder eine Großbank, bestehen sicher weniger Bedenken als bei einer kleinen GmbH, die am Folgetag in die Liquidation oder die Insolvenz gehen kann. Der Mediator sollte auch in Fällen, wo sich ein Großkonzern und ein Handwerksbetrieb in der Mediation gegenüberstehen, darauf achten, dass der Vergleichsvertrag ausgewogen formuliert wird. Der Vertrag enthält in aller Regel entweder für beide oder keine Seite eine Sicherungsklausel.

2. Praxisproblem: Widerstand der Parteien

84   In der Mediationspraxis stößt der Mediator oft auf das Problem, dass ein Teilnehmer es vehement ablehnt, eine mögliche Verletzung seiner Vertragspflicht überhaupt zu berücksichtigen. Ein entsprechender Vorschlag des Mediators oder der Gegenseite wird als Misstrauen in die eigene Vertragstreue verstanden,[133] was unmittelbar das persönliche Ehrgefühl angreift und als Kränkung empfunden wird: „Ich bin ein ehrlicher Kaufmann und erfülle meine vertraglichen Verpflichtungen immer. Warum misstrauen Sie mir, so dass Sie eine Vertragsstrafenklausel für notwendig erachten und sogar verlangen, dass ich mich vor einem Notar der Zwangsvollstreckung unterwerfe? Wenn der Kompromiss, der mir weiß Gott schwerfällt, auf so viel Misstrauen gegründet ist, können wir darauf auch gleich verzichten!" Ein solcher Ausbruch ist verständlich und schwer zu kontern. Der Mediator kann kaum entgegnen, dass Vorsicht die Mutter der Porzellankiste sei und man eben nie wisse. Eine diffizilere Gesprächsstrategie ist erforderlich, um die Partei davon zu überzeugen, dass eine solche Vertragsgestaltung sinnvoll ist.

---

[132] Ausführlich dazu unten § 10, Rdn. 101.
[133] Vgl. auch *Eidenmüller*, Vertrags- und Verfahrensrecht, S. 44.

Der Schlüssel zur Lösung des Problems liegt in dem Grundsatz des Har- 85
vard-Verhandlungskonzepts, Personen von den zu verhandelnden Problemen zu trennen.[134] Dem Mediationsteilnehmer muss das Gefühl genommen werden, die Vertragsstrafenklausel richte sich gegen ihn persönlich.
Tatsächlich richtet sie sich gegen ein abstraktes Vertragsproblem, nämlich
die Nichterfüllung von vereinbarten Pflichten. Der Mediator kann diesen
Punkt von sich aus ansprechen: „Nachdem wir nun gemeinsam die wechselseitigen Verpflichtungen festgelegt haben, sollten wir uns Gedanken
machen, was bei einer Nichterfüllung dieser Pflichten passiert. Dieser Vorschlag klingt für Sie sicher seltsam, da Sie, wovon ich überzeugt bin, Ihre
Leistungsverpflichtungen ordnungsgemäß und fristgerecht erfüllen werden. In diesem Fall ist eine vertragliche Regelung, welche Folgen die
Nichterfüllung hätte, überflüssig, schadet aber auch nicht. Sollte es dagegen wider Erwarten doch zu Problemen bei der Vertragsdurchführung
kommen, werden Sie vermutlich froh sein, im Vergleichsvertrag klare Regelungen über die Konsequenzen zu finden. Sind Sie mit meinem Vorschlag, entsprechende Sicherungsklauseln aufzunehmen, einverstanden?“
Der Mediator erreicht auf diese Weise, dass die Parteien die Regelung der
Nichterfüllungsfolgen als abstraktes Problem begreifen, das sich bei jedem
Vergleichsvertrag stellt. Da der Mediator beide Seiten gleichzeitig anspricht, gewinnt niemand den Eindruck, ihm werde in besonderer Weise
misstraut. Die Vereinbarung von Vertragsstrafen oder die Herbeiführung
eines zur Zwangsvollstreckung geeigneten Titels bereiten dann keine großen Probleme mehr.

Schwieriger ist die Verhandlungssituation, wenn der Mediator die Ein- 86
führung in das Problem versäumt hat und tatsächlich mit der einleitend
wiedergegebenen Aussage einer Partei konfrontiert wird. Der Mediator
muss der Partei hier zunächst signalisieren, dass er das Gefühl des Miss-
trauens verstanden hat. Erst im zweiten Schritt nimmt er zu den Folgen
der Nichterfüllung selbst Stellung, indem er diese als abstraktes Problem,
nicht als persönlichen Misstrauensvorwurf darstellt. „Wenn ich Sie richtig
verstanden habe, haben Sie wegen der vorgeschlagenen Vertragsstrafe das
Gefühl, Ihrer Vertragstreue werde misstraut. Dieses Gefühl kann ich nachvollziehen, wahrscheinlich würde ich mich ebenso fühlen ... Können Sie
sich vorstellen, dass Herr X als anderer Mediationsteilnehmer ebenso
empfindet? Ja, gut! Dann haben wir nun zwei Möglichkeiten: Entweder
wir verzichten wechselseitig auf eine solche Klausel. Wahrscheinlich
kommt sie ohnehin nicht zur Anwendung. Oder wir verwenden einige
Minuten darauf, eine solche Klausel zu formulieren. Wenn die Vertragspflichten ordnungsgemäß erfüllt werden, war dieser Aufwand überflüssig.
Sollten dagegen, aus welchen Gründen auch immer, doch Probleme bei

---

[134] *Fisher/Ury/Patton,* Harvard-Konzept, S. 39 ff.

der Vertragsdurchführung auftauchen, werden Sie vermutlich froh sein, auch für diesen Fall eine klare Regelung im Vertrag zu finden. Das sind die beiden Alternativen. Es ist Ihre Entscheidung. Welche Wahl treffen Sie?"

87   Am problematischsten ist der skizzierte Einwand, wenn sich nur eine Partei in dem Vergleich zu einer Leistung verpflichtet und die Gegenseite nur auf Restansprüche verzichtet. So mögen sich die Parteien in der Auseinandersetzung um eine Kaufpreiszahlung einigen, dass der Käufer eine Restzahlung von € 50.000 leistet bei gleichzeitiger Erledigung aller wechselseitigen Ansprüche. Hier kann die Zahlung mit einer Vertragsstrafe abgesichert werden. Die Einseitigkeit der Sicherungsklausel ist hier nicht zu leugnen und stört in den Augen der leistungspflichtigen Partei die Ausgewogenheit des Vertrags. Tatsächlich geht aber gerade die Gegenseite mit ihrem Anspruchsverzicht in Vorleistung. Der Mediator kann versuchen, die Partei zu einem Perspektivenwechsel zu veranlassen: „Ich verstehe, dass die von der anderen Partei gewünschte Vertragsstrafe für Sie so aussieht, als würde Ihrer Vertragstreue misstraut ... Ich habe es schon einmal erlebt, dass jemand, von dem ich das eigentlich nicht gedacht hätte, seine Vertragspflichten nicht erfüllt hat. Darf ich Ihnen diese Geschichte kurz erzählen ..." Im Idealfall erreicht der Mediator so, dass die Partei sich in die Situation ihres Gegenübers hineinversetzt: Die Vertragsstrafe kommt nur zum Zug, wenn eine Partei nicht leistet. Warum verweigert sich die Partei dann einer solchen Klausel, wenn sie die Vertragsstrafe doch ohne weiteres vermeiden kann? Notfalls kann der Mediator darauf hinweisen, dass das gerichtliche Urteil oder der vor Gericht protokollierte Vergleich sofort vollstreckbar wären, und die Parteien fragen, warum sie es mit dem Mediationsvergleich anders halten wollen.

3. Schuldrechtliche Anreize und Garantien

88   Schuldrechtliche Absicherungen in Vergleichsverträgen haben den Vorteil, dass sie ohne besonderen zeitlichen oder finanziellen Aufwand in die Vereinbarung aufgenommen werden können. Solche Klauseln richten keinen Schaden an, denn die Parteien haben es durch eine ordnungsgemäße und rechtzeitige Leistungserfüllung selbst in der Hand, ob die Sicherungsabrede später relevant wird.

89   a) Vertragsstrafe. Vertragsstrafeklauseln verpflichten eine Partei dazu, im Fall einer vollständigen Nichterfüllung oder verspäteten bzw. mangelhaften Leistungserbringung einen festgelegten Geldbetrag[135] an den Gläubiger zu zahlen. Will der Schuldner diese zusätzliche Belastung vermeiden, wird er sich tunlichst bemühen, seinen Verpflichtungen nachzukommen.

---

[135] Andere Arten von Vertragsstrafen sind zwar möglich (§ 342 BGB), kommen aber in der Praxis kaum vor.

Tut er dies nicht, kompensiert die verwirkte Vertragsstrafe den Aufwand, der dem Gläubiger durch die erforderliche Leistungserzwingung entsteht. Der Gläubiger kann zudem darauf verzichten, einen ihm entstandenen Schaden im Einzelnen nachzuweisen.[136] Vertragsstrafen sind insofern ein einfaches und effektives Druckmittel, um Störungen bei der Leistungserfüllung entgegenzuwirken und dem Gläubiger einen detaillierten Schadensnachweis zu ersparen.[137] Geradezu unentbehrlich ist die Vereinbarung einer Vertragsstrafe, wenn die geschuldete Leistung in einem Unterlassen besteht. Hat sich etwa eine Partei in dem Vergleichsvertrag dazu verpflichtet, eine rufschädigende Behauptung über das Produkt des anderen Mediationsteilnehmers nicht zu wiederholen, muss dieser letztlich hilflos mit ansehen, wenn in einem Interview sein Produkt erneut abgewertet wird. Eine Unterlassungsklage kommt nun zu spät. Der durch das Interview entstandene Schaden ist schwer nachweisbar und daher auch kaum ersatzfähig. Auch wenn der Vergleich vollstreckbar war[138] oder auf der Grundlage des Vergleichs rasch eine Einstweilige Verfügung ergeht, hilft dies der geschädigten Seite kaum. Die in der Zwangsvollstreckung nach § 890 ZPO festgesetzten Ordnungsgelder kommen nur der Staatskasse zugute. Nur die Vertragsstrafe mit ihrer Abschreckungswirkung stellt sicher, dass die Unterlassungsverpflichtung auch wirklich eingehalten wird und widrigenfalls eine angemessene Entschädigung an den Gläubiger fließt.

Mit der Vereinbarung von Vertragsstrafen bewegt man sich juristisch 90 schnell auf dünnem Eis. Das Instrument der Zivilstrafe ist der deutschen Rechtskultur an sich fremd, anders als dem anglo-amerikanischen Rechtskreis mit seinen exorbitanten „punitive damages". Dementsprechend rigide begrenzt das deutsche Recht die Vereinbarkeit von Vertragsstrafen. Nach § 343 BGB kann das Gericht eine verwirkte Strafe zugunsten eines Nichtkaufmanns[139] mindern, wenn es deren Höhe für überzogen hält. Vorformulierte Klauseln sind nach §§ 307, 309 Nr. 6 BGB schnell unwirksam. Die vor allem im Baugewerbe verbreiteten Klauseln, wonach bei Überschreitung des Fertigstellungstermins pro Verzugstag ein bestimmter Prozentsatz des Gesamtwerklohns als Vertragsstrafe zu zahlen ist, müssen

---

[136] In der Klausel sollte klargestellt werden, ob der tatsächlich entstandene Schaden zusätzlich zur Vertragsstrafe gefordert werden kann oder ob die Vertragsstrafe quasi einen Mindestschaden feststellt; vgl. dazu § 340 Abs. 2 BGB sowie *Heinrichs*, in: Palandt, § 340, Rdn. 7.

[137] Zu dieser Doppelfunktion der Vertragsstrafe vgl. nur BGHZ 49, 84 (89); 85, 305 (312); 105, 24 (27).

[138] Zu den Möglichkeiten, eine Vollstreckbarkeit des Vergleichs herbeizuführen, vgl. unten § 10, Rdn. 100 ff.

[139] § 343 BGB gilt nach § 348 HGB für Kaufleute nicht. Diese können aber über § 242 BGB versuchen, eine verwirkte Strafe herabsetzen zu lassen; vgl. LG Berlin, NJW 1996, 1142.

zu ihrer Wirksamkeit eine Höchstgrenze festlegen.[140] Auch wenn die vorformulierte Klausel vom neutralen Mediator kommt, kann § 310 Abs. 3
Nr. 1 BGB gleichwohl zur Nichtigkeit führen. Die Verwirkung der Vertragsstrafe setzt im Regelfall eine Leistungsstörung voraus, die der Schuldner zu vertreten hat.[141] Für Wettbewerbsverbote begrenzt § 75c HGB die
Zulässigkeit von Vertragsstrafen. Diese Beispiele illustrieren, wie genau
die Parteien die gesetzlichen Vorgaben für Vertragsstrafen beachten müssen. Um Auslegungsschwierigkeiten zu vermeiden, ist dort auch das Kon-
kurrenzverhältnis zwischen verwirkter Vertragsstrafe, fortbestehendem
Erfüllungsanspruch und der Ersatzfähigkeit eines tatsächlich entstandenen
Schadens zu regeln. Die Voraussetzungen für eine Verwirkung der Vertragsstrafe sollten der Klausel exakt zu entnehmen sein. Bei Unterlas-
sungspflichten muss festgelegt werden, inwieweit bei einem wiederholten
Verstoß auch die verwirkte Vertragsstrafe mehrmals anfällt.[142] Wer ohne
kompetente rechtliche Beratung eine Vertragsstrafenregelung formuliert,
geht hohe Haftungsrisiken ein.

91   b) Verfallklauseln und pauschalierter Schadenersatz. Während der
Schuldner mit der Vertragsstrafe eine zusätzliche Leistung erbringen muss,
bewirkt eine Verfallklausel, dass eine Partei bei nicht ordnungsgemäßer
Erfüllung ihrer Pflichten einen rechtlichen Vorteil verliert. Das bekannteste Beispiel für diese Vertragsgestaltung ist eine Ratenzahlungsvereinbarung, wonach der Schuldner den gesamten noch ausstehenden Restbetrag
sofort erbringen muss, wenn er eine Rate nicht pünktlich zahlt. Mit dem
Verzug verfällt also sein Recht auf Begleichung der Schuld in Raten. Auf
eine so begründete vorzeitige Fälligkeit sind, anders als für andere Formen
der Verfallklauseln,[143] die strengen Voraussetzungen der Vertragsstrafe
nicht entsprechend anwendbar.[144] Eine clevere Variante hierzu ist eine
Klausel, wonach dem Schuldner die letzten beiden Raten unter der Bedingung erlassen werden, dass er die vorherigen Teilzahlungen rechtzeitig erbringt. Die Sanktion wird so in einer positiven Formulierung ausgedrückt,
was sie leichter akzeptabel macht.

92   Der pauschalierte Schadenersatz unterscheidet sich von der Vertragsstrafe darin, dass die verwirkte Schadenspauschale in einem tatsächlich
entstehenden Schaden aufgeht. Dem Gläubiger wird nur der Schadensnachweis erspart. Bei der Vertragsstrafe steht die Druckausübung im Vordergrund, weil der Schuldner die Strafe eventuell zusätzlich zum tatsächli-

[140] BGH NJW-RR 1988, 146.
[141] *Heinrichs*, in: Palandt, vor § 339, Rdn. 2.
[142] Zu den sonst auftretenden Auslegungsproblemen vgl. BGH NJW 1984, 920.
[143] Verfallklauseln werden sonst als eine Sonderform der Vertragsstrafe behandelt, vgl. BGB NJW-RR 1991, 1013 (1015); 1993, 243 (246).
[144] BGHZ 95, 362 (372).

chen Schaden zahlen muss. Die Vereinbarung eines pauschalierten Schadenersatzes ist grundsätzlich zulässig[145] und vor allem dort sinnvoll, wo ein Schaden schwer zu beziffern wäre. Wird in einer Baustreitigkeit zwischen den Mediationsteilnehmern vereinbart, dass das Hotel am 1. Dezember 2001 schlüsselfertig errichtet ist, kann eine Schadenspauschale für den Fall einer verspäteten Fertigstellung etwa vorsehen, dass der Gewinnausfall für jeden Kalendertag mit € 5.000 abschließend pauschaliert wird. Der Hotelbetreiber muss nun nicht die spekulative Berechnung von entgangenem Umsatz und ersparten Aufwendungen vornehmen. Auf der anderen Seite muss der Generalunternehmer nicht fürchten, dass der Hotelier wegen des entgangenen Weihnachtsgeschäfts mit „Ausstrahlungswirkung auf die gesamte Saison" astronomische Forderungen stellt. Die Schadenspauschale kann so für beide Seiten vorteilhaft sein und unnötigen Streit vermeiden. Im Einzelfall ist die Abgrenzung zwischen Schadenspauschale und Vertragsstrafe schwierig. Sie soll nach der Rechtsprechung nicht nach der Wortwahl,[146] sondern nach dem Zweck der Klausel durchgeführt werden.[147] Die Parteien sollten in der Klausel klarstellen, ob dem Schuldner der Nachweis eines geringeren Schadens offen steht. In vorformulierten Klauseln ist ein solcher Gegenbeweis nach § 309 Nr. 5 b BGB immer möglich und die Rechtsprechung will diesen Rechtsgedanken auch auf Individualverträge ohne anderweitige Klarstellung anwenden.[148] Die Klausel sollte ferner bestimmen, ob die Schadenspauschale auch für den Gläubiger eine Höchstgrenze darstellt.

c) Verzinsung der Forderung. In vielen Vergleichsverträgen, die die Zah- 93 lung einer Geldsumme vorsehen, wird eine Verzinsung für den Fall des Verzugs vereinbart. Seit der Gesetzgeber den gesetzlichen Verzugszinssatz in § 288 BGB auf fünf bzw. acht Prozentpunkte über dem Basiszinssatz angehoben hat, ist die Notwendigkeit einer solchen Vereinbarung zurückgegangen. Ein hoher Zinssatz gibt dem Schuldner einen zusätzlichen Anreiz, die Zahlung fristgemäß zu erbringen. Wegen Wuchers sittenwidrig kann ein Zinssatz sein, der den Marktzins um mehr als das Doppelte überschreitet.[149]

d) Treuhänderabreden. Treuhänderabreden[150] sind dort sinnvoll, wo ein 94 Mediationsteilnehmer mit seiner Leistung in Vorleistung gehen muss und

---

[145] *Heinrichs*, in: Palandt, § 276, Rdn. 26 m. w. N.
[146] OLG Celle, VersR 1993, 1026.
[147] BGHZ 49, 84 (89).
[148] OLG Schleswig, DNotZ 1985, 310 (312).
[149] Vgl. die Darstellung der Rechtsprechung bei *Heinrichs*, in: Palandt, § 138, Rdn. 67. Diese Rechtsprechung ist allerdings auf die Vergabe von Darlehen bezogen; bei Verzugszinsen sollte ein großzügigerer Maßstab zur Anwendung gelangen, da der Schuldner den Verzug zu vertreten hat.
[150] Zum Treuhandmodell vgl. *Heinrichs*, in: Palandt, vor § 104, Rdn. 25 m. w. N.

er befürchtet, dass die geschuldete Gegenleistung, meist eine Zahlung, ausbleiben könnte. Sein Gegenüber weigert sich umgekehrt, die Leistung im Voraus zu bezahlen, da er auf eine ordnungsgemäße Leistungserbringung seines Kontrahenten nicht blind vertrauen will. Solche Konstellationen kommen in der Wirtschaftsmediation oft vor. Klassisches Beispiel hierfür ist die Auseinandersetzung zwischen einem Bauherrn und einem Generalunternehmer. Steht das Haus erst einmal, läuft der Unternehmer seinem Werklohn hinterher. Zahlt der Bauherr vorab, muss er befürchten, dass es der Unternehmer mit der mängelfreien Bauerstellung nicht mehr so genau nimmt.[151] Ein möglicher Ausweg aus dem Dilemma besteht darin, dass der Bauherr den Werklohn vollständig auf ein Treuhänderkonto überweist und der Treuhänder dann nach Baufortschritt, den ein gemeinsam beauftragter Architekt oder auch der TÜV bestätigt, die Abschlagsrechnungen des Unternehmers bezahlt. So haben beide Parteien die gewünschte Sicherheit. Bei Kaufverträgen bestätigt der Käufer den mangelfreien Erhalt der Ware gegenüber dem Treuhänder, der dann die Zahlung veranlasst. In kleineren Fällen kann der Mediator als Treuhänder fungieren; ansonsten bietet sich die Einschaltung eines Notars an.

95   e) Sicherheiten. Die Bestellung von Sicherheiten, auf die eine Partei zugreifen kann, wenn die andere Seite die Zahlung oder anderweitige Verpflichtung nicht erbringt, kommt vorwiegend dort in Betracht, wo der Leistungszeitpunkt noch in weiter Ferne liegt und die Leistungsfähigkeit der zahlungspflichtigen Partei daher nicht absehbar ist. Auch im Abschlussvertrag einer Mediation können so die klassischen Kreditsicherheiten wie Bürgschaften, Grundschulden, Abtretung von Forderungen und Gehaltsansprüchen sowie die Sicherungsübereignung von Gegenständen eine Rolle spielen.[152] Nachteilig an diesem Vorgehen ist, dass durch die Sicherheitenbestellung entweder Dritte von dem Konflikt erfahren (Bürgschaft, offengelegte Abtretung) oder aber aufwändige Formalitäten zu erfüllen sind, wie etwa die Grundschuldbestellung vor dem Notar und deren Eintragung im Grundbuch. Da hier viele rechtliche Fallstricke lauern, ist die juristisch geprüfte Vertragsgestaltung unentbehrlich, wenn solche Sicherheiten bestellt werden sollen.

96   f) Überwachung durch den Mediator oder einen Dritten. Die Parteien können im Vergleichsvertrag vereinbaren, dass im Falle von Vertragsstörungen der Mediator oder ein unabhängiger Dritter den Anschlusskonflikt als Schiedsrichter verbindlich entscheidet. Eine solche Vereinbarung ver-

---

[151] Der Gesetzgeber hat dieses Dilemma erkannt und dem Unternehmer deshalb in §§ 648, 648a BGB einen Anspruch auf akzessorische Sicherungsrechte eingeräumt.

[152] *Lörcher,* in: Handbuch Mediation, § 28, Rdn. 18.

hindert die Vertragsstörung zwar nicht unbedingt, führt aber wenigstens zur schnellen Entscheidung. Genießt der Mediator bei beiden Parteien ein hohes persönliches Ansehen, kann allein der befürchtete Gesichtsverlust, wenn der Mediator von der Vertragsstörung erfährt, die Parteien zur Vertragstreue motivieren. Solche Fälle sind allerdings selten, kommen aber in kleineren, stark persönlich gefärbten Konflikten vor. In einer arbeitsrechtlichen Auseinandersetzung mag sich der Unternehmer verpflichtet haben, dem Betriebsrat eine Pinnwand für Mitteilungen zur Verfügung zu stellen. Statt den Mediator entscheiden zu lassen, ob die Pinnwand den Vorgaben des Kompromisses entspricht, wird der Unternehmer lieber ein etwas zu großes als ein zu kleines Modell kaufen. Für den Mediator kann seine neue Funktion als Schiedsrichter wegen seiner Vorbefangenheit problematisch sein, insbesondere wenn er mit den Parteien Einzelgespräche geführt hat.[153] Häufiger wird daher ein neutraler Dritter mit der Funktion des Schiedsrichters betraut. Solche Vereinbarungen sind dort sinnvoll, wo die Parteien wegen der spezifischen Natur des Konflikts mit Anschlusskonflikten rechnen müssen. Auf einer aktuellen Großbaustelle wird es in Einzelfragen und Details immer Auseinandersetzungen geben, auch wenn sich Bauherr und Generalunternehmer in der Mediation grundsätzlich geeinigt haben. Dort hat man mit sogenannten Dispute Review Boards[154] gute Erfahrungen gemacht, die sich aus Vertretern beider Unternehmen oder auch aus neutralen Ingenieuren und Juristen zusammensetzen. Solche Gremien können vor Ort rasch und unbürokratisch entscheiden, ob die im Vergleichsvertrag versprochene Abwasserleitung ordnungsgemäß verlegt ist oder ob die Installation der Sprinkleranlage zum geschuldeten Leistungsumfang gehörte. Wenn das Vertrauensverhältnis der Parteien nachhaltig gestört ist, können neutrale Institutionen wie etwa der TÜV oder ein öffentlich bestellter Sachverständiger bescheinigen, dass eine Partei ihre Leistung ordnungsgemäß erbracht hat.

g) Garantie der Leistungserfüllung durch den Mediator. Dass ausge-　97 rechnet der neutrale Mediator die Erfüllung des Vergleichsvertrags garantieren soll, klingt zunächst absurd. Schließlich ist doch die fehlende Entscheidungsbefugnis und damit Machtlosigkeit des Mediators ein Charakteristikum der Mediation. In Einzelfällen kann diese Möglichkeit der Leistungssicherung aber bestehen. Illustrativ ist hierfür der Streit zwischen Israel und Ägypten um die von Israel lange besetzte Sinai-Halbinsel.[155] Der amerikanische Präsident Carter vermittelte in diesem Konflikt. Die Parteien einigten sich schließlich darauf, dass sich Israel von der Halbinsel zurückzog und Ägypten im Gegenzug versprach, dort keine Militäreinhei-

---

[153] Ausführlich dazu unten § 15, Rdn. 8.
[154] Ausführlich dazu unten § 15, Rdn. 53.
[155] Vgl. dazu oben § 2, Rdn. 40.

ten mehr zu stationieren. Über den Status als militärfreie Zone wachte fortan die von Carter vertretene Supermacht USA. Als Vermittler hatte der US-Präsident keinen Einfluss auf die Entscheidung des Konflikts, konnte aber auf Bitten der Parteien die Erfüllung des Camp-David-Abkommens garantieren.

98   So wirtschaftsfern dieses Beispiel ist, kommen strukturell vergleichbare Fälle auch in der Wirtschaftsmediation vor. So mag ein Konzernvorstand im Streit zweier Tochterunternehmen ganz ergebnisoffen vermitteln, um nach Erreichen einer Einigung dann aber deren Einhaltung mit seiner Leitungsmacht sicherzustellen. Oder ein Unternehmensinhaber wird auf Wunsch der Parteien vom Mediator über die erzielte Einigung zwischen seinem Produktionsleiter und Vertriebschef informiert. Der Unternehmer kann dann die Einhaltung der getroffenen Vereinbarung „garantieren", indem er seinen Angestellten bei einer Vertragsverletzung mit arbeitsrechtlichen Sanktionen droht.

99   **h) Innovative Lösungen.** Die Möglichkeiten der Leistungssicherung lassen sich nicht abschließend skizzieren. Jeder Fall ist anders und verlangt unterschiedliche Lösungen. Der Mediator sollte in schwierigen Konfliktsituationen das Innovationspotential der Mediation nutzen, indem er die Parteien um Mithilfe bei der Suche nach problemadäquaten Mechanismen bittet: „Schön, dass Sie sich im Grundsatz geeinigt haben. Interpretiere ich Ihre Äußerungen richtig, dass Sie beide nicht zu 100% sicher sind, dass diese Einigung von der anderen Seite auch wirklich umgesetzt wird? Ja! Welche Vorschläge hätten Sie denn, wie wir diese Sorge ausräumen können?" Gerade in persönlich geprägten Konflikten machen die Parteien hier oft Vorschläge, auf die der Mediator nie gekommen wäre: „B soll mir seine Dauerkarte für die Opernsaison 2001/2002 als Sicherheit hinterlegen, bis er gezahlt hat." Vertragliche Sicherungsmaßnahmen können variiert und kombiniert werden. Kumulativ kann die Vollstreckbarkeit des Vergleichs herbeigeführt werden.

4. Vollstreckbarkeit

100   In einem Rechtsstaat darf der Bürger seine Forderungen nicht selbst zwangsweise durchsetzen, sondern muss sich an den Staat wenden, dem das Gewaltmonopol zusteht. Das staatliche Gericht kann dann Kontoguthaben des Schuldners pfänden und an den Gläubiger überweisen lassen. Oder der Gerichtsvollzieher pfändet Wertgegenstände des Schuldners, lässt diese versteigern und befriedigt aus dem Erlös den Gläubiger. Voraussetzung für den Beginn der Zwangsvollstreckung ist eine besondere Form der Urkunde, die den Anspruch des Gläubigers zweifelsfrei nachweist, ein sogenannter Vollstreckungstitel. Der klassische Titel ist das rechtskräftige Gerichtsurteil. Die Parteien eines in der Mediation ausge-

handelten Vergleichs können ein solches Urteil ohne weiteres erreichen, indem sie aus dem Mediationsvergleich auf Erfüllung klagen. Sind die wechselseitigen Pflichten im Vergleichsvertrag präzise formuliert, ist der Klageerfolg gewiss. Das Problem liegt darin, dass es zeitaufwändig und teuer ist, ein solches Urteil zu erstreiten. Bevor ein erstinstanzliches Urteil vorliegt, vergeht bisweilen ein Jahr, und vorher kann die Zwangsvollstreckung nicht beginnen. In der Zwischenzeit meldet vielleicht der Schuldner oder auch der Gläubiger, der auf das Geld dringend angewiesen war, Insolvenz an. Vor diesem Szenario suchen die Vergleichsparteien in der Mediation nach Wegen, mit dem Abschlussvertrag sofort einen vollstreckungsfähigen Titel zu erhalten. Ihre Rechte können sie dann notfalls zeitnah zwangsweise durchsetzen. Das deutsche Recht hält verschiedene Möglichkeiten bereit, ohne Einschaltung eines Gerichts einen vollstreckungsfähigen Titel zu erhalten.[156]

a) **Notarielle Urkunde.** Eine notarielle Urkunde ist nach § 794 Abs. 1 101 Nr. 5 ZPO ein Vollstreckungstitel, sofern der Schuldner sich in der Urkunde der sofortigen Zwangsvollstreckung unterworfen hat.[157] Nach Ansicht des Gesetzgebers gewährleistet die Beratung durch einen deutschen[158] Notar, dass sich niemand übereilt einer Zwangsvollstreckung aussetzt.[159] Die Bestätigung einer vertraglichen Pflicht durch richterliches Urteil, die übliche Voraussetzung für eine Zwangsvollstreckung, soll daher entbehrlich sein. Für die Parteien, die sich in einer Mediation auf einen Vergleich geeinigt haben, stellt der Gang zum Notar daher einen einfachen Weg dar, die Voraussetzungen für eine Zwangsvollstreckung der im Vergleich festgelegten Ansprüche zu schaffen. Über Art. 57 EuGVVO[160] ist eine Anerkennung und Vollstreckbarkeit in allen EU-Mitgliedsstaaten gesichert.

Nachteilig an diesem Weg sind zunächst die Kosten, die durch die Be- 102 urkundung entstehen. Die Notargebühren richten sich nach dem Gegenstandswert des Vergleichs, der in der Wirtschaftsmediation sehr hoch sein kann. Die Kosten sind in der für Notare geltenden Kostenordnung

---

[156] Vgl. auch *Eidenmüller*, S. 45 ff.; *Grziwotz*, ZKM 2000, S. 265 ff.

[157] Allgemein dazu vgl. *Störber*, in: Zöller, § 794, Rdn. 25 ff.; ausführlich zu den Gestaltungsmöglichkeiten: *Wolfsteiner*, DNotZ 1999, S. 306 ff.

[158] Vgl. den Wortlaut von § 794 Abs. 1 Nr. 5 ZPO. Der im Gesellschaftsrecht häufig gewählte Weg, Formvorschriften durch die Beurkundung vor einem billigeren ausländischen Notar zu erfüllen, ist für das Erlangen eines Vollstreckungstitels also nicht gangbar.

[159] *Wolfsteiner*, DNotZ 1999, S. 306 (308).

[160] Verordnung (EG) Nr. 44/2001 v. 22. 12. 2000 des Rates über die gerichtliche Zuständigkeit und die Anerkennung und Vollstreckung von gerichtlichen Entscheidungen in Zivil- und Handelssachen, ABl. EG Nr. L 12 v. 16. 1. 2001; die unmittelbar geltende Verordnung hat das vorher geltende EuGVÜ (Brüsseler Abkommen) mit fast identischem Inhalt abgelöst.

(KostO) geregelt. Zu beachten ist, dass notariell beurkundete Erklärungen, die auf Abgabe einer Willensäußerung gerichtet sind, nach § 794 Abs. 1 Nr. 5 ZPO nicht vollstreckungsfähig sind.[161] Wo also die Parteien statt der Kreditrückzahlung die leihweise Überlassung des Ferienhauses „nach einem noch abzuschließenden Nutzungsvertrag" vereinbart haben, erspart auch die notarielle Urkunde den Gerichtsprozess nicht, wenn der Schuldner es sich doch plötzlich anders überlegt. Die Parteien müssen sich im Einzelfall überlegen, ob ihnen die Vollstreckungsfähigkeit des Mediationsvergleichs den geschilderten Aufwand wert ist. Dazu werden sie den Aufwand mit der Wahrscheinlichkeit einer zwangsweisen Forderungsdurchsetzung abwägen. Sinnvoll ist dieser Weg sicher dann, wenn ohnehin ein Notar als Mediator fungiert oder aber von den Parteien für die rechtliche Ausformung des Vergleichsvertrags hinzugezogen wird.[162]

103   b) **Anwaltsvergleich.** Die Parteien können den Mediationsvergleich auch als Anwaltsvergleich schließen.[163] Der Anwaltsvergleich alleine ist zwar noch kein Vollstreckungstitel, wohl aber der Beschluss des Gerichts gemäß § 796 a ZPO oder des Notars gemäß § 796 c ZPO über dessen Vollstreckbarerklärung. Ob dieser Beschluss zusammen mit dem zugrundeliegenden Anwaltsvergleich eine Urkunde im Sinne des Art. 57 EUGVVO darstellt, die auch in einem anderen EU-Land in dem Verfahren nach den Artt. 38 ff. EUGVVO für vollstreckbar erklärt werden kann, ist heftig umstritten.[164] Der Gesetzgeber hat die §§ 796 a bis 796 c in die ZPO im Zuge der Novellierung des Schiedsverfahrensrechts[165] eingefügt, um anwaltlich vertretenen Parteien die Möglichkeit zu geben, kostengünstig einen vollstreckbaren Titel herbeizuführen. Die neuen Vorschriften zum Anwaltsvergleich ersetzen den alten § 1044 b ZPO, der als zu umständlich empfunden wurde.[166] § 796 a ZPO bestimmt, dass ein Vergleich[167] für

---

[161] Immerhin hat die 2. Zwangsvollstreckungsnovelle v. 17. 12. 1997 (BGBl. I, 3039) dafür gesorgt, dass nicht länger nur Geldzahlungen, sondern auch die Gegenleistungsansprüche und Unterlassungsverpflichtungen vollstreckungsfähig sind.

[162] *Eidenmüller*, Vertrags- und Verfahrensrecht, S. 45.

[163] Vgl. zum vollstreckbaren Anwaltsvergleich *Zimmermann*, NotBZ 2000, S. 175 ff.; zur Durchsetzbarkeit des Anwaltsvergleichs im Geltungsbereich der EUGVVO vgl. *Trittmann/Merz*, IPRax 2001, S. 178 ff.

[164] Mit überzeugenden Argumenten bejahen dies *Trittmann/Merz*, IPRax 2001, S. 178 (180 ff.); ablehnend dagegen *Lörcher*, in: Handbuch Mediation, § 28, Rdn. 24; *Eidenmüller*, Vertrags- und Verfahrensrecht, S. 46.

[165] Gesetz vom 22. 12. 1997, BGBl. I, 3224.

[166] *Nerlich*, MDR 1997, S. 416.

[167] Es muss sich um einen echten Vergleich im Sinne von § 779 BGB handeln, der durch das Element des wechselseitigen Nachgebens geprägt ist. Ein normaler Vertrag kann nicht Gegenstand eines Anwaltsvergleichs sein; vgl. *Grziwotz*, ZKM 2000, S. 265 (267).

vollstreckbar erklärt werden kann, wenn er von Rechtsanwälten im Namen und mit Vollmacht ihrer Mandanten geschlossen wurde, der Schuldner sich darin der sofortigen Zwangsvollstreckung unterwirft und der Vergleich unter Angabe des Vergleichsdatums bei einem Amtsgericht niedergelegt wurde, bei dem eine der Parteien ihren Wohnsitz hat. Der Wortlaut der Bestimmung, der die Beteiligung mehrerer Rechtsanwälte verlangt, stellt dabei klar, dass der Anwalts-Mediator den Vergleich nicht in Doppelvertretung für beide Parteien schließen kann, um so ohne Einschaltung von Drittanwälten einen vollstreckbaren Titel herbeizuführen.[168]

Da die Parteien in der Mediation fast immer von ihren Anwälten begleitet werden, ist dieses Verfahren zunächst kostengünstig. Wird die **104** Vollstreckung erforderlich, erhält der Parteianwalt für das gesonderte Vollstreckbarkeitsverfahren allerdings zusätzlich Gebühren nach §§ 46, 31 BRAGO. Ungewöhnlich für die Mediation ist, dass die Anwälte den Vergleich in Vertretung für die anwesenden Parteien schließen müssen.[169] Eine zusätzliche Unterschrift der Parteien „zur Kenntnisnahme" ist aber unschädlich. Inhaltlich darf der Anwaltsvergleich für eine Vollstreckungsfähigkeit nicht auf die Abgabe von Willenserklärungen gerichtet sein.[170] Die Vollstreckung aus einem Anwaltsvergleich ist recht aufwändig.[171] Zunächst muss der Gläubiger eine Vollstreckbarkeitserklärung einholen. Die Vollstreckbarkeitserklärung erteilt nach § 796b ZPO das Gericht, vor dem der zu vollstreckende Anspruch sonst eingeklagt werden müsste. Der durch das gesonderte Vollstreckbarkeitsverfahren entstehende Aufwand an Zeit und Geld kann daher beträchtlich sein. Im Einzelfall werden die Parteien prüfen, ob der Weg über die notarielle Vergleichsurkunde des § 794 Nr. 5 ZPO nicht einfacher ist.

c) Schiedsspruch mit vereinbartem Inhalt? Von *Lörcher*[172] kommt die **105** interessante Idee, die Vollstreckbarkeit des in der Mediation ausgehandelten Abschlussvertrags herbeizuführen, indem die Parteien den Mediationsvergleich gemäß § 1053 Abs. 1 Satz 1, Abs. 2 ZPO als Schiedsspruch mit vereinbartem Wortlaut schließen. Nach dieser Vorschrift erlässt das Schiedsgericht eine Entscheidung, die ihm von den Parteien einvernehmlich vorgegeben wird. De facto handelt es sich um einen protokollierten Vergleich. Aus einem solchem Schiedsspruch kann der Gläubiger vollstrecken, sobald der Schiedsspruch nach §§ 1060f. ZPO für vollstreckbar er-

---

[168] Eingehend dazu: *Hacke*, ADR-Vertrag, S. 282 f., der diesen Weg allerdings im Ergebnis für zulässig hält.
[169] *Lörcher*, in: Handbuch Mediation, § 28, Rdn. 19.
[170] § 796a Abs. 2 ZPO.
[171] *Hacke*, ADR-Vertrag, S. 281 ff.
[172] *Lörcher*, DB 1999, S. 789 f.

klärt ist.[173] Die Parteien müssten zur Herbeiführung eines solchen Vergleichs eine Schiedsvereinbarung schließen und den Mediator als Schiedsrichter für den Konflikt benennen, damit dieser dann den Vergleich als Schiedsspruch mit vereinbartem Wortlaut erlässt. Die notwendige Überleitung in ein Schiedsverfahren können die Parteien schon in der Mediationsabrede für den Fall vereinbaren, dass sie sich in der Mediation auf einen Vergleich verständigen.[174] Der wichtigste Vorteil eines Schiedsspruchs mit vereinbartem Wortlaut ist seine nahezu weltweite Vollstreckbarkeit,[175] die auf die Ratifizierung des New Yorker Übereinkommens[176] durch fast alle Staaten zurückgeht.

106   Dieser Weg zu einem vollstreckbaren Titel ist risikobehaftet.[177] Die Mediation ist wegen der fehlenden Entscheidungsbefugnis des Mediators kein Schiedsverfahren. Daran ändert sich auch nichts, wenn die Parteien den Mediator pro forma zum Schiedsrichter mit der einzigen Befugnis ernennen, einen Schiedsspruch mit vereinbartem Wortlaut zu erlassen.[178] Wo das Schiedsgericht zu keinem Zeitpunkt eine eigene Entscheidungsbefugnis gehabt hat, fehlt es am kennzeichnenden Element (schieds-)richterlicher Tätigkeit. Das Schiedsgericht ist dann bloßes Protokollierungsorgan. Das Gesetz verlangt in § 1053 ZPO daher mit gutem Grund, dass der Vergleich „während" eines Schiedsverfahrens geschlossen wurde, zunächst also die Entscheidungsbefugnis des Gerichts bestand. Diesem Wortlautargument kann man nicht entrinnen, indem man die in der Mediation erzielte Einigung nur als „tentativ" bezeichnet[179] oder gekünstelte Rechtskonstruktionen wählt, in denen untergeordnete Teilbereiche des Konflikts erst im Schiedsverfahren verglichen werden.[180] Eine schlichte Umbenennung des Mediationsvergleichs in einen Schiedsspruch mit vereinbartem Wortlaut droht daher im Vollstreckbarkeitsverfahren als Etikettenschwindel enttarnt zu werden und vom Richter als unzulässiger Umgehungsversuch gewertet zu werden.

107   Das Privileg der Vollstreckungsfähigkeit genießt der Schiedsspruch nur, weil über die zwingende Einhaltung der in §§ 1025 ff. ZPO niedergelegten

---

[173] Zum Verfahren der Vollstreckbarerklärung vgl. *Schütze*, Schiedsgericht und Schiedsverfahren, Rdn. 250 ff.

[174] *Eidenmüller*, Vertrags- und Verfahrensrecht, S. 52, der gleichzeitig auch einen Formulierungsvorschlag für eine solche Klausel macht.

[175] *Hacke*, ADR-Vertrag, S. 290.

[176] Übereinkommen v. 10. 6. 1958 über die Anerkennung und Vollstreckung ausländischer Schiedssprüche; BGBl. II, 121.

[177] Kritisch auch *Grziwotz*, ZKM 2000, S. 265 (268); optimistischer: *Eidenmüller*, Vertrags- und Verfahrensrecht, S. 48 ff.

[178] *Grziwotz*, ZKM 2000, S. 265 (268).

[179] So *Eidenmüller*, RIW 2002, S. 1 (6).

[180] So der Vorschlag von *Hacke*, ADR-Vertrag, S. 291; ebenso *Lörcher*, in: Handbuch Mediation, § 28, Rdn. 30.

Verfahrensvorschriften Mindestvorgaben für ein faires Verfahren beste-hen.[181] Die Parteien eines Mediationsverfahrens genießen diesen gesetzli-chen Mindestschutz nicht, so dass auch von dieser Seite ein Vollstre-ckungshindernis droht.[182] *Lörcher* will dieses Defizit kompensieren, indem die Parteien das Mediationsverfahren vor Abschluss des Vergleichs in ein Schiedsverfahren überleiten, was auf Grund der Parteiautonomie grund-sätzlich möglich ist. Der Mediator könne dort als Schiedsrichter fungieren. Wichtig sei lediglich, dass der Schiedsort in Deutschland liegt und dass be-reits im Mediationsverfahren die Grundregeln des Schiedsverfahrens, nach § 1042 ZPO die Gewährung rechtlichen Gehörs und die Gleichbehand-lung der Parteien, gewahrt wurden.[183] Notwendig ist dieser Kunstgriff nicht, weil eine Rückwirkung der schiedsverfahrensrechtlichen Grundsätze in die Mediation nicht stattfindet.[184] Nur das Schiedsverfahren selbst muss die zwingenden Vorgaben der ZPO beachten. Insofern führen vertrauliche Einzelgespräche in der Mediation im anschließenden Schiedsverfahren auch nicht zu einer Verletzung rechtlichen Gehörs.[185] Allein die fehlenden gesetzlichen Verfahrensgarantien im Mediationsverfahren bewirken daher nicht, dass ein abschließender Schiedsspruch mit vereinbartem Wortlaut als Mediationsergebnis ausscheidet.

Es bleibt ein erhebliches Risiko, dass ein Vollstreckungsgericht den **108** Schiedsspruch mit vereinbartem Wortlaut, der als Ergebnis einer Media-tion entstanden ist, nicht als vollstreckungsfähig ansieht.[186] Es ist zu of-fenkundig, dass das Schiedsverfahrensrecht hier instrumentalisiert wird, um ein gewünschtes Ergebnis zu erreichen. Verneint ein Gericht die Aner-kennung, wird plötzlich die Einigung insgesamt fraglich, denn dazu müss-te der vom Mediator-Schiedsrichter erlassene Schiedsspruch jetzt erneut in einen einfachen privatschriftlichen Vergleich der Parteien uminterpretiert werden. Die Parteien können daher am Ende mit leeren Händen dastehen. Selbst wenn man die Umsetzung einer Abschlussvereinbarung in einen Schiedsspruch mit vereinbartem Wortlaut für rechtlich möglich hält, ist die praktische Umsetzung sehr kompliziert[187] und damit enorm fehler-anfällig. Da an der Mediation ohnehin Parteianwälte teilnehmen und

---

[181] *Lörcher*, DB 1999, S. 789.

[182] *Lörcher*, DB 1999, S. 789; inzwischen hat Lörcher diese Position ausdrück-lich aufgegeben, vgl. *Lörcher*, Handbuch Mediation, § 28, Rdn. 29.

[183] *Lörcher*, DB 1999, S. 789.

[184] Zutreffend *Eidenmüller*, Vertrags- und Verfahrensrecht, S. 50.

[185] *Hacke*, ADR-Vertrag, S. 294.

[186] Dieses Risiko besteht international sogar bei Schiedssprüchen mit vereinbar-tem Wortlaut, die Ergebnis eines „normalen" Schiedsverfahrens sind, vgl. dazu *Lörcher*, in: Handbuch Mediation, § 28, Rdn. 33.

[187] Die einzelnen Schritte schildert *Lörcher*, in: Handbuch Mediation, § 28, Rdn. 36 ff.

ein förmliches Vollstreckbarkeitsverfahren nach §§ 1060 f. ZPO durchlaufen werden muss, sollten die Parteien den oben skizzierten Anwaltsvergleich oder die notarielle Urkunde als Vollstreckungstitel vorziehen. Nur in den seltenen Fällen, wo der Schuldner des Abschlussvertrags in einem EU-Drittstaat sitzt und dort Vollstreckungsprobleme absehbar sind, sollte der Schiedsspruch mit vereinbartem Wortlaut als mögliche Verfahrensbeendigung diskutiert werden. Dazu ist dann aber eine aufwändige Prüfung der schiedsrechtlichen Situation im Vollstreckungsstaat unumgänglich.[188]

109   **d) Vergleich vor Gütestellen.** Nach § 794 Abs. 1 Nr. 1 ZPO sind auch die Vergleiche vollstreckbar, die vor einer staatlich anerkannten Gütestelle geschlossen wurden. Die Mediationsteilnehmer könnten daher auf den Gedanken kommen, die ausgehandelte Einigung zu dieser Gütestelle zu tragen, um dort den Vergleich förmlich zu schließen. Dabei müssen die Parteien beachten, dass nur von den Landesjustizverwaltungen förmlich eingerichtete Gütestellen eine solche Vollstreckbarkeit herbeiführen dürfen. So sind im Bayerischen Schlichtungsgesetz die Notare und Rechtsanwälte, die von der Rechtsanwaltskammer hierfür zugelassen sind, kraft Gesetzes Gütestellen. In den Ländern mit Schiedsleutetradition werden die Schiedspersonen als Gütestellen auch kraft Gesetzes bestimmt.[189] Andere private Stellen,[190] wie etwa die Schlichtungsstellen der örtlichen IHK, der Bankenombudsmann oder auch Mediationsinstitute, reichen nicht aus. Flächendeckend stehen staatliche Gütestellen derzeit nicht zur Verfügung. Ihre Bedeutung ist dementsprechend noch gering. Sie kann aber in den Bundesländern steigen, wo der Landesgesetzgeber von seiner neuen Befugnis nach § 15 a EGZPO Gebrauch macht und die zwingende außergerichtliche Schlichtung in Bagatellsachen mit der dann notwendigen Einrichtung von Gütestellen einführt. Interessant wird dies insbesondere dann, wenn Notare oder Rechtsanwälte ohne weiteres zu solchen Gütestellen erklärt werden.

110   **e) Gerichtlicher Vergleich.** Die Parteien können schließlich auch den gerichtlichen Vergleich, Vollstreckungstitel nach § 794 Abs. 1 Nr. 1 ZPO, dazu nutzen, die in der Mediation ausgehandelte Einigung in einen vollstreckbaren Titel umzuwandeln. Das überrascht nur zunächst. Manche Mediationsverfahren beginnen nämlich vor dem Hintergrund eines laufenden Prozesses, wo die Parteien von dessen Verlauf und Dauer frustriert sind und deshalb versuchen wollen, die Streiterledigung zu beschleunigen. Diese Fälle werden zunehmen, wenn die Zivilgerichte von ihrer neuen Befugnis nach § 278 Abs. 5 S. 2 ZPO Gebrauch machen und den Parteien

---

[188] *Lörcher*, in: Handbuch Mediation, § 28, Rdn. 43.
[189] *Gummer*, in: Zöller, EGZPO, § 15 a, Rdn. 19.
[190] Einen Überblick gibt *Motsch*, in: Festschrift für Alfred Söllner, S. 403 ff.

eine außergerichtliche Mediation empfehlen.[191] Erzielen die Parteien eine außergerichtliche Einigung, ist die nahe liegende Rücknahme der Klage übereilt. Die Parteien können die Einigung nämlich unproblematisch vom Richter protokollieren lassen; ein entsprechender Gerichtstermin ist meist kurzfristig verfügbar. Neben der Vollstreckbarkeit hat dieses Prozedere den Vorteil, dass nach § 127a BGB automatisch alle Formvorschriften für Verträge erfüllt werden. So ist auch die Grundstücksübereignung oder Übertragung eines GmbH-Gesellschaftsanteils auf diese Weise möglich. Im Vergleich zur Rücknahme der Klage entstehen keine zusätzlichen Gerichtsgebühren. Wegen des Anwaltszwangs vor dem Landgericht fallen durch den Vergleichsschluss allerdings zusätzliche Anwaltsgebühren an.[192] Haben die Anwälte ihre Mandanten in die Mediationsverhandlung begleitet, wird die Gebühr für den gerichtlichen Vergleich bei Abrechnung auf BRAGO-Basis aber mit dem in der Mediation verdienten Honorar verrechnet. Gerichtliche Vergleiche unterliegen keinen Beschränkungen im Hinblick auf ihren vollstreckungsfähigen Inhalt, so dass sie auch auf die Abgabe von Willenserklärungen gerichtet sein können. Die internationale Anerkennung und Vollstreckung wird innerhalb der Staaten der Europäischen Union dadurch erleichtert, dass der Prozessvergleich nach Art. 58 EuGVVO von allen Mitgliedsstaaten anzuerkennen ist.

VIII. Ziel erreicht?

Am Ende dieser Phase haben die Parteien einen rechtswirksamen Vergleich abgeschlossen, der ihre Auseinandersetzung endgültig beilegt. Weil die Parteien in die Formulierung dieses Mediationsvergleichs eingebunden waren, identifizieren sie sich mit dessen Inhalt. Der Inhalt des Vergleichs ist verständlich und so eindeutig formuliert, dass Anschlusskonflikte wegen unterschiedlicher Vertragsinterpretationen ausgeschlossen sind. Der Vergleich erfasst alle regelungsbedürftigen Punkte. Wenn der Vertrag von einer Seite nicht ordnungsgemäß erfüllt wird, greifen die im Vertrag vereinbarten Sanktionen. Gegebenenfalls kann eine Seite aus dem Vertrag die Zwangsvollstreckung betreiben. Es ist nicht erforderlich, dass beide Seite auf Grund einer gefundenen „win-win"-Lösung jubelnd aus dem Verhandlungsraum schreiten. In der Praxis kommt das selten vor. Wichtig ist dagegen, dass beide Seiten den Vergleich deshalb unterschrieben haben, weil sie die Einigung für besser halten als die Verfolgung ihrer Ansprüche in einem Gerichtsprozess.

---

[191] Ausführlich dazu: *Monßen*, ZKM 2003, S. 116 ff.
[192] § 23 Abs. 1 Satz 2 BRAGO.

§ 11 Person und Rolle des Mediators

1   Das Berufsbild des Mediators ist gesetzlich nicht geregelt. Grundsätzlich[1] kann sich also jeder „Mediator" oder „Wirtschaftsmediator" nennen und in dieser Funktion zu schlichten versuchen. Am Beratungsmarkt hat sich bisher kein einheitliches Mediatorenprofil durchgesetzt. Es gibt keine allgemein anerkannte oder als vorbildhaft akzeptierte Ausbildung. Welche persönlichen und beruflichen Qualifikationen an einen Mediator zu stellen sind, ist deshalb ungeklärt.

I. Ausbildung

2   Die „Mediationsszene" diskutiert über kaum ein Thema so heftig wie über die „richtige" Ausbildung. Mitunter mutiert die Diskussion gar zu einem Glaubenskrieg. Das im Verlag C. H. Beck erschienene Handbuch Mediation widmet diesem Thema nicht weniger als 130 (!) eng bedruckte Seiten.[2]

1. Notwendigkeit

3   Jede Mediationsvereinigung und jeder (selbsternannte) Mediator wird nicht müde zu betonen, wie unverzichtbar eine qualifizierte Ausbildung zum Wirtschaftsmediator sei. Neben der Sorge über eine dilettantische Vermittlerrolle spielt bei solchen Aussagen sicher auch das Motiv der Revierabgrenzung eine erhebliche Rolle. Es ist trügerisch, aus diesen Stimmen einen allgemeinen Konsens über eine notwendige Mindestqualifizierung abzuleiten. Viele Anwälte behaupten, sie seien schon immer „mediativ" bei der Beratung ihrer Mandanten vorgegangen. Für sie sei Mediation daher nur der sprichwörtliche neue Wein in alten Schläuchen. Ganz ähnlich argumentieren viele Notare, die aus ihrer parteineutralen Rolle bei der Beurkundung von Verträgen einen schnellen Bogen zur parteineutralen Rolle des Mediators schlagen. Und auch die Schiedsgerichtsbarkeit hat die Mediation als „integratives Element" vieler Schiedsverfahren entdeckt.[3] Tatsächlich sehen sich viele wirtschaftsberatende Personen also entweder

---

[1] Für einige Berufsgruppen, wie etwa Anwälte, gibt es hier jedoch berufsrechtliche Grenzen, vgl. § 11, Rdn. 53 ff.

[2] *Haft/von Schlieffen* (Hrsg.), Handbuch Mediation, 2002, S. 1297–1426.

[3] *Berger,* RIW 2001, S. 881 ff.

als geborene oder als allein durch Erfahrung qualifizierte Mediatoren. Einer eigenständigen Ausbildung bedarf es dann nicht mehr. Der Mediator ist für den Verhandlungsprozess verantwortlich. Die Verhandlung läuft in bestimmten Phasen ab, über deren Einhaltung der Mediator wacht. Dazu muss der Mediator diese Phasen kennen, also Prozesskenntnis besitzen. Für eine Mediation genügt es nicht, dass ein gutwilliger Vermittler ohne Vorkenntnisse versucht, die Vergleichsverhandlungen zwischen den Parteien zu leiten. Ähnliches gilt für die Interessenerforschung der Parteien, für die der Mediator Gesprächstechniken einsetzt, die einem gefühlsmäßig-intuitiven Vorgehen gerade widersprechen. Es reicht nicht aus, die Parteien freimütig nach ihren „wahren Interessen" zu fragen, doch wird der ungeschulte Vermittler kaum etwas anderes tun können, weil er alternative Vorgehensweisen nicht kennt. In Ausbildungsseminaren ist immer wieder zu beobachten, wie schwer es gerade Anwälten fällt, aus ihrer gewohnten Rolle als Interessenvertreter in die Rolle des Interessenerforschers zu schlüpfen.[4] Vor diesem Hintergrund gleichen diejenigen, die sich ohne jede Ausbildung zu Mediatoren berufen fühlen, Golfanfängern, die ohne jedes Training zum Meisterspieler werden möchten. Wer dort einfach auf den Platz geht, um Spielpraxis zu erwerben, wird scheitern. Ein einführendes Training ist erforderlich, um zu wissen, wie man den Schläger fasst und sich richtig zum Ball stellt oder – für die Mediation – wie man sich in bestimmten Mediationsphasen sinnvoll verhält. Nur wer über diese Grundkenntnis verfügt, kann durch anschließende Übung wirklich dazulernen. Und während der Golfspieler seine dilettantische Spieltechnik auf eigenes Risiko und auf eigene Kosten „weiterentwickelt", trägt der Mediator die Verantwortung für ein geordnetes Verfahren und wird dafür auch bezahlt. Eine Ausbildung zum Mediator ist daher nicht nur nützlich,[5] sondern für eine qualifizierte Tätigkeit tatsächlich unverzichtbar.

Das Erfordernis einer Ausbildung bedeutet nicht, dass Personen ohne eine solche Qualifizierung die ihnen angetragene Vermittlerrolle ablehnen müssen. Der langjährig vertraute Beiratsvorsitzende kann einen Gesellschafterstreit im Familienunternehmen vielleicht besser schlichten als ein allen Streitparteien unbekannter Mediator mit Top-Ausbildung. Der Beiratsvorsitzende wird fehlende Mediationskenntnisse mit seinem Ansehen bei den Streitparteien und seinem auf langjähriger Erfahrung basierenden Einfühlungsvermögen kompensieren.[6] Derartige Schlichtungsverfahren unterscheiden sich aber strukturell von einer Wirtschaftsmediation und sollten deshalb auch nicht als solche bezeichnet werden. Es bleibt daher da-

---

[4] *Duve,* Mediation in der Anwaltspraxis, Rdn. 8.
[5] So *Duve,* Mediation in der Anwaltspraxis, Rdn. 13.
[6] Vgl. auch *Duve,* Mediation in der Anwaltspraxis, Rdn. 58.

bei, dass eine professionell durchgeführte Wirtschaftsmediation einen entsprechend qualifiziert ausgebildeten Mediator voraussetzt.

2. Inhalt und Ausbildungsstandard

6   Der angehende Mediator lernt in einer Mediationsausbildung zunächst die Grundcharakteristika der Mediation kennen und gewinnt einen Überblick über die Verfahrensstruktur. Im Mittelpunkt der Ausbildung steht der praktische Einsatz von Mediationstechniken, wie etwa das Aktive Zuhören, das Reframing, die Förderung der Kreativität, der Umgang mit Emotionen und andere kommunikative Fähigkeiten. In den meisten Ausbildungsprogrammen wird mehr als die Hälfte der Zeit auf das Erlernen dieser Techniken verwendet. Die Rolle des Mediators wird von allen Seiten beleuchtet. Die Funktionen des Rechts zur Absicherung des Verfahrens und als Beitrag zum Finden einer Einigung werden diskutiert. Grundkenntnisse in der Verhandlungsführung und Verhandlungspsychologie runden die Ausbildung ab.[7] Die einzelnen Mediationsvereinigungen haben mehr oder weniger detaillierte Übersichten über Lerninhalte erstellt, die aber im wesentlichen die vorgenannten Punkte abdecken.[8]

7   Die Ausbildung erfolgt überwiegend in Form von Rollenspielen. Jeder Teilnehmer schlüpft dort abwechselnd in die Rolle einer Partei oder die des Mediators. Theoretisches Wissen verwandelt sich so in praktisches Können. Die Teilnehmer lernen so gleichzeitig, wie schwer die auf dem Papier einfach wirkenden Kommunikationstechniken praktisch zu handhaben sind. Mindestens 50% der Ausbildung wird daher auf die Rollenspiele und deren Auswertung verwendet.[9]

8   Eine heftige Auseinandersetzung ist in der Mediationsszene um „den" angemessenen Ausbildungsstandard entbrannt, also um zeitliche und qualitative Mindestvorgaben für ein Meditationstraining, das dann zur selbständigen Ausübung der Mediationstätigkeit befähigt. Das Pendel scheint derzeit zugunsten derjenigen auszuschlagen, die eine mindestens 200 stündige Ausbildung und vier dokumentierte Mediationsfälle verlangen. Dieser Vorgabe der Bundesarbeitsgemeinschaft für Familienmediation (BAFM) hatte sich auch die Arbeitsgruppe Mediation der Bundesrechtsanwaltskammer angeschlossen;[10] der neue § 7a der anwaltlichen Berufsordnung (BORA) verlangt dagegen nur eine „angemessene Ausbildung", ohne weitere Vorgaben. Die zeitintensive Ausbildung soll erforderlich sein, um den

---

[7] Vgl. dazu auch *Duve*, Mediation in der Anwaltspraxis, Rdn. 30 ff.

[8] Vgl. etwa den Ausbildungsplan der Bundesarbeitsgemeinschaft für Familienmediation (BAFM) unter www.bafm-mediation.de; ausführlich auch die Übersicht von *Troja/Schwitters/Kessen,* in: Handbuch Mediation, § 51, Rdn. 24 ff.

[9] *Duve*, Mediation in der Anwaltspraxis, Rdn. 54.

[10] *Duve*, Mediation in der Anwaltspraxis, Rdn. 56.

Schutz der Konfliktparteien vor einem unqualifizierten Verfahren zu gewährleisten. Als Grundvoraussetzung für die Aufnahme der Ausbildung wird zusätzlich ein abgeschlossenes Hochschulstudium verlangt.[11] Rigide Ausbildungsvorgaben wie die 200 Stunden-Forderung sind problematisch. Sie führen schnell dazu, dass Zulassungsschranken entstehen, die inhaltlich kaum zu rechtfertigen sind. Wer die Parteiautonomie wirklich ernst nimmt, muss die Parteien unabhängig von solchen Zulassungsschranken entscheiden lassen, wen sie als Mediator in ihrem Konflikt vermitteln lassen wollen. Dabei wird das Qualitätsprofil des Mediators ebenso eine Rolle spielen wie das verlangte Honorar. Vernünftige Parteien werden den Mediator dann von sich aus fragen, welche Ausbildung und welche Erfahrungen er besitzt. Der Vergleich mit den USA, dem Mutterland der Wirtschaftsmediation, zeigt, dass dort eine etwa 40–50 stündige Grundausbildung als ausreichend angesehen wird.[12] Eine überzogene Ausbildung verklärt die Mediation nur zu einer Art Geheimwissenschaft, die sie nicht ist. Auf der anderen Seite wäre eine Vereinheitlichung der Ausbildungsstandards notwendig, um die Ausbildungslandschaft mit immer neuen Ausbildungsgängen, Kursen und Seminaren zum Thema Mediation übersichtlicher zu gestalten. Insofern bleibt das Thema „Ausbildungsstandard" vielschichtig.

9

3. Ausbildungsangebote

Bis vor wenigen Jahren musste man in die USA reisen, um das Handwerk des Mediators zu erlernen. Die Mediation ist dort nicht nur Standardfach an fast allen rechtswissenschaftlichen Fakultäten, sondern wird von vielen Universitäten inzwischen als eigener Ausbildungsgang angeboten.[13] Daneben gibt es zahllose kommerzielle Seminaranbieter.[14] Die amerikanischen Professoren Friedman und Himmelstein haben hierzulande erste Kurse für Familienmediation in den 80er Jahren angeboten und lange eine Quasi-Alleinstellung in der deutschen Mediationsausbildung innegehabt. Dieses Bild hat sich drastisch gewandelt. Seit etwa zwei bis drei Jahren sprießen entsprechende Fortbildungsangebote auch in Deutschland aus dem Boden. Veranstalter sind mit wenigen Ausnahmen kommerzielle Institutionen, die die Mediation als zukunftsträchtiges Berufsbild vermarkten. Sie haben durch ein erfolgreiches Marketing eine Euphorie auf der Anbieterseite erzeugt, die sich mit der Lage auf dem Nachfragemarkt nicht deckt. Derzeit wird mit Seminaren zur Mediation in Deutschland vermutlich mehr Geld verdient als mit Honorareinnahmen für durchge-

10

---

[11] Vgl. erneut die Ausbildungsrichtlinie der BAFM, www.bafm-mediation.de.
[12] *Duve*, Mediation in der Anwaltspraxis, Rdn. 59 m. w. N.
[13] Einen guten Überblick gibt *Duve*, Mediation in der Anwaltspraxis, Rdn. 69.
[14] Vgl. den Überblick bei *Hehn/Rüssel*, in: Handbuch Mediation, § 59, Rdn. 1 ff.

führte Mediationen. Einen Überblick über aktuelle Seminarangebote kann man sich durch einen Blick in den monatlich von der Centrale für Mediation herausgegebenen „mediations-report"[15] verschaffen.

II. Zwingend Jurist?

11   Die Diskussion um das Reizthema, ob der Wirtschaftsmediator Jurist sein muss oder wenigstens Jurist sein sollte, verläuft mindestens so intensiv wie die Ausbildungsdebatte, wird aber noch ungleich emotionaler geführt.[16] Zwei Problemkreise sind dabei auseinander zu halten: Schreibt das Rechtsberatungsgesetz die juristische Ausbildung des Mediators zwingend vor und kann ein Anwaltsmediator den Parteien aufgrund seines juristischen Wissens einen höheren Mehrwert bieten?

1. Wirtschaftsmediation und Rechtsberatungsgesetz

12   Das Spannungsfeld zwischen der Tätigkeit als Mediator und dem Rechtsberatungsgesetz (RBerG), dass Nichtjuristen die Rechtsberatung verbietet, wurde verschiedentlich schon gestreift.[17] Zwei Urteile des LG Hamburg und des OLG Rostock, die die Wirtschaftsmediation vordergründig den Anwälten vorbehalten, haben die Diskussion weiter angefacht.[18] Nichtanwaltliche Mediatoren wettern, die Rechtsanwälte wollten sich hinter dem Gesetz verstecken, um sich so ein lukratives Berufsfeld zu reservieren. Dabei sei die Abwendung vom Recht als ein den Parteien aufoktroyierter Entscheidungsmaßstab doch gerade das Grundanliegen der Mediation. Psychologen und sozialwissenschaftlich ausgerichtete Berufsgruppen seien deshalb die geeigneteren Mediatoren. Erinnert wird zudem an die unrühmlichen historischen Wurzeln des Rechtsberatungsgesetzes, das jüdischen Rechtsbeiständen die Rechtsberatung verbieten sollte. Die Anwälte argumentieren dagegen mit dem notwendigen Schutz des Bürgers vor unqualifiziertem Rechtsrat.

13   a) Ausgangspunkt: Verbot unqualifizierter Rechtsberatung. Das Rechtsberatungsgesetz verbietet in Art. 1 § 1 RBerG, ohne behördliche Erlaubnis Rechtsrat zu erteilen. Der rechtunkundige Bürger wird durch dieses Ver-

---

[15] Zu beziehen über Centrale für Mediation, Postfach 511024, 50964 Köln; Internet: www.centrale-fuer-mediation.de.
[16] Einen guten Überblick geben *Duve/Tochtermann*, ZKM 2001, S. 284 ff.; eingehend zur Thematik jüngst *Henssler*, NJW 2003, S. 241 ff; kritisch dazu: *Kretschmer*, NJW 2003, S. 1500.
[17] Vgl. dazu § 10, Rdn. 7 f.
[18] OLG Rostock, BB 2001, 1869; LG Hamburg, NJW-RR 2000, 1514; zurecht kritisch zur überschätzten Relevanz beider Urteile: *Kretschmer*, NJW 2003, S. 1500.

bot vor unqualifiziertem Rechtsrat geschützt.[19] Dieser Schutz ist notwendig, weil der Bürger seine Vermögensdispositionen häufig von rechtlichen Empfehlungen abhängig macht. Die Falschberatung richtet daher schnell Schaden an. Einmal getroffene Entscheidungen, etwa ein Vertragsschluss, können nach Aufdecken des Irrtums selten rückgängig gemacht werden. Gleichzeitig ist die Rechtsmaterie so kompliziert, dass der noch so wohlmeinende Laie mit seinen Ratschlägen und Hinweisen schnell irrt.[20] Der vermeintlich klare Gesetzestext entpuppt sich im Lichte höchstrichterlich Rechtssprechung als diffizil oder ist aufgrund einer anderweitigen Sonderregelung gar nicht anwendbar. Deshalb reserviert § 3 Abs. 1 Nr. 2 RBerG die Rechtsberatung zurecht Rechtsanwälten und Notaren, die das notwendige Wissen in einem juristischen Studium erworben haben. Wer ohne Erlaubnis Rechtsrat erteilt, muss ein Bußgeld von bis zu € 5.000 fürchten[21] und haftet zudem für jeden durch die Falschberatung angerichteten Schaden ohne Möglichkeit einer Haftungsbegrenzung.[22]

Der Schutzzweck des RBerG endet nicht vor den Türen des Verhandlungsraums, in dem die Mediation stattfindet. In der Mediation müssen die Parteien eine Entscheidung für oder gegen einen Vergleich treffen, der den Konflikt beilegt. Diese Entscheidung darf ebenso wenig durch einen falschen Rechtsrat beeinflusst werden wie die rechtliche Ausgestaltung des Vergleichsvertrags. Das Rechtsberatungsgesetz bleibt daher auch in der Mediation grundsätzlich anwendbar und verbietet rechtsunkundigen Personen die Erteilung von Rechtsrat. Der Mediator muss bei seiner Tätigkeit also beachten, dass er sich innerhalb des so gezogenen rechtlichen Rahmens bewegt.   **14**

b) Ist Mediation immer Rechtsberatung? Für den nichtanwaltlichen **15** Mediator stellt sich die Frage, ob die Mediation immer auch eine Rechtsberatung darstellt. Bejaht man das, führt das Rechtsberatungsgesetz für den nichtanwaltlichen Mediator faktisch zu einem Tätigkeitsverbot. Für die Beantwortung der Frage muss man zunächst einmal definieren, was Rechtsberatung überhaupt ist. Die Obergerichte sprechen hier regelmäßig von allen Tätigkeiten, die darauf gerichtet oder geeignet sind, fremde Rechte zu verwirklichen oder Rechtsverhältnisse zu gestalten, wobei eine fördernde, also nicht selbst gestaltende Aktivität genügt.[23] Der Schutzbereich des Gesetzes wird also sehr weit gezogen. Niemand wird ernsthaft

---

[19] Zu diesem Schutzzweck vgl. nur BVerfGE 41, 378 (390).

[20] In Mediationsseminaren ist es leider eine häufig zu machende Beobachtung, dass sich angehende Mediatoren gleichzeitig dazu ertüchtigt sehen, aus einem juristischen Halbwissen heraus rechtliche Empfehlungen zu geben.

[21] Vgl. § 8 Abs. 2 RBerG.

[22] Der Verstoß gegen das Rechtsberatungsgesetz ist eine Vorsatztat, die über § 823 Abs. 2 BGB zu einer uneinschränkbaren deliktischen Haftung führt.

[23] *Henssler*, NJW 2003, S. 241 (242), mit Nachweisen aus der Rechtsprechung.

bestreiten, dass ein Mediator, der Auskunft über die Rechtslage gibt oder die Parteien bei der Abfassung des Vergleichsvertrags berät, Rechtsberatung betreibt. Die apodiktische Resolution des Bundesverbandes Deutscher Psychologen, wonach der Mediator keine Rechtsberatung erteilt,[24] wirkt insofern hilflos.

16   Gleichzeitig wird aber auch klar, dass die Frage „Ist Mediation Rechtsberatung?"[25] falsch gestellt und Auftakt zu einer Scheindiskussion ist. Mediation ist kein eigenständiges Rechtsgebiet.[26] Es geht um die Prüfung bestimmter Tätigkeiten eines Mediators und nicht um die Einordnung der Mediation insgesamt. Niemand wird die Schulmediation, in der besonders geschulte Lehrer Schulhofstreitigkeiten zwischen Schülern mit dem Ziel einer verbesserten Streitkultur schlichten, auch nur in die Nähe der Rechtsberatung rücken.[27] Der Mediator, der sich die Darstellung der Parteien anhört, um daraus die konfliktrelevanten Punkte zu ermitteln, betreibt ebenso wenig Rechtsberatung wie ein Mediator, der auf Bitten der Unternehmensleitung das schlechte Betriebsklima durch Gespräche mit den Mitarbeitern verbessern soll. Mediation als solche ist daher nie Rechtsberatung. Einzelne Tätigkeiten des Mediators können aber eine Rechtsberatung darstellen und dann, aber auch nur dann, ist die Vereinbarkeit mit dem Rechtsberatungsgesetz zu prüfen.

17   Das wahre Problem besteht darin, dass die Parteien jedenfalls in der Wirtschaftsmediation vom Mediator auch rechtsberatende Tätigkeit erwarten und rechtsberatende Tätigkeit somit regelmäßig anfällt. Die Parteien möchten mit dem Mediator Rechtsfragen diskutieren. Sie erwarten vom Mediator für die Gestaltung ihres Vertrages keine allgemeinen Rechtsbelehrungen, sondern die konkrete Auskunft zu auftauchenden Rechtsfragen.[28] Sie wollen nicht wissen, dass sie bei der vereinbarten Zahlungspflicht auf die Fälligkeit und Verzugsfolgen achten sollen, sondern wie eine entsprechende Klausel am besten formuliert wird. Die Parteien verlangen zudem, dass der Mediator sie bei der Abfassung der Vereinbarung von sich aus auf Rechtsprobleme hinweist, für die sie selbst kein Problembewusstsein haben. Die Vereinbarung zweier Versicherungsagenturen, sich den Markt zukünftig anhand von Postleitzahlengebieten aufzuteilen, mag den Streit zunächst beilegen, scheitert aber am Kartellverbot des § 1 GWB. Diese originäre Vertragsberatung ist eine grundsätzlich erlaubnispflichtige Tätigkeit nach dem Rechtsberatungsgesetz.

---

[24] Wiedergegeben nach *Henssler*, NJW 2003, S. 241 (242) mit Fundstellennachweis.

[25] So etwa *Richter-Kaupp/Sparmberg*, ZKM 2001, S. 38, die titeln: „Warum soll jede Mediation zwangsläufig Rechtsberatung sein?".

[26] So zu Recht *Koch*, ZKM 2001, S. 89.

[27] *Henssler*, NJW 2003, S. 241 (243).

[28] *Henssler*, in: Mediation für Juristen, S. 75, 83

Wenn die Parteien vom Mediator auch rechtsberatende Tätigkeit erwar-   **18**
ten, der nichtanwaltliche Mediator diese Tätigkeit aber nicht leisten darf,
hat er einen signifikanten Wettbewerbsnachteil gegenüber dem Anwaltsmediator. Der Kunde will originäre Mediationstätigkeit und Rechtsberatung aus einer Hand für einen Gesamtpreis. Er ist nicht bereit, zwei unterschiedliche Berater zu zahlen. Dieser Wettbewerbsnachteil ist es, dessen
erwünschte Beseitigung die Frage heraufbeschwört, ob nichtanwaltliche
Mediatoren im Rahmen von Mediationsverfahren nicht auch Rechtsberatung betreiben dürfen.

c) **Befreiungstatbestände.** Die Hoffnung der nichtanwaltlichen Mediato-   **19**
ren richtet sich auf die im RBerG enthaltenen Ausnahmen und Befreiungstatbestände, die auch Nichtjuristen eine Rechtsberatung ausnahmsweise
erlauben. Im Ergebnis greift jedoch keiner dieser Tatbestände ein.

Das RBerG verbietet nur die „geschäftsmäßige" Rechtsberatung. Da der   **20**
Mediator die rechtsrelevanten Funktionen nicht nur einmalig, sondern in
allen von ihm durchgeführten Mediationen übernehmen will, liegt eine
Geschäftsmäßigkeit vor. Dabei kommt es nach der Rechtsprechung nicht
einmal darauf an, ob der Mediator seine Tätigkeit entgeltlich ausübt.[29]
Mit dem Argument fehlender Geschäftsmäßigkeit wird daher auch nicht
ernsthaft argumentiert.

Erfolgversprechender scheint der Rückgriff auf Art. 1 § 5 RBerG, der   **21**
diejenige Rechtsberatung aus dem grundsätzlichen Verbot ausklammert,
die nur ein notwendiges Hilfsgeschäft zu einer anderweitigen beruflichen
Tätigkeit darstellt.[30] Die rechtsberatende Tätigkeit stellt aber kein außerhalb der Mediation liegendes Gebiet dar, sondern ist integraler Bestandteil
derselben. Es fehlt also an zwei Geschäften, einem Hauptgeschäft und einem Nebengeschäft.[31] Dieses richtige Argument ist zunächst sehr formal,
wird aber auch von einer inhaltlichen Überlegung gestützt: Ein Hilfsgeschäft liegt nämlich nicht vor, wenn die rechtliche Beratung aus Sicht des
Kunden von vorne herein ein gewichtiger und vollwertiger Teil der
Dienstleistung ist.[32] Die Mediation zielt von Anfang an auf den Abschluss
eines rechtswirksamen Vergleichs. Im Falle einer Einigung erwarten die
Parteien eine juristische Beratung bei der Konzeption und Formulierung
des Vertrages.

---

[29] *Henssler,* NJW 2003, S. 241 (242).
[30] *Kretschmer,* NJW 2003, S. 1500 (1502), nimmt das für den Fall an, wo der
Mediator „nur" Zwischenergebnisse oder eine vorläufige Abschlussvereinbarung
fixiert. In der Praxis tut fast jeder Mediator aber eben doch mehr, als nur getreu-
lich zu protokollieren.
[31] *Henssler,* NJW 2003, S. 241 (244)
[32] Vgl. nur BGH NJW 1987, 3003 (3005); MDR 1989, 793; BVerfGE 75, 284
(299).

22 Schließlich wird auf Art. 1 § 2 RBerG verwiesen, der die Tätigkeit als Schiedsrichter von jeder juristischen Qualifikation freistellt. Folgendes Argument ist ausgesprochen naheliegend: Wenn ein Nichtjurist einen Rechtsstreit verbindlich entscheiden darf, muss der Nichtjurist den Parteien doch erst recht bei der außergerichtlichen Einigung helfen dürfen. Die Analogie zum Schiedsrichter scheint auch den Mediator von den Anforderungen des Rechtsberatungsgesetzes freizustellen. Diese Überlegung scheitert an der Vergleichbarkeit zwischen Schiedsrichteramt und Mediatorenamt: Der Schiedsrichter entscheidet, berät aber nicht. Die Parteien treffen also keine eigene Entscheidung aufgrund eines erteilten Rechtsrats, so dass auch die Gefahr einer Falschberatung und eines dadurch entstehenden Schadens nicht besteht. Die Gleichsetzung von Schiedsrichter und Mediator verbietet sich daher.[33]

23 **d) Ergebnis und Ausblick.** Im Ergebnis ist Nichtanwälten nicht etwa die Mediation, sondern nur die rechtsberatende Tätigkeit innerhalb der Mediation verboten. Das ist ein feiner, aber wichtiger Unterschied. Da in fast jeder Wirtschaftsmediation Rechtsberatungsbedarf besteht, führt dies für nichtanwaltliche Mediatoren derzeit zu erheblichen Wettbewerbsnachteilen. Diese Wettbewerbsnachteile finden ihre Rechtfertigung im Sinn und Zweck des Rechtsberatungsgesetzes, Konfliktparteien vor unqualifiziertem Rechtsrat und darauf aufbauenden falschen Entscheidungen zu schützen.

24 Welche Ausweichstrategie bietet sich für nichtanwaltliche Mediatoren an? In der Wirtschaftsmediation können sie dort tätig werden, wo Parteianwälte an den Mediationsverhandlungen teilnehmen. Die Mediatoren müssen dort allerdings darauf achten, sich wirklich jedweder Rechtsberatung zu enthalten.[34] Statt dessen müssen sie die entsprechende Beratung durch die Parteianwälte organisieren und moderieren.[35] Diese Lösung wird auch als „Berater-Lösung" bezeichnet.[36] Ein zweites Tätigkeitsfeld tut sich für nichtanwaltliche Mediatoren dort auf, wo die Konflikte keinen rechtlichen Hintergrund haben. In der innerbetrieblichen Mediation finden sich solche Fälle relativ häufig. Und schließlich können die nicht-anwaltlichen Mediatoren überlegen, ihre Tätigkeit zusammen mit Rechtsanwälten als Co-Mediator auszuüben, um den Beschränkungen des

---

[33] *Henssler,* NJW 2003, S. 241 (245). Unabhängig davon ist der gesetzliche Verzicht von Rechtskenntnissen bei Schiedsrichtern durchaus problematisch. Rechtspolitisch ist das Argument, Schiedsrichter und Mediatoren seien gleich zu behandeln, durchaus überzeugend. Es fragt sich dann nur, auf welcher Basis (RBerG oder Befreiung vom RBerG) diese Gleichstellung erfolgen soll.

[34] Schon aus Haftungsgründen, aber auch aus Fairness gegenüber den Parteien, sollten nichtanwaltliche Mediatoren bei Übernahme des Amtes klarstellen, dass sie keine Rechtsberatung erteilen können.

[35] Vgl. dazu oben § 10, Rdn. 7 f.; § 8, Rdn. 55 ff.

[36] Etwa: *Richter-Kaupp/Sparmberg,* ZKM 2001, S. 38.

RBerG zu entgehen.[37] Dieser Ansatz läuft unter dem Titel „Tandem-Lösung."[38]

Ein echtes Problem bleibt für nichtanwaltliche Mediatoren: Sie können 25 in kleineren Wirtschaftskonflikten kaum tätig werden. Dort erwarten die Parteien vom Mediator auch Rechtsrat. Da bei solchen Streitigkeiten seltener Anwälte eingeschaltet werden, kann der Mediator die Rechtsberatung nicht auf die Anwälte verlagern. Und die Co-Mediation mit einem Anwalt wird bei geringeren Streitwerten schlicht zu teuer. Wenn dieses Problem gelöst werden soll, führt der Weg nur über eine Liberalisierung des RBerG. Dort könnte vorgesehen werden, dass nichtanwaltliche Mediatoren mit nachgewiesenen Grundkenntnissen eine Ausnahmeerlaubnis erhalten können. Eine entsprechende Reformdiskussion hat bereits begonnen.[39]

2. Anwaltsmediator als die bessere Wahl?

Unabhängig von den Beschränkungen des RBerG stellt sich die Frage, 26 ob der Anwaltsmediator für Parteien einer Wirtschaftsmediation nicht schlicht die bessere Wahl ist. Immerhin bietet der Anwaltsmediator eine Dienstleistung an, die neben der strukturierten Verhandlungsführung die Rechtsberatung einschließt, etwa im Hinblick auf die Formulierung des Vergleichsvertrags. Darin liegt ein echter Mehrwert. Warum sollte die Partei nicht „Two in One" erwerben, statt sich am Ende der Mediation zusätzlich teuren Rechtsrat für das Abfassen des Vergleichsvertrags einzukaufen?

Diese Argumentation greift zu kurz. Sie setzt voraus, dass der Anwalts- 27 mediator bei der Strukturierung der Verhandlung eine gleichwertige Arbeit leistet wie sein nichtanwaltlicher Kollege. Das ist aber nicht zwingend der Fall. Es gibt Wirtschaftskonflikte, wo Beziehungsprobleme zwischen den Parteien den Kern des Konflikts ausmachen. Dort kann ein Psychologe in die Mediationsverhandlung Fachkenntnisse einbringen, die ein Anwalt schlicht nicht besitzt. Paradigmatisch für solche Fälle sind manche Streitigkeiten zwischen Gesellschaftern oder Erben. Rechtsfragen spielen dort häufig eine untergeordnete Rolle; die erforderliche Rechtsberatung lässt sich einfach und preiswert einkaufen. Die psychologischen Kenntnisse des Mediators überkompensieren dort die fehlenden Rechtskenntnisse. Der Anwaltsmediator wäre die schlechtere Wahl. Ein zweites kommt hin-

---

[37] Eingehend dazu: *Henssler*, NJW 2003, S. 241 (246); die wirtschaftlichen Zukunftsaussichten solcher Kooperationen werden aber wohl überschätzt, vgl. *Strack*, ZKM 2001, S. 184 (188).

[38] *Henssler/Kilian*, ZKM 2000, S. 55 (56); *Richter-Kaupp/Sparmberg*, ZKM 2001, S. 38.

[39] Ausführlich dazu: *Henssler*, NJW 2003, S. 214 (246 ff.)

zu: Anwaltsmediatoren tendieren häufig dazu, ihre Fachkenntnisse in die
Mediation auch einbringen zu wollen. Sie strukturieren die Verhandlung
dann intuitiv unter rechtlichen Gesichtspunkten und auch die Lösungsansätze lassen juristische Denkmuster erkennen. Die Rechtsberatung beginnt
dann schnell zu dominieren; die eigentliche Mediatorentätigkeit gerät in
den Hintergrund. Die Qualität der Mediation nimmt damit ab. Der nichtanwaltliche Mediator erörtert Rechtsfragen mit den Parteien dagegen oft
verständlicher und weniger determinierend.[40]

28   Auf der anderen Seite: Es ist manchmal erschreckend, mit welcher Igno-
ranz und bisweilen sogar offener Feindschaft manche nichtanwaltliche Mediatoren ihren anwaltlichen Pendants begegnen. Den Anwaltsmediatoren
wird gerade wegen ihrer Ausbildung und ihrer Haupttätigkeit als Interessenvertreter die Kompetenz streitig gemacht, Konflikte außerhalb juristischer Denkmuster zu lösen. Für Richter verstärkt sich diese Negativein-
schätzung noch weiter. Der rechtsorientierten Problemlösung oder auch
nur Problemerörterung wird dann a priori ein negativer Inhalt zugemessen. Die wichtige Funktion des Rechts, Entscheidungshilfen für Konfliktfälle anzubieten,[41] wird nicht erkannt oder schlicht geleugnet. Soweit
Recht überhaupt als mediationsrelevant angesehen wird, meint man die
entsprechenden Grundlagen in einem „Minijurastudium mittels eines
Wochenendkurses"[42] erwerben zu können. Welche praktischen Folgen ein
nichtanwaltlicher Mediator mit dieser Einstellung anrichten kann, kann
man sich leicht ausmalen.

29   Die Entscheidung für oder gegen einen anwaltlichen Mediator müssen
die Parteien treffen. Letztlich hängt diese Entscheidung vom infragestehenden Konflikt ab. Um den Parteien eine Entscheidungsgrundlage zu geben, sollte der Mediator offen legen, welchen beruflichen Hintergrund er
hat. In aller Regel wissen die Parteien das aber ohnehin.

III. Macht des Mediators

30   Viele Mediatoren sehen Macht und Mediation als antagonistische Begriffe
an. Weil der Mediator keine Entscheidungsmacht hat, soll er auch ansonsten
machtlos sein.[43] Die Mediationsszene benutzt die Machtlosigkeit geradezu
als Werbeargument: Macht ist ein negativ besetzter Begriff.[44] Wenn die Mediation die Macht ablehnt, muss sie somit ein positives „machtfreies" Ver-

---

[40] *Ripke*, in: Handbuch Mediation, § 5, Rdn. 37.
[41] Vgl. oben § 8, Rdn. 46 f.
[42] So ein Kursteilnehmer in einer vom Autor betreuten Mediationsausbildung.
[43] *Duss-von Werdt*, ZKM 2000, S. 4.
[44] Macht wird sofort mit „Macht über Menschen" oder „Machtmissbrauch" assoziiert.

fahren sein. Auf nahezu jeder Mediationsveranstaltung wird die „Machtfreiheit" des Verfahren daher wie ein Mantra heruntergebet:[45] Die Mediation legt die Macht zur Konfliktbeilegung in die Hände der Parteien und hilft den Parteien dann, von dieser Macht im positiven Sinne Gebrauch zu machen, indem sie sich friedlich einigen.[46] Schöne, neue Mediatorenwelt.

Eine nüchterne Betrachtung gelangt zu anderen Ergebnissen: Definitionsgemäß ist Macht die Fähigkeit, Dinge in eine selbst bestimmte Richtung zu bewegen. In der Mediation ist die Richtung, also das Ziel der Machtausübung, vorgegeben: Die Parteien haben den Mediator mit dem Herbeiführen einer Einigung oder zumindest mit dem Ausloten eines möglichen Einigungsspielraums beauftragt. Diese Zielsetzung muss der dafür bezahlte Mediator als eigene übernehmen. Wenn der Mediator nun keine Mittel hätte, dieses Ziel zu erreichen, würden die Parteien Geld verschwenden. Der Mediator setzt daher seine Machtmittel, nämlich sein Wissen um eine effiziente Verfahrensgestaltung und bisweilen auch sein persönliches Ansehen bei den Parteien zielgerichtet ein. Der Mediator hat also Macht und benutzt sie auch. Schnell wird hier entgegnet, dass die Letztentscheidungsmacht für oder gegen einen Vergleich immer bei den Parteien bleibt und nur darauf komme es doch an. Die Feststellung von der ultimativen Entscheidungsmacht der Parteien ist richtig, die anschließende Bewertung ist falsch. Der Mediator beeinflusst durch seine Verfahrensgestaltung und seine strukturellen, bisweilen aber auch inhaltlichen Empfehlungen die Positionen und auch die abschließende Entscheidung der Parteien. In der Praxis ist es eben nicht so, dass die Parteien mit festen Positionen und klaren Interessen in die Mediation kommen, die der Mediator nur noch offen legen muss. Die Parteien verändern vielmehr unter dem Eindruck der Mediation ihre Positionen und Präferenzen und auf diesen Änderungsprozess hat der Mediator maßgeblichen Einfluss. 31

Einige Beispiele verdeutlichen die Machtposition des Mediators: In der Praxis folgen die Parteien fast immer den Verfahrensvorschlägen des Mediators, weil sie seiner Kompetenz auf diesem Gebiet vertrauen. Das Verfahren steht aber nicht unabhängig von der inhaltlichen Einigung, sondern beeinflusst und prägt die inhaltliche Diskussion. Der geübte Mediator weiß ziemlich genau, dass eine bestimmte Reihenfolge der zu erörternden Punkte die Einigungswahrscheinlichkeit erhöht oder senkt[47] – trotzdem legt er diesen Punkt kaum offen. Durch kritische Fragen oder auch direkte Hinweise er- 32

---

[45] *Duss-von Werdt*, ZKM 2000, S. 4.

[46] So der Grundansatz von *Bush/Folger*, Promise of Mediation, passim, was bereits durch den Untertitel „Responding to Conflict through Empowerment and Recognition" zum Ausdruck gebracht wird.

[47] Fangen die Parteien auf Empfehlung des Mediators mit den einfachen Punkten an, investieren sie Zeit in die Mediation. Um diese Zeitinvestition später nicht abschreiben zu müssen, einigen sie sich später auch bei den schwierigen Problemen.

zeugt der Mediator bei den Parteien das Risikobewusstsein, das schließlich zu Konzessionen und einer abschließenden Einigung führt. Und in der Praxis kommt es – auch wenn es der „reinen Schule" widersprechen mag – doch regelmäßig vor, dass am Ende des Mediationsverfahrens der Einigungsvorschlag des Mediators steht, den beide Parteien für konsensfähig halten, auch weil er von der Autorität des Mediators gestützt wird.

33   Warum ist die Erkenntnis so wichtig, dass der Mediator Macht hat? Nur wer weiß, dass er Macht hat, kann sein Verhältnis zur Macht bestimmen und eigene Spielregeln für den Umgang mit der Macht festlegen. Er kann sich nicht mehr bequem zurücklegen, weil er keine Macht und – damit einhergehend – auch keine Verantwortung hat. Diese Erkenntnis ist unbequem. Nichts ist aber schlimmer und gefährlicher, als wenn der Mediator erstmals in einer konkreten Mediation erkennt, welche Macht er über eine Partei hat, die förmlich an seinen Lippen klebt. In einer derart spannungsgeladenen Situation ist die Wahrscheinlichkeit gering, eine durchdachte und tragfähige Entscheidung für den eigenen Machtgebrauch zu treffen. Die entsprechenden Überlegungen müssen vorher, losgelöst vom Einzelfall, getroffen worden sein. Der Respekt vor der Autonomie der Parteien gebietet dem Mediator den durchdachten Umgang mit Macht, nicht deren Negierung. Nicht die Macht ist das Problem, sondern der Umgang mit ihr.[48]

IV. Mediationsstile

34   Das eigene Verhältnis zur Macht bestimmt auch das Rollenverständnis des Mediators. Wer als Mediator die Privatautonomie der Parteien als Konstante voraussetzt, wird wenig Probleme damit haben, die Parteien durch eine gezielte Verfahrensführung in Richtung Einigung zu drängen. Schließlich treffen die Parteien die abschließende Entscheidung selbst und eigenverantwortlich. Wer umgekehrt die Privatautonomie der Parteien durch die Machtmittel des Mediators – insbesondere also sein Wissen um Verhandlungsstrukturen und die Autorität eigener Einigungsvorschläge – gefährdet sieht, wird die Mediation weit vorsichtiger führen. Das so definierte Rollenverständnis prägt den eigenen Mediationsstil, also die Herangehensweise des Mediators an das Verfahren.

1. Das Riskin-Modell

35   Der amerikanische Professor Leonard Riskin hat ein Modell, das nach ihm benannte Riskin-Modell, entwickelt,[49] das dieses Spannungsfeld zwi-

---

[48] *Duss-von Werdt*, ZKM 2000, S. 4 (6).
[49] Vgl. zum Folgenden: *Riskin*, 1 Harvard Negotiation Law Review (1996), 7 ff.

schen einer zurückhaltenden Verfahrensgestaltung durch Moderation und einer aggressiven inhaltlicher Einflussnahme plastisch darstellt. Grafisch lässt sich dieses Modell wie folgt darstellen:

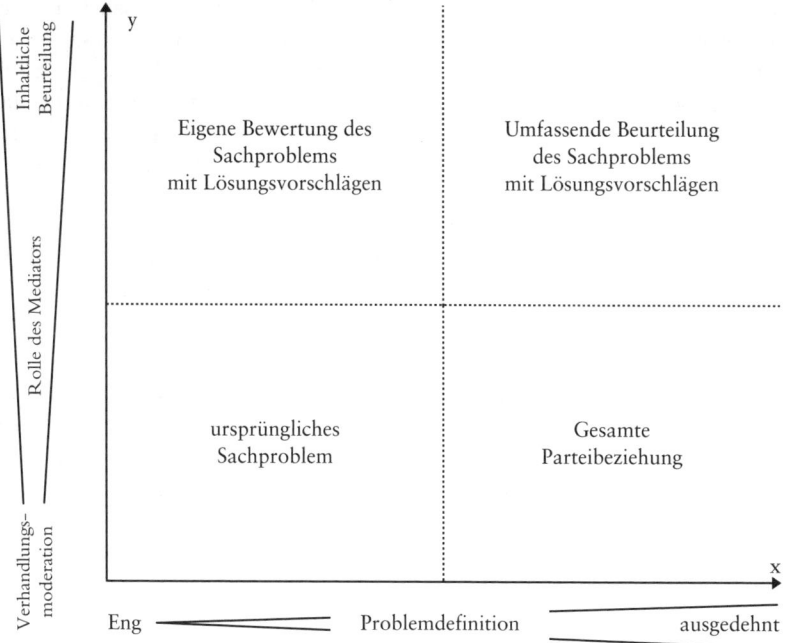

Auf der X-Achse ist abgetragen, ob der Mediator seine Bemühungen **36** „nur" auf die Lösung des an ihn konkret herangetragenen Problems richtet oder ob er die Parteien veranlasst, das gesamte Umfeld des Konflikts in die Betrachtungen einzubeziehen, also auch die Parteibeziehungen insgesamt zu betrachten. Auf der Y-Achse ist die Neigung des Mediators dargestellt, sich mit eigenen Vorschlägen oder Empfehlungen an der Lösungssuche zu beteiligen. Beschränkt sich der Mediator auf die bloße Moderation der Verhandlungen, also auf Verfahrensfragen, ist der Y-Wert gering. Greift der Mediator dagegen in inhaltliche Fragen ein, ist der Y-Wert hoch. So lassen sich vier Quadranten bilden, die – im Uhrzeigersinn – durch die Stilrichtungen enges Problemverständnis/moderierend, weites Problemverständnis/moderierend; weites Problemverständnis/bewertend und enges Problemverständnis/bewertend gekennzeichnet sind.

Als Beispiel mag ein Fall dienen, in dem ein Gesellschafter einer GmbH **37** sich eigenmächtig ein Honorar für geleistete Beraterdienste ausgezahlt hat. Ein Mediator kann die Verhandlung hier so strukturieren, dass die Parteien über die Berechtigung eines solches Verhaltens und deren Folgen geordnet diskutieren (enges Problemverständnis/moderierend). Er kann aber auch das Verhandlungsproblem ausweiten, indem er fragt, ob dieser Vorfall nicht symptomatisch für das Verhältnis der Gesellschafter untereinander ist und ob die Parteien hier einen Regelungsbedarf sehen (weites Problemverständnis/moderierend). Schlägt der Mediator in dieser Situation neben einer Änderung des Gesellschaftervertrags auch eine ausgeklügelte Geschäftsordnung und die Etablierung eines Beirats vor, agiert er bei weitem Problemverständnis bewertend. Beschränkt sich der Mediator auf die Empfehlung, einen fairen Preis für die Beraterdienste zu finden und einen zu viel ausgezahlten Betrag doch mit der nächsten Gewinnausschüttung zu verrechnen, bewertet der Mediator ein eng eingegrenztes Problem. Das Riskin-Modell wurde verschiedentlich leicht modifiziert,[50] doch bleibt der dargestellte Kerngehalt auch bei diesen Autoren immer gleich.

2. Mediationsstile in der Praxis

38 Die „reine" Mediationsschule propagiert regelmäßig ein Mediationsmodell, das im zweiten Quadranten angesiedelt ist. Der Mediator zeigt den Parteien, dass es unterschwellig um mehr geht als den konkreten Konflikt und das eine ganzheitliche Betrachtungsweise neue Einigungsspielräume und auch „win-win"-Lösungen ermöglicht. In der Praxis dominieren dagegen Modelle des dritten oder vierten Quadranten, wo der Mediator sich auch inhaltlich in die Diskussion einmischt. Woran liegt das? Den meisten Mediatoren fällt es schwer, ihre eigene Ansicht über eine mehrstündige Mediationsverhandlung hinweg für sich zu behalten. Kein Mediator ist so abgebrüht, dass er sich aufgrund der Parteiäußerungen nicht intuitiv eine eigene Meinung zum Konflikt bildet. Aus der Meinung wird dann rasch ein „fairer" Lösungsvorschlag abgeleitet. Früher oder später, vor allem wenn die Verhandlungen stocken, wird dieser Lösungsvorschlag dann mehr oder weniger offen angesteuert oder geäußert. Vor allem Anwaltsmediatoren tendieren stark dazu, ihre Rechtsansicht in die Mediationsverhandlung einfließen zu lassen. Sie haben das Gefühl, dass ihre Kompetenz auf juristischem Gebiet doch nicht ungenutzt bleiben darf. Eine reine Verfahrensleitung genügt ihnen daher nicht. Diese Tendenz wird durch die Erwartungshaltung vieler Parteien verstärkt, dass der Mediator als Schlichter agiert und als fairer Mittler konsensfähige Einigungsvorschläge unterbreitet. Dieser Erwartungshaltung entsprechen viele Mediatoren dann nur allzu gerne, da es ihrem Ego schmeichelt, inhaltlich um Rat gefragt zu werden und so eine Einigung herbeizuführen.

39 Diese Tendenz zur bewertenden Mediation hat einen gravierenden Nachteil: Die Verfahrensstruktur als eigentliches Erfolgsgeheimnis der Mediation

---

[50] *Duve*, Mediation und Vergleich im Prozess, S. 220 ff.; *Hacke*, ADR-Vertrag, S. 179 ff.

geht schnell verloren, wenn der Mediator sich inhaltlich einmischt. Auch der in Verfahrensfragen geschulte Mediator vergisst diese Struktur nämlich im Eifer inhaltlicher Diskussionen. Kaum jemand kann sich gleichzeitig auf die Verhandlungsführung und die inhaltliche Erörterung konzentrieren. Diese Überforderung der menschlichen Leistungsfähigkeit war ja gerade der Grund dafür, dass den Parteien mit dem Mediator ein Verhandlungsmanager zur Seite gestellt wird, der über die strukturierte Verhandlungsführung wacht. Es ist daher ein Trugschluss, in der gleichzeitigen Einbringung von Verfahrenskompetenz und inhaltlicher Sachkenntnis einen doppelten Wertschöpfungsbeitrag des Mediators zu sehen. Regelmäßig geht die Einbringung von Sachkenntnis zu Lasten der strukturierten Verfahrenskompetenz. Ein Mediator, der es trotz der interessanten Parteidarstellungen schafft, sich ausschließlich auf das Verhandlungsmanagement zu konzentrieren und sich davon nicht durch selbst angedachte Lösungsbeiträge abbringen zu lassen, erbringt intellektuell und konzentrationsmäßig eine extrem hohe Leistung, die der des schlichterähnlich auftretenden Kollegen in nichts nachsteht und den Parteien am Ende oft mehr Nutzen bringt.

Es ist müßig, ein bestimmtes Mediationsmodell als besser oder schlech- 40 ter einzustufen, solange der Mediator sich nur des oben dargestellten Spannungsfeldes bewusst ist. Die Qualität einer Mediation hängt nicht davon ab, ob der Mediator einen aktiven oder passiven Mediationsstil bevorzugt.[51] Entscheidend ist, dass der Mediator den gewählten Mediationsstil beherrscht und diesen fallspezifisch einzusetzen versteht.

3. Co-Mediation

Die Moderation eines Konflikts durch zwei gleichzeitig agierende Medi- 41 atoren, die sogenannte Co-Mediation, ist neuerer Trend. Er ist nicht nur von dem Wunsch getrieben, die Restriktionen des Rechtsberatungsgesetzes für nichtanwaltliche Mediatoren zu umgehen. In der Praxis tauchen Co-Mediationen häufiger auf, um jüngeren Mediatoren die Möglichkeit zur Anwendung erlernter Kenntnisse neben einem erfahrenen Kollegen zu geben. Die Befürworter dieses Mediationsstils sehen darin aber auch verschiedene Vorteile für die Parteien.

Oft haben die beiden Co-Mediatoren einen unterschiedlichen beruflichen 42 Hintergrund. So mag einer der Mediatoren Psychologe, der andere Jurist sein. Neben der mediationstypischen Verhandlungsführung können somit auch unterschiedliche Fachkenntnisse in das Verfahren einfließen und für die Streitbeilegung nutzbar gemacht werden. Ähnlich vorteilhaft ist es, wenn ein beiden Parteien persönlich bekannter und mit dem Konfliktstoff vertrauter Mediator von einem externen Kollegen unterstützt wird, dem die Parteien

---

[51] Vgl. dazu auch *Kracht,* in: Handbuch Mediation, § 15, Rdn. 103 ff.

häufig eine höhere Objektivität beimessen. Diese Konstellation tritt in unternehmensinternen Mediationen, bei denen zwei Bereiche oder Profit Center im Streit liegen, häufiger auf. Die beiden Mediatoren wechseln sich in der Verfahrensleitung ab. Der nicht aktive Mediator hat so Gelegenheit, die Teilnehmer in der Verhandlung genauer zu beobachten als sein moderierender Kollege, der von seiner Aufgabe häufig so sehr in Anspruch genommen wird, dass wichtige Informationen verloren gehen. Viele Wirtschaftsmediationen dauern einen ganzen Tag und häufig genug bis in die Abendstunden hinein. Die Mediatorentätigkeit, die ständige Aufmerksamkeit verlangt, ist sehr anstrengend und ermüdend. Auch von daher kann es sinnvoll sein, wenn sich zwei Mediatoren abwechseln, um Ermüdungseffekte und damit verbundene Qualitätsgefahren zu vermeiden. In sehr großen Verfahren mit einer Vielzahl von beteiligten Parteien kann es zudem erforderlich sein, dass über einen längeren Zeitraum Mediatoren ständig als Ansprechpartner zur Verfügung stehen.[52] Aus all diesen Gründen kann die Co-Mediation ein sehr sinnvoller Mediationsstil sein.

43   Gegen die Co-Mediation sprechen vor allem zwei Argumente: Zum einen sind die Kosten einer Co-Mediation hoch, weil zwei Mediatoren bezahlt werden müssen. Das Verfahren eignet sich daher nur bei größeren Konflikten. Zum anderen setzt eine Co-Mediation eine extrem gute Abstimmung zwischen den beiden Mediatoren voraus. Die Mediatoren müssen sich entweder lange kennen oder sich detailliert über die geplante Vorgehensweise und einzusetzende Techniken einigen. Kaum etwas gefährdet den Erfolg einer Mediation so sehr wie eine offen zutage tretende Uneinigkeit der beiden Verhandlungsleiter.

V. Persönliche Anforderungen an den Mediator

44   Welchen persönlichen Anforderungen muss ein guter Mediator neben seinen rein fachlichen Qualifikationen entsprechen? Ein trennscharfes Anforderungsprofil lässt sich nicht definieren, aber einige Grundgedanken seien hier geäußert.

1. Freude am Konflikt

45   Wer seine eigene Friedenssehnsucht verwirklichen möchte, sollte sich eine andere Profession suchen als die Mediation: „Mediation ist keine Wiese für

---

[52] Das ist einer der Gründe dafür, warum in auch politisch beeinflussten Umweltmediationen, etwa um die Durchführung großer Infrastrukturvorhaben, häufiger Co-Mediationen anzutreffen sind; vgl. etwa die Beispiele bei *Flucher*, ZKM 2001, S. 188 ff.

Lämmer."[53] Unerbittliche inhaltliche Auseinandersetzungen, angereichert durch heftige Emotionen, schaffen oft ein Gesprächsklima, in dem die Luft brennt. Der Mediator steht unvermittelt im Mittelpunkt dieses Konfliktszenarios. Er muss solche Konflikte aushalten, sonst kann er die Parteien nicht zur Konfliktlösung führen. Natürlich versucht der Mediator die Gesprächsatmosphäre zu verbessern und einen sachlich-konstruktiven Dialog einzuleiten. Wenn ihm dies am Ende gelingt, ist das sicher ein Erfolg, doch gleichzeitig auch das Ergebnis eines langen, mühevollen Wegs. Die Parteien entwickeln auf diesem Weg nicht selten Aggressionen gegen den Mediator, dem sie wegen des ausbleibenden Verhandlungsfortschritts Inkompetenz unterstellen oder auch Parteilichkeit vorwerfen. Wer sich in solchen Situationen unwohl fühlt, verliert schnell die notwendige Distanz zum Konflikt und zu den Parteien. Nur diese innere Distanz ermöglicht die durchdachte Gesprächsleitung. Und auch am Ende von Wirtschaftsmediationsverfahren erlebt der Mediator selten das Glücksgefühl, zwei Streithähne ausgesöhnt und eine „Win-Win"-Lösung für beide Parteien herbeigeführt zu haben. Der Großteil von Wirtschaftsmediationsverfahren ist geprägt von zähneknirschend akzeptierten Kompromissen, nicht von freudestrahlenden Ex-Kontrahenten, die sich nun in den Armen liegen und dem Mediator ihren überschwänglichen Dank aussprechen.

Der Mediator braucht daher die Freude am Konflikt.[54] Wer Konflikte **46** ablehnt, weicht ihnen aus, anstatt sie zu lösen. Genau das erwarten die Parteien aber vom Mediator, der ihre Überlegungen und Emotionen, wie unbegründet diese auch immer sein mögen, nachvollziehen soll und auch nachvollziehen muss, um so Einigungshindernisse zu erkennen. Dieses Szenario ist vielen Mediationsinteressierten nicht wirklich bewusst. Die Ausbildungsseminare enthalten häufig viel zu viele Rollenspiele, die eine rasche „win-win"-Lösung erlauben und deshalb von der konfliktbeladenen Tätigkeit des Mediators ablenken. Die angehenden Mediatoren sehen sich schon in der prestigeträchtigen Position des weisen Vermittlers, der in ausweglosen Situationen doch Frieden stiftet. Die Enttäuschung ist dann bei der ersten Konfrontation mit realen Fällen groß. Konfliktfähigkeit bleibt daher eine Schlüsselqualifikation eines guten Mediators.

2. Menschliche Qualitäten und „Haltung"

Im Mittelpunkt vieler Anforderungsprofile stehen die „menschlichen" **47** Qualitäten des Mediators. Genannt werden dann das Interesse an Menschen, eine grundsätzlich positive Einstellung, Menschenkenntnis, Nächstenliebe, Einfühlungsvermögen, diplomatisches Geschick, die Fähigkeit

---

[53] *Von Schlieffen,* ZKM 2000, S. 52.
[54] So zu Recht *von Schlieffen,* ZKM 2000, S. 52.

zur Emphatie, Geduld und eine große Lebenserfahrung.[55] Niemand wird die Richtigkeit dieser Feststellungen bestreiten. Doch die Aufzählung derartiger Qualitäten eines Mediators führt inhaltlich nicht weiter. Es gibt wohl kaum einen Job, der nicht davon profitiert, wenn der Jobinhaber die genannten Qualitäten besitzt. Kaum ein Mensch wird sich selbst oder gar anderen gegenüber einräumen, dass ihm das Interesse an Menschen fehlt und er auch keine Lebenserfahrung hat. Die hilfesuchende Partei kann diese Anforderungskriterien an einen Mediator daher nicht in ihre Auswahlüberlegungen einbeziehen. Mangels Objektivierbarkeit sind solche Qualitäten auch nicht testfähig, so dass „menschlich ungeeignete" Mediatoren auch während der Ausbildung nicht entdeckt und von der weiteren Tätigkeit ausgeschlossen werden können.

48 Die Diskussion gipfelt bisweilen in der obskuren Feststellung, der Mediator müsse eine gewisse Haltung oder ein besonderes Ethos an den Tag legen. Ohne eine solche „Haltung" sei die Tätigkeit als Mediator nicht vorstellbar.[56] Dabei bleibt im Dunkeln, wie sich diese „optimale" oder sogar zwingend erforderliche Mediatorenhaltung denn definiert, welche Philosophie oder Lebenseinstellung dahinter versteckt sein soll und wer sich die Autorität zuspricht, diese Haltung zu fordern. Sofern der Begriff der Haltung eine besonders positive Einstellung zu Mitmenschen und ihren Problemen signalisieren soll, hält diese Anforderung an einen Mediator einer kritischen Hinterfragung nicht ohne weiteres stand: Warum arbeitet ein Mediator mit einer besonders ausgeprägten Menschenfreundlichkeit besser als ein unterkühlter Mediator, der professionell und gekonnt Mediationstechniken einsetzt und den Parteien so den Weg zu einer Einigung weist? Am Ende dieser Diskussion steht dann oft die Hochstilisierung des Mediators zu einer Art „Gutmensch", der aufgrund seiner ausgeprägten Menschenfreundlichkeit besser als Anwälte, Richter oder Psychologen mit Konfliktparteien umgehen kann und deshalb zu einer besseren Welt beiträgt.

49 Wer die Forderung nach menschlichen Qualitäten und Haltung des Mediators in den Mittelpunkt rückt, löst einen gefährlichen Ablenkungseffekt aus. Fast automatisch wird nämlich gefolgert, die sich selbst attestierten menschlichen Qualitäten könnten fehlende fachliche Qualifikationen doch ausgleichen oder gar ersetzen. Gerade unter Juristen ist dieser Glaube weit verbreitet. Der schlechte Anwalt will ein guter Mediator werden. Diese Entwicklung soll geradezu wahrscheinlich sein, weil das bislang erfolglose Anwaltsdasein seine Wurzel „wahrscheinlich" in der unbefriedigenden Realität anwaltlicher Konfliktaustragung hat und diese Erkenntnis der erste Schritt vom Wandel des anwaltlichen Saulus (= kom-

---

[55] Paradigmatisch *Strack*, ZKM 2001, S. 184 (186).
[56] Interview mit *Prof. Breidenbach*, ZKM 2002, S. 275.

petitiver Interessenvertreter) zum Paulus (= ausgleichender Mediator) ist. Das ist sicher falsch. Schlüsselqualifikationen eines guten Anwalts und eines guten Mediators gleichen sich, selbst wenn man die juristischen Fachkenntnisse zunächst aus der Betrachtung ausklammert.[57] Und keine noch so große menschliche Kompetenz kann die mühsam zu erlernenden Fachkenntnisse eines Mediators ersetzen.

Nochmals: Es steht außer Frage, dass menschliche Qualitäten und eine   50 hohe persönliche Integrität jedem Mediator gut anstehen. Doch es führt zu nichts, wenn Mediatoren diese Erkenntnisse auf Mediationskongressen wie eine Monstranz vor sich hertragen. Im Gegenteil: Zum einen besteht die Gefahr einer Selbstüberschätzung, indem sich der Mediator mit einem „Gutmenschen" gleichsetzt. Die von einem Mediator erwarteten menschlichen Qualitäten sind aber nicht höher als die Erwartungen an einen Anwalt, Psychologen, Lehrer, Steuerberater oder Priester. Zum anderen hilft es der Mediation nicht, wenn die Außenwelt, und damit die Nachfrager der Dienstleitung „Mediation", die Mediatoren als ein esoterisch inspiriertes Grüppchen wahrnimmt. Und schließlich besteht die Gefahr, dass die fachlichen Anforderungen an einen guten Mediator in den Hintergrund gedrängt werden, weil die menschlichen Qualitäten entscheidend sein sollen. Alle drei Entwicklungen wären der weiteren Verbreitung der Mediation alles andere als förderlich.

3. Sachverstand und Branchenkenntnis

Schließlich wird darüber diskutiert, ob der Mediator über konfliktspezi-   51 fische Sach- und Branchenkenntnis verfügen soll oder gar verfügen muss.[58] Diese Frage lässt sich vordergründig leicht bejahen. Der sachkundige Mediator versteht die Parteien besser und gewinnt bei den Parteien dadurch eher Autorität. Aufgrund eigener Sachkunde kann der Mediator die Parteien zielgerichteter steuern und bei der Einigungssuche besser beraten. Den Parteien ist auf den ersten Blick wenig geholfen, wenn der Mediator gleich zu Beginn der Verhandlungen eines Softwarestreits einräumt, er habe von Quellcodes, Lizenzrechten und überhaupt von Computern keine Ahnung. Es verwundert daher nicht, dass in der Wirtschaftsmediation der fach- und branchenkundige Mediator die Regel ist.

Gleichwohl macht man es sich mit der Forderung von Fach- und Bra-   52 chenkenntnis etwas zu einfach. Der fachfremde Mediator fragt häufig nach, während der fachkundige Mediator zwar zu verstehen glaubt, tatsächlich aber doch nicht versteht. Da dem fachfremden Mediator gar nichts anderes übrig bleibt, als alle Punkte in einfachen Worten klären zu

---

[57] Zutreffend, unter Nennung von Beispielen, *von Schlieffen*, ZKM 2000, S. 52.
[58] *Von Schlieffen*, ZKM 2000, S. 52.

lassen, deckt er Kommunikationsprobleme der Parteien eher auf als der fachkundige Kollege, der komplizierte Sachverhalte oft in der falschen Annahme stehen lässt, die sachkundigen Parteien hätten den Sachverhalt alle „richtig" verstanden. Er unterlässt so die zunächst naive Frage an die Parteien, doch einmal zu erklären, was ein Quellcode sei und wozu er diene. Dieselbe Frage stellt der computerunkundige Mediator und löst so eine Diskussion der Parteien aus, die sich für die Klärung des Konflikts als unverzichtbar erweist. Zudem verspürt der fachkundige Mediator einen Druck, seine Fachkompetenz auch in die Verhandlungen einzubringen. Dabei vernachlässigt er dann die Strukturierung der Vergleichsverhandlungen. Der fachfremde Mediator sieht seinen Wertschöpfungsbeitrag dagegen ausschließlich in der Verhandlungsstrukturierung, also der ureigensten Aufgabe des Mediators.

VI. Berufsrechtliche Fragen für den Anwaltsmediator

53 Die Tätigkeit des Mediators stellt noch keinen eigenständigen Berufsstand dar und unterliegt insoweit auch noch keinem geschlossenen berufsrechtlichen Regelwerk. Eine „Mediatoren-Verordnung" gibt es nicht. Statt dessen müssen Berufsträger anderer Berufsgruppen, die nun (auch) als Mediator tätig werden möchten, prüfen, welche Grenzen das hergebrachte Berufsrecht einer Tätigkeit als Mediator setzt. Insbesondere Anwälte wurden dabei in der Vergangenheit wiederholt mit Vorgaben des anwaltlichen Standesrechts konfrontiert. Am Beispiel dieser Berufsgruppe seien daher einige typische Fragestellung diskutiert.

1. Zulässigkeit der Betätigung

54 Die in älteren Publikationen noch diskutierte Frage, ob der Anwalt als archetypischer Interessenvertreter überhaupt Mediator sein könne,[59] wird heute nicht einmal mehr gestellt. Spätestens seit der Klarstellung in § 18 der Berufsordnung für Rechtsanwälte (BORA), dass der Anwalt bei Übernahme einer Mediatorentätigkeit weiter dem anwaltlichen Berufsrecht unterliegt, ist klar, dass Mediation erlaubte anwaltliche Tätigkeit darstellt. Damit deckt auch die anwaltliche Haftpflichtversicherung Schäden ab, die der Anwalt als Mediator anrichtet.[60] Ernsthaft war an der Vereinbarkeit des Anwaltsberufs mit der Mediatorentätigkeit auch vorher nicht gezweifelt worden. Die Diskussion rankte und rankt vielmehr darum, ob aufgrund der Vorgaben des Rechtsberatungsgesetzes nur der Anwalt als Mediator tätig sein darf.[61]

---

[59] *Henssler*, in: Mediation für Juristen, S. 75 (76 ff.).
[60] Vgl. nur: *Bernhardt/Winograd*, in: Handbuch Mediation, § 23, Rdn. 144.
[61] Ausführlich dazu oben § 11, Rdn. 11 ff.

Dem Anwalt ist es berufsrechtlich verboten, die Aufgabe als Mediator   55
zu übernehmen, wenn er in der Streitsache zuvor als Parteianwalt tätig
war.[62] Das scheint selbstverständlich, bereitet bisweilen in der Praxis aber
durchaus Probleme, wenn der Mandant seinen Anwalt um einen Schlich-
tungsversuch bittet und sich der Anwalt darauf an die nicht anwaltlich
vertretene Gegenseite wendet. Gerade wo sich die beiden Kontrahenten
persönlich gut kennen, kann es dann zu einer gewünschten „Vermittlung"
durch den Anwalt kommen, die dieser wegen seiner Vorbefassung dann
aber ablehnen muss. Der als Mediator tätig Anwalt darf eine Partei nach
Abschluss des eigentlichen Mediationsverfahrens auch nicht als Parteianwalt in der Streitsache unterstützten, etwa indem er die Vollstreckung aus
dem ausgehandelten Vergleich betreibt. Anders als das meist strengere
anglo-amerikanische Standesrecht darf der Mediator nach deutschem Standesrecht eine Partei allerdings im Anschluss an die Mediation in anderer
Rechtssache beraten. Um den unguten Eindruck zu vermeiden, der Anwaltsmediator nutze die Mediation zu Werbezwecken, verpflichten sich viele
Mediatoren von sich aus im Mediatorvertrag, keine Partei innerhalb eines
bestimmten Zeitraums nach Beendigung des Verfahrens anwaltlich zu
betreuen.[63]

2. Bezeichnung als Mediator: § 7 a BORA

Ein heißes berufsrechtliches Eisen war lange, ob der Anwalt die Be-   56
zeichnung „Mediator" oder „Wirtschaftsmediator" auf Visitenkarten oder
Briefbögen führen darf. Der Anwalt darf nur sachlich über seine Tätigkeit
informieren; eine lediglich auf Selbsteinschätzung beruhende Zusatzbe-
zeichnung ist ihm nicht gestattet.[64] Insofern schien dem Anwalt allenfalls
ein Hinweis auf die Mediation als Tätigkeitsschwerpunkt erlaubt.[65] Anwälte witterten hier Wettbewerbsnachteile gegenüber Psychologen, die insofern keinen Beschränkungen unterlagen. Der Anwaltsgerichtshof Baden-
Württemberg hat deshalb schon im April 2001 entschieden, dass Anwälte
den Titel „Mediator" führen dürfen, sofern sie eine einschlägige Ausbildung nachweisen.[66] Auch diese Frage ist inzwischen endgültig gelöst:
Nach dem neuen § 7 a BORA darf sich als Mediator bezeichnen, „wer
durch eine geeignete Ausbildung nachweisen kann, dass er die Grundsätze

---

[62] *Henssler,* in: Mediation für Juristen, S. 80 f.

[63] Umgekehrt stellen Anwaltsmediatoren aus Großkanzleien aber auch klar,
dass die Übernahme der Mediatorentätigkeit die Partner des Anwaltsmediators
nicht daran hindert, eine der Parteien in anderen Rechtsangelegenheiten zu beraten.

[64] BGH NJW 1990, 2130.

[65] *Ewig,* ZKM 2000, S. 85.

[66] AGH Baden-Württemberg ZKM 2002, 196 ff.

des Mediationsverfahrens beherrscht." Streit kann es wohl jetzt nur noch darum geben, was eine derart „geeignete Ausbildung" ist. Da nur die „Grundzüge" des Mediationsverfahrens beherrscht werden müssen, scheint die oft geforderte 200stündige Ausbildung[67] nicht zwingend erforderlich zu sein. Wer den Titel ohne langwierige Diskussionen führen möchte, macht sicher keinen Fehler, wenn er die Mediationsausbildung bei einem renommierten Ausbildungsinstitut durchläuft oder sich vom Ausbildungsinstitut bestätigen lässt, dass die Ausbildung im Sinne von § 7a BORA anerkannt ist.

3. Kooperation mit anderen Berufsgruppen

57   Geblieben ist von den früheren berufsrechtlichen Kontroversen nur die Frage, wann und unter welchen Voraussetzungen Anwälte mit Psychologen oder anderen psycho-sozialen Berufsgruppen Kooperationen eingehen dürfen, um so gemeinsam ein Mediationsangebot zu offerieren. Eine echte Sozietät oder Partnerschaft ist Anwälten gemäß § 59a BRAO nur mit den dort explizit aufgezählten Berufsträgern erlaubt und dazu zählen Psychologen nicht.[68] Um die Co-Mediation zu fördern und die Hürden des Rechtsberatungsgesetzes für nichtanwaltliche Mediatoren abzusenken, wird insoweit aber eine Liberalisierung angeregt.[69] Alternativ werden Umgehungsmodelle empfohlen, die faktisch einer Sozietät nahe kommen.[70]

4. Ausblick: Gefahr der Überregulierung

58   Nachdem die Mediation lange Zeit gesetzliches „terra incognita" war, besteht jetzt die Gefahr, dass es zu einer Überreglementierung kommt. In den USA gibt es derzeit nicht weniger als 2500 (!) Mediationsgesetze.[71] Dass die EU sich mit ihrem „Grünbuch" auf das Thema Mediation gestürzt hat,[72] lässt in Punkto zukünftiger Regulierung Schlimmes befürchten. Die Mediation wird aber nicht dadurch gefördert, dass man den Mediatoren gesetzliche Fesseln anlegt – etwa mit dem vermeintlich hehren Ziel des Verbraucherschutzes. Die Mediation schöpft einen wesentlichen Teil ihrer Innovationskraft aus ihrem freien Wirkungskreis, der gerade auch Experimente erlaubt.

---

[67] Vgl. dazu oben § 11, Rdn. 8 f.

[68] *Koch*, ZKM 2001, S. 89 (93).

[69] *Henssler*, NJW 2003, S. 241 (246).

[70] Vgl. nur die verschiedenen Gestaltungsvorschläge von *Henssler/Kilian*, ZKM 2000, S. 55 (57 ff.).

[71] *Alexander*, ZKM 2001, S. 162.

[72] Grünbuch über alternative Verfahren zur Streitbeilegung im Zivil- und Handelsrecht, vgl. nur *Duve*, BB 2002 (Beil. 7), S. 6 ff.

§ 12 Die Rolle der Anwälte

I. Einleitung: Zwischen Skepsis und Revierabgrenzung

Auch wenn sich die deutsche Anwaltschaft als organisatorischer Verbund 1 inzwischen eindeutig positiv zur Mediation positioniert hat,[1] stehen viele Anwälte diesem Verfahren noch skeptisch gegenüber. Diese Skepsis hängt zum einen mit dem falschen Image der Mediation zusammen, wonach die Mediation einem rechtsübergreifenden – und damit wenig anwaltsfreundlichen – Versöhnungsgedanken anzuhängen scheint. Anwälte zögern daher, ihren Mandanten zu dem ihnen diffus erscheinenden Verfahren zu raten. Gleichzeitig fürchten sie, ihre juristische Kompetenz würde in der Mediation nicht benötigt, was zu einem Honorarverlust führen könnte. Schon macht auch in Deutschland die besorgt-spöttische Übersetzung von ADR als „Alarming Drop in Revenues" die Runde. Dagegen herrscht unter den Anwälten, die die Mediation als eine zukunftsträchtige Alternative zum Prozess einschätzen, die Tendenz vor, die Mediation als eigenes berufliches Tätigkeitsfeld zu besetzen. Trotz der gebetsmühlenhaften Betonung, wie wichtig Interprofessionalität und Interdisziplinarität in der Mediation seien,[2] ist der Wunsch unverkennbar, gerade den finanziell lukrativen Markt der Wirtschaftsmediation für die eigene Profession zu reservieren. Die Revierabgrenzung zu Betriebswirten und Psychologen ist in vollem Gange.[3] Das Rechtsberatungsgesetz bietet hier eine willkommene Argumentationshilfe. Dahinter steckt wohl die Furcht, einen entstehenden Dienstleistungsmarkt erneut zu verschlafen, wie dies bei der Steuerberatung[4] und auch der Schiedsgerichtsbarkeit[5] der Fall war. Das Verhältnis der Anwälte zur Mediation[6] scheint nach wie vor gestört.

---

[1] Symptomatisch ist der Gesetzgebungsvorschlag der Bundesrechtsanwaltskammer zu § 278 ZPO, mit Erläuterungen abgedruckt in ZKM 2000, S. 45 ff.

[2] Vgl. dazu etwa *Spörer/Frese*, in: Handbuch Mediation, § 3; *Henssler/Kilian*, ZKM 2000, S. 55 ff.

[3] In den USA hat diese Revierabgrenzung bereits stattgefunden. Jedenfalls die Wirtschaftsmediation ist dort eindeutig juristisch dominiert; vgl. nur *Gottwald*, ZKM/KON:SENS 1999, S. 331 (332).

[4] Anwälte sind zur unbegrenzten Steuerberatung berechtigt. Gleichwohl wurde dieser lukrative Beratungsmarkt fast vollständig an die Steuerberater verloren.

[5] Der Schiedsgerichtsbarkeit traute in Deutschland zu Beginn der 60er Jahre niemand eine Zukunft zu. Die Folge ist, dass heute Paris, Genf, London und Stockholm die großen Schiedsgerichtsplätze sind, nicht aber Frankfurt oder Berlin; vgl. *Sandrock*, BB 12/1998 „Erste Seite".

[6] Aus amerikanischer Sicht wird dieses Verhältnis eingängig beschrieben von *Riskin*, 43 Ohio State Law Journal, 19 ff.

2   Vor diesem zwischen Skepsis und Revierabgrenzung schwankenden Hintergrund macht sich kaum jemand Gedanken, welche Rolle Anwälte in ihrer klassischen Funktion als Parteivertreter in der Wirtschaftsmediation spielen können oder sogar spielen müssen. Die hervorgehobene Rolle, die das Recht in der Wirtschaftsmediation einnimmt, wurde oben eingehend diskutiert.[7] Es ist schwer vorstellbar, wie diese wertvollen Funktionen des Rechts im konkreten Verfahren zum Tragen kommen können, wenn die Parteien nicht von entsprechend sachkundigen Anwälten beraten werden.[8] Nicht von ungefähr ertönt in den USA seit geraumer Zeit der Ruf „Bring in the Lawyers"[9]. Man hat dort erkannt, dass kundige Anwälte die Mediation nicht ruinieren, sondern erfolgreiche Mediationsverhandlungen oft erst ermöglichen.[10] Es lohnt daher der Blick darauf, welche unterschiedlichen Aufgaben Rechtsanwälte als Parteivertreter im Zusammenhang mit Mediationsverfahren einnehmen können.

II. Hinweispflicht auf die Mediation?

3   Streitende Parteien versuchen zunächst einmal selbst, ihren Konflikt durch Verhandlungen beizulegen. Wenn diese Gespräche scheitern, führt der nächste Weg zum Anwalt. Die Parteien kennen in dieser Situation keine andere Alternative als die zwangsweise rechtliche Durchsetzung ihrer Forderung.[11] Der Anwalt prüft den Fall und unterbreitet seinem Mandanten einen Vorschlag zum weiteren Vorgehen. Diesem Vorschlag kommt eine Schlüsselrolle zu, weil Mandanten der Empfehlung ihres Anwalts in aller Regel folgen. Sie vertrauen seiner beruflichen Kompetenz im Umgang mit Konflikten.[12] Je mehr Anwälte zur Mediation raten, desto eher wird sich die Mediation in Deutschland als ernst zu nehmendes Streitbeilegungsverfahren etablieren. Vor diesem Hintergrund ist es von Bedeutung, ob die Parteianwälte beruflich verpflichtet sind, ihre Mandanten auf die Möglichkeit eines Mediationsverfahrens und die damit verbundenen Vor- und Nachteile hinzuweisen.

---

[7] Vgl. oben § 8, Rdn. 27 ff.

[8] *Risse*, BB 1999 (Beil. 9), S. 1 (4 f.).

[9] "Bring the Lawyers into Divorce Mediation" ist der Titel eines Aufsatzes von *McEwen/Rogers*, Dispute Resolution Magazine 1994, 8 ff. Für die Wirtschaftsmediation, wo die Teilnahme von Anwälten ohnehin die Regel ist, bedurfte es dieses Appells wohl erst gar nicht.

[10] *Gottwald*, in: Mediation in der Anwaltspraxis, § 6, Rdn. 59.

[11] Die Alternative, den Anspruch einfach nicht weiter zu verfolgen, soll hier einmal außer Betracht bleiben, auch wenn dies in der Praxis sicher das verbreitetste Verhaltensmuster ist.

[12] In größeren Unternehmen übernehmen die hausinternen Anwälte der Rechtsabteilung diese Rolle des externen Anwalts.

In den USA wird eine Berufspflicht des Anwalts, auf ADR-Verfahren **4**
hinzuweisen, seit langem diskutiert.[13] In einzelnen Bundesstaaten gibt es
bereits entsprechende gesetzliche Verpflichtungen.[14] Die entsprechende
Hinweispflicht beginnt dabei bereits bei der Vertragsgestaltung und der
möglichen Integration einer Mediationsklausel in das Vertragswerk.[15] In
Deutschland fehlt eine vergleichbare Diskussion. Nimmt man § 18 der Berufsordnung für Anwälte (BORA) ernst, wonach Mediation anwaltliche
Tätigkeit darstellt, kann man nicht umhin, zumindest eine Hinweispflicht
auf dieses Streitbeilegungsverfahren zu bejahen. Der Anwalt ist verpflichtet, seinen Mandanten bestmöglich zu beraten. Die Erwähnung der Mediation in der anwaltlichen Berufsordnung beseitigt jeden Zweifel, dass die
Mediation eine seriöse – und damit hinweispflichtige – Handlungsoption
darstellt. Gleichzeitig zeigt die Nennung in § 18 BORA, dass der Mandant
auch vom Anwalt eine Erläuterung des Mediationsverfahrens erwarten
darf, und dafür nicht andere Berufsgruppen wie Psychologen oder Sozial-
therapeuten aufsuchen muss. So wie der Arzt seinem Patienten die verschiedenen Medikamente einschließlich ihrer Nebenwirkungen erläutern
muss, muss der Anwalt seinen ratsuchenden Mandanten über die verschiedenen Alternativen informieren, wie der streitgegenständliche Konflikt
angegangen werden kann. Die – sicher noch den Regelfall bildende – Verletzung dieser Hinweispflicht bleibt aber folgenlos. Zwar ist der unterlas-
sene Hinweis ein anwaltlicher Sorgfaltsverstoß, der zu einem Schadenser-
satzanspruch führen kann. Doch wird es dem geschädigten Mandanten
regelmäßig nicht gelingen, eine kausale Schadensverursachung nachzuweisen. Dazu müsste der Mandant den Kausalitätsnachweis führen, dass ein
Mediationsverfahren das kostenträchtige Gerichtsverfahren überflüssig
gemacht oder einen besseren Ausgang genommen hätte. Theoretisch könnten hier die Gerichte oder auch der Gesetzgeber mit einer Beweislastum-
kehr oder einer Kausalitätsvermutung helfen, etwa in Fällen, in denen die
Parteien nach mehrjähriger Prozessdauer einen Vergleich schließen, den
sie mit identischem Inhalt nach wenigen Tagen und ungleich geringeren
Transaktionskosten auch in der Wirtschaftsmediation hätten vereinbaren
können. Dieser Weg ist aber weder praktikabel noch rechtspolitisch vertretbar, weil die Prognose, ob eine Mediation wirklich ein konfliktspezifisch geeignetes Verfahren ist, nur ex ante und nicht ex post getroffen
werden kann. Und mit der formularmäßigen Standardaufklärung, „es gäbe da auch noch die Mediation", ist dem Mandanten auch nicht geholfen.

Die Berufspflicht des Anwalts, in geeigneten Fällen auf Mediationsver- **5**
fahren hinzuweisen, lässt sich in der Praxis nur durch einen entsprechen-

---

[13] *Gottwald*, in: Mediation in der Anwaltspraxis, § 6, Rdn. 14.
[14] Vgl. *Murray/Rau/Sherman*, Mediation, S. 147f., m.w.N.
[15] *Murray/Rau/Sherman*, Mediation, S. 148.

den Appell an die Anwälte durchsetzen. Entscheidend ist dabei, die psychologischen Hemmnisse gegen einen entsprechenden Ratschlag zu beseitigen. Dazu bedarf es zunächst weiterer Information und Aufklärung, um das Image der Wirtschaftsmediation in der Anwaltschaft zurechtzurücken. Nur was der Anwalt kennt und nicht grundsätzlich ablehnt, wird er im konkreten Einzelfall empfehlen. Gleichzeitig muss der Anwaltschaft vermittelt werden, dass die Furcht vor einem Honorarverlust in der Wirtschaftsmediation unberechtigt ist, weil die Mandanten daran selten ohne qualifizierte anwaltliche Begleitung teilnehmen werden. Richtig ist allerdings, dass die Mediation scheitern kann und der Mandant vielleicht seinen Anwalt für den unnützen Kosten- und Zeitaufwand verantwortlich machen wird. Dieses Risiko korrespondiert aber mit der Chance, im Falle des Erfolgs der Mediation einen zufriedenen Mandanten zu haben, der die Innovationsfreude und das wirtschaftliche Denken seines Anwalts lobt.

III. Vorbereitung des Mediationsverfahrens

6   So wie sich Parteianwälte intensiv auf den Prozess und die Gerichtsverhandlung vorbereiten, müssen sie dies auch für ein Mediationsverfahren tun.

1. Unterstützung bei der Verfahrenseinleitung

7   Anwälte sind in allen größeren Konflikten die ersten externen Ansprechpartner von Streitparteien. Rät der Anwalt zur Mediation und nimmt der Mandant den Hinweis auf, unterstützt der Anwalt den Mandanten bei der Verfahrenseinleitung. So wenig rechtsunkundige Personen selbständig eine Klage erheben oder gar ein Schiedsgerichtsverfahren initiieren können, so wenig können sie das gewünschte Mediationsverfahren ohne Unterstützung des Anwalts einleiten. Ähnlich wie im Schiedsgerichtsverfahren stellt sich hier die Frage nach der Auswahl des Mediators und des geeigneten Wegs, auch die Gegenseite an den Mediationstisch zu bringen.[16] Die Gegenseite wiederum wird zusammen mit ihrem Anwalt abwägen, ob man dem Vorschlag zur Mediation näher treten will und von welchen Bedingungen man dies gegebenenfalls abhängig macht. Der Parteianwalt prüft schließlich, ob der mit dem Mediator geschlossene Vertrag[17] inhaltlich angemessen ist.

2. Abwehr drohender Rechtsnachteile

8   Der Parteianwalt hilft seinem Mandanten in der frühen Verfahrensphase, Rechtsnachteile, die aus der Durchführung der Mediation drohen, zu

---

[16] Vgl. dazu oben § 3, Rdn. 1 ff.
[17] Zum Mediatorvertrag vgl. oben § 4, Rdn. 15 ff.

erkennen und juristisch zu bewältigen. Solche Gefahren hängen oft damit zusammen, dass der Mandant aufgrund der geplanten Mediation die Klageerhebung zurückstellt. Ein Beispiel bieten etwa die satzungsmäßigen oder gesetzlichen Anfechtungsfristen für gesellschaftsrechtliche Beschlussmängelstreitigkeiten, deren Versäumung die Anfechtung des vorgeblich rechtswidrigen Gesellschafterbeschlusses endgültig hindert.[18] Verjährungsfragen gehören ebenfalls in diese Kategorie. Der Anwalt wird mit seinem Mandanten auch überlegen, ob während der Dauer des Mediatonsverfahrens eine tatsächliche Verschlechterung des Status quo droht und wie man sich am besten davor schützt. Ein Beispiel ist etwa die zwischenzeitliche Fertigstellung des streitgegenständlichen Bauvorhabens. Ohne eine rechtzeitige Beweissicherungsmaßnahme wird eine spätere Beweisaufnahme vor Gericht faktisch unmöglich oder jedenfalls erheblich verteuert. Schließlich mag ein Kontrahent auch argwöhnen, die Gegenseite wolle die Mediation dazu missbrauchen, ihre Position für ein Gerichtsverfahren zu verbessern, etwa indem sie Beweismittel verschwinden lässt und faktische Handlungszwänge schafft. Solche und ähnliche Fragen stehen einer Mediation nicht unbedingt entgegen, müssen vom beratenden Anwalt aber frühzeitig angesprochen und gelöst werden, damit die Mediation in einer unbelasteten Atmosphäre stattfinden kann. Schon weil der Mediator diese parteiseitigen Probleme gar nicht kennt, ist es die Aufgabe der Anwälte, entsprechende Abhilfemaßnahmen einzuleiten.

3. Erläuterung des Verfahrens

Der Anwalt hat die Aufgabe, seinem Mandanten das Verfahren der Mediation und den Verfahrensablauf zu erläutern. Die Partei muss insbesondere um ihre aktive Rolle wissen, die sie, anders als im Gerichtsprozess, in den Mediationsverhandlungen spielen wird. Gerade weil die Mediation ein relativ unbekanntes Verfahren ist, ist diese Einführung wichtig. Nichts hindert die aktive und konstruktive Teilnahme der Parteien mehr, als eine verspürte Unsicherheit über das, was sie erwartet.[19] Im Regelfall wird zwar der Mediator oder auch die eingeschaltete Mediationsvereinigung vorab entsprechende Informationen übersenden,[20] doch ist das persönliche Gespräch mit dem eigenen Anwalt aufschlussreicher und subjektiv vertrauensbildender als die notwendig abstrakte schriftliche Information durch Dritte. Neben dem eigenen Rollenverständnis muss die Partei vom Anwalt auch darüber aufgeklärt werden, welche Rolle er selbst in der Mediation übernimmt. Der Anwalt tritt hier nicht als Vertreter der Partei

---

[18] Ausführlich dazu: *Casper/Risse*, ZIP 2000, S. 437 ff.
[19] Der Wunsch nach Kontrolle, der die Unsicherheit vermeidet, wurde oben bereits als typisches Phänomen in Verhandlungen besprochen, vgl. § 2, Rdn. 87.
[20] Vgl. § 4, Rdn. 19 ff.

und als Wortführer auf, sondern hält sich als Berater im Hintergrund, der aber in brisanten Situationen jederzeit zur Stelle ist. Die Partei muss dies wissen, damit sie die eigene Vorbereitung entsprechend ernst nimmt und sich in den Verhandlungen nicht nach jedem zweiten Satz hilfesuchend an ihren Anwalt wendet. Auch für den Anwalt selbst ist diese frühzeitige Klärung wichtig, um sich später den Vorwurf zu ersparen, er habe für teures Geld nur stillschweigend daneben gesessen und wenig getan. Eine frühzeitige Erläuterung für den Mandanten ist daher angebracht.[21]

4. Inhaltliche Vorbereitung

10   Im Zentrum der anwaltlichen Vorbereitung steht die inhaltliche Aufarbeitung des Konflikts. Wichtig ist dabei zunächst die exakte parteiseitige Ermittlung des Sachverhalts. Dieses Wissen ist bei den Parteien vorhanden, wird aber für die Wirtschaftsmediation häufig nicht sorgfältig genug zusammengestellt und aufarbeitet. In großen Unternehmen verteilt sich das konfliktrelevante Wissen oft auf viele Personen, von denen nur eine an der Mediationssitzung teilnehmen wird. Der Anwalt organisiert den notwendigen Wissenstransfer[22] vor der ersten Verhandlungsrunde. Es ist ärgerlich und zeitraubend, wenn an sich einfache, aber konfliktrelevante Sachverhaltsfragen dazu führen, dass die Sitzung verschoben werden muss, nur weil sich ein uninformierter Parteivertreter mit Nichtwissen erklärt. Versucht der Parteivertreter seine Uninformiertheit durch Annahmen und Spekulationen zu verbergen, droht noch größerer Schaden, weil dies zu einer fehlerhaften Sachverhaltsgrundlage führen kann. Der Anwalt unterstützt seinen Mandanten bei der Aufarbeitung des konfliktrelevanten Geschehens. Auch wenn sich die Mediation nicht auf die rechtlich bedeutsamen Aspekte beschränkt, stehen diese doch oft im Vordergrund. Entsprechende Nachfragen des Anwalts sind daher hilfreich. Für die Strukturierung der Gedanken ist es durchaus sinnvoll, die eigene Sicht des Sachverhalts im Rahmen einer Klageschrift oder Klageerwiderung niederzulegen, um sich dann in einem zweiten Schritt zu überlegen, was über diesen Vortrag hinaus aus Sicht des Mandanten noch wichtig sein könnte. Zur vollständigen Information gehört auch das Wissen um die Darstellung der Gegenseite, soweit deren Sichtweise bereits bekannt ist. Je besser informiert der Mandant und

---

[21] Etwa: „Ich werde neben Ihnen sitzen und aufmerksam zuhören. Der Mediator wird vorwiegend mit Ihnen sprechen, weil niemand den Konflikt besser kennt als Sie. Ich bin aber dazu da, Ihre Interessen zu schützen. Ich werde deshalb sofort eingreifen, wenn ich den Eindruck habe, dass Sie etwas missverständlich formuliert haben, falsch informiert werden oder dass Sie aus einem sonstigen Grund meinen Rat brauchen. Selbstverständlich können Sie sich auch jederzeit an mich wenden, wenn Sie das Gefühl haben, nicht weiter zu wissen."
[22] Vgl. dazu oben § 2, Rdn. 78 ff.

sein Anwalt den Verhandlungsraum betreten, desto besser stehen die Chancen, die eigenen Interessen durchzusetzen.

Scheitert die Mediation, wird der Streit durch richterliches Urteil ent- 11 schieden. Diese Möglichkeit besteht immer. Auch wenn die Mediation auf eine offene Kommunikation zwischen den Parteien zielt, wird kein Kontrahent so blauäugig sein, Informationen zu offenbaren, die für ihn im Rahmen eines Folgerechtsstreits nachteilig sein können. Die Mediation eines Produkthaftungsfalls wird scheitern, wenn die Partei gleich in ihrem Eröffnungsstatement freudig erklärt, sie sei froh, endlich den von einem Zulieferer verschuldeten Herstellungsfehler unstreitig stellen zu können. Denn zum Glück werde man sich ja nun außergerichtlich einigen. In der Vorbereitung erfährt die rechtsunkundige Partei daher von ihrem Anwalt, welche Daten aus juristischer Sicht besonders sensibel sind und deshalb jedenfalls zunächst aus taktischen Gründen zurückgehalten werden sollten. Der Anwalt bespricht mit seinem Mandanten, unter welchen Voraussetzungen eine Offenlegung gegenüber dem Mediator oder auch gegenüber der Gegenseite erfolgen kann. Zur Vorbereitung gehört auch, diese rechtlichen Überlegungen zu Ende zu denken, also den mutmaßlichen Prozessausgang zu prognostizieren. Der Anwalt informiert seinen Mandanten hierüber, damit dieser die Alternative zu einer Einigung in der Mediation kennt. Der Mandant erfährt so, welche Prozesschancen er aufgibt und welche Risiken er vermeidet, wenn er einem Vergleich zustimmt. Zur nüchternen Beurteilung der Handlungsoptionen gehört auch die Kenntnis, wie lange eine gerichtliche Auseinandersetzung vermutlich dauern und welche Kosten sie verursachen würde.

Da fast jede Wirtschaftsmediation mit einem Eröffnungsstatement der 12 Parteien beginnt, bereitet der Anwalt dieses zusammen mit seinem Mandanten vor. In aller Regel hält die Partei diese Eröffnungserklärung aber selbst.[23] Spielen schwierige rechtliche Aspekte eine zentrale Rolle, kann der Anwalt mit seinem Mandanten vereinbaren, dass er dessen Ausführungen kurz ergänzt.

5. Vorbereitende Lösungssuche?

Die Mediation lebt in erheblichem Maße von der Kreativität und Inno- 13 vationskraft, die der Mediator für eine einvernehmliche Konfliktlösung zu mobilisieren sucht. Kreativität und Innovationskraft setzen voraus, dass beide Seiten die Mediation ergebnisoffen beginnen. Eine zu intensive Vorbereitung kann diese Ergebnisoffenheit gefährden. Dies gilt vor allem dann, wenn die Partei und ihr Anwalt bereits im Vorfeld mögliche Konfliktlösungen erörtern und versuchen, auf eine bestimmte Option unter

---

[23] Vgl. oben § 7, Rdn. 5 ff.

Ausblendung anderer Alternativen zuzusteuern.[24] Diesem Phänomen begegnet man in der Praxis überraschend häufig: Die Partei hat sich dort ein für sie akzeptables Lösungsmodell überlegt und erkannt, dass diese Lösung im Gerichtsverfahren aus strukturellen Gründen – das Gericht urteilt regelmäßig nur über Geld, nicht über alternative Lösungsvarianten des Konflikts – unerreichbar bleibt. Also wird diese Lösung nun in einem dafür geeigneten Verfahren, der ergebnisoffenen Mediation, angestrebt. Rasch stellt sich dann jedoch Enttäuschung ein, wenn sich die Gegenseite von dieser Lösung wenig begeistert zeigt. Die frühzeitige Festlegung auf ein Lösungsmodell gefährdet so den Mediationserfolg. Manche Mediatoren befürworten daher, wenn die Parteien ohne große Vorbereitung zur ersten Mediationssitzung erscheinen. In einfach gelagerten Konflikten mag die gemeinsame Aufarbeitung des Konflikts in der Mediation eine Vorbereitung tatsächlich ersetzen. Für die Wirtschaftsmediation mit regelmäßig komplexen Sachverhalten und Fragestellungen geht diese Betrachtung an der Realität vorbei. Schon rein zeitlich kann der Mediator den Parteien die Vorbereitung nicht abnehmen. Mediation ist letztlich nichts anders als eine Verhandlung unter Anleitung. Und der Schlüsselfaktor für jede erfolgreiche Verhandlung ist nun einmal die Vorbereitung.[25] Der meditationserfahrene Anwalt wird in der Vorbereitung immerhin darauf achten, dass sich sein Mandant und auch er selbst nicht zu sehr auf eine mögliche Option fixieren. Die richtige Vorbereitung auf die Mediation setzt auch deshalb beim Anwalt eine Vertrautheit mit dem Mediationsverfahren und dessen spezifischen Besonderheiten voraus.

IV. Teilnahme an der Verhandlung

14   Im Gerichtsverfahren erzwingt der Austausch von Schriftsätzen faktisch eine Vorbereitung des entscheidenden Verhandlungstermins. Die disziplinierende Funktion von Schriftsätzen entfällt bei der am Mündlichkeitsprinzip orientierten Mediation;[26] fehlende Vorbereitung wird nicht durch eine Zurückweisung des Vortrags als verspätet geahndet. Parteianwälte könnten daher versucht sein, ihre Mandanten unvorbereitet zur ersten

---

[24] Wenn die Partei diese Option dann auch noch unbedacht und schnell in das Mediationsverfahren einführt, führt das Phänomen der reaktiven Abwertung (vgl. dazu § 2, Rdn. 91) dazu, dass gerade die Durchsetzung der gewünschten Lösung unwahrscheinlich wird.

[25] „Prepare, prepare, prepare", lautet denn auch der wichtigste Leitsatz für jede Verhandlung.

[26] Manche Mediatoren bitten die Parteien auch deshalb, eine seitenmäßig begrenzte schriftliche Einführung in den Konflikt niederzuschreiben; dadurch werden diese gezwungen, sich auf den Fall vorzubereiten; vgl. auch oben § 4, Rdn. 23 f.

Mediationssitzung zu begleiten, um einfach mal zu sehen, was passiert. Ihnen droht dann, dass der Mandant vom besser informierten Kontrahenten in den Verhandlungen übervorteilt wird. Die sinnvolle Teilnahme an der Mediation verlangt deshalb eine intensive Vorbereitung auf die Art und Weise, wie der Anwalt mit seinem Mandanten an der Mediation teilnimmt.

1. Formen der Teilnahme

Die Anwälte können auf eine Teilnahme an den Mediationsverhandlun- 15 gen verzichten und die Parteien das Gespräch mit dem Mediator alleine führen lassen. Nach dem vorläufigen Abschluss der Mediation stehen sie dann als Ansprechpartner für ihre Mandanten zur Verfügung, um mit ihnen zu erörtern, ob der erzielbare Kompromiss angenommen werden soll oder nicht. Die Anwälte sind auch aktiv in die rechtliche Umsetzung der Einigung in einen verbindlichen Vergleichsvertrag eingebunden.[27] In der Wirtschaftsmediation ist es nur selten der Fall, dass die Anwälte nicht an den eigentlichen Verhandlungen teilnehmen. Allenfalls bei kleinen Streitwerten wird manchmal aus Kostengründen darauf verzichtet. In aller Regel werden die Kontrahenten aber von ihren Anwälten begleitet. In der Verhandlung selbst können sich die Anwälte dann entweder als stiller Ratgeber ganz im Hintergrund halten oder aktiv als Teilnehmer am Verhandlungstisch Platz nehmen,[28] was in den USA ständiger Praxis entspricht.

2. Ungewohnte Rolle des Anwalts

Wenn Anwälte ihre Mandanten in die Mediation begleiten, müssen sie 16 wissen, dass sie dort nicht ihre gewohnte Rolle als Prozessvertreter einnehmen. Während sie im Prozess das Sprachrohr ihrer Klienten sind, spricht die Partei in der Mediation für sich selbst.[29] Mediationsunkundigen Anwälten fällt es oft schwer, diesen Funktionswechsel praktisch umzusetzen. Zu stark ist das Bedürfnis, sich persönlich in die Verhandlung einzubringen, sich schützend vor den Mandanten zu stellen und mehr oder weniger durchschlagende rechtliche Argumente für die eigene Position anzuführen. Häufige Interventionen des Anwalts können sich so ausgesprochen störend auf die Mediation auswirken. Um so wichtiger ist es für den Mandanten, bei der konkreten Mandatierung eines Anwalts für die Betreuung der Mediation darauf zu achten, dass der Advokat über entspre-

---

[27] Diese zurückhaltende Rolle scheinen Anwälte in vielen Scheidungsmediationen zu spielen.

[28] Zu den verschiedenen Formen der Teilnahme vgl. *Murray/Rau/Sherman*, Mediation, S. 150 f.

[29] Über diesen Rollentausch sollte der Anwalt seinen Mandanten vorab informieren; vgl. dazu oben § 8, Rdn. 58.

chende Verfahrenskenntnisse verfügt. So, wie ein Scheidungsprozess oder die Durchsetzung einer Baugenehmigung Sonderwissen des Anwalts verlangen, so hat auch die anwaltliche Betreuung eines Mediationsverfahrens ihre Besonderheiten. Ein Anwalt, der nicht weiß, wie eine Mediation abläuft, kann seinen Mandanten dabei kaum qualifiziert unterstützen.

3. Funktionen in der Verhandlung

17   Auch wenn der Anwalt in der Mediation deutlich weniger Redezeit in Anspruch nimmt als im Termin zur mündlichen Verhandlung vor Gericht, ist seine Funktion vielschichtig.

18   a) Vermittlung juristischen Know-hows. Im Vordergrund steht die Einbringung des juristischen Know-hows. Bei der Erörterung der Rechtslage, die integraler Bestandteil der Wirtschaftsmediation ist, spielt der Anwalt eine aktive Rolle. Das entsprechende Verfahrensstadium wurde oben eingehend dargelegt.[30] Dies gilt auch für die rechtliche Umsetzung einer erzielten Übereinkunft in einen verbindlichen Vergleichsvertrag.[31] In beiden Fällen ist die juristische Expertise des Anwalts unabhängig davon gefragt, ob auch der Mediator Jurist ist. Letzterem verbietet nämlich seine Neutralität, eine Partei einseitig juristisch zu beraten.

19   b) Emotionale Unterstützung und Entscheidungsverantwortung. Eine wichtige Funktion, die der Anwalt mit seiner Teilnahme erfüllt, ist die emotionale Unterstützung seines Mandanten. Dieser fühlt sich sicherer, wenn er eine sachkundige Person an seiner Seite weiß, die ihn notfalls unterbricht, wenn er etwas Missverständliches oder für ihn Nachteiliges sagt. Der Anwalt hält seinem Mandanten insoweit den Rücken frei, obwohl er an der Verhandlung nicht aktiv partizipiert. Diese psychologische Hilfestellung kommt auch in den Verhandlungspausen oder zwischen den einzelnen Mediationssitzungen zum Tragen. Der Mandant findet in seinem Anwalt eine Person, mit der er seinen Eindruck vom Verlauf der Mediation vertraulich diskutieren kann. Gerade weil sich der Anwalt mangels eigener Redebeiträge ganz auf das Zuhören konzentrieren kann und er zudem ohne eigenes Interesse am Konfliktausgang ist, kann er ein objektives Feedback geben und seinen Mandanten auf Aspekte hinweisen, die dieser in der Hitze des Gefechts vielleicht übersehen hat. Dabei befähigt die Kombination aus beruflich bedingter Konflikterfahrung[32] und konkreter Konfliktdistanz den Anwalt, innovative und ausgewogene Einigungs-

---

[30] Oben § 8, Rdn. 54 ff.
[31] Ausführlich dazu oben § 10, Rdn. 22 ff.
[32] Die Erfahrung mit ähnlich gelagerten Konflikten kann den Anwalt zu der Prüfung veranlassen, ob die seinerzeit gefundene Lösung nicht auch im konkreten Fall erwägenswert wäre.

vorschläge zu unterbreiten. Auch als Ideengeber kann der Anwalt in der Mediation tätig werden. Die mentale Unterstützung setzt sich in der Entscheidungsphase fort. Den Entschluss, einen Einigungsvorschlag anzunehmen oder abzulehnen, kann der Partei niemand abnehmen. Dies gilt auch für die damit verbundene Verantwortung, möglicherweise eine falsche Entscheidung zu treffen. Die Beratung durch den Anwalt macht es aber leichter, eine Entscheidung zu treffen und sie auch später vor Dritten zu vertreten. Es ist für den Prokuristen einfacher, dem Vorstand seines Unternehmens den als Ergebnis der Mediation abgeschlossenen Vergleich plausibel zu machen, wenn er sich dabei auch auf eine entsprechende Empfehlung des Hausanwalts stützen kann.

c) **Verhinderung von Machtungleichgewichten.** Ein Problem der Media- 20 tion sind Machtungleichgewichte zwischen den Parteien und eine ungleich verteilte persönliche Verhandlungsstärke. Der Gesetzgeber hat typische Konstellationen ungleicher Verhandlungsstärke, wie sie vor allem zwischen einem Wirtschaftsunternehmen und einem Verbraucher auftreten, zum Anlass genommen, Schutzgesetze zugunsten der durchsetzungsschwächeren Partei zu erlassen.[33] Im Prozess werden diese Gesetze vom Richter zwingend angewandt, in der Mediation bleiben sie im Zweifel unberücksichtigt, da der Mediator deren Beachtung nicht erzwingen kann. Vor diesem Gesetzeszweck, eine ungleiche Verhandlungsstärke durch Schutzvorschriften zu kompensieren, ist die Mediation als eine besondere Form der Verhandlung problematisch. Die Anwesenheit eines Parteianwalts in der Mediation trägt wesentlich dazu bei, solche Ungleichgewichte in der Verhandlungsstärke zu kompensieren. Rechtsanwälte sind konflikterfahren, durchsetzungsstark und sollten einen Blick für die wesentlichen Punkte haben. Allein die Tatsache, dass eine Partei von ihrem Anwalt begleitet wird, dürfte die Gegenseite von unlauteren Übertölpelungsversuchen abhalten.

d) **Vorbereitung des Anschlussprozesses.** Ein Anwalt, der in der Media- 21 tion aufmerksam zuhört, gewinnt wertvolle Erkenntnisse für den Fall, dass sich eine gerichtliche Klärung später doch als unvermeidbar erweist. Der Anwalt lernt den Konflikt besser kennen, wenn er in der Mediation auch die Sichtweise der Gegenseite hört, ohne hierfür erst eine Klageerwiderung abwarten zu müssen.[34] Er wird die Millionenklage, die nach dem Vortrag seines Mandanten ohne weiteres begründet schien, in dieser Höhe nicht erheben, wenn das bisher unerörterte Mitverschulden seines Man-

---

[33] Ein Beispiel sind die Vorschriften zum Verbraucherkreditgesetz in §§ 499 ff. BGB oder die Inhaltskontrolle vorformulierter Klauseln durch §§ 305 ff. BGB.

[34] Das römisch-rechtliche „Audiatur et altera pars" wird also praktisch in die Mediation vorgezogen, was unmittelbare Auswirkungen auf die eigene Klageerhebung haben wird.

danten in der Mediation angesprochen und letztlich auch bestätigt wird. Die Gerichts- und Anwaltsgebühren, die durch eine von vornherein überzogene Klageforderung entstehen, werden so vermieden. Der zuhörende Anwalt erfährt, welche Punkte zwischen den Parteien wirklich streitig sind und mit welchen Einwänden er rechnen muss. Er kann sich in seiner Klageschrift dann auf diese Aspekte konzentrieren. Das Gerichtsverfahren lässt sich so deutlich straffen. Der Anwalt ermittelt durch einen Vergleich der Parteivorträge auch die Fragen, die vor Beginn des Prozesses mit dem Mandanten noch geklärt und für die Beweise gesucht werden müssen. Die so erleichterte Klagevorbereitung rechtfertigt bisweilen den Aufwand für eine Mediation, auch wenn die Mediation selbst scheitert.

V. Betreuung nach Abschluss der Mediation

22   Die Arbeit des Anwalts endet nicht mit dem Abschluss der Mediation. Haben sich die Parteien geeinigt, muss die Einhaltung des Vergleichsvertrages gewährleistet werden. In komplexen Verträgen werden die Anwälte in die Durchführung eingebunden. Dies gilt vor allem dann, wenn die Einigung in einer Rahmenvereinbarung besteht, die nun mit Leben gefüllt werden muss. In der Mediation arbeitsrechtlicher Konflikte ist dies häufig der Fall. So wird etwa die Einigung zwischen Betriebsrat und Unternehmensführung in einer neuen Betriebsvereinbarung ausformuliert. Nach einer erfolgreich beendeten gesellschaftsrechtlichen Mediation sind Änderungen im Handelsregister zu veranlassen. Im beigelegten Baurechtsstreit wünschen die Parteien eine ständige juristische Begleitung bis zur Fertigstellung des Bauvorhabens, um erneute Auseinandersetzungen um Nachträge und Behinderungen möglichst zu vermeiden, jedenfalls aber zeitnah zu klären.[35] Die klassische Anwaltsfunktion, unerfüllt gebliebene Vertragsansprüche zwangsweise durchzusetzen, kommt in der Wirtschaftsmediation dagegen selten zum Tragen.[36]

23   Scheitert die Mediation, muss der Anwalt mit seinem Mandanten entscheiden, ob Klage erhoben werden soll. Wie oben dargestellt, erleichtert die Teilnahme an den Mediationsverhandlungen diese Entscheidung ebenso wie die Vorbereitung der Klage. In der Mediation hat der Rechtsanwalt seinen gegnerischen Kollegen bereits kennen gelernt, was zumindest einen konstruktiven Gesprächs- und Umgangston gewährleisten sollte. Im Einzelfall können die Erkenntnisse aus der Mediation durchaus zu einem ab-

---

[35] Die Parteien können dort etwa vereinbaren, dass die Anwälte gemeinsam mit zwei Bauingenieuren ein sogenanntes Dispute Review Board bilden, um Konflikte zeitnah zu klären; vgl. dazu auch § 15, Rdn. 53 ff.

[36] Vgl. § 10, Rdn. 76 ff.

gestimmten kooperativen Prozessverhalten führen, sofern die Mandanten damit einverstanden sind. Ist die Einigung etwa an einer einzelnen umstrittenen Rechtsfrage gescheitert, vermeidet ein vor Einreichung der Klage abgestimmter Sachvortrag einen unnötigen Papierkrieg. Eine Teilklage senkt die Gerichtskosten, wenn die Gegenseite signalisiert, dass sie im Falle einer Verurteilung die Berechtigung des Gesamtanspruchs nicht mehr in Frage stellen wird. Wie auch immer, die frühzeitige Einbindung des Anwalts in das Mediationsverfahren erleichtert die Führung des Gerichtsprozesses.

VI. Vergütung und Haftung

Für seine facettenreiche und anspruchsvolle Tätigkeit in der Mediation 24 steht dem Parteianwalt natürlich eine Vergütung zu. Ohne gesonderte Vereinbarung richtet sich deren Höhe nach der Bundesrechtsanwaltsgebührenordnung (BRAGO). Die Zweifel an ihrer Anwendung, die beim Anwaltsmediator zu Recht aus § 1 Abs. 2 BRAGO gefolgert werden,[37] gelten nicht für den Parteianwalt.[38] Von einem mit außergerichtlichen Vergleichsverhandlungen betrauten Anwalt unterscheidet sich die Mediation gebührenrechtlich nicht. Grundsätzlich bemisst sich die Honorierung daher abhängig vom Gegenstandswert an §§ 118, 23 BRAGO.[39] Neben der Geschäftsgebühr nach § 118 Abs. 1 Nr. 1 BRAGO fällt die Besprechungsgebühr nach § 118 Abs. 1 Nr. 2 BRAGO jedenfalls dann an, wenn der Anwalt an der Mediationsverhandlung teilnimmt.[40] Gelingt in der Mediation eine Einigung unter Mitwirkung des Anwalts, ist auch die erhöhte Vergleichsgebühr des § 23 BRAGO verdient. Bei der zwischen $5/10$ und $10/10$ liegenden Bemessung der einzelnen Gebühren ist zu berücksichtigen, dass die anwaltliche Betreuung eines Mediationsverfahrens spezifische Kenntnisse verlangt und nicht nur juristisch anspruchsvoll ist. Im Regelfall dürfte daher die Berechnung einer vollen $10/10$ Gebühr angemessen sein. Scheitert die Mediation, kommt § 118 Abs. 2 BRAGO zur Anwendung, wonach die verdiente Geschäftsgebühr auf die Prozessgebühr angerechnet wird. Wegen dieser Anrechnung und der bei Klageerhebung entfallenden Vergleichsgebühr besteht für den Parteianwalt ein honorarmäßiger Anreiz,

---

[37] Vgl. dazu oben § 13, Rdn. 2 ff.

[38] *Koch,* in: Mediation in der Anwaltspraxis, § 8, Rdn. 47.

[39] Eingehend zu den anwaltlichen Gebühren in der Mediation: *Brieske,* in: Mediation in der Anwaltspraxis, § 9, Rdn. 73 ff.

[40] Da bereits eine telefonische Erörterung mit der Gegenseite diese Gebühr auslöst, kann bereits die mit dem Gegenanwalt getroffene Vereinbarung, eine Streitbeilegung durch Mediation zu versuchen, diese Gebühr begründen.

die Mediation durch konstruktive Mitarbeit zu einer Einigung zu führen.[41]

25   Der Parteianwalt kann in dem auf rasche Durchführung angelegten Mediationsverfahren sehr schnell hohe Gebühren verdienen, die wegen der Erhöhung der Vergleichsgebühr um $5/10$ für eine außergerichtliche Einigung[42] sogar über den entsprechenden Gebühren einer gerichtlichen Auseinandersetzung liegen. Die unter Anwälten verbreitete Befürchtung, eine Ausbreitung der Mediation könnte zu Einkommensverlusten führen, ist jedenfalls für diejenigen unberechtigt, denen es gelingt, sich als kundiger Berater in Mediationsverfahren zu profilieren. Anstelle der Abrechnung nach der BRAGO steht es den Anwälten frei, mit ihren Mandanten eine individuelle Honorarvereinbarung zu treffen. Das vereinbarte Honorar darf den gesetzlichen Gebührenanspruch unterschreiten.[43] Die Formvorschriften des § 3 BRAGO sind dabei zu beachten.

26   Rechtsanwälte, die ihre Mandanten in einem Mediationsverfahren betreuen, haften für fahrlässiges Fehlverhalten aus positiver Forderungsverletzung des mit dem Klienten geschlossenen Vertrages. Der typische Haftungsfall ist die rechtliche Falschinformation des Mandanten, die diesen dazu veranlasst, anstelle der gerichtlichen Forderungsdurchsetzung in einen Vergleichsvertrag einzuwilligen. Auch die umgekehrte Konstellation ist vorstellbar, wo der Mandant den in der Mediation erzielbaren Kompromiss auf Anraten seines Anwalts ablehnt, weil dieser einen leichten Prozesssieg verheißt, um dann später von einem Prozessverlust überrascht zu werden. Da die Anwälte in den Vergleichsverhandlungen originär anwaltliche Tätigkeit ausüben und § 18 der anwaltlichen Berufsordnung sogar die Tätigkeit als Mediator in das anwaltliche Berufsbild einbezieht, sind Haftungsfälle bereits im Rahmen der standardisierten Haftpflichtversicherung abgedeckt, ohne dass es einer Zusatzversicherung bedarf.[44] Für eine vertragliche Haftungsbegrenzung mit dem Mandanten gelten die strengen Vorgaben des § 51a BRAO.

VII. Zusammenfassung

27   Der Parteianwalt erfüllt in der Wirtschaftsmediation vielfältige Funktionen. Auch wenn im Zentrum seiner Tätigkeit die Einbringung seines ju-

---

[41] Dass dieses Eigeninteresse an einer Einigung nicht dazu führen darf, dass der Anwalt dem Mandanten interessewidrig zum Vergleichsabschluss rät, versteht sich von selbst.

[42] Vgl. § 23 I S. 1 BRAGO.

[43] *Brieske*, in: Mediation in der Anwaltspraxis, § 9, Rdn. 76.

[44] *Koch*, in: Mediation in der Anwaltspraxis, § 8, Rdn. 50; *Brieske,* in: Mediation in der Anwaltspraxis, § 9, Rdn. 70.

ristischen Know-hows steht, erschöpft sich seine Tätigkeit hierin nicht. In der Mediation wirtschaftsrechtlicher Streitigkeiten ist es in aller Regel unverzichtbar, dass die Parteien parteilichen Rechtsrat einholen. Es ist hilfreich, wenn der Anwalt auch an der eigentlichen Mediationsverhandlung teilnimmt.[45] Um seinen Mandanten in der Wirtschaftsmediation interessengerecht zu betreuen, muss der Rechtsanwalt über mediationsspezifische Fachkenntnisse verfügen. Seine Rolle in der Mediationsverhandlung unterscheidet sich in zahlreichen Punkten von der üblichen Tätigkeit als Prozessbevollmächtigter. Wer als Anwalt glaubt, allein eine langjährige Berufserfahrung werde schon ausreichen, um den Klienten in dem „neumodischen" Verfahren der Mediation qualifiziert zu begleiten, wird den Besonderheiten der Mediation und den Interessen seines Mandanten nicht gerecht. Im Hinblick darauf, dass Mediation nach § 18 BORA nun zum anwaltlichen Berufsbild zählt, stellt sich sogar die Frage, ob nicht eine Pflicht der Anwälte zu einer entsprechenden Fortbildung besteht. Rechtsanwälte, die versuchen, sich als Mediator ein neues berufliches Standbein aufzubauen, müssen sich vergegenwärtigen, dass zu einem Mediationsverfahren zwei Parteien gehören, die jeweils von möglichst sachkundigen Anwälten begleitet werden sollten. Es ist daher ziemlich kurzsichtig, die Mediation nur als Tätigkeitsfeld von Mediatoren, nicht aber von Parteianwälten zu begreifen.

---

[45] *Koch*, in: Mediation in der Anwaltspraxis, § 8, Rdn. 47; ebenso – für die Familienmediation – *Fischer*, in: Mediation in der Anwaltspraxis, § 10, Rdn. 67 ff.

§ 13 Kosten der Mediation

1 Mediation ist eine qualifizierte Dienstleistung, die ihren Preis hat. Die Parteien müssen neben dem Honorar des Mediators auch die Kosten für die begleitende Rechtsberatung durch die Parteianwälte zahlen. Hinzu tritt der oft erhebliche finanzielle Aufwand für die Anwesenheit der Parteien, die anders als im Zivilprozess selbst an den Verhandlungen teilnehmen müssen. Die einzelnen Kostenpositionen addieren sich zu einem Gesamtaufwand, der sich abschließend mit dem Kostenaufwand für einen Gerichtsprozesses vergleichen lässt.

I. Honorar des Mediators

1. Anwendung der BRAGO?

2 Rechtsanwälte rechnen ihre Tätigkeit grundsätzlich auf Basis der Bundesrechtsanwaltsgebührenordnung (BRAGO) ab. Da §§ 18, 7 a der anwaltlichen Berufsordnung (BORA) Mediation als anwaltliche Tätigkeit definiert, stellt sich die Frage, ob auch der Mediator sein Honorar auf der Grundlage der BRAGO abrechnen muss. Sicher ist zunächst, dass die BRAGO nur für Anwaltsmediatoren gelten kann.[1] Nichtanwaltliche Mediatoren sind an die anwaltliche Gebührenordnung keinesfalls gebunden. Diese Mediatorengruppe kann ihre Vergütung mit den Parteien im Mediatorvertrag[2] frei vereinbaren. Eine ausdrückliche Vergütungsvereinbarung ist sinnvoll, um die ansonsten schwierige Ermittlung der Honorarhöhe nach § 612 Abs. 2 BGB zu vermeiden. Die dort genannte „übliche" Vergütung dürfte sich für deutsche Wirtschaftsmediationen kaum ermitteln lassen.

3 Die Frage, ob die BRAGO Vergütungsansprüche des Anwaltsmediators regelt, ist in der Theorie umstritten,[3] hat aber in der Praxis keine Bedeutung.[4]

---

[1] Davon zu trennen ist die Frage, ob nicht das Rechtsberatungsgesetz Nichtjuristen die Tätigkeit als Mediator in Rechtsstreitigkeiten untersagt; vgl. dazu § 11, Rdn. 11 ff.

[2] Vgl. dazu § 4, Rdn. 16.

[3] Zum Meinungsstand vgl. *Henssler,* in: Mediation in der Anwaltspraxis, § 3, Rdn. 34 ff., m. w. N.

[4] Der der Entscheidung des OLG Hamm, MDR 1999, 836, zugrundeliegende Sachverhalt ist ein zu vernachlässigender Einzelfall, wo die Mediation ganz in den Anfängen scheiterte, bevor die Honorarfrage geklärt werden konnte.

Professionell arbeitende Mediatoren vereinbaren mit den Parteien ein Stundenhonorar. Auch für Anwaltsmediatoren ist die freie Honorarvereinbarung nach § 3 Abs. 5 BRAGO erlaubt, weil die Mediation eine außergerichtliche Tätigkeit darstellt. Die exakte Ausdifferenzierung, wann welche BRAGO-Gebühren für den Anwaltsmediator anfallen würden,[5] bleibt daher ein allenfalls theoretisch interessierendes Gedankenspiel. Praktische Bedeutung gewinnt die Problematik der BRAGO-Anwendung allerdings für die Frage, ob der Anwaltsmediator die strengen Formvorschriften des § 3 Abs. 1 BRAGO einhalten muss, wenn er ein Stundenhonorar mit den Parteien vereinbaren will. Die schriftliche Honorarvereinbarung dürfte nach den strengen gesetzlichen Vorgaben dann ausschließlich Angaben zur Honorarberechnung enthalten; der Mediator müsste die Honorarfrage also in einer gesonderten Urkunde mit den Parteien regeln. Die Anwendbarkeit dieser Formvorschriften hängt davon ab, ob der Ausschlusstatbestand des § 1 Abs. 2 BRAGO greift, wonach das Honorar eines Schiedsrichters und einer „in ähnlicher Stellung" tätigen Person nicht der BRAGO unterliegt. Das OLG Hamm[6] hat die Subsumption der Mediatorentätigkeit unter die „ähnliche Stellung" abgelehnt, weil die anwaltliche Berufsordnung Mediation als Anwaltstätigkeit definiere und auch der zuständige Ausschuss der Bundesrechtsanwaltskammer diese Einschätzung teile.[7] Die Entscheidung des OLG Hamm überzeugt nicht. § 1 Abs. 2 BRAGO will berufsübliche, aber nicht beim Anwalt monopolisierte Tätigkeiten aus dem Anwendungsbereich der BRAGO ausnehmen. Darum handelt es sich auch bei der Tätigkeit als Mediator. Die ausdrücklich genannte Tätigkeit als Schiedsrichter ist in zentralen Bereichen – etwa in der Neutralität und Weisungsfreiheit – der Mediatorenrolle vergleichbar.[8] Es ist nicht erkennbar, welche gebührenrechtliche Relevanz der einzig erkennbare Unterschied zur Schiedsrichtertätigkeit, nämlich die fehlende Entscheidungsbefugnis des Mediators, haben soll. Hinzu kommt, dass § 1 Abs. 2 BRAGO ausdrücklich ähnliche Tätigkeiten wie die des Schiedsrichters erfasst, der Tatbestand selbst also auf eine Erweiterung angelegt ist. Die einzelnen Gebührentatbestände der BRAGO, die auf die typische Rolle des Anwalts als Parteivertreter ausgerichtet sind, passen für den Mediator inhaltlich nicht. Das OLG Hamm übersieht zudem, dass der anwaltlichen Berufsordnung oder Empfehlungen eines BRAK-Ausschusses keine normsetzende oder normausfüllende Qualität zukommt. Als nur standesrechtliche Regelungen können sie die Auslegung einer gesetzlichen Norm wie § 1 Abs. 2

4

---

[5] Vgl. dazu *Enders*, JurBüro 1998, S. 57 ff.; *Brieske*, in: Mediation in der Anwaltspraxis, § 9, Rdn. 83 ff.
[6] OLG Hamm, MDR 1999, 836.
[7] Vgl. BRAK-Mitt. 1996, 187.
[8] So zurecht *Henssler*, in: Mediation in der Anwaltspraxis, § 3, Rdn. 36.

BRAGO nicht vorgeben. Im Ergebnis erfasst § 1 Abs. 2 BRAGO daher auch die Tätigkeit als Mediator. Anwaltsmediatoren unterliegen bei der Vereinbarung ihres Honorars den Vorgaben der BRAGO nicht.

5   Die Frage, ob die BRAGO für Anwaltsmediatoren Anwendung findet, ist höchstrichterlich noch nicht entschieden. Der vorsichtige Anwaltsmediator wird daher trotz der hier vertretenen Ansicht § 3 BRAGO einhalten, wenn er eine Honorarvereinbarung schließt. Eine entsprechende Mustervereinbarung wird unten vorgeschlagen.[9] Die Gebührenabrede darf dann keine weiteren Erklärungen der Parteien enthalten, insbesondere keine Haftungsvereinbarungen. Die in § 3 BRAGO verlangte Schriftform ist ohnehin selbstverständlich. Da sich der Anwalt der Anwendung der BRAGO nicht sicher sein kann, sollte er entgegen § 17 BRAGO einen Anspruch auf Vorschusszahlung ebenfalls ausdrücklich vereinbaren. Für den praktisch tätigen Mediator bleibt es allerdings schlicht unangenehm, die Parteien in der Frühphase der Mediation um die Unterzeichnung mehrerer Urkunden zu bitten, von denen eine nur den eigenen Honoraranspruch erfasst. Um die Parteien nicht abzuschrecken, solle der Mediator das Problem erklären. Dazu kann er dem Punkt „Honoraregelung" im Mediatorvertrag einen Hinweis aufnehmen, dass der Gesetzgeber leider eine Vereinbarung des Honorars in einem gesonderten Dokument vorschreibt.

2. Typische Gestaltung der Honorarabrede

6   Der Mediator vereinbart in aller Regel mit den Parteien eine Abrechnung nach Zeitaufwand. Wirtschaftsmediatoren verlangen dabei anwaltsübliche Stundensätze zwischen € 200–450 zzgl. Umsatzsteuer. Bei besonderer Qualifikation des Mediators, etwa speziellen Fachkenntnissen auf dem streitrelevanten Gebiet, können die Stundensätze höher liegen. Bisweilen vereinbart der Mediator mit den Parteien auch andere Abrechnungsintervalle, insbesondere Tagessätze. In der Honorarvereinbarung wird auch festgelegt, ob die Vor- und Nachbereitung des Mediators ebenfalls mit den genannten Sätzen abgerechnet wird, was in vielen Mediationsordnungen oder Musterverträgen[10] leider nicht klargestellt wird und so Gebührenstreitigkeiten vorprogrammiert. Eventuelle Auslagen des Mediators für Bürounkosten oder Reisen kommen hinzu.

7   Ein häufig erörterter Punkt ist, ob der Anwaltsmediator für die Ausformulierung der Einigung in einen rechtlich bindenden Vergleichsvertrag eine zusätzliche Gebühr verlangen kann. Diese Diskussion wird oft an der Frage aufgehängt, ob der Mediator die Vergleichsgebühr des § 23 BRAGO wegen seiner „Mitwirkung" an der außergerichtlichen Einigung

---

[9] Vgl. dazu § 13, Rdn. 9.
[10] Vgl. etwa *Budde;* in: Mediation in der Anwaltspraxis, § 15, Rdn. 74, Ziff. 13.

verdient,[11] was aber nicht weiterführt. Nach richtiger Ansicht findet die BRAGO von vornherein keine Anwendung. Außerdem wird die „Vergleichsgebühr" des Mediators gegebenenfalls ohnehin ausdrücklich vereinbart, so dass sich ein Rückgriff auf § 23 BRAGO erübrigt. Für den Anwaltsmediator ist deshalb allein relevant, ob eine solche Abrede gegen § 49b Abs. 2 BRAO[12] verstößt, der dem Anwalt die Vereinbarung eines Erfolgshonorars verbietet. Da die skizzierte zusätzliche Gebühr nur bei einer Einigung anfällt, scheint die Erfolgsabhängigkeit zunächst gegeben. Ist die Klausel geschickt formuliert, zahlen die Parteien das gesonderte Honorar formal aber nicht für die Herbeiführung dieses Erfolgs, sondern für eine nun mit der Vertragsgestaltung zusätzlich anfallende Tätigkeit. Wichtiger ist, dass die BRAGO in § 23 BRAGO für den Vergleichsfall eine ähnliche Erfolgsvergütung ausdrücklich erlaubt. Warum sollten Anwälte für die Herbeiführen einer außergerichtliche Einigung von Gesetzes wegen „belohnt" werden, wohingegen die Parteien dem Anwaltsmediator nicht einmal freiwillig für eine gleichgelagerte Tätigkeit eine Erfolgsvergütung bewilligen dürfen? Es gibt keinen Grund für eine solche Differenzierung. Im Ergebnis ist eine Honorarabrede, wonach die Parteien für die vertragsgestalterische Tätigkeit oder auch unmittelbar für das erfolgreiche Herbeiführung einer Einigung eine gesonderte Vergütung schulden, daher zulässig.[13] Um dem Verdacht einer Abzockerei entgegenzuwirken, sollte diese Vergütung aber betragsmäßig nicht über der Vergleichsgebühr eines Anwalts liegen.[14]

Mit der rechtlichen Zulässigkeit ist noch nicht die Frage beantwortet, 8 ob eine solche Honorargestaltung dem Berufsethos des Mediators widerspricht. Der Mediator erhält so einen finanziellen Anreiz zum Erzielen einer Einigung. Er gewinnt also ein Eigeninteresse am Ausgang der Mediation. Seine Ergebnisoffenheit kann dadurch beeinträchtigt werden. Die Gegner einer solchen Honorargestaltung argumentieren, dass ein geldgieriger Mediator die Parteien nun um des eigenen Vorteils willen in einen Vergleich drängen wird, auch wenn dieser für eine Seite unvorteilhaft ist. Diese Gefahr besteht, wenn die Parteien leicht manipulierbar sind und vor unvorteilhaften Entscheidungen nicht durch ihre Rechtsanwälte geschützt werden. Diese Konstellation ist in der Wirtschaftsmediation, an-

---

[11] Vgl. *Enders,* JurBüro 1998, S. 115 (116); *Koch,* in: Mediation in der Anwaltspraxis, § 8, Rdn. 32; *Brieske,* in: Mediation in der Anwaltspraxis, § 9, Rdn. 85f.

[12] Anders als die BRAGO findet die BRAO, also die Bundesrechtsanwaltordnung, für jedwede Anwaltstätigkeit, also auch für die Mediation, Anwendung; vgl. dazu auch *Henssler,* in: Mediation in der Anwaltspraxis, § 3 Rdn. 40.

[13] Vgl. *Fischer,* in: Mediation in der Anwaltspraxis, § 10, Rdn. 36.

[14] Diese Gebühr ist streitwertabhängig und wird nach der anwaltlichen Gebührentabelle bemessen. Im Regelfall fällt eine $15/10$ Gebühr an; bei einem gerichtlichen Vergleich eine $10/10$ Gebühr; vgl. § 23 BRAGO.

ders als in der Familienmediation, selten. Die Parteien beauftragen den Wirtschaftsmediator damit, alles zu tun, um ein akzeptables Einigungsmodell herbeizuführen, über dessen Annahme oder Ablehnung sie dann eigenverantwortlich entscheiden. Wenn die Parteien dem Mediator insofern auch einen materiellen Anreiz geben wollen, machen sie von ihrer Parteiautonomie Gebrauch. Und wenn der Gesetzgeber den Parteianwälten trotz des „Erfolgshonorars" in § 23 BRAGO zutraut, die Interessen ihrer Mandanten nicht aus dem Blick zu verlieren, scheint auch die Befürchtung vor geldgierigen und deshalb einseitig vorgehenden Mediatoren überzogen. Ob der Wirtschaftsmediator ein derart ausgestaltetes Erfolgshonorar verlangt oder nicht, ist daher mehr eine Frage des persönlichen Geschmacks und der eigenen Vermarktung als neutraler Dritter.

3. Mustervereinbarung

9   Wer als Anwaltsmediator zögert, auf die Nichtanwendbarkeit der BRAGO zu vertrauen, schließt mit den Teilnehmern der Mediation eine gesonderte Honorarvereinbarung, die den Vorgaben von § 3 BRAGO entspricht. Eine Honorarvereinbarung, die neben einem Stundenhonorar auch das umstrittene Sonderhonorar für die Abfassung eines Vergleichsvertrags enthält, könnte etwa lauten:

Honorarvereinbarung

zwischen

1. der Alpha AG, Adresse
2. der Beta GmbH, Adresse,

zusammenfassend: – Parteien –

und

Herrn Rechtsanwalt Dr. Müller   – Mediator –

Die Parteien haben den Mediator mit Mediatorvertrag vom 12. Juli 2003 gemeinsam beauftragt, in ihrem Konflikt als Mediator zu vermitteln. Die Parteien und der Mediator vereinbaren, dass der Mediator für diese Tätigkeit nach folgender Honorarregelung vergütet wird:

1. Der Mediator erhält ein nach Zeitaufwand bemessenes Honorar in Höhe von € 300/h. zzgl. der gesetzlichen Umsatzsteuer. Dieser Stundensatz gilt sowohl für die Vorbereitung des Mediationsverfahrens als auch für die Durchführung der Mediationsverhandlung selbst.

2. Einigen sich die Parteien in der Mediation, erhält der Mediator für die rechtliche Ausarbeitung des Vergleichsvertrags eine zusätzliche Vergütung von € 5.000 zzgl. der gesetzlichen Umsatzsteuer. Neben diesem Pauschalhonorar fällt für die Ausarbeitung des Vergleichsvertrags kein Stundenhonorar nach Ziffer 1 an.

3. Die Parteien werden dem Mediator seine angemessenen Auslagen zzgl. USt. ersetzen.

4. Den Parteien ist bekannt, dass diese Honorarregelung von der gesetzlichen Gebührenregelung für Anwälte abweicht.

Ort, Datum

Unterschrift der Parteien   Unterschrift des Mediators

Die gesonderte Honorarvereinbarung ist so kurz und übersichtlich wie **10** möglich. Das Honorar für die Abfassung des Vergleichsvertrags sollte eine $^{15}/_{10}$ Vergleichsgebühr gemäß § 23 BRAGO nicht überschreiten, da sonst eine Qualifizierung als verbotenes Erfolgshonorar oder eine Herabsetzung nach § 3 Abs. 3 BRAGO droht. Es ist transparenter, diese Honorarposition als Betrag offen auszuweisen, als unmittelbar auf eine „Gebühr in Höhe von $^{15}/_{10}$ nach Maßgabe der Bundesrechtsanwaltsgebührenordnung" abzustellen. Wählt man die – zulässige – zweite Variante, ist es gerade in der Mediation sinnvoll, auch einen Streitwert als Bezugsgröße für die Gebührenberechnung festzuschreiben, um spätere Streitigkeiten zu vermeiden. Es ist mehr als unschön, wenn der Mediator nach erfolgreichem Abschluss der Mediation über die Höhe seines Honorars mit den Parteien diskutieren muss.

4. Ausblick: Honorierung nach dem geplanten RVG

Der Gesetzgeber plant, die Vergütung der Anwälte auf eine neue gesetzliche Grundlage zu stellen. Die BRAGO würde dann durch ein „Rechtsanwaltsvergütungsgesetz" ersetzt. Auch wenn ein erster Gesetzentwurf[15] scheiterte und erst im August 2003 ein neuer Entwurf[16] (RVG-E) vorgelegt wurde, sind die Planungen auch für die Mediation interessant, enthalten sie doch Honorarregelungen für den Mediator: Nach § 34 RVG-E soll der Anwaltsmediator auf eine Gebührenvereinbarung hinwirken. Ohne eine Vereinbarung soll sich das Honorar nach den Vorschriften des bürgerlichen Rechts bestimmen, was wiederum auf die „übliche" Vergütung nach § 612 Abs. 2 BGB hinausliefe. Zuvor hatte eine Expertenkommission, die auf Initiative des Bundesjustizministeriums tagte, einen identischen

[15] Gesetzentwurf vom 15. 4. 2002, BT-Drucks. 14/8818.
[16] Referentenentwurf des BMJ v. 27. 8. 2003, abrufbar unter www.bmj.bund.de.

Vorschlag gemacht.[17] Auf die Schwierigkeiten, die Üblichkeit der Honorarhöhe für Wirtschaftsmediatoren zu bestimmen, wurde bereits oben hingewiesen.[18] Das RVG-E würde immerhin klarstellen, dass die Vergütung des Anwaltsmediators auf keinem Fall dem hergebrachten Schema der Anwaltshonorare folgt, das auf Streitwerte abstellt. Anwaltsmediatoren könnten ihren Wunsch nach einer Honorarvereinbarung damit begründen, dass der Gesetzgeber eine solche Vereinbarung zwischen Mediationsteilnehmern und Mediator ausdrücklich empfiehlt. Mit Ausnahme dieser Argumentationshilfe wäre die Praxisrelevanz des RVG-E für die Wirtschaftsmediation aller Voraussicht nach gering.

II. Rechtsberatungskosten

12   Ohne eine parteiliche Rechtsberatung kommen die Teilnehmer in einer Wirtschaftsmediation nicht aus.[19] Die Frage ist lediglich, ob diese Rechtsberatung sich auf eine Prüfung des ausgehandelten Vergleichs beschränkt oder ob die Anwälte als Berater an den Verhandlungen selbst teilnehmen. Die Honorierung der Anwälte[20] richtet sich grundsätzlich nach der BRAGO, hängt also der Höhe nach vom Gegenstandswert ab. Je nach Tätigkeitsumfang können die Geschäftsgebühr des § 118 Abs. 1 Nr. 1 BRAGO, die Verhandlungsgebühr des § 118 Nr. 2 BRAGO sowie die Vergleichsgebühr des § 23 BRAGO anfallen. Da es sich bei der Mediation um ein außergerichtliches Verfahren handelt, ist nach § 3 Abs. 5 BRAGO auch eine Individualvereinbarung zulässig, die diese gesetzlichen Gebühren unterschreitet. Viele Sozietäten vereinbaren ohnehin eine Abrechnung nach Zeitaufwand, wobei die Stundensätze bei € 150 beginnen und nach oben offen sind. Diese Honorargestaltung, die am tatsächlichen Aufwand des Anwalts orientiert ist, scheint auch sachgerechter als die streitwertabhängige Honorarregelung.

III. Sonstige Kosten

13   Die Kosten eines Gerichtsverfahrens beschränken sich auf Gerichts- und Anwaltsgebühren. In der Mediation fallen zusätzliche Kosten an, die bei der Berechnung des finanziellen Gesamtaufwands nicht unterschätzt werden dürfen.

---

[17] Der Bericht der Expertenkommission findet sich auf der Internet-Page der Bundesrechtsanwaltskammer, www.brak.de; besucht am 13. 6. 2003.
[18] Vgl. oben § 13, Rdn. 2.
[19] Vgl. dazu § 12, Rdn. 7 ff.
[20] Ausführlich zur Honorierung der Parteianwälte in der Mediation § 12, Rdn. 24.

1. Gebühr der Mediationsvereinigung

Ähnlich wie in der Schiedsgerichtsbarkeit[21] werden viele Verfahren in **14** der Wirtschaftsmediation von Mediationsvereinigungen verwaltet, sind also gewissermaßen institutionalisiert. Für ihre Bemühungen bei der Auswahl des Mediators und der weiteren Administration des Verfahrens verlangt diese Vereinigung eine Gebühr. Die Höhe dieser Gebühr orientiert sich am Gegenstandswert, wobei der Gebührenrahmen ebenso eine Mindest- wie eine Höchstgebühr vorsieht. Die Höhe der Gebühr differiert nach den einzelnen Institutionen. Die gwmk verlangt derzeit zwischen € 150 (Streitwert bis € 10.000) und € 3000 (Streitwert über € 1 Mio.).

2. Persönliche Anwesenheit der Parteien

Die Parteien einer Wirtschaftsmediation können die Verfahrensbetreu- **15** ung nicht auf ihre Anwälte delegieren. Die Partei oder ein unmittelbar entscheidungsbefugter und damit regelmäßig hochrangiger Entscheidungsträger des involvierten Unternehmens muss während der Verhandlungen persönlich anwesend sein.[22] Das ist teuer, weil diese Person in dieser Zeit nicht ihrer üblichen Tätigkeit nachgehen kann. Erschwerend kommt hinzu, dass Mediationsverhandlungen länger dauern als oft sehr kurze Gerichtstermine, weil in der Mediation keine oder nur eine geringe Vorklärung durch Schriftsätze erfolgt. Die Gesamtdauer des Verfahrens ist unklar, so dass der Entscheidungsträger vorsorglich mehrere Termine in seinem Kalender freihalten muss. Ein Wechsel des Mediationsteilnehmers während eines laufenden Verfahrens ist unmöglich, auch wenn dieser von seinem Unternehmen dringend anderweitig benötigt wird. So entsteht ein erheblicher Aufwand, der sich im Voraus wegen des ungewissen Verfahrensablaufs kaum kalkulieren lässt.

3. Logistikkosten

Die „Miete" für den Gerichtssaal ist in den Gerichtsgebühren enthalten. **16** Im Idealfall findet die Mediationsverhandlung in den Räumen des Mediators statt und verursacht dann keinen zusätzlichen Aufwand. Wenn die Parteien dagegen für die Verhandlungen Tagungsräume in Hotels mit der notwendigen technischen Ausstattung anmieten müssen, entstehen erhebliche Kosten. Die parallelen Erfahrungen in der Schiedsgerichtsbarkeit zeigen, dass dieser finanzielle Aufwand bei kleineren Streitwerten schnell ins Gewicht fällt, zumal die Reise- und Unterbringungskosten der Teilnehmer dann hinzukommen.

[21] Vgl. *Schütze*, Schiedsgericht und Schiedsverfahren. Rdn. 17 ff.
[22] Vgl. dazu § 6, Rdn. 37 f.

4. Zeugen- und Sachverständigenentschädigung

17   Beweisaufnahmen sind in der Wirtschaftsmediation selten, kommen
aber vor.[23] Im parallelen Gerichtsverfahren sind die dadurch entstehenden Kosten gering, weil die anwendbaren Gebührensätze des Zeugen- und
Sachverständigenentschädigungsgesetzes (ZSEG) oft den tatsächlichen
Aufwand dieser Personen nicht decken. Gleichwohl muss der Zeuge für
diesen gesetzlich festgelegten Aufwendungsersatz erscheinen und der gerichtliche Sachverständige sein Gutachten erstatten. In der Mediation gilt
das ZSEG nicht und die Aussage dritter Personen ist immer freiwillig.
Kaum ein Zeuge oder Sachverständiger wird sich deshalb mit den Sätzen
des ZSEG zufrieden geben. Der Arbeitgeber des Zeugen verlangt den tatsächlich entstehenden Verdienstausfall ersetzt. Wo sich die Einvernahme
eines Zeugen oder die Erstattung eines Sachverständigengutachtens in der
Mediation abzeichnet, muss deshalb auch der damit verbundene erhöhte
Kostenaufwand in die Gesamtkalkulation mit einbezogen werden.

5. Herbeiführung der Vollstreckbarkeit und Formfragen

18   Das gerichtliche Urteil ist ein Vollstreckungstitel.[24] Der vor dem Richter
geschlossene Vergleich erfüllt zusätzlich die Form der notariellen Beurkundung.[25] Wenn sich in der Wirtschaftsmediation solche Vollstreckungs-
oder Formfragen stellen, entsteht regelmäßig zusätzlicher finanzieller Aufwand. Der übliche Weg der notariellen Beurkundung[26] kostet die Notargebühren, deren Höhe gesetzlich vorgeschrieben ist.

IV. Kostenvergleich zum Gerichtsverfahren

19   Die Kosten eines Mediationsverfahrens werden oft mit denen eines Gerichtsprozesses, dem vermeintlichen Gegenmodell der Mediation, verglichen. So soll die kostenmäßig vorteilhaftere Methode der Streiterledigung
ermittelt werden. Der Vergleich ist nicht nur wegen der schwer zu kalku-
lierenden variablen Kosten problematisch, sondern begegnet auch methodischen Bedenken.[27] Gleichwohl wird er nachfolgend in Form einer Musterrechnung durchgeführt. Zwischen dem Verfahren vor ordentlichen

---

[23] Vgl. dazu oben § 8, Rdn. 12 ff.
[24] § 704 Abs. 1 ZPO.
[25] § 127 a BGB.
[26] Die Vollstreckbarkeit kann auch anders herbeigeführt werden, wobei insbesondere der Anwaltsvergleich kostengünstiger sein kann; vgl. § 10, Rdn. 103 f.
[27] Zu den methodischen Bedenken vgl. § 14, Rdn. 3.

Gerichten und Schiedsgerichten wird dabei wegen in etwa vergleichbarem Kostenaufwand[28] nicht unterschieden.

1. Problematik

Die Kosten eines Gerichtsprozesses sind relativ einfach zu beziffern, da 20 die gesetzlichen Gebührenvorgaben diese Kosten unabhängig von der Dauer und vom tatsächlichen Aufwand des Verfahrens definieren. Der so fixierte Kostenansatz gilt aber nur für die einzelne Instanz. Der Gesamtaufwand ist davon abhängig, inwieweit die Parteien den Instanzenzug ausschöpfen, also Berufung und Revision gegen nachteilige Urteile einlegen. Der Vergleich zur Mediation ist deshalb problematisch, weil in der Mediation varibable Kostenpositionen dominieren, die insbesondere von der Gesamtdauer des Verfahrens und nicht vom Streitwert abhängen. Bei den übrigen Kostenpositionen hängt es vom spezifischen Verfahren ab, ob diese überhaupt anfallen. Wer hier Vergleichsberechnungen vornimmt, bewegt sich daher schnell im spekulativen Bereich. Hinzu kommt, dass die Mediation keine Entscheidungssicherheit garantiert. Deshalb besteht die Gefahr, dass die Mediationskosten später zu den anschließend anfallenden Prozesskosten hinzuaddiert werden müssen. Für einen Kostenvergleich beider Verfahren ist es daher unausweichlich, einige dieser Variablen als konstant zu unterstellen. Die Aussagekraft einer Vergleichsrechnung wird dadurch beeinträchtigt.

2. Grunddaten der Musterrechnung

Die nachfolgende Musterrechnung stellt Streiterledigung durch Prozess 21 und durch Mediation in vier Beispielsfällen mit Gegenstandswerten von € 50.000, € 200.000, € 1 Mio. und € 2 Mio. einander gegenüber. Für den Prozess wird dabei unterstellt, dass der Rechtsstreit in der zweiten Instanz durch ein Urteil des Oberlandesgerichts entschieden wird. Eine Beweisaufnahme wurde nur in der ersten Instanz durchgeführt; die dadurch entstehenden Kosten für die Zeugeneinvernahme bleiben außer Ansatz. Die bei der Partei entstehenden Betreuungskosten für den Prozess – etwa das Heraussuchen von Belegen, die Abstimmung mit den Anwälten und die Teilnahme an mündlichen Terminen – bleiben außer Betracht.[29] Im Gegenzug bleiben auch im Mediationsverfahren die Kosten unberücksichtigt, die durch die persönliche Anwesenheit der Parteien oder hochrangiger Parteivertreter entstehen. Eine Beweisaufnahme ent-

---

[28] *Schütze*, Schiedsgericht und Schiedsverfahren, Rdn. 10, m. w. N. Schütze weist zurecht darauf hin, dass die Kostengünstigkeit des Schiedsverfahrens regelmäßig überschätzt wird.

[29] Dieser Punkt ist besonders problematisch, weil gerade diese Transaktionskosten die Gesamtbilanz für den Prozessaufwand nachhaltig verschlechtern; vgl. *Casper/Risse*, ZIP 2000, S. 437 (439).

fällt auch hier. Weil die Mediation in den Räumen des Mediators stattfindet, entfallen zusätzliche Logistikkosten. Für den Zeitaufwand des Mediators wird unterstellt, dass die beiden kleineren Mediationen an einem gutem halben bzw. einem vollen Tag erledigt werden können. Der Mediator rechnet dort inklusive der Vorbereitungszeit 12 bzw. 20 Stunden ab. Für die beiden größeren Verfahren wird der Zeitaufwand mit zwei bzw. drei Tagen angenommen; inklusive Vorbereitung werden 40 bzw. 60 Stunden abgerechnet. Der Stundensatz wird mit netto € 300 angesetzt. Eine gesonderte Gebühr für die Umsetzung der Einigung wurde nicht vereinbart. In der Praxis scheitert etwa eine von drei durchgeführten Mediationen.[30] Ein Unternehmen, das häufiger die Streitbeilegung durch Mediation versucht, wird diese vergeblich aufgewandten Kosten[31] kalkulatorisch auf die zwei erfolgreichen Mediationen umschlagen, was zu einem „Aufschlag für Scheitern" von 50% der Gesamtkosten führt.[32] Im Prozess rechnen die Parteianwälte auf der Grundlage der BRAGO ab; in der Mediation verlangen sie in den Musterfällen ein Stundenhonorar von € 300 bei insgesamt gleicher Bearbeitungszeit wie der Mediator.

3. Kosten des Gerichtsprozesses

22   In einem Gerichtsprozess entstehen bei den genannten Streitwerten und Eckdaten folgende Gebühren:

Gegenstands-wert in €	Gerichts-gebühr erste Instanz in €	Gerichts-gebühr zweite Instanz in €	Anwalts-gebühren erste Instanz in €	Anwalts-gebühren zweite Instanz in €	Gesamt-kosten des Prozesses in €
50.000	1.368	2.052	6.276	5.439	15.135
200.000	4.368	6.552	10.896	9.443	31.259
1 Mio.	13.368	20.052	26.976	23.379	83.775
2 Mio.	22.368	33.552	44.976	38.979	139.875

23   Zur Berechnung im Einzelnen: Als Gerichtskosten erster Instanz wurde die dreifache Gebühr für das Verfahren im Allgemeinen gemäß Nr. 1210

---

[30] *Casper/Risse*, ZIP 2000, S. 437 (440); die Zahlen variieren. *Duve/Ponschab*, KON:SENS 1999, S. 263 (266) geben etwa eine Erfolgsquote von 80% an.
[31] Auch diese unterstellte Vergeblichkeit des Kostenaufwandes ist irreführend. Auch eine gescheiterte Mediation ermöglicht oft eine effektivere und damit billige Prozessführung; vgl. nur *Casper/Risse*, ZIP 2000, S. 437 (440).
[32] Dieser Aufschlag ist ebenfalls nicht ganz exakt, da die in der Mediation nach § 118 Abs. 1 Nr. 1 BRAGO entstandenen Rechtsanwaltsgebühren gemäß § 118 Abs. 2 BRAGO auf die Prozessgebühr voll angerechnet wird. Ein doppelter Aufwand wird so teilweise vermieden.

Kostenverzeichnis (KV) i.V.m. § 11 Abs. 2 GKG veranschlagt. Anlässlich der Beweisaufnahme entstandene Auslagen für Zeugen und Sachverständige wurden ignoriert. Die Gerichtskosten zweiter Instanz setzen sich aus der 1,5-fachen Gebühr für das Berufungsverfahren im Allgemeinen (Nr. 1220 KV) und der 3-fachen Gebühr für das Berufungsurteil (Nr. 1226 KV) zusammen. Bei den Anwaltsgebühren erster Instanz sind jeweils eine volle Prozess- (§ 31 Abs. 1 Nr. 1 BRAGO), Verhandlungs- (§ 31 Abs. 1 Nr. 2 BRAGO) und Beweisgebühr (§ 31 Abs. 1 Nr. 3 BRAGO) angefallen. Bei den in der Tabelle genannten Beträgen handelt es sich um die Summe der beiden Parteien entstehenden Anwaltskosten (also jeweils 6 volle Gebühren). Bei den Anwaltsgebühren zweiter Instanz fallen auf beiden Seiten eine $^{13}/_{10}$ Prozessgebühr sowie eine $^{13}/_{10}$ Verhandlungsgebühr für jede Partei an (für beide Parteien entstehen demnach insgesamt 4 Anwaltsgebühren zu je $^{13}/_{10}$).

4. Kosten der Mediation

Für die Mediation ergibt sich folgendes Kostenbild: 24

Gegenstands-wert in €	Kosten Mediator € 300/h in €	Kosten der Parteian-wälte € 300/h in €	Zwischen-summe in €	Risiko „Scheitern" Aufschlag 50% in €	Gesamt-kosten der Mediation in €
50.000	3.600	7.200	10.800	5.400	16.200
200.000	6.000	12.000	18.000	9.000	27.000
1 Mio.	12.000	24.000	36.000	18.000	54.000
2 Mio.	18.000	36.000	54.000	27.000	81.000

Die einzelnen Kostenansätze wurden oben erläutert. Die ausgewiesenen Anwaltskosten sind wieder die Kosten beider Seiten.

5. Gegenüberstellung der Kosten

Stellt man auf dieser Grundlage die Kosten von der Streitbeilegung 25 durch Gericht und Mediation einander gegenüber ergibt sich folgendes Bild:

Gegenstandswert in €	Kosten eines Prozesses in €	Kosten eines Mediationsver-fahrens in €	Kostenvorteil der Mediation in €
50.000	15.135	16.200	– 1.065
200.000	31.259	27.000	+ 4.259

Gegenstandswert in €	Kosten eines Prozesses in €	Kosten eines Mediationsver- fahrens in €	Kostenvorteil der Mediation in €
1 Mio.	83.775	54.000	+ 29.775
2 Mio.	139.875	81.000	+ 58.875

6. Aussagekraft und Schlussfolgerungen

26   Wegen der pauschalierenden Grundannahmen und des ausgiebigen Gebrauchs der Ceteris-Paribus-Klausel ist die absolute Aussagekraft der Musterrechnung gering. Eine generelle Aussage, die Mediation weise gegenüber dem Prozess einen Kostenvorteil auf, verbietet sich daher.[33] Es gibt ohne weiteres Wirtschaftstreitigkeiten mit einem Streitwert von € 50.000 wo die Mediation erheblich geringere Verfahrenskosten verursacht als ein Prozess. Auf der anderen Seite muss die Wirtschaftsmediation in Fällen, wo es um sehr viel Geld geht, nicht notwendig preiswerter sein als ein Gerichtsverfahren. Es kommt auf den Einzelfall an.

27   Eine Tendenz ist aber klar erkennbar: Bei geringen Streitwerten ist der Gerichtsprozess relativ preiswert. Je größer der Streitwert wird, desto stärker verschiebt sich der Kostenvorteil zugunsten der Mediation. Die Gründe für diesen Trend liegen auf der Hand. Sowohl das GKG als auch die BRAGO sehen für Gericht und Anwälte bei kleineren Streitwerten nicht kostendeckende Gebühren vor. Diese Gebührenregelung ist sozial-staatlich motiviert: Die Streitaustragung vor Gericht soll bei kleineren Streitwerten für den rechtssuchenden Bürger nicht mit einem finanziellen Aufwand verbunden sein, der außer Verhältnis zum Wert des Konflikts steht. Für das Zuschussgeschäft bei kleinen Streitwerten werden Gerichte und Anwälte bei hohen Streitwerten kompensiert, da dort unabhängig vom Bearbeitungsaufwand hohe streitwertabhängige Gebühren anfallen. Der Gesetzgeber nimmt so eine Mischkalkulation vor, obwohl der tatsächliche Aufwand für einen € 50.000 Baurechtsstreit höher liegen mag als bei einer schlichten Zahlungsklage über € 2 Mio. Die Parteien in der Mediation profitieren von dieser Gebührengestaltung bei kleineren Streitwerten nicht, werden bei höheren dadurch aber auch nicht belastet. Der in der Mediation abgerechnete zeitliche Aufwand des Mediators steigt in einer stark degressiven Kurve mit dem Gegenstandswert. Eine große Mediation ist durchschnittlich nicht viel aufwändiger als ein kleines Verfahren, was sich im Kostenbild positiv widerspiegelt. Bei großen Gegenstandswerten kommt hinzu, dass der Aufwand für die Mediation in prozentualer Relation zum Streitwert niedrig ist. Da man mit der Mediation

---

[33] Ausführlich zu diesem Punkt § 14, Rdn. 2 ff.

außer dem Kostenaufwand kaum ein Risiko eingeht, ist der Versuch der außergerichtlichen Streitbeilegung wirtschaftlich vernünftig. Im letzten Beispielsfall verursacht das Scheitern der Mediation ohne die dann wegfallende kalkulatorische 50%ige Erhöhung einen Aufwand in Höhe von 2,7% des Gegenstandswerts von € 2 Mio. Diese Investition ist im Hinblick auf die statistische ²/₃-Chance einer außergerichtlichen Einigung aussichtsreich. Der vergleichbare prozentuale Aufwand von 21,6% im Beispielsfall über € 50.000 weckt dagegen Zweifel an der Chance/Risiko-Relation. Das Kostenrisiko ist nur vertretbar, wenn Faktoren wie der Erhalt der Parteibeziehungen[34] eine wesentliche Rolle spielen und die monetäre Bedeutung des Streits überlagern.

Im Durchschnitt lohnt sich die Wirtschaftsmediation bei kleinen Streitwerten daher nur für die Partei, die mehr sucht als die schlichte Streitbeilegung, der es also auch um Werte wie etwa den Erhalt der Parteibeziehung geht. Streitparteien sollten die Mediation dagegen bei großen Gegenstandswerten schon unter Kostengesichtspunkten immer in die strategischen Überlegungen der Streitauseinandersetzung einbeziehen. Jedenfalls in Großbritannien entspricht dies auch der Praxis. Umso überraschender ist die Tendenz des deutschen Gesetzgebers, gerade Fälle mit kleinen Gegenstandswerten der Mediation zuzuführen, wie die neue Öffnungsklausel in § 15 a EGZPO, die Schlichtung in der Verbraucherinsolvenz nach § 305 Abs. 1 InsO oder die Zwangsschlichtung im Überweisungsrecht[35] belegen. Mediation ist eine professionelle Dienstleistung, die entsprechend entlohnt werden muss. Die vom Gesetzgeber anvisierte kostengünstige Schlichtung hat mit Wirtschaftsmediation wenig zu tun.[36]

28

---

[34] Dies ist etwa bei Auseinandersetzungen in Erbengemeinschaften oder Familiengesellschaften häufig der Fall.

[35] Vgl. dazu *Risse/Lindner*, BB 1999, S. 2201.

[36] *Risse*, WM 1999, S. 1864 (1868 f.).

§ 14 Vorzüge und Nachteile der Mediation

1   Mediation ist eine Möglichkeit der Streiterledigung. Der Gerichtsprozess ist eine andere. Kaum ein Beitrag über Mediation verzichtet auf eine Gegenüberstellung von Vor- und Nachteilen beider Verfahren.[1] Ein solcher Vergleich gibt Streitparteien eine Orientierungshilfe, um sich im konkreten Konfliktfall für das eine oder andere Verfahren zu entscheiden.

I. Vorteile der Mediation

1. Kostenersparnis?

2   Der am häufigsten genannte Vorzug der Mediation ist die vorgebliche Kostengünstigkeit des Verfahrens.[2] Die Beliebtheit dieses Arguments hat viel damit zu tun, dass der Gerichtsprozess von den Parteien subjektiv als zu teuer empfunden wird. Eine nüchterne Betrachtung führt – wie oben anhand mehrerer Musterrechnungen dargelegt[3] – zu einem differenzierten Ergebnis. Tendenziell ist die Mediation bei niedrigen Streitwerten teurer als der Prozess. Der Einsparungseffekt ergibt sich erst bei höheren Gegenstandswerten.[4]

3   Der Kostenvergleich zwischen Prozess und Mediation ist methodisch problematisch. Er basiert nämlich auf der Annahme, dass beide Verfahren mit der Beilegung des Konflikts ein identisches Ziel verfolgen. Die Kostenfrage untersucht dann nur noch, welches Verfahren dieses Ziel billiger erreicht.[5] Die Grundannahme des identischen Ziels ist aber nur sehr eingeschränkt richtig. Der Richter verteilt in seinem Urteil nämlich nur den eingeklagten Geldbetrag zwischen dem Kläger und dem Beklagten. Da für

---

[1] *Hacke,* ADR-Vertrag, S. 16, bemängelt zu Recht, dass sich viele Beiträge in dieser Aufzählung dann auch erschöpfen.

[2] Statt vieler: *Eidenmüller,* Vertrags- und Verfahrensrecht, S. 67 f.; *Risse/Wagner,* in: Handbuch Mediation, § 38, Rdn. 19 ff. (23); *Duve/Ponschab,* ZKM/KON:SENS 1999, S. 263 (267).

[3] Oben § 13, Rdn. 21 ff.

[4] Oben § 13, Rdn. 27.

[5] Ein Vergleich zur Illustration: Es wird unterstellt, beide Parteien wollen nach München reisen. Wegen des identischen Ziels ist der Vergleich zwischen den Bahnkosten und einer Autofahrt sinnvoll. Anders sieht es aus, wenn das Ziel nur vermeintlich identisch ist, weil es ungenau als „Fahrt nach Süddeutschland" formuliert wird.

diese Verteilung Transaktionskosten in Form von Gerichts- und Anwaltsgebühren anfallen, werden zwingend Werte vernichtet.[6] Bildlich gesprochen wandert ein Teil des zu verteilenden Kuchens an das Gericht und die Anwälte, nur der Rest steht für die Parteien noch zur Verfügung. Die Mediation geht einen anderen Weg, indem sie zumindest versucht, den zu verteilenden Kuchen zu vergrößern, also Werte zu schöpfen.[7] Gelingt diese Wertschöpfung, ist ein höherer finanzieller Aufwand für das Erreichen dieses Wertzuwachses ohne weiteres gerechtfertigt. Die Verfahrenskosten werden aus dem Wertschöpfungsbeitrag des Verfahrens beglichen. Das bessere inhaltliche Ergebnis legitimiert in diesem Fall auch höhere Verfahrenskosten der Mediation. Der isolierte Vergleich nur der Verfahrenskosten ist deshalb zu eng.

Zu diesen methodischen Bedenken gegen einen Kostenvergleich treten **4** andere hinzu. Die Mediation erleichtert als vertrauliches Verfahren den Erhalt der Parteibeziehungen. Der Gerichtsprozess ist öffentlich und als Verteilungskampf angelegt. Für einen exakten Kostenvergleich müsste nun beziffert werden, was den Parteien Vertraulichkeit und Erhalt ihrer Arbeitsbeziehung wert ist, wenn man ansonsten einen identischen Streitausgang unterstellt. Auf der anderen Seite kennt der Zivilprozess die Kostenerstattung durch die unterliegende Partei, während es in der Mediation fast immer bei der zu Beginn des Verfahrens vereinbarten hälftigen Teilung[8] bleibt. Wer sich seiner Rechtsposition also sicher ist, kann die Verfahrenskosten des Prozesses auch mit Null beziffern. Mathematische Modelle, die diese Positionen ausblenden oder in Kostenquoten umrechnen, täuschen eine Kalkulierbarkeit vor, die einer Partei nichts nützt, wenn sie sich in einem konkreten Konflikt für das eine oder andere Streitbeilegungsverfahren entscheiden muss.

Schließlich krankt der Kostenvergleich auch daran, dass die Mediations- **5** kosten wegen der zahlreichen variablen Daten stark schwanken und sich nicht im Voraus kalkulieren lassen.[9] Das Honorar des Mediators hängt von der ungewissen Verfahrensdauer ab; Gleiches gilt für die kalkulatorischen Kosten der persönlichen Teilnahme der Parteien.[10] Als Prozessauf-

---

[6] Für Kläger und Beklagte wäre es immer billiger, sie könnten den Prozessausgang in einer Kristallkugel vorhersehen und sich dann ohne Gericht und Anwälte entsprechend einigen.

[7] Ein weiteres **Beispiel:** Der Fortführungswert eines Unternehmens ist oft größer als sein Zerschlagungswert. Für den Gläubiger ist das Einklagen einer Forderung mit nachfolgender Insolvenz des Schuldners und Anmeldung der Forderung zur Tabelle deshalb ungünstiger als eine erfüllungshalber eingeräumte stille Beteiligung. In der Mediation ist dieses Ergebnis erzielbar, im Prozess nicht.

[8] Oben § 6, Rdn. 59.

[9] Eingehend dazu bereits § 13, Rdn. 20.

[10] *Risse*, ZEV 1999, S. 205 (208). Im Prozess wird die Verfahrensführung dagegen auf Anwälte delegiert.

wand müssen dagegen auch die enormen Transaktionskosten verbucht werden, die in den Rechts- und Fachabteilungen der Unternehmen durch die Betreuung des oft jahrelangen Gerichtsverfahrens entstehen. Durch Berufung, Revision und Zurückverweisung an das Ausgangsgericht wird eine ungeahnte Kostenspirale in Gang gesetzt, die in der Mediation unbekannt ist.

6   Im Ergebnis lässt sich der behauptete Kostenvorteil der Mediation nur schwer verifizieren.[11] Zu unterschiedlich sind die Konfliktfälle und der nicht voraussehbare Verfahrensverlauf. Interessant sind allerdings Berichte von Unternehmen, die ihre Herangehensweise an Konflikte auf Methoden der außergerichtlichen Streitbeilegung umgestellt haben und nun davon berichten, im Vergleich zu früher sehr viel Geld zu sparen. Viel zitiert wird das Beispiel des US-Konzerns Motorola, der den Einsparungseffekt mit 75 % beziffert.[12] Wichtiger als die im Einzelfall spekulative Prognose, welche Form der Streitbeilegung günstiger sein wird, ist das günstige Chancen/Risiko-Verhältnis der Mediation bei hohen Streitwerten. Es lohnt sich dort einfach, einen im Verhältnis geringen Betrag in die Mediation zu investieren, da der Ertrag im Erfolgsfall groß ist.

2. Zeitersparnis

7   Die Mediation nimmt wesentlich weniger Zeit in Anspruch als ein Gerichtsverfahren.[13] Zwei bis drei Monate nach Verfahrenseinleitung steht fest, ob die Mediation erfolgreich abgeschlossen werden kann. Zu diesem Zeitpunkt ist im Gerichtsprozess meist noch nicht einmal ein Termin zur mündlichen Verhandlung terminiert. So beträgt die Verfahrensdauer vor dem erstinstanzlichen Landgericht im Durchschnitt 6,7 Monate, das OLG benötigt als Berufungsgericht dann weitere 8,5 Monate.[14] Im internationalen Vergleich ist dies allerdings außerordentlich zügig, auch wenn Streitparteien die Verfahrensdauer an deutschen Gerichten schon als deutlich zu lang empfinden. Der Zeitvorteil vergrößert sich daher in grenzüberschreitenden Streitigkeiten weiter, zumal dann auch die Schiedsgerichte kaum schneller als die deutschen Gerichte arbeiten.[15] Die guten deutschen Durchschnittswerte verdecken zudem nicht, dass der Weg durch die Instanzen auch hierzulande Jahre braucht, wenn ein komplexer Streitfall zu entscheiden ist. Der Zeitvorteil der Mediation ist evident.

8   Der Zeitvorteil resultiert daraus, dass der Mediator als privater Dienstleister sofort zur Verfügung steht. Die langwierige Vorbereitung

---

[11] Vgl. auch *Risse*, in: Anwaltshandbuch Erbrecht, § 64, Rdn. 66 f.
[12] *Gottwald*, WM 1998, S. 1257 (1261).
[13] *Schneider*, in: Mediation für Juristen, S. 171, (176 f.).
[14] *Goll*, BRAK-Mitt. 2000, S. 4.
[15] Zur Verfahrensdauer im Schiedsgerichtswesen vgl. *Schütze*, Schiedsgericht und Schiedsverfahren, Rdn. 10.

durch überbordete Schriftsätze entfällt. Durch eine zügige Terminierung haben es die Parteien selbst in der Hand, das Verfahren zu beschleunigen. Sie sind nicht vom Terminkalender eines Gerichts abhängig. Die in der Mediation erreichte Einigung macht die Nachprüfung durch eine übergeordnete Instanz obsolet. Anders als in der Schiedsgerichtsbarkeit[16] ist auch die zeitlich aufwändige Vollstreckbarerklärung des Verfahrensergebnisses regelmäßig überflüssig, weil die Parteien den frei vereinbarten Vergleich ohne Vollstreckungsdruck erfüllen.[17]

3. Vertraulichkeit des Verfahrens

Das Mediationsverfahren ist nicht öffentlich, so dass interessierte Verfahrensbeobachter wie etwa Journalisten ausgeschlossen bleiben. Alle Parteien verpflichten sich im Verhandlungsvertrag zudem zu strikter Vertraulichkeit.[18] Anders als Urteile[19] werden abgeschlossene Vergleichsverträge ohne Zustimmung der Parteien nicht publiziert. Im vorteilhaften Unterschied zum öffentlichen Gerichtsverfahren muss also keine Partei befürchten, durch das Verfahren eine negative Publicity zu erhalten. Den Vorteil der Nichtöffentlichkeit teilt die Mediation dabei mit der Schiedsgerichtsbarkeit.[20] Nur erstere kommt aber so rasch zum Abschluss, dass das kurzlebige Medieninteresse auch an nichtöffentlichen Verfahren rasch genug erlischt, um bleibende Imageschäden auszuschließen.[21] Die kurze Verfahrensdauer der Mediation wirkt dabei auch der Gefahr entgegen, dass irgendeine undichte Stelle entsteht und Dritte so von der oft mit gutem Grund geheim gehaltenen Auseinandersetzung erfahren. **9**

4. Erleichterter Erhalt der Parteibeziehung

Die Mediation erleichtert im Gegensatz zum herkömmlichen Prozess den Erhalt der Parteibeziehungen. Vor dem Richter wird systemimmanent um ein „Recht haben" gegeneinander gerungen, schon um dem Stigma einer Verurteilung zu entgehen. Den Gerichtssaal verlässt immer eine Partei als Verlierer.[22] Prozessunerfahrene Parteien empfinden es dabei oft als zu- **10**

---

[16] *Schütze*, Schiedsgericht und Schiedsverfahren, Rdn. 10.
[17] Vgl. dazu schon § 10, Rdn. 77.
[18] *Kovach*, Mediation, S. 147; und oben § 6, Rdn. 49.
[19] In publizierten Urteilen werden die Parteien zwar geschwärzt. Aus dem Sachverhalt lässt sich für eine interessierte Seite aber unschwer ermitteln, wer Kläger und Beklagter war.
[20] Die Vertraulichkeit wird meist als entscheidender Vorteil der Schiedsgerichtsbarkeit bezeichnet, vgl. nur *Lörcher*, DB 1998, S. 245.
[21] Ähnlich *Weigand*, BB 1996, S. 2106 (2107 f.).
[22] Kritisch zum „Alles oder Nichts"-Prinzip des klassischen Zivilprozesses daher *Ponschab*, MDR 1997, S. 413.

sätzliche Demütigung, vom Gericht öffentlich als „Unrecht habend" verurteilt worden zu sein. Das Gerichtsverfahren weist deshalb eine Eskalationstendenz auf, die auch nach seinem Abschluss fortwirkt. Die Klageerhebung gleicht bisweilen dem sagenhaften Öffnen der Büchse der Pandora.[23]
Während und nach dem Prozess wird im Verhalten des Gegners nach
Möglichkeiten gesucht, diesen ins Unrecht zu setzen. Statt wechselseitig
profitabler Parteibeziehungen führt dies zu Verbitterung, Retributionsge-
danken und immer wieder auch zu Anschlusskonflikten. Wo beide Seiten
auch nach der Entscheidung des Konflikts weiter verbunden sind und zusammenarbeiten müssen, ist das richterliche Urteil nicht der Schlusspunkt
einer Auseinandersetzung, sondern nur der Auftakt zu einer zermürbenden Konfliktgeschichte. Paradigmatisch sind Nachbarschaftskonflikte, wo
der gewonnene Rechtsstreit um die wuchernde Hecke das Zusammenleben der Nachbarn auf Jahre hinaus zur Qual macht. Beide Seite verlieren.
Auch der Prozesserfolg im Verfahren zwischen zwei zerstrittenen Gesellschaftern erweist sich als Pyrrhussieg, wenn die persönlichen Differenzen
in der Folgezeit das Unternehmen ruinieren.

11   Um solche Katastrophen zu vermeiden, ermuntert die Mediation die
Parteien zur gemeinsamen Problemlösung. Ist die Mediation erfolgreich,
führt dies bei den Teilnehmern zu einer Zufriedenheit über die gemeinsam
erreichte Einigung. Auch der zähneknirschend akzeptierte Kompromiss ist
für die Beziehung zwischen den Kontrahenten besser als ein noch so
wohlbegründetes Urteil. Eine sachkundig durchgeführte Mediation stärkt
das Vertrauen in die ehrliche Konfliktlösungsbereitschaft des Gegenübers
selbst dann, wenn die Mediation scheitert. Oft verstehen die Parteien dann
nämlich, warum eine Einigung nicht gelingt, etwa weil eine Rechtsfrage
unterschiedlich beurteilt wird. Das gewonnene Verständnis, nicht zu verwechseln mit einem Einverständnis, ersetzt die vorherige Annahme, die
Gegenseite agiere schlicht böswillig. Zudem wird in der Mediation die
Kommunikation zwischen den Parteien zeitweise wieder hergestellt.[24] Auf
einer solchen Grundlage gedeihen die Parteibeziehungen besser als nach
einem gewonnenen oder verlorenen Gerichtsverfahren.

5. Niedrigere Eintrittsschwelle

12   Die Mediation verbreitete sich in den USA zunächst deshalb, weil man so
geschäftsunerfahrenen Gesellschaftsschichten, die aus Scheu vor der förmlichen staatlichen Gerichtsbarkeit auf eine Auseinandersetzung ganz verzich-
teten, ein leicht zugängliches Forum zur Konfliktbeilegung bieten wollte.[25]

---

[23] *McCormack,* Die Wahrheit über Anwälte, S. 228.
[24] *Duve,* Mediation und Vergleich im Prozess, S. 85 f.
[25] Ausführlich zu diesen geschichtlichen Wurzeln der Mediation: *Risse,* in: Mediation für die notarielle Praxis, S. 77 (82 f.).

Dieses Argument der niedrigeren Eintrittsschwelle taucht in einer anderen Facette in der Wirtschaftsmediation wieder auf: In komplexen Erbstreitigkeiten oder Auseinandersetzungen zwischen Familiengesellschaftern wird der Gang zum Gericht oft deshalb gescheut, weil eine Partei im Interesse des Familienfriedens den eigenen Verwandten nicht vor ein Gericht zerren will.[26] Die dort mit dem Kläger assoziierte Rolle des geldgierigen und aggressiven Familienmitglieds wird auch bei eigenem Nachteil um fast jeden Preis vermieden. Dabei schadet der latent weiter schwelende Konflikt sowohl den persönlichen Beziehungen der Parteien als auch einem betroffenen Familienbetrieb mehr als ein klarer Schnitt. Auch im Arbeitsrecht taucht diese Konstellation immer wieder auf, wenn bestehende Konflikte, etwa die sexuelle Belästigung am Arbeitsplatz, zu Unruhe führt und die Arbeitsproduktivität verringert, eine Klärung aber aus Furcht vor einem Prozess mit dem eigenen Arbeitgeber unterbleibt.

In diesen Fällen hilft die Mediation. Denn ihr auch nach außen hin **13** kundgetaner Charakter als „bloße" Vermittlung vermeidet die skizzierten Hemmungen gegen die Konfliktaustragung und erleichtert den Parteien so die Einleitung des Verfahrens. Bei einem Scheitern der Mediation gewinnen die Kontrahenten die wichtige Einsicht, dass eine gerichtliche Auseinandersetzung unvermeidbar ist. Mit ihrer Teilnahme an der Mediation haben die Parteien ihr Bemühen um eine gütliche Einigung belegt und entkommen gleichzeitig dem geschilderten Negativimage eines Streithansels. Die jedenfalls notwendige Entscheidung des Streites wird so auf den Weg gebracht.

6. Innovationskraft der Mediation

Der am meisten herausgestellte Vorteil der Mediation ist ihre Innova- **14** tionskraft. Der rechts- und rechtsfolgenfixierte Prozess[27] entscheidet nur über die Verteilung der Klageforderung abzüglich der entstehenden Prozesskosten. Die Aufteilung erfolgt immer in Geld. Die Mediation zielt dagegen auf eine innovative Streitlösung, die sowohl die Verteilungsmasse vergrößert als auch die Verteilungsform je nach Parteiinteresse variiert. Interessengerechte Einzelfallregelungen ersetzen die schematische Rechtsfolge einer gesetzlichen Bestimmung. Die vielbeschworenen „win-win"-Lösungen werden allerdings häufig überbetont und sind in der Wirtschaftsmediation nicht die Regel. Immerhin bleibt aber die Chance auf solche Ideallösungen, die der Gerichtsprozess ohne Not vertut. Die Beispiele reichen vom Kinderstreit um die Orange[28] bis zum kriegerischen Sinai-Konflikt.[29]

---

[26] *Risse,* in: Anwaltshandbuch Erbrecht, § 64, Rdn. 14.
[27] Ausführlich dazu § 8, Rdn. 34 ff.
[28] § 2, Rdn. 39.
[29] § 2, Rdn. 40.

Auch die Kontrahenten in einer wirtschaftlichen Auseinandersetzung müssen sich überlegen, ob sie die Chance zu beiderseits profitablen Konfliktlösungen nicht in falsch geführten bilateralen Verhandlungen verkannt haben könnten. Der Konflikt kann in der Mediation so zum Ausgangspunkt eines Wertschöpfungsprozesses werden, den das Gerichtsverfahren aus strukturellen Gründen nicht kennt.

15   Niemand sollte sich etwas vormachen: Das typische Ergebnis einer Wirtschaftsmediation ist der zähneknirschend akzeptierte Kompromiss, nicht die gefeierte „win-win"-Lösung. Immerhin versucht die Mediation aber, „win-win"-Lösungen aufzuspüren. Diese Suche führt oft zu kleinen Punkten, die zusammen mit der finanziellen Ausgleichsregelung vereinbart werden und den Kompromiss für eine Seite erträglicher macht. In einem Mängelstreit um eine komplexe technische Anlage akzeptiert der Käufer die konsensfähige Restzahlung nur, nachdem der Verkäufer eine Ersatzteilgarantie von 10 Jahren übernommen hat. Der finanzielle Kompromiss wird dadurch nur minimal verbessert – aber immerhin so weit, dass der Käufer zustimmt. Und natürlich gibt es auch Fälle, wo die Gesamteinigung in einer klaren „win-win"-Lösung besteht. Eine entsprechende Erfolgsgarantie besitzt die Mediation nicht, aber auch die Chance an sich hat einen hohen monetären Wert.[30]

7. Höhere Verfahrenszufriedenheit

16   Unabhängig vom Ausgang der Mediation zeigen sich die Teilnehmer mit dem Verfahren der Mediation zufriedener als mit dem Ablauf eines Prozesses.[31] Dieser Aspekt wird oft unterschätzt oder als unerheblich abqualifiziert. Tatsächlich empfinden die Parteien die Art und Weise der Konflikterledigung als ähnlich wichtig wie das erreichte Ergebnis. Verfahrenszufriedenheit tritt so neben Ergebniszufriedenheit. In wirtschaftsrechtlichen Konflikten spielt dieser Punkt eine geringere Rolle als in Auseinandersetzungen zwischen Privatleuten ohne Gerichtserfahrung, bleibt aber bedeutsam. Die Parteien wollen mit ihrem Anliegen im Verfahren ernst genommen werden. Sie wünschen sich ein neutrales Verfahren, an dem sie aktiv partizipieren können. Wenn diese Faktoren gegeben sind, empfinden die Teilnehmer die Art und Weise der Streitbeilegung als fair, selbst wenn es für sie ungünstig ausgeht.[32] Die Zufriedenheit mit dem Verfahren mündet also in eine Akzeptanz des Ergebnisses. Vollstreckungsprobleme und Anschlusskonflikte bleiben dann aus. Die höhere Verfahrenszufriedenheit

---

[30] Der Geldwert einer Chance wird oft übersehen. Jedes Lotterielos stellt aber nur eine Chance auf einen Hauptgewinn dar und muss trotzdem bezahlt werden.
[31] *Gottwald,* in: Mediation in der Anwaltspraxis, § 6, Rdn. 48 ff.
[32] *Gottwald,* in: Mediation in der Anwaltspraxis, § 6, Rdn. 48.

der Parteien ist deshalb ein wesentlicher Vorteil der Mediation gegenüber dem Gerichtsprozess. Das ist auch unter den Kritikern der Mediation unstreitig.[33]

Dass die Mediation von Streitparteien als das fairere Verfahren emp- 17 funden wird, lässt sich plausibel erklären. Anders als der oft überarbeitete Richter gibt der Mediator den Parteien selbst, nicht ihren Anwälten, ausgiebig Gelegenheit, ihre Sicht der Dinge zu artikulieren. Die Verfahrensherrschaft bleibt ebenso bei den Teilnehmern wie die Ergebnisherrschaft. Einem guten Mediator gelingt es, das persönliche Vertrauen der Kontrahenten zu gewinnen, wozu auch Einzelgespräche nützlich sein können. Dem Richter ist die persönliche Beziehung zu den Parteien auf Grund seiner Machtposition regelmäßig gleichgültig; viele Richter legen wegen ihrer Unparteilichkeit sogar besonderen Wert auf Distanz und Kühle. Hinzu kommt ein psychologisches Phänomen aus der Verhandlungsforschung: Wenn Parteien sich in Verhandlungen geeinigt haben, glauben sie subjektiv immer, ein für sie positives Ergebnis erzielt zu haben, egal wie der Vergleich tatsächlich aussieht. Es handelt sich um eine Art Selbstschutz gegen Enttäuschungen. Subjektiv fühlen sich also beide Seiten als Gewinner. Im Prozess wird dagegen ein eindeutiger Sieger gekürt, was zur Verdrossenheit beim Unterlegenen führt. Da man sich höchst ungern eingesteht, dass die eigene Position falsch war, wird die Schuld für den negativen Prozessausgang auf das Verfahren geschoben. Vor diesem Hintergrund verwundert die höhere Zufriedenheit mit der Mediation nicht.

8. Gesellschaftlicher Nutzen?

Die Anfänge der Mediation in der amerikanischen Bürgerrechtsbewe- 18 gung deuten darauf hin, dass die Befürworter sich von der neuartigen Streitbeilegungsmethode einen Nutzen versprachen, der über die Befriedung eines Einzelkonflikts hinausging. Statt des isolierten pragmatischen Ansatzes, eine schlichte Alternative zum Prozess anzubieten, zielte die Mediation in ihren Anfängen auf weitergehenden gesellschaftlichen Nutzen. Die Konfliktentscheidung sollte vom Staat mit seinen Gerichten auf die Bürger zurückverlagert werden. Statt Verantwortung auf den Staat zu delegieren, übernehmen die Menschen die Verantwortung für ihr Schicksal und ihr Umfeld wieder selbst und reduzieren so Macht und Einfluss des Staates.[34] Die Mediation dient danach dazu, die Konfliktkompetenz der Bürger zu erhöhen. Statt durch in den Großstadtghettos ausufernde Gewalt sollten Auseinandersetzungen wieder durch Verhandlungen gelöst werden. Das

---

[33] Vgl. dazu *Gottwald*, in: Mediation in der Anwaltspraxis, § 6, Rdn. 36 ff. (40).
[34] *Risse*, in: Mediation in der notariellen Praxis, S. 77 (82 f.).

Mediationsverfahren sollte den Teilnehmern als Schulungsstätte dienen, wie man den nächsten Konflikt vermeidet oder frühzeitig ohne Einschaltung von Dritten einvernehmlich löst. Eine soziale Transformation[35] wird so initiiert. Die Streitkultur wird verbessert. Am Ende der Entwicklung soll eine insgesamt konfliktärmere Gesellschaft stehen. Diese gesellschaftsverändernde Sichtweise der Mediation hat durch die einflussreiche Arbeit von *Bush/Folger*[36] neuen Auftrieb bekommen.

19   Der nüchterne Wirtschaftsjurist mag diesen Ansatz als idealistisch belächeln. Bei genauerer Betrachtung ist er indes nicht so lebensfremd, wie man zunächst annehmen möchte. Der technische und wirtschaftliche Fortschritt hat das Leben und damit auch die entstehenden Konflikte in den letzten Jahren immer komplizierter gemacht. Viele Menschen fühlen sich daher mit der Lösung von Konflikten überfordert. Der Laie kann sich ohne Hilfe in den gesetzlichen Lösungsvorschlägen für Konflikte nicht orientieren. Gleichzeitig ist die Gesellschaft individualistischer geworden. Der zurückgedrängte Gemeinsinn erschwert die informelle und konsensuale Konfliktbeilegung. Es ist oft leichter, die Konfliktentscheidung auf den Richter zu delegieren, als sich selbst um eine Lösung zu bemühen. Der Mediator gibt den Parteien das verlorengegangene Vertrauen in die eigene Verhandlungskompetenz zurück, indem er ihnen an einem einzelnen Konflikt ein rationales und problemorientiertes Verhandeln demonstriert. Im Idealfall erkennen die Parteien, dass viele Konflikte sich so schneller, billiger und vor allem mit besserem Ergebnis lösen lassen als durch die Anrufung des Gerichts, die gewaltsame Auseinandersetzung oder den resignativen Verzicht auf einen berechtigten Anspruch. Dieser Ansatz der Mediation findet etwa im Täter-Opfer-Ausgleich (TOA)[37] oder der Schulmediation[38] eine wichtige Anwendung. Dort geht es darum, den Parteien über die Beilegung des Konflikts hinaus eine bessere Streitkultur zu vermitteln.

20   In der Wirtschaftsmediation tritt dieser gesellschaftsverändernde Ansatz in den Hintergrund. Die Parteien kommen zum Mediator mit einem konkreten Problem, für dessen Lösung sie Unterstützung suchen. Da sie selbst und nicht eine gemeinnützige Stiftung oder der Staat[39] den Mediator bezahlen, stehen sie dem Gedanken, so einen Kollektivnutzen zu fördern,

---

[35] Ausführlich zu diesem Ansatz: *Breidenbach*, Mediation, S. 242 ff.

[36] *Bush/Folger*, The Promise of Mediation, passim.

[37] Vgl. dazu *Kerner*, in: Handbuch Mediation, § 49.

[38] Dort schlichtet ein besonders ausgebildeter Lehrer-Mediator Streitigkeiten zwischen Schülern.

[39] In Bereichen, wo der gesellschaftsverändernde Ansatz der Mediation hochgehalten wird, ist das Verfahren in den USA für die Parteien oft umsonst, weil Stiftungen oder der Staat die Finanzierung der Mediationsstellen als gemeinnützige Einrichtungen übernehmen.

wenig aufgeschlossen gegenüber. Die Verfahren verlaufen daher konkret lösungsorientiert. Im Einzelfall kann aber die Idee, dass die Mediation über die Beilegung des Konflikts hinaus nutzbringend ist, auch im Wirtschaftsleben zum Tragen kommen. So dient die Mediation von Arbeitsstreitigkeiten über den konkreten Konflikt hinaus oft auch der Verbesserung der Arbeitsatmosphäre oder des Betriebsklimas insgesamt. Den Nutzen der Mediation nur am Konfliktergebnis zu messen, ist daher auch in Wirtschaftskonflikten häufig zu eng.

9. Spezielle Sachkunde des neutralen Dritten

Die Parteien haben im staatlichen Prozess keinen Einfluss auf die 21 personelle Zusammensetzung des Gerichts. Das Prinzip des gesetzlichen Richters soll die Neutralität und Unbestechlichkeit der Justiz absichern. Der Nachteil dieses Auswahlverfahrens liegt darin, dass ein fachlich unerfahrener Richter mit einer speziellen Konfliktmaterie schnell überfordert ist. In der Mediation liegt es dagegen an den Kontrahenten, wen sie zum Mediator bestimmen. Diese Wahlmöglichkeit ist wichtig, wenn für die Moderation der Verhandlungen eine besondere Sachkunde erforderlich ist. So sind im Streit um ein Softwareprogramm EDV-Kenntnisse des Mediators schon deshalb hilfreich, damit dieser die Darstellungen der Parteien inhaltlich versteht. In einer Auseinandersetzung um die Erschließung eines Ölfelds werden die Parteien einen Mediator mit technischer Expertise einem zuvor nur mit Familienrecht befassten Richter vorziehen. Bei grenzüberschreitenden Streitigkeiten sind Sprachkenntnisse des Mediators oder auch besonderes kulturelles Einfühlungsvermögen wertvoll. Den Vorteil, den neutralen Dritten auf Grund seiner Sachkunde oder auch seines besonderen Ansehens bei beiden Parteien selbst aussuchen zu können, teilt die Mediation mit der Schiedsgerichtsbarkeit.[40]

II. Nachteile der Mediation

Wo viel Licht ist, ist auch Schatten. Die Mediation weist gegenüber dem 22 Prozess zahlreiche Nachteile auf.

1. Fehlende Garantie der Streiterledigung

Die Mediation kann scheitern. Die Parteien müssen die Auseinandersetzung dann anderweitig, meist vor Gericht, fortführen. Der Gerichtsprozess 23 bietet den Parteien dagegen die Sicherheit, dass der Streit so oder so mit

---

[40] *Schütze*, Schiedsgericht und Schiedsverfahren, Rdn. 9.

einem rechtskräftigen Urteil beendet wird. Statistisch betrachtet, einigen sich die Parteien in der Mediation in etwa zwei von drei Verfahren.[41] In den übrigen Fällen stellt sich bei den Parteien das frustrierende Gefühl ein, viele Stunden mit unnützer und kostspieliger Diskussion verbracht zu haben. Der vermeintliche Vorteil einer Zeit- und Kostenersparnis der Mediation kehrt sich dann um. Die Auseinandersetzung verlängert sich durch die zunächst hinausgezögerte Klageerhebung; die Gesamtkosten verteuern sich um den vergeblichen Aufwand für die Mediation. Für die Parteien ist es ein schwacher Trost, dass der Zeitverlust von wenigen Wochen angesichts eines langwierigen Wirtschaftsprozesses kaum ins Gewicht fällt.[42] Gemildert wird der Nachteil fehlender Entscheidungssicherheit dadurch, dass in der Mediation die wesentlichen Streitpunkte oft klar herausgearbeitet werden, was im anschließenden Prozess ein konzentriertes Vorgehen erlaubt und so die verlorene Zeit und investierten Kosten teilweise wieder einspielt.

24   Ebenso wichtig wie der vergebliche Zeit- und Kostenaufwand sind die emotionalen Kosten einer Mediation. Die Mediation ist für die Parteien anstrengend und vor allem für Privatpersonen auch nervenaufreibend. Sie empfinden es oft als wenig angenehm, mit dem Kontrahenten wieder an einem Verhandlungstisch zu sitzen. Für sie wäre es persönlich einfacher gewesen, den Konflikt gleich über Rechtsanwälte als Stellvertreterkrieg vor Gericht auszutragen. Der mit der Mediation verbundene persönliche Aufwand zahlt sich nur aus, wenn der Konflikt so beigelegt wird. Viele Parteien sehnen sich nach einem Schlusspunkt der Auseinandersetzung, um endlich Ruhe zu haben. Vor allem im Rückblick auf die Konfliktgeschichte erkennen sie, dass ein frühes Ende mit Schrecken besser gewesen wäre als ein Schrecken ohne Ende. Bei einem Scheitern der Mediation hätten sie also rückblickend die sofortige Klageerhebung vorgezogen, um die Streiterledigung so zu beschleunigen. Misslingt die Einigung, haben die Teilnehmer in der Mediation Nerven gelassen, ohne dass dem ein Ertrag gegenüberstehen würde.

2. Verhandlungsstärke und Machtungleichgewicht

25   Streitparteien sind unterschiedlich intelligent, rhetorisch begabt und durchsetzungsstark. Ihre finanziellen Ressourcen, mit denen sie die Auseinandersetzung betreiben und deren Ergebnis abwarten können, unter-

---

[41] In der Praxis werden etwa 70% aller Mediationsverfahren mit einer Einigung beendet; vgl. *Schmidt*, BB 1998, Beilage 10, S. 6 (7); noch höhere Erfolgsquoten nennen *Duve/Ponschab*, KON:SENS 1999, S. 263 (266).
[42] Zu kritisch daher *Weigand*, BB 1996, S. 2106 (2108). Gefährlich ist die geringe Zeitverzögerung nur, wenn einer Partei eine unmittelbare Liquiditätskrise droht und die Mediation nur als Verschleppungstaktik genutzt wird.

scheiden sich. Es bestehen also Machtungleichgewichte zwischen den Kontrahenten.[43] Im Zivilprozess ist die Fürsorge des Richters ein begrüßenswertes Korrektiv. Jedenfalls vor dem Landgericht sichert die zwingende anwaltliche Vertretung, die notfalls durch staatliche Prozesskostenhilfe finanziert wird, ein gewisses Kräftegleichgewicht. Zusätzlich hat der Gesetzgeber verbraucherschützende Gesetze erlassen, die gerade die geringe Verhandlungsmacht des Verbrauchers kompensieren sollen. Als Beispiele seien die Regeln zum Verbraucherkredit oder zu Allgemeinen Geschäftsbedingungen genannt, die der Richter bei seiner Entscheidung von Amts wegen beachtet. Der Gesetzgeber hat durch dieses Paket von Maßnahmen vermieden, dass Machtungleichgewichte im Prozess zu unausgewogenen Ergebnissen führen.

Diese Korrektive zur Kompensation eines ungleichen Kräfteverhältnisses fehlen in der Mediation.[44] Dem Mediator verbietet seine strikte Neutralitätspflicht, einer Partei beizuspringen, die von der Gegenseite übervorteilt zu werden droht.[45] Gesetzliche Schutzvorschriften helfen der schwächeren Partei nicht. Die Anwesenheit von Parteianwälten, die Übervorteilungen ihrer Mandanten entgegenwirken, ist nicht zwingend. Es kann also passieren, dass die durchsetzungsstärkere Partei dem Kontrahenten einen Vergleich aufnötigt, der bei objektiver Betrachtung völlig unausgewogen ist. Der rechtsverbindlich werdende Konsens kommt zustande, weil der unterschwellige Dissens wegdiskutiert, aber nicht gelöst wird. In der Scheidungsmediation treten hier häufig Probleme auf, wenn einer der sich nun trennenden Partner aus lauter Konfliktscheu oder auch wegen intellektueller oder emotionaler Überforderung bereit ist, nahezu jede Einigung zu akzeptieren, nur um endlich Ruhe zu haben. Ohne ein gewisses Maß an Kommunikationsfähigkeit und Konfliktbereitschaft beider Seiten wird die Mediation zum Instrument einseitiger Interessendurchsetzung.[46] 26

In der Wirtschaftsmediation sind die mit einem Kräfteungleichgewicht 27 verbundenen Gefahren geringer. Dafür sorgt bereits die übliche Begleitung der Parteien durch Rechtsanwälte, die sich in solchen Fällen schützend vor ihre Mandanten stellen.[47] Konfliktscheu oder emotionale Überforderung treten seltener auf als in der Scheidungsmediation, wo die vollzogene Tren-

---

[43] Eingehend hierzu *Breidenbach*, Mediation, S. 101 ff., 248 ff.

[44] Mit anschaulichen Beispielen dazu: *Renk*, in: AKR-Handbuch, Ziff. 2.3.1, S. 3 ff.

[45] Bedenklich und unpraktikabel ist daher die Ansicht von Eidenmüller, der Mediator müsse die schwächere Partei im Extremfall über den nachteiligen Inhalt eines Vergleichs aufklären und sie so einseitig unterstützen; vgl. *Eidenmüller*, Vertrags- und Verfahrensrecht, S. 38 f.

[46] Anschaulich: *Fischer*, in: Mediation in der Anwaltspraxis, § 10, Rdn. 17 ff.

[47] *Risse*, BB 1999 (Beil. 9), S. 1 (6).

nung über die wirtschaftlichen Konsequenzen hinaus immer auch eine persönliche Ausnahmesituation darstellt. Auch Bildungsunterschiede oder völlig ungleich verteilte kommunikative Fähigkeiten stören das Verhandlungsgleichgewicht selten so sehr, dass nachhaltige Fairnessprobleme auftreten. Natürlich kommt es in der Wirtschaftsmediation vor, dass ein Kontrahent inhaltlich ungerechtfertigte Abschläge von seiner Forderung hinnimmt, weil er aus Liquiditätsgründen unbedingt auf eine rasche Zahlung angewiesen ist. Das ist dann aber seine persönliche Entscheidung, auch wenn sie von faktischen Zwängen beeinflusst ist. Eine völlige Parität in der Verhandlungsstärke ist ohnehin eine Illusion.

3. Strategischer Missbrauch

28 Eine unlautere Partei kann die Mediation dazu missbrauchen, einseitig Vorteile zu erlangen, ohne wirklich konstruktiv an dem Verfahren teilnehmen zu wollen. Die Partei kann insbesondere versuchen, das Verfahren zu verschleppen oder prozessrelevante Informationen für einen Anschlussprozess zu gewinnen.

29 a) Verschleppungsabsicht. Jede Seite kann die Mediation zu einem sehr späten Zeitpunkt noch einseitig scheitern lassen, etwa indem sie ihre Unterschrift unter den ausgehandelten Vergleichsvertrag grundlos verweigert. Auch ein derart destruktives Verhalten bleibt ohne Sanktion. Deshalb kann eine Partei die Mediation zur Verfahrensverschleppung nutzen, indem sie die Mediation ohne jede Bereitschaft zu einem konstruktiven Dialog initiiert und einen Teilnahmewillen nur vortäuscht. Da während eines laufenden Mediationsverfahrens eine Klage nicht erhoben wird und ein bereits begonnener Prozess ruht, verschleppt die Partei die Streiterledigung insgesamt. Die Motive für eine derartige Instrumentalisierung der Mediation können in Zahlungsschwierigkeiten einer Partei liegen, die so versucht, einen weiteren Zahlungsaufschub zu erreichen. Strafrechtlich relevant wäre eine Absicht, die gewonnene Zeit für Vermögensverschiebungen zu nutzen, um die Vollstreckung aus einem späteren Gerichtsurteil ins Leere laufen zu lassen. Vielfach wird aber ohne genau definierte Absicht auf Zeit gespielt, weil man auf günstige Entwicklungen hofft, die den Streit anderweitig erledigen. Ist das streitgegenständliche Bauvorhaben erst einmal fertiggestellt und von den Mietern bezogen, verliert der Bauherr vielleicht die Lust an alten Auseinandersetzungen. Die strittigen Mängel sind inzwischen von Drittfirmen behoben oder im Wortsinn zubetoniert, so dass die Verzögerung die Beweislage für den Kontrahenten verschlechtert hat. Die Zeit arbeitet fast immer für den Anspruchsgegner.

30 Insgesamt sind die Anreize, die Mediation als Verschleppungstaktik zu nutzen, gering. Die Dauer des Verfahrens ist in vielen Fällen zu kurz, als

dass sich der mit der Mediation verbundene finanzielle Aufwand allein zur Erlangung des Zeitvorteils lohnt. In Einzelfällen kann sogar die gescheiterte Mediation die Streiterledigung beschleunigen, etwa wenn eine Partei dort erkennt, dass die Gegenseite nur auf Zeit spielt und deshalb das nachfolgende Gerichtsverfahren besonders konzentriert betreibt. Das Verschleppungsrisiko bleibt daher überschaubar.

b) **Informationsgewinnung für Anschlussprozess.** Der größte Nachteil der Mediation ist die Kehrseite der angestrebten offenen Kommunikation zwischen den Parteien. Unlautere Parteien können die Mediation strategisch zur Informationsgewinnung und damit zur Vorbereitung eines von vornherein geplanten Anschlussprozesses einsetzen.   **31**

Zum Zweck der Informationsgewinnung täuscht ein Kontrahent seine Mediationsbereitschaft in der Hoffnung vor, dass die Gegenseite während des offen geführten Gesprächs Informationen preisgibt, die sie im Prozess für sich behalten würde.[48] Die unlautere Partei lässt die Mediation anschließend scheitern. Dann versucht sie, die brisanten Informationen in den Prozess unmittelbar einzuführen oder diese jedenfalls als Anknüpfungspunkt für den eigenen Vortrag zu nutzen. Die Prozessaussichten für die redliche Partei verschlechtern sich also, weil sie dem Leitgedanken der Mediation mit ihren offenen Äußerungen entsprochen hat. Damit ist das übergeordnete Thema der Vertraulichkeit der Mediation angesprochen. Es gehört zu den am meisten diskutierten Problemen der Mediation und ist bisher ungelöst.   **32**

Die redliche Partei kann versuchen, sich gegen einen Verfahrensmissbrauch zu schützen. Naheliegend ist zunächst ein Rekurs auf das Recht. Beweisverwertungsklauseln in der Mediationsvereinbarung[49] oder im Verhandlungsvertrag bieten scheinbar eine einfache Problemlösung. Eigentlich vertrauliche Informationen können auch dadurch in den Prozess eingeführt werden, dass ein Teilnehmer den ihn begleitenden Anwalt oder auch sich selbst[50] als Zeugen dafür benennt, dass eine bestimmte Äußerung gefallen ist. Auch hier hilft allenfalls ein vertragliches Verwertungsverbot. Für den Zeugenbeweis sind solche Vereinbarungen als Beweismittelabrede auch grundsätzlich wirksam. Weit problematischer sind andere Beweismittel wie Urkunden, Inaugenscheinnahme oder Sachverständigenbeweis, weil der Richter eine entsprechende Beweisaufnahme auch ohne Antrag der Parteien anordnen darf, die Parteien also keine exklusive Dis-   **33**

---

[48] *Weigand,* BB 1996, S. 2106 (2108).

[49] Vgl. § 8 Abs. gwmk-VO, abgedruckt als Anhang Nr. 1.

[50] In der Wirtschaftsmediation kommt es häufig vor, dass ein Unternehmen einen Mitarbeiter in die Mediation entsendet, der nicht zu den Leitungsorganen gehört. Dieser kann dann für die Partei, etwa die AG oder GmbH, als Zeuge aussagen.

positionsbefugnis haben.[51] Es ist ungeklärt und wegen des zwingenden Charakters der ZPO problematisch, ob die Parteien den Richter hier in seinem Ermessen bei der Beweiserhebung begrenzen können. Das eigentliche Problem rechtlicher Absicherung liegt aber in der offenkundigen Umgehungsgefahr. Ist eine Information einmal bekannt, lässt sie sich immer irgendwie in den Prozess einführen, etwa indem ein unverdächtiger Zeuge „plötzlich und aus eigenem Antrieb" eine entsprechende Aussage macht. Dass es sich dort um die Frucht eines verbotenen Baums handelt, ist für sich genommen nicht erkennbar.[52] Und wer erst einmal weiß, wonach er suchen muss, findet am Ende auch andere Erkenntnisquellen als die Aussagen in der Mediationsverhandlung. Die Parteien können den Informationsmissbrauch also rechtlich erschweren, aber nie unmöglich machen.

34   Eine andere Möglichkeit, den Missbrauch der Mediation zwecks Informationsgewinnung einzuschränken, liegt in einer vorsichtigen Informationspolitik der Parteien. Auch wenn die Mediation auf eine freimütige und ehrliche Kommunikation zielt, heißt dies nicht, dass die Parteien brisante Daten sofort freiwillig auf den Verhandlungstisch legen. Niemand kann es einem vorsichtigen Teilnehmer verwehren, zunächst einmal abzuwarten, ob in der Mediation eine vertrauensvolle Atmosphäre entsteht, bevor er eine möglicherweise prozessschädliche Information preisgibt. Für ein solches Verhalten darf der Teilnehmer dann ein entsprechendes Zugeständnis der Gegenseite erwarten. Die Mediation wird in dieser Phase zu einem Verhandeln um Informationen. Der Mediator steuert diesen Informationsaustausch, etwa indem er beide Seiten bittet, jeweils abwechselnd einen Punkt zu benennen. Schließlich können die Parteien auch den Caucus dazu nutzen, den Informationsaustausch gegen einen Missbrauch abzuschirmen. Die Partei teilt die brisante Information, etwa ihre Zahlungsschwierigkeiten, zunächst dem Mediator mit, der sie dann als eine Art Informationsbroker der Gegenseite überbringt. Dazu kann er die Information in ein hypothetisches Szenario einkleiden, um die Urheberschaft der Partei zu verdecken.[53] Auch ein solches Vorgehen bietet natürlich keinen absoluten Schutz gegen eine unredliche Partei.

---

[51] Vgl. nur die extensive Neuregelung zur Urkundenvorlage in § 142 ff. ZPO. Eine Inaugenscheinnahme und einen Sachverständigenbeweis kann das Gericht nach § 144 ZPO, die Parteieinvernahme nach § 448 ZPO von Amts wegen anordnen.

[52] Die Problematik der „fruit of the poisenous tree" entstammt eigentlich dem Strafrecht, wo ein unrechtmäßig erlangtes und damit unverwertbares Beweismittel zu verwertbaren Folgefunden führt. Hat der Täter unter Folter den Mord gestanden, ist das Geständnis unverwertbar, nicht aber der so ermöglichte Leichenfund. Ausführlich dazu *Lindner,* Der Begleitfund, passim.

[53] **Beispiel:** Eine Partei räumt in der Einzelsitzung Zahlungsschwierigkeiten ein. Der Mediator wendet sich in einem weiteren Gespräch an die Gegenseite: „Unterstellen wir einmal, die Y AG würde die Einmalzahlung sofort in bar erbringen.

Es existiert ein weiteres, wenn auch bisher praktisch wenig relevan- 35 tes Problem: Informationsverwertungsverbote zwischen den Parteien binden Dritte nicht. Wenn die Forderung einer Partei nach gescheiterter Mediation von einem Drittgläubiger gepfändet und später eingeklagt wird, kann dieser sowohl die Partei als auch den nichtanwaltlichen[54] Mediator als Zeugen laden lassen. Dies wird er tun, sofern er von prozessrelevanten Äußerungen in der Mediation erfährt. Theoretisch kann eine Partei sogar ihre Forderung an einen Dritten abtreten, um diesen dann ohne Beweisbeschränkungen aus dem Verhandlungsvertrag klagen zu lassen, auch wenn dann der Umgehungseinwand des § 242 BGB sicher nahe liegt. Als dritte Parteien, die an vertragliche Vertraulichkeitsvereinbarungen nicht gebunden sind, kommen namentlich auch öffentliche Stellen in Betracht. Staatsanwaltschaft, Finanzamt oder Gewerbeaufsicht werden tätig, sobald ein Anfangsverdacht Anlass zu Ermittlungen gibt. Der Anfangsverdacht kann auch auf einen offenen oder anonymen Hinweis eines Mediationsteilnehmers zurückgehen.[55] Ein Schutz davor, dass diese staatlichen Organe dann andere Mediationsteilnehmer als Zeugen hören, gibt es nicht. Lediglich gesetzliche Aussageverweigerungsrechte, wie sie gegenwärtig nur für Anwälte existieren, können die vertraulichen Informationen gegen den Zugriff von außen dauerhaft abschirmen.

Im Ergebnis lässt sich die Gefahr nicht wegdiskutieren, dass eine unlau- 36 tere Partei die Mediation dazu instrumentalisiert, an sonst unzugängliche Informationen zu gelangen. Sie kann so ihre Prozessaussichten verbessern. Weder rechtliche Vertraulichkeitsvereinbarungen noch eine geschickte Verfahrensgestaltung bieten hier einen lückenlosen Schutz. Durch den Bruch der vereinbarten kooperativen Verhandlungsregeln kann die Partei ihren eigenen Verhandlungsgewinn für den Einzelfall maximieren. Das Risiko eines Verfahrensmissbrauchs muss im Einzelfall mit den Chancen abgewogen werden, die die Mediation bietet.

4. Keine sofortige Regelung

Das Mediationsverfahren ist zwar schneller als der Zivilprozess, führt 37 aber nicht zu einer sofortigen Regelung, wie sie sich durch gerichtliche

---

Welche Auswirkung hätte das auf die Verhandlung? Wie wäre es, wenn die Y AG auf einen Zahlungsaufschub angewiesen wäre? Wären Sie auch dazu bereit?" Die Gegenseite mag nun argwöhnen, dass die Partei Liquiditätsprobleme hat. Sie weiß dies aber nicht positiv und kann diese Annahme erst recht nicht in einen Prozess einführen.

[54] Der anwaltliche Mediator kann sich weiter auf sein gesetzliches Recht zur Aussageverweigerung aus § 383 Abs. 1 Nr. 6 ZPO berufen.

[55] Es kommt immer wieder vor, dass diese staatlichen Stellen als kostenlose Ermittler instrumentalisiert werden, um eine Zivilklage vorzubereiten.

Eilanordnungen[56] erreichen lässt. Die Mediation versagt als Streitlösungsmechanismus deshalb dort, wo dem Streitgegenstand Veränderungen drohen, die später nicht mehr rückgängig gemacht werden können. Dort
helfen tatsächlich nur einstweilige Verfügungen oder Arreste des Gerichts.
Das Problem ist aus der Schiedsgerichtsbarkeit bekannt.[57] Theoretisch
kann die betroffene Partei natürlich versuchen, mit der Gegenseite eine
vertragliche Vereinbarung über das Einfrieren des Status quo zu erreichen,
um so eine einstweilige Verfügung durch das Gericht überflüssig zu machen. Dort, wo gerichtliche Eilanordnungen in Betracht kommen, besteht
aber häufig die Notwendigkeit, die Gegenseite zu überraschen, um die
Effektivität der Maßnahme zu gewährleisten. Wer die Gegenseite bittet,
den streitigen Betrag doch bis zur Klärung auf einem Notaranderkonto
zu deponieren, weil man andernfalls einen dinglichen Arrest für das Kontoguthaben beantragen werde, wird nach Ablehnung der Bitte mit seinem Pfändungsversuch schnell auf ein leergeräumtes Konto treffen. Die
Kautelarpraxis trägt diesen Konstellationen Rechnung, indem sie auch
in bindenden Mediationsklauseln nur die Klageerhebung, nicht aber gerichtliche Eilverfahren zeitweilig suspendiert.[58] Die Zulässigkeit einstweiliger Rechtsschutzmaßnahmen dürfte sich auch ohne vertragliche Regelung
unmittelbar aus dem Gesetz ergeben: Nach § 1033 ZPO sind Eilanträge
an staatliche Gerichte auch in Schiedsverfahren zulässig; wegen der identischen Interessenlage gilt diese Regelung analog auch für die Wirtschaftsmediation.

5. Keine Bindungswirkung für Dritte

38   Die Ergebnisse des Mediationsverfahrens binden nur die daran beteiligten Parteien. Das kann nachteilig sein, wenn es einer Partei darauf ankommt, mit dem Verfahrensausgang ein Signal für Dritte zu setzen, oder
wenn sie beabsichtigt, für den vergleichsweise zu zahlenden Betrag Regress bei Dritten, etwa bei ihrer Versicherung, zu nehmen.

39   a) Fehlende Präjudizwirkung und Abschreckung. Bisweilen führt eine
Partei einen Gerichtsprozess nur vordergründig, um den Beklagten zum
Einlenken zu bringen. Dem Kläger geht es eigentlich darum, eine sich
immer wieder stellende Rechtsfrage in einem Pilotprozess zu klären. Der
klassische Anwendungsfall ist der Streit um eine Klausel in den Allgemeinen Geschäftsbedingungen, die den Ausgang des gesamten Konfliktes
prägt. Mit einer noch so vorteilhaften vergleichsweisen Einigung ist der
Partei dann nicht gedient. Sie möchte die gerichtliche Entscheidung viel

---

[56] Vgl. §§ 916 ff. ZPO (Arrest) und §§ 935 ff. ZPO (einstweilige Verfügung).
[57] Vgl. § 1033 ZPO.
[58] *Casper/Risse*, ZIP 2000, S. 437 (445).

mehr erzwingen, um sie bei positivem Ausgang dritten Personen in ähnlich gelagerten Konflikten entgegenhalten zu können. Diese sind zwar mangels Rechtskrafterstreckung an das Urteil nicht gebunden, doch ist die faktische Präjudizwirkung groß. Auch der Prozessverlust stellt einen Erkenntnisgewinn dar, der etwa zur Änderung der umstrittenen AGB-Klausel führt. Da die Mediation nicht zur Klärung von Rechtsfragen führt, ist die Mediation in einem Streit von grundsätzlicher Bedeutung ungeeignet.[59]

In anderen Fällen geht es einer Partei nicht um den Prozessausgang, **40** sondern um das Führen des Prozesses an sich. Dort wird gerade die sonst verschmähte Öffentlichkeit des Gerichtsverfahrens gesucht, um Prozessbeobachtern zu vermitteln, dass die Partei willens und in der Lage ist, ihre Position energisch und notfalls unter Ausschöpfung des Instanzenweges zu verteidigen. Ein gutes Beispiel ist der Markenrechtsstreit, wo eine Firma ihr eingeführtes Produkt gegen eine Nachahmung und Produktpiraterie verteidigt. Die Firma signalisiert so, dass sie ihr Markenrecht sorgfältig überwacht, dieses nicht zur Disposition steht und notfalls mit allem Nachdruck verteidigt wird. Potentielle Nachahmer werden so abgeschreckt. Das vertrauliche Verfahren der Mediation kann diesen Effekt nicht erzielen.

b) Fehlende rechtliche Bindung. In komplexen Auseinandersetzungen **41** sind oft mehr als zwei Parteien involviert. Der klassische Fall ist das Großbauvorhaben, wo ein Bauherr den Generalunternehmer (GU) einschaltet, der wiederum Subunternehmer mit Einzelgewerken beauftragt. Für Mängel des Bauwerks haftet der GU dem Bauherrn aus Vertrag, selbst wenn ein Subunternehmer den Fehler allein verschuldet hat. Der GU kann aber seinen Subauftragnehmer in Regress nehmen. Einigen sich Bauherr und GU in einer Mediation nach ausführlicher Begutachtung auf einen Schadenersatzbetrag, kann der Subunternehmer die parallele Regressforderung des GU gleichwohl ablehnen, weil er den Mangel nicht anerkennt. Im Anschlussprozess zwischen dem GU und dem Subunternehmer mag ein Gutachter dem Subunternehmer Recht geben, so dass der GU am Ende auf seinem Schaden sitzen bleibt. Um dies zu verhindern, ermöglicht der Zivilprozess die Streitverkündung an den Subunternehmer.[60] Deren Interventionswirkung[61] führt zur Bindung des Subunternehmers an die Ergebnisse des Hauptverfahrens. Dem GU gelingt es so, entweder die Forderung des Bauherrn abzuwehren oder sie im Falle des Prozessverlusts an seinen Subunternehmer weiterzureichen. Eine ähnliche Fallkonstellation besteht,

---

[59] Zum spiegelbildlichen Nachteil der Schiedsgerichtsbarkeit vgl. *Schütze*, Schiedsgericht und Schiedsverfahren, Rdn. 15.
[60] §§ 72 ff. ZPO.
[61] Vgl. § 68 ZPO.

wenn eine Partei gegen mögliche Schadenersatzansprüche versichert ist. Sie will dann sicherstellen, dass ihre Versicherung das Mediationsergebnis auch für den Versicherungsanspruch akzeptiert. Die Mediation hat keine Möglichkeit, Dritte zwangsweise in ein Verfahren einzubeziehen. Die Mediation weist hier denselben Nachteil auf wie die Schiedsgerichtsbarkeit.[62] In solchen Konstellationen ist eine Mediation daher nur sinnvoll, wenn es gelingt, alle an der Auseinandersetzung beteiligten Parteien in das Verfahren einzubinden.

6. Last der Verantwortung

42   Im Zivilprozess delegieren die Parteien die Führung des Verfahrens an ihre Anwälte und die Entscheidung des Konflikts an den Richter. Damit wird auch die Verantwortung für den Ausgang des Verfahrens übertragen. Gerade in hierarchisch geführten Unternehmen kann diese Delegation für den zuständigen Mitarbeiter vorteilhaft sein: Geht der Prozess verloren, schimpft der Prokurist gegenüber seinem Geschäftsführer auf den Richter und beruft sich im Übrigen auf die Stellungnahme des vertrauten Hausanwalts. Ein persönlicher Vorwurf für den Prozessverlust trifft ihn im Zweifel nicht; mehr konnte er schließlich nicht tun. Das gilt selbst dann, wenn der Prokurist die Konflikturasache seinerzeit selbst zu verantworten hatte, weil die Zeitspanne zwischen diesem Fehler und dem nunmehr ergangenen Gerichtsurteil so groß ist, dass längst Gras über die Sache gewachsen ist. Die Mediation belässt die Verantwortung für die Streitbeilegung dagegen bei den Teilnehmern. Für den ausgehandelten Vergleich muss der Prokurist persönlich Rechenschaft ablegen. Er muss seinem Geschäftsführer erläutern, warum er kein besseres Ergebnis erzielen konnte. Wegen der Schnelligkeit, mit der die Mediation einen Konflikt beilegen kann, mag auch der konfliktverusachende Fehler bei der Diskussion um den bitteren Kompromiss nur allzu präsent sein. Der Prokurist muss in der Mediation die Last der Verantwortung schultern, der er sich im Zivilprozess so bequem entledigen kann.

43   Im skizzierten Beispielsfall stellt die Verantwortungslast bei genauer Betrachtung nur einen Nachteil für den Mediationsteilnehmer, nicht für die von ihm repräsentierte Partei dar. Daran wird deutlich, dass zwischen Nachteilen für die Partei und denen für den Mediationsteilnehmer unterschieden werden muss. Die Interessenlage von Partei und Repräsentant kann divergieren.[63] Auch wenn die Partei, etwa eine Privatperson, an der Mediation selbst teilnimmt, kann sie die bei ihr verbleibende Verantwortung für den Konfliktausgang als unangenehm empfinden. Sie muss näm-

---

[62] Vgl. dazu *Schütze*, Schiedsgericht und Schiedsverfahren, Rdn. 78.
[63] Vgl. dazu schon oben § 2, Rdn. 95.

lich nicht nur den Konflikt während des Verfahrens aushalten, sondern am Ende auch eine schwere Entscheidung für oder gegen eine Einigung treffen. Entscheidungsschwache Parteien erleben diese Situation als persönliche Belastung. Sie empfinden es dann als Nachteil, dass ihnen die Verantwortung für die Auseinandersetzung nicht durch einen zwischen Juristen geführten Prozess abgenommen worden ist.

7. Fehlende Vollstreckbarkeit?

Die fehlende Vollstreckbarkeit eines in der Mediation erzielten Ver- 44
gleichs ist oft das erste Argument, das Juristen gegen dieses Verfahren ein-
fällt.[64] Schon die Ausgangsannahme ist dabei ungenau. Selbstverständlich
ist der Vergleich zwangsweise durchsetzbar. Es fehlt nur an der Unmittel-
barkeit der Vollstreckbarkeit des gerichtlichen Urteils; der Vergleich muss
zunächst selbst eingeklagt und so in einen Vollstreckungstitel umgewan-
delt werden. Im Übrigen wurde oben gezeigt, dass Vergleichsverträge regelmäßig freiwillig erfüllt werden und schuldrechtliche Sicherungsklauseln
zwingende Leistungsanreize geben.[65] Notfalls lässt sich auch der Vergleich
als unmittelbar vollstreckbarer Titel ausgestalten.[66] Die fehlende unmittelbare Vollstreckbarkeit spielt nur im Ausnahmefall eine Rolle, etwa wo eine
schwierige Auslandsvollstreckung erforderlich wird. Selbst dort kann es aber
einfacher und schneller sein, einen klar formulierten Vergleichsvertrag einzuklagen, als zunächst im Inland ein Urteil zu erwirken und dann dessen
Anerkennung im Ausland zu betreiben. Der Nachteil der Mediation, nicht
in einen sofort vollstreckungsfähigen Titel zu münden, wird völlig überschätzt.

8. Ist Mediation gesellschaftsschädlich?

Die in der Überschrift gestellte Frage klingt absurd. Mediation zielt 45
darauf, dass sich die Parteien ohne Anrufung eines Gerichts wieder vertragen. Vergleich, Einigung und Kompromiss sind allesamt positiv besetzte
Begriffe. Dass Mediation über die Veränderung der Streitkultur das Zusammenleben in der Gesellschaft verbessern kann, ist zumindest eine interessante Hypothese.[67] Man mag der Mediationsbewegung eine idealisti-
sche Friedenssehnsucht oder den naiven Wunsch nach Weltverbesserung
vorhalten, doch scheint die umgekehrte Annahme von einem gesellschafts-
schädigenden Charakter der Mediation fern liegend.

---

[64] Ausführlich dazu oben § 10, Rdn. 75.
[65] Vgl. oben § 10, Rdn. 88 ff.
[66] § 10, Rdn. 100 ff.
[67] Ausführlich zu diesem Ansatz: *Bush/Folger*, Promise of Mediation, passim.

46   a) „Against Settlement". In seinem ebenso provokanten wie pointierten Aufsatz „Against Settlement"[68] hat der amerikanische Rechtsprofessor *Owen Fiss* diese These gleichwohl aufgestellt. Seine Begründung ist frappierend schlüssig: In einer Demokratie spiegelt das Recht die Auffassung der Bürger wider, wie die Gesellschaft aussehen soll. Verträge sollen eingehalten werden, eine mangelhafte Kaufsache kann man noch zwei Jahre nach Erwerb zurückgeben und ein geschiedener Ehepartner bekommt einen angemessenen Unterhalt. Die Rechtsordnung ist also der Entwurf eines idealen und gerechten Zusammenlebens. In der idealen Gesellschaft kommt es zu keiner Auseinandersetzung, weil sich die Bürger an den vereinbarten Gesellschaftsentwurf, die Rechtsordnung, halten. Die Realität sieht nun anders aus; Menschen streiten sich. Im Prozess wird das Recht dann durchgesetzt. Die Streitparteien werden so zur Einhaltung des Gesellschaftsentwurfs verpflichtet. Durch die Durchsetzung des Rechts bewegt sich die Gesellschaft also auf ihr selbst gesetztes Gerechtigkeitsideal zu. Recht wird zum Motor des gesellschaftlichen Fortschritts. In der Mediation und außergerichtlichen Einigung wird dieser Fortschritt verfehlt, weil die Streitparteien sich dort nicht an den gesellschaftlich vorgegebenen Fairnessstandard, eben das Gesetz, halten müssen. Sie können in Umsetzung ihrer Interessen eine abweichende Lösung vereinbaren, also ihre eigene Vorstellung von Gerechtigkeit realisieren. Die demokratisch legitimierte Vorstellung der Bürgergemeinschaft, wie das Zusammenleben aussehen sollte, wird ignoriert. Wenn jeder tut, was er will, drohen die Maßstäbe verloren zu gehen.

47   *Fiss* illustriert seine These an der berühmten Entscheidung des US Supreme Court „Brown vs. Board of Education"[69], die den Anfang vom Ende der Rassentrennung zwischen Schwarz und Weiß einläutete. Vorausgegangen waren langjährige, heftige und teilweise gewaltsam ausgetragene Auseinandersetzungen um die Frage, ob Schüler dunkler Hautfarbe Schulen für weiße Schüler besuchen dürfen. Die herrschende Doktrin des „separate, but equal", des „getrennt, aber gleich", sah darin keine verfassungswidrige Ungleichbehandlung. Anders das amerikanische Verfassungsgericht. Mit seiner Entscheidung sorgte es dafür, dass Millionen schwarzer Schüler gleiche Bildungschancen erhielten und die stigmatisierende Zweiteilung des Schulsystems aufgehoben wurde. Das Gerechtigkeitsideal der Verfassung, Menschen unabhängig von ihrer Hautfarbe gleich zu behandeln, wurde so durchgesetzt. *Fiss* vergleicht diesen Verfahrensausgang nun mit einer Mediation und einer erzielten außergerichtlichen Einigung. Der Schüler Brown hätte dort seine individuellen Interessen vermutlich besser verwirklichen können. Statt des langjährigen und zermürbenden

---

[68] *Fiss*, 93 Yale L. J., 1073 ff. (1984).
[69] Brown v. Board of Education of Topeka, 347 U. S. 483.

Gerichtsprozesses hätte er ein Stipendium für eine auswärtige Eliteschule erhalten. Die rasche Einigung hätte das friedliche Zusammenleben zwischen Schwarz und Weiß im Wohnort des Schülers Brown besser gefördert. Doch diese individuelle „win-win"-Lösung hätte den gesellschaftlichen Fortschritt verhindert, der im landesweiten Ende der Diskriminierung liegt. Die außergerichtliche Einigung mag zwar Frieden zwischen den Streitparteien stiften. Doch manchmal, so *Fiss*, ist Gerechtigkeit wichtiger als Frieden.

b) Wem gehört der Konflikt? Die Kritik von *Fiss* an alternativen Streit- **48** beilegungsmethoden und außergerichtlicher Einigung blieb nicht lange ohne Antwort. Die nahe liegende Erwiderung liegt in der Frage, wem der einzelne Konflikt denn gehört, den Streitparteien oder der Gesellschaft. Soll man den Parteien die von ihnen gewollte Einigung erschweren, weil das für das Kollektivwohl besser sein könnte? Die Frage so zu stellen, heißt, sie zu verneinen. Der Konflikt würde zum Gesellschaftsnutzen instrumentalisiert, wenn man den Parteien die selbstbestimmte Entscheidung über die Art und Weise der Streitbeilegung nehmen würde. Mit dem Menschenbild des Grundgesetzes wäre eine solche Kollektivierung der Interessen über die Instrumentalisierung des einzelnen unvereinbar. Doch damit ist die Kritik gegen die Mediation nicht widerlegt. Auch *Fiss* will den Kontrahenten ihr Recht zur Wahl des Streitbeilegungsverfahrens nicht streitig machen. Die eigentliche Frage ist, ob der Staat oder die Gesellschaft ein Streitbeilegungsverfahren besonders propagieren sollen, wie dies in den USA durch die gerichtsangebundene Mediation geschieht. Es ist nicht zu verkennen, dass gerade die Nichtöffentlichkeit der Mediation den Nachteil hat, dass allgemein interessierende Skandale verschwiegen werden und die Gerichte keine Möglichkeit erhalten, Rechtsregeln weiterzuentwickeln.[70]

Der zweite Einwand gegen die Annahme, Mediation sei gesellschafts- **49** schädlich, liegt in der Überbetonung des Rechts als Rahmenordnung der Gesellschaft. Es ist eben nicht so, dass Gesetze für jeden Einzelfall eine widerspruchsfreie und offenbar faire Lösung vorgeben. Die Strukturdefizite des Rechts bei der Lösung von Konflikten wurden oben eingehend erörtert.[71] Deshalb ist der Gedanke, Gerechtigkeit werde am besten durch die buchstabengetreue Befolgung geltenden Rechts verwirklicht, unzutref-

---

[70] Dieser Nachteil ist in den USA ungleich größer als in Deutschland, da die amerikanischen Gerichte über das dortige Fallrecht bei den häufig fehlenden gesetzlichen Vorgaben die Funktion eines Ersatzgesetzgebers einnehmen. Das amerikanische Recht ist daher darauf angewiesen, dass die brisanten Fälle vor den Richter kommen. Die deutschen Gerichte können sich wegen der Aktivität des parlamentarischen Gesetzgebers dagegen weitgehend auf die Rechtsanwendung beschränken.

[71] Vgl. oben § 8, Rdn. 34 ff.

fend. Rechtsphilosophisch betrachtet lässt sich auch vertreten, dass gerade die Gesellschaft, die ihre Konflikte ohne Gewalt und auch ohne Zuhilfenahme des staatlichen Machtapparates zwecks Durchsetzung des Gesetzes löst, besonders homogen ist. Im Sinne Kants macht dort die Innensteuerung der Moral die Außensteuerung durch Gesetze überflüssig. Wo die Außensteuerung über Gesetze unbedingt erforderlich wird, kann der Staat dies über zwingendes Gesetzesrecht erreichen, das auch die Mediationsparteien beachten müssen.

50   c) **Mediation als nüchternes Verfahren.** Die bewusst polemische Behauptung, Mediation und außergerichtliche Einigung seien gesellschaftsschädlich, trifft so sicher nicht zu. Sie setzt aber einen wichtigen Kontrapunkt zu Tendenzen in der Mediationsbewegung, Mediation zum „besseren" Verfahren hochzustilisieren, was bis zur „Peace to Justice"-Charakterisierung führt. Mediation ist nicht dazu da, die Gesellschaft zu verbessern, und kann dies auch nicht leisten.[72] Sie ist aber auch kein sozialschädliches Verfahren, das aus Staatsräson abzulehnen ist. Ein ideologisierter Versöhnungsgedanke wird der Mediation ebenso wenig gerecht wie die Abqualifizierung als Palaver für Bagatellstreitigkeiten ohne gesellschaftliche Relevanz. Im Ergebnis ist die Wirtschaftsmediation ein nüchternes und ideologiefreies Verfahren, das je nach Einzelfall seine Vor- und Nachteile hat. Als solches sollte man die Mediation begreifen.

III. Zusammenfassung

51   Bei einem Vergleich der Vor- und Nachteile der Mediation könnte man den Eindruck gewinnen, dass diese sich in etwa die Waage halten. Dieser Eindruck ist numerisch richtig und inhaltlich falsch. Da jeder Konflikt anders ist, treffen auf ihn die einzelnen Aspekte in unterschiedlichem Umfang zu. Weder allgemein noch in Bezug auf die spezifische Auseinandersetzung können die Vor- und Nachteile mit Kennzahlen versehen werden, deren Aufaddierung zu einem eindeutigen Resultat führt. Das Ergebnis der Untersuchung ist also, dass die Mediation zwar viele Vorteile aufweist, aber auch weit von einem idealen Streitbeilegungsverfahren entfernt ist. Die Entscheidung für oder gegen die Mediation müssen die Parteien im Einzelfall treffen. Die Entscheidung ist dann ein unternehmerischer Entschluss, der mit Chancen und Risiken behaftet ist, deren Realisierung nicht vorausgesagt werden kann. Dieses „Es kommt darauf an"-Ergebnis

---

[72] Ausnahmen bestätigen die Regel: So geht es in der Schulmediation darum, streitenden Schülern friedliches Konfliktlösungsverhalten beizubringen, was in seiner Gesamtheit natürlich positive gesellschaftliche Auswirkungen hat.

macht die Zusammenstellung der Vor- und Nachteile der Mediation nicht wertlos. Wichtig ist, sich vor Austragung einer spezifischen Streitigkeit überhaupt Gedanken darüber zu machen, welche Vor- und Nachteile der eine oder andere Weg aufweist und welche Punkte bei der Konfliktaustragung besonders wichtig sind. Die Zuhilfenahme der vorstehenden Überlegungen bietet dann Orientierungspunkte, um den notwendigen Abwägungsprozess zu strukturieren.

§ 15 Andere ADR-Verfahren

I. Einleitung: ADR als Sammelbegriff

1   Oft werden Mediation und ADR inhaltlich gleichgesetzt. Das ist nicht richtig, weil ADR nur der Oberbegriff für Streitbeilegungsverfahren[1] außerhalb des klassischen Zivilprozesses ist. Gemeint sind damit all jene Verfahren, die zur Konfliktlösung einen neutralen Dritten einschalten, diesem aber im Unterschied zum Prozess keine oder nur eine begrenzte Entscheidungsmacht einräumen.[2] Die Parteien behalten also immer einen Teil der Ergebnisherrschaft. Nicht zuletzt aufgrund der Experimentierfreudigkeit amerikanischer Gerichte entwickelte sich in den USA im Gefolge der Mediation eine Bandbreite an Verfahrensmodellen. Oft waren sie ideenreiche Neuschöpfungen. So begreift das in Amerika verbreitete „Multi-Door-Courthouse"-Konzept[3] die Beilegung zivilrechtlicher Streitigkeiten als ein Dienstleistungsangebot der Gerichte an die Streitparteien. Nicht nur der staatliche Prozess, sondern auch andere Formen der Konfliktbewältigung sollen Streitparteien als Alternativen angeboten werden.

2   Ein Versuch, die verschiedenen ADR-Verfahren zu systematisieren, wäre wenig gewinnbringend. Die Abgrenzung der Verfahren untereinander ist so fließend, dass auch scheinbar greifbare Kriterien wie etwa die Förmlichkeit des Verfahrens[4] oder der Einfluss Dritter auf die inhaltliche Einigung ohne wirklichen Erkenntnisgewinn bleiben. Darüber hinaus haben es die Parteien ohnehin in allen ADR-Verfahren in der Hand, durch privat-

---

[1] Einen Überblick geben *Duve*, BB 1998 (Beilage 10), S. 9 (11 ff.); *Weigand*, BB 1996, S. 2106 (2107); näher zum Begriff oben § 1, Rdn. 10.

[2] In den USA wird bisweilen auch die Schiedsgerichtsbarkeit als ADR-Verfahren eingeordnet, weil auch sie eine Alternative zum Prozess darstellt, vgl. etwa Kovach, Mediation, S. 6. Letztlich wird dort aber nur der staatliche durch einen privaten Richter ersetzt, so dass die Einbeziehung in die ADR irreführend erscheint. Die Begrifflichkeiten sind in den USA auch deshalb unklar, weil die englische „Arbitration" neben dem Schiedsgerichtswesen auch die unverbindliche Schlichtung erfasst wird (Non-Binding Arbitration).

[3] Sehr ausführlich zu diesem Konzept: *Birner*, Das Multi-Door Courthouse, passim; vgl. auch *Risse*, WM 1999, S. 1864 (1865), m. w. N. Anschaulich zum „Service-Delivery"-Gedanken auch *Breidenbach*, Mediation, 119 ff.; *Orth/Brachou*, Mediation und interessengeleitetes Verhandeln, S. 55 ff.

[4] Das versuchen *Murray/Rau/Sherman*, Mediation and other Non-Binding ADR Processes, S. 216 ff.

autonome Vereinbarungen von den vorhandenen Modellen abzuweichen oder diese zu kombinieren. Nach einer kurzen Begriffsklärung werden die interessantesten Verfahrensmodelle vorgestellt.

II. Hybride Verfahren

Es gibt im wesentlichen zwei Möglichkeiten, einen Konflikt beizule- **3** gen: Durch Verhandlungen oder durch Entscheidung eines Dritten. Auf diese beiden Möglichkeiten beschränkt sich das Szenario von Streitbeilegungsverfahren.[5] In Verhandlungen behalten die Parteien die vollständige Ergebnisherrschaft über den Konflikt. Erzielen sie einen Konsens in ihren Einigungsgesprächen, endet die Auseinandersetzung. Bindende Vorgaben Dritter gibt es nicht. Oft scheitern bilaterale Verhandlungen oder die als Mediation bezeichnete Verhandlung unter Leitung eines neutralen Dritten. Die Parteien ziehen die Konsequenz aus ihren fehlgeschlagenen Einigungsbemühungen, indem sie die Streitentscheidung nun vollständig an ein staatliches Gericht oder an ein privates Schiedsgericht delegieren. Hier beginnt der Konflikt dann praktisch von vorn. Der Anspruchssteller erhebt seine ursprüngliche Maximalforderung, der Anspruchsgegner beantragt Klageabweisung. Der Richter muss anhand der Rechtslage zwischen beiden Extremforderungen entscheiden. Die in den vorangegangenen Verhandlungen bereits erzielte Annäherung der Positionen ist vergessen.

Dieses Konfliktszenario ist geprägt von einem scheinbaren Antagonis- **4** mus zwischen der Verhandlungslösung und der Drittentscheidslösung – entweder die Parteien einigen sich oder ein Richter muss den gesamten Konflikt entscheiden. Den Streitparteien stehen aber noch andere Wege offen. Die Parteien können das Streitbeilegungsverfahren auch abseits der Zivilprozessordnung oder institutionalisierter Schiedsordnungen nach ihren Bedürfnissen gestalten. Sie können Elemente der Verhandlungslösung und der Mediation mit der Entscheidungsgewalt eines Richters kombinieren. Solche Verfahren werden als hybride Verfahren bezeichnet. Ihnen wohnen sowohl Elemente der Verhandlung als auch Elemente der Drittentscheidung inne.[6] Aus dem „entweder/oder"-Verhältnis von Verhandlungslösung und Gerichtsurteil wird ein „sowohl als auch"-Modell. Die konkrete Verfahrensgestaltung wird dabei regelmäßig sehr komplex und überfordert häufig sowohl die Parteien als auch ADR-unerfahrene Anwälte. Der Verfahrensleiter muss daher eine maximale Verfahrenstransparenz herstellen, damit die Teilnehmer ihr Verhalten auf das konkrete

---

[5] Ausführlich oben § 1, Rdn. 38 f.
[6] *Risse*, BB 2001 (Beil. 2), S. 16 (17).

Verfahren einstellen können.[7] Andernfalls droht Konfusion. Diese führt zu einem Vertrauensverlust in das ADR-Verfahren, was schnell zum Scheitern der außergerichtlichen Streitbeilegung führt.

III. MedArb-Verfahren

5   Beim MedArb-Verfahren wird einer gescheiterten Mediation ein Schiedsverfahren nachgeschaltet. Es liegt also, anders als bei den meisten hybriden Verfahren, keine inhaltliche Kombination zwischen Verhandlungs- und Drittentscheidungslösung vor, sondern lediglich eine zeitliche Staffelung beider Verfahren.

1. Begriff

6   Die Idee des MedArb-Verfahrens lässt sich aus der Abkürzung erkennen, setzt sie sich doch zusammen aus den ersten drei Buchstaben von Mediation und Arbitration, also der Schiedsgerichtsbarkeit. Damit bezeichnet das MedArb-Verfahren die Verknüpfung von Mediation und Schiedsverfahren. Zunächst versucht ein neutraler Dritter im Wege der Mediation, einen Konsens herbeizuführen. Scheitert dies, verwandelt sich der Mediator zum Schiedsrichter und entscheidet den Konflikt verbindlich in Form eines Schiedsspruchs. Bisweilen wird rechtstechnisch auch der umgekehrte Weg gewählt: Die Parteien leiten ein Schiedsverfahren mit der Vorgabe ein, dass sich sogleich ein „mediation window" öffnet, in dem der Schiedsrichter als Mediator agiert.[8] Unabhängig davon, in welcher Reihenfolge beide Verfahrensarten miteinander verknüpft werden, soll auf diese Weise ein Nachteil der Wirtschaftsmediation, nämlich die fehlende Entscheidungssicherheit,[9] beseitigt werden. Ziel ist die sichere Streiterledigung in kurzer Zeit. Die Parteien können die Vereinbarung, dass eine Mediation bei gescheiterter Einigung in ein Schiedsverfahren übergeleitet wird, entweder vor Beginn der Mediation schließen oder erst dann, wenn sich das Scheitern der Mediation konkret abzeichnet. Natürlich ist es im zweiten Fall schwieriger einen entsprechenden Verfahrenskonsens zu erreichen. In den Parteien hat sich eine Einschätzung gebildet, wie der Mediator zu dem Konflikt steht, und dies trotz der Bemühungen des Mediators, die eigene Neutralität nach außen zu demonstrieren. So einen „Richter" lehnt häufig eine der Parteien ab.

---

[7] *Berger,* RIW 2001, S. 881 (885).
[8] *Eidenmüller,* RIW 2002, S. 1 (5) unter Hinweis auf Nr. 9 der Schiedsregeln der American Arbitration Association, die ein solches „mediation window" als Option beinhalten.
[9] Vgl. dazu oben § 14, Rdn. 23.

2. Vor- und Nachteile

MedArb-Verfahren werfen viele Fragen auf.[10] Da dem Mediator jegli-　7
che Entscheidungsmacht fehlt, scheint die spätere Übernahme der Schiedsrichterfunktion ausgeschlossen. Tatsächlich bringen die Parteien einem
MedArbitrator, also einem Mediator/Schiedsrichter, weniger Vertrauen
entgegen als einem Nur-Mediator. Schließlich müssen sie fürchten, dass
jede freimütige Information später vom Mediator/Schiedsrichter verbindlich bewertet und im Schiedsspruch Niederschlag findet. Dieses Bewusstsein prägt das Informationsverhalten der Beteiligten in der Mediation und
beeinflusst es negativ.[11] In der Praxis ist daher zu beobachten, dass der
Mediationsteil eines MedArb-Verfahrens zu einer Art richterlichem Vergleichsgespräch verkümmert. In diesem stellt der Richter seine vorläufige
Rechtsansicht in den Raum und unterbreitet einen Vergleichsvorschlag.
Diesen Vorschlag nehmen die Parteien häufig auch an und vermeiden so
ein schiedsrichterliches Urteil. Auch die MedArb-Verfahren führen in
vielen Fällen dazu, dass der Konflikt das Stadium des Schiedsverfahrens
nie erreicht, weil die Parteien aus Verlustangst die möglicherweise nachteilige Entscheidung des Schiedsrichters durch eine vorgelagerte Einigung
zu vermeiden suchen. Immerhin wird ein geschulter Mediator – anders als
der Richter – in dem Mediationsteil des Verfahrens auch wirtschaftliche
und persönliche Interessen der Parteien ansprechen, die für den Konfliktausgang relevant sein mögen.

Die Mediationstechnik des Caucus ist in MedArb-Verfahren kaum an-　8
wendbar. Denn theroretisch darf der MedArbitrator solche Informationen
nicht verwerten, die ihm eine Partei in einer vertraulichen Einzelsitzung
mitgeteilt hat. Diese Trennung von verwertbarem und unverwertbarem
Wissen ist praktisch kaum durchzuhalten. So steht zu befürchten, dass
sich der Mediator bei einem späteren Schiedsspruch unbewusst von seinem Sonderwissen leiten lässt, selbst wenn er andere Entscheidungsgründe
aufführt.[12] Oder aber, der MedArbitrator ignoriert tatsächlich das ihm im
Caucus vermittelte Sonderwissen – und erlässt deshalb wissentlich einen
falschen Schiedsspruch.[13] Formaljuristisch ist diese Trennung allerdings
durchaus haltbar. Die als Mediator geführten Einzelgespräche bewirken
im anschließenden Schiedsverfahren keine Verletzung des rechtlichen Gehörs, weil dieser rechtsstaatliche Grundsatz auf die Mediation nicht zu-

---

[10] *Kovach*, Mediation, S. 248 f.

[11] *Eidenmüller*, in: Mediation in der Anwaltspraxis, § 2, Rdn. 29.

[12] *Eidenmüller*, RIW 2002, S. 1 (10).

[13] **Beispiel:** In der Einzelsitzung erzählt der Autofahrer unter dem Siegel der Verschwiegenheit, er sei total betrunken gewesen, als er den Unfall verursachte. Der
Schiedsrichter kann den Schmerzensgeldanspruch des Opfers nun kaum deshalb
abweisen, weil ein Verschulden des Autofahrers nicht ersichtlich sei.

rückwirkt.[14] Durch die Gewährung rechtlichen Gehörs sollen einseitige Entscheidungen des Schiedsrichters verhindert werden. Da der Mediator nicht entscheidungsbefugt ist, ist er an diesen Grundsatz nicht gebunden. Im Rahmen der Mediation geführte Einzelgespräche führen auch nicht dazu, dass der Ex-Mediator in seiner neuen Schiedsrichterrolle befangen ist. Die Parteien kannten von Beginn an seine Doppelfunktion oder – bei einer nachträglichen Schiedsabrede – stimmten seiner Ernennung zum Schiedsrichter im Bewusstsein geführter Einzelgespräche jedenfalls zu.[15] Einem gleichwohl gestellten Befangenheitsantrag stünde daher gemäß § 1036 Abs. 2 Satz 2 ZPO die Kenntnis des Ablehnungsgrundes zum Zeitpunkt der Bestellung entgegen. Wer dagegen eine Pflicht des Mediators bejaht, offensichtliche Schlechterstellungen einer Partei im Mediationsverfahren aufzuklären,[16] hat mit der Durchführung von Einzelgesprächen und dem anschließendem Schiedsverfahren Probleme: Der Mediator kann bei einem solchen Rollenverständnis nicht zulassen, dass er als Schiedsrichter die Schlechterstellung einer Partei herbeiführt, indem er entscheidungsrelevantes Wissen aus Einzelgesprächen in seinem Schiedsspruch außer Acht lässt.

9   Neben der rechtlichen Problematik im Zusammenspiel von MedArb und Caucus enstehen aber auch schwer überbrückbare praktische Probleme: Wenn sich die Parteien bereits von Beginn an zu einem MedArb-Verfahren entschließen, werden sie in Einzelgesprächen mit dem Mediator sehr zurückhaltend sein, schließlich wollen sie auf den potentiellen Schiedsrichter keinen schlechten Eindruck machen. Große Informationsgewinne bleiben in der Mediation daher aus. In dem Fall hingegen, in dem der Übergang von der Mediation zum Schiedsverfahren erst nach dem Scheitern der Mediation diskutiert wird, wird die Partei, die im Rahmen des Caucus für sie nachteilige Informationen preisgegeben hat, einen Übergang im Zweifel ablehnen. Im Ergebnis lassen sich Caucus und MedArb faktisch kaum sinnvoll miteinander kombinieren.

10   Der Vorteil des MedArb-Verfahrens, den Konflikt auf die eine oder andere Weise zu einem Ende zu führen, hat also einen hohen Preis. Die Parteien sollten sich überlegen, ob sie statt des MedArb-Verfahrens nicht lieber zunächst ein kurzes eigenständiges Mediationsverfahren durchführen. Scheitert dieses, können die Parteien dann immer noch ein vom bisherigen Verfahren getrenntes Schiedsgerichtsverfahren mit eigenen Schiedsrichtern einleiten.

---

[14] *Eidenmüller*, Vertrags- und Verfahrensrecht, S. 39 f.; kritischer aber dann auf S. 50 f.; *Hacke*, ADR-Vertrag, S. 293.
[15] Im Ergebnis ebenso *Hacke*, ADR-Vertrag, S. 293.
[16] *Eidenmüller*, Vertrags- und Verfahrensrecht, S. 38 f.

3. Verfahrensgestaltungen

Die Parteien können die angesprochenen Nachteile des MedArb-Ver- 11 fahrens abfedern, indem sie das Verfahren modifizieren. Dazu schränken sie die die Entscheidungsmacht des Schiedsrichters ein. Möglich ist es etwa, die Mediation mit einer High-Low-Arbitration[17] oder Final-Offer-Arbitration[18] zu kombinieren und den Schiedsrichter so auf eine bestimmte Entscheidungsspanne oder eine von zwei Entscheidsalternativen festzulegen. Gemeinsam ist beiden Alternativen, dass die Parteien auch nach dem Scheitern der Mediation Einfluss auf das Entscheidungsergebnis behalten. Eine weitere Möglichkeit besteht darin, die „Gretchenfrage"[19], also die Frage, ob der Mediator auch als Schiedsrichter fungieren darf, zu verneinen. Nicht der Mediator, sondern ein Dritter fällt dann den Schiedsspruch. So können die Parteien vereinbaren, dass ein Schiedsgerichtsverfahren mit einem neu hinzuzuziehenden Schiedsrichter an die gescheiterte Mediation angehängt wird.[20] Damit ist allerdings wenig gewonnen, bleibt doch der zusätzliche Zeit- und Kostenaufwand für zwei getrennte Streitbeilegungsverfahren. Raffinierter ist das als „med-arb-opt-out"-Modell bezeichnete Verfahren, in dem jede Partei das Recht hat, den Mediator als Schiedsrichter abzuwählen.[21] Nur vordergründig charmant ist eine Verfahrensalternative, in der die Parteien nach dem Scheitern der Mediation jeweils einen Schiedsrichter benennen, und diese beiden neuen Schiedsrichter gemeinsam mit dem Mediator als Vorsitzendem das dreiköpfige Schiedsgericht bilden. Auf diese Weise wird die Entscheidungsmacht des Mediators prozedural eingeschränkt. Es wird gleichwohl nicht das Problem gelöst, dass der Mediator im Rahmen der Mediation gewonnene Sachverhaltskenntnisse mitbringt, die seine Schiedsrichterkollegen nicht besitzen. Auch dieser Weg der MedArb ist daher selten zu empfehlen. In den USA hat man deshalb die CoMedArb[22] erfunden. Hier nehmen von Anfang an zwei neutrale Personen am Verfahren teil: ein Mediator, der zunächst die Verlgeichsgespräche moderiert, und ein Schiedsrichter, der das Verfahren nach dem Scheitern der Mediation übernimmt. Allein die Anwesenheit des Schiedsrichters erhöht die Vergleichsbereitschaft der Parteien, wissen sie doch, dass einer gescheiterten Mediation eine Entscheidung des Konflikts auf dem Fuße folgt. Dies wiederum steigert die Furcht, den Prozess zu verlieren, und fördert Ausweichstrategien, wie etwa die freiwillige Einigung. Da nur der Mediator die Einzelgespräche führt, be-

---

[17] Sogleich unter § 15, Rdn. 29 ff.
[18] Unten § 15, Rdn. 12 ff.
[19] So treffend *Eidenmüller*, RIW 2002, S. 1 (6).
[20] *Kovach*, Mediation, S. 249.
[21] *Berger*, RIW 2001, S. 881 (884); *Eidenmüller*, RIW 2002, S. 1 (10).
[22] *Kovach*, Mediation, S. 249.

steht das problematische Verhältnis von Einzelgesprächen zum späteren Schiedsverfahren nicht.[23] Zudem wird so eine Kombination von Teileinigungen in der Mediation und Schiedssprüchen über die offen gebliebenen Fragen ermöglicht. Gerade in komplexen Bauprozessen, wo die Parteien oft um Dutzende von selbständigen Einzelforderungen streiten, kann dies eine rationelle Möglichkeit sein, den Gesamtkonflikt beizulegen. Allerdings lässt sich auch hier nicht verhindern, dass die Art und Weise, wie sich die Parteien im Verfahren präsentieren, drastisch danach variieren wird, ob ein anwesender Dritter am Ende eine verbindliche Entscheidung fällen darf oder nicht.

IV. Last-Offer-Schiedsverfahren

12   Die Last-Offer-Arbitration ist eine Sonderform von Schiedsgerichtsverfahren, in der das Schiedsgericht nur zwei Entscheidungsalternativen hat: Den letzten Einigungsvorschlag des Klägers oder den des Beklagten. Dieses innovative Verfahren erhöht die Vergleichsbereitschaft der Parteien, ist aber auch mit hohen finanziellen Risiken behaftet. Die Last-Offer-Arbitration kann sich an eine Wirtschaftsmediation anschließen, hat aber auch unabhängig davon ein breites und interessantes Anwendungsfeld.

1. Begriff

13   Der Begriff der Last-Offer-Arbitration, auch als „Final-Offer"- oder „Flip-Flop"-Arbitraton bekannt, kennzeichnet ein Schiedsverfahren,[24] in dem die Parteien die Entscheidungsbefugnis des Schiedsgerichts auf zwei Alternativen eingrenzen. Dazu gibt jede Partei nach vorangegangener streitiger Verhandlung eine „Last Offer" ab. Diese „Last Offer" ist das Angebot, zu dem die Partei äußerstenfalls vergleichsbereit wäre. Das Schiedsgericht muss dann eines dieser Angebote in einen bindenden Schiedsspruch umsetzen. Die Schiedsrichter entscheiden diese Frage danach, welches Angebot im Falle einer ungebundenen Entscheidung näher an dem Schiedsspruch liegen würde, den die Schiedsrichter normalerweise aufgrund der Rechtslage gefällt hätten.[25] Das Schiedsgericht kann sich nur zwischen beiden Angeboten entscheiden und darf nicht etwa die Klageforderung zum Teil zusprechen und die Klage im übrigen abweisen. Der rechtlich vernünftigere der beiden Vorschläge gewinnt mithin. In den USA ist die Final-Offer-Arbitration nicht nur Theorie. In einem äußerst kom-

---

[23] *Eidenmüller,* RIW 2002, S. 1 (10).
[24] *Walz,* SchiedsVZ 2003, S. 119 (120) weist darauf hin, dass das Grundkonzept dieses Verfahrensmodells nicht in ein Schiedsverfahren eingebettet sein muss.
[25] *Risse,* BB 2001 (Beil. 2), S. 16 (17).

plexen Konflikt zwischen den Computerfirmen IBM und Fujitsu um Urheberrechte an einem Computer-Betriebssystem wurden einzelne Streitpunkte auf diese Art und Weise entschieden.[26] Historisch stammt die Last-Offer-Arbitration aus der amerikanischen Baseball-Liga, wo das Verfahren in Konflikten zwischen der Vereinsführung und hochbezahlten Spielern eingesetzt wurde. Daher rührt auch die spöttische Titlulierung als „Baseball-Arbitration".[27]

2. Verfahrensdurchführung

Die Parteien können ein Last-Offer-Schiedsverfahren auf verschiedene 14 Weise durchführen.[28] Ursprünglich war es so konzipiert, dass die Parteien ihre „Angebote" beim Schiedsgericht hinterlegen.[29] Das Schiedsgericht entscheidet sich dann für eines dieser beiden Angebote und setzt es in einen Schiedsspruch um. Das Schiedsgericht kann aber auch ohne Kenntnis der Angebote eine Summe festsetzen, wobei im Anschluss daran die Angebote offengelegt werden. Es gewinnt das Angebot, das betragsmäßig näher an der festgesetzten Summe liegt.[30] Es spricht auch nichts dagegen, dass die Parteien ihre Angebote in der Schiedsverhandlung offen unterbreiten und „nachbessern" dürfen, wenn die Gegenseite ein neues, vermeintlich attraktiveres Angebot vorlegt. Für die Parteien und deren Anwälte stellt sich die Frage, wie sie diese Verfahrensmodalitäten rechtlich so umsetzen können, dass ein staatliches Gericht den späteren Schiedsspruch als Grundlage einer möglichen Zwangsvollstreckung anerkennt.

a) **Prozessvertragliche Vereinbarungen.** Nur vereinzelt wird bisher dis- 15 kutiert, wie die Parteien die Bindung des Schiedsgerichts prozessual erreichen können.[31] Prinzipiell können die Parteien Prozessverträge schließen, die als außerprozessuale Rechtsgeschäfte Einfluss auf einen laufenden oder bevorstehenden Prozess haben.[32] Weder der staatliche Prozess noch das Schiedsverfahren verfolgen einen Selbstzweck, über den die Parteien nicht disponieren können. Prozessverträge sind wirksam und durchsetzbar, solange diese nicht unverzichtbare Verfahrensnormen wie etwa das Rechtliche Gehör verletzen.[33] Die Parteien können sich vertraglich daher an ihre

---

[26] *Bühring-Uhle,* The American Review of International Arbitration 2 (1991), S. 113 ff. schildert diesen spannenden Fall ausführlich.

[27] *Günther/Hoffer,* in: Mediation in der Anwaltspraxis, § 11, Rdn. 14.

[28] Ausführlich zu den verschiedenen Gestaltungsmöglichkeiten auch *Walz,* SchiedsVZ 2003, S. 119 (121 f.)

[29] *Kovach,* Mediation, St. Paul 1994, S. 7.

[30] *Günther/Hoffer,* in: Mediation in der Anwaltspraxis, § 11, Rdn. 14.

[31] *Risse,* BB 2001 (Beil. 2), S. 16 (17 f.)

[32] Vgl. nur *Greger,* in: Zöller, ZPO-Kommentar, vor § 128, Rdn. 26, 32 f. m. w. N.

[33] *Greger,* in: Zöller, ZPO-Kommentar, vor § 128, Rdn. 32.

letzten Angebote binden und festlegen, dass das näher am Schiedsspruch
liegende Angebot umgesetzt wird und der Schiedsspruch selbst unbeacht-
lich bleibt. Der Kläger kann aus dieser schuldrechtlichen Verpflichtung
auf Erfüllung klagen, wenn der Schiedsspruch unter dem letzten Angebot
des Beklagten geblieben ist. Umgekehrt muss der Beklagte vor einer Vollstreckung aus dem Schiedsspruch geschützt werden, wenn dieser oberhalb
des obsiegenden Klägerangebots liegt. Diese Konstellation kann auftreten,
wenn die Parteien ihre letzten Angebote verdeckt unterbreiten und vor
dem Schiedsgericht bei den ursprünglichen maximalen Klageanträgen
bleiben. Die unterliegende Partei ist dann vor einer Vollstreckung aus dem
weitergehenden Schiedsspruch geschützt, wenn die Parteien dem Prozessvertrag gleichzeitig einen vollstreckungsbeschränkenden Inhalt gegeben
haben.[34] Auch solche Vereinbarungen sind zulässig;[35] entsprechende Ein-
wendungen können im Vollstreckungsverfahren geltend gemacht werden.

16   **b) Unmittelbare Bindung des Schiedsgerichts?** Viel einfacher wäre es
natürlich, wenn das Schiedsgericht die Last-Offer-Abrede unmittelbar beachten und in einen Schiedsspruch umsetzten müsste, den die obsiegende
Partei dann eins zu eins vollstrecken könnte. Fraglich ist allein, ob das
Schiedsgericht an die prozessualen Vorgaben der Parteien in jedem Fall
gebunden ist. Das Schiedsgericht kann dann in die Bredouille kommen,
einen Schiedsspruch zu erlassen, der im Widerspruch zur erkannten
Rechtslage steht. Es will die Klage vollständig als unbegründet abweisen,
ist aber von den Partein aufgefordert worden, in jedem Fall einen Min-
destbetrag zuzusprechen. Darf das Schiedsgericht dann eine materiell-
rechtlich falsche Entscheidung fällen? Derartige Bedenken gegen die Zulässigkeit des Last-Offer-Schiedsverfahrens sind unbegründet. Die Parteien
können ein Schiedsverfahren nach § 1042 Abs. 3 ZPO selbst regeln. Das
gilt auch für das Verfahren der unmittelbaren Entscheidungsfindung. Wenn
die Parteien nach § 1053 Abs. 3 ZPO bestimmen können, dass das Schiedsgericht nicht nach der Rechtslage, sondern nach Billigkeit „ex aequo et
bono" entscheidet, zeigt dies, dass der Gesetzgeber die Bindung der Schiedsrichter an das Recht zur Disposition der Parteien stellt.[36] Das Schiedsverfahren unterscheidet sich insofern vom staatlichen Zivilprozess. Die Partei-
en können dem Schiedsgericht daher eine „entweder/oder"-Entscheidung
aufgeben. Die im Schiedsverfahren mögliche Billigkeitsentscheidung erlaubt den Parteien darüber hinaus, den Schiedsrichtern vorzugeben, sich
für den „vernünftigeren" der beiden Vorschläge zu entscheiden.

---

[34] *Risse*, BB 2001 (Beil. 2), S. 16 (17).
[35] BGH NJW 1991, 2295 (2296); *Stöber*, in: Zöller, ZPO-Kommentar, vor
§ 704, Rdn. 25.
[36] *Risse*, BB 2001 (Beil. 2), S. 16 (18).

c) **Geschickte Antragsgestaltung.** Das Last-Offer-Schiedsverfahren kann 17
auch durch eine geschickte Antragsgestaltung umgesetzt werden. Dazu erkennt der Beklagte den gegen ihn gerichteten Zahlungsanspruch in Höhe
seines letzten Angebots an. Das Anerkenntnis im Schiedsverfahren hat dieselbe Wirkung wie im ordentlichen Prozess: Nach § 307 ZPO muss das
Gericht den Anspruch in Höhe des anerkannten Betrags ohne Sachprü-
fung zusprechen.[37] Auch wenn das Schiedsgericht eine Rechtsauffassung
vertritt, wonach der Beklagte weniger als sein letztes Angebot zahlen
müsste, wäre der Beklagte so an sein Angebot gebunden. Prozessual schwieriger ist die Situation auf Seiten des Klägers. Das Schiedsgericht darf zwar
dem Kläger nicht mehr als im Antrag gefordert zusprechen, wohl aber
weniger. Damit wäre ein Schiedsspruch irgendwo in der Mitte der beiden
Angebote möglich, was die Last-Offer-Arbitration gerade vermeiden will.
Deshalb versieht der Kläger seinen Antrag mit der Bedingung, dass er bei
nicht vollständigem Obsiegen auf alle Ansprüche verzichtet, die oberhalb
des letzten Angebots des Beklagten liegen. Der Verzicht ist als Prozesshandlung zwar grundsätzlich bedingungsfeindlich. Das gilt aber nicht für
innerprozessuale Bedingungen, wie die Zulässigkeit von Hilfsanträgen
zeigt.[38] Bei innerprozessualen Bedingungen tritt keine Unsicherheit ein,
was der Kläger will und worüber das Schiedsgericht entscheiden soll. Die
Koppelung von Hauptantrag und hilfsweisem Teilverzicht ist sicher ungewöhnlich, aber zulässig. An den Verzicht ist das Schiedsgericht gebunden.[39] Aus Sicht des Schiedsgerichts liegt dann sowohl ein Teilanerkennt-
nis des Beklagten als auch ein Teilverzicht des Klägers vor. Beide Anträge
widersprechen sich nicht, weil sie jeweils auf den gleichen Betrag, nämlich
auf das letzte Angebot des Beklagten, hinauslaufen. Das Schiedsgericht
muss einen entsprechenden Schiedsspruch erlassen. Aus dem Schiedsspruch
kann der Kläger dann vollstrecken.

Der Weg zur Last-Offer-Arbitration über eine geschickte Antragsge- 18
staltung wirkt künstlich und kompliziert, zeigt aber, dass die Parteien
das gewünschte Ergebnis auch erreichen können, wenn sie sich strikt an
die schiedsrechtlichen Vorgaben der ZPO halten.[40] Wenn das so ist, ist
aber kein Grund erkennbar, warum die Parteien diese Scharade spielen
müssen, statt dem Schiedsgericht unmittelbar eine Entscheidung nach
Last-Offer-Grundsätzen vorzugeben. Die erörterte unmittelbare Bindung
des Schiedsgerichts an das Last-Offer-Verfahren ist daher endgültig zulässig. Sie stellt die beste Lösung zur Umsetzung dieses Verfahrensmodells
dar.

---

[37] Vgl. nur: *Schwab/Walter*, Schiedsgerichtsbarkeit, Kap. 18, Rdn. 15.
[38] *Greger*, in: Zöller, a. a. O., § 260, Rdn. 4.
[39] Vgl. nur: *Schwab/Walter*, Schiedsgerichtsbarkeit, Kap. 18, Rdn. 15.
[40] *Risse*, BB 2001 (Beil. 2), S. 16 (18).

3. Vor- und Nachteile

19   Das Last-Offer-Schiedsverfahren fördert die Einigungsbemühungen der Parteien, birgt aber auch Gefahren.

20   **a) Steigerung der Vergleichsbereitschaft: Wettlauf der Vernunft.** Die Last-Offer-Arbitration erzeugt mit ihrer bipolaren Entscheidungsvorgabe einen hohen Vergleichsdruck. Beide Parteien wissen, dass nur ein realistischer Einigungsvorschlag Chancen hat, vom Schiedsgericht ausgewählt und in einen Schiedsspruch umgesetzt zu werden. Diese Erkenntnis steuert dem üblichen Prozessverhalten entgegen, die eigene Forderung zu übertreiben, um am Ende über ein teilweise obsiegendes Urteil wenigstens einen Teilerfolg zu erringen.[41] In Verhandlungen gehören Konzessionen zum Verhandlungsritual, so dass über möglichst hohe, gerade noch glaubwürdige Eingangsforderungen Raum für spätere Zugeständnisse geschaffen werden muss.[42] Übersteigerte Anfangsforderungen haben allerdings den Effekt, dass die Differenz zwischen den Kontrahenten größer scheint, als sie tatsächlich ist: Der Kläger verlangt einen immens hohen Betrag, der Beklagte will nicht einen Cent zahlen. Würden die Parteien dagegen ihre tatsächlichen Vorstellungen darlegen, rückte ein Vergleich in greifbare Nähe. So aber werden bilaterale Vergleichsverhandlungen gar nicht erst aufgenommen, weil beide Seiten aus der Diskrepanz der eingenommenen Anfangspositionen unüberbrückbare Einigungshindernisse schlussfolgern. Durch die Last-Offer-Arbitration erhalten die Parteien nun einen Anreiz, ihre tatsächlichen Vergleichsvorstellungen zu offenbaren. Das irrealistische letzte Angebot an das Gericht führt zum Prozessverlust. Die Parteien werden sich daher bemühen, dem Schiedsgericht einen möglichst vernünftigen Entscheidungsvorschlag zu unterbreiten, damit die Richter am Ende das eigene Angebot favorisieren.[43] Werden die jeweiligen Angebote in der Schiedsverhandlung offen unterbreitet – was der Regelfall ist – wird jede Partei im Ringen um die Gunst der Schiedsrichter die Konzession der Gegenseite mit einem eigenen Zugeständnis beantworten. Es entsteht ein „Wettlauf um den vernünftigeren Vergleichsvorschlag". Diese Einigungsdynamik macht den Schiedsspruch in vielen Fällen überflüssig. Die Parteien legen den Konflikt wegen deckungsgleicher „letzter Vorschläge" gütlich bei.[44]

---

[41] In kompetitiv geführten Verhandlungen ist es tatsächlich erfolgversprechend, möglichst hohe Forderungen zu erheben. Das haben empirisch ausgewertete Verhandlungssimulationen in den USA eindeutig ergeben; vgl. nur *Dawson*, Secrets of Power Negotiating, S. 13 ff.; *Walz*, in: Mediation in der notariellen Praxis, S. 101 (105).

[42] *Risse*, ZKM/KON:SENS 1999, S. 131.

[43] *Risse*, BB 2001 (Beil. 2), S. 16 (18).

[44] *Duve*, BB 1998 (Beilage 10), S. 9 (14).

b) **Verhandlungsergebnis als Teil des Schiedsspruchs.** Die Last-Offer- 21
Arbitration ist dort ein sinnvolles Verfahrensmodell, wo sich die Vorstellungen der Parteien nach langwierigen Vergleichsgesprächen einander angenähert haben, es aber zu keinem endgültigen Verhandlungsdurchbruch gekommen ist. Würde man die Verhandlungen für gescheitert erklären, ginge der bisherige Verhandlungserfolg verloren, der in der Annäherung der Positionen liegt. Ein Gerichtsprozess würde noch einmal bei Null beginnen, denn dort kehren die Parteien mit einiger Sicherheit zu zu ihren überzogenen Anfangsforderungen zurück. Die Last-Offer-Arbitration rettet dagegen einen bereits erzielten Verhandlungserfolg in die Schiedsgerichtsbarkeit hinüber. Keine Partei kann mehr verlieren, als wenn sie dem letzten Vergleichsvorschlag der Gegenseite zugestimmt hätte. Der erreichte Maximal/Minimal-Konsens prägt das Schiedsgerichtsverfahren bisweilen stärker als der verbleibende Konflikt, so dass der abschließende Schiedsspruch die weiteren Parteibeziehungen nur wenig belastet. Der erreichte und festgeschriebene Teilkonsens erzeugt eine Atmosphäre, in der sich auch das Schiedsverfahren selbst zielgerichtet durchführen lässt. Beide Seiten wissen, dass sie den Konflikt zumindest teilweise selbst bewältigt haben.

c) **Hohes Verlustrisiko.** Für beide Parteien birgt die Last-Offer-Arbi- 22
tration ein hohes Verlustrisiko, weil das Schiedsgericht keine vermittelnde Position zwischen den gestellten Anträgen einnehmen darf. Liegt der Vorschlag der Gegenseite nur ein wenig näher an der Rechtsauffassung des Schiedsgerichts als das eigene Angebot, verliert der Kläger auch die eigentlich berechtigten Teile seiner Forderung. Umgekehrt läuft der Beklagte Gefahr, mehr als den für berechtigt erkannten Anspruch zu zahlen. Fordert der Kläger in einem baurechtlichen Streit € 2 Mio. und lautet der letzte Vergleichsvorschlag des Beklagten über € 400.000, mag das Schiedsgericht einen Anspruch von € 1,3 Mio. für gegeben halten. Das Angebot des Klägers obsiegt und der Beklagte muss € 700.000 mehr als den rechtlich bestehenden Anspruch zahlen. Die umgekehrte Konstellation ergibt sich bei einem festgestellten Anspruch von € 1,1 Mio.; hier spart der Beklagte materiell zu Unrecht € 700.000. Der Begriff der „Flip Flop"-Arbitration bringt diese „Hopp-oder-Topp"-Situation treffend zum Ausdruck. Stehen große Summen bei einer kaum überschaubaren Sach- und einer schwierigen Rechtslage auf dem Spiel, ist das Verlustrisiko oft inakzeptabel. Das gilt vor allem dann, wenn dem Schiedsverfahren keine Einigungsgespräche mit einer Annäherung der Positionen vorausgegangen sind. Unterläuft einer Partei nun auch nur ein kleiner Irrtum in ihrer Rechtseinschätzung, führt dies zum Totalverlust des Prozesses. In dieser Situation mag sich eine risikobereite Partei, die den Verlust an sich berechtigter Ansprüche finanziell verkraften kann, eine Maximierung ihres Prozesserfolges erhoffen. Für eine

risikoscheue, nervenschwache oder finanziell weniger leistungsstarke Partei stellt das Verfahren dagegen eine Bedrohung dar: Sie kann es sich nicht leisten zu pokern und wird daher einen „letzten Vorschlag" unterbreiten, der deutlich hinter ihren mutmaßlichen Ansprüchen zurückbleibt, nur um sicherzugehen, dass die Schiedsrichter ihr nicht alle Forderungen absprechen. Der erzeugte Druck treibt die Partei in einen für sie unvorteilhaften Vergleich oder einen suboptimalen Schiedsspruch. Sind die Parteien in diesem Sinne von ungleicher Verhandlungsstärke, droht durch die Last-Offer-Arbitration mithin eine Übervorteilung der schwächeren Partei.[45]

23   d) Konsequenz: Keine ex-ante Verfahrenswahl. Wegen des hohen Verlustrisikos ist es zu gefährlich, die Last-Offer-Arbitration als Schiedsklausel in einen Vertrag aufzunehmen. Die Parteien können bei Vertragsabschluss unmöglich antizipieren, welche Konflikte sich aus dem Vertrag ergeben werden. Die Last-Offer-Arbitration hat, wie gesehen, ihre Vorteile, wenn die Parteien sich in vorangegangenen Verhandlungen einander angenähert haben und es nur noch eine verbleibende Differenz zu überbrücken gilt. Fehlen solche Einigungsgespräche, stehen sich im Schiedsverfahren oft Extrempositionen der Parteien gegenüber. Die Last-Offer-Arbitration ist dann ungeeignet, um eine einigermaßen ausgewogene und faire Entscheidung zu erreichen. Die Last-Offer-Arbitration ist ein besonderes Verfahren für besondere Konflikte. Solange der zu entscheidende Konflikt nicht feststeht, sollten die Parteien dieses Verfahren daher nicht vereinbaren. Sinnvoll ist eine entsprechende Schiedsabrede erst nach Ausbruch des Streits, wenn der Konflikt auf eine Eignung für dieses Verfahren geprüft worden ist.

4. Einsatz in der Mediation: MEDALOA

24   Konfliktparteien können eine Wirtschaftsmediation in eine Last-Offer-Arbitration überleiten. Tatsächlich gibt es bereits einen eigenen, exotisch anmutenden Begriff, der diese Kombination bezeichnet: MEDALOA.[46]

25   a) Beilegung von Verteilungskämpfen. Für die Durchführung des Verfahren kombinieren die Parteien die Mediation mit der Last-Offer-Arbitration. Der Mediation wird oft vorgeworfen, sie sei allein auf „Win-Win"-Situationen aus und für reine Verteilungskämpfe ungeeignet. Die Kombination von Mediation und Last-Offer-Arbitration kann über den von ihr erzeugten Einigungsdruck ein Weg sein, dieses Vorurteil zu entkräften. Ähnlich wie in MedArb-Verfahren erreichen die Parteien das Sta-

---

[45] So auch *Eidenmüller*, RIW 2002, S. 1 (9).

[46] MEDALOA = Mediation and Last-Offer Arbitration; ausführlich dazu der Erfinder dieser Verfahrensart, *Robert Coulson*, Journal of International Arbitration 1994, 111 ff.

dium der Schiedsgerichtsbarkeit häufig nicht, weil sie sich nämlich doch in letzter Minute einigen, um so, von Verlustangst geplagt, die nachteilige Entscheidung des Schiedsrichters zu vermeiden.[47]

b) Entscheidung erst nach Scheitern der Mediation. Um die Flexibilität 26 der Mediation nicht zu beschränken, sollte die Entscheidung für einen Übergang von der Mediation in die Last-Offer-Arbitration erst fallen, wenn die eigentliche Mediation gescheitert ist. Andernfalls fixieren sich die Parteien zu frühzeitig auf den später erwarteten Schiedsspruch, was nicht nur die Einigungsbereitschaft hemmt, sondern zu strategischem Aussageverhalten in der Mediationsverhandlung führt. Die Parteien bringen einem Mediator, der am Ende als Schiedsrichter fungieren kann, nicht das gleiche Vertrauen entgegen wie einem Nur-Mediator ohne nachgelagerte Entscheidungsmacht.[48] In einem von Anfang an als Kombinationsmodell ausgestaltetem Verfahren fürchten die Parteien, dass jede freimütige Information später vom Mediator/Schiedsrichter verbindlich bewertet und in einen Schiedsspruch umgesetzt wird. Auf dieses Problem wurde oben schon im Zusammenhang mit MedArb-Verfahren eingegangen.

c) Bestimmung des Schiedsrichters. Entschließen sich die Parteien zu ei- 27 ner Last-Offer-Arbitration, müssen sie sich auf einen Schiedsrichter verständigen. Das kann der bisherige Mediator oder eine von außen neu hinzugezogene Person sein. Die Parteien werden aufgrund ihrer Erfahrungen während des Mediationsverfahrens beurteilen, ob sie dem Mediator die neutrale Rolle des Schiedsrichters zutrauen. Hat eine Partei das Gefühl, der Mediator wäre in seiner Rolle als Richter parteiisch, wird sie eine dritte Person als Schiedsrichter wünschen. Wenn die im Streit verbleibende Restsumme im Verhältnis zum ursprünglichen Streitwert gering ist, werden die Parteien sich auf den Mediator als Schiedsrichter einigen. Der Mediator kennt den Konflikt und die Haltung der Parteien. Beides fördert eine schnelle Entscheidung des Mediators und verursacht relativ geringe Mehrkosten.[49] Problematisch wird die Übernahme der Schiedsrichterrolle allerdings dann, wenn der Mediator Einzelgespräche mit den Parteien geführt hat. Er darf den vertraulichen Inhalt dieser Gespräche nicht in seine Entscheidung einfließen lassen, auf der anderen Seite aber auch keinen wesentlich falschen Schiedsspruch erlassen, dessen Inhalt mit gewonnenem

---

[47] *Baruch/Folger*, The Promise of Mediation, S. 43 ff.; *Duve*, BB 1998 (Beilage 10), S. 9 (14).

[48] *Risse*, BB 2001 (Beil. 2), S. 16 (19).

[49] Welche zusätzliche Vergütung der Mediator für seine Rolle als Last-Offer Schiedsrichter erhält, wird dieser mit den Parteien vereinbaren. Die Vergütungsabrede für die Mediatorentätigkeit wirkt nicht von selbst fort, weil das Schiedsverfahren keine „verlängerte Mediation", sondern ein eigenständiges Verfahren darstellt.

Sonderwissen unvereinbar ist.[50] Ob man über diese Klippe mit der feinsinnigen Unterscheidung hinwegkommt, die vertraulichen Informationen seien dem Last-Offer-Schiedsrichter nicht als Schiedsrichter, sondern als Mediator anvertraut worden,[51] erscheint fraglich. Wünschen eine oder beide Parteien hingegen einen neu hinzugezogenen Schiedsrichter, führt dies zu einem zusätzlichen Zeit- und Kostenaufwand, der erheblich sein kann.

28   d) „Envelope"-Verfahren. Das „Envelope"-Verfahren ist eine interessante Variante, wie sich Mediation und Last-Offer Arbitration kombinieren lassen. Dazu legt der Mediator seinen zunächst unverbindlichen Schlichtungsvorschlag in einen verschlossenen Briefumschlag, den er auf dem Verhandlungstisch platziert.[52] Die Parteien verhandeln in einem zweiten Schritt darum, ob der Vergleichsvorschlag eine Bindungswirkung entfalten soll. Beide Seiten können vereinbaren, dass sie ihrerseits letzte Einigungsvorschläge in ein Kuvert legen. Sie können die weitere Vereinbarung treffen, dass der näher am Vergleichsvorschlag des Mediators liegende Vorschlag verbindlich sein soll. Alternativ können sie sich darauf einigen, dass bei einer Diskrepanz zwischen dem Vorschlag des Mediators und den Vorschlägen der Parteien von mehr (oder weniger!) als 20% (oder 30%) der Einigungsvorschlag des Mediators gilt, während sich sonst das näher am Vorschlag liegende Angebot durchsetzt. Weiter alternativ können die Parteien verabreden, dass bei einer zu großen Abweichung der Angebote keine Verbindlichkeit des Einigungsvorschlags besteht, so dass dann der Klageweg offen steht.[53] Das „Envelope"-Verfahren bietet die Möglichkeit, die Verbindlichkeit des Schlichtungsvorschlags beliebig zu variieren. Da der Mediator den Konflikt nicht als Schiedsrichter entscheidet,[54] ist dieses Verfahren auch dann relativ unproblematisch, wenn zuvor Einzelsitzungen stattgefunden haben.[55]

V. High/Low-Arbitration

29   Die High/Low-Arbitration ähnelt im Grundansatz dem Last-Offer-Schiedsverfahren, weil die Parteien dem Schiedsgericht Vorgaben für die inhaltliche Streitentscheidung machen. Diese Verfahrensart reduziert aber

---

[50] Strittig: A.A. *Eidenmüller*, RIW 2002, S. 1 (9); wie hier: *Risse*, BB 2001 (Beil. 2), S. 16 (20).

[51] So die Begründung von *Eidenmüller*, RIW 2002, S. 1 (9).

[52] Die visuelle Wahrnehmbarkeit des Schiedsspruchs erhöht die Angst der Parteien vor einem nachteiligen Ergebnis, das sie vermeiden möchten. Der Vergleichsdruck steigt so weiter.

[53] *Risse*, BB 2001 (Beil. 2), S. 16 (20).

[54] Dazu fehlt es an einem Schiedsspruch als Endentscheidung; *Eidenmüller*, RIW 2002, S. 1 (9).

[55] Vgl. dazu auch oben § 15, Rdn. 8.

das Verfahrens- und Verlustrisiko erheblich, das der Last-Offer-Arbitration inhärent ist. Der Preis für die Risikoreduzierung ist die Verminderung des Einigungsdrucks, der von diesem Verfahren ausgeht.

1. Begriff

Im der High/Low-Arbitration grenzen die Parteien vor dem Schieds- **30** spruch die Bandbreite der möglichen Entscheidung ein, ohne dem Schiedsgericht eine Entweder/Oder-Entscheidung vorzuschreiben. Die Parteien beschränken sich darauf, dem Schiedsgericht einen Entscheidungsspielraum anzugeben. Der Schiedsspruch muss sich innerhalb dieses Rahmens bewegen, auch wenn die Rechtslage an sich eine weitergehende Entscheidung gebieten würde. Anders als in der Last-Offer-Arbitration darf das Schiedsgericht also einen Mittelweg zwischen den eingenommenen Positionen wählen. In aller Regel steht die Zahlung einer Geldsumme im Streit. Die Parteien einigen sich darauf, dass die verlierende Partei nach dem Urteil des Schiedsgerichts höchstens der Betrag „x" und mindestens der Betrag „y" zahlt. Dadurch begrenzen beide Seiten ihr Risiko, dass sie in einem klassischen Schiedsverfahren mit einem maximalen Klageantrag und einem Antrag auf Klageabweisung tragen müssten.[56]

2. Verfahrensgestaltung

Wie zur Last-Offer-Arbitration erläutert, können die Parteien dem **31** Schiedsgericht vorschreiben, den Konflikt innerhalb eines Rahmens zu entscheiden, der durch die abschließenden „Angebote" der Parteien bestimmt wird. Über den Antrag des Klägers darf das Gericht ohnehin nicht hinausgehen und an den „Mindestantrag" des Beklagten ist es gebunden, auch wenn die Schiedsrichter materiell-rechtlich zu einer vollständigen Klageabweisung gekommen wären. Die Zulässigkeit solcher Vorgaben an das Schiedsgericht ergibt sich aus einer Übernahme der Erwägungen zur Last-Offer-Arbitration.[57]

3. Vor- und Nachteile

Die High/Low-Arbitration hat ähnliche Vor- und Nachteile wie das Last- **32** Offer-Schiedsverfahrens. Mit der Last-Offer-Arbitration teilt die High/Low-Arbitration den Vorteil, dass die Parteien das Ergebnis vorangegangener Verhandlungen, nämlich die Annäherung der wechselseitigen Positionen, in das Schiedsverfahren transferieren. Die in den Verhandlungen erreichten Konzessionen der Gegenseite, die zum abschließenden Vergleichsangebot führen, bleiben also in jedem Fall erhalten.[58] Indem die

---

[56] *Eidenmüller,* in: Mediation in der Anwaltspraxis, § 2, Rdn. 29.
[57] Vgl. oben § 15, Rdn. 21.
[58] *Risse,* BB 2001 (Beil. 2), S. 16 (20).

Parteien die Entscheidungsmöglichkeiten des Schiedsgerichts begrenzen, schränken sie ihre Prozessrisiken ein. Sie wissen, dass sie nicht vollständig unterliegen werden, und können so ihr Risiko kalkulieren. Allerdings verlieren sie so auch die Chance, ein unerwartet günstiges Urteil zu erhalten. Insofern eignet sich das Verfahren besonders gut für risikoaverse Parteien.

33 Die High/Low-Arbitration birgt weniger Risiken als die Last-Offer-Arbitration, bei der die Partei alles gewinnt oder alles verliert. Vermittelnde Lösungen des Schiedsgerichts bleiben möglich. Damit sinkt aber auch der Einigungsdruck, den dieses Verfahren ausübt. Überzogene Forderungen führen nicht mehr zum vollständigen Prozessverlust, sondern nur zu einer Kostensanktion: Das für die Kostenentscheidung bestimmende Maß des Unterliegens wird nach der Entfernung des Schiedsspruchs vom letzten Angebot der Streitparteien bestimmt.

34 Eine High/Low-Arbitration funktioniert nur in den Fällen, wo die Kontrahenten um Geldzahlungen streiten.[59] Nur dort können die Parteien dem Schiedsgericht eine Bandbreite potentieller Entscheidungsmöglichkeiten vorzugeben. Wo die Parteien um die Berechtigung einer Kündigung aus „wichtigem Grund" streiten, ist eine Eingrenzung des Entscheidungsspielraums faktisch nicht machbar: „Ein bischen gekündigt" gibt es nicht. Da die Parteien bei Abschluss eines Vertrags nicht wissen können, ob sich ein später entstehender Konflikt für die High/Low-Arbitration eignet, sollten vertragliche Schiedsklauseln diese Verfahrensart nicht vorschreiben. Die Wahl dieses Modells der Streitbeilegung muss konfliktspezifisch nach Ausbruch der Streitigkeit erfolgen.[60]

4. Integration in ein Mediationsverfahren

35 Die Parteien können die High/Low-Arbitration problemlos in ein Mediationsverfahren integrieren. Im Rahmen eines Mediationsverfahrens nähern sich die Vergleichsangebote der Parteien häufig an, eine endgültige Einigung misslingt aber vielleicht. Der Mediator kann dann vorschlagen, den verbleibenden Konflikt durch eine High/Low-Arbitration zu klären. Oft bringt dieser Vorschlag Bewegung in die Verhandlungen. Den Parteien wird verdeutlicht, dass sie sich schon aufeinander zu bewegt haben und nur noch den Restbestand des Konflikts einem Dritten zur Entscheidung übertragen müssen. Vielfach einigen sich die Parteien dann doch auf den Vorschlag des Mediators, um die mit dem Schiedsgerichtsverfahren verbundene Restunsicherheit und den drohenden Gesichtsverlust bei einem nachteiligen Ausgang zu vermeiden.

---

[59] *Günther/Hoffer*, in: Mediation in der Anwaltspraxis, § 11, Rdn. 14; *Eidenmüller*, RIW 2002, S. 1 (10).

[60] *Risse*, BB 2001 (Beil. 2), S. 16 (20).

VI. Michigan-Mediation

Die Michigan-Mediation gibt den Parteien einen zusätzlichen Anreiz für **36** eine außergerichtliche Streitbeilegung, ohne dass dem Mediator eine Entscheidungsbefugnis zugebilligt wird. Deshalb eignet sich die Michigan-Mediation besonders gut für eine Kombination mit einem herkömmlichen Mediationsverfahren.

1. Begriff

Die Michigan-Mediation wurde nach einem Verfahrensmodell getauft, **37** das zuerst von den State Courts[61] des US-Bundesstaates Michigan realisiert wurde. Dort bewertet ein aus drei Juristen zusammengesetztes Gremium ausgewählte Konflikte und versucht, eine Einigung zwischen den Streitparteien herbeizuführen. Misslingen die Einigungsbemühungen, schlagen die Mediatoren den Parteien einen Vergleich vor. Der Einigungsvorschlag selbst ist unverbindlich. Das Besondere an der Michigan-Mediation ist nun, dass die Partei, die den Einigungsvorschlag ablehnt und so den Zivilprozess erzwingt, eine Strafzahlung leisten muss, wenn sie später kein Prozessergebnis erreicht, das mindestens 10% über dem Einigungsvorschlag liegt.[62] Die Partei wird so für ihre in der ex-post Sicht unvernünftige Ablehnung des Schlichtungsvorschlags sanktioniert. Die Strafzahlung besteht in der Regel in der vollständigen Auferlegung der entstandenen Mediationskosten. Der Schlichtungsspruch erlangt nur eine mittelbare Verbindlichkeit, indem er das Kostenrisiko für die Seite erhöht, die den Vergleichsvorschlag ablehnt.

Eine in ihren Auswirkungen ähnliche, wenn auch kaum bekannte Regel **38** enthält Rule 68 der US-amerikanischen Federal Rules of Civil Procedure.[63] Auch die reformierte englische Zivilprozessordnung folgt dem Vorbild der halbverbindlichen Schlichtung, indem sie dem Richter in Rule 44.5. Abs. 3 erlaubt, der obsiegenden Partei die Prozesskosten ganz oder teilweise aufzuerlegen, wenn diese sich nicht genügend um eine vorgerichtliche Einigung bemüht hat.[64]

---

[61] In den USA wird zwischen den State Courts, den einzelstaatlichen Gerichten, und den Federal Courts, den Bundesgerichten, unterschieden. Es handelt sich um zwei selbständige Gerichtssysteme ohne eine Über- oder Unterordnung. Die Zuständigkeit richtet sich nach festgelegten Kriterien, etwa danach, ob Kläger und Beklagter aus dem gleichen Bundesstaat stammen oder nicht.

[62] *Kovach*, Mediation, S. 9 (Fn. 29).

[63] F.R.Civ.P 68 besagt, dass der Beklagte einen Vorschlag für einen fairen Vergleich machen kann. Akzeptiert der Kläger diesen Vorschlag nicht binnen 10 Tagen und liegt das schließlich erreichte Urteil unter dem Einigungsvorschlag, muss der Kläger dem Beklagten alle Kosten erstatten, die nach dem Vorschlag angefallen sind.

[64] *Newmark*, SchiedsVZ 2003, S. 23 ff.

2. Vor- und Nachteile

39   Die Michigan-Mediation trägt die Bezeichnung als Mediationsverfahren
an sich zu Unrecht, da die Richter im Ursprungsmodell den Fall rechtlich
bewerten. Für eine Mediation fehlt die Interessenbezogenheit der Verhandlung. Die Prognose des wahrscheinlichen Prozessausgangs steht in
diesem Verfahrensmodell klar im Vordergrund.

40   Eine Michigan-Mediation setzt voraus, dass die Parteien um einen bestimmten Geldbetrag streiten, sich also in einem klassischen Verteilungskampf befinden. In anderen Konflikten ist es unmöglich, die Schwelle festzulegen, deren Unterschreiten im Prozess die Kostensanktion auslöst.
Wenn der Einigungsvorschlag über € 100.000 lautete und der diesen Vorschlag ablehnende Kläger später € 120.000 durch Urteil zugesprochen
bekommt, ist die Berechnung der „Erfolgsquote über Einigungsvorschlag"
einfach. Streiten die Parteien dagegen gleichzeitig über die Wirksamkeit
und Dauer eines Wettbewerbsverbots, Auskunftsbegehren und Provisions-
ansprüche, kann der Mediator den Einigungsvorschlag nicht mehr in eine
prozentuale Relation zum späteren Prozessausgang setzen. Die Verhän-
gung der Kostensanktion, die die Michigan-Mediation charakterisiert,
scheidet dann aus.

41   Die Michigan-Mediation erzeugt einen sanften Einigungsdruck auf die
Streitparteien. Das Risiko, bei Ablehnung des Vergleichs und letztlich un-
befriedigendem Prozessausgang eine Art Strafzahlung leisten zu müssen,
zwingt die Parteien dazu, ihre Entscheidung gegen den Vergleichsvorschlag noch einmal zu überdenken. Überoptimistischen Einschätzungen
wird so entgegengewirkt.[65] Jedenfalls bei anwaltlich beratenen Parteien ist
der aufgebaute Einigungsdruck nicht so groß, dass eine Partei nur aus
Angst vor einer späteren Sanktion darauf verzichtet, ihre berechtigten Ansprüche gerichtlich durchzusetzen. Gleichzeitig gibt die Michigan-Mediation den Parteien einen Anreiz, im vorgelagerten Schlichtungsverfahren
konstruktiv mitzuarbeiten, auch wenn die Gegenseite scheinbar nicht vergleichsbereit ist. Denn auch die einseitige Zustimmung zum Vergleichsvorschlag birgt die Chance, dass die destruktiv verhandelnde Gegenseite später sämtliche Verfahrenskosten tragen muss.

3. Einbezug in eine klassische Mediation

42   Die Michigan-Mediation lässt sich an ein klassisches Mediationsverfahren anhängen, wenn die Parteien sich nicht unmittelbar einigen können. In
der Mediation lehnen die Teilnehmer die Überleitung in ein Schiedsverfahren mit dem Mediator als Schiedsrichter oft ab, weil sie nach den Äußerungen des Mediators in der Mediation eine einseitige Entscheidung fürch-

---

[65] *Eidenmüller,* RIW 2002, S. 1 (8).

ten.[66] Auf der anderen Seite wünschen sich die Teilnehmer weiter eine schnelle Streiterledigung, die bei einer anschließend erhobenen (Schieds-) Klage und dem darauf folgenden langwierigen Prozess zum Wunschtraum wird. Wenn die Parteien am Ende der zunächst gescheiterten Mediation vereinbaren, dass der Mediator als Schlichter mit der Verbindlichkeit der Michigan-Mediation tätig wird, tragen sie beiden Bedenken Rechnung: Der Schlichtungsspruch ist unverbindlich. Wenn dieser tatsächlich so fernliegend ist, wie die ablehnende Partei dies nach Beratung mit ihrem Anwalt glaubt, muss sie keine Sanktionen fürchten. Beide Seiten können sich den Schlichtungsspruch und dessen Begründung daher ohne Risiko[67] anhören. Wie groß das Risiko sein soll, den Einigungsvorschlag abzulehnen, bestimmen die Parteien selbst, indem sie mit dem prozentualen Abweichungsgrad den Auslöser für die Kostensanktion festlegen. Die vertragliche Vereinbarung des Michigan-Verfahrensmodells ist dabei problemlos zulässig.[68]

VII. Mini-Trial

Das Streitbeilegungsverfahren „Mini-Trial" hat in den USA in großen   43
Auseinandersetzungen zwischen Unternehmen einige Bedeutung erlangt;
auch in Deutschland wird von ersten Anwendungsfällen berichtet.[69]

1. Begriff

Der Begriff des Mini-Trial ist eine Erfindung der New York Times, die   44
so ein 1977 durchgeführtes Verfahren über eine Patentstreitigkeit[70] titulierte. Mini-Trial ist ein Verfahren, in dem die Parteien den Konflikt in einer abgekürzten Form einem Gremium präsentieren, das sich aus hochrangigen Entscheidungsträgern der Streitparteien zusammensetzt.[71] Es ist

---

[66] *Risse*, BB 2001 (Beil. 2), S. 16 (21).

[67] Das „Risiko" unverbindlicher Schlichtungssprüche liegt in der faktischen Argumentationslast, die für die ablehnende Partei entsteht. Insbesondere wenn der Prozess nachteiliger ausgeht als der Schlichtungsspruch, wird der die Partei vertretende Teilnehmer, etwa ein Prokurist oder Rechtsanwalt, erklären müssen, warum der Schlichtungsspruch abgelehnt wurde. Dieses Risiko wollen Parteivertreter oft vermeiden, indem sie dem Schlichtungsspruch zustimmen; vgl. auch *Eidenmüller*, in: Mediation für die Anwaltspraxis, § 2, Rdn. 26.

[68] *Eidenmüller*, RIW 2002, S. 1 (8), unter Differenzierung zwischen einem auf die Mediation folgenden Gerichtsprozess und einem Schiedsverfahren.

[69] Fallbeispiele aus den USA und aus Deutschland schildert *Borris*, DIS-ADR, S. 67 (72 ff.).

[70] Den Ablauf des konkreten „Musterverfahrens" schildert *Ronald Olson*: An Alternative for Large Case Dispute Resolution, 6 Litigation (1980), S. 22 ff.

[71] *Borris*, DIS-ADR, S. 67 (68); *Kovach*, Mediation, S. 13.

üblich, aber nicht notwendig, dass ein neutraler Dritter dem Gremium vorsitzt. Nach Abschluss der Präsentation treffen sich die Gremiumsmitglieder, um Vergleichsverhandlungen unter Moderation des neutralen Dritten aufzunehmen.[72] Das Verfahren des Mini-Trials wurde für große Konflikte zwischen Unternehmen entworfen und hat in den USA dort auch heute noch seinen wichtigsten Anwendungsbereich.[73] Der Mini-Trial ist zunächst ein prognostisches Verfahren, in dem die Parteien ihre Prozessaussichten kennen lernen und vernünftig einschätzen sollen. Im Mittelpunkt der Erörterung stehen deshalb Sachverhalts- und Rechtsfragen, weniger die Parteiinteressen. Vom Ablauf her wird versucht, den Prozess gegebenenfalls unter Einbezug einer „Beweisaufnahme" in wenigen Stunden oder Tagen zu simulieren. Darin erschöpfen sich dann aber auch die Gemeinsamkeiten zum Gerichtsverfahren. Insbesondere kann das Gremium den Streit nicht wie ein Richter entscheiden. Die Parteien behalten die Ergebnisverantwortung. Insofern ist die Bezeichnung als Mini-Trial, also als Mini-Gerichtsverfahren, irreführend.

2. Verfahrensablauf

45 Die Parteien legen den genauen Verfahrensablauf[74] zu Beginn des Mini-Trial selbst fest. Zwingende rechtliche Vorgaben gibt es nicht. Zunächst wird das Panel bestimmt, dem der Fall vorgetragen werden soll. Die hierin entsandten hochrangigen Entscheidungsträger der Parteien dürfen in keiner oder jedenfalls keiner gesteigerten Beziehung zum Konflikt stehen, insbesondere also in vorausgegangene Vergleichsverhandlungen nicht eingebunden gewesen sein. Die notwendige Distanz zum Konflikt erlaubt später eine ungetrübtere Einschätzung der Vergleichsmöglichkeiten. Ein knapper Zeitplan wird festgelegt. Der vorbereitende Austausch von Schriftsätzen unterbleibt. Die Parteivertreter, entweder Entscheidungsträger des Unternehmens oder Rechtsanwälte, erhalten Gelegenheit, ihre Sichtweise des Falls in zeitlich begrenzter Form mündlich vorzutragen. Das Panel hat, wie ein Gericht, das Recht zu Nachfragen. Zeugen oder Sachverständige werden, sofern diese dazu bereit sind,[75] gehört. Gegebenenfalls besteht die Möglichkeit zu kurzen Schlussplädoyers. Die Mitglieder des Gremiums (nicht: die vortragenden Parteien) ziehen sich dann zur Verhandlung über einen möglichen Vergleich

---

[72] *Helm/Bechthold*, ZKM 2002, S. 159 f.

[73] *Murray/Rau/Scott*, Mediation, S. 235.

[74] Den von der amerikanischen Mediationsvereinigung CPR vorgeschlagenen Verfahrensablauf schildert *Borris,* DIS-ADR, S. 67 (70 ff.), unter Angabe eines Zeitplans von 50 Tagen; vgl. auch *Helm/Bechthold*, ZKM 2002, S. 159 f.

[75] Da das Mini-Trial kein Gerichtsverfahren ist, besteht keine Möglichkeit, diese Personen zu einer Aussage zu zwingen. Die Parteien werden mit „ihren" Experten und Zeugen aber entsprechende Vereinbarungen treffen.

zurück. Gehört ein neutraler Dritten dem Gremium an, moderiert er die Verhandlungen zwischen seinen „Beisitzern". Auf diese Weise können auch mediative Elemente in die Vergleichsgespräche einfließen, die ansonsten aber eng an den rechtlichen Positionen orientiert sein werden und auf einen möglichen Kompromiss zulaufen. Wenn die Entscheidungsträger dies wünschen, kann der neutrale Dritte abschließend auch einen Schlichtungsvorschlag unterbreiten. Im Erfolgsfall endet das Mini-Trial mit einer vergleichsweisen Einigung; andernfalls steht den Parteien der Rechtsweg offen.

3. Erfolgsgeheimnis

Warum ein Mini-Trial eine außergerichtlichen Einigung fördern soll, er- **46** schließt sich erst auf den zweiten Blick. Manche Wirtschaftsstreitigkeiten sind einfach „überprozessiert" und bleiben nur deshalb ungelöst, weil die unmittelbar streitinvolvierten Unternehmensorgane aufgegeben und den Konflikt ihren Anwälten übertragen haben. Wenn große Verträge fehlschlagen, sind die unmittelbar betroffenen Personen oft zu nah am Konflikt, um zu dessen Erledigung effektiv beizutragen.[76] Sie sind gewissermaßen „konfliktblind". Eine Verhandlungslösung in Form eines Forderungsnachlasses bedeutet für diesen Personenkreis zudem das Eingeständnis eigener Fehler. Warum sonst sollte die eigene Forderung unberechtigt sein? Der Manager begreift es als seine Aufgabe, immer neue Geschäfte zu machen, und nicht, Konflikte aus innerlich längst abgeschlossenen Projekten zu lösen. Unabhängig davon, ob dieser Manager für den Konflikt eine Mitverantwortung trägt, ist es unwahrscheinlich, dass er seine Karriere durch eine intensive Betreuung des in jeder Hinsicht unerfreulichen Konflikts besonders fördert.[77] Das Abschieben des Konflikts auf die Rechtsabteilungen oder die Anwälte erscheint dann als Ausweg,[78] der überdies sehr bequem ist.[79] In den Händen der Anwälte und Richter entfalten die Konflikte dann eine ungeahnte Eigendynamik, denn diese sehen den Konflikt plötzlich von einer ganz anderen, neuen Warte. Zudem verlassen sich Anwälte oft auf die gerichtliche Forderungsdurchsetzung, weil es das ist, was sie fachlich beherrschen und praktisch zur Konfliktlösung beitragen können.[80]

---

[76] *Murray/Rau/Sherman;* Mediation, S. 239.

[77] *Murray/Rau/Sherman,* Mediation, S. 239 f.

[78] Dieses Szenario ist vielen Anwälten aus komplexen Baustreitigkeiten bekannt, die lange nach Fertigstellung des Bauvorhabens vor den Richter kommen. Die einst bauleitenden Ingenieure als sachkundige Auskunftspersonen sind dann längst auf neuen Baustellen tätig. Sie haben oft weder Zeit noch Lust, sich erneut in das alte Vorhaben einzudenken und auch über eigene Fehler in der Bauleitung zu sprechen.

[79] Der Ausweg ist auch deswegen bequem, weil bis zur Entscheidung des Rechtsstreits oft eine so lange Zeitspanne vergeht, dass auch bei einem negativen Prozessausgang eine individuelle Verantwortungszuordnung nicht mehr erfolgt.

[80] *Murray/Rau/Sherman,* Mediation, S. 239.

47   Der Mini-Trial reduziert daher den Einfluss der unmittelbar konfliktbeteiligten Personen und der eingeschalteten Juristen auf die Vergleichsverhandlungen. Bildlich gesprochen, wird der Konflikt dem Unternehmen zurückübertragen, indem dessen hochrangige Entscheidungsträger nun über den Streit zu Gericht sitzen. So erreicht man eine realistischere Einschätzung der Prozessaussichten und eine betriebswirtschaftlich sinnvolle Lösung. Den Mitgliedern der Geschäftsführung, die dem Panel angehören, wird zugetraut, eine mutige Entscheidung im Sinne eines raschen und klaren Schnitts zu treffen. So können sich alle beteiligten Unternehmen wieder ihrem eigentlichen Geschäft widmen, das nicht in der langwierigen Austragung von Streitigkeiten besteht. Gleichzeitig übt der Mini-Trial einen subtilen Einigungsdruck auf die eingeschalteten Unternehmensvertreter aus: Sie wissen, dass mit ihrer Einschaltung die Erwartung verknüpft ist, eine Einigung lasse sich auf dieser hochrangigen Verhandlungsebene erreichen. Dieser Erwartung versuchen sie gerecht zu werden, um einen eigenen Gesichtsverlust zu vermeiden. Der Erwartungsdruck wird durch den Rollenwechsel vom parteiischen Unternehmensvertreter zum „unparteiischen" Mitglied des Panels noch gesteigert. Mancher Unternehmensvertreter wird durch eine bewusst kritische Bewertung der Position „seiner" Partei beweisen wollen, wie gut er die Rolle des neutralen Dritten mit dem größeren Überblick einnehmen kann.

48   Das mit dem Mini-Trial verbundene Risiko ist eng begrenzt, auch wenn die zwingende Teilnahme von Führungspersönlichkeiten des Unternehmens teuer ist. Das eigentliche Risiko besteht darin, dass die eingeschalteten Unternehmensvertreter in ihrer neuen Rolle als „Richter" die eigene inhaltliche Entscheidungskompetenz überschätzen. Ein Nichtjurist wird Schwierigkeiten haben, die Erfolgsaussichten in einem Prozess realistisch zu bewerten, nachdem er zwei Präsentationen der Sach- und Rechtslage von rhetorisch unterschiedlich versierten Parteianwälten gehört hat. Das Mini-Trial ist daher vorwiegend dann ein geeignetes Verfahren, wenn rechtliche Fragen sich sehr einfach und lebensnah formulieren lassen oder aber die juristischen Streitpunkte von tatsächlichen oder unternehmerischen Aspekten überschattet werden. Für die erste Fallkonstellation kann der oft bemühte „wichtige Grund" oder der „Wegfall der Geschäftsgrundlage" als Beispielsfall dienen, da die Ausfüllung dieser Begriffe kaum von juristischen Feinheiten abhängt. Die zweite Fallgruppe lässt sich am Streit um das Schweizer „Nazigold", die „Zwangsarbeiterentschädigung" oder die Versenkung der Ölbohrplattform „Brent Spa" exemplifizieren. Jenseits aller juristischen Fragestellungen waren dort die politischen Implikationen so groß, dass sich für die betroffenen Unternehmen das Herbeiführen einer „unternehmerischen" Entscheidung lohnte, auch wenn das Ergebnis „rechtlich" kaum vertretbar war. Die Beispiele zeigen, dass das „Mini-Trial" gerade in komplexen und für das Unternehmen bedeutsamen Konflikten ein geeignetes Verfahren sein kann, um eine außergerichtliche Streitbeilegung zu versuchen.

VIII. Early Neutral Evaluation

In der Early Neutral Evaluation,[81] die auch unter ihrer Abkürzung   49
„ENE" bekannt ist, bewertet ein neutraler Dritter frühzeitig, wenn auch nur auf begrenzter Beurteilungsbasis, die Prozessaussichten der Parteien. Der Fokus des Verfahrens liegt also ganz auf den juristischen Aspekten des Konflikts.

1. Begriff und Verfahren

Die ENE geht zurück auf ein Projekt des U.S. District Court for the   50
Northern District of California.[82] Dort trifft sich der neutrale Dritte, meist ein angesehener Jurist mit besonderem Fachwissen auf dem streitgegenständlichen Gebiet, für etwa zwei Stunden mit den Parteien und deren Anwälten. Er hört sich zunächst wechselseitig die Sachdarstellungen und Rechtsansichten an und versucht dann durch gezieltes Nachfragen, die einzelnen Streitpunkte zu ermitteln. Am Schluss der Anhörung zieht sich der Dritte kurz zurück, um über die rechtliche Beurteilung des Konflikts nachzudenken. Er schreibt seine Einschätzung in Form eines Urteilsspruchs nieder und benennt in Stichworten die wichtigsten Gründe für seine Rechtsansicht. Wenn er den Raum wieder betritt, fragt er die Parteien, ob sie mit ihm Vergleichsgespräche führen wollen, bevor er seine eigene Einschätzung preisgibt. Ungefähr 25% aller Fälle werden bereits zu diesem Zeitpunkt, also ohne eine neutrale juristische Bewertung, beigelegt.[83] Andernfalls gibt der Dritte nun unverblümt seine Einschätzung über den mutmaßlichen weiteren Prozessverlauf und das zu erwartende Urteil bekannt. Wenn die Parteien sich auch jetzt nicht einigen wollen, unterbreitet er ihnen Vorschläge, wie die Parteien den Gerichtsprozess effizient und rasch durchführen können, insbesondere hinsichtlich der Beweisaufnahme.[84] Die ENE stiftet also auch beim Scheitern einer Einigung Nutzen, indem sie das nachfolgende Gerichtsverfahren effizienter gestaltet.[85] Da dieses Verfahren ursprünglich

---

[81] Engl.: Frühe Neutrale Bewertung.

[82] Zur Geschichte vgl. *Hilber*, BB 2001 (Beil. 2), S. 22 (23).

[83] *Murray/Rau/Sherman*, Mediation, S. 219, m.w.N.

[84] Nach amerikanischem Prozessrecht gibt es eine Art vorprozessualer Beweisaufnahme, die sog. Discovery, die oft buchstäblich Jahre in Anspruch nimmt und unglaubliche Kosten verursachen kann. Es liegt in den USA daher nahe, diese Phase durch eine bessere Organisation abzukürzen.

[85] *Kovach*, Mediation, S. 10.

an das Bundesgericht angebunden war, fand die ENE meist wenige Wochen nach erfolgter Klageerhebung statt. Inzwischen nutzen Streitparteien die Early Neutral Evaluation aber auch zur Vorbereitung von Vergleichsgesprächen, bevor ein Gericht unter Auslösung von Gerichtsgebühren mit der Sache befasst wird.

2. Erfolgsgeheimnis

51   Die Idee der ENE klingt zu banal, um Erfolg zu haben. Um so mehr überrascht die Vergleichsquote von 25%, bevor auch nur die rechtliche Bewertung offengelegt wird.[86] Warum dieses Verfahren so gut funktioniert, lässt sich durch Erkenntnisse der Verhandlungsforschung recht gut erklären. Danach ist es, wie oben ausführlich gezeigt,[87] ein typisches verhandlungspsychologisches Phänomen, dass beide Parteien ihre Prozessaussichten deutlich überschätzen. Die rechtliche Beratung durch Anwälte ändert an dieser Fehleinschätzung wenig.[88] Deshalb sind die Parteien unfähig, frühzeitig einen bei realistischerer Einschätzung denkbaren Vergleich zu schließen. Im Prozess werden diese überzogenen Erwartungen mehr und mehr relativiert. Die vorläufige Rechtseinschätzung des Richters nimmt den Kontrahenten dann die letzten Illusionen. Das Ergebnis ist eine Einigung, die die Parteien ohne diese kognitiven Einigungshindernisse schon vor Klageerhebung mit weit geringeren Transaktionskosten hätten schließen können. Die Early Neutral Evaluation reduziert den skizzierten Denkprozess auf einen einzigen Tag. Wenn der Dritte ein angesehener Jurist oder ein pensionierter Richter ist, hat die Partei kaum Anlass zu der Hoffnung, der „echte" Richter garantiere ein vorteilhafteres Ergebnis. Der ENE-Richter hat zudem den Vorteil, dass er gerade wegen seiner Expertise auf dem streitgegenständlichen Sachgebiet ausgewählt worden ist, während der gesetzliche Richter letztlich nach dem Zufallsprinzip bestimmt wird und daher oft keinerlei Erfahrung in dem streitgegenständlichen Rechtsgebiet hat. Indem der Experte nach seiner Einschätzung auch den weiteren Verfahrensgang mit den Parteien bespricht, zeigt er ihnen, wie langwierig, mühselig, teuer und nervlich aufreibend das Gerichtsverfahren werden wird. Die ENE gibt der Partei die emotional wichtige Gelegenheit, ihre Sicht der Dinge einem neutralen Dritten darzulegen. Die Partei zeigt, dass sie nicht bereit ist, kampflos das Feld zu räumen. Gleichzeitig hört sie aber auch die vielleicht überraschend überzeugende Darstellung der Gegenseite. Vor diesem Hintergrund wird nun die zunächst verdrängte Sorge

---

[86] Über die Vergleichsquote nach Offenlegung der juristischen Bewertung finden sich keine statistischen Angaben. *Kovach*, Mediation, S. 10, spricht davon, dass mehr als 1/3 aller Verfahren vergleichsweise beendet wurden.

[87] Vgl. oben § 2, Rdn. 85 ff.

[88] Vgl. dazu oben § 2, Rdn. 89.

einer ungünstigen Rechtslage plötzlich sehr real. Ein ungünstiges „Urteil" des Experten könnte die Vergleichsbereitschaft des Kontrahenten beseitigen. Da der Gegenüber ebenso denkt, ist die Einigung vor der Verkündung der rechtlichen Bewertung ein naheliegender Weg, um die beiderseits erkannten Risiken zu vermeiden.

3. Integration in ein Mediationsverfahren

Die Early Neutral Evaluation lässt sich problemlos in ein Mediations- **52** verfahren integrieren. Dazu wird ein Rechtsexperte, auf den sich die Parteien vorher geeinigt haben, eingeladen, während der dritten Phase der Mediation[89] die rechtliche Erörterung zu moderieren und dabei ähnlich wie beim ENE-Verfahren vorzugehen. Natürlich kann auch ein entsprechend qualifizierter Mediator diese Aufgabe übernehmen. Das ist für die Parteien zwar billiger, weil man das Honorar des Rechtsexperten spart, doch kann die unverblümte Bewertung der Prozessaussichten in Form eines fiktiven Urteils die Neutralität des Mediators, wie sie von den Parteien empfunden wird, gefährden.[90] Hinzu kommt, dass die Parteien den speziell für diese Aufgabe hinzugezogenen Experten als noch neutraler einstufen als den Mediator.[91] Die Tatsache, dass die Parteien sich autonom auf diesen Experten geeinigt haben, erhöht dessen Glaubwürdigkeit weiter. Wenn eine Partei später dessen Beurteilung anzweifeln würde, würde sie implizit auch die eigene Entscheidung zur Wahl dieses Sachverständigen kritisieren. Nachteilig an der Kombination von ENE und Mediation ist, dass die Diskussion sich auf die juristischen Aspekte konzentriert und wichtige wirtschaftliche oder persönliche Interessen ignoriert. Die mediationstypische Kreativität in der Einigungsphase wird so gefährdet. Wenn die Parteien schon zu Beginn der Mediation wissen, dass es zu einer rechtlichen Bewertung kommen wird, neigen sie dazu, diese Bewertung als eine Art Schlichtungsspruch anzusehen. Sie warten diese dann ab und bemühen sich nicht intensiv um eine eigene Konfliktlösung, weil sie hoffen, der Rechtsexperte werde ihnen diese Aufgabe abnehmen. Die Kombination von Mediation und ENE bietet sich daher vor allem in Fällen an, wo reine Verteilungskämpfe im Vordergrund stehen, also ein von vornherein feststehender Verhandlungskuchen aufgeteilt werden muss.

IX. Dispute Review Board und Adjudication

Ein Dispute Review Board (DRB) ist ein Expertengremium, das die Ver- **53** tragsparteien im Vorfeld einer komplexen gemeinsamen Unternehmung

---

[89] Vgl. dazu oben § 8, Rdn. 65.
[90] Vgl. dazu oben § 8, Rdn. 63 f.
[91] *Hiber*, BB 2001 (Beil. 2), S. 22 (24).

einsetzen, um bei allen auftretenden Streitigkeiten als Schlichter tätig zu werden. Häufig wird das Dispute Review Board dabei als „Dispute Adjudication Board" (DAB)[92] in einem Adjudication-Verfahren tätig. In einem solchen Verfahren trifft der Adjudicator innerhalb eines vorgegebenen Zeitrahmens eine vollstreckbare Entscheidung, die fristgebunden in einem Schiedsgerichtsverfahren angefochten werden kann und andernfalls rechtskräftig wird.[93] In England ist dieses Verfahren für manche Projekte gesetzlich vorgeschrieben; der Adjudicator muss innerhalb von 28 Tagen eine Entscheidung treffen.[94] Das charakteristische Merkmal eines DRB- oder DAB-Gremium ist, dass es projektbegleitend tätig wird. Es verschafft sich durch regelmäßige Baustellenbesuche einen ständigen Überblick über die auftretenden Probleme, auch wenn es keinen aktuellen Konflikt zu behandeln gibt.[95] Das Gremium kann seinen Beschluss oder seine Empfehlung daher extrem zeitnah nach Auftreten des Konflikts aussprechen. Da das Gremium dauernd im Projekt präsent ist, ist es mit der Projekt- und damit auch der Konfliktgeschichte sehr vertraut und entsprechend sachkundig. Klauseln, die ein Dispute Review Board vorsehen, finden bei Großbauvorhaben immer häufiger Aufnahme in den Industrieanlagenvertrag.[96] Der Bau des Eurotunnels unter dem Ärmelkanal und der Bau des Hongkonger Flughafens[97] wurden ebenso von einem DRB-Verfahren begleitet wie viele Großprojekte, die die Weltbank finanziert.[98] In England sind solche Verfahren inzwischen gesetzlich vorgeschrieben.[99] Außerdem hat die einflussreiche FIDIC,[100] die drei im internationalen Anlagenbau verbreitete Vertragsmuster herausgibt, DAB-Verfahren als Standardklausel aufgenommen.[101]

54   In Bezug auf Streitigkeiten weisen Großbauvorhaben, wie etwa der Bau eines Kraftwerks oder einer U-Bahn, mehrere Besonderheiten auf. Komplexe Langzeitverträge sind in so hohem Maße risikobehaftet, dass Konflikte zwischen den beteiligten Parteien im Verlauf der oft mehrjährigen Vertragsdurchführung sicher entstehen. Die Risikopalette reicht von typischen Baustreitigkeiten über Mängel, Bauverzögerungen, Planungsfehlern und Nach-

---

[92] *Schramke*, NZBau 2002, S. 409 (411).

[93] Vgl. dazu: *Wiegand*, RIW 2000, S. 197 ff.; *Schramke*, NZBau 2002, S. 409 ff.

[94] Ausführlich dazu *Harbst*, SchiedsVZ 2003, S. 68 ff.

[95] Die FIDIC-Regeln sehen etwa Baustellenbesuche im Abstand von 70–140 Tagen vor; vgl. *Schramke*, NZBau 2002, S. 409 (411).

[96] *Nicklisch*, BB 1998, S. 2 (6); *Leonhard*, BB 1999 (Beilage 9), S. 13 (14).

[97] Anschaulich zu beiden Fällen *Wiegend*, RIW 2000, S. 197 (201).

[98] *Nicklisch*, BB 1998, S. 2 (6), m. w. N.

[99] *Wiegand*, RIW 2000, S. 197; *Schramke*, NZBau 2002, S. 409 (411).

[100] FIDIC = Federation Internationale des Ingenieurs-Conseils (= Internationale Vereinigung beratender Ingenieure).

[101] *Schramke*, NZBau 2002, S. 409 (410 f.) mit weiteren Einzelheiten.

trägen bis zu exogenen Konfliktherden wie geologischen und klimatischen Unwägbarkeiten oder politische Unruhen und Streiks.[102] Gleichzeitig sind die Beziehungen unter den meist zahlreichen Projektbeteiligten so komplex, dass die Störungen in einer Vertragsbeziehung sogleich auf das Gesamtprojekt durchschlagen. Schließlich steht die Projektrealisierung regelmäßig unter großem Zeitdruck. Verzögerungen führen aufgrund zerstrittener Vertragspartner schnell zu hohen Folgeschäden. Diese Risiken können nur im geringen Umfang von den Vertragsparteien bei Vertragsabschluss durch ein durchdachtes Klauselwerk bewältigt werden.[103]

Das Dispute Review Board trägt dieser besonderen Konstellation Rechnung. Auch wenn die Parteien die genaue Ausgestaltung des Verfahrens und die Kompetenzen des DRB frei vereinbaren, haben sich doch gewisse Grundstrukturen herausgebildet: Das DRB ist häufig interdisziplinär zusammengesetzt, so dass sich in ihm juristische und technische Expertise vereinen. Ingenieure, Architekten und Rechtsanwälte arbeiten also Hand in Hand.[104] Bei sehr komplexen Vorhaben können sich die Parteien für den konkret aufgetretenen Konflikt diejenigen Mitglieder aus dem mit vielen Mitgliedern besetzten Board auswählen, deren Fachkunde für den Konflikt entscheidend zu sein scheint. Das Gremium steht während der gesamten Bauzeit zur Verfügung und ist beim Auftauchen von Streitigkeiten entweder sofort oder jedenfalls innerhalb weniger Tage vor Ort. Die Einarbeitungszeit in das Problem ist kurz, kennen die Gremiumsmitglieder doch das Vorhaben aus der zurückliegenden Projektbegleitung recht genau. Hier liegt ein wesentlicher Vorteil zum Schiedsgericht, wo sich Anwälte und Richter erst mühsam in eine komplizierte Materie einarbeiten müssen. Wenn ein Schiedsgericht dann Jahre später entscheiden will, ist das Projekt zudem oft fertiggestellt und die Beweisbarkeit längst erledigter Vertragsstörungen entsprechend schlecht.[105] Das Gremium wird insbesondere mit dem Treffen vorläufiger Entscheidungen betraut, damit die Baustelle nicht durch die Auseinandersetzung blockiert wird. Die endgültigen Entscheidungskompetenzen des DRB/DAB schwanken je nach Vereinbarung zwischen einem Schlichtungsspruch mit nur empfehlendem Charakter und einer echten Schiedsrichter-

---

[102] Anschaulich zum Konfliktpotential bei Großprojekten: *Stubbe*, BB 1998 (Beilage 10), S. 25 f.

[103] *Leonhard*, BB 1999 (Beilage 9), S. 13 (14).

[104] In Großbritannien haben sich einige Anwälte, die über eine Doppelqualifikation als Jurist und Ingenieur verfügen, ganz auf die projektbegleitende Streitbeilegung spezialisiert. Wird diese Person allein als Ein-Mann-DRB tätig, spricht man von einem Adjudicator; vgl. *Nicklisch*, BB 1998, S. 2 (7)

[105] In der Praxis ist die Beweisbarkeit häufig so schlecht, dass die gerichtliche Auseinandersetzung kein gangbarer Weg mehr ist. Verbreitet sind daher sog. „Industriekompromisse", wo sich die Parteien ohne rationale Grundlage auf eine 50/50-Teilung einigen; vgl. *Stubbe*, BB 1998 (Beilage 10), S. 25.

funktion. Selbst wo die Parteien kein Adjudication-Verfahren vereinbart haben, sondern dem DRB nur unverbindliche Empfehlungen erlauben, ist die faktische Relevanz solcher Schlichtungsvorschläge groß: Die Parteien wissen, dass sie vor einem Gericht/Schiedsgericht einen schweren Stand haben, wenn sie dort versuchen, die Empfehlungen eines hochkarätig besetzten Expertengremiums wegzudiskutieren.[106]

56 Die Vorteile eines Dispute Review Boards liegen auf der Hand: Sehr rasch und mit hoher Sachkompetenz wird der Streitfall untersucht und – so oder so – einer Lösung zugeführt. Die gerade bei Großprojekten oft zu beobachtende Anhäufung unerledigter Einzelforderungen, den sogenannten „claims", unterbleibt. Dadurch erübrigt sich die mühsame Aufarbeitung nach Beendigung des Projekts. Der Zeitaspekt ist auch deshalb so wichtig, weil sich Konfliktursachen und Verantwortlichkeiten im unmittelbaren Anschluss an das Auftauchen des Problems ungleich leichter klären lassen, als dies ein Gericht Jahre später erreichen kann. Die zügige Konfliktbearbeitung erleichtert den Erhalt der Beziehungen zwischen den Projektbeteiligten, die bis zur Beendigung des Projekts konstruktiv zusammenarbeiten müssen. Der letzte Punkt ist allerdings nicht ganz unumstritten: Manche meinen, dass gerade die Verdrängung von Konflikten und die Verlagerung in einer Phase nach Abschluss der Bauarbeiten die so künstlich konfliktfrei gehaltene eigentliche Bauphase am besten fördert.

57 Der große Nachteil dieses Verfahrens ist der erhebliche Kostenaufwand. Im DRB sind hochqualifizierte Experten tätig, die entsprechend entlohnt werden wollen. Für die Zusage, im Konfliktfall jederzeit verfügbar zu sein, ist auch dann eine Vergütung fällig, wenn es gar keinen akuten Streit gibt. DRB-Verfahren sind daher teuer.[107] Deshalb zögern viele Vertragsparteien, eine entsprechende Regelung zu treffen, weil sie sich der oft trügerischen Hoffnung hingeben, allzu viele Konflikte werde es während der Projektphase schon nicht geben. Bei immer enger werdenden Gewinnmargen zögert man zudem, die DRB-Kosten in die Ausgangskalkulation aufzunehmen, wohingegen die ungewissen, nach Projektbeendigung anfallenden Gerichts- und Anwaltskosten zunächst unberücksichtigt bleiben können. Wo das Projektvolumen dagegen so groß ist, dass die Kosten für das begleitende DRB-Verfahren in Relation hierzu gering sind, lohnt es sich unbedingt, über eine entsprechende Vereinbarung nachzudenken, die das herkömmliche Claim-Management ersetzt oder flankiert.

---

[106] Zutreffend *Schramke*, NZBau 2002, S. 409 (410).

[107] Oft wird vereinbart, dass die DRB-Mitglieder einen Prozentsatz/Promillesatz vom Auftragsvolumen als Gebühr für ihre Dienstleistung erhalten.

X. Summary Jury Trial

Das Summary Jury Trial, also der zusammengefasste Laienrichterpro- **58** zess, ist in den USA ein gerichtsgebundenes Verfahren, wo eine Art Probejury eine gedrängte Präsentation des Falls von den Parteianwälten hört, um dann ein unverbindliches „Urteil" zu fällen.[108] Das Verfahren wird üblicherweise an einem Tag abgeschlossen. Zweck dieses Verfahrens ist es, den Parteien eine realistischere Einschätzung des mutmaßlichen Verfahrensausgangs zu geben, bevor das aufwendige Jury-Verfahren selbst eingeleitet wird. Der Summary Jury Trial ist also ein Prognoseinstrument und kein alternatives Streitbeilegungsverfahren zwecks Erarbeitung einer interessengerechten Einigung. Erfinder des Verfahrens ist der amerikanische Bundesrichter *Thomas Lambros,* der so Einigungshindernisse bei Streitparteien abbauen wollte.[109] Hinzu kommt, dass Streitparteien ihren Tag im Gericht geradezu herbeisehnen und ohne eine solche Gelegenheit zu einer Einigung nicht bereit sind. Das Summary Jury Trial bietet diese Gelegenheit an einem einzigen Tag und beschleunigt auch durch diese Befriedigung mentaler Bedürfnisse die Konflikterledigung.[110] In großen Prozessen setzen amerikanische Parteien ohnehin seit langem für ihre Prozessvorbereitung Probejurys oder „Mock Jurys" ein, die sie in ihrer personellen Zusammensetzung hinsichtlich Geschlecht, Bildung, ethnischer Zugehörigkeit und Alter dem tatsächlichen Spruchkörper nachbilden. Auf diese Weise wird die Wirkung parteiseitiger Plädoyers geprobt. Das Summary Jury Trial ermöglicht einen solchen Probedurchlauf nun beiden Parteien gleichzeitig. Da es in Deutschland keine Laienspruchkörper gibt, spielt das Verfahren hierzulande keine Rolle. Allenfalls Unternehmen, die sich im transatlantischen Handel betätigen, werden vielleicht mit einem solchen Verfahren einmal konfrontiert werden.

XI. Conciliation und Facilitation

Conciliation[111] und Facilitation[112] sind zwei Begriffe, die häufig als Syno- **59** nym für Mediation benutzt werden. Als Verfahrensbezeichnung sind beide

---

[108] *Murray/Rau/Sherman,* Mediation, S. 242.

[109] Eine ausführliche Schilderung des üblichen Verfahrensablaufs gibt *Lambros,* Summary Jury Trial – An Alternative Method of Resolving Disputes; in: 69 Judicature (1986), S. 286 ff.

[110] *Kovach,* Mediation, S. 10.

[111] Engl. Aussöhnung, Versöhnung; vgl. dazu auch *Weigand,* BB 1996, S. 2106 (2107).

[112] Engl. Erleichterung, Vereinfachung; gemeint ist die Erleichterung der Gespräche zwischen den zerstrittenen Parteien.

Begriffe konturenschwach.[113] Anders als bei der Mediation bleibt die Struktur des Verfahrens im Unklaren. Conciliation ist dabei zunächst wenig mehr als das Zusammenbringen zweier Parteien zum Zwecke der Aussöhnung.[114] Der neutrale Dritte sorgt dafür, dass die Parteien überhaupt wieder miteinander reden. Zielrichtung des Verfahrens ist also vorrangig die Wiederherstellung einer Kommunikationsebene zwischen den zerstrittenen Parteien, weniger die Lösung eines konkreten Konflikts. Die Betonung liegt auf der Beziehungsebene, nicht auf der Ebene des Sachproblems. Conciliation ist von daher schon erfolgreich, wenn nur die Parteibeziehung, etwa im Sinne wechselseitigen Respekts, verbessert wird und der Konflikt selbst ungelöst bleibt. Im Gegensatz dazu kann eine Mediation mit einem Vergleich über den Konflikt abgeschlossen werden, auch wenn die Kontrahenten sich weiter wenig freundlich gesonnen sind. Die Verbesserung der Parteibeziehung ist also nützliches und auch häufiges, aber eben kein notwendiges Element der Wirtschaftsmediation. Vor diesem Hintergrund findet die Conciliation ihre vorrangige Anwendung in Nachbarschaftsstreitigkeiten oder in Mietkonflikten, Konstellationen also, wo die langfristige Beziehung verbesserungsbedürftig ist, um Folgekonflikte zu vermeiden.[115] Noch unklarer ist schließlich der Begriff der Facilitation, wo der neutrale Dritte einfach die Aufgabe hat, die Kommunikation zwischen den Kontrahenten in irgendeiner Form zu erleichtern.[116]

XII. Judicial Settlement Conference

60   In einer Judicial Settlement Conference, also einer gerichtlichen Vergleichskonferenz, bespricht ein Richter mit den Parteien die Möglichkeiten eines Vergleichs, bevor das Gerichtsverfahren seinen Fortgang nimmt. Für eine deutsche Partei ist dies nichts Besonderes, schreibt doch § 278 ZPO solche Vergleichsgespräche als Aufgabe des Richters fest. Für den amerikanischen Zivilprozess stellen die Judicial Settlement Conferences jedoch deshalb eine Neuerung dar, weil der Richter dort an sich keine vergleichsfördernde Rolle einnehmen darf und darauf beschränkt ist, die Einhaltung der Verfahrensregeln durch die ganz im Vordergrund agierenden Parteianwälte zu überwachen.[117] In den USA hat man herausgefunden, dass die

---

[113] Vgl. auch *Günther/Hoffer*, in: Mediation in der Anwaltspraxis, § 11, Rdn. 20.
[114] *Kovach*, Mediation, S. 245.
[115] Vgl. auch *Kovach*, Mediation. S. 245.
[116] *Günther/Hoffer*, in: Mediation in der Anwaltspraxis, § 11, Rdn. 21.
[117] Vgl. *Murray/Rau/Sherman*, Mediation, S. 218 f. Bezeichnend für den amerikanischen Zivilprozess ist der Ausdruck, dass dort eine „sporting theory of justice" verfolgt wird, wo die Anwälte gegeneinander wetteifern und der Richter nur eine Schiedsrichterfunktion, wie etwa in Fußballspielen, einnimmt.

Vergleichsgespräche zögerlicher verlaufen, wenn der später streitentscheidende Richter diese moderiert.[118] Deshalb hat man die Leitung der Settlement Conferences einem Richterkollegen übertragen, Gesprächsleitung und Entscheidungsmacht also entkoppelt. In Deutschland erlaubt § 278 Abs. 5 ZPO ein ganz ähnliches Verfahren, indem die Parteien für einen Güteversuch vor einem ersuchten Richter verwiesen werden dürfen. In der Praxis wird dieser Weg aber bisher nicht beschritten.

XIII. Zusammenfassung: Aktives Konfliktmanagement

ADR oder Alternative Streitbeilegung ist eine Sammelbezeichnung für 61 eine Vielzahl von Verfahren und Kombinationen einzelner Verfahrensarten. Die Spannbreite reicht von Spielarten der Schiedsgerichtsbarkeit, bei denen die Parteien einen Teil der Ergebnisherrschaft behalten, bis zur mehr oder weniger geordneten Moderation von Vergleichsgesprächen. Die Entwicklung ist noch nicht abgeschlossen. Nachdem einmal erkannt worden ist, dass die Möglichkeiten der Konflikterledigung sich nicht auf bilaterale Verhandlungen und Gerichtsprozesse beschränken, sind der Phantasie kaum Grenzen[119] gesetzt. Die Grundidee der Alternativen Streitbeilegung, nämlich Verfahren zu erfinden, welche die Parteien bei der außergerichtlichen Beilegung ihres spezifischen Konflikts möglichst effektiv unterstützen, wird weitere Verfahrensarten hervorbringen. Unternehmen könnten ein „Aktives Konfliktmanagement" entwickeln, wonach sie auftretende Konflikte nach bestimmten Kriterien dem optimalen Streitbeilegungsverfahren zuführen. So entstehen intelligente Konfliktmanagementsysteme. In Deutschland ist diese Idee wohl erst an ihrem Anfang und von einer umfassenden Akzeptanz noch ein gutes Stück entfernt. Doch wie sagte so schön der französische Schriftsteller und Philosoph *Victor Hugo:* „Nichts ist mächtiger als eine Idee, deren Zeit gekommen ist."

---

[118] Zu den dann entstehenden Hemmungen vgl. oben § 15, Rdn. 9.

[119] Grenzen der Verfahrensgestaltung bestehen nur in den unverzichtbaren Vorgaben der Rechtsordnung, etwa, dass einer Partei vor einer Entscheidung Gehör zu geben ist.

Anhang

1. Verfahrensordnung der Gesellschaft für Wirtschaftsmediation und Konfliktmanagement e. V. (gwmk) für das Mediationsverfahren

(Stand: 22. 11. 2002)

§ 1 Anwendungsbereich

Ist zwischen den Parteien die Durchführung eines Mediationsverfahrens nach den Regeln der gwmk vereinbart, so gelten diese in der zu Beginn aktuellen Fassung. Die Verfahrensordnung wird den Parteien vor Beginn des Verfahrens vom Mediator zur Verfügung gestellt. Die Vereinbarung dieser Verfahrensordnung soll schriftlich erfolgen. Die Parteien können jederzeit schriftlich abweichende Regelungen treffen.

§ 2 Einleitung des Mediationsverfahrens

(1) Das Mediationsverfahren wird durch einen schriftlichen Antrag einer Partei (Mediationsantrag) bei der Geschäftsstelle der gwmk eingeleitet. Eine Antragstellung per Fax oder e-mail ist ausreichend. Die Adresse der Geschäftsstelle der gwmk lautet:

Brienner Straße 9
80333 München
Telefon: 0 89–57 95 18 34
Fax: 089–57 86 95 38
e-mail: mediation@gwmk.org

(2) Der Mediationsantrag soll folgende Angaben enthalten:
a) die Namen der Parteien, bei juristischen Personen auch die gesetzlichen Vertreter, Anschriften, Telefon- und Telefaxnummer sowie sonstige Kommunikationsmöglichkeiten sowie des Vertreters der Partei, die den Mediationsantrag gestellt hat;
b) eine Abschrift der Vereinbarung über die Durchführung eines Mediationsverfahrens oder eine Abschrift einer Klausel, die ein Mediationsverfahren bei auftretenden Konflikten vorsieht;
c) eine kurze Darstellung des Gegenstands der Streitigkeit.

(3) Liegt keine Vereinbarung oder Klausel über die Durchführung einer Mediation vor, bzw. sind sich beide Parteien noch nicht über deren

Durchführung einig, kann die gwmk auf Anregung einer Partei ihrerseits aktiv werden und die andere Partei bei Ihrer Entscheidung beraten.

(4) Das Mediationsverfahren beginnt, wenn sich beide Parteien gegenüber der gwmk mit dessen Durchführung einverstanden erklärt haben. Lehnt die andere Partei ein Mediationsverfahren ab oder antwortet sie nicht innerhalb von 30 Tagen oder einer anderen vom Antragsteller vorgesehenen Frist, findet eine Mediation nicht statt.

(5) Die gwmk hat die Parteien unverzüglich vom Eingang des Mediationsantrags sowie vom Beginn des Mediationsverfahrens in Kenntnis zu setzen.

§ 3 Benennung des Mediators

(1) Sofern die Parteien sich nicht selbst auf die Person eines Mediators oder ein anderes Verfahren zur Benennung des Mediators einigen, übersendet die gwmk beiden Parteien eine Liste mit Vorschlägen von mindestens drei Mediatoren, die ihr für die Bearbeitung des Streitfalls geeignet erscheinen.

(2) Verständigen sich die Parteien nicht binnen zwei Wochen nach Absendung der Liste auf einen Mediator, bestimmt die gwmk auf Antrag einer Partei unverzüglich einen Mediator, der nicht in der den Parteien zugesandten Vorschlagsliste der gwmk genannt sein darf.

(3) Bei ihren Vorschlägen stellt die gwmk sicher, dass die gemeinsamen Wünsche der Parteien bei der Auswahl des Mediators berücksichtigt werden und dass die vorgeschlagenen Mediatoren bereit und in der Lage sind, das Verfahren durchzuführen.

(4) Der Mediator erklärt unverzüglich gegenüber der gwmk und gegenüber den Parteien, dass er seine Bestellung und die Verfahrensordnung der gwmk in der für dieses Verfahren geltenden Fassung als für ihn verbindlich annimmt.

(5) Die Parteien schließen mit dem bestellten Mediator einen Mediatorenvertrag ab.

§ 4 Pflichten des Mediators

(1) Der Mediator ist zu Unparteilichkeit und Neutralität verpflichtet. Er ist insbesondere nicht befugt, eine der Parteien in der Rechtsangelegenheit, die Gegenstand des Mediationsverfahrens ist, anwaltlich oder auf andere Weise zu vertreten oder zu beraten. Dies gilt auch für den Fall der Erfolglosigkeit des Mediationsverfahrens.

(2) Als Mediator ist ausgeschlossen, wer eine der Parteien vor Beginn des Verfahrens in derselben Angelegenheit beraten oder vertreten hat.

(3) Der Mediator hat mit den Parteien die Grundzüge des Mediationsverfahrens, den geplanten Ablauf dieses Verfahrens, sowie die Rechte und Pflichten der Beteiligten zu erörtern.

(4) Der Mediator hat die Beilegung des Streitfalls zwischen den Parteien in jeder Art und Weise, die er für angemessen hält, zu fördern. Zu diesem Zweck kann er bei Zustimmung der Parteien unverbindliche Vorschläge oder Alternativen zur Lösung des Streitfalls entwickeln und den Parteien gemeinsam oder einzeln vorlegen. Er ist nicht befugt, den Streitfall insgesamt oder Teile davon zu entscheiden.

§ 5 Durchführung des Mediationsverfahrens

(1) Soweit die Parteien keine Vereinbarungen zur Durchführung des Mediationsverfahrens – insbesondere keine Regelungen über Sprache, Ort und zeitlichen Rahmen der Mediation – getroffen haben oder treffen, bestimmt der Mediator unter Berücksichtigung der Interessen der Parteien die Art und Weise, in der das Mediationsverfahren durchgeführt wird.

(2) Mediator und Parteien achten auf eine beschleunigte Durchführung des Verfahrens.

(3) Jede Partei kann bis zu einer Einigung im Mediationsverfahren Ergänzungen des Sachverhalts vortragen oder weitere Unterlagen vorlegen. Der Mediator kann jederzeit anregen, dass eine Partei zusätzliche Informationen oder Beweisstücke zur Verfügung stellt.

§ 6 Begleitung der Mediation durch die gwmk

(1) Während des gesamten Verfahrens steht die gwmk den Parteien beratend und unterstützend in allen Angelegenheiten des Verfahrens zur Seite.

(2) Schriftsätze können bis zum Beginn des Mediationsverfahrens über die gwmk an die andere Partei weitergeleitet werden. Vergleichsvorschläge und Anzeigen zum Ende des Mediationsverfahrens sollen der gwmk von den Parteien oder dem Mediator unverzüglich mitgeteilt werden.

(3) Erhebt eine Partei Bedenken über die Durchführung der Mediation durch den Mediator, etwa wegen Zweifeln an dessen Unparteilichkeit, Unabhängigkeit oder fachlicher Qualifikation, wird die gwmk diese Bedenken mit den Parteien und dem Mediator erörtern und gegebenenfalls einen anderen Mediator bestimmen.

(4) Um die Qualität und Effizienz von Mediationsverfahren gewährleisten zu können, kann die gwmk nach Beendigung der Mediation die Parteien und den Mediator bitten, den Ablauf der Mediation zu bewerten. Ein entsprechender Evaluationsbogen wird den Beteiligten zur Verfügung gestellt.

§ 7 Einzelgespräche

Grundsätzlich läuft das gesamte Mediationsverfahren in Gegenwart der Parteien ab. Soweit die Parteien damit einverstanden sind, kann der Mediator Gespräche mit nur jeweils einer Partei führen. Soweit die jeweilige Partei dies wünscht, hat er Inhalte solcher Einzelgespräche auch gegenüber der anderen Partei vertraulich zu behandeln. Dasselbe gilt für sonstige Informationen oder Unterlagen, die ihm von einer Partei mit der Maßgabe übermittelt worden sind, diese vertraulich zu behandeln.

§ 8 Gewährleistung der Vertraulichkeit

(1) Soweit nicht ausdrücklich anders vereinbart, haben die Parteien, ihre Vertreter sowie der Mediator gegenüber Dritten alle Angelegenheiten des Mediationsverfahrens, sowohl während als auch nach Beendigung des Verfahrens, vertraulich zu behandeln.

(2) Parteien, die aufgrund eines besonderen Rechtsverhältnisses verpflichtet sind, Dritte über Angelegenheiten des Mediationsverfahrens zu informieren, haben dies der anderen Seite vor Beginn der Mediation mitzuteilen.

(3) Sofern die Parteien nichts anderes verabreden, wird der Mediator Dritte (z. B. Sachverständige, Zeugen, Co-Mediatoren, Personen in Ausbildung usw.) mit Einverständnis der Parteien zu dem Verfahren nur hinzuziehen, wenn sich diese in der gleichen Weise wie die Parteien selbst zur Vertraulichkeit verpflichten. Auf Verlangen einer Partei haben diese Personen die Verpflichtung zur Vertraulichkeit schriftlich gemäß nachfolgendem Absatz 6 abzugeben.

(4) Soweit der Mediator in einem späteren Gerichtsverfahren als Zeuge oder Sachverständiger im Hinblick auf das Mediationsverfahren benannt wird, hat er bestehende Aussageverweigerungsrechte in Anspruch zu nehmen, wenn er nicht ausdrücklich von allen Parteien von seiner Verschwiegenheitspflicht entbunden wird.

(5) Die Parteien verpflichten sich, den Mediator in einem nachfolgenden Schiedsgerichts- oder Gerichtsverfahren nicht als Zeugen für Tatsachen zu benennen, die ihm während des Mediationsverfahrens offenbart wurden.

(6) Jede Partei kann den Abschluss einer schriftlichen Vereinbarung über die Vertraulichkeit des Mediationsverfahrens und dessen Angelegenheiten unter Einschluss einer Abrede über Vertragsstrafen verlangen.

§ 9 Beendigung des Mediationsverfahrens

(1) Das Mediationsverfahren wird beendet
a) durch Unterzeichnung einer Schlussvereinbarung über den Streitfall insgesamt oder über einzelne Bestandteile, sofern eine der Parteien der Auffassung ist, dass über die restlichen Bestandteile des Streitfalls eine Einigung nicht erzielt werden kann;

b) durch die schriftliche Erklärung einer am Verfahren beteiligten Partei gegenüber der anderen Partei und dem Mediator, mit sofortiger Wirkung das Mediationsverfahren beenden zu wollen;

c) durch die schriftliche Erklärung des Mediators, dass er nach einer Erörterung mit den Parteien das Mediationsverfahren aus bestimmten von ihm anzugebenden Gründen als gescheitert betrachtet;

d) wenn eine Partei binnen einer Frist von zwei Wochen nach der zweiten schriftlichen Mahnung des Mediators einen von diesem geforderten Kostenvorschuss ganz oder teilweise nicht leistet und der Mediator aufgrund dessen das Mediationsverfahren als beendet erklärt.

(2) Wird eine Einigung zwischen den Parteien erzielt, ist diese noch im Verlauf der Sitzung zumindest in den Grundzügen festzuhalten und von den Parteien und dem Mediator zu unterzeichnen. Die Parteien werden innerhalb einer angemessenen Frist, gegebenenfalls unter Mitwirkung des Mediators und der Berater der Parteien, die Vereinbarung (Schlussvereinbarung) über die Beilegung des Konflikts förmlich ausarbeiten.

(3) Nach Beendigung des Mediationsverfahrens hat der Mediator die gwmk unverzüglich in schriftlicher Form von der Beendigung, der Art und Weise sowie dem Zeitpunkt der Beendigung zu benachrichtigen. Gleichzeitig hat der Mediator den Parteien eine Abschrift der an die gwmk gerichteten Benachrichtigung zu übersenden.

(4) Die gwmk hat die Benachrichtigung des Mediators vertraulich zu behandeln und darf ohne schriftliche Zustimmung der Parteien Dritten weder die Durchführung noch das Ergebnis des Mediationsverfahrens offen legen.

(5) Die gwmk ist berechtigt, Informationen über das Mediationsverfahren in Statistiken aufzunehmen und gegebenenfalls im Rahmen ihres Medienangebots (Broschüren, Homepage, usw.) anonymisiert zu veröffentlichen. Dabei ist sicher zu stellen, dass solche Informationen weder die Identifizierung der Parteien noch von Einzelheiten des Streitfalls erlauben.

(6) Kommt eine Einigung nicht zustande, stellt der Mediator auf Antrag mindestens einer Partei ein Zeugnis über den erfolglosen Mediationsversuch aus.

§ 10 Kosten

Sofern die Parteien nichts Abweichendes vereinbaren, haben sie die Gebühren der gwmk, das Honorar einschließlich der Auslagen des Mediators sowie alle sonstigen mit dem Verfahren verbundenen Kosten zu gleichen Teilen zu tragen.

§ 11 Gebühren der gwmk

(1) Mit dem Mediationsantrag ist eine Verfahrensgebühr an die gwmk zu zahlen. Die Höhe der Gebühr ergibt sich aus der Gebührentabelle, die

am Tag des Eingangs des Mediationsantrags bei der gwmk anzuwenden ist.[*]

(2) Hat die gwmk am Zustandekommen der Mediationsvereinbarung mitgewirkt, ist die Verfahrensgebühr zu bezahlen, sobald sich die andere Partei mit der Durchführung der Mediation einverstanden erklärt hat. Darüber hinaus ist die gwmk berechtigt, für ihre Mitwirkung an dem Zustandekommen der Mediationsvereinbarung eine Gebühr nach der entsprechenden Ziffer der Gebührenordnung zu erheben. Kommt es im Fall einer Betätigung seitens der gwmk nicht zum Abschluss einer Mediationsvereinbarung, kann sie zur Pauschalabdeckung ihrer Aufwendungen eine Aufwandsgebühr in Höhe einer halben Gebühr nach der entsprechenden Ziffer der Gebührenordnung erheben.

(3) Die gwmk kann die Durchführung des Verfahrens und die Bestellung des Mediators davon abhängig machen, dass die in Rechnung gestellten Gebühren sowie ein Vorschuss auf das Honorar des Mediators zu treuen Händen bezahlt sind.

(4) Werden die Gebühren nicht binnen einer Frist von zwei Wochen nach der zweiten schriftlichen Mahnung der gwmk bezahlt, gilt der Mediationsantrag als zurückgenommen.

(5) Die Gebühren werden nicht zurückerstattet, auch nicht bei Erfolglosigkeit des Mediationsverfahrens.

(6) Die Parteien haften der gwmk für die Verfahrensgebühren als Gesamtschuldner. Dies gilt nicht für die Gebühr nach Absatz 2 Satz 3.

§ 12 Honorar des Mediators

(1) Sofern die Parteien nichts Abweichendes vereinbaren, berechnet der Mediator die Höhe seiner Gebühren auf der Grundlage der am Tag der Antragstellung gültigen Gebührentabelle der gwmk. Die Höhe des Streitwerts, der Schwierigkeitsgrad der Streitsache sowie alle sonstigen Umstände des Einzelfalls sind zu berücksichtigen.

(2) Der Mediator ist berechtigt seine Tätigkeit einzustellen, sofern die Parteien ihrer Verpflichtungen aus dem Mediationsvertrag nicht spätestens innerhalb von zwei Wochen nach Mahnung nachkommen.

(3) Widerspricht eine der Parteien der Abrechnung des Mediators innerhalb von zwei Wochen nach Zugang, legt die gwmk die Höhe des Honorars des Mediators nach Beratung mit diesem und den Parteien nach Maßgabe vorgenannter Grundsätze verbindlich fest.

---

[*] Die Gebührentabelle der gwmk (Stand 1. 10. 2002) ist in Anhang 2 abgedruckt.

§ 13 Haftungsausschluss

(1) Die gwmk haftet nicht für das Verhalten des Mediators. Für eigenes Handeln haften die gwmk und ihre Erfüllungsgehilfen nur im Falle von grober Fahrlässigkeit und Vorsatz.

(2) Die Haftung des Mediators wird in dem Mediatorenvertrag geregelt.

§ 14 Aussetzung von Rechtsstreitigkeiten

(1) Die Parteien sind sich darüber einig, dass eine gerichtliche oder schiedsgerichtliche Klage vor der Durchführung und Beendigung (§ 8) eines Mediationsverfahrens unzulässig ist. Soweit bei Abschluss der Mediationsvereinbarung bereits gerichtliche oder schiedsgerichtliche Verfahren anhängig sind, vereinbaren die Parteien, für die Dauer des Mediationsverfahrens das Ruhen dieser Verfahren zu beantragen.

(2) Absatz 1 gilt nicht für gerichtliche Eilverfahren.

§ 15 Pactum de non petendo zur Hemmung von Verjährungsfristen

(1) Für die Dauer des Mediationsverfahrens steht dem Verpflichteten das Recht zu, die streitige Leistung, Handlung oder Unterlassung zu verweigern (pactum de non petendo).

(2) Die Parteien sind sich einig, dass die Verjährung der von dem pactum de non petendo umfassten Ansprüche während des Mediationsverfahrens gehemmt sind. Für Streitigkeiten, bei denen deutsches Recht Anwendung findet, ist § 203 BGB maßgeblich. Die Hemmung beginnt, wenn die andere Partei sich mit der Durchführung des Mediationsverfahrens einverstanden erklärt.

(3) Die Hemmung endet mit dem vom Mediator festzustellenden Scheitern des Mediationsverfahrens. Die Verjährung tritt dann frühestens drei Monate nach dem Ende des Mediationsverfahrens ein.

(4) Vom pactum de non petendo umfasste Rechte, die möglicherweise durch den Ablauf einer Ausschlussfrist untergegangen sein könnten, werden hiermit durch die Parteien vertraglich neu begründet. Im Übrigen vereinbaren die Parteien, dass die Berufung auf einen durch eine solche Ausschlussfrist bedingten Rechtverlust rechtsmissbräuchlich und somit unzulässig ist.

(5) Zum Schutz vor sonstigen Rechtsverlusten können auf Verlangen einer Partei ergänzende Klauseln vereinbart werden.

2. Gebührenordnung der gwmk

(ab 1. 10. 2002)

Die gwmk erhebt die folgenden Gebühren für die Bearbeitung und Unterstützung von Mediationsverfahren:

Streitwert	Grund-gebühr	Mitglieder gwmk	Mediato-renbenen-nung	Mitglieder gwmk	Verfah-rens-begleitung	Mitglieder gwmk
bis € 10.000	€ 50	€ 25	€ 50	€ 25	min. € 100	min. € 50
bis € 200.000	€ 500	€ 250	€ 500	€ 250		
bis € 500.000	€ 750	€ 375	€ 1.000	€ 500		
bis € 1.000.000	€ 1.250	€ 625	€ 1.500	€ 750		
ab € 1.000.001	€ 2.000	€ 1.000	€ 3.000	€ 1.500	max. € 1.000	max. € 500

Mit der Grundgebühr ist jede Beratungsleistung vor Einleitung des Verfahrens, sowie die Bereitstellung von Verfahrensordnungen und sonstiger Regelwerke u. ä. abgegolten.

Die Gebühr für die Benennung von Mediatoren wird grundsätzlich mit dem Mediatorenvorschlag fällig, wobei im Regelfall den Parteien drei Mediatoren zur Auswahl vorgeschlagen werden.

Die gwmk kann von der Erhebung einer Gebühr für jeden weiteren Auswahlvorschlag absehen, wenn die Beteiligten angemessene Gründe für die Ablehnung von Mediatoren vortragen.

Die Gebühr für die Verfahrensbegleitung wird fällig, wenn die Beteiligten weitere Beratung und sonstige Unterstützung während der Mediation wünschen oder nach Eröffnung des Verfahrens in Anspruch nehmen.

Die gwmk kann von den Beteiligten die Erstattung der ihr entstandenen Auslagen verlangen. Soweit die gesetzliche Umsatzsteuer anfällt, ist diese von den Verfahrensbeteiligten zu tragen.

Soweit eine an dem Mediationsverfahren beteiligte Partei der gwmk als Mitglied angehört, ermäßigen sich die Gebühren um die Hälfte. Dies gilt auch für die Verfahren, bei denen mindestens eine Partei durch ein Mitglied der gwmk während der Mediation anwaltlich oder in anderer, vergleichbarer Weise beraten wird.

Der Streitwert des Mediationsverfahrens wird aufgrund des Gesamtwerts der beanspruchten Beträge von der gwmk festgelegt. Erhöhen sich im Laufe des Mediationsverfahrens die beanspruchten Beträge oder macht die Gegenseite Gegenforderungen geltend, berechtigt dies die gwmk zur Geltendmachung einer entsprechend erhöhten Gebühr.

Werden in dem Mediationsantrag keine bestimmten Zahlungsbeträge angegeben oder betrifft der Streitfall Fragen, die nicht in Geld zu beziffern sind, so ist vorbehaltlich einer Streitwertfeststellung im Mediationsverfahren eine Mindestgebühr von € 150 zu zahlen. Die gwmk kann nach Beratung mit den Parteien und dem Mediator eine den Umständen entsprechende angemessene Anpassung der Gebühren fordern.

3. DIS-Schlichtungsordnung

– deutsche Fassung –

(gültig ab 1. 1. 2002)

§ 1 Anwendungsbereich

1. Diese Schlichtungsordnung findet Anwendung, wenn die Parteien einer Streitigkeit deren einvernehmliche Beilegung anstreben und dazu ein Verfahren nach der Schlichtungsordnung der Deutschen Institution für Schiedsgerichtsbarkeit e. V. vereinbart haben bzw. vorsehen.
2. Die Vereinbarung der Parteien zur Anwendung der DIS-Schlichtungsordnung ist formlos möglich. Sie soll jedoch schriftlich erfolgen.

§ 2 Einleitung des Schlichtungsverfahrens

1. Die Partei, die ein Schlichtungsverfahren einleiten will (Antragsteller), übersendet der anderen Partei eine schriftliche Aufforderung zur Streitbeilegung nach der DIS-Schlichtungsordnung. In dem Antrag ist der Gegenstand der Streitigkeit darzustellen.
2. Eine Kopie dieses Schreibens ist der DIS-Hauptgeschäftsstelle zu übersenden. Gleichzeitig ist eine Einschreibgebühr gem. Ziff. 1 der Kostentabelle zu zahlen.

§ 3 Beginn des Schlichtungsverfahrens

1. Das Schlichtungsverfahren beginnt, wenn die andere Partei sich mit der Durchführung des Verfahrens gegenüber der DIS einverstanden erklärt. Die Einverständniserklärung hat schriftlich zu erfolgen. Eine Übersendung per Fax oder e-mail ist ausreichend. Die DIS informiert die Parteien unverzüglich über den Verfahrensbeginn.
2. Lehnt die andere Partei die Aufforderung des Antragstellers ab oder antwortet sie nicht innerhalb von 30 Tagen oder einer anderen vom Antragsteller vorgesehenen Frist, so findet ein Schlichtungsverfahren nicht statt.
3. Ein Schlichtungsverfahren nach der DIS-Schlichtungsordnung findet gleichfalls nicht statt, wenn bis zum Ablauf der vorgenannten Frist die Zahlung an die DIS gem. § 2 Abs. 2 nicht erfolgt ist.
4. Erhält die DIS innerhalb von 30 Tagen nach Übersendung der Aufforderung des Antragstellers oder innerhalb einer anderen in der Aufforderung genannten Frist keine Antwort, so informiert sie den Antragsteller unverzüglich, dass ein Verfahren nicht stattfindet.

§ 4 Anzahl der Schlichter

Die Schlichtung erfolgt durch einen Schlichter, es sei denn, die Parteien haben die Tätigkeit von mehreren Schlichtern vorgesehen. Bei der Bestimmung der Anzahl der Schlichter sind die Parteien frei.

§ 5 Anforderungen an den Schlichter

1. Jeder Schlichter muss unparteilich und unabhängig sein.
2. Jede Person, die als Schlichter bestellt wird, hat der anderen Partei und der DIS alle Umstände offen zu legen, die Zweifel an ihrer Unparteilichkeit oder Unabhängigkeit wecken könnten.

§ 6 Schlichtungsverfahren mit mehr als zwei Parteien

1. Sieht der Antrag auf Einleitung eines DIS-Schlichtungsverfahrens vor, dass mehr als eine andere Partei in das Verfahren einbezogen wird, so ist der Antrag jeder dieser Parteien zu übersenden, unter Übermittlung jeweils einer Kopie an die DIS.
2. Wenn sich nicht alle der aufgeforderten Parteien mit dem Schlichtungsverfahren einverstanden erklären, findet ein Schlichtungsverfahren nur zwischen den Parteien statt, die sich einverstanden erklärt haben.

§ 7 Bestellung und Auswahl der Schlichter

1. Bei einem Verfahren, in dem ein Schlichter vorgesehen ist, wird dieser durch alle Parteien gemeinsam bestellt.
2. Haben die Parteien ein Verfahren mit zwei Schlichtern vorgesehen, so bestellt der Antragsteller einen Schlichter und der Antragsgegner den zweiten Schlichter. Mehrere Antragsteller oder -gegner bestellen den Schlichter gemeinsam.
3. Haben die Parteien ein Verfahren mit drei Schlichtern vorgesehen, so bestellt der Antragsteller einen Schlichter und der Antragsgegner den zweiten Schlichter. Mehrere Antragsteller oder -gegner bestellen den Schlichter gemeinsam. Die beiden so bestellten Schlichter bestellen den dritten Schlichter.
4. Die DIS gibt auf Anfrage Anregungen für die Auswahl der Schlichter.

§ 8 Bestellung von Schlichtern durch die DIS

1. Die Parteien können vereinbaren, dass die Bestellung aller oder einzelner Schlichter durch die DIS erfolgt. In diesem Fall ist die Bestellung von allen Parteien des Schlichtungsverfahrens gemeinsam zu beantragen.
2. Bestellt eine Partei keinen Schlichter und liegt ein gemeinsamer Antrag der Parteien zur Bestellung eines Schlichters durch die DIS nicht vor, so

endet das Schlichtungsverfahren nach Ablauf der zur Bestellung bzw. Antragstellung vorgesehenen Frist. Die DIS informiert die Parteien unverzüglich über die Beendigung des Verfahrens.

§ 9 Fristen zur Bestellung der Schlichter

Die Frist zur Bestellung von Schlichtern beträgt, sofern die Parteien nicht etwas anderes vereinbart haben, 30 Tage ab Beginn des Schlichtungsverfahrens.

§ 10 Antrag zur Schlichterbestellung durch die DIS

1. Der Antrag zur Bestellung eines Schlichters muss enthalten:
   - Name, Anschrift, und soweit vorhanden, Telefon, Telefax und e-mail der Parteien und
   - eine Kopie der Aufforderung zur Streitbeilegung gem. § 2 der DIS-Schlichtungsordnung.
2. Gleichzeitig mit dem Antrag zur Bestellung von Schlichtern ist von den Parteien des Verfahrens die Gebühr gem. Ziff. 2 der Kostentabelle zu zahlen.
3. Die Gebühr ist von den Parteien des Verfahrens gemeinsam zu zahlen. Bei der anteiligen Anforderung der Gebühren berücksichtigt die DIS die durch den Antragsteller entrichtete Einschreibgebühr.
4. Die DIS kann die Bestellung von Schlichtern vom Eingang der Gebühren gem. Ziff. 2 der Kostentabelle abhängig machen.

§ 11 Verfahren

1. Die Schlichter unterstützen die Parteien in unabhängiger und unparteiischer Weise in ihrem Bemühen, die Streitigkeit einverständlich beizulegen.
2. Die Schlichter legen den Ablauf des Verfahrens in Abstimmung mit den Parteien fest.
3. Wenn die Parteien es wünschen, können die Schlichter in jedem Stadium des Verfahrens Vorschläge für die Beilegung der Streitigkeit machen. Die Vorschläge müssen nicht begründet werden.

§ 12 Beendigung des Verfahrens

1. Jede der beteiligten Parteien kann das Schlichtungsverfahren jederzeit ohne Angaben von Gründen für beendet erklären. Die Erklärung erfolgt gegenüber den Schlichtern bzw. der anderen Partei.
2. Die Beendigung eines Schlichtungsverfahrens steht einem einvernehmlichen Neubeginn eines Schlichtungsverfahrens nicht entgegen.
3. Wird in einem Schlichtungsverfahrens keine Einigung erzielt, wird das Schlichtungsverfahren beendet.

4. Die Schlichter haben über die Beendigung auf Verlangen einer Partei ein Protokoll zu fertigen. Das Protokoll ist von allen Schlichtern zu unterzeichnen.
5. Wird in einem Schlichtungsverfahren zwischen den Parteien eine Einigung erzielt, so ist das Ergebnis von den Schlichtern in einem Protokoll festzuhalten, das von allen Schlichtern und den Parteien unterzeichnet wird.
6. Die DIS ist von der Beendigung des Verfahrens zu informieren.

§ 13 Vertraulichkeit

1. Die Schlichter sind gegenüber den Parteien zur uneingeschränkten Vertraulichkeit verpflichtet und haben bei Annahme des Amtes den Parteien zu versichern, dass sie sich ihrer Verpflichtung zur Vertraulichkeit bewusst sind.
2. Auf Wunsch einer Partei machen die Schlichter Vorschläge für Vereinbarungen zur vertraulichen Behandlung von Erklärungen und vorgelegten Unterlagen, insbesondere zu ihrer Unverwertbarkeit in einem bei Scheitern der Schlichtung nachfolgenden Gerichts- oder Schiedsgerichtsverfahren.

§ 14 Überleitung in ein Schiedsverfahren

1. Die Parteien eines Schlichtungsverfahrens können in jedem Stadium des Verfahrens schriftlich vereinbaren, dass die Schlichter ihre Tätigkeit als Schiedsrichter fortsetzen. In diesem Fall gilt die Verschwiegenheitsverpflichtung nicht gegenüber den Beteiligten des Schiedsgerichtsverfahrens (einschließlich evtl. Zeugen, Gutachter etc.).
2. Soweit die Parteien nichts anderes vereinbaren, findet auf das Schiedsgerichtsverfahren die DIS-Schiedsgerichtsordnung Anwendung.

§ 15 Kosten

1. Die Gebühren für die Durchführung eines DIS-Schlichtungsverfahrens und die Honorare der nach der DIS-Schlichtungsordnung tätigen Schlichter ergeben sich aus der Kostentabelle in der Anlage zur DIS-Schlichtungsordnung.
2. Die Schlichter können mit den Parteien des Verfahrens eine abweichende Honorierung vereinbaren.
3. Die Parteien haften gesamtschuldnerisch für die Kosten des Verfahrens.

§ 16 Vorschuss

Die Schlichter sind berechtigt, den Beginn oder die Fortsetzung ihrer Tätigkeit von der Zahlung eines Vorschusses in Höhe des gesamten Schlichterhonorars und der zu erwartenden Auslagen abhängig zu machen.

Anlage: Kostentabelle zur DIS-Schlichtungsordnung

1. Einschreibgebühr (§ 2 Abs. 2 DIS-
   Schlichtungsordnung)   250,– €

2. Gebühr für die Bestellung eines
   Schlichters (§ 11 DIS-Schlichtungsordnung)
   - bei Bestellung von einem Schlichter   250,– €
   - bei Bestellung von zwei Schlichtern   375,– €
   - bei Bestellung von drei Schlichtern   500,– €

3. Honorar für Schlichter

Einzelschlichter,
Vorsitzender eines Schlichtungsgremiums: 200,– € bis 400,– €/Stunde
Beisitzer eines Schlichtungsgremiums: 150,– € bis 300,– €/Stunde

Sachverzeichnis

Die fetten Zahlen beziehen sich auf die Paragraphen,
die mageren Zahlen auf die Randnummern.

Sachverzeichnis

Sachverzeichnis

Sachverzeichnis

Sachverzeichnis

Sachverzeichnis